Vorderhufen
Tiergarten
Oberteich
Walter-Simon-Platz
Nordbahnhof
Deutsche Ostmesse
Hansaring
Wrangelstr.
Hinterroßgarten
Vorderroßgarten
Schloßteich
Steindamm
Königstr.
Schloß
Paradeplatz
Oberlaak
Unterlaak
Holländerbaumstr.
Reichsbahnbrücke
Güterbahnhof
Langgasse
Kaiserstr.
Weidendamm
Unterhaberberg
Alter Garten
Oberhaberberg
Österreichische Str.
Der alte Pregel
Sackheim
Mühlenh
Hauptbahnhof
Festungsdamm
Sportplatz am Friedländ. Tor
Schönfließ
Reichsstr.
Hafenstr.
Litauer Wallstr.
Deutschordenring
Knochenstr.
Lindenstr.
Vorstädtische Langgasse

Robert Albinus

KÖNIGSBERG
LEXIKON

STADT UND UMGEBUNG

Robert Albinus

KÖNIGSBERG
LEXIKON

STADT UND UMGEBUNG

FLECHSIG

Umwelthinweis:
Dieses Buch und der Umschlag wurden auf chlorfrei gebleichtem Papier gedruckt.
Die Einschrumpffolie – zum Schutz vor Verschmutzung – ist aus umweltverträglichem und recyclingfähigem PE-Material.

Mitarbeiter

Albinus, Horst, langjähriger Geschäftsführer des Ostpreußischen Jagdmuseums
Albinus, Ulrich, Dipl.-Ing., Ministerialrat, Kustos des Museums Haus Königsberg
Benkmann, Horst Günter, Landrat, Bundesvorsitzender der Salzburger
Berg, Fritjof, Regierungsdirektor
Bistrick, Arnold, Dipl.-Kaufmann
Fornacon, Siegfried, Pfarrer i. R.
Heincke, Dr. Hanswerner, Literaturhistoriker
Makowska, Horst, Offen/Celle
Malter, Rudolf, Professor, Schatzmeister der Kant-Gesellschaft
Matuell, Wilhelm, Ministerialrat i. R. †
Meinhardt, Dr. Günther, Historiker, Präsident der Prussia-Gesellschaft
Mohr, Kuno, Bundesbahn-Präsident i. R.
Neiß, Reinhold, Duisburg
Nolde, Dr. Ingeborg, Kunsthistorikerin
Pawel, Dr. Robert, Kulturhistoriker †
Perles, Dr. Hans, Tel Aviv
Räther, Hans, Dipl.-Ing. Magistratsoberbaurat i. R.
Rappöhn, Benno, Professor
Riss, Siegfried, Koblenz
Scharloff, Willi, Autor von „Königsberg – Damals und heute“
Sperber, Gerhard, Dipl.-Ing. Bundesbahn-Direktor i. R.
Wedelstädt, Helmut von, Landeshauptmann i. R.
Weigelt, Werner, Pfarrer i. R.
Ziesmann, Herbert, Studiendirektor i. R.

Sonderausgabe für Flechsig-Buchvertrieb

Originalausgabe: Rautenberg Verlag, Würzburg
Printed in Spain 2002

ISBN 3-88189-441-1

Zum Geleit

Am 9. April 1945 besetzte die Rote Armee das zerstörte Königsberg. Die Stadt wurde dann zusammen mit dem nördlichen Ostpreußen im Potsdamer Abkommen der Sowjetunion zur Verwaltung übergeben und von ihr am 4. Juli 1946 in Kaliningrad umbenannt.

Heute ist dieser Teil Ostpreußens Sperrgebiet.

Die Sowjetunion verweigert selbst denjenigen, die dort geboren wurden, einen Besuch ihrer Heimat.

Wie kaum eine andere Stadt in der Welt ist uns Königsberg verschlossen.

Aber in den Herzen nicht nur der Königsberger lebt diese Stadt weiter. Königsberg ist unsere Heimat geblieben, deren großes Erbe wir pflegen und für die Zukunft bewahren werden.

Eine vielhundertjährige Geschichte kann man nicht auslöschen. Niemand kann uns verwehren, unsere Vaterstadt zu ehren und zu lieben und Sehnsucht nach ihr zu haben.

Dieses Buch zeigt die großartige Vielgestaltigkeit Königsbergs und die Kräfte, die von Beginn an seine Geschichte bestimmt haben — Burg, Dom und Hafen — in dem Gleichgewicht, das das Gesicht dieser Stadt geprägt hat.

Mein Dank gilt den Herausgebern und den vielen Mitarbeitern, die in mehrjähriger Arbeit zusammengetragen haben, was über das Leben und den kulturellen und geistigen Reichtum Königsbergs Auskunft gibt.

Ich wünsche dem Werk viele aufmerksame und interessierte Leser.

Dr. Ottfried Hennig MdB
Sprecher der
Landsmannschaft Ostpreußen

Geleitwort

Vor dreihundert Jahren hieß der Gesamtstaat der Hohenzollern Brandenburg — Preußen, denn es war jedem bekannt, daß zwei Staatsgründungen mit einer völlig getrennten historischen Entwicklung aufgrund dynastischer Verträge vereinigt waren, die aber mehr als zwei Jahrhunderte brauchten, um zum preußischen Einheitsstaat zusammenzuwachsen. Bis 1821 behielten Ost- und Westpreußen ihr eigenes Währungssystem und erst die Verfassungsgebende Deutsche Nationalversammlung setzte in der Frankfurter Paulskirche 1848 den Anschluß der Provinz Preußen an das Gebiet des Deutschen Bundes durch.

Diese Sonderentwicklung brachte es mit sich, daß die Provinzen Preußen und Rheinland vor 1848 als die liberalsten des Gesamtstaates galten und das nicht nur bei den Demokraten.

Der Staat des Deutschen Ordens hatte bereits den Minderheiten der Litauer und Prußen die Gleichberechtigung mit den deutschen Siedlern zugestanden und auch unter diesen befanden sich zahlreiche, die der engen Zunftvorschriften wegen in der Heimat keine Zukunft hatten.

Nachdem Hochmeister Albrecht den Ordenstaat in ein weltliches Herzogtum umgewandelt hatte, wurde dieses zur Zuflucht, der religiös Verfolgten, nicht nur evangelischer Polen, russischer Philipponen, niederländischer Menoniten, französischer Hugenotten und salzburgischer Protestanten, sondern auch der in Westdeutschland mit Feuer und Schwert verfolgten münsterschen Widertäufer und ausgewiesener österreichischer Juden. Als im Zarenreich der Druck von Zeitungen in hebräischer Sprache verboten wurde, versorgten ostpreußische jüdische Verleger ihre Glaubensbrüder mit hebräischer Literatur jeder Art, die in Preußen nie verboten war.

Als nach 1815 im Zuge der Romantik überall die Erforschung der Geschichte des deutschen Mittelalters und der Vorzeit begann, gingen zwei Provinzen eigene Wege. Im Rheinland setzte die Archäologie der Römerzeit ein, in Preußen die Beschäftigung mit der Kultur und der Geschichte der Prussen. Zu diesem Zweck wurde 1844 anläßlich des 300jährigen Jubiläums der Albertus-Universität die wissenschaftliche Gesellschaft PRUSSIA gegründet, die heute ihren Sitz in Duisburg hat. Ihre Aufgabe war bis 1945 die Erforschung der Geschichte des Preußenlandes ohne Ansehen der Volks- oder gar Rassezugehörigkeit. Daher kann auch ein Königsberg-Lexikon nur von der Geistesfreiheit und der Liberalität der Stadt am Pregel zeugen.

Dr. Günther Meinhardt
Präsident der PRUSSIA-Gesellschaft

Vorwort

Die Stadt des Immanuel Kant, des E. T. A. Hoffmann, des Eduard von Simson und der Käthe Kollwitz hat in ihrer nahezu 700jährigen Geschichte vielseitigen Gestaltwandel erfahren. Nach dem Abschluß ihrer Geschichte am Ende des Zweiten Weltkrieges gilt es, Rückschau zu halten und zu berichten, welche Werke ihren Gestaltwandel, ihren Gehalt und ihre Geschichte wiedergeben.

Vor allem ist die dreibändige Stadtgeschichte von Prof. Fritz Gause heranzuziehen. Dazu kommen die Bau- und Kunstgeschichte von Adolf Boetticher, die Veröffentlichungen von Prof. Fr. Lahrs über das Königsberger Schloß und das Werk der Ulla Stöver über die Goldschmiedekunst in Königsberg. Auch schildert General Lasch's Buch „So fiel Königsberg" den Untergang als deutsches Gemeinwesen. Schon 1972 gab Dr. H. M. Mühlpfordt das Stadtlexikon „Königsberg von A bis Z" heraus, das damals noch nicht die Höhen und Tiefen des Geschehens umfassend vermitteln konnte. Aus diesem habe ich eine Anzahl Stichwörter übernommen, die jeweils durch einen Stern * gekennzeichnet sind.

Es fanden auch einige erstmalige Veröffentlichungen Aufnahme. So konnte Pfarrer Fornacon ermitteln, daß Königsberg — entgegen bisherigen Erkenntnissen — in früheren Jahrhunderten einen regen Schiffbau gehabt hat. Zudem wurde ein bisher unveröffentlichter Stadtplan des Jahres 1764, der sich im Museum Haus Königsberg unserer Patenstadt Duisburg befindet, erwähnt. Manche Anregungen vermittelten auch die Königsberger Bürgerbriefe.

Für umsichtige und tiefgründige Mitwirkung habe ich in historischer Verantwortung mehr als zwanzig Königsberger Mitarbeitern zu danken, die noch der Erlebnisgeneration angehören. Hervorzuheben sind Dr. Hanswerner Heincke, Dr. Robert Pawel † und mein in Bonn lebender Bruder Ulrich als Berater. Die Veröffentlichung dieses Königsberg-Lexikons mit 2500 Stichwörtern mit annähernd 800 Biographien fällt in eine Zeit, in der anerkannte Persönlichkeiten mit tiefgründigen Erkenntnissen aus der Stadtgeschichte noch zur Verfügung stehen. Zwei von ihnen haben den Abschluß dieses Werkes nicht erlebt.

Dank gilt auch dem Sprecher der Landsmannschaft Ostpreußen Dr. Ottfried Hennig und dem Präsidenten der Prussia-Gesellschaft für die Geleitworte sowie dem Verleger Gerhard Rautenberg für die Herausgabe. Das Werk wurde von Dr. Günther Meinhardt in die Schriftenreihe der Prussia als Nr. 16 aufgenommen.

Möge meine Arbeit nicht nur im Kreise der Königsberger allgemein günstige Aufnahme finden.

Duisburg, 1. September 1985 Robert Albinus

Königsberg in Preußen

Einige km oberhalb der Mündung des Pregels in das Frische Haff engen diluviale Höhen das Urstromtal ein, im Norden der Steilabfall des samländischen Hügellandes, im Süden der Haberberg. Zwischen ihnen fließt der Pregel in zwei Armen, die, durch Querarme verbunden, mehrere Inseln umschließen, deren mittelste Kneiphof heißt. Bäche und Schluchten haben den nördlichen Höhenrand zerteilt und aus ihm Kuppen herausgeschnitten. Hier hat es schon zur Jungsteinzeit menschliche Siedlungen ohne Feldbau von Jägern und Fischern gegeben, wie kammkeramische Funde der sogenannten Nordeuropäischen Kultur beweisen. Die höchste der Kuppen hieß Tuwangste und trug eine preuß. Fliehburg. In ihrem Schutz lagen das Fischerdorf Lipnick und der Ankerplatz portus Lipze, der auch von Wikingern und später von lübischen Kaufleuten aufgesucht wurde. Hier mündeten, vom Süden kommend, zwei Handelsstraßen, eine aus Natangen durch das spätere Friedländer Tor, die andere von der Weichsel am Haff entlang zum Brandenburger Tor. Nach Überschreiten des Pregels verzweigen sie sich in drei Straßen: die Bernsteinstraße durchs Steindammer Tor zur Bernsteinküste, die kurische übers Roßgärter Tor und die Nehrung nach Kurland, die litauische über die Langgasse und den Sackheim am nördlichen Pregelufer entlang nach Litauen. Trotz der günstigen Lage entstand hier keine größere preußische Ansiedlung, weder ein Häuptlingssitz, noch ein Marktort. Die deutsche Stadt Königsberg setzte also nicht eine vordeutsche Siedlung fort, sondern sie ist eine Gründung des Landesherrn, des Deutschen Ordens. Schon 1242 beabsichtigten die Lübecker, am Pregelhafen eine Tochterstadt zu gründen. Doch der Orden setzte seinen eigenen Plan durch, ohne das befreundete Lübeck auszuschalten. Den Anfang bildete eine Burg auf dem Tuwangste, die 1255 bei einem Kreuzzug in das Samland erbaut und nach dem mächtigsten und vornehmsten der Kreuzfahrer, dem Böhmenkönig Ottokar II., Königsberg genannt wurde. Die Stadt ehrte ihren Namenspatron durch die 1852 erbaute Statue am Königstor, sein einziges Denkmal auf deutschem Boden. Die älteste bürgerliche Siedlung, die noch ohne feste Form in der Gegend des Steindamms entstand, ging 1262 im Preußenaufstand zugrunde, während die Burg bestehen blieb. Nachdem der Friede hergestellt war, entstanden in rascher Folge drei Städte zu kulmischem Recht, jede mit eigener Verfassung, Befestigung, Markt und Kirche: die Altstadt zwischen der Burg und dem Fluß, Handfeste 1286, der Löbenicht, eigentlich Neustadt, um 1300 östlich von ihr und 1327 der Kneiphof auf der Insel. Die Altstadt war und blieb die größte und mächtigste, der Löbenicht war eine kleine Handwerker- und Ackerbürgerstadt und der Kneiphof wurde die Stadt der Fernkaufleute. Erst 1724 wurden die drei Städte vereinigt.

Von Anfang an war Königsberg Sitz des Domkapitels des Bistums Samland. Seit 1322 war der geistliche Bezirk der Ostteil der Kneiphofinsel, auf der 1330 bis 1380 der Dom als große Hallenkirche in Backsteingotik erbaut wurde. Sie war zugleich Pfarrkirche des Kneiphofs. Mit Ausnahme des 1349 gegründeten Nonnenklosters im Löbenicht waren die Königsberger Klöster unbedeutend.

Zur Burg gehörten die Burgfreiheit, die alten Preußendörfer Tragheim und Sackheim und zwischen ihnen der Roßgarten und die Neue Sorge der sp. Königstraße, zur Altstadt die Lomse, der Steindamm, die Laak, der neue Roßgarten und die Hufen, das einzige Stadtdorf Königsberg, und zum Kneiphof zählen die vordere und hintere Vorstadt und der Haberberg. Durch zunehmende Ausdehnung wurden sie alle zu Königsberger Stadtteilen.

Wegen der Feuersgefahr wurden die Speicher in eigenen Vierteln, Lastadien, zusammengebaut. Die Lastadien der Altstadt und des Kneiphofs lagen am Pregel außerhalb der Stadtmauern und bildeten bis zur Gegenwart mit ihren meist aus dem 17. und 18. Jh. stammenden hochgiebeligen Fachwerkspeichern ein für norddeutsche Handelsstädte charakteristisches Bild. Die wenigen Speicher der löbenichtschen Ackerbürger lagen auf dem Anger.

Der Dreiklang Burg, Stadt und Dom hat die Geschichte Königsbergs fast 700 Jahre bestimmt, wenn auch von mittelalterlichen Bauten nur Teile der Burg, der Dom und die Steindammer Kirche, von der Stadtbefestigung nur der Gelbe Turm der Altstadt und der Blaue des Kneiphofs bis 1945 erhalten blieben.

Die Burg war Sitz des Ordensmarschalls, seit 1457 auch des Hochmeisters. Hier sammelten sich die ritterlichen Kreuzfahrer aus vielen Ländern Europas zu Zügen gegen Litauen. Herzog Albrecht, der den Ostflügel neu baute, und Herzog Georg Friedrich, der von seinem Baumeister Blasius Berwart den gewaltigen Westflügel mit der Schloßkirche neu errichten ließ, machten die Burg zum Sitz einer Hofhaltung im Stil der Renaissance. Wenn auch seit dem Gr. Kurfürsten der Landesherr nicht mehr in Königsberg residierte, so lebte doch die nie ganz erloschene höfische Tradition in den Königskrönungen von 1701 und 1861 wieder auf. An die erste erinnerte das 1697 von Andreas Schlüter geschaffene, aber erst 1802 gegenüber dem Schloß aufgestellte Denkmal des Königs, an die zweite das große Gemälde von Menzel. Nach 1701 sollte die Ostfront von Oberbaudirektor Schultheiß v. Unfriedt im Stile des preuß. Barock umgebaut werden. Doch nur der Südteil wurde fertiggestellt. Der Albrechtsbau blieb erhalten. Die letzte größere Veränderung war 1810, der Umbau eines Teils des Nordflügels für das Oberlandesgericht. Als sich 1808/09 Hof und Regierung in der Stadt aufhielten, war Königsberg noch einmal zwei Jahre lang Hauptstadt des preuß. Staates. Die wichtigsten Reformgesetzte wurden damals in Königsberg erlassen. Im Februar 1813 ging die preußische Erhebung gegen Napoleon vom Königsberger Landtag aus. An diese Zeiten erinnern das Luisenhäuschen im Park von Luisenwahl auf den Hufen, in dem die königliche Familie wohnte, und der Saal im Hause der Landschaft, in dem General Yorck v. Wartenburg die Deputierten der Stände Ostpreußens zur Volksbewaffnung aufrief.

Künstlerisch besonders wertwoll waren die reformierten Kirchen: die 1690/99 erbaute Burgkirche für die dt.-ref. Gemeinde nach einem Entwurf von Joh. Arnold Nering und die 1736 für die Franz.-ref. Hugenotten nach einem Plan von Unfriedt errichtete. Die altstädtische Kirche wurde 1826/28 abgebrochen, die neue an anderer Stelle 1838 nach einem Entwurf von Schinkel erbaut.

Königsberg war immer eine wehrhafte Stadt. Nach dem Zerfall der mittelalterlichen Stadtbefestigung wurde im Schwedenkrieg 1626/28 ein Wallring um die gesamte Stadt gelegt und 1843-64 eine neue Befestigung errichtet. Deren Tore und Bastionen blieben zum großen Teil bis 1945 erhalten, wenn sie auch nach der Verlegung der Verteidigung auf einen Kranz von Außenforts keinen militärischen Wert mehr hatten. Als Baudenkmäler waren sie mit baumreichen Grünanlagen ein Schmuck der Stadt. Königsberg hatte stets eine starke Garnison und war Sitz des Generalkommandos des I. Korps, das so bedeutende Heerführer wie v. d. Goltz, v. Kluck und v. Brauchitsch kommandierten.

Das Herz der Stadt war der Hafen, ein reiner Flußhafen, der erst nach dem ersten Weltkriege durch die Anlage von drei Hafenbecken erweitert wurde. Königsberg gehörte der Hanse an und nahm an ihrem Handel nach Flandern, England und Lissabon auf der einen, nach Stockholm, Reval und Nowgorod auf der anderen Seite teil. Der merkantilistischen Handelspolitik der brandenburg. Kurfürsten folgte die wenig unternehmungsfreudige Bürgerschaft nur zögernd. Führend waren hier Holländer, Franzosen und Engländer, die teils als Glaubensflüchtlinge, teils als Agenten ihrer Firmen nach Königsberg kamen. Der Umfang des Handels hing von der Zollpolitik der Partnerländer ab, am meisten von der Rußlands. Königsberg war ein bedeutender Handelsplatz für Heringe, Holz, Flachs und Linsen. Mit dem Anschluß der Stadt an das Eisenbahnnetz wurde durch die Ostbahn 1853 die Verbindung mit Berlin, in den folgenden Jahren der Anschluß an das russische Bahnnetz hergestellt. Dadurch nahm der Landhandel laufend zu und überflügelte schließlich den Handel zu Wasser. Die „Korporation der Kaufmannschaft", seit 1918 „Industrie- und Handelskammer", hatte ihren Sitz in der Börse am südlichen Pregelufer.

Sie wurde 1870/75 erbaut von Heinrich Müller, dem Architekten der Bremer Börse und ersetzte die alte sog. Sommerbörse an der Grünen Brücke, die seit 1624 diesem Zweck gedient hatte. Obwohl die Industrie hinter dem Handel zurücktrat, säumten Fabriken beide Ufer des Pregels. Davon waren am bedeutendsten zwei Zellstoffwerke, die 1828 gegr. Union-Gießerei, seit 1830 die Waggonfabrik L. Steinfurt und einige Großmühlen.

Wissenschaft und Bildung wurden schon im Mittelalter von den Priesterbrüdern der Orden, den Domherren und in den drei Stadtschulen gepflegt, gegen Ende dieser Zeit auch von Humanisten am Hofe der letzten beiden Hochmeister. Die 1544 von Herzog Albrecht gegr. Universität, die Albertina, wurde führend in humanistischer Wissenschaft und protestantischer Theologie. Sie befand sich 300 Jahre lang in zwei kleinen Kollegiengebäuden am Dom und erhielt 1862 einen Neubau im Stile der Florentiner Renaissance nach den Plänen des Schinkelschülers Friedrich August Stüler. Der große Anbau von 1927 störte nicht die geordnete Schönheit dieses im nordischen Königsberg zunächst fremd anmutenden Gebäudes. Neben die drei alten Stadtschulen trat das 1698 im Geiste des Pietismus gegründete Friedrichskollegium, dessen größter Schüler Kant war und an dem Herder eine Zeitlang unterrichtete. Kant gehörte der Universität fast 50 Jahre lang an. Sein Geburtshaus blieb nicht erhalten, sein Wohnhaus wurde 1893 abgerissen und sein Grabmal am Dom 1924 von dem Architekten Friedrich Lahrs in würdiger Form erneuert. Gelehrte von Weltruf waren auch der Naturforscher v. Baer, die Philosophen Herbart und Rosenkranz, Carl Gottfried Hagen, der Begründer der wissenschaftlichen Pharmazie, und sein Sohn, der Kunsthistoriker August Hagen, sowie seine Schwiegersöhne, der Astronom Bessel, für den 1811/12 die Sternwarte erbaut wurde, und der Physiker Franz Neumann, ferner die Mediziner Ernst Burdach, Bernhard Naunyn, der Philologe Lobeck, der Mathematiker Richelot, der Rechtshistoriker Felix Dahn, der hier 1878 seinen „Kampf um Rom“ schrieb, und der Sprachforscher Adalbert Bezzenberger.

Die Künste traten hinter den Wissenschaften zurück. Universitätsprofessoren waren so bedeutende Dichter wie der erste Rektor Georg Sabinus, ein glänzender Lateiner, und Simon Dach, der bewußt deutsch dichtete. Bürgermeister waren der Barockdichter Michael Kongehl und der geistvolle Schriftsteller Theodor Gottfried v. Hippel. — Die bildende Kunst sank ab, nachdem es keine Hofhaltung mehr gab. An tüchtigen Goldschmieden und Bernsteinschnitzern hat es in Königsberg nie gefehlt. 1845 wurde auf Betreiben Theodor v. Schöns die Kunstakademie gegründet, die 1916 einen Neubau von Lahrs in Ratshof bezog. Von ihren Lehrern sei nur der Maler Ludwig Dettmann genannt. — Königsberg war immer eine Theater- und Musikstadt. 1745 errichtete Conrad Ernst Ackermann ein ständiges Theater, das erste in Preußen. Als der bescheidene Bau den Ansprüchen nicht mehr genügte, wurde 1808 nach einem Plan von Valerian Müller ein für diese Zeit großartiges Theater am Paradeplatz erbaut. Vielfach umgebaut und erweitert, diente es bis 1945 als Stadttheater und nach dem Umzug des Schauspielhauses auf die Hufen allein als Opernhaus.

Die politische Geschichte Königsbergs zeichnet sich durch ihre Gradlinigkeit aus. Seit ihrer Gründung ist die Stadt, ob im Ordensstaat, in der Hohenzollernmonarchie oder in der Republik, die Hauptstadt des Preußenlandes geblieben. Daran änderten auch Kriege nichts. Der Versuch des altstädtischen Bürgermeisters Andreas Brunau 1455, Königsberg zu einem Freistaat zu machen wie Danzig und Riga, scheiterte an dem Widerstand der Handwerker, die dem Ratsregiment mißtrauten und dem Orden treu blieben. Litauer, Polen und Schweden kamen in mehreren Kriegen in die Nähe der Stadt, belagerten sie aber nicht. Da Preußen vom 30jährigen Kriege verschont blieb, blühte Königsberg in dieser Zeit auf. Erst im 7jährigen Kriege besetzten die Russen 3 1/2 Jahre Königsberg und zwangen die Bürgerschaft, der Zarin zu huldigen. 1807 drangsalierten sie die Franzosen 5 Wochen lang. 1914 bewahrte sie der Sieg Hindenburgs bei Tannenberg vor der Belagerung. Verlief die äußere politische Geschichte bis 1945 stetig, so machte Königsberg doch im Innern eine Wandlung durch, von der Hauptstadt eines Herzogtums zu der einer Provinz. Die Einordnung in den preußischen Staat fiel der selbstbewußten Bürgerschaft nicht leicht, zumal sie mit der Aufgabe von Eigenrechten und wirtschaftlichen Vorteilen verbunden war. Sie wurde vom Gr. Kurfürsten gewaltsam erzwungen. Fortschritte von einschneidender Bedeutung, die nicht von der Bürgerschaft, sondern von der Staatsführung ausgingen, waren die Vereinigung der drei Städte 1724, wobei das Ende des 17. Jh. im Stil der holländischen Renaissance umgebaute kneiphöfsche Rathaus Sitz der gemeinsamen Stadtverwaltung wurde, und die Städteordnung von 1809. Erst im Liberalismus des Vormärz regte sich wieder kräftiger der Geist bürgerlicher Selbstverantwortung. Führer der Liberalen waren der Arzt Joh. Jacoby und der Jurist Prof. Eduard Simson, der erst Präsident des Reichsgerichts. Königsberg blieb eine liberale Stadt, bis der nationale Liberalismus seinen Frieden mit Bismarck machte und später die Sozialdemokratie an Einfluß gewann. Ihre bedeutendsten Politiker waren Otto Braun, der 1920-33 preuß. Ministerpräsident war, und der sehr viel radikalere Rechtsanwalt Hugo Haase, einer der sechs Volksbeauftragten der Revolution von 1918.

Die Bevölkerung Königsbergs war lange Zeit sprachlich gemischt. Die Bürgerschaft war eigentlich immer rein deutsch, vorwiegend nieder- und mitteldeutscher Herkunft. In der Unterschicht wurde aber im 16. Jh. noch viel preußisch, polnisch und litauisch gesprochen. Die Einwohnerschaft war ein Spiegelbild der sprachlichen Verhältnisse des Landes. Außer den preußischen Masowiern hielten sich viele Polen und Litauer als Handelsleute und Flößer zeitweilig in der Stadt auf. Sofern sie seßhaft wurden, gingen sie ohne Zwang im Deutschtum auf, ebenso wie die holländischen, englischen und französischen Kaufleute, obgleich sie alle ihre Sprache frei gebrauchen konnten und für sie bis ins 19. Jh. Gottesdienste in polnischer, litauischer und französischer Sprache gehalten wurden. Als im Zeitalter des Nationalismus die Verschiedenheit der Sprachen ein nationales Problem wurde, war die Einwohnerschaft längst einheitlich deutsch. Eine nationale Minderheit im politischen Sinne gab es in Königsberg nie.

An dem wirtschaftlichen Aufschwung des Reichs nahm Königsberg entsprechenden Anteil. Der Flächenraum der Stadt nahm durch die Eingemeindung von Vororten und Villenkolonien stark zu. Die Einwohnerzahl, die 1805 bei 57 000 lag, stieg bis 1865 auf etwa 100 000 und im Jahre 1905 auf 200 000. Die neuen Stadtteile außerhalb der Umwallung entstanden nach 1905. 1939 betrug die Gesamteinwohnerzahl 372 000.

Die Zunahme der Einwohnerzahl um 150 000 während der rund 50 Jahre von 1865 bis 1914 bedeutete mit der damit einhergehenden starken Bautätigkeit den größten Eingriff in das vielhundertjährige Dasein der Stadt bis 1944. Während dieser fünf Jahrzehnte wandelte sich das Bild der sogenannten „Freiheiten“, also der um die mittelalterlichen Städte Altstadt, Löbenicht und Kneiphof gruppierten Ortsteile. Zu den wenigen, älteren Gebäuden, die erhalten blieben, gehören Teile der Königstraße. Das war städtebaulich sehr zweifelhaft, und es entstanden einförmige, meist wenig schöne Straßen, aber wegen der durch die Befestigungsanlagen eingeschnürten Lage, blieb keine andere Wahl.

In den genannten Stadtteilen entstanden aber nicht nur Wohnungen und Fabriken, sondern auch viele öffentliche Gebäude, die sich in ihrer äußeren Gestaltung nicht nur durch ihre Backsteinfassaden, sondern auch durch Stil und Zuschnitt wohltuend abhoben: Landeshaus, Regierung, Staats- und Universitätsbibliothek, Feuersozietät, Löbenichtsches Hospital, Standortlazarett, Städt. Krankenhaus, Universitätsinstitute und die Bernsteinmanufaktur, sie waren sehr sparsam und kasernenähnlich. Aufwendiger waren das Post- und Telegraphenamt, Reichsbahndirektion, Börse, Stadthalle, Schulen und Kasernen der letzten Jahrzehnte. Angesichts der räumlichen Enge kam die Stadtplanung erst ab Ende des 19. Jahrhunderts zunehmend zu ihrem Recht. Eine Ausnahme bildete der Kurfürstendamm, der den Anfang einer östlichen Umgehungsstraße des Stadtkerns bildete. Diese Planung zwischen Lutherkirche und Roßgärter Markt war nicht die einzige bemerkenswerte Straßenbaumaßnahme, bevor das Auto im Straßenverkehr erschien. Noch bis 1903 bewegte sich der Hauptverkehr parallel des Pregels vom

Kaiser-Wilhelm-Platz über die Altstädtische Langgasse, den Münchenhof und die Löbenichtsche Langgasse zur Katholischen Kirchenstr./Sackheim. Die Lutherstraße gab es noch nicht. An Ihrer Stelle und wohl des ganzen Stadtteils vom Münchenhof bis zur Melanchtonstraße stand das ursprünglich aus einem Kloster hervorgegangene Löbenichtsche Hospital. An seiner Stelle entstanden nach 1903 u. a. die Lutherstraße, die Hamannstraße und 1911—14 das Löbenichtsche Realgymnasium. Durch die Lutherstraße wurde ein wesentlicher Engpaß beseitigt, denn die Löebenichtsche Langgasse war sehr schmal. Es ist möglich, daß an anderen Stellen der Innenstadt ähnliche Veränderungen erfogten.

Als der 1. Weltkrieg ausbrach, hatte das Stadtbild zu einem großen Teil den Stand erreicht, den wir bis 1945 kannten. Die wesentlichste Veränderung etwa um 1870 bestand in der Anlage der Stadtteile außerhalb der Wälle, vor allem den Hufen und Ratshof, die erst nach der Entfestigung möglich wurde. Hier entstanden vorbildlich geplante, sehr schöne Stadtteile, die durch große Ausfallstraßen erschlossen und klar gegliedert waren. Dazu gehören der Straßenzug Hansaring, Hufenallee, Lawsker Allee, die Fuchsberger Allee, Cranzer Allee, Labiauer Straße, Tapiauer Straße, Schönfließer Allee, Aweyder Allee, Berliner Straße. Bei allen waren die Fluchtlinien so angelegt, daß später eine Verbreiterung auf mindestens vier Fahrbahnen und Bahnkörper möglich gewesen wäre. 1914 war ein abschließender Ausbau aber höchstens beim Hansaring und einem Teil der Hufenallee fertig.

Das mit den Gründerjahren und der Zeit bis 1914 gewandelte Stadtbild entsprach in seinen Grundzügen durchaus dem gewachsenen Selbstbewußtsein und den wirtschaftlichen Möglichkeiten des noch jungen Reiches. Äußerlich zeigt sich das auch durch die nach 1900 anspruchsvoller werdenden Bauten. Damit dokumentierten Planung und Baugeschehen die hervorragenden Leistungen der Stadtverwaltung und einen hohen bürgerlichen Gemeinsinn.

Bereits kurz vor dem Kriege, und verstärkt nach 1918, verlagerte sich der Schwerpunkt der Stadt nach Nordwesten. Anschaulich wird das durch den Bau des Postscheckamtes und des späteren Stadthauses 1922—23, beide am Trommelplatz, nachdem bereits 1924 am Hansaring das Landgericht, die Oberpostdirektion und das Luisentheater errichtet worden waren. Ganz in der Nähe entstand Ende der zwanziger Jahre nach einem Entwurf von Prof. Lahrs der schöne Bau des Landesfinanzamtes an der Alten Pillauer Landstraße. In diese Zeit fällt auch die Schaffung der ausgedehnten Grünanlagen im Zuge der Stadtumwallung. Erwähnenswert sind auch die Promenaden am Schloß- und Oberteich und die Kaskadenanlagen zwischen diesen Teichen. In den Jahren 1925—30 erfolgte die Neugestaltung der Bahnanlagen durch den Bau des Hauptbahnhofs, der Reichsbahnbrücke, des Bahnhofs Holländerbaum und des Nordbahnhofs. In diesen Zeitabschnitt fällt auch der Bau der neuen Anatomie, der Universitätskliniken an der Alten Pillauer Landstraße, des Parkhotels, der Kreuzkirche, der Mädchengewerbechule, des Reichsbankgebäudes und des Hauses der Technik.

Der sich seit 1930 verstärkende Autoverkehr zwang zu zahlreichen größeren und kleineren Tiefbaumaßnahmen. Da planerisch gut vorgesorgt war, stellte der Ausbau der Ausfallstraßen die Verwaltung vor keine großen Probleme, abgesehen von den Kosten. Etwa 1938 erfolgte der Ausbau der Lawsker Allee zwischen Arndtstraße und Lawsker Wiesenschlößchen und bereits in die Kriegsjahre fiel der Ausbau der Labiauer Straße von der Radziwillstraße bis zur Straße Am Flughafen sowie der Ausbau der Cranzer Allee nördlich der Rosenkranzallee. 1936—37 wurde die Ratshöfer Kirche erbaut. Die Fuchsberger Allee wurde in den dreißiger Jahren wahrscheinlich sogar zweimal ausgebaut.

Außer diesen Hauptverkehrsstraßen gab es noch Straßen von örtlicher Bedeutung mit ähnlichem Zuschnitt und Charakter, wie der Straßenzug Cäcilienallee — Auguste-Viktoria-Allee — Herzog-Albrecht-Allee, die Hagenstraße, der Hammerweg, die Samitter Allee und die Seldtestraße. Sie waren teilweise so ausgebaut oder geplant, daß auch ein Verkehr, wie wir ihn heute in der Bundesrepublik haben, hätte bewältigt werden können.

Außerdem wurden zahlreiche kleinere Einzelmaßnahmen durchgeführt, wie die Begradigung der Hufenallee vor dem Tiergarten und der Bau des Nordsternhauses, die Durchführung dieser Straße durch den Park des Luisenhäuschens, wobei eine Gruppe sehr seltener Spitzahorne durch die Einbeziehung in den Mittelstreifen erhalten blieb, der Ausbau des Hammerweges sowie die Umgestaltung des Walter-Simon-Platzes zum Erich-Koch-Platz. Im Zuge der gleichfalls ausgebauten Wrangelstraße wurde aus dem sehr großen Hauptgebäude der ehemaligen Kaserne der Wrangelkürassiere der Mittelteil herausgebrochen und zwischen den verbliebenen Teilen, die dann das Bismarcklyceum und die Herder-Volksschule beherbergten, in stattlicher Breite der Mitteltragheim durchgeführt und bis zur Cäcilienallee verlängert. Etwa 1934 überbaute man den breiten Bahnkörper der Cranzer-, Samland- und Labiauer Bahn mit der Schindekopbrücke und verband so die Auguste-Viktoria-Allee mit der Fuchsberger Allee. In der Innenstadt erhielt der Paradeplatz ein neues Aussehen. An der Innenseite der Stadtumwallung entstand eine ansehnliche Ringstraße, die verschiedene Namen führte. Bis auf das fehlende Stück zwischen den Pregelarmen im Osten war der Straßenzug mit asphaltierter Fahrbahn und Radwegen vorbildlich. Nach 1930 wurden auch zahlreiche Nebenstraßen mit Asphaltdecken versehen, so daß 1939 schlecht zu befahrende Straßen selten waren. In der ganzen Stadt gab es breite befestigte Bürgersteige, die, jedenfalls in den älteren Stadtteilen, aus dauerhaften Steinplatten bestanden, wie man sie heute noch in Berlin findet. Eine Besonderheit war das „leise" Holzpflaster auf den Fahrbahnen im Hinterroßgarten, Ziegelstraße und Landhofmeisterstraße.

Bereits 1930 bestand am Kaiser-Wilhelm-Platz eine Verkehrsampel. Dazu kam kurz vor dem Kriege eine weitere automatische an der Kreuzung Steindamm/Deutsch-Ordensring, die aber wegen technischer Mängel bald aufgegeben wurde. Wer von der Stadt über den Hansaring in Richtung Schauspielhaus wollte, mußte sich in Höhe des Nordbahnhofs links einordnen. Am Roßgärtner Markt gab es bereits eine Art Kreisverkehr.

An öffentlichen Bauten entstanden ab 1930 das Amtsgericht, das Rundfunkhaus sowie das Staatsarchiv und ein Gebäude des DHV am Hansaring, das Luftgaukommando, das Wehrkreislazarett in Maraunenhof, die Handelshochschule, das Raiffeisenhaus, die Ostpreußenhalle sowie zahlreiche Kasernen. Westlich von Ratslinden, südlich des Hammerweges waren zu Anfang des Krieges die Tiefbauarbeiten für einen neuen Stadtteil fertig, dessen Straßen mit Nummern von 1012 bis 1020 bezeichnet waren.

Alle diese Vorhaben der letzten Jahrzehnte waren sachbezogen geplant und verschönten und verbesserten das Stadtbild auch während der NS-Zeit.

In der Umgebung waren die wichtigen nach und von Königsberg führenden Straßen gut angelegt und breit ausgebaut, so die Reichsstraße 1, von Süden in die Berliner Straße einmündend und die Stadt über die Tapiauer Straße nach Osten wieder verlassend, und die Reichsstraße 131 nach Pillau. Über die Schönfließer Allee war die Stadt an die Autobahn angeschlossen. Während der Badezeit war die Reichsstraße 128 zwischen Königsberg und Cranz die belebteste Chaussee Ostpreußens.

Die wichtigsten Straßenbaumaßnahmen der Provinz waren der Bau der Autobahn bis an die südliche Stadtgrenze und der in ihrer Verlängerung liegende Bau der 633 m langen Pregelbrücke sieben Kilometer östlich des Stadtzentrums zwischen Neuendorf und Palmburg 1938. Die Brücke umspannte in voller Autobahnbreite beide Flußarme und war gedacht als Teil einer Autobahnumgehung im Zuge der Festungsringstraße. Sie sollte ihre Fortsetzung von Goldschmiede aus in Richtung Ostsee finden und zwischen Cranz und Neukuhren enden. Hauptzweck der Ortsumgehung war, den Verkehr aus Richtung Elbing nach Insterburg und Tilsit um die Stadt herumzuleiten. Wenn man bedenkt, daß Hamburg, das 1939 bereits eineinhalb Millionen Einwohner hatte, eine solche Umgehung erst 1960 erhielt, wird die Bedeutung der Königsberger Straßenbaumaßnahmen verdeutlicht.

Die bereits dargelegte Gradlinigkeit der stadtgeschichtlichen Entwicklung Königsbergs, von seiner Gründung bis zum I. Weltkriege, setzte sich auch nach dessen Ende fort. Der Selbstbehauptungswille der Bürgerschaft und tatkräftige Hilfe von Reich und Staat überwanden die hemmenden Auswirkungen des Versailler Friedens, nachdem die Willkürherrschaft der sog. Volksmarinedivision am 4. März 1919 durch den vom Oberpräsidenten August Winning veranlaßten Einsatz von Freiwilligenverbänden beseitigt worden war. Bis 1918 hatte Siegfried Körte, einer der bedeutendsten deutschen Oberbürgermeister, mit Energie und Geschick die Stadt geführt. Von 1920—33 steuerte sie Hans Lohmeyer erfolgreich durch alle Schwierigkeiten der Inflations- und Nachkriegszeit, unterstützt von Bürgermeister Carl Gördeler, der 1930 als Oberbürgermeister nach Leipzig ging. Der Ausbau des Hafens, die Einrichtung der Ostmesse, des Flughafens, des Ostmarkenrundfunks, die Erneuerung der Bahnanlagen, das neue Gebäude für die Stadtverwaltung, die Oberpostdirektion, die Polizei, die Gerichtsbehörden, das alles waren Beweise eines wirtschaftlichen Gedeihens, das den Nährboden für ein reiches Kulturelles Leben abgab.

Von dem Kriegsgeschehen des zweiten Weltkrieges wurde Königsberg lange Zeit kaum unmittelbar betroffen, bis zwei furchtbare nächtliche Angriffe westlicher Flieger am 26./27. und 29./30. August 1944 die ganze Innenstadt und einen Teil der nördlichen Außenstadt mit tausenden von Spreng- und Brandbomben vernichteten. Zerstört wurden sämtliche historische Gebäude, der Dom und zwölf weitere Kirchen, die alte und die neue Universität, das kneiphöfsche Rathaus, das seit 1927 Stadtgesch. Museum war, das Schloß, die Börse, das Opernhaus, die Staatsbibliothek, viele Universitätsinstitute und Kliniken, Zeitungsgebäude, die berühmte, seit 1722 bestehende Buchhandlung von Gräfe und Unzer und etwa die Hälfte aller Schulen. Vernichtet wurden auch die Geburtshäuser von I. G. Hamann, E. T. A. Hoffmann, Eduard Simson und Hermann Götz und das Haus in der Löbenichtschen Langgasse, in dem Kleist 1805/07 wohnte und den „Zerbrochenen Krug“ vollendete.

Dem Schrecken aus dem Westen folgte nach wenigen Monaten der aus dem Osten. Vom 28. Januar 1945 ab wurde Königsberg belagert und von General Otto Lasch mit zusammengewürfelten Verbänden abgekämpfter Truppen bis zum 10. April gegen eine gewaltige sowjetische Übermacht gehalten. Von den rund 110 000 Zivilisten, die während der Kämpfe in der Stadt waren, gingen in den folgenden Monaten 85 000 durch Hunger, Seuchen und Verschleppung zugrunde. Der Rest wurde 1947/1948 nach Deutschland entlassen.

Die von der Sowjetunion 1946 in „Kaliningrad“ umbenannte alte preußische Krönungsstadt schildert das Werk von Willi Scharloff „Königsberg — damals und heute“.

Dr. Erich Weise
Gerhard Mannke

A

Abbarten, südl. von Domnau. A. wurde von Friedrich dem Großen dem General Joachim Friedr. v. Stutterheim als Dotation geschenkt und blieb im Besitz der Familie v. Alt-Stutterheim. 1931 kam es zur Aufsiedlung in Bauernhöfe.

abrackern, abarbeiten, müde machen.

abrubbeln, mit dem Handtuch abreiben.

Adalberts-Kirche, 1904 als Kath. St.-Adalberts-Kirche in der Lawsker Allee durch den Architekten Heitmann erbaut. Erhalten und als techn. Institut verwendet.

Adalbert-Straße, in Amalienau, von der Goethe-Straße zur Regenten-Straße.

Adam, Artur, * Königsberg 1902, † Frankfurt/Main 1981. Germanist. Nach dem Besuch der Hindenburg-Oberrealschule und dem Studium an der Albertina wurde A. Mitarbeiter Walther Ziesemers im Institut für Heimatforschung, der ihm 1925 die Leitung der Flurnamenstelle übertrug. Zugleich war A. wiss. Mitarbeiter des Danziger Kultursenators. Ferner war A. von 1929—1933 wiss. Mitarbeiter der Historischen Kommission in Königsberg, dann Hauslehrer in Ostpreußen. Von 1942—1945 war A. im Kriegseinsatz. Dann war A. Mitarbeiter an Ziesemers Preußischen Wörterbuch, das von Erh. Riemann in Kiel weitergeführt wurde. Neben zahlreichen Veröffentlichungen war er bis zu seinem Tode Vorsitzender der Schulgemeinschaft der Hindenburg-Oberrealschule und Schriftleiter des HOK-Mitteilungsblattes.

Adamson, Walter, * Königsberg 1911. Schriftsteller. Schüler von Ernst Wiechert; 1939 Emigration nach Australien; Autor von Rundfunksendungen, Veröffentlichungen von Gedichten und Erzählungen in Deutschland, Australien, USA und England; Lesungen aus eigenen Werken in Deutsch und Englisch. Roman: „Die Anstalt".

Adelshäuser und Palais. Sie wurden bald nach dem Regierungsantritt König Friedrichs I. meist außerhalb der 3 Altstädte errichtet. Sowie der König damit begann, das alte Schloß in einen barocken Palast umzugestalten, so veranlaßte er die gräflichen Familien zu Schloßbauten auf ihrem Grundbesitz und zur Einrichtung von städtischen Adelshäusern in der Residenz. Eine Reihe von ihnen blieb bis Kriegsende erhalten. Hier sind zu erwähnen: Das Königshaus in der Königstraße 65/67, errichtet vom Kanzler von Ostau, später Archäologisches Institut der Albertina; Palais der Grafen Keyserling auf dem Vorderroßgarten von 1754, später Generalkommando; Palais von 1727 des Herzogs Friedrich Ludwig von Holstein-Beck auf dem Roßgärter Markt, später Pionier-Kasino; Friedrich Heinrich von Korff errichtete 1790 sein Palais am Paradeplatz, nach mehrfachen Vergrößerungen wurde es später die Königshalle; Dohna'sches Haus am Schiefen Berg; Dönhoff'sche Gründe mit Haus, Königstraße 23, später Sitz des Divisions-Kommandeurs; Geßler'sches Palais in der Junkerstraße wurde 1762 errichtet und später abgebrochen. — Aus bürgerlichem Bereich sind erwähnenswert das Zschocksche Stift in der Lizentgrabenstraße; das Schindelmeißer'sche Haus auf dem Domplatz, später mehrere Jahrzehnte die Reichsbank und das Schimmelpfennig'sche Haus in der Junkerstraße Nr. 8.

Adler-Apotheke, gegr. 1897, Inh. Erich Gau, Brandenburger Straße 28.

Adl. Friedrichswalde, nördlich von Juditten. Seit 1697 im Besitz Friedrich III, der dem Gut Wintersheim den Namen F. gab. — Letzter Besitzer Bernhard Charisius.

Adl. Neuendorf, südöstlich von Königsberg. Der Gutsbezirk reichte bis zum Alten Pregel.

Adloff, Paul, * Königsberg 1870, † Königsberg 1944. Zahnmediziner. Nach dem Studium und Ablegen der zahnärztlichen Prüfung promovierte A. 1898 in Rostock. 1911 habilitierte er sich in Greifswald. 1920 wurde A. nach Königsberg berufen und 1921 o. Professor sowie Direktor der zahnärztlichen Universitätsklinik. A. gab 1924 bis 1934 die Vierteljahreszeitschrift für Zahnheilkunde heraus.

Admiral-Scheer-Straße, in Amalienau, von der Lawsker Allee zur Dieffenbach-Straße.

Adolf-Hitler-Straße, s. Hansaring.

Adreßbücher, s. Einwohnerbücher.

Agnes-Miegel-Haus, seit 1974 Agnes-Miegel-Museum in dem Haus, das die Dichterin zuletzt bewohnte. Es befindet sich in Bad Nenndorf am Agnes-Miegel-Platz.

Agnes-Miegel-Mittelschule, seit 1933, vorher Helene-Lange-Mittelschule. Einzelheiten s. Krausesches Lyzeum.

Agrikulturchemisches Institut, 1907 in der Tragheimer Kirchenstraße 83 errichtet.

Ahorn-Weg, in Ponarth, vom Fichte-Platz zur Prappelner Straße.

Albert, Heinrich, * Lobenstein 1604, † Königsberg 1651. Komponist; Albert lernte 1628 Simon Dach kennen; gemeinsame Neigung zum Studium und zur Musik verbanden beide miteinander. 1631 erhielt Albert die Organistenstelle am Dom. — Als Vertreter der neuen Instrumentalpraxis war er vielfachen Angriffen ausgesetzt. — In seinem Garten am Pregel versammelten sich die Mitglieder des Königsberger Dichterkreises in der Kürbislaube. — Anläßlich der Anwesenheit Wladislaw IV. von Polen wurde seine Oper „Cleomedes“ aufgeführt, die er zusammen mit Simon Dach geschaffen hatte. Zum Jubiläum 1644 folgte „Sorbuisa“.

Albertia, akadem. Verbindung, gegr. 1883. Farben weiß-schwarz-rot-weiß. Heim Gr. Schloßteichstraße 11.

Albertina. Diese Bezeichnung für die Albertus-Universität ist erst nach 1656 aufgekommen, s. Universität.

Albertinum. Wahrscheinlich wurde 1544 ein Neubau — Kollegium Albertinum — östlich des Doms für die neue Universität errichtet, und 1547 durch einen Nordflügel, dem späteren Stadtarchiv, erweitert. Beide Bauten hießen später das alte Kolleg. Ein weiteres Gebäude, das Albertinum auch Neues Kollegium genannt, wurde 1569 an der Stelle des Partikulars erbaut, also nördlich vom Dom, wo später das Stadtgymnasium stand.

Albert-Straße, von der Bessel-Straße zur Karl-Baer-Straße.

Albertus, Anstecknadel mit Bildnis Herzog Albrechts. Seit 1801 aufgekommen, wurde die unterschiedlich große Albertusnadel durch zwei Theologiestudenten allgemein eingeführt, immer an der Mütze getragen. Im Vormärz vorübergehend verboten wurde er im „Masurenlied“ von Louis Briehm, * 1829, sogar besungen. Später trugen ihn nur noch die Burschenschaften Gothia und Teutonia bis zuletzt. — Mittlerweile war der Albertus zum Abzeichen der „Muli“ geworden, die ihn nach bestandenem Abitur am Rockkragen und rotem Stürmer trugen.*

Albinus, Ulrich, * Königsberg 1909, Architekt, Kunsthistoriker. Nach dem Besuch des Löbenichtschen Realgymnasiums studierte A. in Dresden, Dipl.-Ing. Seine Laufbahn als höherer Baubeamter beschloß er als Ministerialrat. Im Zweiten Weltkrieg Wehrdienst als Führer einer technischen Kompanie. Russische Gefangenschaft in Graudenz ab 6. 3. 1945, sowie Verurteilung zu 25 Jahren Arbeits- und Besserungslager anstelle der verwirkten Todesstrafe, Entlassung im Lager Friedland 9. Okt. 1955. Wiederaufnahme der Berufsarbeit, 2. Vorsitzender des Bundes der Technischen Beamten, Vors. der Vereinigung Löben. Realgymnasium bis Okt. 1982, Präsident der wissenschaftlichen Vereinigung „Prussia“ bis 28. 1. 1982, Amtierender Stadtvorsitzender vom 1. Nov. 1974 bis Febr. 1978, langjähriger Kustos für das Museum Haus Königsberg in Duisburg. Auszeichnungen: Das Verdienstkreuz I. Klasse der Bundesrepublik Deutschland, Ehrenzeichen der Landsmannschaft Ostpreußen in Gold und die Königsberger Bürgermedaille.

Albrecht, Markgraf v. Brandenburg-Ansbach, * Ansbach 1490, † Tapiau 1568. — Sohn des Markgrafen Friedrich zu Ansbach und Bayreuth und der Tochter des Polenkönigs Kasimir war das achte unter 17 Kindern. 1511 zum Hochmeister des Deutschen Ritterordens gewählt. Vergebens versuchte A. im Reiterkrieg die Oberhoheit Sigismund I., seines Oheims, abzuschütteln. — Im Frieden von Krakau 1525 säkularisierte er als Herzog von Preußen und oberster Lehnsmann des Polenkönigs sein Land. Zugleich aber führte er als erster deutscher Fürst die Reformation ein. — 1544 folgte die Gründung der Universität Königsberg, durch die er sein Land geistig von der Universität Krakau löste. Eine weitere Tat ist die Berufung von Künstlern nach Königsberg, die dort Schüler fanden sowie die Hebung des Wohlstandes in seiner 43jährigen Friedensregierung. — Von 1526 bis 1547 war A. mit Dorothea von Dänemark vermählt. — 1550 heiratete A. Anna Maria von Braunschweig. Beide verstarben am gleichen Tage, dem 20. 3. 1568. A. in Tapiau, Anna in Neuhausen. — Denkmäler am Schloß, an der Albertina, am Königstor sowie der Herzog-Albrecht-Platz und die Herzog-Albrecht-Allee in Maraunenhof ehrten ihn.*

Abiturientenklasse von 1929 mit Alberten

Albrecht-Friedrich von Preußen, * Neuhausen 1553, † Fischhausen 1618. Sohn des Herzog Albrechts. A. F. war von mütterlicher Seite erblich belastet und von Jugend auf geistig behindert. Die Regierung führten für ihn die adligen Regimentsräte. Der einreißenden Mißwirtschaft machte der Markgraf Georg Friedrich von Ansbach ein Ende. Nach dessen Tode übernahmen die Kurfürsten Joachim Friedrich und Johann Sigismund die Vormundschaft. A. F. war seit 1573 mit Marie Eleonore von Cleve vermählt. Aus dieser sonderbaren Ehe gingen sieben Töchter hervor, die Stammütter deutscher Fürstenhäuser geworden sind.

Albrecht Prinz von Preußen, * Königsberg 1809, † Berlin 1872. Generaloberst. A. war der vierte Sohn des pr. Königspaars. Kriegsteilnehmer von 1866 und 1870/71. Nach Kriegsende wurde A. höchster Befehlshaber der preußischen Kavallerie. Das Dragonerregiment Nr. 1 in Tilsit führte seinen Namen. A. war der Vater des langjährigen Prinzregenten von Braunschweig, Prinzen Albrecht von Preußen.

Albrecht, Karl Heinrich Christian, * Hamburg 1862, † Königsberg 1926. Maler; 1884—1889 Kunstakademie in Weimar bei Prof. Hagen; danach in Hamburg tätig. Freischaffendes Arbeiten: Stilleben, Landschaften und Porträts. 1906 von Direktor L. Dettmann als Lehrer an die Königsberger Kunstakademie berufen. Bis 1925 als Professor für Kopf- und Stillebenmalen. A. erhielt 1913 und 1914 die Goldene Medaille in München und in Berlin.

Albrecht, Karl Gottlieb, * Heydekrug 1770, † 1840; Oberamtmann. A. stiftete 1838 ein Altersheim, das neben der Luisenkirche errichtet wurde und unter der Betreuung der Altstädt. Kirche stand. Dieser Kirche vermachte er auch sein Vermögen. A. besaß auf den Hufen das nach ihm benannte Gut Albrechtshöh, später Luisenhöh.

Albrecht-Straße, zw. Hagen- und Hindenburgstraße, 1897 benannt nach K. G. Albrecht.

Alexander-Straße, auf dem Tragheim vom Mühlenplatz zur Wrangelstraße.

Alexander-Schmidt-Straße, am Löben. Realgymnasium, 1904 nach dem langjährigen Direktor Dr. A. Schmidt, * 1816, † Königsberg 1887.

Alkgebirge. Dieser Höhenzug verläuft vom Galtgarben nach Norden zur See hin, und endet oft in jäh abstürzenden, von wilden Schluchten durchbrochenen Uferhängen.

Allardt, Helmut, * Königsberg 1907. Diplomat. Ab 1950 im Auswärtigen Amt. 1958 bei der EWG-Kommission, übernahm 1961 die Handelspolitische Abteilung im AA. 1963 Botschafter in Madrid, leitete von 1968—72 die Botschaft in Moskau; erlebte als unmittelbar Beteiligter das Zustandekommen des deutsch-sowjetischen Vertragswerks.

Alle, südlich von Allenstein kommend, mündet sie bei Wehlau in den Pregel, ihre Länge beträgt 289 km.

Altenberg, südlich von Königsberg. Bei diesem Dorf lag seit den 1860er Jahren ein Art.-Schießplatz.

Altenstein-Straße, Siedlung Charlottenburg, benannt 1932 nach Frhr. Karl vom Stein zum Altenstein, * 1770, † 1840, Mitarbeiter bei den Stein-Hardenbergschen Reformen, sp. Finanz-und Kultusminister.

Alte Pillauer Landstraße, die alte Straße nach Fischhausen. Sie führte an der Nordseite des Trommelplatzes durchs Steindammer Tor in scharfem Bogen nach Westen, wo das Chausseehaus an der Stelle des Teichs am Luisentheater stand, dann zwischen den Friedhöfen, am Südrand Luisenwahls zur Lawsker Allee am späteren „Korinthenbaum", südlich an Juditten vorbei, durch Moditten zur Kaporner Heide.

Alter Garten, von der Vorstädt. Langgasse zur Berliner Straße.

Alter Graben, von der Oberlaak zur Holländerbaumstraße.

Altersheime

Abendfrieden, Altersheim, Langenbeckstraße 6.

Altersheim des Krankenhauses der Barmherzigkeit, Altroßg. Kirchenstraße 25.

Altersheim vom Roten Kreuz, Speichersdorf, Aweider Allee 154—160.

Altstädt. Witwen- und Waisenstift, Wagnerstraße 3/7.

Dorotheenheim, Langenbeckstraße 8.

Farenheidsches Stift mit 117 Insassen, Farenheidstraße 33.

Feierabendheim des Königsberger Lehrerinnenvereins E. V., Hammerweg 28 bis 30.

Olga-Friedemann-Haus, Aschmann-Allee 46—48.

Städtisches Alters- und Pflegeheim, Cranzer Allee 90.

Altertumsgesellschaft Prussia, ältester Geschichtsverein Ostpreußens. Wurde anläßlich der 300-Jahr-Feier der Universität Königsberg gegründet. Wie die Rheinische Altertumsgesellschaft sich im Westen Preußens der Erforschung der römischen, keltischen und germanischen Vergangenheit widmete, wollte sie im Osten die Spuren der Prußen und deren Vorgänger sichern. Die früh- und vorgeschichtliche Archäologie stand mehr als vier Jahrzehnte im Vordergrund. Die Ausgrabungsfunde wurden im Prussia-Museum in Königsberg aufbewahrt. Die Erforschung der Geschichte des Ordensstaates wurde seit 1888 stärker betont. Hinzu trat die Erforschung der neueren Zeit. Diese Aufgaben drängten die vor- und frühgeschichtliche Forschung zwar nicht zurück, erweiterten aber den Arbeitsbereich der P. ungemein, zumal stets Westpreußen mitbetreut wurde. Die Ergebnisse wurden in den Jahresberichten des Vereins und des Museums niedergelegt. Im Jahre 1972 wurde die P. in Duisburg wiederbegründet.

Altpr. Monatsschrift, s. Zeitschriften.

Altroßgärter Friedhöfe. Auf dem alten Kirchhof wurde 1829 der Universalgelehrte Prof. C. G. Hagen beerdigt. Ein mächtiger Granitwürfel mit vier klassiz. Urnen schmückte sein Grab. Auch sein Sohn E. A. Hagen lag hier begraben. Außerdem befanden sich hier die Gräber von August Lobeck, des Historikers Johannes Voigt und des Gymnasialdirektors August Gotthold. Zwei weitere Friedhöfe befanden sich vor dem Königstor auf der linken Seite der Kalthöfer Allee.

Altroßgärter Kirche, 1623 wurde eine kleine Kapelle geweiht, 1651 der Grundstein zur Kirche gelegt, die um die Kapelle herumgebaut wurde. Der Turm mit Zeltdach konnte jedoch erst 1693 gedeckt werden. Am zweiten östlichen Fenster drei eingemauerte Ziegel, s. Sagen. Sehenswürdigkeiten bis 1944: Hochaltar von 1677, Taufkammer mit reichem Barock, der linke Beichtstuhl mit gedrehten Säulen von Isaak Riga d. J. von 1692, Orgel von Adam G. Casparini mit 2 Karyatiden mit durch Ölfarbe gesteiften Leinenhemden, Grabkammer an der Nordseite mit sehr schöner schmiedeeiserner Tür von Schlosser Joh. Michael Sommer von 1712. Die letzten Pfarrer waren Kons.-Rat B. Ankermann, Paul Kuessner, W. Pensky, Lic. Erich Leidreiter, Erich Lackner.*

Altroßgärter Kirchenstraße, vom Hinterroßgarten zur Wilhelmstraße.

Altroßgärter Predigerstraße, parallel zum Hinterroßgarten. Von der Altroßg. Kirchenstraße zur Litauer Wallstraße.

Altstadt. Schon 1256 bestand die erste städtische Ansiedlung in der Gegend des Steindamms. Diese wurde während des großen Aufstandes der Samen zerstört. Die entkommenen Städter gründeten eine neue, besser geschützte Stadt zwischen Burg und Pregel. Am 26. 2. 1286 erhielt sie ihr Haupt- und Gründungsprivilegium vom Landmeister Konr. v. Thierberg. Erst 1359—1370 wurde eine Mauer errichtet, mit der sich die Altstadt im Westen gegen die Lastadie, Laak und den Steindamm, im Osten entlang dem Löbebach gegen den Löbenicht abgrenzte. Alle Straßen der Altstadt waren eng, und das Bedürfnis, sie zu verbreitern, führte schon 1700 zu einem Fluchtlinienplan, nach dem jeder Neubau um zwei Fuß eingezogen werden sollte.

Altstädtische Bergstraße, führte von der Koggenstraße zur Löben. Langgasse. 1811 wurden mehrere Gassen in diese Straße umbenannt.

Altstädtische Friedhöfe, 1803 Einweihung eines Friedhofes neben dem Domfriedhof in der Brandenburger Tor-Straße. Drei weitere Friedhöfe befanden sich in der Alten Pillauer Landstraße.

Altstädtische Mittelschule, s. Mittelschulen.

Altstädtische Pulvergasse, von der Wassergasse zur Koggenstraße. Hier auf dem Gelände des späteren Körte-Lyzeums stand einst der sogenannte Neue Turm, der erst als Pulverturm, später als Gefängnis genutzt wurde. Er wurde 1888 abgebrochen.

Altstädtischer Gemeindegarten, bereits 1469 gegründet, diente er Handwerkern und anderen Kleinbürgern für ihre Zusammenkünfte. Er blieb bis 1945 als Jubiläumshalle mit Garten gegenüber dem Körte-Lyzeum erhalten.

Altstädtische Hofgasse, von der Altstädtischen Langgasse zum Unteren Fischmarkt.

Altstädtische Holzwiesen-Straße, von der Lindenstraße parallel zum Neuen Pregel.

Altstädtischer Junkergarten, er lag an der Stelle des späteren Körte-Lyzeums.

Altstädtischer Junkerhof. Er befand sich in der Wassergasse, wo seit 1876 das Kaufhaus Gebr. Siebert stand. 1344 ist der Altstädt. Junkerhof erstmals erwähnt; neu erbaut wurde er 1544 und 1710. Hier war 1798 die Erstaufführung von „Figaros Hochzeit".

Altstädtische Kirche, auf dem Kaiser-Wilhelm-Platz. 1264 Bau der Altstädt. Pfarrkirche St. Nicolaus. — 1504—37 Neubau. — Hier hielt 1523 der Mönch Joh. Amandus die erste evangelische Predigt. — 1575 wurde der sächs. Hofrat Hans Luther am Altar begraben. — 1824 letzter Gottesdienst, da sich die Kirche senkte und Risse entstanden; sie wurde von 1826 bis 1828 abgebrochen. — 1838 Grundsteinlegung der Neuen Altstädt. Kirche auf dem Kreytzenschen Platz; Pläne von Schinkel; 1845 Einweihung, Altar, Kanzel und Orgel aus der alten Kirche. — Der Bauplan mußte aus Kostengründen verändert werden. In dem im neugotischen Stil hochaufragenden Gotteshause verkleinerte man den Umfang im Inneren, behielt aber die Zahl der an sich schönen Säulen bei, die dadurch störend wirkten. — Sehenswürdigkeiten bis 1945: Hochaltar, 13 m hoch, Mittelstück eine geschnitzte Kreuzigung mit Johannes, den beiden Marien und den Schächern; hervorragende Arbeit eines unbekannten Meisters, Holz, 1606. 1943 ausgelagert in eine massive Scheune bei Arnau, seitdem verschollen. Epitaph des Pfarrers Dr. Bernh. Derschau, Bronzeguß, Knorpelstil. Hirschkronleuchter mit Doppelmadonna um 1500. Beichtstühle von Isaak Riga, 1944 verbrannt. Die letzten Pfarrer waren Kons.-Rat Laudien, Lic. Lenkeit, Stadtsuperintendent Friczewski und Superintendent i. R. Gustav Will.*

Altstädtischer Kirchenplatz, bis 1897, s. Kaiser-Wilhelm-Platz.

Altstädtische Langgasse, Verkehrsstraße von der Unterlaak zum Münchenhofplatz.

Altstädtische Lastadie, westlich vom Kneiphof, östlich und südlich vom Pregel begrenzt. Dieses Speicherviertel wurde allgemein nur als Lastadie bezeichnet.

Altstädtischer Markt, von der Wassergasse zur Altstädtischen Bergstraße, wurde von der Altstädtischen Langgasse gekreuzt und war kaum breiter als eine Straße. Durch den Marktbetrieb, drei Kaufhäuser und einige Läden herrschte hier stets reges Leben.

Altstädtische Schulstraße, von der Wassergasse zur Altstädt. Bergstraße.

Altstädtisches Gymnasium. Diese Schule entstand aus der 1333 gegründeten Altstädtischen Pfarrschule, der schola parochialis. Sie lag neben der 1826 abgebrochenen Altstädtischen Kirche auf dem späteren Kaiser-Wilhelm-Platz. Diese Schule wurde erstmals in einer Magistratsurkunde von 1376 erwähnt. Auch nach der Reformation blieb die geistliche Schulaufsicht bestehen. 1811 erfolgte die Umwandlung in ein humanistisches Gymnasium. 1889 wurde das neue Schulgebäude in der Altstädtischen Langgasse 43 bezogen, dem der Altstädtische Pulverturm und der Neue Turm weichen mußten. Die Aula wurde mit Gemälden von Bischoff-Culm und Doerstling geschmückt. Am 6. 1. 1923 erfolgte die Vereinigung mit dem Kneiphöfischen Gymnasium zum Stadtgymnasium Altstadt-Kneiphof im Schulgebäude auf dem Kneiphof. Letzte Direktoren: 1885—1902 Dr. Heinrich Babucke, 1903—1920 Geheimrat Dr. Georg Lejeune-Dirichlet. Schülerzahlen: 1541 = 119, 1670 etwa 300; 1878 = 479, davon 333 ev., 6 kath., 140 mos.; 1907 = 437, davon 332 ev., 12 kath., 91 mos., 2 sonstige. — In das Gebäude in der Altstädt. Langgasse zog 1925 das Körte-Lyzeum.

Altstädtisches Rathaus am Altstädt. Markt. Das gotische Rathaus von 1528 mußte 1757 einem Neubau weichen, Turm und Japper folgten 1765. Durch einen Anbau in der Schmiedestraße 1832 wurde das Rathaus erheblich erweitert. — Seit 1724 dienten die Räume dem Stadtgericht. Schon seit 1907 liefen hier die Handelshochschul-Kurse und 1915 entstand hier die Handelshochschule, die aber wegen der zunehmenden Zahl der Studierenden ihr Domizil bald verlegen mußte. In den 20er Jahren befand sich im Altst. Rathaus die Hauptstelle der Stadtsparkasse. Nach Innenbrand vom 6. 3. 1940 wiederhergestellt.

Altstädt. Witwen- und Waisenstift, es wurde 1720 gegründet. Der große Neubau an der Neuroßg. Kirche wurde 1893 bezogen.

Altstädtische Tränkgasse auf der Lastadie.

Amalienau. Die bis an das Gut Amalienau reichende Kapornsche Heide wurde 1558 bis auf einen kleinen Rest abgeholzt. 1901 entstand der Villenvorort Amalienau. 1909 die Zwillingsteiche geschaffen; die alte Hammerschmiede wird Café und Gasthaus. — 1913 Luftschiffhalle s. Luftschiffahrt.

Am Ausfalltor von der Oberlaak zur Holländerbaumstraße.

Am Bahnhofswall vom Alten Garten zum Philosophendamm.

Am Blauen Turm, Uferstraße von der Honigbrücke zur Köttelbrücke.

Ambrosius, Johanna, verh. Voigt, * Lengwethen 1854, † Königsberg 1938. Dichterin, Schriftstellerin, Bäuerin, wurde als ostpreußische Volksdichterin gepriesen und wurde über Nacht eine deutsche Berühmtheit. „Gedichte", Band I, 1905; Band II, 1913.

Am Fließ, bis 1933 die 3. Fließstraße von der Gesecusstraße zum Mühlenplatz.

Am Flughafen in Devau, von der Labiauer Straße zum Flughafen.

Am Hochgericht, re. vor dem Roßgärter Tor. Seit 1588 Richtstätte der Löbenichter, einst auf dem späteren Roßgärter Markt vor dem Kreuztor. 1724 infolge Zusammenlegung der drei Städte einziger Galgen.

Am Landgraben auf den Hufen. Straße am Landgraben von der Beeck- zur Lovis-Corinth-Straße.

Am Pulversteig. Diese Straße wurde 1682 als Damm geschüttet und führte von Kosse am Holsteiner Damm nach der Neuen Bleiche, einem einzelnen Gasthaus mit nur zwei Feuerstellen. Der Pulversteig, neben dem ein Rinnsal floß, war mit Weiden bepflanzt und von Öllampen erleuchtet. Er erhielt zuerst vom Volksmund seinen Namen, weil hier am Fuße des Veilchenberges ein Pulverhäuschen stand. Die spätere Lage der Straße entspricht nur ungefähr der des alten Dammes.

Am Rhesianum, von der Rhesastraße zum Hintertragheim.

Am Schloß, von der Schloß- zur Junkerstraße.

Am Stadtgarten in Maraunenhof, von der Samitter Allee zum Aschmann-Park.

Am Stadtwald in Juditten, von der Juditter Kirchenstraße zum Hammerweg.

Am Ziegelhof in Maraunenhof, von der Cranzer Allee zur Sarkauer Straße.

Anatomie. Der Anatomie-Professor Christoph Büttner hat 1736 ein Anatomiegebäude auf dem Weidendamm privat errichtet, das später von der Universität als anatomisches Institut übernommen wurde. 1817 wurde ein neues Institut auf der Laak gebaut, dessen Leitung von Prof. Karl Friedrich Burdach übernommen wurde; ihm folgte 1827 Karl E. von Baer. — 1930 begann der Neubau des Anatomischen Instituts am Steindammer Wall; das zweckmäßige Gebäude wurde erst 1934 in Betrieb genommen.

An den Birken in Ponarth, Sackgasse an der Godriener Straße.

An der alten Bastion am Ende der Oberlaak.

Anderson, Eduard, * Pr. Holland 1873, † Stade 1947; Maler. Nach dem Studium war A. freischaffender Künstler in Königsberg. Er malte hauptsächlich Landschaften mit ostpreußischen Motiven, die von der Schönheit der Heimat erzählen. 1897—1920 war A. der Betreuer der Kupferstichsammlung der Albertina. Als Leiter der Ausstellungen des Kunstvereins trug er wesentlich zum Bau der Kunsthalle am Wrangelturm bei. Nach dem 1. Weltkrieg regte er 1921 den Ausbau des Schlosses zu einem Zentralmuseum an. OB Lohmeyer griff den Gedanken auf, und so zogen alle verstreuten Kunstmuseen ins Schloß ein. A. stellte die Gemäldegalerie auf, wurde aber 1927 Direktor des Stadtgeschichtlichen Museums im Kneiph. Rathaus, das seine ureigenste Schöpfung wurde. Er hatte eine erstaunliche Entdeckergabe für versteckte Schätze für sein Museum. — A. hielt unermüdlich populäre und wissenschaftliche Vorträge in seinem Museum und schrieb auch zahlreiche heimatkundliche Aufsätze.

Andrée, Karl Erich, * Münder/Deister 1880, † Göttingen 1959; Geologe. Nach dem Studium kam A. 1910 als Privatdozent nach Marburg und 1915 als Professor und Direktor des Geologisch-Paläontologischen Instituts an die Albertina. A. wurden zahlreiche Ehrungen zuteil, u. a. war er Ehrenmitglied der Altertumsgesellschaft Prussia. Er trug wesentlich zur Begründung der Patenschaft zwischen den Universitäten Königsberg und Göttingen bei. Von seinen wissenschaftlichen Arbeiten seien genannt: Der Bernstein — seine Bedeutung in den Natur- und Geisteswissenschaften, Kunst und Kunstgewerbe, Technik, Industrie und Handel, 1937. A. ist die Rettung eines Teils der Bernstein-Inklusen zu verdanken, die sich heute im Mineralogischen Institut der Universität Göttingen befinden.

Anhuth, Otto, gegr. 1850, Waffengeschäft, Steindamm 84/86, Eisenwaren Lastadie 41/42.

Anker-Apotheke, seit 1921, Bes. Bruno Reinhard, Lindenstraße 31

Anna von Brandenburg, * Königsberg 1576, † Berlin 1625; Kurfürstin. Anna wurde als älteste Tochter des Herzogs Albrecht Friedrich von Preußen geboren, sie heiratete 1594 Johann Sigismund, den späteren Kurfürsten von Brandenburg. — Anna war Erbin der Herzogtümer Preußen, Jülich und Kleve; sie setzte sich tatkräftig für ihre Ansprüche im Jülich-Kleveschen Erbfolgestreit ein.

Anna Maria von Preußen, * um 1532, † Neuhausen 1568. Vater: Erich I., Herzog zu Braunschweig-Calenberg, Mutter: Elisabeth, Markgräfin zu Brandenburg. Sie wurde 1550 in Königsberg mit dem fast 60jährigen Herzog Albrecht vermählt. Ihre Ehe war nicht glücklich, da Anna Maria, wahrscheinlich erblich belastet, hochgradig hysterisch war. Der einzige Sohn aus dieser Ehe, Herzog Albrecht Friedrich, war geistesschwach.

Ännchen von Tharau, * 1615. Anna Neander vermählte sich 1633 mit dem Pfarrer Joh. Portatius in Trempen. Zu ihrer Hochzeit dichtete Simon Dach das in ganz Deutschland bekannt gewordene Lied „Anke von Tharow", das 1648 von Heinrich Albert vertont wurde. Dem Ännchen war kein leichtes Los beschieden, denn dreimal wurde sie Witwe. Das Leben war ihr zur Last geworden, sie verstarb mit 74 Jahren.

Anton, Paul, * Borna 1857, † Königsberg 1928, Journalist. Nach kurzem Studium widmete sich A. der Journalistik, zunächst an der Nationalzeitung. 1887 kam A. nach Königsberg als Schriftleiter und später Chefredakteur der Ostpreußischen Zeitung. 1897 ging er zur Königsberger Allgemeinen Zeitung über, wurde dort stellvertretender Geschäftsführer und Direktor, bis er 1926 in den Ruhestand trat. Verheiratet war A. mit der Schriftstellerin Helene Lang-Anton.

Apotheke Georg May, Steindamm 114.

Apotheke in der Krummen Grube, Pächter Bruno Gohritz, Krumme Grube 10.

Apotheken. Seit 1420 gab es die erste A. in der Altstadt, 1544 die erste im Löbenicht. 1551 kam der Arzt und Apotheker Dr. Montanus nach Königsberg, der 1560 die Hofapotheke gründete. 1555 gab der herzogliche Leibarzt Dr. Aurifaber die erste Apotheken-Ordnung heraus, und 1645 bereitete der Apotheker Caspar Pantzer vor der Fakultät seinen berühmten Theriak. Als Schwiegersohn von Dr. Montanus erbte er dessen Apotheke. Michael Wilde gründete 1650 am Fürstlichen Ballhaus eine Apotheke, die der Hofapotheker Prof. Valentin Pietsch 1716 erweiterte. 1747 kaufte sie der Apotheker Heinrich Hagen aus Schippenbeil. — 1755 hatte Königsberg zehn Apotheken: Bärenapotheke, Kronenapotheke, Kant-Apotheke, Apotheke „Zum weißen Adler" in der Vorstadt, die 1755 Johann S. Tiepolt erwarb. 1777 untersuchte Karl Gottfried Hagen das Wasser der Königsberger Brunnen. Sein „Lehrbuch der Apothekerkunst" erschien 1778. 1914 hatte Königsberg 27, 1938 38 Apotheken.*

Apothekerkammer für die Provinz Ostpreußen, Steindamm 17. Vorsitzender Apotheker Dr. Paul Wiskirchen, Tilsit.

Apotheke zur Altstadt, H. Kahles, Inh. Dr. H. Schartner, Altstädt. Langgasse 74.

Apotheke zum Goldenen Adler, W. Josetti, Steindamm 30. Gegr. 1893.

Apotheke zum Schwarzen Adler, Bes. Erich Urbschat, Viehmarkt 20, gegr. 1902.

Apotheke zum Storch, Bes. Bruno Groeger, Lawsker Allee 59. Gegr. 1914.

Apotheke zum weißen Adler, Bes. Hans Firley, Vorstädt. Langgasse 87.

Appelbaum-Straße, 1912 auf der Lomse, 1925 in Ratshof, benannt nach dem Kaufmann Fr. R. Appelbaum, der sein Vermögen in Höhe von 420 000 Mark seiner Vaterstadt zur Errichtung eines Kinderpflegeheims in Ratshof vermacht hat.

Apponius, Walter, Öfen, Kochanlagen und Badeeinrichtungen, Schmiedestraße Nr. 1.

Arbeitsämter, das Landesarbeitsamt befand sich Beethovenstraße 17/19, das Arbeitsamt Friedrich-Ebert-Straße 1.

Archäologisches Museum, es befand sich seit 1901 im Königshaus in der Königstraße.

Architekten.
Bartholomé, E., Krausallee 32
Beselin, Herbert, Innenarchit., Lüderitzstraße 29
Dethlefsen, Prof. Richard, Luisenallee 11
Eisenblätter, Fritz, Hasselstraße 1
Frick, Eckhard, Ritterstraße 16
Frick, Prof. Kurt, Ritterstraße 21
Frick, Prof. Otto, Simsonstraße 22
Geisler, Kurt, Hindenburgstraße 1 d
Gerlach, Hans, Steinstraße 6
Glage, Karl, Stadtbaurat, Wiebestraße 108
Glaubitz, Hermann, Stresemannstraße 34
Hopp, Hanns & Georg Lucas, Gluckstraße 3
Kuckuck, Otto Walter, Steindamm 9 b
Kutschke, Cornelius, Dr. h. c., Oberteichufer 10
Lahrs, Prof. Friedrich, Hardenbergstraße Nr. 8/10
Lascheit, Richard, Viehmarkt 7a
Manteuffel, Hans, Ottokarstraße 23
Matz, Franz, Devauer Straße 6
Ohelndorf, Bruno, Bachstraße 20 a
Pflaum, August, Brahmsstraße 5
Reinhardt, Friedrich, Wiebestraße 105
Saßnick, Siegfried, Hammerweg 17a
Stallmann, Martin, Ziegelstraße 11
Stephan, Paul, Beethovenstraße 10
Suttkus, Paul, Hoverbeckstraße 29
Ulbrich, Kurt, Samlandweg 2

Arendt, Max, * 1843, † Königsberg 1913. Großkaufmann. A. war langj. Stadtverordneten-Vorsteher und bekannte sich bewußt zum Deutschtum. Von 1910—1913 war A. auch Vorsteher der Repräsentantenversammlung der jüdischen Gemeinde sowie von 1908—1913 Vorsitzender der Zentral-Armenkommission. Die Philosophin und Schriftstellerin Prof. Hannah Arendt war seine Enkeltochter.

Armstedt, Richard, * Osterburg/Altmark 1851, † Königsberg 1931. Pädagoge. 1885 promovierte A. zum Dr. phil. in Tübingen und wurde 1886 Oberkehrer am Königsberger Altstädt. Gymnasium. Von 1900—1921 war Prof. A. Direktor des Kneiph. Gymnasiums. — Seine Arbeiten galten der Geschichtsforschung Ostpreußens. Zusammen mit Dr. R. Fischer gab er eine Heimatkunde Königsbergs heraus.

Arnau, am nördl. Pregelufer 10 km oberhalb von Königsberg hoch gelegen, wird 1304 zuerst erwähnt. Preußische Fliehburg wird 1322 vom Dt. Orden als festes Haus ausgebaut. Die gleichzeitig erwähnte Pfarrkirche war eine von den schönsten Dorfkirchen der Ordenszeit. Aus gefugten Ziegeln und Feldsteinen erbaut, um Langhaus, Strebepfeiler und Chor braun glasiertes Sockelgesims. Im Turm hohes Kreuzgewölbe, Langhaus dreijochig mit Sterngewölbe, Chor zweijochig. Alte Ausmalung übertüncht. 2 Glocken. Als eine sehr besuchte Wallfahrtskirche gehörte sie 1349—1636 dem Nonnenkloster bzw. dem Großen Hospital des Löbenichts. Das Gut Pr. Arnau besaß ab 1826 Theod. von Schön, er hat den Park angelegt. In den letzten Jahrzehnten war die Familie Behrend Besitzer dieses Guts. — Arnau war ein beliebter Ausflugsort für Dampferfahrten.

Arndt, Adolf Bernhard, * Bütow 1831, † Königsberg 1907. Architekt. A. studierte seit 1848 in Berlin auf der Bauakademie und wurde 1853 kgl. Bauführer. A. baute als Staatsbeamter 1871 die Universitäts-Frauenklinik in der Drummstraße und betätigte sich auch als Privatarchitekt. In den 70er Jahren bearbeitete er die Regulierung des Mühlenfließes und des Schloßteiches.

Arndt, Dr. Adolf, * Königsberg 1904, † Berlin 1974. Politiker. Sohn des bedeutenden Staatsrechtlers Professor Adolf Arndt, * 1849, † 1926. Als Jurist war A. zunächst Landrichter, 1933—44 Rechtsanwalt, 1945 Oberstaatsanwalt, 1949 bis 1969 MdB, 1956—1964 Mitglied des Parteivorstandes der SPD, 1963—1964 Senator für Wissenschaft und Kunst in Berlin. Werke: Das nicht erfüllte Grundgesetz u. a.

Arndt, Emil Reinhold, * Königsberg 1868, † Königsberg 1928. Architekt. A. besuchte die Baugewerbeschule in Dt. Krone und ging zur weiteren Ausbildung zu B. Sehring nach Berlin. Als freier Architekt wirkte er in Königsberg. Er baute die flankierenden Häuser der franz. ref. Kirche, das Bankgebäude der Norddeutschen Kreditanstalt an der Grünen Brücke, das Warenhaus Sternfeld, das Taubstummenheim in der Krausallee, den Gartenhausblock in der Krugstraße, in Ponarth, auf den Hufen und in Ratshof an der Kaporner Straße. A. half beim Wiederaufbau Ostpreußens, besonders in Gerdauen. 1908 wurde er Stadtverordneter, später Stadtrat und Stadtältester.

Arndt, Dr. jur. Dr. rer. pol. Helmut, * Königsberg 1911. Nationalökonom. Bruder von Adolf A. Promotion 1946 in Marburg. A. lehrte in den USA und in Instanbul. Seit 1957 Professor an der Freien Universität Berlin. A. beschäftigt sich hauptsächlich mit der durch Konzentration entstandenen ökonomischen Macht und ihrem Mißbrauch. Sein Hauptwerk: Die Konzentration der westdeutschen Wirtschaft, 1966.

Arndt-Straße, in Ratshof von der Lawsker Allee zum Holsteiner Damm, benannt nach dem Architekten Emil R. Arndt.

Arno-Holz-Straße, von der Samitter Allee zum Bahnhof Maraunenhof weiter zur Ernst-Wichert-Straße.

Arnoldt, D. Daniel Heinrich, * Königsberg 1706, † Königsberg 1775. Pietistischer Pfarrer, Professor der Theologie an der Albertina, Königlicher Hofprediger. Aufrechter Patriot und Verfasser einer Historie der Albertina und einer Kirchengeschichte Preußens.

Arnoldt, Emil, * Plibischken 1828, † Königsberg 1905. Philologe. Studierte Geschichte und Philosophie an der Albertina; mehr als die Professoren wirkte auf ihn der Prediger Julius Rupp. Ein Aufsatz, den er 1850 für dessen „Volksboten" schrieb, trug ihm eine Gefängnisstrafe ein. Arnoldts wesentliche Bedeutung liegt auf dem Gebiet der Kant-Forschung. Als hervorragender Kenner und Interpret Kants hat er sich für alle Zeiten einen Namen gemacht. Seine philosophischen Schriften sind von O. Schöndoerfer in zehn Bänden herausgegeben worden.

Arnoldt-Straße, von der Altroßgärter-Prediger- zur Farenheidstraße. Benannt nach Daniel A. oder nach Emil Arnoldt, einem Urenkel von Daniels älterem Bruder, oder nach beiden.

Arresthaus am späteren Arresthaus-Platz. Die Elisabethkirche wurde 1809 aufgelassen. Sie diente als Arresthaus, weshalb der Platz, auf dem sie stand, der frühere Kirchhof Arresthausplatz hieß. 1896 war dieses Haus Bezirkskommando und in der Weimarer Zeit Wehrkreisbücherei und zuletzt Versorgungsamt bzw. Heeresentlassungsstelle.

Arresthaus-Platz, südlich vom Sackheim, nach 1933 Elisabeth-Platz.

Arnheimsches Lyzeum, Tragheimer Pulverstraße 15. Die höhere Töchterschule von Frau Pauline Arnheim wurde von ihr 1883 gegründet und bis zur Auflösung von ihr geleitet. 1908 als Lyzeum anerkannt, ihr war ein kleines Internat angeschlossen. Die Schule ging 1931 ein, jedoch wurde ein Teil der Klassen ins Bismarck-Oberlyzeum übernommen. Seine Räume bezog das neu eingerichtete staatliche Studienseminar.

Artillerie, nach der Heeresreform 1864 wurden in Königsberg das Feldartillerie Regiment 1 und das Festungsartillerie Regiment 1 gebildet. 1890 kam es zur Aufstellung des Art. Regts. 16, für das eine Kaserne westlich der Haberberger Kirche gebaut wurde. Schließlich wurde 1899 das Feldartl. Regt. 52 aufgestellt. 1910 konnte das Feldartl. Regt. 16 eine neue Kaserne in der Cranzer Allee Ecke Kanonenweg beziehen. 1919 wurden die 3 Artillerie Regimenter aufgelöst. Seit 1920 lag in der Kaserne in der Cranzer Allee das Artillerie Regiment 1 mit der II. Abteilung und der Ausbildungsbatterie. Siehe auch Feld- und Fußartillerie.

Artillerie-Straße, parallel zum Oberhaberberg von der Hasselstraße zum Viehmarkt.

Artillerie-Kollegienhaus, st. 1799, später école militaire in der Artillerie-Straße.

Artushöfe, siehe auch Junkerhöfe. Der Artushof am Großen Domplatz wurde 1883 vom Kaufmännischen Verein erbaut. Das Gebäude mit einem größeren Festsaal diente vorwiegend geselligen Veranstaltungen. 1921 bezog die Soziale Frauenschule der „Inneren Mission“ den Artushof. 1924 kaufte die Stadt das Haus dem Kaumfmännischen Verein ab, da es diesem für seine rund 1000 Mitglieder zu klein geworden war.

Ärzte, in der Ordenszeit wirkte 1458 als erster Arzt Dr. med. J. Schillingholz vorübergehend in Königsberg. 1513 stellte Hochm. Albrecht als Leibarzt Dr. Joh. Horn an. 1536 durfte der jüdische Arzt Isaak May in Königsberg praktizieren. 1541 ließ Herzog Albrecht den Frauenburger Domherrn Nicolaus Copernicus nach Königsberg bitten, um den schwer erkrankten Herrn von Kunheim zu behandeln. Bei der Gründung der Universität wurde Dr. Johann Placotomus 1544 erster Professor der Medizin. Des Herzogs Leibarzt Dr. Andreas Aurifaber untersuchte das Heilmittel Bernstein. In Königsberg fand 1635 die erste Magenöffnung durch Stadtchirurg Daniel Schwabe statt. 1637 erste anatomische Demonstration in Königsberg. 1677 erste Vivisektion. 1737 errichtete Professor Dr. Büttner ein Theatrum anatonicum. 1793 errichtete Professor Johann Daniel Metzger die erste Hebammenlehranstalt. 1803 erste Schutzpockenimpfung in Königsberg durch Dr. W. Wotherby. Im Jahre 1851 gründete Professor Helmholtz in Königsberg den Verein für wissenschaftliche Heilkunde. 1866 amtierten in Königsberg ein Stadtphysikus und fünf Armenärzte. 1910 gab Professor Ehrlich auf der Naturforscher- und Ärztetagung das Salvarsan bekannt. Seit 1918 hatte Königsberg Schulärzte.*

Aschhof in der Großen Krangasse. Diese Lagerhalle befand sich in städtischer Regie, 1877 abgebrannt, sie wurde sofort wieder aufgebaut.

Aschmann-Allee, in Maraunenhof vom König-Ottokar-Platz zum Max-Aschmann-Park, 1910 benannt nach dem Kaufmann Max Aschmann.

Assing, David, ursprünglich Assur, * Königsberg 1787, † Hamburg 1842. Dichter A. machte den Befreiungskrieg als Militärarzt mit und ließ sich dann in Hamburg nieder, wo er Varnhagens hier als Erzieherin wirkende Schwester Rosa Maria heiratete. Beide sind in den romantischen Almanachen mit lyrischen Versuchen hervorgetreten. A. war mit Chamisso und J. Kerner befreundet.

Assmann, Herbert, * Danzig 1882, † Oldenburg 1950. Internist. Nach dem Studium der Medizin, zuletzt in Königsberg, wo er auch promovierte, wandte sich A. der Röntgendiagnose der inneren Organe zu, insbesondere der Tuberkulose. A. entdeckte das Frühinfiltrat, d. h. die Frühentdeckung dieser Krankheit, den „Assmann Herd". A. war Professor in Leipzig und Königsberg und von 1931—45 Leiter der Medizinischen Universitätsklinik in Königsberg. Sein Hauptwerk „Die klinische Röntgendiagnostik" erschien in mehreren Auflagen.

Auer, Kuno Thassilo von, * Königsberg 1818, † Königsberg 1895. Generalmajor. A. trat 1835 in das 3. Inf. Regt., 1855, Hauptmann, 1856 Adjutant beim Chef des Generalstabes der Armee. 1865 als Bataillonskommandeur in das Inf. Regt. Nr. 18 versetzt. 1866 Kommandeur des Gren. Regt. Nr. 1 und Oberst. Nachdem er 1868 in das Kriegsministerium versetzt war, nahm er bald seinen Abschied, um das Majorat Goldschmiede zu übernehmen. Nach der Kriegsteilnahme 1870/71 erhielt A. den Charakter als Generalmajor. A. nahm Anteil an der Politik, war Mitglied der konservativen Partei und der Prussia. Er war lange Jahre Obervorsteher der Königshalle in Königsberg.

Auerswald, Hans Jacob von, * Plauth/Westpreußen 1757, † Königsberg 1833. Staatsmann. Nach Studium an der Albertina und Heeresdienst wurde er 1802 Präsident der Kammer in Königsberg. Als Freund von Chr. J. Kraus ging er bei der Bauernbefreiung auf seinen Gütern mit anderen Adligen voran. Auch als Kurator der Albertina von 1806 bis 1819 führte er weitreichende Reformen durch. 1812 hatte er die fast unlösbare Aufgabe, die Armee Napoleons zu verpflegen. Bei der Erhebung am 5. Februar 1813 schützte er die Königliche Regierung geschickt vor dem Verdacht antifranzösischer Politik. 1814 bis 1824 war A. Oberpräsident von Ostpreußen.

Auerswald, Rudolf von, * Marienwerder 1795, † Berlin 1866. Staatsmann. Von 1824—1834 war A. Landrat des Kreises Heiligenbeil; von 1835—42 Generallandschaftsrat. Von 1838—1842 war A. Oberbürgermeister von Königsberg und gehörte im Provinziallandtag der liberalen Richtung an. 1842 wurde A. Regierungspräsident in Trier und von 1848 bis 1850 Oberpräsident von Ostpreußen. Dann war A. nur kurze Zeit 1848 preußischer Ministerpräsident. A. wurde 1850 Präsident des Erfurter Parlaments und 1853 Mitglied des preußischen Abgeordnetenhauses in der liberalen Opposition.

Auerswald-Straße in Maraunenhof, benannt 1901 nach der Familie von Auerswald.

Auf der Palve in Maraunenhof von der Samitter Allee zur Arno-Holz-Straße.

Aufklärungs Abteilung 1, seit 1935 in Quednau, Cranzer Allee 188.

Augusta-Straße von der Königstraße zum Herzogsacker.

August-Viktoria-Allee in Maraunenhof von der Samitter Allee zur Herzog-Albrecht-Allee.

Aurifaber, Andreas, * Breslau um 1512, † Königsberg 1559. Mediziner. Nach dem Studium in Wittenberg und Padua kam A. 1545 nach Königsberg und wurde Professor der Medizin an der Albertina. Im Osiandrischen Streit war er Anhänger dieses Theologen.

Ausfall-Tor. Es befand sich an der gleichen Stelle wie 1626, an der Kreuzung der Friedrich-Ebert-Straße mit dem Deutschordenring. Das Tor war ein langer düsterer Tunnel durch den Wall, der nur noch von Fußgängern benutzt wurde.

Ausland. Als „Ausland“ wurde das Städtchen Zinten im Kreis Heiligenbeil bezeichnet. Nach einer alten Verordnung durften sich Protestanten immer nur ein Jahr im katholisch gebliebenen Fürstbistum Ermland aufhalten, das bis 1772 der polnischen Krone unterstand. Deshalb gingen sie jährlich einmal „ins Ausland“, nämlich in das gleich hinter der Grenze liegende evangelisch-preußische Zinten. Dort hielten sie sich einen Tag auf und kehrten dann wieder ins Ermland zurück.

Aust, die Erntezeit des Getreides; vom Monat August abgeleitet; das Tätigkeitswort dazu heißt austen.

Aweider Allee in Rosenau, von der Schönfließer Allee zur Stadtgrenze.

B

Bach-Straße, von der Stresemannstraße zur Simsonstraße.

Baczko, Ludwig Franz Jos. von, * Lyck 1756, † Königsberg 1823. Historiker. Als Student in Königsberg durch die Behandlung eines Kurpfuschers erblindet. Professor an der Artillerie-Akademie in Königsberg. Seine geschichtlichen Werke sind noch heute bedeutsam, vor allem die von 1792 bis 1800 erschienene sechsbändige Geschichte Preußens sowie ein Handbuch der Geschichte und Erdbeschreibung Preußens von 1784. B. wurde zum Geschichtsschreiber Königsbergs und gab drei beachtliche Zeitschriften heraus, darunter die Annalen des Königreichs Preußen.

Baczko-Straße, Mittelhufen. B. zu Ehren wurde die Robert-Straße umbenannt.

Bäder. Palaestra Albertina, 3. Fließstraße, von Dr. med. Friedr. Lange 1894 für die Königsberger Studenten gestiftet, aber z. T. auch der Allgemeinheit zugänglich. Preußenbad, Steindamm 48, erster Besitzer hieß Preuß. Volksbrausebäder: Neue Dammgasse 32 und Sackheim 108a, sowie Unterlaak. Sommerbäder: Am östl. Oberteichufer: Hansa, früher Todtenhöfer; daneben Militär-Schwimmanstalt. Königsberger Schwimmclub nördl. am Kunzener Weg. Am westl. Oberteichufer: Prussia, früher Pasternack. Hammerteich seit 1910, Kupferteich seit 1925. Südl. des Friedländer Tors seit 1927. 1817 wurde die erste Badeanstalt betrieben. 1818 errichtete der Student Dieffenbach die erste Schwimmschule am Pregel.

Bader-Straße, von der Hökerstraße zur Altstädtischen Bergstraße.

Bader-Tor, 1333 als Torhaus erbaut, auch Dombrückentor. Es führte von der Wassergasse zum Unteren Fischmarkt. Hier einziges bis 1944 erhaltenes gotisches Haus.

Baer, Carl Ernst von, * Piep/Estland 1792, † Dorpat 1876. Anatom. B. kam als Prosektor seines Lehrers Burdach 1817 nach Königsberg. 1821 Professor der Zoologie, 1826 Direktor der Königsberger Anatomie; entdeckte 1827 das Säugetierei. Das Königsberger Zoologische Museum verdankt ihm seine Entstehung. B. ging 1834 nach St. Petersburg.

Bahnhöfe. Außer dem Hauptbahnhof und dem Nordbahnhof gab es noch folgende Bahnhöfe: Station Holländerbaum, 1929 als Ersatz für den Lizentbahnhof eröffnet. Das Empfangsgebäude ist ein langgestreckter, teilweise zweigeschossiger Klinkerbau, und die geräumige Schalterhalle konnte den starken Ausflugsverkehr nach Metgethen, Neuhäuser und Pillau aufnehmen. Für diese Strecke gab es im Ratshof eine Haltestelle. Der auch 1929 eröffnete Bahnhof Maraunenhof lag in Maraunenhof südlich der Stadtgärtnerei an der Arno Holz-Straße in der Nähe der Samitter Allee. Über der Eingangshalle des eingeschossigen Empfangsgebäudes lag ein dreifenstriger Giebel. Dieser Bahnhof bot den Maraunenhöfern einen bequemen Zugang zu den Zügen der Labiauer und Cranzer Bahn. Südlich schloß sich der neue Güterbahnhof Königsberg Nord an. Westlich vom Königstor Bahnhof der Kleinbahn nach Neuhausen und Tapiau bzw. nach Schaaksvitte.

Bahnhofs-Platz vor dem 1929 stillgelegten Ost- und Südbahnhof.

Balau, Horst, * Rhein/Ostpreußen 1902, † Düsseldorf 1955, Bankkaufmann. Seit 1920 bei der Bank der Ostpreußischen Landschaft tätig, 1935 Mitglied des Hauptvorstandes dieser Bank, 1945—48 Leiter der Abwicklungsstelle der „Badol" in Halle/Saale.

Balga, Kirchdorf auf dem Steilufer der Halbinsel des Frischen Haffs, seit 1239 im Besitz des Ordens. Ab 1270 wurde die Burg in Stein ausgebaut und Sitz eines Komturs, dessen Gebiet sich bis zur polnischen Grenze erstreckte. Obwohl der Bischof von Polentz 1525 das Amt Balga übernahm, verfiel die Burg. 1701 wurden ihre Steine zum Festungsbau in Pillau verwendet. Nur ein Flügel der Vorburg blieb als Ruine erhalten.

Balgaer Tief, es wurde 1456 von den Danzigern verpfählt, später versandet.

Balke-Straße, vom Deutschen Ordensring zur Alten Pillauer Landstraße, benannt nach dem ersten Eroberer Preußens, Hermann Balke.

Ballieth. Dieser am nördlichen Stadtrand gelegene Gutsbezirk wurde 1928 eingemeindet.

Bank, Albert, Weingroßhandlung, Selkestraße 16.

Bank der Ostpreußischen Landschaft, Landhofmeisterstraße 15/18. Diese Anstalt wurde 1869 als öffentlich rechtliches Institut von der Ostpreußischen Landschaft gegründet. Ihr weit verzweigtes Filialnetz umfaßte die Provinz Ostpreußen einschließlich den Regierungs-Bezirk Marienwerder mit insgesamt 700 Angestellten.

Banken

Bank der Deutschen Arbeit, Französische Straße 12.

Bank der Ostpreußischen Landschaft, Hauptbank Landhofmeisterstraße 15/18, mit 8 Nebenstellen.

Beamten-, Spar- und Darlehnskassen-Verein für Ostpreußen e.G.m.b.H., Münzstraße 14.

Commerzbank Akt.-Ges., Kneiphöfische Langgasse 16.

Deutsche Bank Filiale Königsberg, Vorstädtische Langgasse 83/84, mit 2 Depositenkassen.

Deutsche Industriebank, Vorstädtische Langgasse 49.

Deutsche Verkehrs-Kredit-Bank A.-G., Kantstraße 10.

Dresdner Bank, Filiale Königsberg, Kneiphöfische Langgasse 11/13, mit 3 Depositenkassen.

Edeka-Bank e.G.m.b.H., Gesecusplatz 6.

Gewerbe- und Hausbesitzer-Bank e.G.m.b.H., Steindamm 8.

Girozentrale für Ostpreußen, Brodbänkenstraße 21/22.

Handelsbank e.G.m.b.H., Köttelstraße 1/2.

Königsberger Spar- und Kreditbank, e.G.m.u.H., Hohenzollernstraße 10

Kreissparkasse Samland, Hauptstelle Königstraße 55, Zweigstelle Steindamm

Kunden-Kredit G.m.b.H., Gesecusplatz

Landesbank der Provinz Ostpreußen, Hauptstelle Kneiphöfische Langgasse 1, mit 2 Geschäftsstellen.

Ostpreußische Pächterkreditbank e.G.m.b.H., Hintertragheim 11.

Ostpreußische Raiffeisenbank e.G.m.b.H., Stresemannstraße 27/33.

Reichsbank-Hauptstelle, Schloßplatz 2/3.
Sparkasse des Landkreises Königsberg, siehe Kreissparkasse Samland.
Stadtsparkasse, Hauptstelle Kneiphöfische Langgasse 60, mit 17 Kassenstellen.
Vereinsbank e.G.m.b.H., Vorstädtische Langgasse 77.
Zentralkasse ostpreußischer Volksbanken e.G.m.b.H., Vorstädt. Langgasse 77.

Bannies, Joh. Adolf, Getreide, Futtermittel, Klapperwiese 5/6, Ölkuchenmühle am Kaibahnhof.

Barbara-Straße in Ponarth, von der Brandenburger Straße zur Karschauer Straße.

Bären-Apotheke, seit 1700, Inhaber Dr. Gerhard Kunze, Brodbänkenstraße 2.

Bären-Straße, von der Yorckstraße zum Sackheim.

Bartenstein, Kreisstadt an der Alle. Die Burg wurde um 1240 angelegt und die Stadt erhielt ihre Handfeste 1332. Bald wurde die Stadtkirche erbaut, ein Basiliken-Ziegelrohbau. B. hatte noch die Johanniskirche und eine katholische Kirche. Von der Stadtbefestigung war noch das Heilsberger Tor erhalten. 1807 wurde hier ein Vertrag zwischen Preußen und Rußland — die sogenannte IV. Koalition — abgeschlossen. Hier standen zwei altertümliche Steinfiguren, Bartel und Gustebalde, wahrscheinlich noch aus heidnischer Zeit.

Bärwalde, Dorf und Försterei am Nordrand der Kaporner Heide.

Batocki-Friebe, Adolf Tortolowicz von, * Bledau 1868, † Bledau 1944. Jurist. 1900 Landrat des Landkreises Königsberg, 1914 Oberpräsident von Ostpreußen, 1916 Präsident des Kriegsernährungsamts, 1917 Kriegsteilnehmer als Major d. R., 1918 abermals Oberpräsident. Im Juni 1919 legte er sein Amt nieder und verwaltete sein Gut Bledau.*

Batocki-Straße, 1908 in Kalthof an der Rennbahn, nach Ad. v. Batocki benannt.

Battermann, Hans * Bückeburg 1860, † Blankenburg 1922. Astronom. Professor in Königsberg, Beobachtungen von Sternbedeckungen.

Bauer, Walter, * Königsberg 1877, † Göttingen 1960. Theologe. Professor in Göttingen bis 1946, u. a. bedeutende Arbeiten über die Alte Kirche.

Baubedarfs-Firmen
Baustoffe aller Art, Walter Müller, Auerswaldstraße 8/10.
Fechner & Weikert, Mitteltragheim 51.
Göttner & Prestien-Weber K.-G., Schleusenstraße 7.
Honig, August & F. Haurwitz, Kommandit-Gesellschaft, Schleusenstraße 7.
Kalk- und Mörtelwerke A.G., Gebauhrstraße 74.
Ladwig, Ernst, Schnürlingstraße 37.
Liedtke & Co., Erich, Copernicusstraße 9.
Müller, Richard, Gluckstraße 2.
Neumann & Co., Paul, Paradeplatz 11.
Osterode, Gustav, Stresemannstraße 81.
Raikowski & Wagenführ, Kommandit-Gesellschaft, Magisterstraße 1.
Schinz, Bruno, Vorstädtische Langgasse 61.
Sielmann, Dr. Paul, Butterberg 14.
Thiel, Carl, Weidendamm 42.
Thyssen, Eisen- und Stahl-A.G., Holsteiner Damm 45/50.
Westerwick, K., Wallenrodtstraße 33a.
Zimmer, Nachf., Robert, Inh. Heinz Kroseberg, Goltzallee 12.

Baugeschäfte
Allgem. Baugesellschaft Lorenz & Co., Schillerstraße 9.
Anders, Gerhard, Stresemannstraße 49.
Baltrusch, Fritz, Steindamm 21/23.
Berger, Julius, Tiefbau-Akt.Ges., Kneiphöfische Langgasse 11/13.
Beton- u. Industriebau Anders, Kristandt & Co. Kdt.Ges., Stresemannstraße 49.
Beton- u. Monierbau A.-G., Alter Graben 41.
Beton- u. Tiefbau K.-G. Collin & Co., Juditter Allee 35/37.

Budinski & Brödel, Tragh. Kirchenstraße 71.
Deutsche Bau Akt.-Ges., Löbenichtsche Langgasse 19.
Dramekehr, C., Karlstraße 4.
Dyckerhoff & Widmann K.G., Mitteltragheim 25
Eggert, Albert, gegr. 1862, Gebauhrstraße 23.
Förster, F. W. & H., Brahmsstraße 5
Geisler, Kurt, Rudauer Weg 27
Gerschmann & Co., Aug., Inh. H. Becker, Stresemannstraße 71.
Gombert, Helmut, Lilienstraße 5/7.
Gragen & Co., Magisterstraße 70/71.
Grodde, Hermann, Hohenzollernstr. 5.
Grün & Bilfinger AG., Stresemannstraße 24.
Hinz, Hermann, Bartensteiner Str. 4a.
Hochtief Akt.-Ges., Steindamm 149.
Hoch- u. Tiefbau Gesellschaft, Gebr. Schmarsel, Gluckstraße 12.
Holzmann, Philipp A.G., Markgrafenstraße 3.
Horn, August, Rudauer Weg 3.
Horn, H. B., Dieffenbachstraße 75.
Horn, Otto, Dammhofer Weg 13.
Josupeit & Schmidt, Steindamm 132/133.
Klammt, Hermann, Münzstraße 14.
Klapproth & Groß, Stresemannstraße 82/ 84.
Knittel & Welker, Goltzallee 5.
Lascheit & Co., Rich., Viehmarkt 7a
Lenz, A. B., Labiauer Straße 192.
Malchow G.m.b.H., Vorstädtische Langgasse 103.
Matz & Lauffer, Hans Saganstraße 41d.
Mertinkat & Mulack, Scharnhorststr. 10.
Moschall, Paul, Unterhaberberg 36.
Neue Bauges. Wayss & Freytag, Schleusenstraße 1.
Newiger, Rudolf, Königstraße 6/7.
Nord-Süd-Bau Kommandit-Gesellschaft, Vorderroßgarten 50.
Ohliger, Max, Tharauer Straße 4.
Oppermann, Franz, Samlandweg 38.
Possekel & Schrader Kommandit-Gesellschaft, Ringstraße 6/10.
Richter, Gebr., Hindenburgstraße 59/61.
Richter, Max, Vorderroßgarten 63.
Sager & Woerner, Cranzer Allee 209.
Sandmann, R., Weidendamm 34.
Schmidt, Johannes, Heumarkt 11.
Siemens Bauunion G.m.b.H., Herzog-Albrecht-Allee 16.
Szitnick, O. E., Katholische Kirchenstraße 10.
Vogel & Potschien, Weidendamm 5.
Wegner, Ernst, Heilsberger Str. 36/38.
Wiede, Karl-Hans, Mitteltragheim 51b.
Windschild & Langelott K.G., Kneiphöfische Langgasse 30/32.
Winter, E.W., Hammerweg 61
Wispereit, Ernst, Derfflingerstraße 4.
Wolf & Döring, Lawsker Allee 16.
Woronowski, Bruno, Cranzer Allee 133.

Baugewerbebund Ostpreußen E.V., Königstraße 79.

Baugewerke-Innung zu Königsberg, Königstraße 79.

Baugewerkschule, 1821 als Königliche Gewerbeschule gegründet, Synagogenstraße 7. Seit 1892 Staatliche Baugewerkschule, die 1897 in die Schönstraße 12 zog; wurde 1914 Festungshilfslazarett. Im Wintersemester 1921/22 hatte sie 302 Schüler. Seit 1938 Staatsfachschule für Hoch- und Tiefbau.

Baumgart, Hermann, * Elbing 1843, † Königsberg 1926. Literaturhistoriker, Goetheforscher. In mehr als 40jähriger Tätigkeit an der Albertina hat sich B. als Forscher bewährt. Professor B. war seit 1890 der erste Ordinarius für neue Literaturgeschichte.

Bausparkasse, Deutsche Bausparkasse e.G.m.b.H., Darmstadt, Geschäftsstelle Herbert Steffen, Bartensteiner Straße 14.

Bausparkasse Wüstenrot, Ludwigsburg, Bezirksleiter Dr. R. Kapp, Schwarzorter Weg 2.

Becker, Moritz, * Danzig 1830, † Königsberg 1901. Industrieller. 1861 pachteten der Hausierer M. Becker und der Steinfischer Stantien die Bernsteingewinnung vom preußischen Staat. Nach dem Ausscheiden von S. war B. Alleininhaber der Firma Stantien & Becker. Sie förderte bis 1899 Bernstein mit Dampfbaggern aus dem Kurischen Haff, kaufte 1872 das Gut Palmnicken und legte dort 1875 das erste Bernsteinwerk an. B. erhielt den Titel Kommerzienrat und wurde bald ein reicher Mann. Als der Staat sich 1899 entschloß die Pacht aufzuheben, mußte er B. 8 Millionen Mark Entschädigung zahlen. Frau B. gründete einen Verein für fortbildende Vorträge und machte große Zuwendungen für mehrere Anstalten. Ihr Sohn Benno B. wurde Maler und war Mitbegründer der Münchener Sezession.

Beckher, Wilhelm Heinrich, * Königsberg 1694, † Königsberg 1768. Theologe. B. studierte seit 1711 an der Albertina. 1717 erhielt er die Magisterwürde. 1722 wurde er Erzpriester und Schulinspektor in Labiau. Außer theologischen Schriften hat er zahlreiche Beiträge zu den heimatkundlichen Zeitschriften: Erläuterndes Preußen und Acta Borussica geliefert.

Beeck-Straße, von der Hermann-Allee zur Stresemannstraße.

Beek, ein aus der Gegend von Ludwigswalde kommendes Flüßchen, das nördl. von Ponarth von der Ostbahn und der Berliner Straße überbrückt wurde, mündet zwischen Holzhafen und Schichauwerft in den Pregel.

Beetenbartsch, Suppe aus roten Beeten (Rüben), Rindfleisch und Sahne.

Beethoven-Apotheke, Pächter Erich Minde, Beethovenstraße 14.

Beethoven-Straße, von der Stresemannstraße zur Hagenstraße.

Behm, Johannes, * Königsberg 1578, † Königsberg 1648. Theologe. Studierte in Königsberg, Leipzig und Wittenberg. 1609 Professor der Theologie in Königsberg. B. war neben Mislenta Wortführer des Widerstandes der orthodoxlutherischen Kreise gegen die Reformierten; unter dem Großen Kurfürsten wurde er nachgiebiger.

Behrend, Dora Eleonore, * Preußisch Arnau 1877, † 1945. Schriftstellerin. Erst spät erkannte sie ihr schriftstellerisches Talent. Ihre Romane waren s. Z. recht beliebt. Es seien genannt: „Der Heilige“, 1926; „Der Leutnant und die Wiesenschnarre“, 1936; „Rose aus dem Werder“, 1940; „Spätsonne“, 1942. Ihre halbjüdische Herkunft verdunkelte ihre letzten Jahre.

Behrendsen, August, * Magdeburg 1819, † Hildesheim 1886. Landschaftsmaler. B. besuchte die Kunstakademie Berlin; 1845 an die Königsberger Kunstakademie berufen. 1855 Professor. B. hatte zuerst Alpenlandschaften bevorzugt, so wählte er nun oft ostpreußische Motive. 1862 erhielt er die Große Goldene Medaille in Berlin. Von 1844—1878 war B. regelmäßig in den Berliner Ausstellungen vertreten. B. mußte 1869 wegen Lungenleidens seine Stellung aufgeben. Er lebte in Meran und Wiesbaden, zuletzt in Hildesheim. B. hielt an poetisch stimmungsvoller Naturwiedergabe fest. 1887 wurde eine Gedächtnisausstellung in der Berliner Nationalgalerie veranstaltet.

Behrendt, Erich, * Wehlau 1899, † 1983. Maler. 1918—1924 Kunstakademie Königsberg bei Professor Degner. Wurde 1924 von Liebermann in die Berliner Sezession geholt. Porträtaufträge, Malerei der Nehrungslandschaft um Nidden. 1939 erneut Soldat. Durch Bombardierung Berlins Verlust des Ateliers. Nach 1945 Illustrator beim „Sonntagsblatt“ und beim „Ostpreußenblatt“. 1966 Kulturpreis der LMO für bildende Kunst. Beteiligung an Ausstellungen der Berliner Sezession, auch in den USA und Kanada.

Beisleiden, Kreis Preußisch Eylau. Der Schloßberg ist der Rest der preußischen Burg Beselede. Von 1801—1945 war B.

im Besitz der Familie von Oldenburg-Januschau. Der letzte Besitzer war Elard von Oldenburg, * 1855, † 1937, konservativer Politiker, langjähriger Reichstags-Abgeordneter, er vertrat die Interessen der ostelbischen Großagrarier.

Belle-Alliance-Straße, vom Deutschordensring zur Schindekop-Straße.

Below, Anton August von, * Königsberg 1808, † Königsberg 1896. General B. trat 1826 ins Kür.-Regt 3 ein. 1848 Adjutant beim Gen.Kdo. I. AK. 1849 Rittmeister und Direktor der Militärreitschule. 1859 Kommandeur des Kür.-Regt. 8. 1866 Kdr. der 17. Kav.-Brig. Dann führte er eine Kav.-Brig. der Main-Armee. 1869 als Gen.-Leutnant z. D. gestellt.

Below, Georg von, * Königsberg 1858, † Badenweiler 1927. Historiker. Professor u. a. in Königsberg, zuletzt in Freiburg. Arbeiten über Verfassungs- und Wirtschaftsgeschichte. B. verfaßte „Der Deutsche Staat des Mittelalters". Mit Meinecke war er Herausgeber des Handbuchs der neueren Geschichte.

Below-Straße, auf den Hufen, zwischen Claaß- und Hornstraße.

Benecke, Berthold, * Elbing 1843, † Königsberg 1886. Anatom, Fischereiforscher. B. leistete Bedeutendes auf dem Gebiet der mikroskopischen Untersuchungen; Veröffentlichungen über Fischzucht und Seefischerei.

Benkmann, Horst-Günter, * Königsberg 1915. Jurist. Nach dem Studium war B. seit 1937 Gerichtsreferendar in Tecklenburg/Westf. Er wurde 1938 zum Inf. Regt. 92 in Greifswald eingezogen und nahm am Polen- und Frankreichfeldzug teil. Mit dem EK II ausgezeichnet, wurde B. aus dem Kriegsdienst entlassen. Er legte 1942 das Examen als Regierungsassessor ab. Vom 1. 9. 1942 war B. kommissarischer Landrat in Labiau, ab 1943 in Allenstein. In dieser Eigenschaft hat er durch eigenverantwortliches Handeln Tausenden von Landsleuten das Leben gerettet, indem er rechtzeitig zur Flucht aufrief. 1947 gründete B. die Nordostdeutsche Landsmannschaft in Detmold. Ab 1954 widmete sich Benkmann dem von ihm gegründeten ostpreußischen Salzburger Verein, dessen Bundesvorsitzender er 1977 wurde. Seit 1968 ist er auch Vorsitzender des B.d.V. in Detmold. Ihm ist das 1981 verfaßte Buch „Königsberg und seine Post" zu verdanken.

Benrath, Karl, * Düren 1845, † Königsberg 1924. Religionshistoriker. B. habilitierte sich 1876 und wurde 1879 Professor in Bonn. B. wurde 1890 Professor für Kirchen- und Dogmengeschichte an der Albertina. Sein spezielles Gebiet war die Erforschung reformatorischer Bewegungen in Italien. Auch über die ostpreußische Kirchengeschichte hat B. wertvolle Arbeiten veröffentlicht. Als Vorsitzender des Gustav-Adolf-Vereins wirkte er segensreich für die Diaspora, namentlich in Masuren.

Berding, Johann Ferdinand, * Memel 1840, † Königsberg 1914. Kaufmann. B. entstammte einer alten Kapitänsfamilie und fuhr selbst viele Jahre zur See. B. trat 1879 in die 1816 gegründete Leinengroßhandlung von Haarbrücker & Zimmermann ein; in diese Firma nahm er den Dirschauer Kaufmann Carl Kühn als Teilhaber auf.

Berding & Kühn, seit 1882, Wäsche-und Bettenfachgeschäft, Kantstraße 14. Die Firma hatte 5 Filialen und fast 200 Mitarbeiter.

Berg-Apotheke, Besitzer Erich Kossack, Schiefer Berg 1.

Berg-Platz, siehe Schiefer Berg.

Berliner Straße, vom Brandenburger Tor nach Südwesten zur Stadtgrenze.

Berneker, Constanz, * Darkehmen 1848, † Königsberg 1906. Komponist. B. galt schon als Wunderkind mit 7 Jahren. Ausbildung erhielt er an der Akademie der Künste in Berlin. B. wurde 1872 Musiklehrer in Königsberg, 1878 Domorganist, Königlicher Musikdirektor und Dirigent der Singakademie. Nach Köhlers Tod Musikkritiker der „Hartungschen". Richard Wagner war sein künstlerisches Vorbild. Seine Chorwerke: Judith; Christus, der ist mein Leben; Die Braut von Messina; Das Siegesfest und Die Krönungkantate.

Berneker, Erich, * Königsberg 1874, † München 1937. Slawist. Schüler von Leskien, 1902 Professor in Prag, 1909 in Breslau, 1911 in München. Sein Hauptwerk: „Slawisches etymologisches Wörterbuch", 1908—1914.

Berneker-Straße auf den Hufen, vom Hansaring zur Händelstraße.

Bernstein ist ein erhärtetes fossiles Harz, entstammt einer Fichtenart, der pinus succinifera. Der „Bernsteinwald" stand von etwa 50 bis 35 Millionen Jahren vor unserer Zeitrechnung in Ur-Fennoskandien; dazu gehörte die nördliche Hälfte der heutigen Ostsee, große Teile von Skandinavien, Finnland und Rußland. Die Südgrenze dieses Urwaldes bildete etwa die heutige Linie Riga—Kopenhagen, im Norden reichte er bis ans nördliche Eismeer. Die Wasser der Eiszeit trugen den Bernstein in südwestliche Richtung und lagerten ihn hauptsächlich an der Westküste der Halbinsel Samland und von Schleswig-Holstein ab. Das Samland ist auch heute noch der Hauptfundort der Welt. An dieser Küste wird 90 Prozent des Bernsteins im Tagebau Palmnicken aus der „Blauen Erde" gebaggert, 10 Prozent durch Küstenfischerei aus der Ostsee gewonnen. Sibiriens Bernstein, 100 Millionen Jahre alt, und Libanon-Bernstein, 120 Millionen Jahre alt, haben eine so dicke Verwitterungsrinde, daß sie zur Schmuckherstellung nicht verwendbar sind; außerdem ist das dortige Bernsteinvorkommen verschwindend klein. Im Ostteil der Insel Haiti kommt Bernstein im Gestein der Berge vor: der dominikanische Bernstein. Das spezifische Gewicht des Bernsteins beträgt 1—1,3. Es schwebt oder schwimmt daher in salzhaltigem Wasser, was zur Echtheitsprüfung von Bedeutung ist. Die Ritzstärke des Bernsteins beträgt 2—2,5 der Mohsschen Härteskala, er ist also relativ weich. An Wolle gerieben, lädt sich Bernstein elektrostatisch auf und zieht wie ein Magnet Papierschnitzel an.

Bernstein-Apotheke, Besitzer R. Seebohm, Bernsteinstraße 9.

Bernstein-Bergwerke. Schon 1781 wurde ein Bergwerk bei Groß Hubnicken angelegt, das wegen Einsturzgefahr 1806 einging. 1875 errichtete Stantien & Becker eine Grube bei Palmnicken. Nach guten Ergebnissen war sie 1896 ausgebeutet. Im gleichen Jahr wurde von der Firma Stantien & Becker die Grube Anna bei Kraxtepellen angelegt. Aus der Grube kam die blaue Erde ans Tageslicht, um den darin befindlichen Bernstein durch die „Bernsteinwäsche" von ihr zu trennen. Die Grube Anna mußte 1923 stillgelegt werden. Etwa ab 1913 ging die Bergwerksverwaltung dazu über, den Bernstein im Tagebau zu gewinnen.

Bernstein-Inklusentier. Kein anderes Medium konserviert die Kleinwelt der Insekten, Spinnen usw. besser als flüssiges Harz, das im Lauf der Jahrmillionen zu Bernstein wird. Die dreidimensionale, ungequetschte körperliche Erhaltung und die Durchsichtigkeit des Bernsteins bilden — zusammen mit dem ursprünglichen Zustand, der alle Feinheiten zu umschließen imstande ist — die Grundlage für eine perfekte Erhaltung aller äußerlichen Körperstrukturen. Nach Untersuchungen von Professor R. Klebs sieht das zahlenmäßige Verhältnis der einzelnen im Bernstein vorkommenden Tiergruppen so aus: Zweiflügler 50

Prozent, Hautflügler 5,1 Prozent, Köcherfliegen 5,6 Prozent, Käfer 4,5 Prozent, Ur-Insekten 10,7 Prozent, Milben 8,6 Prozent, Spinnen 4,5 Prozent, Schnabelkerfe 7,1 Prozent, Kleinschmetterlinge 0,1 Prozent und Verschiedenes 2,4 Prozent. Aus Bernstein-Inklusen sind etwa 200 Pflanzen-Arten bekannt und über 3000 Tierarten in allen Entwicklungsstufen, Eier, Raupe, Larve, fertiges Tier. Kant sagte bei Anblick eine Insekts in einem Bernstein-Einschluß: „Wenn Du erzählen könntest, was Du in Deiner Zeit erlebtest — wieviel mehr wüßten wir dann!“

Bernstein-Kabinett. In einem Zimmer der Gemäldegalerie im Schloß war das berühmte Bernsteinkabinett aus Zarskoe Selo von 1941—1944 eingebaut. Dieses auf der Welt einzigartige Werk, einst für das Berliner Stadtschloß bestimmt, war von dänischen und deutschen Bernsteinarbeitern geschaffen worden; doch 1717 schenkte es Friedrich Wilhelm I. — mehr nolens als volens — dem Zaren Peter I. und es wurde in Petersburg unter Zarin Elisabeth vervollständigt. Von deutschen Soldaten im Auftrag des Chefs der Heeresmuseen vor der Zerstörung durch Kriegseinwirkung sachgemäß ausgebaut, kam es nach Königsberg. Das Bernstein-Kabinett wurde nach dem Bericht des Schloßbaumeisters H. Gerlach 1944 in Kisten verpackt und in die Keller des Südflügels gebracht. Am Tage der Kapitulation waren sie noch unversehrt.

Bernstein-Manufaktur, siehe Staatliche Bernstein Manufaktur.

Bernstein-Museum im Geologischen Universitäts-Institut, gegründet 1899 durch Professor Klebs, Lange Reihe 4. Es war das welteinzige seiner Art und enthielt Bernsteinstücke aller Farbe und Größe sowie 120000 Einschlüsse und Abdrücke von Pflanzen und Tieren der Periode der Bernsteinwälder: Nadelholzreste, aber auch Angiospermen; Insekten, Spinnen, Krebstiere, Ohrwürmer, Heuschrecken, Termiten, Käfer, Zikaden. Kostbarster Einschluß: eine Eidechse. Nur ein geringer Teil der Bernsteinsammlung konnte gerettet werden. Durch die Bemühungen des Königsberger Professors Andrée konnten mehr als 6000 Inklusen und einige Artefakte vom Mineralogischen Institut der Universität Göttingen übernommen werden.*

Bernstein-Regal. Dieses Regal wurde von den Samboriden-Herzögen übernommen und vom Orden als Landesherr gehandhabt. Die Gewinnung des Bernsteins und der Handel mit ihm waren also mit anderen Worten Staatsmonopol. Die Küstenbewohner hatten den von ihnen gefundenen Bernstein abzuliefern, Verstöße wurden mit schweren Strafen einschließlich der Todesstrafe geahndet. Auf alten Darstellungen der Samlandküste sind an mehreren Stellen Galgen zu sehen. Der in Lochstädt oder Germau abgelieferte Bernstein wurde nach Königsberg zum Großschäffer, einem der Ordensgebietiger, weitergegeben und nach Brügge an die Paternostermacherzunft sowie nach Lübeck zur Verarbeitung verkauft.

Bernsteinstraße, von der Langen Reihe zur Freystraße.

Bernsteinstraßen im Altertum. In der ganzen damals bekannten Welt war das „Samlandgold“ sehr begehrt. Allein drei Bernsteinstraßen führten in den Mittelmeerraum, eine weitere zum Schwarzen Meer. Umgekehrt fand man in Ostpreußen arabische, aber auch römische Münzen.

Bernstein-Zimmer s. Bernstein-Kabinett. Seit 1968 befindet sich ein Bernstein-Zimmer im Museum Haus Königsberg in Duisburg. Hier sind Obstholzmöbel mit Bernsteineinlagen aufgestellt, die in Königsberg für die Pariser Weltausstellung des Jahres 1900 im Jugendstil gefertigt wurden. Den Hauptteil der vielseitigen Ausstellung bildet die Bistricksche Sammlung mit der in einem Leuchttisch gezeigten Inklusensammlung von 118 Stücken. Diese stammen aus dem Besitz des Prof. Rich. Klebs. Neben zahllosen Einzelstücken werden auch zwei große Arbeiten von Prof. Hermann Brachert — eine Schale und geschnitzter Kasten mit Bernsteininkrustation — gezeigt.

Bertha-Heim. Unter diesem Namen wurde 1924 die Klinik der „Schwesternschaft Ostpreußen" des DRK in der Tragheimer Pulverstraße eröffnet.

Besch, Otto, * Neuhausen 1885, † Kassel 1966. Komponist. B. wechselte früh von der Theologie zur Musik über und wurde Schüler Humperdincks. Zunächst war B. Musikkritiker bei der Hartungschen, ging 1922 zur Königsberger Allgemeinen Zeitung, der er bis 1939 die Treue hielt. Gleichzeitig war er Lehrer für Komposition am Königsberger Konservatorium. Nach dem Zweiten Weltkrieg übernahm er ein Musiklektorat beim Hamburger Rundfunk. B. schrieb eine Symphonie, Stücke für Kammerorchester, Sonaten und Lieder — vor allem nach Gedichten von Agnes Miegel — ostpreußische Tänze und ein ostpr. Bilderbuch für Orchester.

Bessel, Friedrich Wilhelm, * Minden 1784, † Kbg. 1846. Astronom. B. hat sich durch Selbststudium zu einem hervorragenden Mathematiker und Astronomen ausgebildet, bis er 1810 nach Königsberg berufen wurde, wo er in den Jahren 1811 bis 1813 die Sternwarte bauen ließ und einrichtete. In zahlreichen Veröffentlichungen hat er die Ergebnisse seiner fruchtbaren Forschungen niedergelegt. Bessel hat u. a. die Größe des Vorrückens der Tag- und Nachtgleiche, die Schwankung der Erdachse, die Aberration und Schiefe der Ekliptik bestimmt.

Bessel-Lorck, Wilhelm Lorenz, * Kbg. 1845, † Kbg. 1934. Architekt. Nach dem Studium in Berlin wurde B. 1873 Sieger im Schinkel-Wettbewerb und 1875 Regierungsbaumeister. Dann Hilfsarbeiter im Ministerium d. öff. Arbeiten. Seit 1878 leitete B. den Bau des Regierungsgebäudes, der auf seine Ideen zurückgeht. B. wurde 1884 Landbauinspektor, Reg. und Baurat im Bezirk Königsberg. 1899 Geh. Baurat. Seine künstlerische Persönlichkeit drückte bei Entwurf und Ausführung zahlreichen Bauten seinen Stempel auf: Landeshaus, Krankenhaus der Barmherzigkeit, Palaestra Albertina, Luther-, und Marauenhöfer Kirche sowie Tragh. Gemeindehaus und Kirche in Palmnicken und Rauschen. B. trat 1911 in den Ruhestand.

Bessel-Oberrealschule. Gegr. 1865 als Löben. Bürgerschule am Mittelanger. Erster Rektor war Julius Erdmann bis 1893. Sie wurde 1880 Löben. höhere Bürgerschule und 1902 Löben. Realschule. 1903 erfolgte der Umzug in das neue Schulgebäude in der Glaserstr. 1/2. Seit 1907 Städt. Oberrealschule, gleichzeitig übernimmt Prof. Otto Portzehl die Leitung. — 1910 bestanden 10 Oberprimaner die 1. Reifeprüfung. 1921 wird sie in Bessel-Oberrealschule umbenannt. Von 1928 bis 1943 war OStDi Max Dehnen Schulleiter.

Bessel-Straße von der Lavendel-Straße zum Steindammer Wall.

Beusch, Hans, * Quednau, 1889, † Essen 1960. Mediziner. Nach dem Studium legte B. 1912 das Amtsarztexamen ab. Von 1914—1930 war er Stadtarzt in Königsberg und dann bis 1938 Amtsarzt und Stadtrat in Leipzig. Da B. mit Goerdeler befreundet war, trat er nach dessen Ausscheiden bei der Firma Krupp ein. Nach dem 20. Juli 1944 verhaftet, wurde B. Ende April 1945 freigesprochen. Dann war B. wieder bis 1955 Direktor bei Krupp. — Der Aufbau des Kruppschen Sozialwesens nach dem Zusammenbruch 1945 war in erster Linie sein Verdienst.

Beydritten nördl. der Ringchaussee, der Gutsbetrieb hatte eine eigene Schule, wurde 1939 eingemeindet.

Beydritter Weg an der Samitter Allee.

Bezirkskommando, bis 1919 im ehemaligen Arresthaus auf dem Sackheim.

Bezzenberger, Dr. Adalbert, * Kassel 1851, † Kbg. 1922. B. studierte in Göttingen und München indogermanische Sprachwissenschaft und kam über Göttingen 1880 als Professor des Sanskrit an die Albertina. Hier wurde er zum eigentlichen Begründer der baltischen Linguistik. Seit 1891 war B. auch Landesarchäologe; besondere Verdienste erwarb er sich um das Prussia-Museum. Der Albertina stand er zweimal in schwerer Zeit als Rektor vor.

Bezzenberger-Straße, von der Auguste-Viktoria-Allee zur Straße Tragheimsdorf.

Bieske, Emil, * Landsberg/Warthe 1852, † Kbg. 1932. Brunnenbau-Unternehmer. Nach dem Studium des Tiefbaus arbeitete B. als Regierungsbauführer in Wittlich an der Moselbahn, in Driesen und in Königsberg. Hier gründete B. 1883 ein Brunnenbauunternehmen, das durch Ausführung zahlreicher Bohrungen u. a. auch für die Erschließung des tieferen Untergrundes Ostpreußens Bedeutung gewann. Die tiefste Bohrung erreichte 568 m. Durch seine fast 50jährige Berufsarbeit erfuhr die geologische Kenntnis über Ostpreußen eine sehr wesentliche Förderung. B. erhielt den Titel Stadtältester.

Bieske, Hellmuth, * Kbg. 1894, † Hamburg 1972. Industrieller. Nach einer kaufmännischen Ausbildung wurde B. bereits 1919 Mitinhaber der väterlichen Brunnenbau-Firma, Emil Bieske, die etwa 500 Mitarbeiter hatte. Neben vielen Ehrungen war B. bulgarischer Konsul sowie Vorsitzender des Kaufmännischen Vereins und der Börsenhalle. Am Zweiten Weltkrieg nahm er als Major d. R. teil. — Bieske gehört zu den Begründern der Landsmannschaft Ostpreußen und war der erste langjährige Vorsitzende der Stadtgemeinschaft Königsberg. B. hat sich um die Begründung der Patenschaft Duisburg-Königsberg erfolgreich bemüht. Seine Verdienste um die Stadtgemeinschaft wurden durch die Verleihung der Königsberger Bürgermedaille gewürdigt.

Bildnisrelief Herzog Albrechts, es befand sich seit 1553 an der Hofseite der Alten Universität.

Binck, Jacob, * Köln um 1500, † Kbg. 1569. Entwerfender Künstler Herzog Albrechts, als Kupferstecher, Graphiker und Innenarchitekt war B. von 1543 bis 1548 und 1553 bis 1569 in Königsberg tätig. B. schuf die Entwürfe für die Büste der Herzogin Dorothea und die Schnitzereien in dem „Geburtszimmer Friedrich I.“ sowie Medaillen.

Bink, Karl Wilhelm, * Mandtkeim/Samland 1887, † Göttingen 1953. Studienrat. B. war seit 1906 Lehrer und machte in Königsberg das Abitur als Extraner, studierte an der Albertina und promovierte 1923 mit einer Dissertation über den „Sudauischen Winkel“. B. war dann Studienrat an der Vorst. Oberrealschule. Schon früh lenkte er seine Aufmerksamkeit der plattdeutschen Sprache zu. 1918 gründete B. die „Niederdeutsche Bühne“, mit der er im ganzen niederdeutschen Raum und auch im Rundfunk spielte. Bink schrieb die meisten Stücke selbst und auch Aufsätze in verschiedenen Zeitschriften; u. a. gab B. „Der Jungprutze“ heraus.

Birch-Hirschfeld, Arthur, * Dresden 1871, † Danzig 1945. Mediziner. Seit 1914 vertrat Prof. B. das Fach der Augenheilkunde an der Albertina, gleichzeitig war er als Direktor der augenärztlichen Klinik tätig. 1932 war B. Rektor der Albertina.

Birnbaum, Immanuel, * Kbg. 1894, † München 1982. Journalist, der sich als Kenner Osteuropas und Skandinaviens einen Namen machte. B. gehörte von

1962—1976 der Chefredaktion der „Süddeutschen Zeitung" an. Bereits ab 1953 leitete er das Ressort Außenpolitik dieser Zeitung.

Bischoff, Eduard, * Kbg. 1890, † Soest 1974. Maler. B. studierte seit 1910 an der Kunstakademie Königsberg. 1914—1918 Soldat. Lebte dann als freischaffender Maler bis 1935. Erster Preisträger für die künstlerische Ausgestaltung des Auditoriums der Handelshochschule. 1936 Berufung als Prof. an die Kunstakademie Königsberg. 1939 wieder Wehrdienst. 1948 Übersiedlung nach Gelsenkirchen. Nach Studienreisen in Westafrika entstanden 200 Aquarelle. B. spezialisierte sich auf Glasmalerei und Wandmosaike. Für sein unermüdliches Schaffen erhielt er 1970 das Bundesverdienstkreuz I. Klasse. Sein Porträt Walter Schefflers befindet sich im Museum Haus Königsberg.

Bismarck-Oberlyzeum in der Wrangelstraße. Dieses städtische Oberlyzeum entstand aus der Zusammenlegung zweier privater Mädchenlyzeen, und zwar des Frankenberg-Lyzeums und des Arnheim-Lyzeums aus der Tragheimer Pulverstraße. 1931 begann der Lehrbetrieb in dem modernisierten Westflügel der ehemaligen Wrangel-Kaserne. — Erste Leiterin war StD Anna Brenneisen. Ihr folgte 1935 Dr. Franz Rutau.

Bistrick, Arnold, * Kbg. 1910. Uhrmacher, Juwelier, Diplomkaufmann. Als Mitinhaber der Fa. Walter Bistrick war er Leiter der Filiale Poststraße. Im Kriege Kompanieführer im Inf. Regt. 1 und Bat.-Führer „Division Brandenburg". Als Anhänger Goerdelers wurde B. Silvester 1944 an Rominter Heide-Front festgenommen und bis 21. 4. 45 in Gestapo-Haft in Moabit gehalten. Dann Wiederaufbau seiner Firma zunächst in Hamburg, dann in Stuttgart und seit 1957 in München-Baldham. Seit 1958 ist sein Sohn Wolfgang Mitinhaber. Wiederaufnahme der Albertenherstellung für die zahlreichen Patenschulen. B. ist Gründungsmitglied der heimatvertriebenen Wirtschaft. Seit 1948 aktiv in der Lm. Ostpreußen, war B. von 1978—1983 Stadtvorsitzender der Stadtgemeinschaft Königsberg. Für das Haus Königsberg fertigte B. ein gr. Bildarchiv an: Walter Bistrick 1893—1983.

Bistrick, Walter, Fachgeschäft für Uhren, Gold- und Silberwaren, Vorderroßgart. 35/6. Walter Bistrick, * Kbg. 1869, gründete 1893 nach beruflicher Weiterbildung in Berlin und Bonn die Firma, die sich bald zu einem angesehenen Unternehmen entwickelte. B. wurde bald Obermeister und war Gründer und Vorsitzender des ostpr. Uhrmacherverbandes. Nach seinem Tode 1927 führten seine Witwe und seine Söhne Rudolf und Arnold das Geschäft weiter. In der Poststraße 16 wurde eine moderne Filiale eröffnet. Beim 50jährigen Jubiläum zählte Bistrick mit 45 Mitarbeitern schon zu den 6 größten Uhrenfachgeschäften Deutschlands. U. a. führte Bistrick die Glashütter Lange-Uhr und baute in die Tragheimer Kirche ein neues Uhrwerk ein. Martha Bistrick starb 70jährig den Hungertod und Rudolf B. fiel bei der Verteidigung der Stadt am Nordbahnhof. Die Firma wird in München-Baldham weitergeführt.

Bittrich, Georg Karl, * Kbg. 1795, † Kbg. 1866. Kaufmann. B. war Inhaber der 1792 gegründeten Kolonialwaren-Großhandlung J. C. Bittrich & Söhne. Nach seiner Ausbildung bei Steffens & Wolter trat B. 1815 in die väterliche Firma ein. B. konnte das Unternehmen 1829 durch eine Rohrzuckerraffinerie am Weidendamm erweitern, die aber 1869 der Konkurrenz des Rübenzuckers erlag. Kommerzienrat Bittrich war mehr als 30 Jahre Stadtverordneter und stand 44 Jahre an der Spitze der Korporation der jungen Kaufmannschaft. Drei weitere Generationen der Familie Bittrich waren die Inhaber der angesehenen Firma.

Bittrich-Straße vom Weidendamm z. Pregel.

Blaue Erde, s. Tertiär.

Blauer Turm. 1378 erbaut im Zuge der von Hochmeister Winrich v. Kniprode angeordneten Ummauerung der drei Städte Königsberg. Doch nicht er, sondern ein westl. Nachbarturm erhielt wegen seines blauen Anstrichs in der Barockzeit den Namen „Blauer Turm". Als er 1735 abgebrochen wurde, ging sein Name und Zweck auf den Eckturm über. Seine älteste Darstellung, Blick vom Ochsenmarkt auf den Kneiphof, auf dem Epitaph des Herrn v. Nymptsch im Dom von Hofmaler Heinrich Königswieser von 1553 zeigt ihn mit Spitzhut und weiß gekalkt. 1697 schmachtete in ihm ein 14jähriges Mädchen wegen „Zauberey". Der Turm erhielt erst 1897 statt des Zeltdaches die häßlichen Zinnen.*

Bledau südl. von Cranz, Haltepunkt der Cranzer Bahn. Das Gut Bledau war ein Majorat. Langjähriger Besitzer war der frühere Oberpräsident Adolf von Batocki. Hier befanden sich noch Wallreste aus der Prussenzeit. Das Majorat betrieb vor allem Rindviehzucht. 1929 erzielte es mit der Herdbuchkuh „Dahlie" den Weltrekord. In 365 Tagen lieferte sie 11 691 kg Milch mit 510 kg Milchfett.

Bledauer Straße von der Hans-Sagan-Straße zum Friedrich-Ebert-Platz.

Blindenunterrichtsanstalt der Provinz Ostpreußen, Luisenallee 83—105. Der Komm. General des I. A.K., Graf Bülow von Dennewitz, betrieb die Errichtung einer Kriegsblinden-Unterrichtsanstalt. 1816 in der Sackh. Hintergasse, 1867 in der Brandenburger Torstraße. 1909 wurde die neue Blindenunterrichtsanstalt auf den Hufen in der Luisenallee eröffnet.

Blohmke, Artur, * Danzig 1888, † Frankfurt/M. 1956. Mediziner. B. promovierte 1912 in Königsberg und erhielt 1913 eine Assistentenstelle bei Prof. Stenger. 1925 wurde er zum a. o. Professor der Hals-Nasen-Ohrenheilkunde ernannt. 1928 übernahm er die Leitung der HNO-Abteilung am Krankenhaus der Barmherzigkeit. — Seine praktischen Erfahrungen fanden ihren Niederschlag in der Fixierung klinischer Beobachtungen, von denen der Beitrag über die Chirurgie des Ohres besonders hervorzuheben ist.

Blücher-Straße, 1898, vom Unter- zum Oberhaberberg, benannt nach dem Fürsten Blücher, dem „Marschall Vorwärts".

Blumen-Straße, von der Sackheimer Gartenstraße zur Heidemannstraße.

Blunk, Paul, * Maldeuten 1880, † Berlin 1947. Jurist. B. studierte an der Albertina und promovierte 1909 zum Dr. jur. an der Universität Rostock. 1912 wurde B. zum Landesrat bei der Provinzialverwaltung der Provinz Ostpreußen gewählt. — Als Kriegsteilnehmer wurde B. 1918 als Major d. R. entlassen. Blunk wurde 1920 Erster Landesrat und 1928 zum Landeshauptmann gewählt. — Außerdem war er Präsident der Landesversicherungsanstalt und des Deutschen Roten Kreuzes sowie Vorsitzender des Verwaltungsrats der Landesbank, der Ostpreußenwerke AG und der Ostpr. Landgesellschaft und anderer Gremien. — 1936 wurde B. pensioniert.

Blutgericht. Name für berühmte historische Weinstube mit großen Weinkellern und gemütlichen Räumen in Halbstöcken unter dem alten Ordensschloß. Die „Große Halle" mit fünf großen Fässern und von der Decke hängenden Segelschiffsmodellen. — Zur „Marterkammer" mit fünf herrlich geschnitzten Fässern führte der „Martergang" mit zwei grinsenden Steinfratzen, wo die „12 Blutrichter" tagten. — Es gab noch

Blutgericht

den Remter mit sechs starrenden Eulen und für die Kaufleute und Juristen das Militär- und Zivilkabinett. — Die Bezeichnung B. kommt von dem seit 1512 bestehenden Hof- oder Halsgericht, das im 17. Jahrhundert im Ordensschloß tagte über den Folterkammern und Kerkern, die es nachweislich seit 1498 in den Schloßkellern gab. — Die Salzburger Flüchtlingsfamilie Schindelmeißer gründete 1732 in Königsberg eine Weinhandlung und übernahm 1827 die seit 1799 bestehenden Weinstuben und -lager „Blutgericht" von der Fa. Koch u. Richter. Durch ausgedehnten Weinhandel konnten hier erstmals westdeutsche Weine neben französischen angeboten werden. Auch unter späteren Pächtern, zuletzt Karl Matzdorff, wurde dieses historische Kulturdenkmal als Weinlokal unter dem Namen David Schindelmeißer geführt. Anfang 1945 wurden die Gewölbe von den Russen gesprengt und zerstört.

Bobrik, Dr. Günther, * Kbg. 1888, † Hamburg 1957. Schauspieler. Nach dem Studium promovierte B. in München zum Dr. phil. Dann war B. Schauspieler in Zerbst, Essen, Königsberg und am Stadttheater Altona; Kammerspiele, Intimes Theater und Komödie. B. war am Reichssender Hamburg, später Norddeutschen Rundfunk tätig. — Seine Schwester Anna war eine geschätzte Pianistin und Klavierlehrerin; sie wurde über 90 Jahre alt.

Bock, Friedrich Samuel, * Kbg. 1716, † Kbg. 1785. Ev. Theologe. B. studierte in Königsberg und wurde 1743 Magister in Halle; dann Feldprediger in Königsberg. Seit 1748 Professor und zeitweilig Bibliothekar in Königsberg. B. war ein sehr rühriger Schriftsteller. Sein Hauptwerk ist der „Versuch einer wirtschaftlichen Naturgeschichte von Ost- und Westpreußen". Von weiteren Schriften seien genannt: „Leben und Taten des Herzog Albrechts“, „Naturgeschichte des preußischen Bernsteins“, „Handlungsgeschichte der Heringe.“

Boenicke, Otto, Zigarren-Import, Kneiph. Langgasse 5.

Bogenschütze an der südwestl. Schloßteichpromenade, 1910 von Bildhauer Heinemann.

Bohlwerksgasse, Lastadie am Hundegatt.

Böhm-Straße, von der Vorstädt. Langgasse zum Jahrmarktplatz.

Bohnenmahl, s. Gesellschaft der Freunde Kants.

Bon, Jean Pierre Louis, * Kbg. 1837, † Kbg. 1905. Generallandschaftsdirektor. Vater: Jean H. Bon. B. erwarb 1862 das Gut Neuhausen und betätigte sich frühzeitig in der provinzialen Selbstverwaltung. 1887 wurde B. zum Generallandschaftsdirektor gewählt. Seine Amtstätigkeit fiel in die Zeit einer schweren andauernden Krise der Landwirtschaft. U. a. konnte B. die Zahl der beliehenen Güter auf 14 800 steigern; auch konnte er ein Versicherungsmonopol für die landschaftliche Feuersozietät erreichen.

Borchardt, Rudolf, * Kbg. 1877, † Trins 1945. Schriftsteller. Angehöriger des George-Kreises, befreundet mit R. A. Schröder und Hoffmannsthal; in eigenen Werken, u. a. als Übersetzer und Nachdichter, Künder und Vermittler v. a. antiker Tradition; strenger Formwille und stilistische Vielseitigkeit; Aufsätze, Essays, Erzählungen, Dramen und Lyrik: „Der Durant“, Epos 1920; „Das hoffnungslose Geschlecht“, Erzählung 1929; „Pisa“, Essays 1938.

Borchersdorf, 1481, zuerst Fuchsberg als Kirchspielort. Die Kirche ging 1546 ein, dort noch Totenbahre von 1630. Eine weitere Kirche in Schönmohr 1595 eingegangen. Kirche in B. ein chorloser Feldsteinbau mit vorgebautem Turm anstelle der baufälligen 1735 gebaut, 1814 gründlich erneuert. Barocker Altar aus der Schule Isaac Rigas. Kanzel 1734, Kirchensiegel 1787. Kelch und große Glocke vorreformatorisch. Mit alten Linden bewachsener Kirchhof. — Eine gerettete Glocke heute als Leihgabe in der ev. Kirche in Trostberg/Obb.

Borchert-Straße, von der Vorstädtischen Langgasse zum Philosophendamm.

Borkenhof am Kanonenweg westl. von Devau, ursprünglich ein Gutshof.

Börnstein, Ernst, * Kbg. 1854, † Berlin 1932. Chemiker. Professor an der TH in Berlin. Arbeiten über die Zersetzung der Steinkohle und die Teergewinnung. Sein bekanntestes Werk: Einführung in die Chemie und Technologie der Brennstoffe, 1926.

Börnstein, Richard, * Kbg. 1852, † Berlin 1913. Meteorologe. Als Prof. an der Landwirtschaftlichen Hochschule in Berlin wandte er sich ganz der Meteorologie zu. B. erfand technische Apparate zur Verbesserung der Wetterbeobachtungen und schrieb u. a. zwei Bücher: Regen oder Sonnenschein, 1901, und Leitfaden der Wetterkunde. B. gilt als Pionier des öffentlichen Wetterdienstes.

Borowski, Albert Franz, * Rhesau/Ostpr. 1876, † Rudau 1945. B. war Mitbegründer und Geschäftsführer des Konsumvereins für Königsberg und Umgebung. Von 1918—1933 war B. Stadtrat und nach Kriegsende einige Monate kommiss. OB. 1920 nach dem Kapp-Putsch war er Reichs- und Staatskommissar für Ostpreußen, sowie langjähriger Vorsitzender der Königsberger und ostpreußischen SPD. B. lebte seit 1934 in Rudau. Dort wurde er beim Eindringen der Russen ermordet.

Borowski, Ernst Ludwig von, * Kbg. 1740, † Kbg. 1831. Feldprediger Friedrichs d. Gr., 1815 Oberhofprediger, Berater bei der Durchführung der Altpreußischen Union, 1816 Bischof, 1829 Erzbischof. Der 1831 geadelte B. war ein volkstümlicher Prediger und Preußens einziger evang. Erzbischof. Seine zwei Gemälde von A. Knorre hingen in der Neuroßgärter Kirche und im Schloß, seine Büste von Cauer an der Nordseite der Neuroßgärter Kirche.

Borrmann, Martin, * Rössel 1895, † Berlin 1974. B. studierte ab 1916 in Königsberg und Bonn Literaturwissenschaft, danach betätigte er sich als freier Schriftsteller. Ein mit Gerhard Bohlmann verfaßtes Lustspiel „Chaos bei Tinzkauers“ hat das Neue Schauspielhaus 1926 aufgeführt. Von 1929—1933 war B. Dramaturg bei Dr. Jeßner am Neuen Schauspielhaus und außerdem am Ostmarkenrundfunk tätig. Seine Hörfolgen: „Simon Dach“, „Der 18. Januar 1701“ und „Eine Nacht im Blutgericht“. Den Zweiten Weltkrieg hat B. als Sanitäter mitgemacht. Sein neues Domizil fand er in Berlin, wo er für den Rundfunk Hörspiele schrieb und von 1958—73 für Gräfe & Unzer den Ostpreußenkalender herausgab. Obwohl seit 1958 gelähmt, brachte der geistig Regsame 1960 sein Meisterwerk „Trampedank“ heraus, daneben schrieb er noch einige Erzählungen.

Börschel, Erich, * Camp/Rh. 1907. Dirigent und Komponist. B. studierte ab 1921 an der Musikhochschule in Mainz, war dann von 1927—31 Kapellmeister am Stadttheater Mainz. 1931 wurde er Pianist und Arrangeur im Unterhaltungsorchester des Rundfunks in Königsberg, an dem er 1934 ein eigenes Tanz- und Unterhaltungsorchester gründete. — 1946 ging B. als Leiter des großen Unterhaltungsorchesters an den Hessischen Rundfunk. Seit 1962 ist B. freischaffend als Komponist tätig.

Börsen. Die Königsberger Börse ist zuerst 1619 nachweisbar. Sie wurde 1623 im Wasser am nördl. Ufer des Alten Pregels erbaut; Eingang bis 1798 von der Grünen Brücke aus. 1699 erfolgte der Bau der Altstädt. Börse am Hundegatt, doch schon 1717 wurde sie zur „Roten Waage“ umgebaut. 1798 Neubau der Kneiph. Börse, der 2. Börse. Sie brannte 1800 ab und wurde 1801 z. T. im Pregel neu erbaut; diese 3. Börse stand bis 1875. Die vierte Kneiph. Börse wurde 1875, auf 2200 12 bis 18 m langen Pfahlrosten am Vorstädt. Pregelufer von Heinrich Müller-Bremen, erbaut. Figurenschmuck von R. Emil Hundrieser: Vier Erdteile auf dem Dach und zwei Löwen auf der Freitreppe. Die Börse ist erhalten.*

Börsengarten. Seit 1830 gab die Gesellschaft Börsenhalle im „Jardin de Berlin“, Torfmarkt 2, Konzerte und erwarb ihn 1833 für 6000 Taler. 1855 Einweihung als „Börsengarten“. 1880 wurden Börsengarten-Portal und -gebäude mit Gasbeleuchtung neu erbaut. Der Börsengarten war über Jahrzehnte der Mittelpunkt der guten Königsberger Gesellschaft. Doch durch die Inflation vermochte die Kaufmannschaft die Kosten nicht mehr zu tragen, sie verkaufte 1929 das Grundstück, später auch den Garten, an die Gesellschaft Parkhotel. Der Neubau wurde 1930 eröffnet.

Börsenhalle. Seit 1829 war die „Börsenhalle“, Magisterstr. 67/68, Sitz und Klub der Gesellschaft der Königsberger Kaufleute. 1900 verkaufte die Gesellschaft Börsenhalle ihr Haus im Kneiphof an die Stadt und verlegte ihre Geschäftsräume in das Börsengarten-Gebäude.

Börsen-Straße, von der Vorstädtischen Langgasse zur Neuen Dammgasse.

Borsig-Straße, Querstraße der Speichersdorfer Straße.

Botanischer Garten. Das Grundstück zw. Bessel- und Butterbergstraße wurde 1796 vom Kriegsrat J. G. Scheffner mit Haus und großem Garten erworben und der Garten liebevoll gepflegt. 1809 übergab Sch. diesen Besitz gegen eine Leibrente dem König, für den zu gründenden Botanischen Garten. Auf Vorschlag C. G. Hagens wurde Friedrich A. Schweigger von Wilh. von Humboldt zum ersten Direktor berufen. 1826—1858 war Goethes Freund, Prof. Ernst Meyer, Direktor. Er trat für Goethes Metamorphosenlehre der Pflanzen ein. Obwohl er durch den Bau des Pharmazeutischen Instituts verkleinert wurde, blieb dieser Garten einer der schönsten Botanischen Gärten Deutschlands.*

Botsky, Katarina, * Kbg. 1879, † Neuß 1964. Schriftstellerin, lebte im „Alten Garten", war im „Reich" literarisch hochgeachtet, Mitarbeiterin des Münchner „Simplizissimus", Romane: „Der Trinker", „Der Traum", „Schafe auf dunklen Weiden". Der Literaturkritiker Ludwig Goldstein schrieb über sie: „Eine ganz neue Erscheinung, ist sie unser erstes weibliches Kraft- und Originalgenie."

Böttchershöfchen, eine Straße von der Auguste-Viktoria-Allee zur Reickestraße. B. war einst ein Gutshof, im v. Jh. ein Etablissement.

Bötticher, Adolf, * Blumenberg/Berlin 1842, † Warnicken 1901. Kunsthistoriker. Nach dem Studium an der Bauakademie in Berlin leitete er von 1875—77 Ausgrabungen in Griechenland. Dann gab er das Wochenblatt für Architekten und Ingenieure heraus. 1886 wurde er mit der Registrierung der Bau- und Kunstdenkmäler Ostpreußens betraut und 1891 zum Konservator von Ostpreußen berufen. 1892—1898 gab er 8 Bände über die Bau- und Kunstdenkmäler der Prov. Ostpreußen heraus, eine bedeutende Forschungsquelle.

Böttner, Arthur, * Walschleben/Erfurt 1887, † Kbg. 1947. Internist. B. war seit 1916 Assistent an der medizinischen Klinik in Königsberg, wo er sich 1917 habilitierte. 1923 übernahm Prof. B. die Leitung der inneren Abteilung der Königsberger Städt. Krankenanstalt, deren Direktor er 1926 wurde. Er schrieb ein Lehrbuch über Therapie, das er jedoch nicht beenden konnte. Von 1945 bis 1947 war er der Leiter des für die deutsche Bevölkerung bestimmten Krankenhauses der Barmherzigkeit. Kurz vor seiner Ausreise verstarb er und wurde mit militärischen Ehren begraben.

Boydak nannte man einen, bis ins 20. Jahrhundert hinein eingesetzten Schiffstyp für den Güterverkehr. Das war ein ein- oder zweimastiger Lastsegler mit 100 bis 200 Tonnen Tragfähigkeit.

Boyen, Leopold Ludw. Herm. v., * Kreuzburg/Ostpr. 1771, † Berlin 1848. General. Früh verwaist kam er nach Königsberg und wurde mit 13 Jahren Soldat. 1806 bei Auerstädt verwundet, wurde er 1807 Mitarbeiter Scharnhorsts bei der Armee-Reorganisations-Commission, wo er das Krümpersystem bearbeitete. 1814 Kriegsminister, erließ B. das Gesetz über die Allgemeine Wehrpflicht. — 1819 nahm er mit Wilhelm von Humboldt und Beyme, wegen des nichterfüllten Verfassungsversprechens Friedr. Wilhelms III., den Abschied. 1841 wieder Kriegsminister in Berlin, wurde 1847 GFM. B. starb 1848 und wurde auf dem Invaliden-Friedhof beigesetzt.

Boyen, Leopold Hermann v., * Kbg. 1811, † Jena 1886. General. B. wurde 1829 Secondelt. im 2. Garderegt. z. F., kam 1842 zum Generalstab und wurde 1848 Adjutant des Prinzen Wilhelm von Preußen; 33 Jahre im milit. Gefolge Wilhelms I., wurde B. 1861 Flügeladjutant. Als Generaladjutant begleitete er Napoleon III., 1870 nach Wilhelmshöh. Zum General d. Inf. befördert, wurde B. 1873 Gouverneur von Mainz.

Boyen-Straße auf den Hufen, von der Hagenstraße zur Straße am Landgraben, 1911 benannt nach GFM Leop. Ludw. von Boyen.

Bozener Weg in der Siedlung Liep.

Brachert, Hermann, * Stuttgart 1890, † Schlaitorf/Nürtingen 1972. Bildhauer. Nach dem Besuch der Stuttgarter Kunstgewerbeschule wurde B. 1919 als Professor für Bildhauerei und Goldschmiedekunst an die Kunst- und Gewerkschule Königsberg berufen. B. war ein ausgezeichneter Pädagoge, u. a. gehörten Erna Becker-Kahns und Rudolf Daudert zu seinen Schülern. B. schuf etwa 20 überlebensgroße Plastiken, u. a. am Haus der Technik, der Mädchen-Gewerbeschule, dem Parkhotel und dem Neubau der Albertina. Figuren und Figurengruppen in Stein gehauen und in Bronze gegossen. Zeitweise künstlerischer Berater an der Bernstein-Manufaktur fertigte er u. a. den „Windsbrautkasten", heute im Haus Königsberg in Duisburg. Besonders erwähnt sei die „Schwebende", eine aus einem Bernsteinstück geschnittene Frauengestalt, heute im Ostpr. Landesmuseum in Lüneburg. Der verdienstvolle Künstler war von 1946—1953 Rektor der Akademie der Künste in Stuttgart.

Brackmann, Albert, * Hannover 1871, † Berlin 1952. Historiker. Prof. in Marburg, Königsberg und Berlin. Arbeiten über die dt. Kaisergeschichte und die Geschichte des dt. Ostens; Hg. von Papsturkunden.

Brahms-Straße, auf den Hufen vom Hansaring zur Stresemannstraße.

Brände. 1262 wurde die erste Siedlung Königsbergs, nördl. der Burg, im „Großen Aufstand" der Prussen, niedergebrannt. — 1513, Kneiphöf. Vorstadt St. Antonius, die Langgasser Brücke und alle Speicher brannten ab. — 1539, großer Brand von Sackheim und Roßgarten, ausgehend von einer Backstube. — 1756, Brand der Weißgerberstr., des Vorderroßgartens, der Kalthöfischen- und Jägerhofstraße. — 1764, in der Holzbude eines Segelmachers auf der Altstädt. Lastadie entstand ein Brand; Flugfeuer ergriff den Löbenicht und Sackheim. 4 Kirchen, das Löben. Rathaus, das Pauperhaus, 369 Häuser, 49 Speicher, brannten nieder. 27 Tote, Schaden 5 Mill. Taler, Friedrich d. Gr. spendete 205 000 Taler. — 1769, Brand der Vorstadt; 76 Häuser, darunter das der Familie Kant; 143 Getreidespeicher brannten nieder. Schaden 10 Mill. Taler, Friedrich d. Gr. stiftete 150 000 Taler. Aus dem Trümmerschutt wurde der Millionendamm geschüttet. — 1775, Brand von Vorstadt und Haberberg, 988 Gebäude. — 1803, Feuersbrunst am Neuen Graben; 26 Häuser und Speicher sowie der Saturgussche Garten brannten ab. 1811, großer Speicherbrand im Kneiphof, durch 400 geplatzte Tonnen Öl und Teer, die auf dem Wasser brennend, zahlreiche Wittinnen in Brand setzten. 144 Häuser, 134 Speicher, 27 000 Last Getreide, Grüner Kran und Synagoge gingen in Flammen auf. — 1839, Brand der Altstädt. Lastadie; zahllose Speicher, Schiffe und der Rote Kran brannten ab. — 1845, 14 Speicher der Kneiphöf. Vorstadt brannten ab. — August 1944, Brände infolge des englischen Fliegerangriffs s. Katastrophen.*

Brandenburg. Die Ordensburg an der Mündung des Frisching ins Frische Haff gelegen, ist durch Mgf. Otto III. v. Brandenburg 1266 errichtet worden. Die Burg wurde ab 1275 in Stein ausgebaut; sie war von 1266 bis 1499 Sitz eines Komturs. — 1520 brannte die Burg aus; nach der Wiederherstellung war sie von 1525 bis 1752 Sitz eines Amtshauptmanns. Danach verfiel das stattliche Schloß zusehends, sodaß es nach 1776 abgetragen wurde. — Im Schutz der Burg hatte sich eine Lischke entwickelt, die 1513 die Handfeste erhielt. Die Kirche, von 1320 bis 1340 erbaut, erhielt erst 1648 einen hohen, spitzen Turm. B. entwickelte sich zum Marktflecken und hatte seit 1729 einen kleinen Hafen.

Brandenburger Straße in Ponarth, von der Godriener- zur Speichersdorfer Straße.

Brandenburger Tor, wie alle Walltore wurde dieses Tor in den 50er Jahren errichtet. Am Ende des Alten Gartens begann hier die Berliner Straße.

Brandenburger Torstraße, s. Burgenlandstr.

v.-Brandt-Allee in Ratshof, von der Lawsker Allee zur Kaporner Straße.

Brandt, Rudolf von, * Tannenberg 1835, † Potsdam 1909. Jurist. Nach seinem Studium wandte er sich 1861 der Verwaltungslaufbahn zu. Bereits 1863 wurde er Landrat in Osterode. B. war 1887—1895 Polizeipräsident von Königsberg. Er wurde 1896 zum Landeshauptmann der Provinz gewählt und er mußte bereits 1909, infolge Erkrankung, zurücktreten.

Bräuche. Schon im 13. Jahrhundert Schloßturmblasen, Signale aller Art und Lieder des Türmers. — In der Stadt hielten sich viele „ostpreußische Bräuche", wie „Dannewiewer", „Sternsinger" oder das „Schmackostern", nicht! Dagegen pflegten die Korporationsstudenten ihre Sitten. Chargiert wurde zum 18. Januar, dem Reichsgründungstag, in der Universität und zum Rektoratswechsel. Beide Tage waren Feiertage, d. h., „dies academici". Die Korporationen fuhren in Landauern vor der Universität vor, die 3 Chargierten in Frack mit Cerevis und Schärpe, der Drittchargierte hielt das von den Bundesschwestern gestickte Banner, die Füchse trugen Pekeschen in den Farben der Korporation. — Zur Maifeier trafen sich Studenten und Arbeiter auf den Schloßteichpromenaden. In der Walpurgisnacht am 30. April wogte eine große Menschenmenge am Schloßteichufer auf und ab. Studenten saßen in ihren Couleurbooten, die mit Lampions beleuchtet waren. Die Corps Hansea und Littuania saßen in ihren Häusern, deren Gärten am Schloßteich lagen. — Als es vom Schloßturm 12 Uhr Mitternacht schlug, brandete ein vieltausendstimmiger Gesang auf, „Der Mai ist gekommen". Wer das einmal miterlebt hat, wird es nie vergessen. Es war ein großes, gemeinsames Fest, von Arbeitern und Akademikern. — Zur jährlichen Sonnenwendfeier s. Einzelheiten unter Galtgarben. — Die seltene Ehre eines Fackelzuges wurde u. a. 1930 dem Prof. E. Mitscherlich zuteil, der in einem Streit zwischen Studenten und dem Rektor vermittelt hatte. — Zu den Bräuchen gehörte auch das Backen von Königsberger Marzipan in den Haushaltungen, das heute in den Westen mitgenommen worden ist. Königsberger Klops gibt es in Lokalen heute wieder und auch in Konserven. Ostpreußische Fleischer stellen Fleck her, der in der Innenstadt Königsberg in vielen Kellerlokalen gekocht wurde, wo der Oberlandesgerichtsrat neben dem Droschkenkutscher sein „Schalchen" auslöffelte. Enttäuschung zeigten die Besucher, wenn an der geschlossenen Tür ein Schild hing: „Der Fleck is aller!"

Brauereien.
Aktien-Brauerei Schönbusch, Schönbuscher Straße 1
Brauerei Ponarth AG, in Ponarth
Brauerei Ostmark eGmbH in Devau, Königsallee 217.
Hufen-Brauerei, Inh. Willy Hintze, Fuchsberger Allee 58.

Braun, Maximilian, * Myslowitz 1850, † Kbg. 1930. Zoologe. Nach dem Studium, 1875, Dr. med. und 1876 Assistent am zoologischen Museum in Würzburg. 1883, Prof. in Dorpat. — B. wurde 1890 als Direktor an das zoologische Museum nach Königsberg berufen; er hat sich um das Zustandekommen des Königsberger Tiergartens besondere Verdienste erworben. — Von seinen Werken sind bemerkenswert: Fauna baltica in 2 Bänden und die Fortsetzung von Bronners Klassen und Ordnungen der Tierwelt.

Braun, Otto, * Kbg. 1872, † Ascona 1955. Staatsmann. 1886 begann seine Lehrzeit als Druckerlehrling, schon 1889 betätigte B. sich politisch; 1897 war er nach vorangegangener journalistischer Betätigung Redakteur, Druckereibesitzer und Rechtsberater in einer Person. 1900 wurde B. Rendant der Allgemeinen Ortskrankenkasse. — Seinem organisatorischen Talent gelang es, 1901 die Königsberger Volkszeitung zu gründen. Als Vorsitzender der SPD in Königsberg, hat er seit 1902 der Stadtverordnetenversammlung angehört. — 1911 wurde er in die Position des Hauptkassierers seiner Partei nach Berlin berufen. B. wurde 1913 in das preußische Abgeordnetenhaus gewählt. 1920—1933 gehörte er ununterbrochen dem Deutschen Reichstag an. B. war von 1920 bis 1932, mit kurzen Unterbrechungen, pr. Ministerpräsident; er bekämpfte 1923 den rheinischen Separatismus, setzte sich Ende der 20er Jahre für eine Reduzierung der Reparationen ein; 1932 amtsenthoben, lebte B. seitdem in der Schweiz. — Seine Erinnerungen: „Von Weimar zu Hitler", sind 1940 erschienen.

Braun Nachf., Franz, Inh. O. Lindenau, Sanitär- und Heizungsanlagen, Knochenstr. 11.

Bremer Straße, von der Hafenstraße zum Pregel, zw. den Hafenbecken IV und V.

Bretke, Johann, * Bammeln/Ostpr. 1536, † Kbg. 1602. Ev. Theologe. Nach dem Studium an der Albertina wurde B. Pfarrer in Labiau. Von 1587 an predigte er an der Steindammer Kirche in litauischer Sprache. B. schuf u. a. ein litauisches Gesangbuch. Ihm ist die Übersetzung der Bibel ins Litauische zu verdanken, die seit 1590 in der Königsberger Universitätsbibliothek aufbewahrt wurde. Außerdem hat B. ein Chronicon des Landes Preußen geschrieben, von dem Bruchstücke überliefert sind.

Briefmarken mit Königsberger Motiven. Erstmals 1935, im „Ostpropablock", erschien eine der 4 Marken mit der Darstellung der Westseite des Königsberger Schlosses. Zuvor 2 Kuriositäten: Die private Stadtpost „Hansa", von 1894—1900 und die private Schülerpost, von 1917—1923. Die „Hansa" zeigte auf ihren Marken die Wappen der drei Städte Königsbergs. Zum 400jährigen Universitätsjubiläum kam 1944 eine 6-Pfg.-Marke mit dem Bild Herzog Albrechts heraus. — Zum Kantjubiläum 1924 erschien keine Gedenkmarke des Philosophen. Sein Bildnis kam erst 1926 in einer Serie „Berühmte Deutsche" heraus. — Die Dt. Bundespost brachte in der Reihe „Bauwerke" 1966 das Zschocksche Stift mit der Unterschrift Königsberg/Preußen heraus. Von Persönlichkeiten erscheint Käthe Kollwitz in der DDR auf 2 Werten der Serie „Helfer der Menschheit", 1954 und in der Serie „Persönlichkeiten", 1967. Kant wird in der Serie „Bedeutende Deutsche", 1961—64, gewürdigt und als Einzelmarke 1974 herausgebracht. Berlin bringt ihn 1961/62 in der Serie „Bedeutende Deutsche" heraus. Auch Lovis Corinth wird 1975 in einem Selbstbildnis in Berlin dargestellt. — Sondermarken gab es von Agnes Miegel zu ihrem 100. Geburtstag 1979 und von Friedr. Wilh. Bessel 1984. — Berlin gab 2 Sondermarken heraus: E. T. A. Hoffmann 1976 und Walter Kollo 1978, er wurde in Königsberg ausgebildet.

Briesmann, Johannes, * Cottbus 1488, † Kbg. 1549. Reformator Ostpreußens. Franziskaner, promovierte in Wittenberg zum Doktor der Theologie; von Luther nach Preußen gesandt. — B. hielt am 27. Sept. 1523 die erste evangelische Predigt am Dom. 1527 bis 1531 weilte B. zur Einführung der Reformation in Riga. Nach seiner Rückkehr Pfarrer am Königsberger Dom. 1546 wurde B. Präsident des Bistums Samland und Kurator der Universität. B. wurde im Dom beigesetzt.

Brinkmann, Hennig, * Kbg. 1901. Germanist. Professor in Münster/Westf. Untersuchungen über dt. und lateinische Literatur des Mittelalters.

Brismann-Straße, zwischen Viehmarkt und der Österreichischen Straße, benannt 1910 nach dem Reformator J. Briesmann.

Brockensammlung. Ein seit 1933 leer stehendes kleines Häuschen an der westl. Chorseite der Burgkirche. Eingerichtet vom Stadtverband für Innere Mission, die die alten und scheinbar unbrauchbaren Dinge, hauptsächlich Bücher, als Geschenke oder gegen geringes Entgelt annahm und durch zwei alte Männer wieder in brauchbaren Zustand versetzte, so wie es jetzt die Arbeitslosen-Selbsthilfe 1985 tut, dann verkaufte und den Erlös dem Stadtverband zu karitativen Zwecken zuführte.

Brodbänken-Straße, hier standen einst die Bänke der Bäcker am mittelalterlichen Kneiph. Markt, an dessen Südseite das Kneiphöfische Rathaus stand.

Brode, Max, * Berlin 1850, † Kbg. 1917. Dirigent. Nach der Ausbildung in Berlin und Leipzig war B. als Violinlehrer in Augsburg tätig, mußte aber seine Laufbahn als Violinvirtuose aufgeben. — 1876 wurde er Konzertmeister am Stadttheater Königsberg. Hier begründete er die Symphonie-Konzerte und leitete später das Orchester „Philharmonie" und die Singakademie. Über Jahrzehnte nahm Prof. B. im Musikleben Königsbergs eine führende Stellung ein.

Brostowski, Gertrud, * Gumbinnen 1890, † Kassel 1976. Pädagogin. Nach dem Schulabschluß besuchte sie die Ostpr. Mädchengewerbeschule, deren Gründerinnen ihre beiden Tanten, Margarete und Elisabeth Doennig, gewesen sind. Nach bestandener Prüfung konnte sie als Lehrerin in Posen an der Kgl. Handels- und Gewerbeschule beginnen. — Im Ersten Weltkrieg hat sie sich als Rot-Kreuz-Helferin zur Verfügung gestellt. Dann nahm sie hauswirtschaftliche Tätigkeiten in Kassel wahr und wurde 1935 zur Leiterin der Ostpr. Mädchengewerbeschule in Königsberg berufen. Ende des Krieges wurde der Schulbetrieb nur noch notdürftig weitergeführt. Nach den letzten schweren Jahren lebte sie bis zu ihrem Tode in Kassel-Wilhelmshöhe.

Brücken. Die sieben Pregelbrücken: s. Grüne Brücke, Hohe Brücke, Holzbrücke, Honigbrücke, Köttelbrücke, Krämerbrücke und Schmiedebrücke, die achte, die Kaiserbrücke wurde erst 1905 gebaut. Alte Eisenbahnbrücke, Neue Eisenbahnbrücke, s. Reichsbahnbrücke; Palmburger Brücke und als Straßenbrücken die Reichsbrücke sowie die Schindekopbrücke, schließlich die Schloßteichbrücke. **Brücken aus früheren Jahrhunderten:** Dombrücke, zw. 1322 und 1333 erbaut, abgebrochen 1379, als sie durch die Schmiedebrücke ersetzt wurde. Rote Brücke im Zuge der Hundrieserstr. über den Lizentgraben, längst verschwunden. Schweinebrücke, 1570 über den Schweinegraben, zw. Vorder- und Hinterroßgarten; 1811 in Schwanengraben umgetauft, Mitte 19. Jh. zugeschüttet. Steindammsche Brücke, am nördl. Ende der Koggenstraße, vor 1400 erbaut; führte über den Schloßgraben zum Steindamm, 1865 abgebrochen. Bunte Brücke, 1697 aus Holz erbaut und buntbemalt, vom hinteren Schloßtor über den Schloßgraben zum Prinzessinnenplatz, 1867 bei Schaffung des Gesecusplatzes abgebrochen. Zuggrabenbrücke über den Zuggraben; 1895 zugeschüttet, hier entstand die Kaiserstraße.

Brücken-Straße, vom Viehmarkt zur Hohen Brücke.

Brudermordkeule, fälschl. für Muttermordkeule. 1530 ermordete Joh. Wegner seine Eltern mit einer eisernen Mörserkeule. W. wurde verkehrt auf einem

Esel durch die 3 Städte geführt und mit glühenden Zangen zerrissen. Die echte Muttermordkeule wurde bis 1925 im Winkel der linken Nische der Treppe des Kneiph. Rathauses aufbewahrt, dann gestohlen, aber völlig gleichartig nachgefertigt und wieder dort befestigt.*

Brühavenweg, Siedlung Jerusalem 1934, benannt nach dem Königsberger Ordenskomtur Berthold Brühaven, der aus Österreich stammend, zuerst 1285 als Dt. Ordensbruder vorkommt. 1289 bis 1302 Komtur von Königsberg. B. gab 1300 der Neustadt, dem späteren Löbenicht, ihre Handfeste.

Bruhns, Max Ernst, * Kl. Borroschen/W. 1854, † Zoppot 1919. B. studierte an der Bauakademie Berlin und wurde bis 1882 bei der Hafenbau-Inspektion Neufahrwasser beschäftigt. B. war seit 1888 Brandinspektor in Berlin und wurde 1890 Branddirektor in Königsberg. B. mußte wegen einer Berufsverletzung 1908 in den Ruhestand treten. B. hat sich durch Modernisierung des Feuerschutzes um die Entwicklung Königsbergs Verdienste erworben.

Brünneckallee, Juditten, von der Friedrichswalder Allee zur Gottschedstraße, benannt nach Oberburggraf Magnus Karl Otto von Brünneck, * 1786, † 1866. B. war 1813 als Landwehrkavallerist bei der Belagerung Danzigs dabei; nahm 1817 als Oberst seinen Abschied und bewirtschaftete sein Gut Bellschwitz. Seit 1831 Führer des Provinzial-Landtages, der 1840 die Verfassung forderte. B. war seit diesem Jahr Mitglied des Herrenhauses. — Manfred Graf Brünneck-Bellschwitz war von 1916 bis 1928 Landeshauptmann von Ostpreußen.

Brunnen. Königsberg hatte zahlreiche öffentl. Brunnen aus Quellen und Pumpen; 1840 waren es 116. Der bekannteste war der schöne gr. Schloßbrunnen, 1698 abgebrochen. Später stand neben dem westl. Schloßhofausgang ein Brunnen, dessen Wasser von K. G. Hagen 1757 untersucht und als das beste befunden wurde. Andere Brunnen waren auf dem Altst. Markt, dem Steindammer Kirchenplatz, der Kettenbrunnen in der Koggenstr., die Hans-Sagan-Pumpe auf dem Haberberg. Sie wurden 1912 wegen Seuchengefahr verschüttet. Zu unserer Zeit: den Brunnen am Bismarckdenkmal, dessen Wasser aus dem Rachen des Drachens der Zwietracht hervorgurgelte. Ordensritterbrunnen an der Schloßfreiheit von Rosenberg. Löwenhaupt-Wasserstrahl an der Südwestfront des Schlosses. Evabrunnen vor dem Altst. Rathaus von Prof. Cauer; Stiftung des Photographen Gottheil. Puttenbrunnen an der Schloßwache von Cauer. Auerochsengruppe mit Brunnen vor dem Justizgebäude am Hansaring. Puttenbrunnen mit Nymphe auf dem Jahrmarktsplatz. — Um 1908 regte der Tierschutzverein eiserne Becken mit Schalen an: in der Mitte ein großes Becken für durstige Pferde, unten ein kleines für Hunde, oben eine Schale zum Anlocken durstiger Vögel. Solche Brunnen am Königsgarten, auf dem Theaterplatz, auf dem Lindenmarkt u. a. Orten. — Erwähnt seien noch der stark eisenhaltige Quell in Luisenwahl und die Fontänen am Aussichtsturm des Tiergartens und am Steingarten gegenüber dem Neuen Schauspielhaus auf den Hufen.*

Bruno-Schaffrinski-Straße, auf den Hufen, zwischen Schleiermacher- und Gustloffstraße.

Bruns, Oskar, * Tübingen 1878, † Heidelberg 1946. Mediziner. Nach der Promotion 1903 war B. Assistent in Leipzig und Berlin, sowie Oberarzt in Düsseldorf und Marburg, wo er sich habilitierte. — Als Stabsarzt nahm er am Ersten Weltkrieg teil. — 1918 übernahm er die Leitung der Medizinischen Klinik in Göttingen. 1922—1945 war

Prof. B. Direktor der Medizinischen Poliklinik in Königsberg. Hier machte er Experimente und klinische Untersuchungen auf dem Gebiet der inneren Organe. Besondere Verdienste erwarb er sich um das Institut für Leibesübungen an der Albertina.

Brust, Herbert, * Kbg. 1900, † Bremerhaven 1969. Komponist. B. wurde vor allem durch sein „Ostpreußenlied" bekannt. Er war Mitarbeiter des Reichssenders Königsberg und lebte in Neukuhren. Nach dem Zweiten Weltkrieg wurde er Schulmusiker. Prof. B. komponierte Orchesterwerke, Streichmusiken, Orgel- und Klavierstücke, auch vertonte B. eine Reihe Lieder, u. a. von Agnes Miegel. — Seine Musik hatte immer wieder die Nehrung, die Elche und den Bernstein zum Thema.

Brüsterort, im Samland an der äußersten Nordwestecke gelegen, hat auf der Landspitze der 34 m hohen Steilküste einen Leuchtturm. Von hier aus hat man einen Fernblick über die ganze West- und Nordküste.

Bublitz, Carl, * Kbg. 1866, † Kbg. 1933. Maler. B. war an der Königsberger Akademie Schüler von C. Steffeck und E. Neide. Freund von Lovis Corinth, die sich gegenseitig porträtierten. — Gedächtnisausstellung 1934 in der Kunsthalle am Wrangel-Turm in Königsberg.

Buchdruckereien.
Baer, Josef Adolf, Vorstädt. Langgasse 101.
Bardtke, H., Samitter Allee 85.
Behrendt, Wilh., Krönchenstr. 12.
Blank & Co., Kdt.-Ges., Steindamm 34.
Bouillon, Paul, Stresemannstr. 72.
Englick & Quatz, Viktoriastr. 7.
Escher, Paul, Vorstädt. Langgasse 61.
Gallathe, Johann G., Steindamm 36.
Gerber Paul, Vorstädt. Langgasse 134.
Glindemann, Otto, 2. Fließstr. 7.
Graphische Kunstanstalt GmbH, Tragh. Pulverstr. 20.
Gruel, Rudolf, Inh. Paul Bork, Altstädt. Markt 21.
Heß, W., Brodbänkenstr. 4/5.
Heyer, W. A., Börsenstr. 14/15.
Hiller, M., vorm. Michelly, Tamnaustr. 41/43.
Kaminsky, J. G., Schiefer Berg 17.
Kemsies, G., Kl. Domplatz 4.
Königsberger Allgemeine Zeitung, Volz & Co., KG, Theaterstr. 11/12.
Königsberger Verlagsanstalt GmbH, Münchenhof 4.
Kranich, G. A., Kaiserstr. 46a.
Kümmel, Otto, Vorderroßgarten 19.
Lankeit, Richard, Neuroßgärter Kirchenberg 1a.
Lemhoefer, Hans u. Leo Krause, Fleischbänkenstr. 12/13.
Lenzing, Willi, Neuendorfer Straße.
Leupold, R., Baderstr. 8/11.
Masuhr, Emil, Altstädt. Bergstr. 45.
Ostdeutsche Verlagsanstalt und Druckerei GmbH., Selkestr. 3/4.
Otto & Woitzuck, Schiefer Berg 12.
Parbs Nachf., Reinh., Kneiph. Langgasse 54.
Quatz, Eduard, Hindenburgstr. 2.
Raabe, Johann, Drummstr. 15.
Rautenberg, Emil, Verlagsbuchdruckerei, Schiefer Berg 5.
Scholz, H., Tamnaustr. 2.
Schrade, Andr., Vorstädt. Langgasse 61.
Schulz, Otto, Tragheimer Passage 8.
Schwarz, H., Inh. A. Schmeißer, Kai
Steinbacher, Ed. sen., Sackheim 58.
Steinbacher, Martha, Steindamm 170.
Telemann, W., Börsenstr. 16.
Vereinsdruckerei, Inh. Anna Schütz, Fleischbänkenstr. 3.
Wangnick, Julius, Schleusenstr. 1.

Buchhandlungen. Hans Weinreich war der erste Drucker und Buchhändler seit 1523 in Kbg. 1569 in Kbg. 4 Buchläden. 1696 verlegte Joh. Hallervord am Schmiedetor Simon Dachs Werke. 1722 privilegierte Friedr. Wilh. I. den Buchhändler Christoph Gottfr. Eckart; er verlegte an der Schmiedebrücke 87 Werke. Den Hartungs war 1760 in Joh. J. Kanter ein bedeutender Konkurrent erwachsen. — 1775 verlegte Hartung „Werthers Freuden, Werthers Leiden und Werther in der Hölle". Gottl. Lebrecht Hartung zog 1777 in das Haus Goldene Axt, 1788 ins Löben. Rathaus. 1798 Verkauf von Buchhandlung und Verlag an Göbbels & Unzer. Die Brüder Bornträger erwarben 1818 die Nicoloviussche Buchhandlung in der Junkerstr., die 1843 an Leo Voigt verkauft wurde. — In den letzten Jahrzehnten bestanden: Akademische Buchhandlung Schubert & Seidel, Inh. Arnold Charisius, Roßgärter Passage 4.

Backe, A., Dürerhaus, Inh. M. Neumann, Burgstraße 2.

Beyer's Buchhandlung, F., Französische Str. 25.

Bon's Buchhandlung, Ing. Gunther Letzsch, Münzstr. 20/21.

Buchhandlung d. Pilgermission, GmbH, Kreisler Str. 6.

Evangelische Buchhandlung, Inh. P. Klucke, Münchenhof 10.

Gerboth, Günther, Hufenallee 66.

Gräfe und Unzer, Paradeplatz 6.

Haffke, Rudolf, Gr. Schloßteichstr. 11.

Harpf, Marie, Französische Str. 12/13.

Herrmanns Buchhandlung, Mittelanger

Hübner, Karl, Hagenstr. 108.

Kalisch, Hermann, Gr. Schloßteichstr.

Koch, Wilhelm, Paradeplatz 4.

Neuwirth, Gustav, Steindamm 31.

Nürmberger's Buchhandlung, gegr. 1851, Inh. K. Rawraway, Steindamm 158.

Raabe Nachf., gegr. 1814, Inh. G. Letzsch, Französische Str. 3.

Reschke, Paul, Weißgerberstr. 3.

Riesemann & Lintaler, Schiefer Berg 15.

Steindamm-Bücherei, Johanna Weber, Steindamm 9b.

Stengel, Käthe, Hufenallee 44/46.

Teichert, Bernh., Buch- und Kunsthandlung, Gr. Schloßteichstr. 8.

Wichern-Buchhandlung, GmbH, Steindamm 76/78, Ecke Poststraße.

Buchwald, Dr. phil. Wolfgang, * Kbg. 1911, † München 1984. Klass. Philologe. Nach dem Besuch des Friedrichskollegs studierte B. bei Prof. Maas, der seines Lehramts 1934 enthoben wurde. B. gab u. a. einen Band von Schriften des berühmten U. v. Willamowitz-Möllendorf heraus. Nach 10jähriger Kriegsgefangenschaft wurde B. Redakteur des „Thesaurus lingue latinae" eines vielbändigen Lexikons der lateinischen Sprache, bei der bayerischen Akademie der Wissenschaften.

Buck, Samuel Friedrich, * Kbg. 1763, † Kbg. 1827. Bürgermeister. B. studierte an der Albertina die Rechte, zunächst als Referendar bei der Regierung, ging er 1791 in die städt. Verwaltung über. Seit 1795 Polizeisekretär, wurde er auf nachdrückliche Empfehlung Kants, 1802 zum Stadtrat und 1805 zum Polizeiinspektor gewählt. In dieser Eigenschaft war ihm 1807, während der Besetzung Königsbergs, das Verpflegungsbüro unterstellt. Auch wurde er bei der Beratung der neuen Städteordnung hinzugezogen. B. wurde 1809 zum Bürgermeister gewählt. Er hat sich besonders um die öffentliche Armenpflege verdient gemacht und gehörte zum Freundeskreis Kants.

Buddel, die Flasche von franz. bouteille.

Budde-Straße in Ponarth, Parallelstraße der Speichersdorfer Straße.

Budzinski, Robert, * Kl. Schläfken 1876, † Warburg 1955. B. besuchte die Kunstakademien in Königsberg und Berlin, ließ sich als freier Künstler in Königsberg nieder. B. malte Landschaften und Porträts, besonders graphische Darstellungen. — B. illustrierte seine Werke, von denen die „Entdeckung Ostpreußens" genannt sei. Darin hat er die treffendste Definition der Ostpreußen kritisch dargestellt. Immerhin hat er den Ostpreußen zugestanden: Die Frauen genießen sehr hohe Achtung und Ehrfurcht. Die Ehe halten sie heilig. Kinder sehr zahlreich, der größere Teil der Bevölkerung besteht aus ihnen, namentlich in politischer Beziehung.

Bujack, Georg, * Kbg. 1835, † Kbg. 1891. Prähistoriker. Nach dem Studium wurde B. 1860 Lehrer und 1877 Oberlehrer am Altst. Gymnasium. B. wurde 1869 Kustos und 1872 Vorsitzender der Altertumsgesellschaft Prussia; sie erfuhr durch B. einen starken Aufschwung. B. widmete sich mit besonderem Eifer der Grabungstätigkeit. Prof. B. schrieb einen sehr sorgfältigen Katalog des Prussiamuseums und die Sitzungsberichte der Prussia bis zu seinem Tode.

Bulcke, Karl, * Kbg. 1875, † Berlin 1936. Schriftsteller. B. studierte Jura und wurde als Staatsanwalt vielfach versetzt. B. wurde unter Helfferich in das Reichsinnenministerium berufen und war der erste Filmzensor. — In seinem dichterischen Schaffen Ähnlichkeiten mit Fontane. Seine bedeutendsten Werke: „Geliebte Betty“, „Balzereit“, „Die drei Trostburgs“ und „Die Reise nach Italien“, sowie „Gedichte“.

Bullaten-Str., zum Münchenhof. Die durch eine Bulle Leos X. anerkannten Fratres bullati hatten in Wehlau ein Kloster, das Hochm. Albrecht aus militärischen Gründen abbrechen ließ. A. versetzte die Fratres 1521 hierher. 1524 wurden die Mönche vertrieben. Klostergebäude 1827 abgebrannt.

Bullen, s. Goldene Bulle.

Bülow, Fr. Wilh. Graf B. v. Dennewitz *Falkenberg/Altm. 1775, † Kbg. 1816. General. 1794 Major in Soldau, 1811 Gouverneur von Ostpreußen, 1813 Kd.-General des I. A. K., Sieger von Großbeeren und Dennewitz, bei Leipzig, Laon und Paris. 1815 entschied er den Sieg von Belle Alliance. Als Dotation erhielt B. vom König Schloß und Domäne Neuhausen sowie Grünhoff. Der um Königsberg hochverdiente General stand hier wieder als Kommandeur des I. A. K. — B. war Musikliebhaber und Komponist, u. a. regte er den Bau einer Kriegsblindenanstalt in Königsberg an. — Seine Scudelle am Sackheimer Tor, sein Gemälde in der Kirche Neuhausen.

Bülow-Platz, an der Boyen- und Gneisenaustraße, 1921 benannt n. Graf Fr. W. v. Bülow.

Bülow-Straße, vom „Sackheim“ zur Litauer Wallstraße, bis 1892 Sackheimer Wallgasse.

Burchard, Franz Emil Emanuel von, *Kbg. 1836, † Berlin 1901. Staatssekretär. Nach dem Studium ging B. 1862 in die Steuerverwaltung und wurde 1873 Regierungsrat in Danzig. 1878 vortragender Rat im Reichskanzleramt. B. wurde Direktor und 1882 Staatssekretär des Reichsschatzamtes. Von 1887 bis 1899 Präsident der Seehandlung.

Burdach, Karl Friedrich, * Leipzig 1776, † Kbg. 1847. Nach dem Studium in Leipzig ging B. 1811 als Professor der Anatomie und Physiologie nach Dorpat, um dann 1814 den entsprechenden Lehrstuhl in Königsberg zu übernehmen. Hier hat er 1817 die Errichtung eines Anatomischen Instituts durchgesetzt, in dem er zusammen mit den Prosektoren von Baer und H. Rathke umfangreiche Sammlungen anlegte. B. prägte den Begriff „Morphologie“. Z. Zt. der Dreihundertjahrfeier der Albertina war er Prosektor.

Burdach, Konrad, * Kbg. 1859, † Berlin 1936. Nach seinem Philologiestudium an der Albertina und einer Lehrtätigkeit an der Universität Halle, wurde Burdach 1902 Mitglied der Preußischen Akademie der Wissenschaften in Berlin. Wegen seiner überragenden Bedeutung als Literatur- und Kulturhistoriker wurde er von jeglicher Lehrtätigkeit befreit, damit er ganz für seine Forschungen leben konnte. Seine Forschungsgebiete waren vor allem Minnesang, Goethe, Geschichte der neuhochdeutschen Sprache — insbesondere zur Zeit Karls IV. — sowie Geschichte der Germanistik.

Burdachstraße, Siedlung Charlottenburg, 1932 nach Karl Friedr. Burdach benannt.

Burg, s. Königsbergs Schloß.

Burgenland-Straße, parallel zum Alten Garten, von der Vorstädtischen Langgasse zur Straße Am Bahnhofswall.

Bürger-Medaille, s. Königsberger Bürger-Medaille.

Bürgerquartiere. Nach dem Bau der Trainkaserne, auf dem Oberhaberberg, lagen seit 1882 keine Soldaten mehr in Bürgerquartieren.

Burgfreiheit, s. Freiheiten.

Burgkirche, deutsch-reformiert. Der erste reform. Gottesdienst fand 1616 in einem Saal des Schlosses, durch Johann Crocius, statt. 1662 ordnete Kurfürst Friedr. Wilhelm den Bau einer dt.-reform. Kirche und Schule an, für die der Schlachthofplatz der Burgfreiheit der ref. Gemeinde übergeben wurde. Auf dem Geköchsgarten des Oberburggrafen Ahasverus v. Lehndorff, damals Reitplatz, wurde nach Kauf durch den Kurfürsten, durch Joh. Arnold Nehring 1690 bis 1696 die Burgkirche nach dem Vorbild der Nieuwe Kerk in Den Haag erbaut. Die Burgkirche wurde am 23. Januar 1701 in Gegenwart des Königs Friedrich I. eingeweiht. Seit 1819 heißt die dt.-ref. Kirche nur noch Burgkirche. Sehenswürdigkeiten bis 1944: Weites Inneres, ohne Bilder und Schmuck. Kanzel an einer Langseite mit Doppelaufgang. Hervorragende, reiche, ornamentale Schnitzerei in Nußbaum, von dem Königsberger Tischlermeister Caspar Schreiber, 1699. Orgel von Joh. Josua Mosengel, die ausgezeichneten Schnitzereien, gekrönt vom preuß. Adler, 1724, von dem Königsberger Tischlermeister Nathanael Mahncke. Geistliche waren Superintendent W. Schmidt und Kons.-Rat Karl Weder.*

Burgkirchen-Platz, großer freier, vom Verkehr abgelegener Platz, war ursprünglich der Schlachthofplatz der Burgfreiheit.

Burgkirchen-Portal. 1727 stiftete Komm.-Rat Charles Cabrit testamentarisch das Burgkirchen-Portal am Schiefen Berg, mit den Figuren der Gerechtigkeit, in der Mitte: Schwert in der Linken!, Barmherzigkeit und Liebe 1727.

Burgschule, 1658 als dt. reform. Parochialschule gegründet und seit 1664 Bürgerschule mit dem bedeutenden Rektor Steph. Wannowski, † 1812. Ihr berühmtester Schüler E. T. A. Hoffmann. 1859 wurde sie Realschule und 1882 Realgymnasium, seit 1889 staatlich, wurde sie 1892 in eine Oberrealschule umgewandelt. Sie bezog 1895 das vom Friedrichskollegium geräumte Gebäude am Kollegienplatz. Damals war von 1882—1900 Karl Böttcher Direktor. 1901 wurde sie Realgymnasium auf der Burg mit 16 Lehrern und 383 Schülern. Die Doppelanstalt bezog 1927 einen stattlichen Neubau in der Lehndorffstraße in Amalienau. Die letzten Oberstudiendirektoren waren Dr. Draeger, Bruno Zerull und Dr. Falcke.

Burgstraße von der Münzstraße zum Mitteltragheim.

Büro-Bedarf s. die einzelnen Firmen.

Burow, Karl Heinrich, * Elbing 1810, † Kbg. 1874. Mediziner. B. studierte an der Albertina und wurde Assistent bei Dieffenbach. B. gründete 1846 in Königsberg eine Privatklinik, die er der Albertina als Poliklinik zur Verfügung stellte. Er war 1866 und 1870/71 als Generalarzt im Felde. — Burow erfand den Liquor Burowi, die essigsauere Tonerde zu Umschlägen. Als Professor und Geh. Rat war B. in Königsberg ein außerordentlich beliebter Arzt, dem dankbare Patienten eine Büste stifteten.

Burow, Dr. Ernst, * Kbg. 1838, † Kbg. 1885. Mediziner. B. war ebenfalls ein bedeutender Professor der Chirurgie. — Als Laryngologe war B. Teilnehmer an einem internationalen Kongreß in London, wo er als einziger deutscher Arzt das Referat über Kehlkopfkrebs hielt. — B. begründete 1855 den Königsberger Segelclub Rhe.

Burow-Apotheke seit 1926, Inh. Bruno Bladt, Berliner Straße 24—26.

Burow-Büste. 1877 Errichtung einer Erzbüste des Prof. Karl Heinr. Burow, auf 4 m hoher kannelierter Eisensäule von Emil Hundrieser am Schiefen Berg, vor seinem Wohnhaus. Diese Büste wurde von seinem Urenkel Dr. Ernst Meyer gerettet und steht heute im Albertinum in Göttingen.

Burowstraße in Maraunenhof, vom Oberteichufer zur Rosenkranzallee. Benannt 1908 nach Prof. Karl Heinr. Burow.

Burschenschaften in der Königsberger Burschenschaft.

Germania, gegr. 1843, Farben schwarz-weiß-rot von unten, dunkelrote Samtmütze mit schwarz-weiß-rotem Besatz. Haus: Herzog-Albrecht-Allee 15 in Maraunenhof.

Gothia, gegr. 1854, Farben schwarz-gold-blau von unten. Blaue Samtmütze mit goldenem Albertus. Haus: Cäcilienallee 1 am Oberteich.

Teutonia, gegr. 1875, Farben violett-weiß-rot, rote Mütze mit silberner Perkussion und silbernem Albertus im kleinen Format. Haus: Hinterroßgarten 49 am Schloßteich.

Alemannia, gegr. 1879, Farben blau-weiß-gold, schwarze Samtmütze mit goldener Perkussion, kl. Format. Haus: I. Fließstr. 11. — Die auswärtigen Inaktiven der Dt. Burschenschaft, „die Reichsrüben" trafen sich zum gemeinsamen Essen in der Mensa der Palästra. Alle Verbindungen wurden nach 1933 verboten. Heute haben sie alle wieder „aufgemacht". Die Germania in Hamburg, die Gothia in Göttingen, die Teutonia in Marburg und die Alemannia in Kiel.

Im Allgemeinen Deutschen Burschenbund.

Cheruscia, gegr. 1885, Farben schwarz-rot-gold, weiße Tuchmütze mit Albertus, Heim: Münzstr. 17.

Busoltplatz, Busoltstraße zur Hufenallee, beide 1906 benannt nach dem Kirchen- und Schulrat Gotthilf Christoph Wilh. Busolt, * Buchholz/Landsberg 1771, † Königsberg 1831. Pestalozzianhänger. 1807 bis 1810 an der inneren Erneuerung stark beteiligt. Sein Landhaus auf den Hufen nördl. des großen Parks, den er seiner Gattin Louise zu Ehren Louisenwahl genannt hatte, stellte B. im Sommer 1808 und 1809 der Königlichen Familie zur Verfügung.

Büsten.

Batocki, Oberpräs. Ad. v., 1914 von Cauer im Landeshaus, 1927 von Brachert in der Albertina.

Bessel, Friedr. Wilh., 1884 von Dr. h. c. Joh. Reusch im Garten der Sternwarte.

Bezzenberger, Prof. Adalbert, 1912 von Cauer im Prussia-Museum.

Borowski, Erzbischof, 1907 von Cauer an der Nordseite der Neuroßgärter Kirche.

Borrmann, Martin, 1922 von Cauer bei Gräfe und Unzer.

Braun, Ministerpräs. Otto, 1931 v. Brachert im Staatsarchiv.

Brünneck, Landeshauptmann v., 1930 von Brachert in der Landesbank.

Burow, Prof. Karl Aug. s. Burow-Büste.

Dohna, Graf Alexander, 1908 von Cauer im gr. Saal des Landeshauses.

Ebert, Reichspräs. Friedr., 1929 von Brachert vor der Ebertschule Schindekopplatz.

Ellendt, Dr. Georg, 1912 von Cauer im Korridor des Friedrichskollegs.

Frey, Johann Gottfr., 1908 von Rosenberg im Junkersaal Kneiph. Rathaus.

Gebauhr, Carl Jul., 1925 von Dr. G. Gebauhr im Gebauhrsaal der Stadthalle.

Goetz, Hermann, 1932 von Rosenberg im 1. Rang des Opernhauses.
Grosse, Direktor Emil, 1905 v. Dr. Reusch im Wilhelmsgymnasium.
Hagen, Carl Gottfr., 1825 v. Karl Wichmann im Senatszimmer der Albertina.
Heidemann, Prof. August, 1912 v. Rosenberg in der Vorhalle Kneiph. Rathaus.
Herder, Johann Gottfr., 1892 v. Siemering in der Aula im Friedrichskolleg.
Hindenburg, GFM Paul v., 1915 von Cauer in der Vorhalle Kneiph. Rathaus, Zweitausfertigung in der Hindenburg-Schule, 1926 von Brachert im Moskowitersaal, 1927 von Brachert im neuen Auditorium max.
Hoffmann, E. T. A., 1922 von Dr. M. Bukofzer im Stadtgeschichtlichen Museum.
Jacobson, Prof. Julius, 1890 von Dr. h. c. Reusch vor der Univ.-Augenklinik.
Jacoby, Dr. Johann, 1872 von Siemering im Junkersaal Kneiph. Rathaus.
Kant, Immanuel, 1790 v. Jos. Mattersberger im Stadtgesch. Museum. 1798 v. Em. Bardou heute in Berlin-Dahlem. 1801 von Karl G. Hagemann in der Hamburger Kunsthalle. 1892 von Rud. L. Siemering in der Aula des Friedrichskollegs. 1927 von W. Rosenberg in der Mittelhalle vor dem neuen Auditorium maximum.
Lange, Dr. Friedr., 1898 von Dr. h. c. Reusch im Vorraum der Palästra Albertina.
Luise, Königin, 1874 von Chr. Rauch in einer Pergola in Luisenwahl.
Luther, Martin, 1927 von Cauer in der Mittelhalle vor dem Auditorium max.
Moltke, Oberpräs. Friedr. L. v., 1910 v. Cauer im Landeshaus.
Nicolai, Otto, 1932 von Threyne im Umgang des ersten Ranges im Opernhaus.
Schön, Theodor von Schön, 1927 v. Daudert im neuen Auditorium maximum.
Simson, Eduard von, um 1900 v. Siemering im Junkersaal Kneiph. Rathaus.
Stein, Freiherr vom, 1908 von Cauer im Vorraum Kneiph. Rathaus.
Stettiner, Prof. Paul, 1927 von Brachert in der Städt. Gemäldegalerie.
Trautmann, Prof. Reinh., 1941 von Brachert erhalten, heute im Haus Königsberg.
Wagner, Prof. Albrecht, 1871 v. Siemering im Senatszimmer der Albertina.
Wichert, Ernst, 1895 von Dr. h. c. Reusch, in den Städt. Kunstsammlungen.
Windheim, Oberpräs. Ludwig von, 1910 von Cauer im Landeshaus.
Wyneken, Dr. Alexander, um 1928 von Cauer im Hause d. Königsberger Allgemeinen Zeitung.
Yorck, GFM David Ludw. v., 1815 von C. Rauch im Fahnensaal des Schlosses. — 1927 v. Daudert im neuen Auditorium maximum.

Büttelplatz, von 1811 bis 1935 Strohmarkt. Nach dem dort wohnenden Henker benannt. Der Altst. Richtplatz war auf dem Veilchenberg, nachdem die Richtstätte „Zu den 3 Galgen“ auf dem Heumarkt eingegangen war. Der Büttelplatz war ursprünglich ein gr. Platz, der erst im 18. Jh. durch Häuserbebauung in Großen und Kleinen Büttelplatz geschieden wurde.

Butterberg, seit 1. 1. 1856 Besselplatz. Nach dem Ersten Weltkrieg wieder Butterbergstraße. Name nicht von Butter und Büttel, nie Richtstätte; sondern der Berg buten.

Büttner, Karl Gotthilf, * Kbg. 1848, † Berlin-Steglitz 1893. B. studierte in Königsberg Theologie und ging als Missionar 1873 nach Südwestafrika, er wirkte im Damaraland mit großem Erfolg. 1880 wurde B. in Braunsberg Pfarrer. Von hier wurde er als Kaiserlicher Kommissar nach Südwestafrika geschickt und schloß dort die Schutzverträge mit den Häuptlingen ab. B. wirkte dann kurze Zeit bei der ostafrikanischen Missionsgesellschaft und wurde 1887 an das neugegründete orientalische Seminar der Univ. Berlin als Lehrer der Suahelisprache berufen. U. a. gab B. eine Grammatik und ein Wörterbuch des Suaheli heraus, ferner eine Anthologie aus der Suaheliliteratur, deren Entdecker er war.

Büttner, Karl Leopold, * Kbg. 1787, † Kbg. 1866. Pädagoge. Nach dem Studium der Theologie und Philologie kam er an die reform. Lateinschule auf der Burg, der er bis 1856 angehörte. 1836 wurde B. Direktor dieser höheren Stadtschule, deren Ansehen er fördern konnte. B. ist die erste Geschichte seiner Schule zu verdanken.

C

Cafés.

Alhambra-Konzertcafé, Steindamm 119—121.
Alte Hammerschmiede, erbaut 1709, noch Schmiede bis 1909, Hammerweg 27.
Amende, Rudolf, Hufenallee 15/17.
Café Alt-Wien, P. Gotthelf, Steindamm 158.
Café Bauer, Max Trampenau, Paradeplatz 7.
Café Efti, W. Mattner, Vorstädt. Langgasse 6.
Café Fürstenteich, am Fürstenteich.
Café Gehlhaar, Kantstr. 11, Junkerstr. 19.
Café Imperial, Münzstr. 14, später eingegang.
Café Julchenthal, 1900 als „Ohm Krüger" eröffnet.
Café National, Koggenstr. 4.
Café Oberteichterrasse, Maraunenhof.
Café Schwermer, Münzstraße 12—14.
Café Siegel, Französ. Str., später eingegang.
Café P. Sprung, Königstr. 84.
Hammerkrug am Hammerteich.
Kaiser-Café, L. Graubmann, Kaiserstr. 40
Konzert Café Dreblow, Steindamm 37
Kopernikus, Ernst Pichler, Am Landgraben.
Korinthenbaum, A. Makowski, Lawsker Allee 33.
E. Liedtke vorm. Petschlies, Altst. Langgasse 53.
Motzki, Hugo, Vorst. Langg. 109
Palastra-Café, F. Werner, Samitter Allee 9.
Palast-Café, R. Schmied, Königstraße 49—50.
Plouda, S., Kneiphöfische Langgasse 6—7.
Scholz, Oskar, Königstraße 47.
Stadthallen-Café am Schloßteich.
Steiner, Erich, Steindamm 147.
Tiergarten-Café im Zoo, Alfred Feierabend, Hufenallee 30—36.

Caillé, Viktor, * Kbg. 1882, † Hannover 1958. Industrieller. Inhaber der Färberei und Reinigung Caillé & Lebelt, Unterhaberberg 86—88. — C. war Kommunalpolitiker, nach 1933 Widerstandskämpfer. Die Anlage auf dem Unterhaberberg wird gegenwärtig noch betrieben.

Caporn am Frischen Haff, seit 1525 Amt des Hauptamts Schaaken.

Carmen-Aufführung. Am 26. Okt. 1879 fand in Königsberg die reichsdeutsche Erstaufführung von Bizets „Carmen" durch Stägemann statt. Erst nach dieser Aufführung trat die „Carmen" ihren Siegeszug durch die Welt an.

Carolinenhof an der Rennparkallee, war Jahrzehnte ein gern besuchtes Gartenlokal.

Caspary, Robert, * Kbg. 1818, † Illowo/Wpr. 1887. Botaniker. Professor und Direktor des Botanischen Gartens in Königsberg, floristische Forschungen, besonders über Wasserpflanzen. Nach ihm benannt „Casparysche Streifen", streifenförmige Verdickungen zweikeimblättriger Pflanzen.

Caub-Straße in Maraunenhof von der Auguste-Viktoria-Allee zur Tauroggenstraße.

Cauer, Stanislaus, * Kreuznach 1867, † Kbg. 1943. Bildhauer, seit 1907 Professor für Bildhauerei an der Königsberger Kunstakademie. Er bedeutete eine Ära auf seinem Gebiet für Königsberg. Von seinen zahlreichen Werken sind in Königsberg besonders bekannt: Schillerdenkmal, Evabrunnen, „Nach dem Bade", Büsten von Batocki, Bezzenberger, Borrmann, Oberpräsident von Moltke, Hoeftmann, Ellendt und ein Flachrelief von E. T. A. Hoffmann.

Cavael, Rudolf, * Kbg. 1898, † München 1979. Maler. Anfangs intensive Beschäftigung mit Fotografie und Film, Verbundenheit mit der Natur blieb bestehen. In Frankfurt Studium von Typographie, Malerei und Musik. Als Autodidakt fand C. bald zur abstrakten Malerei. Seine zahlreichen Werke finden heute in vielen Galerien weit über die Grenzen Deutschlands hinaus Beachtung.

Caymen s. Kaimen.

Central-Apotheke, seit 1910, Inh. Dr. G. Wallrabe, Unterlaak 28.

Charisius, Arnold, * Friedrichswalde/Kbg. 1867, † auf See Januar 1945. Buchhändler. C. war Inhaber der Akademischen Buchhandlung Schubert & Seidel in der Roßgärter Passage. Er wurde bekannt durch zahlreiche Übersetzungen aus dem Lateinischen.

Charlottenburg, Wohnsiedlung nördl. von Hardershof, reichte bis zur Ringchaussee, wurde 1939 eingemeindet.

Charlottenstraße auf den Hufen, von der Hindenburgstraße zur Beeckstraße.

Christus-Kirche s. Ratshöfer Kirche.

Claaß, Hermann, * Marienau/Wpr. 1841, † Kbg. 1914. Apotheker, Zahntechniker. — C. war 1895 Leiter der Nordostdeutschen Gewerbeausstellung in Königsberg. C. vertrat den Gedanken des OB Selke, einen Tiergarten zu schaffen und die Holzgebäude der Ausstellung zu übernehmen. Unter Vorsitz des Zoologie-Professors Maximilian Braun wurde 1895 der Königsberger Tiergartenverein gegründet. C. wurde 1897 Direktor des Tiergartens, der 1896 eröffnet worden war und von Claaß bis 1913 geleitet wurde.

Claaßstraße, von der Hufenallee zur Alten Pillauer Landstraße, benannt nach H. Claaß.

Clausewitzstraße, 1912 zur Krausallee, nach General C. von Clausewitz benannt.

Clebsch, Alfred, * Kbg. 1833, † Göttingen 1872. Mathematiker. Professor in Karlsruhe, Gießen und Göttingen. — C. untersuchte algebraische Funktionen mittels der Invariantentheorie. — Seiner Initiative ist der sogenannte zweite Bildungsweg auf den Gymnasien zu verdanken.

Cohn, Fritz, * Kbg. 1866, † Berlin 1921. Astronom. Professor in Königsberg, seit 1909 in Berlin, dort Direktor des Astronomischen Recheninstituts; genaue Meridianbeobachtungen, Arbeiten über die Methode der Bahnbestimmungen.

Club der Schlittschuhläufer, 1854 gegründet. Eislaufbahn auf den Lomse-Wiesen, später auf dem südl. Schloßteich.

Collegium Fridericianum s. Friedrichskolleg.

Collin, Paul Heinrich, * Kbg. 1748, † Kbg. 1789. Kaufmann. 1776 eröffnete C. zusammen mit seinem Bruder eine Fayence- und Steingutfabrik, die wegen der Konkurrenz der Firma Ehrenreich schon 1785 geschlossen wurde. — Erwähnenswert ist das von C. geschaffene Kant-Medaillonbildnis.

Contienen, ein ehemaliger Gutsbezirk südl. am Unterlauf des Pregels, er wurde 1927 eingemeindet. Hier befand sich seit 1907 die Uniongießerei.

Contiener Weg, von der Berliner Straße bis zum Gutshof Contienen.

Copinus, Ludwig Wilhelm, * Kbg. 1765, † Kbg. 1832. Glockengießer. C. betrieb wie sein älterer Bruder das gleiche Gewerbe wie der Vater. Von 1789 bis 1831 läßt sich seine Tätigkeit an der Hand von Glockeninschriften verfolgen. C. wurde Ältermann des Glockengießergewerkes und städt. Brandinspektor. Seine Witwe setzte das Geschäft fort, seit 1843 zusammen mit E. Groß. Dann führte Joh. Groß die Firma „Copinus Nachf." bis 1876 weiter; sie hat Ost- und Westpreußen mit guten Glocken versorgt.

Coppernicusstraße, vom Butterberg zur Drumm-Straße.

Corinth, Lovis, * Tapiau 1858, † Zandvoort 1925. Maler. C., aus altem ostpr. Bauerngeschlecht stammend, trat 1876 in die Königsberger Akademie ein; bald wurde ihm seine künstlerische Begabung bestätigt. Von 1880—84 studierte C. in München, u. a. bei Defregger, dann arbeitete er in Paris. Seit 1887 in Kbg., 1891 war C. wieder in München und seit 1898 in Berlin, wo er eine Malschule eröffnete. Durch sein Bild „Salome mit dem Haupte des Johannes" wurde er für Berlin eine Kapazität. Seine Schülerin Charlotte Berend wurde seine Frau. Ein Schlaganfall 1911 ließ seine schöpferische Kraft ungebrochen. C. erhielt den Professorentitel und wurde Dr. h. c. der Albertina. C. war einer der führenden Künstler des Impressionismus, sein Altersstil bildete sich allmählich aus. Neben den vielen gemalten Werken, steht ein umfangreiches graphisches Schaffen.

Corps, im Kösener S. C.
Masovia, gegr. 1830, Farben blau-weiß-rot, Haus Weidendamm 2.
Baltia, gegr. 1851, Farben weiß-blau-schwarz-weiß, Tragh. Pulverstr. 31.
Hansea, gegr. 1877, Farben gold-weiß-rot, Haus Händelstr. 12.
Littuania, gegr. 1894, als Landsmannschaft 1829, Farben grün-weiß-rot, Haus Münzstraße 3.
Corps im Rudolstädter S. C.
Agronomia, Farben schwarz-dunkelgrün-gold, Nachtigallensteig 14.
Palaio Borussia, Farben schwarz-weiß-schwarz, 1. Fließstr. 26/27.
Vandalia, gegr. 1879, Farben blau-gold-rot, Haus Paradeplatz 11.

Cossack, Konrad, * Kbg. 1855, † München 1933. Jurist. Professor in Berlin, Freiburg und Bonn. Vertreter der Freirechtslehre, Gegner enger Begriffsdogmatik. — C. gab u. a. die 17. Auflage von Gerbers „System des deutschen Privatrechts", Jena 1895, heraus.

Cosse s. Kosse.

Cranz nördlich von Königsberg, beliebtester Badeort mit 5000 Einwohnern, der 1816 gegründet wurde. Die Uferpromenade mit kurzem Seesteg hatte eine Länge von 2 km. — Ostpreußens größtes Seebad wurde besonders von den Königsbergern zu Sonntagsausflügen genützt. Aus einem Fischerdorf hervorgegangen, in dem man schon früh die Cranzer Flundern fing und auf Tannenzapfen räucherte. — Für den Badebetrieb bestand ein vorbildlich eingerichteter Rettungsdienst. Unweit befanden sich die viel besuchten Gaststätten Fichtenhain und Waldhaus.

Cranzbeek südl. von Cranz, bis hier war die Beek kanalisiert. Anlegestelle der Dampferlinie Cranz—Rossitten—Memel. Bis C. führte eine Anschlußstrecke der Cranzer Bahn.

Cranzer Allee, vom Roßgärter Tor in nördl. Richtung bis zur Ringchaussee.

Cranzer Bahn. Die 1884 nach dem Pr. Eisenbahngesetz von 1838 konzessionierte Königsberg-Cranzer Eisenbahngesellschaft nahm am 21. 12. 1885 die 28,3 km lange Strecke von Königsberg nach Cranz in Betrieb. Auf Grund einer weiteren Konzession eröffnete die Gesellschaft am 20. Dez. 1900 die Strecke Cranz—Rantau und 1901 die Fortsetzung dieser Strecke nach Neukuhren, sowie bereits am 20. 12. 1900 die Verbindung von Cranz nach Cranzbeek zur Anlegestelle der Dampfer nach den Orten der Kurischen Nehrung und nach Memel. Die Strecke Königsberg—Cranz hatte die größte Bedeutung für den Ausflugsverkehr an die Küste. Werbespruch: Zu den Möwen an die See mit Samlandbahn und K. C. E. Der Cranzer Bahnhof lag am Anfang der Stresemannstraße, wo die Gleise der Cranzer Bahn in einer Drehscheibe endeten. Das Bahnhofsgebäude war im verspielten Stil der Jahrhundertwende errichtet und enthielt eine gern besuchte Gastwirtschaft mit anschließendem Garten. Der Bahnhof wurde nach Inbetriebnahme des Nordbahnhofs abgebrochen.

Cremitten, am Hang des rechten Pregelufers gelegen, hatte eine Ordensburg von der noch heute bescheidene Ruinen vorhanden sein sollen.

Crispien, Arthur, * Kbg. 1875, † Bern 1946. Politiker. C. zunächst Maler, wurde später sozialdemokratischer Schriftleiter und Parteisekretär; vorübergehend war er württembergischer Innenminister. — Seit 1919 zur USPD zählend, kehrte C. nach einer Moskaureise als Kommunistenfeind zurück. C. schloß sich wieder der SPD an und wurde deren Parteivorsitzender.

Croy, Ernst Boguslaw Hzg. von, * 1620, † Kbg. 1684. Statthalter. 1637 zum Bischof von Kamin gewählt. — 1665 ernannte ihn Friedrich Wilhelm zum Statthalter von Hinterpommern. 1670 wurde C. Statthalter in Preußen. Erst 1674 konnte er die Widerstandskraft der Stände brechen. — Sein Verdienst ist die Schaffung der Kammer und des Kommissariats.

Crueger, Ernst, * Pustnick/Ostpr. 1859, † Kbg. 1935. Chirurg. C. studierte in Königsberg und Würzburg, dann Promotion zum Dr. med. Als Assistenzarzt am Städt. Krankenhaus bei Prof. Schneider verliert C. bei einer Operation durch Infektion ein Auge. Dann eröffnet er eine eigene Praxis in Königsberg. — 1913 erleidet C. eine Verbrennung am Bein, die ihn lebenslänglich behindert. C. erhält den Titel Sanitätsrat. Ab 1916 im Sanitätsdienst, scheidet C. als Oberstabsarzt d. R. 1918 aus dem Heeresdienst. Er nimmt die zivilärztliche Praxis wieder auf, die er bis 1930 ausüben konnte.

Crüger, Hans, * Kbg. 1859, † Berlin 1927. Jurist, Rechtsanwalt. C. wurde Professor für das Genossenschaftsrecht; er verfaßte hierzu zahlreiche Veröffentlichungen.

Czaplewski, Eugen A. E. H., * Kbg. 1865, † Köln 1945. Hygieniker. Nach dem Studium in Königsberg und München promovierte C. zum Dr. med. in Königsberg. Danach war er Assistent am pathologischen Institut in Tübingen und am Hygiene-Institut in Hamburg und in Königsberg bei Prof Esmarch. Hier habilitierte er sich 1894 für Hygiene und Bakteriologie. — C. war seit 1897 Direktor des neugegründeten Bakteriologischen Laboratoriums. — Seit 1908 Professor, wurde C. 1919 bei der Gründung der Universität Köln in den Lehrkörper übernommen. C. veröffentlichte zahlreiche Arbeiten über Bakteriologie und Desinfektionswesen.

Czolbe, Heinrich, * Adl. Katzke/Danz. 1819, † Kbg. 1873. Philosoph. Zunächst Militärarzt, dann Philosoph. Vertreter eines erkenntnistheoretischen Sensualismus, der zwar alles Übersinnliche ablehnt, aber dennoch die Existenz einer Weltseele annimmt.

Czygan, Johann Paul Friedrich, * Willenberg 1853, † Kbg. 1920. Philologe. Nach dem Studium und Probezeit war C. seit 1892 Oberlehrer dann Professor an der Städt. Realschule Königsberg bis 1919. C. widmete sich der neueren Heimatgeschichte. Die Ergebnisse seiner Studien teilte er in Vorträgen in der „Prussia“ mit und veröffentlichte sie in zahlreichen Aufsätzen. Sein größtes Werk: „Zur Geschichte der Tagesliteratur während der Freiheitskriege“ erschien 1911 als Publikation des Vereins für die Geschichte von Ost- und Westpreußen.

D

Dach, Simon, * Memel 1605, † Kbg, 1659. Dichter. Theologie- und Philosophiestudium in Kbg., seit 1639 Inhaber des Lehrstuhls für Poesie an der Albertina, ab 1656 Rektor der Universität. Die meisten seiner Dichtungen waren Gelegenheitsarbeiten zum Erwerb eines Zusatzverdienstes. Zum 100-jährigen Bestehen der Albertina verfaßte er 1644 ein Festspiel „Prussiarchus“. Nach neuesten Forschungen scheint das Lied „Anke van Tharaw“ von ihm zu stammen. D. war der begabteste Dichter der „Kürbislaube“.

Dackweiler, Ferdinand, * Köln 1915, † Hannover 1981. Tenor. D. arbeitete zunächst nach dem Musikstudium mit der Kapelle B. Etté zusammen, dann seit 1937 beim Sender Kbg. mit der Kapelle Erich Börschel. Bald war der beliebte Sänger allen Ostpreußen als „unser Ferdy Dackweiler“ bekannt. Sein Repertoire reichte von der Oper bis zur Unterhaltungsmusik. Im Dezember 48 kam er aus russ. Gefangenschaft heim, ein neuer Anfang begann 1950 am Rundfunkorchester Erich Börschel in Frankfurt/M. Seine letzten Jahre lebte D. in Hann.-Langenhagen.

Daczko, Paul, * Kbg. 1881, † gef. in Polen 1914. Stadtrat. D. stand im Dienst der Stadt Königsberg. Leutnant d. R. Daczko ist als Kompanieführer im Inf.-Regt von Boyen Nr. 41 beim Sturmangriff auf das polnische Dorf Humin gefallen.

Dahlienweg in Kalthof.

Dahn-Straße in Maraunenhof, benannt nach dem originellen Professor jur. an der Albertina, Felix Dahn, * 1834, † 1912, ein Patriot und vielgelesener Schriftsteller historischer Werke und Romane. Sein in Kbg. geschriebener Roman „Ein Kampf um Rom“ war sein größter Erfolg.

Dalheim, ein größerer Gutsbetrieb südöstl. von Kbg. Hier fand 1938 eine große Parade des I. Armeekorps vor dem Kommandierenden General Georg von Küchler statt.

Dammteich östl. von Gr. Mischen. Er diente schon in der Ordenszeit zur Wasserversorgung. Die Stadt legte 1871/73 eine unterirdische, 13 km lange Wasserleitung über Dammkrug zum Verteilungsreservoir Hardershof an. Der Teich wurde 1932 für die Wasserversorgung höher aufgestaut.

Dammteichweg östl. der Samitter Allee.

Dampfmaschinen. Bereits 1821 wurde in Kbg. die erste Dampfmaschine aufgestellt, ein Jahr bevor in Berlin die erste Dampfmaschine zu arbeiten begann. Sie trieb eine Mahlmühle auf dem Unterhaberberg. 1828 lief zum erstenmal ein Dampfboot den Königsberger Hafen an. Es war der von Elbinger Kaufleuten erworbene „Copernikus“.

Dampf-Wollwäscherei Lortzing, Ungewitter & Co. Sackh. Hinterstraße 16/18, gegr. 1872, seit 1912 in eine AG umgewandelte Ostpreußische Dampfwollwäscherei, die in den 30er Jahren einging.

Dannat & Freytag, Inh. Robert Petroschka, Papiergroßhandlung, Gebauhrstr. 26.

Danziger Kellergasse, kurz: **Danziger Keller,** eine gewundene, schmale, steile Straße, sie schlängelte sich von dem letzten vorspringenden Haus der Altstädt. Bergstraße westl. des späteren Kaiser-Wilhelm-Denkmals empor, führte am westl. Schloßgraben entlang, überschritt die Bunte Brücke und mündete in die Prinzessinstraße. Als der weit in diese Gasse vorspringende Danzker des Schlosses 1631 abgebrochen wurde, verschwand der Begriff und Name „Danzker“ in Vergessenheit und wurde vom Volksmund in „Danzig“ umgemünzt, wozu auch eine dort liegende Weinkneipe „Zum Danziger Wappen“ beigetragen haben könnte.*

Danzker, ein vorgeschobener Turm bei Ordensburgen, der als Latrine diente. An der Königsberger Burg befand sich der Danzker am Westflügel, er wurde erst 1631 abgebrochen.

Daudert, Charlotte, * Kbg. 1913, † Monte Carlo 1961. Filmschauspielerin. Einige Jahre spielte sie Theater und wurde dann in Berlin von Max Pallenberg für naive Rollen entdeckt. U. a. kam sie in die „Katakombe“ zu Werner Finck. Dann kam „Charlott“ zum Film: „Engel mit kleinen Fehlern“ — diesen Titel behielt sie jahrelang als Spitznamen. Im Lauf der Jahre hat sie bei zahllosen Filmen meist als „Naive“ mitgewirkt. Gern spielte sie ihre Rollen im ostpreußischen Dialekt.

David, Lukas, * Allenstein 1503, † Kbg. 1583. Chronist. Mit 23 Jahren bezog L. die Universität in Leipzig und erlangte 1532 die Magisterwürde. Als ihn die Heimat rief, verließ er Leipzig und wurde 1541 Kanzler des Bischofs Tiedemann Giese in Löbau und seit 1549 in Heilsberg. Herzog Albrecht zog ihn an seinen Hof und ernannte ihn 1550 zum fürstl. Hofgerichtsrat. Schon frühzeitig beschäftigte sich D. mit der Geschichte seiner altpreußischen Heimat. 1576 begann L. mit der Ausarbeitung und Reinschrift seiner „Preußischen Chronik“, die erst 1812 gedruckt erschien. Seine insgesamt zehn Bücher der Preußischen Geschichte, nach Urkunden in deutscher Sprache abgefaßt, sind noch immer eine wichtige Quelle zur Ordengeschichte bis 1410.

Deetz, Martin Gottlieb, * Kbg. 1769, † Berlin 1842. Oberbürgermeister. D. war Kaufmann. Nach Einführung der Städteordnung wurde D. 1809 von der Stadtverordnetenversammlung zum Oberbürgermeister von Königsberg gewählt. Er fühlte sich seinem beschwerlichen Amt nicht gewachsen und legte es bereits im März 1810 wieder nieder, ein Beispiel heute unfaßlicher Bescheidenheit. 1812 war D. Inhaber der Firma Joh. Peter Hüge & Co. 1817 zog er nach Berlin, wo er Mitglied der Staatsschulden-Verwaltung wurde. D. war mit Karoline Cabrit verheiratet.

Deetz-Straße in Amalienau.

Degen, Daniel Gottlieb, Heinrich, * Kbg. 1791, † Kbg. 1848. Kaufmann, Stadtrat. D. erlernte die Druckerei und wurde 1808 noch als typographus bei der Albertina immatrikuliert. D. verkaufte 1821 die väterliche Druckerei und wurde Kaufmann. Von 1828 bis 1846 war er unbesoldeter Stadtrat. D. hat sich besondere Verdienste um das Kunstleben in Kbg. erworben. Er war ein eifriger Bildersammler und begründete mit August Hagen den Kunstverein, zu dessen Gemäldesammlung er die ersten Stiftungen machte. D. hatte auch kunsthistorische Interessen.

Dehio, Ludwig, * Kbg. 1888, † Marburg 1963. Historiker. D. wurde als Sohn des Kunsthistorikers Georg D. geboren. Nach dem Studium in Berlin und Straßburg promovierte D. 1913. Er war Teilnehmer am Ersten Weltkrieg. Dann legte D. 1920 das Archivexamen ab und war seit 1921 am Geheimen Staatsarchiv in Berlin. Dort beschäftigte er sich mit den Ursachen des Ersten Weltkrieges. 1933 wurde D. Leiter des pr. Hausarchivs in Charlottenburg, das die Hinterlassenschaften des Hauses Hohenzollern bewahrte. Nach Kriegsende wurde D. Direktor des Staatsarchivs in Marburg. Von seinen zahlreichen Publikationen wird das 1948 herausgekommene aufsehenerregende Werk: „Gleichgewicht oder Hegemonie“ genannt.

Dehnen, Max, * Lyck 1886, † Gröbenzell 1983. Pädagoge. Nach dem Studium wurde D. am Wilhelmsgymnasium in Kbg. Studienrat für Mathematik, Physik und Erdkunde. 1928 wurde D. Oberstudiendirektor der Bessel-Oberrealschule. Hier wurde D. durch den Namenspatron Bessel veranlaßt, sich mit Astronomie zu beschäftigen. D. hat als Offizier an beiden Weltkriegen teilgenommen. Seine Kriegserlebnisse veranlaßten ihn, sich um die Erfassung der Kriegsgräber des Ersten Weltkrieges zu kümmern. Nach 1945 wurde D. in Diepholz in den höheren Schuldienst übernommen. Er starb an der Schwelle zu seinem 98. Lebensjahr.

Denk, Johannes, * Kbg. 1886, † Homburg v. d. H. 1964. Diplomat. Nach dem Jurastudium an der Albertina promovierte D. in Würzburg zum Dr. jur. Teilnehmer des Ersten Weltkrieges. 1921 ins pr. Innenministerium gerufen, wurde D. bald nach München entsandt und am 1. 5. 1924 „Pr. Gesandter und Bevollmächtigter Minister“ für die Pr. Regierung in Bayerns Hauptstadt, aber 1933 auf Wartegeld gesetzt. 1945 wurde D. im KZ Sachsenhausen Repressalien ausgesetzt, erst 1955 wurde D. aus sowjetischer Haft entlassen.

Denkmäler. 1730 wurde das erste Denkmal am Altstädt Markt aufgestellt, aber erst in der zweiten Hälfte des vorigen Jahrhunderts kamen mehrere Denkmäler um das Schloß herum zur Aufstellung. Sie gaben der Umgebung des Schlosses ihr Gepräge.

1730 Friedrich Wilhelm I. von Johann Meissner am Postpackhaus. Seit 1907 in einer Nische der Zyklopenmauer an der Südfront des Schlosses.

1802 kam das Denkmal Friedrichs I. nach Königsberg und wurde im Halbrund, der Flüsternische, einer Mauer vor dem ehemaligen Marstall gegenüber der Schloßwache aufgestellt. Das von Andreas Schlüter 1697 modellierte Erzstandbild des Kurfürsten Friedrich III. in römischer Gewandung wurde auf Betreiben des Ministers Frhr. v. Schrötter der Stadt Kbg. geschenkt.

1851 wurde das Reiterdenkmal Friedrich Wilhelms III. von August Kiß auf dem Paradeplatz enthüllt. Das imposante Denkmal stellte den König im Purpurmantel mit Lorbeerkranz dar; das ungeduldig scharrende Pferd war eine gute Leistung des Bildhauers Rudolf Frhr. v. Printz. Den großen Sockel des 11 m hohen Denkmals schmückten sechs weibliche allegorische Figuren sowie fünf Reliefs. Ostseite: Kgl. Familienleben und der König in Beratung mit Stein, Hardenberg und Scharnhorst; Rückseite: Aufruf zur Landwehrbewaffnung mit Yorck, den beiden Grafen Dohna und Heidemann. Westseite: Pflügender Bauer in lachender Friedenslandschaft und Abschied eines freiwilligen Landwehrkavalleristen.

1864 wurde das Kant-Denkmal von Christian Rauch in einer Pergola an der Prinzessin-Straße aufgestellt, es wurde aber 1885 auf den Königsgarten verpflanzt.

1874 Marmorbüste der Königin Luise von Christian Rauch in einer Pergola in Luisenwahl enthüllt.

1891 Herzog Albrecht-Denkmal von Prof. J. Reusch in einem Halbrund vor dem Haberturm am Münzplatz. 1935 kam es an einen ungünstigen Platz neben den Turm des Kürschners.

1884 Enthüllung des Denkmals Kaiser Wilhelms I. im Purpurmantel, die pr. Krone auf dem Haupt, in der erhobenen Rechten das „Albrechtsschwert“. Die 6,80 m hohe Figur stand auf einem erratischen Block von 1900 Zentnern Gewicht.

1901 Denkmal Bismarcks auf dem Kaiser-Wilhelm-Platz, es wurde am 1. April 1901 enthüllt.
1910 Bogenschütze, eine Athletenfigur, von Fritz Heinemann an der südwestlichen Schloßteichpromenade aufgestellt.
1910 Schiller-Denkmal von Prof. St. Cauer am Stadttheater enthüllt, es stand seit 1936 gegenüber dem Schauspielhaus am Hansaring.
1912 Kämpfende Wisente von August Gaul vor dem neuen Land- und Amtsgericht am Hansaring.
1913 Yorck-Denkmal von Walter Rosenberg. Es wurde am 5. Februar 1913 feierlich vor dem Walter Simon Platz enthüllt. Es stand seit 1934 in dem Königstorglacis.
1924 „Deutscher Michel" auf einer Außenmauer am Wrangelturm. Es wurde bereits um 1895 von Prof. Reusch geschaffen.
1930 Walter von der Vogelweide, Sitzgestalt von Georg Fugh in rotem Granit. Standort im Tiergarten.
Alle Denkmäler wurden 1945 vernichtet, bzw. sind verschollen. Dank der Initiative des Berliner Professors Gerhard Marcks wurde eine Kopie des Denkmals Friedrichs I. — des ersten Königs in Preußen — in Ost-Berlin angefertigt und 1979 vor dem Charlottenburger Schloß aufgestellt.

Derfflinger-Straße in Juditten, von der Friedrichswalder Allee zum Theodor Krohne-Wäldchen.

Dessauer Straße nördl. Querstraße des Wallrings.

Dethlefsen, Richard, * Grönland/Nschlesw. 1864, † Heinrichswalde 1944. Kunsthistoriker. Nach dem Studium wurde D. als Regierungsbaumeister zur Wiederherstellung der Nikolaikirche in Mölln 1897 und der Schloßkirche in Stolp 1899 eingesetzt. 1901 wurde D. mit der Wiederherstellung des Doms zu Königsberg beauftragt. Seit 1907 war D. beim Staatshochbauamt Kbg.—Mitte. — Bereits 1902 war D. zum Provinzialkonservator gewählt worden; in dieser Funktion wirkte er bis 1936. D. hat sich u. a. mit nur wenig beachteten Bauern-

Nachbildung des Denkmals Friedrichs I. in Berlin vor dem Charlottenburger Schloß

und Bürgerhäusern sowie größeren Adelshäusern befaßt. — 1912 seine Anregung, Beispiele für die einzelnen Bautypen in einem zu errichtenden Freilicht-Museum aufzustellen, fiel auf fruchtbaren Boden. Die Leitung dieses Museums blieb auch nach der 1938 beginnenden Verlegung auf den Hexenberg nörd. von Hohenstein in seinen Händen. Seine Verdienste um die Erhaltung der Baudenkmäler wurden durch die Verleihung des Titels Professor und Dr. phil. h. c. der Albertina und durch die Ernennung zum Mitglied der Preußischen Akademie des Bauwesens anerkannt. Wichtige Veröffentlichungen: „Bauernhäuser und Holzkirchen in Ostpreußen", 1911; „Die Domkirche in Königsberg nach ihrer jüngsten Wiederherstellung", 1912; „Führer durch das ostpr. Heimatmuseum", 1913.

Dettmann, Ludwig, * Adelbye/Flensb. 1865, † Berlin 1944. Maler. Nach seiner Ausbildung wurde D. 1895 Professor an der Berliner und 1900—1919 Direktor der Königsberger Kunstakademie. D. hat überwiegend Aquarelle und Ölgemälde geschaffen, wobei er unter dem Einfluß Menzels und Liebermanns stand. Von seinen Gemälden hingen „Das Abendmahl" und „Friesische Bauern verlassen den Kirchhof" in den Königsberger Kunstsammlungen. Drei seiner Wandgemälde schmückten die Aula der Danziger Technischen Hochschule. 1913 waren zur Jahrhundertfeier der Befreiungskriege an der Fassade der Kunstakademie in der Königstraße drei von ihm geschaffene Monumentalgemälde „Szenen aus dem Jahre 1813" angebracht.

Deutsch Amerikanische Petroleum-Gesellschaft, Hindenburg-Str. 9. Großtanklager in Kosse, Holsteiner Damm 77/78, das 1934 von der Königsberger Handels-Compagnie übernommen wurde.

Deutsche Allgemeine Treuhand-G.m.b.H., Paradeplatz 19.

Deutsche Bank. 1889 wurde das Bankhaus Josef Litten & Co. gegründet. Bald war der bisherige Compagnon George Marx Alleininhaber. M. wandelte mit Hilfe befreundeter Geldinstitute sein Bankhaus 1897 in die Norddeutsche Creditanstalt um und blieb ihr Generaldirektor bis 1912. Diese Bank finanzierte die Maschinenfabrik Wermke in Heiligenbeil und mehrere Aktiengesellschaften. Vor dem Ersten Weltkrieg ließ sie ein aufwendiges Gebäude durch den Architekten E. Arndt errichten, das mit seiner langen Front an der Südwestecke des Kneiphofs am Pregelufer stand. — 1917 übernahm die Deutsche Bank die Creditanstalt mit deren Depositenkassen auf dem Paradeplatz und an der Schloßstraße. — Endlich erfolgte 1929 die Fusion mit der Disconto-Gesellschaft. Die „Dedisco" zog in das bisherige Gebäude der Disconto-Gesellschaft, Vorstädtische Langgasse 83/84.

Deutsche Bau- und Bodenbank, Hufenallee 41.

Deutsche Fiat-Aktiengesellschaft, Vorst. Langgasse 20/21.

Deutsche Gasolin A.-G., Mitteltragheim 36.

Deutsche Großeinkaufsgesellschaft m.b.H., Tamnaustr. 45.

Deutsche Handels-Akt.-Ges., Steindamm 117/118.

Deutsche Hollerith-Maschinen G.m.b.H., Steindam 123/124.

Deutsche Kabelwerke Akt.-Ges., Dom-Str. 15.

Deutsche Lebens-Rettungs-Gemeinschaft, Graf Spee-Str. 5.

Deutsche Lufthansa A.-G., Flughafen Devau.

Deutsche Ostmesse, s. Ostmesse.

Deutscher Alpenverein Sektion Königsberg. Sie ließ 1928 die Ostpreußenhütte in den Salzburger Alpen bei Werfen errichten.

Deutsche Seefisch-Großhandels-G.m.b.H., Büttelplatz 9/10.

Deutsche Textilvereinigung A.-G., Sack- und Planfabrik, Lastadie 10.

Deutsche Verkehrs-Kredit-Bank. Akt.-Ges., Kant-Straße 10.

Deutsche Werkstätten, A.-G., Münzstr. 25.

Deutsche Zündwaren-Monopolgesellschaft, Kneiph. Langgasse 11/13.

Deutsches Rotes Kreuz, Krankenhaus und Schwesternschaft Ostpr., Tragh. Pulverstraße 12/13.

Deutschordensring, westl. Umgehungsstraße von der Reichsbahnbrücke zum Hansaring.

Deutscher Ritterorden, Orden der Brüder vom Deutschen Hause St. Marien in Jerusalem, Orden der Deutschherren, gegründet vor Akkon 1190 Krankenpflegerorden, 1198 zum geistl. Ritterorden nach dem Vorbild der Templer umgestaltet, hatte nur deutsche Mitglieder. Gelübde der Armut, Keuschheit und des Gehorsams. — Zweck: Heidenbekämpfung und Christianisierung. — Im Jahr 1309 wurde der Sitz des Hochmeisters von Venedig nach der Marienburg verlegt. — Im furchtbaren 13jährigen Krieg, in dem die meisten Städte auf der Seite Polens gegen den Landesherrn kämpften, mußte Hochmeister Ludwig v. Erlichshausen 1457 seine Residenz in das ihm treue Kbg. verlegen.*

Devau, ursprünglich nur ein Gutshof nordöstl. von Kbg. mit der Brauerei Ostmark und einem Kleinbahnhof. Östl. von D. lag der Flughafen Devau und eine Fliegerkaserne. S, Flughafen D.

Devauer Straße in Devau. Sie führte am Neuhof vorbei zur Ziegelei Kalthof.

Dieffenbach, Johann Friedrich, * Kbg. 1792, † Berlin 1847. Chirurg. D. gründete 1818 die erste Schwimmschule in Kbg. 1820 mußte D. Kbg. wegen Teilnahme an der burschenschaftlichen Bewegung verlassen. 1822 promovierte D. in Würzburg und ließ sich dann in Berlin als praktischer Arzt und Operateur nieder. 1832 wurde er Professor und 1840 Direktor des chirurgischen Klinikums in Berlin. Wegbereiter der Transplantationstechnik und der plastischen Chirurgie sowie der Tenotomie, die bes. bei Klumpfuß und Schielauge angewandt wird.

Dieffenbach-Straße. Sie befand sich zunächst in Maraunenhof. Nach 1933 wurde die Leo-Straße in Amalienau in Dieffenbach-Straße umbenannt.

Diesch, Carl, * Sorau 1880, † Leipzig 1957. Germanist. D. studierte in Leipzig und Tübingen und promovierte 1905. D. trat 1908 in den pr. Bibliotheksdienst und war Bibliotheksdirektor der TH in Charlottenburg, als er 1927 zur Leitung der Staats- und Universitätsbibliothek nach Kbg. berufen wurde. Die Schausammlung in den 16 sogenannten Ordensräumen des Schlosses ist Dr. Diesch zu verdanken. Auch er hat sich an der ostpr. Geschichtsforschung durch zahlreiche Beiträge beteiligt. Nach 1945 in leitender Stellung an der Deutschen Bücherei in Leipzig, wurde aus ihr jedoch schon 1947 vertrieben.

Diestel, Georg Heinrich, * Belgrad/P. 1785, † Kbg. 1854. Theologe. D. studierte Jura, dann von 1809—12 Theologie. Er wurde 1814 Pfarrer in Borchersdorf, 1818 Militärpfarrer und Lehrer an der Divisionsschule in Kbg., dann 1827 Pfarrer am Haberberg. Der pietistischen Gefühlsseeligkeit, die er oft in maßlos heftiger Weise verdammte, stellte er die Forderung einer vernunftgemäßen Religion entgegen. Den Weg zu einer solchen glaubte er in dem System des Theosophen J. H. Schönherr zu finden.

Zusammen mit E. J. Ebel wurde er in den Königsberger Religionsprozeß, 1825—1842, verwickelt, der mit der Amtsenthebung beider endete.

Dimpel, der Tümpel oder die Pfütze.

Dinghäuser. Jede der drei Städte hatten im Mittelalter ihr eigenes Gefängnis. Sie dienten nur zur vorübergehenden Aufbewahrung der Übeltäter, da damals längere Gefängnisstrafen nicht üblich waren. Die Burgfreiheit hatte zwei Pranger, einen am Schloß an der Seite nach dem Schloßteich zu, den anderen vor dem Kreuztor, dem späteren Roßgärter Markt.

Dinter, Gustav Friedrich, * Borna 1760, † Kbg. 1831. Theologe, Pädagoge. D. studierte Theologie in Leipzig und wurde 1787 Pfarrer in Kitscher/Sa. Schon hier entwickelte er starke pädagogische Neigungen. 1797 wurde D. Direktor des Lehrerseminars in Dresden. 1807 wieder als Pfarrer in Görnitz baute er dort eine höhere Schule auf. — 1816 wurde er auf Empfehlung des westfälischen Oberpräsidenten von Vincke von der pr. Regierung nach Königsberg berufen. Hier übernahm D. das Amt eines Schul- und Konsistorialrats bis zu seinem Tode. Durch seine weitreichende und befruchtende Tätigkeit wurde D. eine der bedeutendsten ostpr. Persönlichkeiten der Biedermeierzeit. Seine aufklärische Ansicht durch Bildung der Verstandeskräfte eine vernünftige Lebensgestaltung zu fördern, brachte ihn in enge Berührung mit dem liberalen Bürgertum. D. war Anhänger Pestalozzis. Er befürwortete das fragende Lehrverfahren; „Die vorzüglichsten Regeln der Pädagogik, Methodik und Schulmeisterklugheit", 1806; weit verbreitet aber umstritten war seine „Schullehrerbibel", 1830.

Dinter-Straße von der Königstraße zur Friedrich-Straße. 1894 nach „Vater Dinter" benannt.

Dirschauer Straße von der Posener- zur Ponarther Straße.

Dittchen, auch Düttchen, ist weitverbreitet als Bezeichnung für einen Groschen oder die Zehnpfennigmünze.

Dittchenfähre einst im Königsberger Hafen.

Dittchenklub. Während der südl. Teil des zugefrorenen Schloßteiches seit 1854 vom Club der Schlittschuhläufer gepachtet worden war, pachte der Dittchenklub den Nordzipfel des Schloßteiches. 1910 betrug die Jahrespacht 1000 Mark. Für ein Dittchen konnte man sich, so lange man wollte, auf dem Eis vergnügen, es gab auch Dauerkarten.*

DKW-Automobile, Großreparaturwerk, Eitel Lange von Stocmeier, Schönfließer Allee 43.

Doerstling, Emil, * Dramburg/Pomm. 1859, † Kbg. 1940. Maler. Nach dem Studium an der Königsberger Kunstakademie ging er in den Schuldienst. Seine Lehrtätigkeit begann am Altstädt. Gymnasium. Die Aula dieser Anstalt erhielt damals einen dreiteiligen Bildschmuck, dessen beide Seitenfenster, je ein Ringerpaar darstellend, D. schuf. Um 1910 kam D. an das Löben. Realgymnasium und fertigte hier Deckengemälde mit Szenen aus der griechischen Mythologie. Sein Hauptwerk war „Kants Tafelrunde", ein repräsentatives Ölgemälde im Treppenhaus des Albertinums, das Walter Simon der Stadt schenkte.

Dohna, Alexander Friedrich, Graf u. Burggf., * Finckenstein 1771, † Kbg. 1831. Staatsmann. 1801 wurde D. Kammerdirektor in Marienwerder. In Finckenstein erreichte er von Napoleon den Erlaß der Kriegskontribution für Westpreußen. 1808—1810 war er Minister des Inneren. Im Feb. 1813 verfaßte er in Kbg. mit Clausewitz die Landwehrordnung für Ostpreußen, wurde Vorsitzender der Generalkommission, im Sept.

1813 Generallandschaftsdirektor in Kbg., daneben bis 1814 Zivilgouverneur der Lande östl. der Weichsel. Im Landschaftsgebäude hing sein Porträt gemalt von Eduard Wolff.

Dohna, Friedrich Karl, Graf zu, * Schlobitten 1784, † Berlin 1859. General. 1798 trat D. in ein pr. Kavallerieregiment und besuchte dann die allgem. Kriegsschule. Im Stabe des Generals von L'Estocq nahm D. an der Schlacht von Pr. Eylau teil und wurde mit dem Pour le mérite ausgezeichnet. Im Oktober 1812 trat D. in russische Dienste und half die Konvention zwischen Yorck und Diebitsch auf der Poscheruner Mühle 30. Dezember 1812 abzuschließen. D. führte in den Befreiungskriegen ein Husarenregiment der russisch-deutschen Legion und trat dann in preußische Dienste zurück. 1815 wurde er Oberst. 1839 wurde D. Kommandierender General des II. Armeekorps. Von 1842—1854 kommandierte er das I. A. K. in Kbg. 1848 wurde D. zum General der Kavallerie und 1854 zum Generalfeldmarschall ernannt. Ihm zu Ehren erhielt ein ostpr. Ulanenregiment den Namen Ulanenregiment Graf zu Dohna Nr. 8.

Dohna-Straße vom Nachtigallensteig zur Wrangel-Straße. 1892 nach Alexander Graf zu Dohna benannt.

Dohna-Turm, westl. vom Roßgärter Tor am Oberteich. Dieser mächtige Rundturm wurde nach 1850 angelegt und nach dem General Friedrich Graf zu Dohna benannt.

Dom. Nach Gründung des Samländischen Domkapitels 1286 erhielt es durch Hochm. Conrad v. Feuchtwangen das Baurecht für eine Parochialkirche in Kbg., dem Sitz des Domkapitels. In der Altstadt begonnen, verlegte Bischof Johannes I. 1333 den Bau in die seit 1327 bestehende dritte Stadt Kneiphof. Hochm. Lutter v. Braunschweig verbot den Ausbau zur Domburg. — Der Dom ist 88,5 m lang, 30 m hoch. Der Chor wurde Priester-, das Langhaus Laienkirche. 1440 wurde die bisherige Holzdecke durch Gewölbe ersetzt. — 1502 Krönung des pomesanischen Bischofs Job v. Dobeneck im Dom, 1519 Weihe Georg von Polentz zum Bischof. Am 27. 9. 1523 erste evang. Predigt im Dom von D. Johannes Brismann, am 25. 12. 1523 Weihnachtspredigt von Bischof Polentz in dt. Sprache. 1528 wurde der Dom auch Kneiph. Pfarrkirche. 1544 Brand der Domtürme, 1533 der 58 m hohe Achtecktturm des südl. Domturms mit Wassernixenwetterfahne und Nordturm mit behelfsmäßigem Satteldach erbaut. 1560 wurde der Dom Universitätskirche, 1564 Dachreiter (Mettentürmchen) aufgesetzt und die Fürstengruft wieder hergestellt, in der 1568 Herzog Albrecht und Herzogin Anna Maria beigesetzt wurden. 1640 Turmuhr, 1695 Orgel mit 60 Registern, Dom von innen und außen weiß abgeputzt. 1807 wurde der Domchor zum französ. Militärgefängnis entweiht. Bei der Renovierung 1809 wurde die Hochmeistergruft vermauert und der unterirdische Gang zum Dom aufgedeckt, der bis zum Pregel reichte, um zur Notzeit den Kneiphof mit Wasser zu versorgen. Im März 1809 führte Reg. Präsident Wißmann den neuen Magistrat im Dom in sein Amt ein. 1833 500-Jahrfeier und Entdeckung von Fresken von 1350 im Hohen Chor durch Prof. A. Hagen. 1844 dirigierte Otto Nicolai im Dom seine Festouvertüre „Ein feste Burg" zum Universitätsjubiläum. 1901—1907 Dom vom Putz befreit und im ursprünglichen Sinne erneuert, 1935 Domgrüfte von Hochwasser bedroht, am 29./30. 8. 1944 Dom und die alten Häuser am Domplatz durch engl. Phosphorbomben zerstört, nur das Kantehrenmal von 1924 blieb erhalten. — Sehenswürdigkeiten bis 1944: **Hochaltar** zw. Langhaus und Chor an der ehemal. Lettnerwand, die einst beide Kirchen trennte. Gotisches Mittelstück: Thronender Gottvater, sechs Apostelpaare, darüber dreiteiliger Aufbau mit Gemälde von Anton Möller (1531), Krönung: 2 Engel mit Luthers Bild, beiderseits weitausladendes, schönes Akanthusschnitzwerk von Isaak Riga (1696). **Triumphbogen:** Überlebensgroßer Kreuzheiland, Holz, 1519. — Im Langhaus: Sechseckige Kanzel aus gotländischem Sandstein, 1589. **Taufkammer:** Sandsteinerne ionische Säulenhalle, Tür vom Meister der Kanzeltür, frühe, vortreffliche Schmiedearbeit (1596). — **Taufstein,** achteckig, mit rohen Figuren, Frögeltypus (schwedische Arbeit des 14. Jh.?), 1595 in der Taufkapelle, zu unserer Zeit im Turmbau. **Orgel** von Johann Josua Mosengel mit 56 klingenden Registern (1718—1721), in der Breite des Mittelschiffs mit mächtigen Brüstungsfiguren. Drei Beichtstühle von Isaak Riga (1690). — Im Vorderen Chor: Grabmal des Kanzlers Joh. v. Kospoth von Michael Doebel d. Ä. und seinen Söhnen (1663/64). Epitaph des Oberburggrafen Wolf v. Wernsdorff, reicher Rahmen von Alexander Krause, ein Jüngstes Gericht von Anton Möller (um 1606). Grabmal des Landhofmstr. Joh. Ernst v. Wallenrodt und Gattin, schwere Säulen tragen einen Giebel, auf dessen Voluten die beiden Büsten der Verstorbenen stehen, schwarzer Marmor und Alabaster (1698). — Epitaph Nymptsch mit Heinr. Königswiesers Kreuzigung. Im Hohen Chor: Zehn Heiligenfiguren, 125 cm hoch, auf gotischen Konsolen mit naiven Darstellungen der Gewölberippen (um 1340). Liegende Holzfigur in einer Nische der Südwand, den Hochm. Lutter v. Braunschweig darstellend, der am 18. 4. 1335 im Dom starb. — Hochmeisterstuhl, zweisitzig, mit humorvollen spätgot. Schnitzwerk, Eichenholz (um 1490). — Bischofsstuhl Nicolaus Creuders mit Blätterwerk und Fabeltieren, barocke Gotik, Eichenholz (1503). — Tumba der Herzogl. Familie über der darunterliegenden Gruft. Auf der Deckplatte die liegenden Gestalten Herzog Albrechts und seiner Gemahlin Dorothea, rings liegend die 6 früh verstorbenen Kinder, die allein überlebende Sophie stehend an der Westseite. Handwerkliche dt. Arbeit, gotländischer Sandstein (um 1540). — Epitaph der Herzogin Dorothea, Entwurf von Jakob Binck (1547), ausgeführt von Cornelis Floris, Büste der Herzogin, weißer Marmor (1549), 1944 nach Zerbombung des Doms wurde das Bildwerk unversehrt von Bildhauer Kimritz in der Fürstengruft gesichert, weiterer Verbleib unbekannt. — Monumentalgrabmal Herzog Albrechts. Hochrenaissance von Cornelis Floris, dunkler belgischer Marmor und engl. Alabaster (1570/71). — Monumentalgrabmal der Markgräfin Elisabeth, Gemahlin Georg Friedrichs, von Wilhelm van dem Blocke, überladen, Oberländer Kalkstein (1578—1582). Sakristei: Gipsbüste der Königin Luise von Christ. Dan. Rauch (1827). — Wallenrodtsche Bibliothek: Schnitztreppe (1680), beseelte Figur der Weisheit als Treppenaufhänger von Isaak Riga, bemaltes Holz (1688/89). — Gemälde Simon Dachs von Phil. Westphal.*

Dom-Brücke östl. der späteren Schmiedebrücke. Sie ist um 1330 angelegt worden und wurde nach 1379 abgebrochen, nachdem die Altstädter und Kneiphöfer die Schmiedebrücke gebaut hatten.

Domhardt, Johann Friedrich von, * Allrode/Harz 1712, † Kbg. 1781. Kammerpräsident. D. kam in jungen Jahren nach Ostpreußen, weil sein Vater die Domäne Althof/Ragnit übernahm. Mit 24 Jahren bewirtschaftete D. diese Domäne selbst. Friedrich d. Gr., auf ihn aufmerksam geworden, ernannte ihn zum Kriegs- und Domänenrat bei der Kbger., dann bei der Gumbinner Kammer, wo er das Gestüt Trakehnen hochbrachte. Während des Siebenjährigen Krieges Kammerpräsident, bewahrte D. die Provinz in der Zeit der russischen Besatzung geschickt vor

Raubbau und Ausplünderung und brachte es fertig, dennoch seinem König heimlich Geld und Getreide zuzuwenden. 1763 Präsident beider Kammern, hob er die schwer leidende Landwirtschaft, Handel und Gewerbe Ostpreußens zu neuer Blüte, so daß ihn der König auch noch zum Kammerpräsidenten Westpreußens machte. Sein Werk ist auch die erstmalige Anlage des Masurischen Kanals, eines alten Projekts, das die Seenplatte mit dem Pregel verband. Als Dotation erhielt D. die Begüterung Gr. Bestendorf im Kreis Mohrungen.

Domhardt-Straße seit 1912 in Amalienau.

Domnau, ein Städtchen westl. von Friedland. D. wurde noch zur Ordenszeit 1400 Stadt. Die ehemalige Ordensburg ist bis auf wenige Feldsteinreste verschwunden, der Schloßberg zu einer Grünanlage gestaltet. Im Domnau wurde 1590 der Kirchenliederdichter Georg Weißel geboren.

Domnauer Straße in Rosenau, von der Aweider Allee zur Seligenfelder Straße.

Domplatz s. Großer und Kleiner Domplatz.

Dömpke, Gustav, * Barten 1853, † Kbg. 1923. Musikschriftsteller. Schon als Student betrieb D. gleichzeitig musikalische Studien. Er ging 1884 als Musikschriftsteller nach Wien und wurde dort durch Hanslick beeinflußt. 1887 wurde D. Musikreferent an der Königsberger Allgemeinen Ztg., seit 1897 an der Hartungschen Ztg. — Durch sein Bach-Brahms-Kränzchen machte er musikliebenden Kreisen erstmalig klassische Musik wieder zugänglich. Durch seine scharfe Einstellung gegen Rich. Wagner, aber auch gegen Liszt, Wolf und Bruckner, geriet D. in tiefen Gegensatz zu seinen Kollegen und zu musikalischen Praktikern wie Wendel und Scheinpflug. In der Inflationszeit geriet D. in materielle Not.

Domschule. Dieses seit 1560 bestehende Gebäude am Pauperhausplatz diente im Lauf der Jahrhunderte mehreren Schulen. Erst 1644 wurde neben der Schule das kneiph. Pauperhaus errichtet. — 1811 wurde die Domschule eine sogenannte höhere Bürgerschule, auf deren Oberklassen Latein unterrichtet wurde. Ihr Leiter Wilhelm Dieckmann, * 1789, † 1866, setzte es mit Tüchtigkeit und Geschick durch, daß die Schule 1831 das Kneiph. Gymnasium wurde. 1865 erhielt dieses Gymnasium einen größeren Neubau nördl. des Doms. In dem alten Gebäude befand sich von 1867—1901 die Sautersche Höhere Mädchenschule, die spätere Königin Luise-Schule. Danach beherbergte das Gebäude die Kneiph. Mittelschule.

Dom-Straße von der Brodbänken-Straße zur Honig-Brücke.

Dönhoff, Friedrich Reichsgraf von, * Waldau 1639, † Kbg. 1696. General. D. trat in brandenburgische Dienste und wurde 1668 Oberst und Chef des Regiments Radziwill. Er machte die meisten Feldzüge des Gr. Kurfürsten mit. 1678 wurde er Gouverneur von Memel und 1684 Generalleutnant. D. erwarb 1686 Friedrichstein.

Dönhoffplatz, Dönhoffstraße, beide in Rosenau, benannt nach dem Diplomaten August Friedrich Hermann Graf von Dönhoff.

Dorn, Heinrich Ludwig Edmund, * Kbg. 1804, † Berlin 1892. Komponist. D. hatte als Musiklehrer den Organisten Wilhelm Jensen. Er studierte in Kbg. Jura und komponierte schon 1823 eine Kantate. Nach Berlin übergesiedelt, widmete D. sich ganz der Musik und war Schüler von Zelter. — Noch nicht 24jährig wurde D. 1828 Theatermusikdirektor in Königsberg, wo er außer Opern von Auber und Boildieu auch eine eigene „Die Bettlerin" mit Erfolg herausbrachte. 1830 erhielt D. die Stelle eines Musikdirektors an dem neueröffneten Stadttheater zu Leipzig. Nach dessen Auflösung begab er sich nach Riga, wo er bald als städtischer Musikdirektor angestellt wurde, dort kam er mit

Richard Wagner in persönliche Berührung. Nach Nicolais Tode wurde er 1849 Kapellmeister am Hoftheater zu Berlin, im gleichen Jahr auch Mitglied der Berliner Akademie der Künste. 1869 wurde er pensioniert und schrieb noch eine Reihe zu ihrer Zeit gut aufgenommenen Opern, Orchester- und Klavierstücke.

Dorner, August Joh., * Schiltach/Bd. 1846, † Hannover 1920. Theologe. Nach dem Studium habilitierte sich D. in Göttingen, wurde 1874 Prof. am Wittenberger Predigerseminar, seit 1889 Prof. der Theologie in Kbg. Als Philosoph von Kant beeinflußt, war D. Vertreter einer spekulativen kritischen Theologie. Von seinen theologischen Werken seien genannt: Augustinus 1873, Enzyklopädie der Theologie 1901. Philosophische Werke: Zur Geschichte des sittlichen Denkens und Lebens 1901, Individuelle und soziale Ethik 1906, Enzyklopädie der Philosophie 1910.

Dorno, Carl Wilhelm, * Kbg. 1865, † Davos 1942. Bioklimatologe. Erst 1899 wandte sich D. dem Studium der Naturwissenschaften in Halle und Kbg. zu, wo er 1904 zum Dr. phil promovierte. Die Erkrankung seiner einzigen Tochter ließ ihn nach Davos ziehen. 1907 begründete er das private Physikalisch-Meteorologische Observatorium Davos, das bald Weltruf erlangte. 1911 trat D. mit einer Studie über Licht und Luft des Hochgebirgsklimas hervor. D. wurde zum Begründer der modernen „Strahlungsklimatologie", die nach ihm „Dornostrahlung" benannt wurde. Unter seiner Leitung fand 1925 in Davos der erste internationale Klimakongreß statt. Ihm wurden eine Reihe von Ehrungen zuteil: Der Professorentitel, Dr. med. h. c. Basel 1922 u. a.

Dorn-Straße in Amalienau nördl. des Zwillingsteichs.

Dorothea, Herzogin von Preußen, * 1504, † Kbg. 1547. Vater: Friedrich, König von Dänemark, D. wurde am 1. 7. 1526 mit Herzog Albrecht von Preußen in Königsberg vermählt. Sie lebte mit ihrem Gemahl in glücklicher Ehe. Von ihren 6 Kindern blieb nur das älteste, Anna Sophia, am Leben. Sie zeichnete sich durch großzügige Wohltätigkeit aus und stiftete bei der Gründung der Universität aus ihrem Leibgedinge den nördl. Teil des Kollegienhauses mit dem Konvikt für 10 Freitische. Mit den führenden Köpfen der evangelischen Kirche, wie Speratus und Poliander, verknüpfte sie ein herzliches Vertrauensverhältnis.

Dorotheen-Apotheke, Bes. Apotheker Erich Boehmer, Hansa-Ring 6/8.

Dorotheen-Straße in Maraunenhof, Querstraße der Rosenkranzallee.

Douglas, Karl, * Insterburg 1774, † Kbg. 1845. D. kam 1811 nach Kbg. und pachtete mit vier Partnern das Bernsteinmonopol, das den Handel mit Rohbernstein einschloß. 1823 übernahm D. das Monopol allein. Die Pacht betrug im Durchschnitt 10 000 Taler. D. beschäftigte mehrere hundert Personen. 1837 gab er das Monopol auf.

Douglas-Straße in Juditten.

Dragoner Kaserne im ehemaligen Marstall am Schloßplatz, später Kürassier-Kaserne.

dreibastig nicht nachgiebig, altklug, vorlaut, auch frech.

Dreier, Christian, * Stettin 1610, † Kbg. 1688. Theologe. Nach längerem Studium wurde D. 1638 Dozent in Kbg. und 1644 zum Prof. d. Theologie berufen. 1649 wurde er erster Hof- und Schloßprediger und 1652 Assessor des samländischen Konsistoriums. Doch erst 1657 gelang es dem Kurfürsten, ihm die Stelle des 1. Prof. der Theologie zu übertragen. 1661 griff D. noch einmal in den synkret. Streit ein, der damals in Hessen wieder auflebte. D. war neunmal Rektor der Albertina und starb als deren Senior.

drengeln kommt von drängen.

Dresdner Bank. Die Brüder Samuel und Moritz Simon gründeten 1839 das Bankhaus Joseph Simon Witwe und Söhne, sie gewannen bald großen Einfluß. Dieses Bankhaus wurde 1895 in die Ostbank umgewandelt. Um 1900 baute die Ostbank in der Kneiphöfschen Langgasse ein aufwendiges Bankgebäude im Stil der damaligen Zeit. Im Lauf des Ersten Weltkrieges wurde die Ostbank von der Dresdner Bank übernommen, ihr Sitz blieb in der Kneiph. Langgasse 11/13. Die Depostitenkassen befanden sich Steindamm 64, Königstraße 51/52 und Hufenallee 55.

Dreyse-Straße in Ponarth, Querstraße der Barbara-Straße.

Drittfeiertag wurde der Tag nach zwei aufeinander folgenden Feiertagen genannt. Auf dem Lande wurde am 3. Weihnachtsfeiertag nicht gearbeitet, den es aber „amtlich" nicht gab.

Dr. Friedrich-Lange-Platz, Sportplatz an der Samitter Allee.

Drosselweg in der Siedlung Quednau.

Druckereien. Herzog Albrecht gewann als Drucker Hans Weinrich, der in Danzig eine Offizin unterhielt. Die Weihnachtspredigt des Bischofs Polentz verließ im Februar 1524 als erster Königsberger Druck diese Presse. Alles, was im Herzogtum Preußen gedruckt wurde, kam über zwei Jahrzehnte lang allein aus Weinrichs Presse. Wichtig erscheint der Druck des ersten deutschen evangelischen Gesangbuches 1527. Nur repräsentative Drucke mußte der Herzog auswärts bestellen, weil Weinrich keinen Vorrat an solchen Lettern hatte. 1549 eröffnete Hans Lufft mit Unterstützung des Herzogs eine Filiale seiner weltbekannten Druckerei am Schloßteich. Als 1553 beide Druckerein zum Erliegen kamen, griff wieder der Herzog ein und veranlaßte 1554 den Nürnberger Buchdrucker Johann Daubmann in Kbg. eine Druckerei zu eröffnen, die nach seinem Tode 1573 von seinem Schwiegersohn Georg Osterberger bis 1602 weitergeführt wurde. Das Druckergewerbe, besonders der Buchdruck, spielte in Kbg. nie eine große Rolle, so hatte Kbg. 1840 nur 7 Druckereien mit 16 Pressen. S. Buchdruckereien.

Drugehnen, Ort östl. des Galtgarbens, Molkerei und Station der Samlandbahn.

Drumann, Wilhelm Karl August, * Danstadt/Halberstadt 1786, † Kbg. 1861. Historiker. D. studierte in Halle und Helmstedt Theologie und Geschichte. 1812 wurde D. in Halle Privatdozent und kam 1817 als Professor der Geschichte nach Kbg. Ihn interessierte besonders die römische Geschichte. Aufsehenerregend war sein Hauptwerk: „Geschichte Roms in seinem Übergang von der republikanischen zur monarchistischen Verfassung", Kbg. 1834—44, 6 Bände. 1856 gab D. seine Lehrtätigkeit auf.

Drumann-Straße, Querstraße der Aschmann-Allee.

Drumm-Straße vom Oberrollberg zum Heumarkt.

Drygalski, Erich von, * Kbg. 1865, † München 1949. Geograph. D. studierte Mathematik und Physik. Nach einer Forschungsreise nach Grönland folgte die in die Antarktis, wo heute eine Insel und ein Fjord seinen Namen tragen. Die Auswertung der während der Studienreise in die Antarktis aufgezeichneten exakten Forschungsergebnisse dauerte 28 Jahre und füllte 20 Bände und 2 Atlanten. — 1906 berief ihn die Universität München auf den Lehrstuhl für Geographie, verbunden damit auch der Vorsitz der Geographischen Gesellschaft. D. erhielt Ehrungen von vielen Ländern. Er starb über der Arbeit an seinen Erinnerungen.

Drygalski, Fridolin Ludwig Hermann von, * Nikolaiken 1829, † Kbg. 1904. Pädagoge. D. studierte klass. Philologie an der Albertina. Nach der Staatsprüfung wirkte er von 1856—64 am Kneiph. Gymnasium, dann am Altstädt. Gymnasium, von dem er 1870 als Nachfolger Skrzeckas als Direktor an das Kneiph. Gymnasium berufen wurde, das er bis 1900 leitete. Dieser Schule hat er eine stetige Aufwärtsbewegung gegeben. Sein Sohn ist der bekannte Geograph und Südpolforscher Erich v. D.

Dschimken auch Flissaken. Bis 1914 waren diese, ihre Flöße aus Polen auf der Memel nach Königsberg verschiffenden urweltlichen Gestalten eine bekannte Erscheinung im Königsberger Hafenbild. Der Bildhauer Rosenberg hatte sie auf Cadiner Kacheln des Portals zur Stadtsparkasse dargestellt. Ihre Flöße waren lang, mit Matten belegt und trugen eine Holzhütte, in der sie hausten. Sie trugen leichte Strohhüte, das grobe Hemd über der Hose, Flauschröcke oder Schafspelze sowie Sandalen. In Königsberg verkauften sie Holz, Matten, die Flöße und wanderten heim.*

Dubbas wird der Gegenstand benannt, dessen Bezeichnung einem nicht sogleich einfällt.

Duboisruh westl. von Ponarth an der Berliner Straße. Im 18. Jh. nach einer reichen Familie Dubois benannt, wurde 1873 von der Brauerei Schönbusch übernommen und in Park Schönbusch umbenannt.

Dulk, Albert Friedrich Benno, * Kbg. 1819, † Stuttgart 1884. Dramatiker, Publizist. Nach einer bewegten Jugend promovierte D. 1846 in Breslau und bemühte sich in Königsberg vergeblich um Zulassung als Privatdozent. Auch in Königsberg beteiligte er sich lebhaft an den damaligen demokratischen Umtrieben. — 1881 begründete er mit Ludwig Büchner den allgemeinen deutschen Freidenkerbund und eine freireligiöse Gemeinde. Folgerichtig kam D. zur Sozialdemokratie, für die er lebhaft eintrat. — Seine dramatische Dichtung geht von Grabbe und Hebbel aus. Dramen: Orla 1844 Lea 1848, Simson 1859, Konrad II. 1867. Freidenkerische Schriften: Stimmen der Menschheit, Moral der Freidenker.

Dullo, Karl Gustav Adolf, * Labiau 1832, † Kbg. 1907. Komponist. Schon 1869 schied D. aus dem Justizdienst aus, um sich der Musik zu widmen. Er komponierte Lieder, eine Hamletouvertüre, einen Chor zur „Braut von Messina" u. a. m. In Königsberg leitete er den Sängerbund des Handwerkervereins und war auch längere Zeit Musikreferent der Ostpreußischen Zeitung. D. komponierte die kleinen Opern „Der vierjährige Posten" und „Der Hauptmann von Stralsund". Die große Oper „Harald der Sachsenkönig" wurde 1871/73 und 1880 in Königsberg aufgeführt.

Dultz, Karl August, * Kbg. 1794, † Kbg. 1868. Reeder, Industrieller. D. lernte in dem Reederei- und Speditionsgeschäft D. H. Schnell. Er zog 1813 als freiwilliger Jäger ins Feld, von 1816—18 war er Leutnant der Artillerie in Kolberg. Nach seiner Rückkehr 1819 trat er wieder in die Firma Schnell ein und übernahm das Reedereigeschäft in Pillau. Später übernahm er zusammen mit seinem Schwager Fr. Laubmeyer das Königsberger Hauptgeschäft. Von größter Bedeutung für die Entwicklung Königsbergs war es, daß D. 1827 zusammen mit seinen Schwägern Laubmeyer und G. Schnell und dem Engländer Charles Hughes die Uniongießerei auf der Oberlaak begründete. D. trennte sich 1837 von Laubmeyer und vergrößerte die Union und seine Reederei.

Dumcke, Julius, * Kbg. 1867, † Berlin 1925. Literaturhistoriker. D. promovierte 1891 zum Dr. phil. und lebte als Archivar des Hauses Scherl in Berlin. Er schrieb: „Das Deutsche Zeitwort", 1906; „Geschichte der deutschen Literatur", 1906 und gab heraus die „Deutschen Sprachbriefe" sowie ein „Wörterbuch der Hauptschwierigkeiten in der deutschen Sprache".

Dürer-Straße, von der Lawsker Allee zur Steffeck-Straße.

Dürr-Straße in Amalienau.

Düttchen s. Dittchen.

dwatsch wie halb verrückt, dumm.

E

Ebel, Johannes Wilhelm, * Passenheim 1784, † Ludwigsburg 1861. Theologe. Schon als Student trat er dem Theosophen Schönherr nahe. E. wurde 1810 Lehrer und Prediger am Friedrichskolleg. 1816 wurde er Prediger der großen altstädtischen Gemeinde und sammelte hier eine pietistische Verbrüderung um sich. Erst 1835 erhob das Konsistorium gegen E. und Diestel Anklage wegen Sektenstiftung und enthob sie vom Amt. Damit begann der Königsberger Religionsprozeß, der Muckerprozeß. Nach langen Gerichtsverhandlungen verließ E. Königsberg und lebte seit 1850 mit einigen Getreuen in Ludwigsburg/Württemberg.

Ebenroder Straße in der Siedlung Liep.

Ebner, Albert, Holländisches Kaffeelager und Rösterei, Vorderroßgarten 45 mit mehreren Familien.

Eccard, Johannes, * Mühlhausen Th. 1553, † Berlin 1611. Komponist. Nach seiner Ausbildung wurde E. 1580 als herzogl. Vizekapellmeister nach Königsberg berufen und wurde 1586 Kapellmeister. E. war einer der bedeutensten Tonsetzer und Begründer der sog. preußischen Tonschule. Durch seine Nachfolger erhebt er Königsberg für die nächsten hundert Jahre zum Vorort protestantischer Kunstmusik. Von seinen Werken: Neue deutsche Lieder mit 4 und 5 Stimmen, 1578; Neue geistl. und weltl. Lieder, 1589 und Geistl. Lieder auf den Choral mit 5 Stimmen, 1597. — Johann Stobäus gab diese Lieder 1634 heraus.

Eckert, Adolf * Popiollen/Ostpreußen 1830, † Kbg. 1916. Landwirt. E. übernahm mit 23 Jahren das Gut Czerwonken, das er bis 1909 mustergültig verwaltete. 1889 wurde E. Landschaftsdirektor für das Departement Angerburg. 1890—1908 war er auch Mitglied der Generalfeuersozietät. E. hat sich 1895 um die Erweiterung der Taxgrundsätze verdient gemacht. Bis zur Bestätigung der Wahl Kapps war E. 1905/06 Generallandschaftsdirektor. Wertvoll war unter Kapp seine Mitarbeit bei der Vereinigung der Landschaftlichen mit der Ostpreußischen Feuersozietät sowie bei der Errichtung der Lebensversicherungsanstalt der Ostpreußischen Landschaft.

Edekabank e.G.m.b.H. und Edeka-Zentrale, Gesecusplatz 6.

Ehlers, C. B., Weinstuben und Weinhandlung, Altstädt. Bergstr. 15.

Ehlert, Louis, * Kbg. 1825, † Wiesbaden 1884. Komponist. E. besuchte das Konservatorium in Leipzig und ließ sich dann in Berlin als Musiklehrer nieder. E. lebte 1863—65 in Florenz, wieder in Berlin widmete er sich der Komposition und Musikschriftstellerei. Später war er Lehrer der Kinder des Herzogs von Meiningen. — Größere Kompositionen: „Requiem für ein Kind", „Frühlingssymphonie" und „Ouvertüre zum Wintermärchen".

Ehlert, Tamara, * Kbg. 1921. Nach dem Besuch der Oberschule nahm Tamara Ehlert Schauspielunterricht. Dann mußte sie fünf Jahre Kriegsdienst leisten. Nach 1945 schrieb sie Feuilletons für Zeitungen, Zeitschriften und Rundfunk. Ihr wurde 1970 der Nicolaus Copernicus-Preis zugesprochen. 1976 erhielt sie den Förderungspreis zum Andreas Gryphius-Preis der Eßlinger Künstlergilde. — 1957 erschienen ihre Erzählungen „Die Dünenhexe", dann der Gedichtband „Alles dies war einmal meine Welt", 1971 ein neues Bändchen Lyrik „Spröder Wind von Ost", 1976 „Kleiner alter Mann geht durch den Wind". Von ihr erschienen in 40 Anthologien, u. a.: „Deutsche Stimmen 56", „Fernes weites Land", „Verlobung mit Baldrian", „Und Petrulla lacht".

Ehrenbürger der Stadt Königsberg.
Ludw. A. Frhr. v. Alt-Stutterheim, General der Infanterie, 1824
Gottfr. Theod. Seidler, Stadtrat, 1835

Johann Christian Ehm, Dr. h. c. Rat beim Oberlandesgericht, 1837
Joh. Friedr. Brand, Kriminalrat, 1838
Joh. Friedr. Andrie, Stadtrat, 1842
Heinr. Th. v. Schön, Oberpräsident, 1842
Christ. Friedr. Dittrich, Komm.-Rat, 1842
Carl Ludw. A. v. Wegnern, Dr. h. c. Chefpräsident des OLG, 1844
Georg Friedr. Hartung, Druckereibesitzer, 1846
Christ. Friedr. Reusch, Oberpräs.-Rat, 1848
Carl Wilh. v. Horn, Oberpräsident, 1879
Eudard von Simson, Prof. Reichstags- und Reichsgerichtspräsident 1883
Heinr. Ludw. Weller, Kommerzrat, 1891
Theod. Herm. Hoffmann, Oberbürgermeister 1902
Karl Friedr. Hagen, Geh. Justizrat, 1904
Ludwig Leo, Reedèr, Stadtrat, 1907
Theod. L. Krohne, Geh.-Rat, Stadtrat 1908
Walter Simon, Geh. Komm.-Rat, Stifter 1908
Paul Kunckel, Geh. Reg. Rat, Bürgermeister, 1913
Paul von Beneckendorff und Hindenburg, Generaloberst, 1914
David Hilbert, Dr. h. c., Prof., Mathematiker, 1930

Ehrhardt, Oskar, * Strausberg/Bln. 1873, † Göttingen 1950. Chirurg. Nach dem Studium an der Albertina wurde E. Assistent, dann Oberarzt an der Chirurg. Universitätsklinik unter Prof. v. Eiselsberg. Nach 1900 nahm E. eine Privatpraxis auf und operierte in zwei Privatkliniken. Im Ersten Weltkrieg war E. als Stabsarzt an Kriegslazaretten tätig. Im Sommer 1918 übernahm E. die chirurgische Abteilung des Elisabeth-Krankenhauses in Königsberg, die er bis 1945 führte. Nach der Besetzung durch die Sowjets fuhr E. mit seiner Tätigkeit fort und operierte bis zur Wegführung aus Königsberg am 31. Okt. 1947. Er starb in Göttingen nach einem Straßenunfall im Januar 1950.

Eichendorffweg, nördl. der Tragh. Palve am Aschmannpark, benannt nach Joseph Frhr. von Eichendorff, * 1788, † 1857. Er war von 1824–1831 Oberpräsidialrat in Kbg. und ein Freund Schöns. In Kbg. dichtete E. neben Gedichten die Dramen „Der letzte Held der Marienburg“, „Ezzelin von Romano“ und „Meierbeths Glück und Ende“. An seiner Wohnung, Lange Reihe 4, dem späteren Bernsteinmuseum und Geolog. Institut befand sich die Marmorgedenktafel von Rosenberg.

Eichhorst, Hermann Ludwig, * Kbg. 1849, † Zürich 1921. Internist. Nach dem Studium an der Albertina und der Assistenzeit wurde E. 1876 Professor in Jena und 1877 in Göttingen. 1884 wurde E. Professor und Klinik-Direktor in Zürich. E. schrieb u. a.: „Lehrbuch der physikalischen Untersuchungsmethoden innerer Krankheiten“, 1881; „Lehrbuch der praktischen Medizin innerer Krankheiten“, 1899.

Eichler, Otto Erich, * Kbg. 1871, † Kbg. 1904. Maler. E. studierte in Kbg., Berlin und München. Er ließ sich 1900 als Tier- und Landschaftsmaler in Kbg. nieder. Seine Werke: Ostpr. Landschaften besonders vom Samland: Zipfelberg bei Gr. Kuhren, Steilküste bei Georgenswalde, Galgenberg bei Gr. Dirschkeim, Strand an der Gausupschlucht.

Eichmann, Franz August, * Berlin 1783, † Berlin 1879. Oberpräsident. 1815 schlug E. die Gerichtslaufbahn ein. Als Kammergerichtsrat kam er über Marienwerder wieder nach Berlin. 1835 wurde E. Vortragender Rat im Finanzministerium. Von 1845–1850 war E. Oberpräsident der Rheinprovinz, in gleicher Stellung kam er dann nach Ostpreußen. Die Zürückdrängung des Liberalismus und die Aufrichtung einer konservativen Gesinnung in Ostpreußen ist eng mit seinem Namen verknüpft. Im 1. norddeutschen Reichstag vertrat er den Kreis Labiau–Wehlau. 1868 trat E. in den Ruhestand, den er in Berlin verbrachte.

Eichungsdirektion und Eichamt, Hindenburg-Straße 14.

Eilers, Gustav, * Kbg. 1834, † Berlin 1911. Maler, Radierer. Nach seiner Ausbildung an der Königsberger Akademie stach E. u. a. das Porträt des Akad. Direktors Rosenfelder. Seit 1863 in Berlin war er an der großen und kleinen Ausgabe der Stiche nach Wilhelm Kaulbachs Wandgemälden im Neuen Museum beteiligt. E. erreichte eine bedeutende Höhe künstlerischen Nachempfindens in der Wiedergabe von Meisterwerken, z. B. Tizians Zinsgroschen, Holbeins Kaufmann Giese. Die hl. Cäcilie von Rubens 1890 war wohl sein Hauptwerk. 1884 Professor, gründete er 1885 den Verein für Originalradierung, um die künstlerische Bedeutung des Radierens zu sichern.

Eilsberger, George Hermann, * Allenburg 1837, † Berlin 1908. Theologe. Nach dem Studium wurde E. 1862 Garnisonspfarrer in Thorn, 1869 Pfarrer an der „Barmherzigkeit" in Kbg. 1880 Pfarrer an der Altroßg. Kirche und Superintendent, 1889 Konsistorialrat. E. trat 1907 in den Ruhestand. E. war Herausgeber des Evangel. Gemeindeblattes.

Einkaufsgenossenschaft der Bäckerinnung e.G.m.b.H., Viehmarkt 25.

Einwohnerbücher. 1704 erschien der erste in Leipzig gedruckte „Adreßcalender"; der älteste erhaltene ist von 1733, Neudruck 1962. Das von Friedrich Wilhelm I. eingerichtete Intelligenz-Adreß-Comtoir am Strohmarkt gab die „Intelligenzblätter" heraus. In ihnen mußten behördliche und durften private Bekanntmachungen erscheinen. — Ab 1812 erschien das Adreßbuch alle zwei Jahre, ab 1852 bei C. Th. Nürmberger, danach bei Hartung. Seit den 20er Jahren erscheint das Einwohnerbuch in der Königsberger Verlagsanstalt.

Einwohner-Meldeamt, es befand sich im Polizeipräsidium.

Einwohnerzahlen. Aus dem Mittelalter liegen keine Zahlen vor. Wir dürfen uns Kbg. zur Zeit des Hochmeisters Winrich von Kniprode, 1351–1382, mit etwa 6000 bis 7000 Einwohnern denken. 1500 waren es 10 000 Einw., 1550: 15 000, zur gleichen Zeit Lübeck 25 000, Danzig 26 000, Riga 8000. — 1620 ist Kbg. die größte Stadt Brandenburg-Preußens. 1700: 40 000 Einw., Berlin 20 000.

1755: 55 000 Einwohner, 182 Straßen.

1792: 54 436 Einwohner, davon 801 Juden.

1814: 61 084 Einwohner, Berlin 197 717, Breslau 74 633.

1859: 81 279 Einw., davon Kathol. 1593, Mennoniten 80, Juden 2401.

1864: ist Königsberg Großstadt.

1875: 122 861 Einw. d. s. 6 % der ostpr. Bevölkerung.

1893: 163 120 Einwohner, am dichtesten bebaut sind Altstadt und Steindamm.

1900: 189 483 Einwohner.

1912: 245 994 Einwohner.

1924: 279 428 Einwohner, d. s. 12 % der Bevölkerung Ostpreußens.

1939: 372 146 Einwohner.

1941: 380 042 Einwohner, Wohnungsbestand 92 182.

Im April 1945 noch rd. 150 000 dt. Einwohner, die sich durch Massensterben rasch verminderten. 1946: 40 000–45 000, 1947 nur noch rd. 25 000 Einwohner, die in Kellern der Innenstadt und in Ponarth hausten. Die Aussiedlung begann am 22. Oktober 1947, im Winter wurden die Transporte ausgesetzt und im März 1948 wieder aufgenommen. Kein Deutscher blieb in Königsberg zurück.*

Eisenbahnbrücke. Sie diente der Verbindung zwischen Ostbahnhof und Lizentbahnhof. — 1862 beschloß die Preußische Regierung zugunsten des Projektes der Ostpreußischen Südbahn-Gesellschaft für die Bahnlinie Königsberg—Pillau u. a.: „Den Bau der auf 385 000 Thaler veranschlagten Pregelbrücke in Königsberg, welche in den Traktus der Bahn fällt, für den Lokomotivbetrieb geeignet", auf Kosten des Staates zu befürworten. Der Bau der Eisenbahnbrücke, der ersten stählernen Brücke über den Pregel, zwischen 1863 und 1865 begann mit dem Errichten des gemauerten Strompfeilers auf in Caisson-Druckluft Bauweise gegründeten Senkkasten. Dieser bestand aus 10 mm starkem Eisenblech und war 14 m lang, 5 m breit und war 18,8 m tief gegründet. Auf diesem Strompfeiler lag südlich das schwenkende Ende der etwa 15 m langen Drehbrücke und nördlich das Stromende des festen Parallelfachwerkträgers. Als wesentliche Neuerung entlastete im Betriebszustand ein handgetriebener Kniehebelmechanismus statt eines Schraubenhubwerkes den Königsstuhl des Drehträgers. Auf beiden Seiten trug die Brücke je einen viel benutzten Fußgängersteg. Daneben blieb die Dampffähre zwischen Aschof und Lizent erhalten. — Erst vom 1. 10. 1889 ab fuhren über die Eisenbahnbrücke die Staatsbahnzüge zwischen Ostbahnhof und Lizentbahnhof nach Labiau und Tilsit. — Die 1929 außer Betrieb gesetzte Brücke blieb im Rahmen von „Katastrophenschutzmaßnahmen“ erhalten. Diese Drehbrücke lag ausgeschwenkt am südlichen Landpfeiler, der feste Fachwerkträger lagerte auf dem Nordufer zwischen Kaimauer und Holländerbaum-Straße.

Eisenblätter, Friedr. Wilhelm, * Duisburg 1866, † Kbg. 1934. Landschaftsmaler. Seit 1882 widmete sich E. in Berlin der Bühnenmalerei als Schüler von Prof. J. Lechner. Als Bühnenmaler am Kgl. Hoftheater in Berlin tätig, folgte E. 1898 einem Ruf an das Königsberger Stadttheater. Er brachte das Bühnenbild zu einer bis dahin in Kbg. noch nicht gekannten Wirksamkeit. 1912 gab E. seine Stellung am Theater auf, um sich ganz der Landschaftsmalerei widmen zu können. Schlichte, ruhige Farben und Naturverbundenheit sind für E. charakteristisch. Ab 1899 beschickte er mehrere Kunstausstellungen. Seine bekanntesten Bilder: „Hafenbild“, „Fischbrücke in Königsberg“, Wandgemälde im Börsenkeller, „Vier Jahreszeiten“ im Berliner Hof.

Eislauf s. Dittchenklub und Club der Schlittschuhläufer.

Elch-Apotheke, Pächter Apotheker Kurt Plaschke, Königstraße 59a.

Elch-Damm in Ponarth.

Elchschaufel. Seit 1787 wurde die siebenendige Elchschaufel allen in Trakehnen geborenen Pferden auf den rechten Hinterschenkel gebrannt. — Nach der Vertreibung wurde die Elchschaufel im Wappen von der Landsmannschaft Ostpreußen zum ostpreußischen Symbol und Abzeichen erklärt.

Elchwild, eine Hirschgattung in NO Europa, im N Asiens und in Nordamerika. Elche werden bei einer Schulterhöhe von 2 m bis zu 3 m lang. Der Körperbau ist plump, der Kopf groß mit überhängender Oberlippe, das Fell rötlichbraun mit schwarzbrauner Mähne, die Hufe sind spreizbar; Beine, Bauch und Brust sind grau. Das bis zu 20 kg schwere Geweih ist schaufel- aber auch stangenartig. Die Elche leben in Sumpfniederungen. Er lebt meist ortsgebunden und tritt nur im Winter in Rudeln auf. — In Ostpreußen ist der Elch durch die Kultur der letzten Jahrhunderte auf das Bruchrevier der Niederungsforsten, den Elchwald, östl. der Kurischen Haffküste verdrängt worden. Aber auch auf der Kurischen Nehrung hält sich ein Elchbestand von mehr als 20 Stück. Bei seinen gelegentlichen Wanderungen sucht der Elch nach Gegenden, die ihm bessere Existenzbedingungen gewähren. So haben sich wiederholt Elche in die nähere Umgebung von Cranz verirrt. Der Elch liebt das Wasser und kann ausgezeichnet schwimmen. — Durch planmäßige Hege ist es gelungen, einige hundert dieser urwüchsigen Tiere vor dem Aussterben zu bewahren. Auch heute ist man bemüht, den Elchbestand zu erhalten.

Elektrische Straßenbahn. Bereits 1895 betrieb Königsberg als erste deutsche Stadt in eigener Regie eine elektrische Straßenbahn vom Kaiser-Wilhelm-Platz zur Augustastraße. Maximalgeschwindigkeit 9 km/h. Allmählich kaufte die Stadt dann die Linien der Pferdebahnstrecke Ostbahnhof—Kalthof. 1899 gab es 4 Straßenbahnlinien: Pillauer Bahnhof — Augustastraße, Oberlaak — Schlachthof, Kaiser-Wilhelm-Platz — Schönbusch und Ostbahnhof — Kalthof. 1900 wurde auch die Strecke Poststraße — Juditten elektrisch. Die Wagen waren zuerst durch Farbschilder gekennzeichnet, so die Ringbahn grün-weiß, nach Juditten weiß-rot, nach Kalthof gelb-weiß usw. Aber noch vor dem Ersten Weltkrieg erfolgte die Bezeichnung mit beleuchteten Nummernschildern. 1902 gab es acht Linien, 1904 schon elf. Die Wagen legten 3 428 382 km zurück. — 1914 hatte das Straßenbahnnetz eine Länge von 44,3 km. Im Kriegsjahr 1916 wurden die ersten Straßenbahnschaffnerinnen beschäftigt. 1921 hatte sie 248 Straßenbahnwagen und 81 km Straßenbahngleise. 1924 beförderte sie 25 Mill., 1930 45 Mill., 1937 50 Mill. Personen. 1941 gab es folgende Linien:

1: Hauptbahnhof — Kaiserstraße — Münchenhof — Roßgarten — Tragheim — Hardershof.
2: Hauptbahnhof — Kaiser-Wilhelm-Platz — Münzplatz — Königstraße — Flughafen.
3: Hauptbahnhof — Nordbahnhof — Kunstakademie.
4: Hauptbahnhof — Kaiser-Wilhelm-Platz — Steindamm — Tiergarten — Amalienau — Ratshof.
5: Grünhoffer Weg — Mitteltragheim — Paradeplatz — Kaiser-Wilhelm-Platz — Schlachthof.
6: Königstor — Münzplatz — Mitteltragheim — Nordbahnhof — Tiergarten — Hammerweg.
7: Maraunenhof — Wrangelstraße — Paradeplatz — Nordbahnhof — Tiergarten — Juditten.
8: Ponarth/West — Berliner Straße — K.-W.-Platz — Münzplatz — Roßgärter Tor — Krematorium — Herzog-Albrecht Allee.
9/10: Sackheimer Tor — Münchenhof — K.-W.-Platz — Bahnhof Holländerbaum — Kosse.
11: Hauptbahnhof — Kaiserstraße — Münchenhof — Roßgärter Tor — Wrangelstraße — Nordbahnhof — Beethovenstraße — Luisenallee.
12: Schlachthof — Viehmarkt — K.-W.-Platz — Steindamm — Nordbahnhof — Hardershof.
15: Ponarth/Ost — Hauptbahnhof — Kaiser-Wilhelm-Platz — Steindamm — Nordbahnhof — Hammer.
25: Grünhoffer Weg — Waldburgstraße — Tragheim — Kaiser-Wilhelm-Platz — Börse.

Dazu kamen sechs Buslinien:
A: Herzog-Albrecht-Allee — Quednau.
B: Sattlergasse — Reichsbahnbrücke-Hafen.
C: Hardershof — Charlottenburg.
D: Neuendorfer Straße — Schlachthof.
E: Sackheimer Tor — Liep.
F: Sattlergasse — Contienen — Schichau.*

Elektrizitätswerke. 1889 wurde die Errichtung eines E-Werkes im Mühlengrund beschlossen und 1890 in Betrieb genommen; Maschinen von Schichau, Elbing. Von der Zentralanlage gingen zehn Fernleitungen aus. Bereits 1897 baute die Pferde-Eisenbahn AG ein eigenes E-Werk am Landgraben, um ihre Pferdebahn-Strecken elektrifizieren zu können. Auch versorgte sie die Hufenvillen mit Strom. — 1907 Eröffnung des neuen E-Werkes in Kosse durch Stadtbaurat Dr. Ferd. Krieger. 1910 wurden E-Werk und Straßenbahnen an die AEG Berlin verpachtet. 1919 nach dem Tode Dir. Kriegers wurde der Pachtvertrag mit der AEG gelöst. 1921 hatte die Stadt 49 elektr. Bogenlampen, 70 elektr. Glühlampen für die Straßenbeleuchtung, 488 079 m elektr. Leitungen mit einem Kupfergewicht von 482 000 kg. — 1922 ging das E-Werk in die Königsberger Werke-Straßenbahn, KWS, auf. 1930: 92,2 km Straßen mit elektr. Beleuchtung, 1132 hochkerzige, 736 niedrigkerzige elektr. Lampen. 1937: nutzbare Abgabe der E-Werke 69 Mill. kWh.*

Elisabeth-Hospital. Ein zweites Hospital wurde im 14. Jahrhundert vom Orden in seiner Freiheit Sackheim errichtet und der heiligen Elisabeth, der Freundin aller Armen, geweiht. Dieses Spital war weniger ein Krankenhaus als eine Herberge für Bettler und Heimatlose, auch für die litauischen Flößer, die auf ihren Flößen pregelabwärts nach Königsberg kamen und sich für einige Wochen in der Stadt aufhielten. Sie besuchten den Gottesdienst in der zum Hospital gehörenden Kapelle, der Elisabethkirche. Über die weitere Existenz des Spitals ist nichts bekannt.

Elisabethkirche. Als Kapelle für ein Hospital vom Orden erbaut, gehörte sie von 1420—1525 zu einem Nonnenkloster. Sie war die älteste Kirche des Sackheims. 1603 erhielten sie die evangelischen Litauer. Aus Mangel an litauischen Gläubigen wurde sie 1807 Arresthaus.

Elisabeth-Krankenhaus seit 1893 das Haus der Grauen Schwestern, Ziegelstraße 4/6a. Leiter der chirurgischen Abteilung Prof. O. Ehrhardt; die innere Abteilung übernahm 1933 Prof. W. Starlinger; langjähriger Leiter der Frauenabteilung war Prof. Carl Fink und der Augenabteilung Prof. K. H. Sattler.

Elisabeth-Platz s. Arresthausplatz.

Ellendt, Georg Albrecht Bernhard, * Kbg. 1840, † Kbg. 1908. Pädagoge. Nach dem Studium der Geschichte und Altphilologie an der Albertina wurde E. 1865 Lehrer am Kgl. Friedrichskollegium und 1891 dessen Direktor als Nachfolger von Alb. Lehnerdt. 1892 bezog er das neue Gebäude in der Jägerhofstraße. Er leistete bedeutende Arbeit. Seine von Stanislaus Cauer geschaffene Marmorbüste wurde 1912 im Friedrichskollegium aufgestellt.

Ellendtsches Lyzeum in der Junkerstraße Ecke Theaterstraße. Das Lyzeum wurde bis 1925 von Frau L. Seydel geführt und dann vom Körtelyzeum übernommen.

Elsner, Christoph Friedrich, * Kbg. 1749, † Kbg. 1820. Mediziner. Nach dem Studium der Mathematik und Medizin an der Albertina promovierte E. 1774 zum Dr. med. Dann wurde er Physikus in Bartenstein, 1786 ord. Professor an der Albertina und Regierungsrat. Er übernahm den gesamten klinischen Unterricht. In den letzten Lebensjahren Kants war er dessen Arzt. Bedeutend ist seine Abhandlung von 1778 über die Brustbräune.

Elwenspoek, Curt, * Kbg. 1884, † Tübingen 1959. Schriftsteller und Dramaturg. E. wirkte u. a. am Staatstheater und im Rundfunk in Stuttgart. Er schrieb Romane, Biographien, Hörspiele und Essays.

Empacher & Karlisch, Bootswerft, Altstädt. Holzwiesenstr. 90. In Eberbach am Neckar wird die Bootswerft Willy Empacher weitergeführt.

Engelien, Gustav, Fuhrgeschäft, Bestattungsinstitut, Sackheim 102.

Enge Pforte s. Joacoby-Straße.

Englick, P. & Otto Quatz, Büromaschinen, Bürobedarf und Druckerei, Gr. Schloßteichstr. 10.

Entengasse, Querstraße der Löben. Langgasse.

Erbarmung! Ein häufig gebrauchter Ausdruck, der nur Erstaunen ausdrückt.

Erdbebenstation der Albertina, seit 1912 in dem Fritzener Forst bei Gr. Raum, ausgerüstet mit einem Wichertschen Pendel-Seismometer.

Erich-Koch-Platz s. Walter-Simon-Platz.

Erkobern, sich erholen.

Erlatis, E., Stempelfabrik, Schreibmaschinen, Kneiph. Langgasse 22.

Erlenweg in Ponarth, von der Barbarastr. zur Prappelner Straße.

Erichshausenstraße, später in Ebertstr. umbenannt, am Ausfalltor, 1913 nach dem Hochmeister Ludwig von Erichshausen benannt, der von seinen unbezahlten tschechischen Söldnern aus der Marienburg vertrieben, sich mühsam durch Sümpfe und Wälder über Haff und Weichsel nach Königsberg rettete, wo er 1457 seinen Wohnsitz im Nordflügel des Schlosses in der bisherigen Marschallwohnung nahm. Ihm ist zu verdanken, daß Ostpreußen im 2. Thorner Frieden nicht wie Westpreußen polnisch wurde. E. starb 1467 in Königsberg.*

Ernsthof einst ein Gutshof auf den „Hinterhufen".

Ernst-Kuck-Straße in Hadershof am Wasserwerk an der Fuchsberger Allee, 1931 benannt nach dem Direktor des städt. Wasseramtes Ernst Kuck, † 1923. K. kam 1892 als Reg.-Baurat nach Königsberg und wurde 1896 Dr. Kriegers Nachfolger als Direktor der Wasserwerke. Von 1908—1910 erbaute K. die Talsperre Willgaiten.*

Ernst-Wichert-Straße beiderseits des Bismarck-Platzes in Maraunenhof, 1906 benannt nach dem Richter — Dichter Ernst Wichert, * Insterburg 1831, † Berlin 1902.

Eschenbach, Walter, * Gr. Lunau/Kulm 1883, † Kbg. 1936. Musikdirektor. Seit 1911 fruchtbare Tätigkeit als Domorganist und Leiter des Domchors in Königsberg und als Lehrer am Kühnschen Konservatorium und an der Kirchenmusikschule. 1916 wurde E. Dirigent des von ihm gegründeten Bachvereins, er veranstaltete viele Kirchenkonzerte im Dom und in vielen Städten der Provinz. 1933 erhielt E. den Titel Kirchenmusikdirektor anläßlich des 600jährigen Domjubiläums. Seine Schwester Margarete war eine in Königsberg geschätzte Pianistin.

Eschenweg in Ponarth am Fichteplatz.

Eschment & Migeod Nachfol., Inh. Carl Riebensahm, Kolonialwaren, Wagner-Str. 33.

Etablissements. So vornehm nannte ma
im 19. Jh. die Vergnügungsgaststätten
zuerst die am Schloßteich; dann, als Kgb
wuchs, verlegten sie sich auf die Hufen
wo in den einstigen Villen der reiche
Leute Kaffeegärten entstanden mit Plaka
ten „Familien können Kaffee brühen"
1900 kostete der Topf heißes Wasser 5 Pf
1933 die Tasse 10 Pf. Strickbeutel un
„Pompadours" der Omas entleerten daz
selbstgebackene Kuchenberge. Wenn ma
fragt, wie da die Wirte noch etwas verdie
nen konnten, so waren es die Seidel-Bier
und Schnäpschen der Familienväter, di
Kuppelgläser Milch und das Selterswasse
der Kinder sowie die Schokoladen- un
Süßigkeitenautomaten, die Verdienst ab
warfen. Die Etablissements sind unter de
Hufen aufgezählt. Besonders erwähnt se
noch Julchenthal, wo um 1902 die erste
Kinofilme von 1—2 Minuten Dauer in de
zur Straße gelegenen großen Holzverand
gezeigt, wo aber auch im Park mit de
schönen Schlucht fröhliche Gartenfest
gefeiert wurden. — Sehr beliebt als Aus
flugsort war das Etablissement Ratsho
sowie das einstige Gut „Neue Bleiche"
unter dem Veilchenberg, wohin sich an
Sonntag besonders die Bevölkerung de
Laak ergoß. 1904 wurde die „Neue Blei
che" von der Stadt für 225 000 Mark ge
kauft und damit endete dieses Idyll de
„sinnigen" 19. Jahrhunderts. — Auch vo
dem Königstor befanden sich viele Eta
blissements, so „Fliedermühle", „Caf
Sprind", „Königshöh" und „Tivoli". In
Sommer gern besucht wurde das Gast
haus „Carolinenhof" am Rennplatz.*

Eulenburg, August Graf zu, * Kbg. 1838
† Berlin 1921. Hausmarschall. 1860/6
Teilnahme an der ostasiatischena Expedi
tion des Grafen Friedr. Eulenburg
1890—1907 Oberhofmarschall des Kai
sers und bis zu seinem Tode Minister de
Königlichen Hauses.

Eulenburg, Botho Heinr. Graf zu, * Kgb
1804, † Berlin 1879. Parlamentspräsident
Nach dem juristischen Staatsexamen über
nahm E. die Wicker Güter. 1835 Landra

des Kreises Friedland. 1843 Dirigent bei der Königsberger Regierung, 1850 Regierungspräsident in Marienwerder. 1855—58 Präsident des pr. Landtages. 1868—78 Präsident des Norddeutschen und Dt. Reichstages. Erst Oberburggraf, dann Landhofmeister in Preußen.

Eulenburg, Friedrich Albrecht Graf zu, * Kbg. 1815, † Berlin 1881. Pr. Minister. Nach dem Studium war E. in der höheren Verwaltung tätig. 1852 trat E. in den diplomatischen Dienst. Er wurde 1859 als Kgl. Gesandter an die Spitze der pr. ostasiatischen Expedition gestellt, um mit China, Japan und Siam die ersten Verträge abzuschließen. 1862 war E. 15 Jahre lang Minister des Inneren unter Bismarck. Sein Hauptwerk ist die Verwaltungsreform in Preußen, in der Verbindung mit der verwaltungsgemäßen Einfügung der 1864 und 1866 angefallenen neuen Provinzen. Er galt als der „Vater der Kreisordnung".

Eulenburg und Hertefeld, Philipp Fürst zu, * Kbg. 1847, † Schloß Liebenberg/Umk. 1921. Diplomat. E. studierte in Leipzig und in Straßburg. 1878 Übertritt zum diplomatischen Dienst. 1888—94 zunächst Gesandter in Oldenburg, Stuttgart und München, dann Botschafter in Wien, scheidet 1902 aus. Ritter des Schwarzen Adlerordens, Fideikommißbesitzer der Herrschaft Liebenberg. Begabt als Dichter und Komponist, wurde er der Freund und Vertraute Wilhelm II., 1906 durch die scharfen Presseangriffe Maximilian Hardens schwer kompromittiert. Nach einem Skandalprozeß wurde E. vom Hof verbannt. Die Vorwürfe gegen E. sind durch Prof. Joh. Haller widerlegt worden.

Ewel, Maria, * Kbg. 1915. Bildhauerin, Tochter des Otto E. Bereits mit 13 Jahren arbeitete sie in der Keramikklasse bei Prof. A. Threyne. Von 1936—39 besuchte sie die Kunstgewerbeschule in Dresden. 1939 zum Kriegsdienst verpflichtet. Sie läßt sich 1946 an der Kunstschule Bremen weiter ausbilden. Seit 1956 beteiligt sich Maria E. am Wiederaufbau und an der Restaurierung historischer Gebäude in Bremen und läßt sich dort als freischaffende Künstlerin nieder. — Die Künstlerin erkrankte 1959 an Gelenkrheumatismus, konnte aber zunächst noch größere Arbeiten gestalten. 1982 schuf sie ihre letzte Plastik, eine Bronze-Tiergruppe. Maria E., die 1985 mit dem Kulturpreis der Landsmannschaft Ostpreußen ausgezeichnet wurde, hat sich in ihrem Schaffen vornehmlich mit Tierplastik und Kinderfiguren befaßt.

Ewel, Otto, * Trutenau/Samld. 1871, † Dresden 1954. Monumentalmaler, Porträtist. — Nach dem Besuch der Königsberger Kunstakademie absolvierte er eine fotografische Ausbildung in Elbing und arbeitete in Ateliers in Berlin, München, Genf und in Leipzig. Seit 1901 weitere Ausbildung in Kbg. unter den Professoren Dettmann, Heinrich Wolff und Olaf Jernburg. — Sein erster Erfolg war ein Bildteppich, der mit der „Goldenen Medaille Dresden" ausgezeichnet und von der Stadt Kbg. angekauft wurde. 1908 eröffnete E. die „Königsberger kunstgewerbliche Lehrwerkstätte Otto Ewel". 1915 malte E. die großartigen Fresken in der Kuppel des Königsberger Krematoriums. Von 1917—1933 wirkte er mit einem Lehrauftrag an der Kunst- und Gewerkschule. — Seine monumentalen Arbeiten waren u. a. Glasmalereien für die Fortbildungsschule, Wandbilder in der Aula des Löbenichtschen Realgymnasiums und im Hufenlyzeum. Seine letzte Arbeit war die Ausschmückung der evangl. Kirche in Frauenburg. E. fertigte auch bedeutende Porträts und etwa 40 stimmungsvolle Aquarelle von Zimmern ostpr. Adelssitze, von Kirchenräumen und von der Wallenrodtschen Bibliothek. Nach 1945 zeigt ein Zyklus von Federzeichnungen über das Grauen des Krieges sein tiefes Ergriffensein von den furchtbaren Ereignissen.

Explosionsunglücke s. Katastrophen.

Eyth-Straße von der Cranzer Allee nach Carolinenhof.

F

Faber, Karl Peter, * Kbg. 1773, † Kbg. 1853. Archivrat, Historiker. Nach dem Studium wurde F. 1795 Geh. Archivar am Geh. Archiv in Kbg. 1808 erster Archivar, F. begann planmäßig wichtige wissenschaftliche Beiträge im „Preußischen Archiv" zu veröffentlichen. Bedeutende Verdienste erwarb sich F. durch die Veröffentlichung der „Briefe Luthers an Herzog Albrecht", 1811. Wichtig sind sein „Taschenbuch für Königsberg", 1829 und „Die Haupt- und Residenzstadt Königsberg", 1841. Seine Verdienste wurden 1837 durch die Doktorwürde h. c. von der philosoph. Fakultät anerkannt.

Falkenheim, Curt, * Cranz 1893, † Rochester 1949. Mediziner. Vater Geh.Med. Rat, Prof. Hugo F. Nach dem Studium wandte sich F. der Kinderheilkunde zu. An der Königsberger Kinderklinik wurde er 1925 Assistent bei Prof. Stöltzner. 1928 habilitierte sich F. für Pädiatrie an der Albertina und wurde Leiter der Kinderkrankenabteilung der städt. Krankenanstalten in Kbg. Im April 1933 mußte er ausscheiden und war dann bis 1936 in Kbg. in freier Praxis als Kinderarzt tätig. F. ging dann als Kinderarzt nach Rochester in den USA. F. erlag einem bösartigen Knochenleiden, posthum in den Rang eines beamteten Professors erhoben.

Falkenheim, Hugo, * Pr. Eylau 1856, † Rochester/New York 1945. Mediziner. Nach dem Studium in Kbg. und Straßburg erhielt F. 1880 die Approbation und 1881 die Doktorwürde in Kbg. 1882 wurde F. Assistent an der Medizin. Klinik in Kbg. F. habilitierte sich 1885 für innere Medizin und wurde 1888 mit der Vertretung der Kinderheilkunde als Lehrfach an der Albertina betraut. 1896 wurde F. zum a. o. Prof. ernannt. Von 1895 — Mai 1935 war er der Leiter der Inneren Abteilung des St. Elisabeth-Krankenhauses. 1915 wurde er Chefarzt des Festungshilfslazaretts VI in Kbg. F. wurde 1921 ordentl. Prof. für Pädiatrie. Schließlich hat er den Vorsitz der immer kleiner werdenden jüdischen Gemeinde geführt. 1941 gelangte er zu seinem Sohn nach Rochester im Staat New York.

Falkson, Ferdinand, * Kbg. 1820, † Kbg. 1900. Liberaler Politiker. F. promovierte 1842 zum Dr. med. Sein Kampf um die Anerkennung von konfessionellen Mischehen erregte Aufsehen in Preußen, zumal er sich schon früh einen Ruf als Vorkämpfer des Liberalismus gemacht hatte. Von 1861—67 war F. Vors. des liberalen Handwerkervereins und auch Stadtverordneter. 1888 erschien sein Buch „Die liberale Bewegung in Königsberg". Weitere Werke: „Tristan und Isolde", 1839; „Goethe und Charlotte Kestner", 1869; „Drei Wochen in Brüsterort", 1874; „Spätsommerfahrten", 1890.

Faltin, Ruth, * Kbg 1906. Malerin. 1930—1939 Kunst- und Gewerkschule sowie Kunstakademie Königsberg, insbesondere bei Professor Partikel als Meisterschülerin. Freischaffende Künstlerin in verschiedenen Techniken. Seit 1951 freischaffend in Hamburg, dann in Wolfsburg. Beteiligung an verschiedenen Ausstellungen. Lebt in Wolfsburg.

Farenheid, Friedrich Reinhold, * Kbg. 1703, † Kbg. 1781. Kaufmann, F. erwarb sich, im Besitz des Salzmonopols, in Königsberg ein bedeutendes Vermögen, das er zum Teil in ländlichen Grundbesitz anlegte. F. wurde 1760 Stadtrat in Königsberg und 1763 pr. Kommerzienrat mit Sitz und Stimme in dem Kommerzkollegium. Das von ihm 1764 gegründete Farenheidsche Armenhaus zeugt von seinem Wohltätigkeitssinn, F. hatte hierfür 50 000 Gulden gestiftet.

Farenheid, Joh. Friedr. Wilh. von, * Kbg. 1747, † Beynuhnen 1834. Gutsbesitzer. Fr. Reinh. F. war sein Vater. — F. war Kriegs- und Domänenrat, der sich ab 1779 seinen Angerappschen Gütern widmete. Die großzügige Stiftung seines Vaters vergrößerte er 1782 durch Schenkung erheblichen Hausbesitzes und 10000 Gulden. — Als erster Großgrundbesitzer Ostpreußens hob er die Erbuntertänigkeit seiner Bauern auf.

Farenheid-Stift, diese Armenanstalt von Fr. Reinh. Farenheid gestiftet, wurde 1768 in Betrieb genommen und im Lauf der fast 200 Jahre mehrfach vergrößert. Es befand sich Farenheid-Straße 33.

Farenheid-Straße am Herzogsacker, parallel der Altroßgärter Prediger-Straße, 1903 nach Fr. Reinh. Farenheid und dessen Sohn benannt.

Farin, wird der Streuzucker allgemein genannt.

Fasanen-Straße in Ponrath, westl. Parallelstraße der Jäger-Straße.

Fayence-Fabriken. 1776 gab es zwei, eine im Besitz des Hofrats Joh. Ludwig Ehrenreich, * 1722, † 1803. Die andere gehörte Paul Heinrich Collin, der 1785 durch die Konkurrenz Ehrenreichs gezwungen wurde, seine Fabrik zu schließen.

Fechter, Gustav & E., Dampferbetrieb, Lizentstr. 4.

Fehdmer, Helene, * 1872 Kbg., † Eibsee/Obb. 1939. Schauspielerin. Nach ihrer Ausbildung in Köln begann sie ihre Schauspielerlaufbahn 1896 am Berliner Lessingtheater und am Wiener Theater in der Josefstadt. Auch in tragischen Rollen hatte sie Erfolg, beispielsweise als Frau John in Hauptmanns „Ratten“ oder Laura in Sudermanns „Schmetterlingsschlacht“. 1904 heiratete sie den Schauspieler Friedrich Kayssler. Ihr noch junger Sohn Christian, ebenfalls Schauspieler, starb 1944 in Berlin.

Fehr's Nachfl., J. H., Komm.Ges., Drogen, Farben, Chemikalien, Steindamm 81/82.

Feldartillerie. Das Feldart.-Regt. 1 wurde 1864 gebildet und in den 90er Jahren nach Gumbinnen verlegt. — Das 1890 aufgestellte Feldart.-Regt. 16 bezog einen Neubau westl. der Haberberger Kirche und kam 1910 in eine neue Kaserne in der Cranzer Allee. — 1899 wurde das Feldart.-Regt. 52 im Haberberger Grund aufgestellt. Beide Regimenter wurden 1919 aufgelöst.

Feldmühle. Papier- und Zellstoffwerke Akt. Ges. Von diesem Unternehmen wurden 1930 die Zellstoffabriken in Kosse und in Liep übernommen. Langjähriger Direktor war Heinrich Lauber.

Fernsprechwesen. Nachdem 1881 in Berlin das erste deutsche Fernsprechnetz mit 94 Teilnehmern eröffnet war, besaß Kbg. 1883 erst 25 Anschlüsse, 1891 bereits 563, 1908 schon 3226 und 1928 sogar 11300. Während 1893 tägl. 6677 Gespräche vermittelt wurden, waren es 1928 bereits 80—90000. Ende der 20er Jahre entstanden folgende Selbstanschlußämter: Amt „Hindenburg“ im Postamt 9 in der Hindenburgstraße, Amt „Pregel“ 1926 im Postamt 6 in der Selkestraße und erst 1930 Amt „Schloßteich“ im Telegrafenamt am Gesecusplatz.

Feste Friedrichsburg. Der Befestigungsgürtel, von 1626 bis 1634 erbaut, wurde 1657 durch die Anlage der Feste Friedrichsburg verstärkt. Sie wurde nach Plänen des Hofmathematikers Christian Otter an Stelle des ersten Lizenthauses an der Südseite des Pregels angelegt. Der Große Kurfürst ließ diese Feste erbauen, um von ihr aus jederzeit den Pregel am Holländer Baum sperren zu können und damit den Königsberger Seehandel abzuschnüren. — Im Zuge der ab 1843 erfolgenden Erneuerung des Festungswalls erhielt um 1850 die Feste an Stelle des Zeughauses von 1796 eine kleine Zitadelle mit 4 Rundtürmen an den Ecken. Nach dem I. Weltkrieg wurden die Anlagen der Feste Friedrichsburg bis auf die Zitadelle eingeebnet, um für die Freiladegleise des Güterbahnhofs Ost Platz zu schaffen.

Festung Königsberg s. Stadtbefestigung.

Festungs-Damm von der Lomse zur Wiesenwall-Straße.

Festungs-Fernsprechkompanie 5. Sie lag in Sprind und hatte dort eine große Funkstation.

Festungs-Kommandantur und Festungs-Museum s. Kommandantur.

Festungs-Maschinengewehrabteilung 1. in der Bastion Grolmann in der Litauer Wallstraße.

Feuersozietät für die Provinz Ostpreußen. Sie entstand 1900 durch Verschmelzung und nahm 1908 auch die Feuersozietät der Ostpr. Landschaft in sich auf. 1907 bezog sie ein neues Gebäude in der Königstraße. Langjähriger Generaldirektor war Georg Schickert, der auch als konservativer Politiker hervortrat. Weitere Generaldirektoren waren Rudolf Meyer und Dr. Albrecht Turetscheck.

Feuerwehr. Die Städt. Berufsfeuerwehr von Kbg. wurde 1858 gegründet, die von Memel schon 1856. Die Königsberger bestand aus Branddirektor Schönbeck, 2 Brandmeistern und 85 Männern. Auch die Feuerwache auf dem Schloßturm gehörte dazu. 1884 bekam die F. die erste Dampfspritze. 1888 löschte sie in 136 Einsatzstunden 81 Brände, 1896 verfügte sie über 72 Feuermelder und in diesem Jahre fand eine Parade vor 9 Branddirektoren dt. Großstädte statt. 1897 gab es 25 Großfeuer (u. a. Flachspeicher am Südbahnhof, Kühlhaus am Schlachthof, Mittelwaage, Krangasse), 13 Mittelfeuer, 65mal blinden Alarm, 12mal Unfug am Melder, 154mal Samariterdienste. 1907 wurden neue Feuerwachen erbaut: Altstadt, Reifenschlägerstr. und Ost in der Yorckstr. 1908 betrugen die Kosten für die Kbger Feuerwehr je Bürger 1,47 Mark. 1912 wurden 12 Groß-, 40 Mittel- und 161 Kleinfeuer gelöscht und 64mal blinder Alarm gegeben. 1920 waren im Feuerlöschwesen 260 Personen tätig. 1929 konnte der Brand in der Lastadie auf 4 Speicher beschränkt werden. 1937 gab es 229 Brände, 45mal blinden Alarm, 57 Unfalleinsätze. Weitere Feuerwachen entstanden: Nord in der Wrangelstr., Süd in der Artilleriestr. und 1902 eine Wache Kaibahnhof für den Spritzendampfer „Bruhns". Nach 1933 wurden 5 neue, motorisierte Löschzüge in Dienst gestellt.*

Fichteplatz, 1902—1922 hieß der spätere Körnerplatz im nördl. Amalienau so; dann erhielt ein Platz in Ponarth den Namen des Philosophen Johann G. Fichte, * 1762, † 1814, der 1791 Kant in Kbg. besucht hat und 1806—07 Prof. in Kbg. gewesen ist.*

Fiebach, Otto, * Ohlau 1851, † Berlin 1937. Komponist. Zunächst Lehrer der Musik an der Präparandenanstalt in Stargard kam F. 1885 nach Königsberg. Dort gründete er das Ostpreußische Konservatorium, wurde Organist an der Altroßgärter Kirche und akademischer Musikdirektor. — 1912 wurde ihm die Bildung eines städt. Orchesters in Verbindung mit der neuen Stadthalle übertragen. F. galt als Meister des strengen Kontrapunktes. Noch mit 85 Jahren war F. geistig frisch, er gehörte zu den bekanntesten Persönlichkeiten Königsbergs. Von seinen Opern gelangten in Dresden zur Aufführung: „Bei frommen Hirten"; „Der Offizier der Königin"; sowie „Robert und Bertram". Ihm sind auch einige Oratorien zu verdanken.

Filitz, Ernst, * Kbg. 1891, † Kbg. 1945. Bildhauer. Zunächst Volksschullehrer besuchte F. seit 1918 die Königsberger Kunst- und Gewerkschule. Ab 1921 war F. Zeichenlehrer am Hufengymnasium und am Löben. Realgymnasium. F. arbeitete auch als Maler. Seine bekanntesten Skulpturen: Hans Sagan-Figur an der Front des Kneiph. Rathauses und die Paracelsusbüste in der Mittelhalle des Anbaus der Albertina.

Finanzämter. Das 1928 von Prof. Lahrs erbaute Landesfinanzamt, die spätere Oberfinanzdirektion, in der alten Pillauer Landstraße. — Die Finanzämter Süd und Nord waren seit 1919 in der Theaterstraße im ehemaligen Hotel „Deutsches Haus". Das Finanzamt Königsberg-Land befand sich seit 1919 im ehemaligen Intendanturgebäude in der Königstraße.

Finck von Finckenstein, Karl Friedr. Graf, * 1743, † Kbg. 1803. Staatsmann. Nach dem Juratstudium wurde F. 1767 Hofgerichtsrat in Kbg. Bereits 1772 wurde er Präsident des Oberhof- und Landesgerichts in Marienwerder. 1784 wurde F. zum Wirkl. Geh. und Etatsminister ernannt und als Chefpräsident der ostpr. Regierung nach Kbg. versetzt. 1785 wurde F. Kanzler, F. war der letzte Träger dieses Titels, der zugleich Etatsminister war.

Fink, Karl, * Kbg. 1883, † Pirna 1966. Gynäkologe. Nach dem Studium war F. seit 1912 Assistenzarzt an der Univ. Frauenklinik, dann praktizierender Frauenarzt. Von 1926—1945 Professor und Chefarzt der Frauenabteilung im Elisabethkrankenhaus. Träger der Hufeland-Medaille. Die letzten Jahre lebte F. in Prina.

Finkenweg in Rothenstein, westlich der Cranzer Alle.

Firmarie. Eine Dienerfamilie für das Personal des Schlosses befand sich seit 1376 an dem späteren Münzplatz.

Fischer, Hans, * Kbg. 1902. Maler, Graphiker. „Hans Fischer ist ein sich stetig wandelnder und doch ein schwerblütiger Ostpreuße" schrieb ein Kritiker über ihn. Seit 1929 freischaffender Künstler konnte er sich nach 1945 in Mülheim/R. eine neue Existenz aufbauen. Sein bedeutendes Bildnis des Daniel Chodowiecki hatte s. Zt. die Altertumsgesellschaft Prussia erworben.

Fischfrauen. Der Ruf der Königsberger Fischfrauen war weit ins Land gedrungen. Die kannte man auch „oberwärts", wie man zu sagen pflegte. Wenn Freunde aus dem „Reich" kamen, um bei einem Bummel durch die Stadt bauliche Schönheiten zu besichtigen, dann gehörte dazu am Ende eines Rundganges der Fischmarkt. Nun muß man wissen, welcher Ausrufe sich die Fischfrauen bedienten und auch, welche Schimpfkanonaden sie loslassen konnten, wenn sie in Rage gerieten. Zum Beispiel, wenn ihnen jemand ihren festen Platz auf dem Fischmarkt streitig machen wollte — und sei es nur um einen halben Meter. Dann gab's ein Donnerwetter, daß die Fischbrücke zitterte. Das Vergnügen an diesem Krach hatten die Passanten. Es konnte passieren, daß eine dieser resoluten Frauen im Laufe solch eines Streites einfach den Fischkasten der Angreiferin umkippte. Dann wurde nach dem Polizisten gerufen, um die Schuldfrage zu klären; der mußte höchst diplomatisch amtieren, sonst entlud sich ein zweites Gewitter über seinem Haupt. Die Fischfrauen standen einander bei, auch wenn sie sich eben noch „ausgeputzt" und vielleicht einen Fischkopf oder einen Schlorr an den Kopf geworfen hatten. Nach einer Schilderung der unvergessenen Marion Lindt vom Neuen Schauspielhaus.

Fischhausen. 1264 tauschte der zweite Bischof vom Samland, Heinr. v. Strittberg, vom Orden gegen das Gebiet bei Lochstädt den Platz im Scheitel der weitgebuchteten Nordküste des Frischen Haffs und nannte ihn Schonewic. Schon um 1267 begann der Bischof hier eine Burg anzulegen, die als bischöfliche Residenz diente. Der Name in Bischosveshusen umgewandelt, lautete seit 1436 abgekürzt Vischhausen. Um 1315 wurde mit dem Bau der Stadtkirche begonnen. Als der letzte Bischof Georg von Polentz zum evgl. Bekenntnis übertrat, verlegte er seinen Sitz nach Schloß Neuhausen. König Gustav Adolf schloß in F. im Oktober 1629 mit Kurfürst Georg Wilhelm einen Waffenstillstand. F. war von 1815 bis 1939 Sitz des Landratsamts Fischhausen. 1939 hatte die Stadt 3900 Einwohner.

Fischhausener Straße in Ratshof.

Fischmarkt, Oberer und Unterer, sie wurden auch Fischbrücken genannt. Am rechten Ufer des nördl. Pregels beiderseits der Schmiedebrücke.

Flach, Karl Hermann, * Kbg. 1929, † Frankfurt/M. 1973. Jurist F. leitete den erfolgreichen Wahlkampf der FDP 1961. Von 1964—71 war F. bei der „Frankfurter Rundschau". Seit 1971 Gen.-Sekretär der

FDP hatte F. entscheidenden Anteil an der Entwicklung dieser Partei im sozialliberalen Sinne.

Fleckkocherin. Auf den Märkten, an Straßenecken, besonders auf der Lastadie, schenkte die Fleckkocherin in kleinen Schalen die verführerisch duftende „Königsberger Fleck" ein. Schon im Morgengrauen umstehen sie die zur Arbeit gehenden Männer, die statt Kaffee diese beliebte Königsberger Spezialität zu sich nahmen. Sie besteht aus zerschnittenen Rinderkuddeln, die in großen Kesseln stundenlang mit Majoran eingekocht und mit Salz, Pfeffer, Essig und Mostrich verzehrt werden, ein leckeres und nahrhaftes Gericht. — Es gab in Königsberg auch beliebte, einfache und bessere Flecklokale, besonders auf dem Unterrollberg Borchert und Reichert, später in den Jahren vor dem Zweiten Weltkrieg noch die „Hütte" auf dem Steindamm. Der Besitzer des „Ältesten Flecklokals" auf dem Rollberg hieß Lauks.

Fleischbänkenstraße, im Mittelalter Thumgasse; hier hatten die kneiphöfischen Fleischer ihre Stände, die das Fleisch aus dem Kötilhof an der Köttelbrücke bezogen. In ihr das Groebensche Stipendienhaus von 1711.

Fliedermühle, sie errichteten die Löbenichter 1643 vor dem sp. Sackheimer Tor.

Fließe, Bäche, die vom Oberteich — drei westlich, einer östl. des Schloßteiches — zum Pregel rannen und unterwegs zahlreiche öffentliche Brunnen und Pumpen speisten. So verlief das „Studentenfließ" längs Nachtigallensteig und Schützenstraße, das „Mühlenfließ" an der Ostseite der 3. Fließstraße über den Königsgarten zur Holzbrücke. Diese Fließe, z. T. in Eichenholzröhren gefaßt, waren 1527 an einigen Stellen zu Schmerlenteichen für des Herzogs Tafel erweitert worden. Diese Teiche versumpften im Laufe der Zeit, so der westl. der Neuroßgärter Kirche zum „Faulen Teich", der durch seinen Gestank die Bewohner der Lavendelgasse belästigte. 1790 zugeschüttet. Ein anderer Teich lag zwischen Tiepolt- und Wrangelstraße und hieß bezeichnend „Schwarzes Meer". Die Fließe, die eine Reihe von Mühlen trieben, wurden 1872 von der Stadt aufgekauft und Anfang der 80er Jahre restlos zugeschüttet. 1903 wurde auch die Katzbach kanalisiert und ihr altes Bett zugeschüttet.

Fließquer-Straße von der 1. zur 2. Fließstraße.

Fließ-Straßen, 1., 2. und 3., 1648—1811. Am Fließ, Fließquerstraße und eine 1885 verschwundene Fließbrückenstraße erhielten ihre Namen von den im 18. und 19. Jh. zugeschütteten Fließen.*

Flinsenwinkel. Es gab deren drei. Der älteste war am Alten Garten, der durch die Wälle von 1626 vom Nassen Garten abgeschnitten war. Diese Sackgasse wurde im Dunkeln gern benutzt. Nach den Häufchen gab der Volksmund den Namen. Der zweite war die Sackgasse südwärts der Gr. Sandgasse; offiz. hieß sie Schlangenwinkel, dann Thomasgasse. Der dritte war an der Friedmannstraße westl. zum Garnisonlazarett; offiz. Kehrwiedergasse.*

Flögel, Konrad Heinrich, * Kbg. 1810, † Kbg. 1875. Schriftsteller, Chronist. Nach dem Besuch der Burgschule trat F. bei der Artillerienbrigade als Offiziersanwärter ein. Schon 1831 wurde er als Halbinvalide entlassen. Bald wurde F. freier Schriftsteller, war auch Lokalredakteur der Hartungschen Zeitung. Ihm ist eine Reihe von Schriften zu verdanken, u. a. ein Fremdenführer durch Kbg., vor allen Dingen aber die „Königsberger Jubelchronik" der Stadt im Jahre 1855.

Flottwell, Coelestin, * Kbg. 1711, † Kbg. 1759. Germanist. Professor an der Albertina. Er gründete auf Gottscheds Veranlassung 1741 die „Deutsche Gesellschaft", die Friedrich II. durch den Zusatz „Kgl." anerkannte. Sie bezweckte die Reinigung der ganz französisierten deutschen Sprache sowie die Pflege dt. Schrifttums und vaterländischer Gesinnung. Bemerkenswert ist der Plan zu einem deutschen Wörterbuch, den er der Gesellschaft vorlegte. 1750 wurde F. zum Rektor der Domschule berufen.

Flottwell-Straße von der Hindenburg- zur Stresemannstraße, benannt 1910 nach Prof. C. Flottwell.

Flughafen Devau. Östlich des Gutes Devau wurde 1798 ein Exerzierplatz, das sogenannte Devauer Feld, errichtet, wo im gleichen Jahr eine Parade vor Friedrich Wilhelm III. und seit 1879—1910 Kaiser-Manöver des I.A.K. stattfanden, erbaute Hans Hopp 1919 den ersten zivilen Flughafen Deutschlands. 1920 kamen zahlreiche Abstimmungsberechtigte „aus dem Reich" nach Devau und wurden von dort in die Abstimmungsgebiete in Südostpreußen befördert. 1922 hatte Devau 819 Fluggäste mit 479404 Flugkilometern. 1923 besuchte Hindenburg den Flugplatz. 1924 wurde der Allgemeinbetrieb eröffnet. 1927: 4109 Fluggäste, 1087507 Flugkilometer. 1930 ankerte das Luftschiff „Graf Zeppelin" in Devau. 1931: ständige Flugrouten 2mal täglich nach Berlin, Danzig, Tilsit und weiter nach Helsinki, Kowno, Riga, Reval u. Moskau: 4394 Fluggäste, 1233540 km. 1934: 27926 Fluggäste, 2255212 km. Erweiterungsbau des Flughafengebäudes. 1939 wurde der Flughafen von 1173 Flugzeugen angeflogen.*

Flunder, ein Plattfisch aus der Familie der Schollen, jedoch kleiner als die Nordsee-Scholle. Ihr Vorkommen ist auf die Küstengewässer der Ostsee, vorwiegend aber auf die Samlandküste beschränkt. — Nur in den Sommermonaten erfolgte der Flundernfang von offenen Booten aus durch sogenannte Fischsäcke, die im Kreis über den Grund gezogen wurden. Die Flundern wurden über Tannenzapfenfeuern geräuchert, noch warm kamen sie im Badeort Cranz durch die Fischfrauen zum Verkauf an die Badegäste und „Eintagsfliegen". Die Räucherflundern waren eine geschätzte Delikatesse.

Flunsch ist der Mund, wenn das Kind eine „Flunsch macht", so „zieht es sein Gesicht" oder verzieht den Mund.

Forstreuter, Kurt, * Weedern/Ragn. 1897, † Göttingen 1979. Archivdirektor. Nach dem Sutdium in Kbg. und in Berlin promovierte F. 1924 zum Dr. phil. und unterzog sich seit 1925 in Berlin einer Ausbildung zum Archivar. Seit 1927 war F. Archivar in Kbg., er lernte das Staatsarchiv noch in seiner zu eng gewordenen Unterkunft im Schloß kennen. 1930 wurde der seit langem nötige Neubau am Hansaring bezogen. — Regional wurde F. für das östl. Ostpreußen zuständig, wozu seine engere Heimat gehörte. F. hatte entscheidenden Anteil an den Ordnungsarbeiten des zentralen Archivbestandes „Etats-Ministerium". — Sein erstes Buch erschien 1931: „Die Memel als Handelsstraße Preußens nach Osten". Es folgten die Verlagsgeschichte „Gräfe und Unzer" 1932, dann seine bedeutende Veröffentlichung „Preußen und Rußland im Mittelalter" 1938. Auch mit der Ordenszeit hat sich F. beschäftigt. So erschien 1951 das gewichtige Werk „Vom Ordensstaat zum Fürstenstaat". — F. war Mitarbeiter in der Historischen Kommission für ost- und westpreußische Landesforschung. — 1946 aus der Gefangenschaft entlassen, begann F. 1947 sich im Geheimen Staatsarchiv in B-Dahlem eine neue Existenz aufzubauen. 1953 wurde er Leiter des Staatl. Archivlagers in Göttingen, das die geretteten Bestände des Staatsarchivs Königsberg betreute; 1962 ging er in Pension. Unter seinen 400 Titeln sei sein Werk „Der Deutsche Orden am Mittelmeer", 1967, genannt.

Forst Kobbelbude nördl. von Zimmerbude. Ein größerer Staatsforst zu dem die Kaporner Heide gehörte.

Forst Warnicken, ein Staatsforst in der Nordwestecke des Samlands.

Fortbildungsschulen. Mehrere derartige Schulen befanden sich seit der Jahrhundertwende in der Neuen Dammgasse. Ihr erster Direktor war Richard Trinte, * 1917. Leiter der kaufm. F. war bis 1933 Rudolf Ritzki, * 1870, † 1958. Durch Angliederung einer Handelsschule und einer höheren Handelsschule baute er sie zu den Köngisberger Handelslehranstalten aus. — Die Errichtung eines eigenen großen Gebäudes für sie wurde 1908 beschlossen, aber erst 1914 kurz vor Kriegsausbruch vollendet. Es lag Korinthendamm 19/Selkestraße 15.

Fort Friedrichsburg s. Feste Friedrichsburg.

Fort Holstein westl. des Schlosses Holstein. Es wurde als Fort VII, Herzog von Holstein, erst 1890 fertiggestellt.

Forts. 1872 wurde der Ausbau zu einer modernen Gürtelfestung befohlen. Da der alte Wallring zu nahe an der Stadt lag und sie gegen Artilleriebeschuß nicht schützen konnte, wurde etwa 5 km vor dem Wall ein 43 km langer Gürtel von Forts um die Stadt gelegt. 12 große Forts und 3 Zwischenwerke wurden von 1872 bis 1884 mit allen Mitteln der Fortifikationstechnik erbaut. Die Forts erhielten 1894 Namen und hießen nördl. des Pregels:

I Stein am Lauther Mühlenteich
II Bronsart bei Mandeln
III König Friedr. Wilh. I., Quednauer Berg
IV Gneisenau, Beydritten
V König Friedr. Wilh. III., Tannenwalde
VI Königin Luise bei Juditten
VII Herzog von Holstein bei Holtstein.

Südl. des Pregels:

VIII König Friedr. Wilh. IV. bei Kalgen
IX Dohna bei Karschau
X Kanitz bei Altenberg
XI Dönhoff bei Seligenfeld
XII Eulenberg bei Neuendorf.

Verstärkt war die Nordfront durch drei Zwischenwerke: Ia Gröben, IIa Barnekow, Va Lehndorff. 1912 wurde der Fortgürtel durch sogenannte Infanteriestützpunkte verstärkt. Der Stützpunkt Palmburg lag am Nordufer des Pregels, die anderen Ludwigswalde, Altenberg, Godrienen und Haffstrom am Südufer. — Alle Befestigungswerke wurden durch eine neu angelegte Ringchaussee miteinander verbunden und waren von ihr durch kurze Stichstraßen zu erreichen. Nach der Anlage der Forts hatte die alte Wallbefestigung keinen militärischen Wert mehr.

Francois, Hermann von, * Luxemburg 1856, † Königs Wusterhausen 1931. Komm. General in Kbg. von 1913 bis 1919. F. führte das I.A.K. bei Beginn des Ersten Weltkrieges von Sieg zu Sieg. 1920 schrieb er „Marneschlacht und Tannenberg".

Frankenbergsches Lyzeum. In der Prinzenstraße lag die Töchterschule von Hermine Lewitz, die von Helene von Frankenberg weitergeführt wurde. 1930 wurde sie in Bismarck-Lyzeum umbenannt und 1931 als Bismarck-Oberlyzeum in die umgebaute Wrangelkaserne auf dem Tragheim verlegt.

Franz, Dr. Walther, * Kbg. 1893, † Münster 1958. Philologe. F. studierte an der Albertina Deutsch und neue Sprachen. Am Ersten Weltkrieg nahm er bis zu einer schweren Verwundung teil. Von 1922—1943 war er Studienrat an der Hindenburg-Oberreaschule, dann Oberstudienrat am Löbenichtschen Realgymnasium. Von seiner Dissertation über Königsberger Straßennamen an, galt seine wissenschaftliche Arbeit der mittelalterlichen Geschichte seiner Vaterstadt. Zu seinen Werken gehören: „Geschichte der Stadt Königsberg", 1934 und seine Plauderei „Vom Blutgericht zu Königsberg".

Franz Neumann-Platz an der Schloßteichseite des Hintertragheims, benannt nach dem Physiker Franz Neumann.

Französisch-reformierte Schule. 1828 wurde sie in eine Privatschule umgewandelt. Ihre Schülerinnen waren vorwiegend „Töchter höherer Stände".

Französische Schulstraße vom Schiefen Berg zum Burgkirchenplatz.

Französische Straße, vom Münzplatz zum Schiefen Berg. Der Name entstand, als sich 350 französische Refugiés auf der Burggasse, einem Damm mit Fußsteig, 1686 ansiedelten. — Später wurde der Name allgemein und 1811 offiziell. 1776 wurde E.T.A. Hoffmann im Haus Nr. 25 geboren. Hier befand sich seit 1922 ein Relief des Dichters von Prof. Stanislaus Cauer.

Französisch-reform. Friedhof an der Südseite der Labiauer Straße.

Französisch-Reformierte Kirche, Königstr. 1733—1736 in länglichem Zehneck nach Plänen Schultheiss v. Unfrieds durch Maurermstr. Bothau und Zimmermstr. Nahtz für die Französischen Refugiés erbaut. Zierlicher Rokokobau, Turm unvollendet. Predigten in französischer Sprache. Ihr Prediger La Canal und Commerzienrat Prin erreichten 1807 in Tilsit von Napoleon eine Ermäßigung der Kriegssteuer von 20 auf 12 Mill. Francs. 1817 wurde in der Kirche jeden 4. Sonntag deutsch gepredigt, ab 1831 nur alle 4 Wochen französisch. 1847 sagte sich Prediger Louis Guillaume Daniel Detroit auf der Kanzel vom Athanasianischen Bekenntnis los, er wurde dafür 1852 abgesetzt. — Sehenswürdigkeiten bis 1944: Leichter, anmutiger Gesamteindruck: quadratischer Mittelraum, umgeben von elliptischen, von Säulen getragenen Nebenschiffen. Kanzel mit Doppelaufgang, Holz 1737, Orgel 1739.*

Frauen in der ostpreußischen Literatur. Erheblichen Anteil haben Königsberger Frauen: Gertrud Möllerin, Fanny Lewald, Josefine Gräfin v. Schwerin, Johanna Ambrosius, Agnes Harder, Charlotte Wüstendörfer, Dora Eleonore Behrend, Adda v. Königsegg, Elisabeth Wolff-Zimmermann, Margarete v. Olfers, Erminia v. Olfers, Agnes Miegel, Katharina Botsky, Frieda Magnus-Unzer, Gertrud Papendick, Margarete Kudnig, Ruth Geede, Tamara Ehlert, Elli Kobbert-Klumbies und Esther Knorr-Anders.

Freiheiten, von der Burg oder den Städten, in deren Gebiet sie liegen, in Verwaltung, Rechtspflege, Kirchen- und Schulangelegenheiten abhängige Siedlungen. Ihre höchste Gerichtsbarkeit war in Königsberg der Oberburggraf, zugleich höchste Instanz für die Zivilgerichtsbarkeit. Vertreter der Kanzler, ausführende Organe die Schloßschützen. Für Kriminalsachen war das Hofhalsgericht zuständig.
Burgfreiheit, nördl. der Burg gelegen, begann in der Junkergasse. Hier wohnten die adligen Beamten, Junker, und die für die Burg arbeitenden Bürger und Handwerker. Die Burgfreiheit erhielt nie ein eigenes Gerichtssiegel und Wappen, da sie zum Sitz der Herrschaft, der Burg, später Schloß gehörte. Hier, bes. in der Burggasse wurden z. Z. des Großen Kurfürsten die Refugiés angesiedelt. Dadurch stieg ihre Bedeutung, so daß nach der Königskrönung die Erhöhung der Burgfreiheit zu einer 4. Stadt Königsbergs, Friedrichstadt, erwogen wurde. Sie scheiterte am Konkurrenzneid der 3 Städte und einer Bestechung des allmächtigen Ministers Graf Wartenberg mit 200 Dukaten, 1809 verzichtete Friedrich Wilhelm III. auf sein Dominialeigentum an der Burgfreiheit zugunsten der Stadt. Die städtischen Freiheiten s. die einzelnen Stadtteile.*

Freilichtmuseum. Das Freiluftmuseum wurde als Heimatmuseum im Tiergarten auf Initiative des Provinzialkonservators in der Freigrabenschlucht erbaut. — Es wurde 1912 als erstes deutsches Freilichtmuseum eingerichtet: mit Windmühle, Backofen, Dorfkirche und Bauernhäusern aller in Ostpreußen vorkommenden Bauformen. 1938 wurde es, da die Raumnot in der Freigrabenschlucht des Tiergartens eine Vergrößerung nicht gestattete, auf dem Hexenberg nördlich von Hohenstein verlegt, wo es noch heute vorhanden ist.*

Freudner, Jobst, † Königsberg vor 1555. Goldschmied. F. kam aus Ulm und wurde 1527 im Kneiphof ansässig. F. machte sich bald als Hofgoldschmied des Herzogs einen Namen, in dessen Auftrag er 1540 — 41 das Albrechtschwert fertigte, das später als Reichsschwert Verwendung fand. Seiner Werkstatt entstammen die beiden Pedellen-Szepter der Albertina, die bis 1945 benutzt wurden. Über seinen Tod ist nichts bekannt.

Frey, Johann Gottfried, * Kbg. 1762, † Kbg. 1831. Bedeutender Kommunialpolitiker. F. studierte Jura an der Albertina. Die Berührung mit Kant und Kraus bestimmt seine Entwicklung. 1791 heiratete er die Berlinerin Karoline Schlee. 1801 wurde er Stadtrat und vertrat den Magistrat im Collegium medicum, im Kriminal- und Schulkollegium. Er setzte sich besonders für die Aufhebung des Zunftzwanges ein. 1805 wurde er in die ostpr. Kriegs- und Domänenkammer berufen, 1806 zum Polizeidirektor ernannt. Ende 1807 forderte ihn Freiherr von Stein auf, Vorschläge für eine allgemeine Reform der Kommunalverfassung auszuarbeiten, und im Juli 1808 übergab er seinen Entwurf Stein, der seit Januar 1808 in seinem Hause auf dem Roßgarten wohnte. Dem Verhältnis von Stadtverordnetenversammlung und Magistrat lag sein Gedanke der Gewaltenteilung zu grunde. Bei der ministeriellen Bearbeitung wurden Freys Vorschläge verändert. Der Selbstverwaltungsgedanke ist in der Wirklichkeit des preuß. Staates ohne Freys Mitwirkung undenkbar. Im Dez. 1808 wurde F. als 2. Direktor in die ostpr. Regierung berufen. Während des Durchmarsches der Franzosen leitete er das Verpflegungs- und Lazarettwesen.

Freyer, Heinz, * Kbg. 1909, gef. in Polen 1939. Maler. Studium an der Kunstakademie Kbg. und Meisterschüler bei Prof. Partikel. Nach Studienreisen ab 1935 freischaffender Künstler. F. malte vorwiegend die ostpr. Landschaft. 1937 Heirat mit der Malerin und Studienrätin Erika Henkel, sie hatten ihr Atelierhaus am Frischen Haff. Frau F.-H. lebt in Gelsenkirchen.

Freymuth, Julius, * Köln 1881, † Nußdorf/Inn 1961. Maler. Studium zuletzt an der Kunstakademie Königsberg. Nach 1918 auf der Kurischen Nehrung später in Rauschen ansässig. Eindrucksvolle, leuchtende Landschaften, einer der bedeutenden Schilderer Masurens. F. war häufig auf den Ausstellungen des Königsberger Kunstvereins vertreten, Ankäufe der Städtischen Kunstsammlungen. Mappenwerke: „Samland" 10 Lithographien, 1923; „Masuren" 32 Zeichnungen, hrsg. von Riesemann und Lintaler, 1927.

Frey-Straße vom Steindamm zur Lavendel-Straße.

Friburgia s. Jüdische Verbindungen.

Friccius, Karl Friedrich, * Stendal 1779, † Berlin 1856. Offizier, Militärschriftsteller. Nach juristischer Ausbildung ging F. zum pr. Militär und nahm als Sec.-Leutnant an der Belagerung von Danzig teil. F. wurde 1808 Rat bei der Regierung in Kbg. Seit April 1813 gehörte er zur ostpr. Landwehr und wurde bald Kommandeur des Königsberger Bataillons im 3. Ostpr. Landwehr-Inf.-Regt. In den Schlachten bei Gr. Beeren und Dennewitz, besonders aber durch die Erstürmung des Grimmaschen Tores zeichnete F. sich aus. 1816 Oberstleutnant, ging F. in den Zivildienst zurück. Neben grundlegenden Arbeiten zum Militärrecht veröffentlichte er zwei militärische Schröt-Werke.

Friccius-Straße, Querstraße zur Schörtten-Straße. 1913 nach K. Friccius benannt.

Frick, Kurt, * Kbg 1884, † Bad Reichenhall 1963. Architekt, Nach dem Besuch der Baugewerkschule siedelte F. in die im Aufbau begriffene Gartenstadt Hellerau über. Er wurde 1915 zum leitenden Bezirksarchitekten für den Aufbau der Städte Stallupönen, Eydtkuhnen und Schirwindt berufen. 1919 ließ sich F. in Kbg.

mit einem Architekturatelier nieder. Seine namhaftesten Bauten: Christuskirche in Ratshof, jüdisches Altersheim, Berthaheim, Schalterhalle an der Bank der Ostpr. Landschaft, Landesbank der Provinz Ostpreußen, Alhambra-Kino, Polizeidirektion in Tilsit, Rathäuser in Labiau und Orteslburg, Kreissparkassen in Labiau und Mohrungen, Jugendherberge in Marienburg. Seit 1933 Direktor der Kunstakademie Königsberg. Seit 1945 freischaffend in Bad Reichenhall.

Frick, Otto, * Kbg. 1877, † Kiel 1963. Architekt. Nach seinem Studium wirkte F. seit 1902 als Lehrer an der Staatsbauschule Nienburg und erhielt bereits 1917 die Professur. Von 1921 bis 1945 leitete er als Bauschuldirektor die Staatsbauschule Kbg. In diesen Jahren haben mehr als 2000 Absolventen die Ingenieurprüfung bestanden. Erst 1946 konnte Prof. F. von der Staatsbauschule Eckernförde pensioniert werden.

Friedenskirche, Königstr. 10. Sie wurde 1913 gebaut und unterstand der Altroßg. Kirche. 1924 wurde sie selbständig. Im Volksmund hieß sie auch Hofkirche, weil sie in einem Garten stand. Langj. Pfarrer war H. Federmann, später Ernst Czygan.

Friedhöfe. Im Mittelalter wurden die Bürger außen an der Kirche und später auf dem Platz um die Kirche, dem Kirchhof beerdigt. 1629 wurde der erste Friedhof der Deutsch-reformierten Gemeinde in der Neuen Sorge, der späteren Königstraße, von Georg Wilhelm gegründet. Alle Friedhöfe sind unter den Kirchengemeinden zu finden. S. auch Gemeindefriedhof.

Friedhof-Straße, von der Labiauer Straße zur Cranzer Allee.

Friedland an der Alle gelegen, wurde 1312 vom Hochmeister Karl Beffart von Trier begründet. Hohes Tor und Fachwerk-Laubenhäuser am Markt aus dem 15. Jh. Dort befand sich eine der schönsten Kirchen der Provinz. Altar und Kanzel wiesen reiches Schnitzwerk auf. — Hier wurde am 14.6.1807 eine folgenschwere Schlacht geschlagen, die den Frieden von Tilsit herbeiführte. 1746 wurde der Vergil-Übersetzer Karl Gottlieb Bock, später Admiralitätsrat in Königsberg, hier geboren. Friedland hatte 1939 4500 Einwohner.

Friedländer, David, * Kbg. 1750, † Berlin 1834. Schriftsteller. F. gehörte zu einem Kreis überzeugter Israeliten. Im Sinne Mendelsohns übersetzte er Teile der Bibel. Er errichtete die Freischule in Berlin, der eine hebräische Druckerei angeschlossen war. F. war der erste jüdische Stadtrat Berlins.

Friedländer, Ludwig, * Kbg. 1824, † Straßburg 1909. Philologe. F. war langjährig der Vertreter der klassischen Philologie in Kbg. 1847 habilitierte er sich an der Albertina für Altphilologie und Archöologie, der er sich besonders widmete. Auch mit der Religion der Griechen befaßte er sich. Von 1858 bis 1892 war er Ordinarius der Eloquenz. Sein Hauptwerk ist die „Kultur- und Sittengeschichte Roms zur Kaiserzeit".

Friedländer Straße in Rosenau, von der Rosenauer Straße zur Domnauer Straße.

Friedländer Torplatz vom Viehmarkt zum Friedländer Tor.

Friedrich-Ebert-Platz nördlich der Schindekop-Straße.

Friedrich-Ebert-Straße von der Oberlaak zur Alten Pillauer Land-Straße.

Friedmann-Straße, bis 1893 3. Sackheimer Wallstraße benannt nach Rosalie Friedmann, geb. Fränkel, 1805—1856, Gattin des Geldmaklers und Stadtrats Isidor Friedmann. Sie hatte große Verdienste um die Königsberger Armen- und Krankenpflege und förderte den Verein für weibliche Armenpflege.*

Friedrich I. von Preußen, * Kbg. 1657, † Berlin 1713. Als Sohn des Gr. Kurfürsten von Brandenburg und der Dorothea von H-Glücksburg wurde F. im Königsberger Schloß geboren. Als Kurfürst Friedrich

III. kam er 1688 an die Regierung, die er weitgehend vom Premierminister ausüben ließ. Bei seiner Huldigung 1690 wurde er von seinen Königsbergern freudig empfangen, 1697 wurde er gar ihr Schützenkönig. Gegen ein Hilfeversprechen im Spanischen Erbfolgekrieg krönte er sich mit Einverständnis des Kaisers Leopold am 18. Januar 1701 in Königsberg zum „König in Preußen". F. förderte Künste und Wissenschaften, wobei er von seiner zweiten Gemahlin, der hannover. Prinzessin Sophie Charlotte unterstützt wurde. U. a. holte er Schlüter an seinen Hof. 1694 gründete er die Universität Halle, 1696 die Akademie der Künste und auf Anregung von Leibnitz 1700 die Akademie der Wissenschaften in Berlin. — Sein Denkmal von Schlüter, 1697, kam 1802 nach Kbg. und wurde gegenüber der Schloßwache in einer Mauernische aufgestellt. Es ist seit 1945 verschollen. Eine Kopie dieses Denkmals steht seit 1979 vor dem Charlottenburger Schloß in Berlin.

Friedrichsburg s. Fort Friedrichsburg.

Friedrichsburg-Straße von der Klapperwiese bis zur Reichs-Straße.

Friedrichskollegium. Der Kurfürstl. Holzkämmerer Theodor Gehr, 1705 gest., gründete 1698 eine pietistische Privatschule, die 1701 zur Königlichen Schule wurde und nun „Collegium Fridericianum" hieß. 1703 wurde der Landhofmeistersaal des Obermarschalls v. Creytzen an der Collegiengasse für 16 000 Gulden erworben. Der Löben. Pastor D. Heinrich Lysius, der 1731 starb, wurde erster Direktor des Friedrichskollegs, das 1732 Kant als Schüler bezog. 1733 wurde ein junger Neger aus der Schule entführt. 1763—1764 war Joh. Gottfr. Herder an der Schule, die 1810 Gymnasium wurde mit Direktor August Gotthold, der 1858 in Königsberg starb. 1813 kämpften 3 Lehrer und 18 Abiturienten als Kriegsfreiwillige, von denen 10 gefallen sind, 3 bereits in Großgörschen. In der Nationalversammlung in der Frankfurter Paulskirche saßen 8 ehemalige Fridericianer: Eduard und Georg Simson, Friedrich Wilh. Schubert, Ludw. Wilh. Graf Dohna-Lauck, Dr. Joh. Aug. Muttray, Gust. v. Salzwedell, Anton v. Wegnern, Joh. Jacoby. 1855 Erweiterungsbau. 1865: 508 Schüler. 1870 waren 2 Lehrer und 9 Abiturienten und Schüler Kriegsfreiwillige, die alle zurückkehrten. 1890 erwarb der Staat das Grundstück des „Gr. Jägerhofs", Jägerhofstr. 6, für den von Baurat Ihne ausgeführten Neubau, der 1893 eingeweiht wurde. 1891 wurde der in Königsberg 1840 geborene und dort 1908 gest. Dr. Georg Bernhard Albrecht Ellendt Direktor der Schule. 1901 hatte das Friedrichskolleg 32 Lehrer und 845 Schüler. Bei Ausbruch des 1. Weltkrieges meldeten sich 20 Lehrer, 7 Probeamtskandidaten und 139 Schüler als Kriegsfreiwillige, denen im Verlaufe des Krieges noch Hunderte folgten. 3 Lehrer und 50 Schüler sind gefallen. 1936 hatte die Schule 18 Lehrer und 304 Schüler. Den 2. Weltkrieg überlebten nur ganz wenige Angehörige der oberen Gymnasialklassen und der jüngeren Lehrkräfte. Bis 1948 wußte man von 160 Gefallenen — die Zahl ist unvollständig. Beim Bombenangriff 1944 wurde das Friedrichskollegium total zerstört — nur die Marmorbüste Direktor Ellendts blieb unbeschädigt. Das Duisburger Landferman-Gymnasium hat die Patenschaft für das Friedrichskollegium übernommen.*

Friedrichsruh, Park in Ponarth, nördl. der Brandenburger Straße.

Friedrichsstadt. Gleich nach der Krönung wandten sich die Bewohner der Schloßfreiheit an den König, um eine Verleihung des Stadtrechts zu erbitten und den Namen Friedrichsstadt vorschlugen. Die städtischen Räte protestierten gegen die Konkurrenz, die ihre Einkommen zu schmälern drohte, mit Erfolg.

Friedrichstein, südöstl. von Kbg., am Pregel, im Besitz der Grafen v. Dönhoff. Das Schloß 1709—14 entworfen von Jean de Bodt, Bauleiter war v. Collas. Graf August Dönhoff, der vorletzte Besitzer, war ein rühriger Förderer der großen Berliner Museen. Ein umfangreiches Archiv enthielt sämtliche Akten der Begüterung seit Jahrhunderten. Den wissenschaftlichen Ertrag enthält die Arbeit von Marion Grfn. Dönhoff „Die Friedrichsteiner Güter von der Ordenszeit bis zur Bauernbefreiung. Königsberg 1936". Ferner „Namen, die keiner mehr nennt", 1962. Seit 1945 als Publizistin tätig, wurde die Gräfin 1972 Herausgeberin der Wochenzeitung „Die Zeit".

Friedrich-Straße von der Rippen-Straße zur Dinter-Straße.

Friedrichswalde nördl. des Hammerwegs, Guts- und Ziegeleibetrieb, Bes. Fam. Charisius.

Friedrichswalder Allee in Juditten.

Friedrich Wilhelm Platz in Amalienau, von der Körte-Allee gekreuzt.

Friese-Straße von der Schleiermacher-Straße zum Wirrgraben. 1931 benannt nach dem Geh. Kriegsrat Karl Fredinand Friese, * Kanthen 1769, † Berlin 1837.

Frischbier, Hermann Karl, * Kbg. 1823, † Kbg. 1891. Pädagoge, Volkskundler, F. bestand 1842 die Prüfung am Lehrerseminar in Kbg. und war seit 1853 an verschiedenen Schulen in Kbg. tätig. Von 1872—1889 war F. Rektor der Altstädt. Mädchenschule. Seine Bedeutung liegt auf volkskundlichem Gebiet. F. war auf das innigste vertraut mit der plattdeutschen Sprache des Volkes und allen seinen Sitten und Gebräuchen. Seine eifrige Sammler- und Forschertätigkeit fand ihren ersten Niederschlag in den „Preußischen Sprichwörtern und volkstümlichen Redensarten", Kbg. 1864. Ihm folgten 1867 „Preußische Volksreime und Volksspiele" und endlich 1883 das große „Preußische Wörterbuch". Seine Aufsätze erschienen in der „Altpr. Monatsschrift". Mit Hilfe zahlreicher Mitarbeiter hat er viel zur Förderung der preuß. Volkskunde beigetragen.

Frischbierweg, Querstraße der Juditter Allee.

Frische Nehrung. Sie trennt das Frische Haff von der Ostsee und zieht sich in einer Länge von 56 km von Stutthof östl. von Danzig in nordöstl. Richtung bis zum Pillauer Tief hin. Im Gegensatz zur Kurischen Nehrung hat die 2—3 km breite F. Nehrung nur einige Sanddünen und ist größtenteils bewaldet. Der einzige Badeort Kahlberg wurde als Tagesausflug von den Königsbergern mit dem Dampfer „Siegfried" besucht.

Frisches Haff, Strandsee vor der ostpr. Küste, 860 qkm groß, 80 km lang und bis 18 km breit, erstreckt sich von Elbing bis Fischhausen und Kbg., wird durch die Frische Nehrung von der Ostsee getrennt, mit der es durch das 380 m breite Neue Tief bei Pillau in Verbindung steht. Es ist 3 bis 5 Meter tief. In das F. H. münden die Nogat, der Elbingfluß, die Passarge, der Frisching und der Pregel.

Frisching, Abfluß des Zehlaubruchs, verläuft südl. des Pregels in westl. Richtung, mündet bei Brandenburg ins Frische Haff. Lauflänge etwa 65 km, bis 7 km von der Mündung aufwärts für kleinere Fahrzeuge schiffbar. Vom Süden kommende Nebenflüsse: die Beisleide und die Pasmar, welche sich kurz vor ihrer Mündung mit dem Stradick vereinigt. Ein besonders schönes Landschaftsbild sind seine Ufer in der Nähe von Tharau.

Fritzener Forst nördl. von Königsberg. Ein größerer Staatsforst beiderseits der Bahnlinie Königsberg-Cranz.

Fritzener Weg, von der Samitter Allee zur Höftmann-Straße in Maraunenhof.

Fritz-Tschierse-Platz s. Gesecus-Platz.

Fuchsberg. Ein Bauerndorf südl. von Löwenhagen mit Station an der Bahnlinie Kbg.—Gerdauen. In früheren Zeiten besaß F. eine Kirche, die in einem Krieg zerstört sein soll; danach gehörte F. zur Kirchengemeinde Borchersdorf. F. hatte einen Mühlenbetrieb und zeitweise ein Sägewerk.

Fuchsberg nördl. von Goldschmiede lag an der Chaussee nach Drugehnen. Hier zweigte eine Chaussee über Gr. Mischen und Nadrau nach Cranz ab. Der Gutsbesitz war im Besitz der Familie von Wittich.

Fuchsberger Allee, vom Nordbahnhof nach Hardershof. 1930 umbenannt in Stresemann-Straße, nach 1933 in General Litzmann-Straße.

Fuchshöfen, ein Gutsbetrieb am neuen Pregel südl. von Waldau, im langjährigen Besitz der Familie von Bassewitz. — Das Gutshaus, von einem unbekannten Baumeister 1685 errichtet, war als zweistöckiger Bau unter einem schlichten Walmdach, ein monumentales Gebäude am Pregelufer. In seinen Proportionen wohlabgewogen, konnte man die sachliche preußische Schlichtheit kaum klassischer verwirklichen. Das Innere des Gutshauses war einzigartig beispielhaft gepflegt und erhalten. Alte Kamine und Kachelöfen mit dem Allianzwappen des Freiherrn v. Fuchs- v. Wylich auf jeder Kachel im Relief, Gobelins mit Jagd- und Trinkszenen als Geschenke des Großen Kurfürsten, sowie lebensgroße Bildnisse des Gr. Kurfürsten und seiner Angehörigen. — Die frühere Ausmalung eines oberen Zimmers stand unter Denkmalschutz.

Fuehrer, Erna, * Kbg. 1898, † Braunschweig 1981. Medizinerin. Erna F., geborene Grenz, fühlte sich zum Arztberuf hingezogen. Sie holte das Abitur nach und studierte in ihrer Heimatstadt Medizin. Eine gewissenhafte Ausbildung vermittelten ihr die Professoren Böttner und von Mikulicz-Radecki. Nach der Promotion ließ sie sich dann als praktische Ärztin in Kbg. nieder. Unter der sowjetischen Herrschaft setzte sie sich unermüdlich für die kranken Landsleute ein und arbeitete unter den schwierigsten Bedingungen in dem zerstrümmerten Krankenhaus Barmherzigkeit. Ihre aufopfernde Fürsorge und ihr gutes Herz trugen ihr den liebevollen Namen „Engel von Königsberg“ ein. 1948 verließ sie als letzte deutsche Ärztin Königsberg. — 1950 eröffnete sie in Braunschweig eine Allgemeinpraxis, die sie in vorbildlicher Weise führte. 1954 wurde Dr. Erna Fuehrer als erste Ärztin Braunschweigs mit dem Bundesverdienstkreuz ausgezeichnet. Vielen Königsbergern bleibt sie unvergessen.

Fuhg, Georg, * Mehlsack 1898, † Neumünster 1976. Bildhauer. 1919 bestand F. die Volksschullehrerprüfung. Aber von 1922 bis 1925 ging er als Schüler Prof. Brachert auf die Kunst- und Gewerkschule Kbg. Als freier Künstler stellte F. in Kbg. st. 1927 Porträts und Plastiken aus. In Kbg. hat F. geschaffen: den Reiter für Angerburg, die Kanoniere für den Stadtwald Lötzen, die Verewigung des Philosophen G. Hamann sowie viele Werke an öffentlichen Gebäuden und Plätzen, seine Darstellungen in Stein und Bronze. Sein bekanntestes Werk war Walther von der Vogelweide, Sitzgestalt im Königsberger Tiergarten. — Auch nach 1945 hat der unermüdlich schaffende Georg Fugh die Ostpreußen mit wertvollen Werken erfreut. So die lebensgroße Bronze des Trakehners „Hessenstein“ in Pyrmont, eine Büste von Agnes Miegel, eine Kant-Büste und eine Coppernicus-Büste. — 1964 wurde F. mit dem Kulturpreis der Landsmannschaft Ostpreußen ausgezeichnet.

Funck, Johannes, * Nürnberg 1518, † Kbg 1566. Ev. Theologe. F. wurde 1549 Hofprediger und gewann das volle Vertrauen Hzg. Albrechts. Schon 1551 legte F. ein osiandrisch gefärbtes Glaubensbekenntnis ab. Er wurde 1556 auf der Riesenburger Synode gezwungen, seine „Irrlehren“ zu widerrufen. Mit Hilfe polnischer Kommissare erreichten es seine Feinde, daß er und die Räte Horst und Schnell 1566 nach einem Verfahren vor dem kneiphöfischen Gericht hingerichtet wurden.

Fünfstück, Otto, * Memel 1857, † Juditten 1928. Ev. Theologe. Nach dem Studium wurden F. 1883 Pfarrer in Grünheide/Ostpr. F. erhielt 1893 die Pfarre in Juditten. Hier wohnte er im Gottschedschen Pfarrhaus, bis 1923 blieb F. der beliebte Seelsorger an der Juditter Ordenskirche. Langsam entwickelte sich Juditten zum Vorort Königsbergs, an die Stelle der kleinen Besitzer traten Kaufleute, Beamte und auch Villenbesitzer. Nach seinem Tode wurde F. unter großer Anteilnahme seiner Juditter neben der 118 Jahre alten Luiseneiche beigesetzt. — Der frühere Kirchensteig wurde seit 1925 Fünfstückweg genannt.

Funkerweg in der Siedlung Rothenstein.

Funkturm, der Ostmarken-Rundfunksender, 80 m hohe Gittermasten aus Hickoryholz, um 1928 an der Alten Pillauer Landstraße erbaut. Eine weitere Funkstation an der Stresemannstraße.*

Fürst, Max, * Kbg. 1905, † Stuttgart 1978. Schriftsteller, Kunsttischler. Nach seiner Ausbildung lebte F. in Berlin, jedoch fühlte er sich seiner ostpr. Heimat sehr verbunden. Bis in die letzten Jahre hinein war er handwerklich tätig. Sein erstes Buch „Gefillte Fisch" schildert seine Jugendjahre in Königsberg. F. hat ein Beispiel gegeben, was es in dieser dem Menschen wenig zuträglichen Zeit bedeutet, ein Mensch zu sein.

Fürstenschlucht nordwestl. von Amalienau. Ein romantisches Tal des Ratshöfer Freigrabens, an dessen Nordostecke das Gasthaus Fürstenteich lag.

Fürstenteich, nördl. der Fürstenschlucht. Hier mündet der vom Philippsteich laufende Landgraben. Sein Unterlauf wurde 1894 trockengelegt, als eine Rohrleitung vom Fürstenteich nach dem Wasserwerk Hardershof gelegt wurde. Weiterhin diente der Fürstenteich der Stadt als Wasserreservoir.

Füsilierweg in der Siedlung Rothenstein.

Fußartillerie-Regiment 1. Es wurde 1864 aufgestellt und hatte vor dem Brandenburger und Friedländer Tor sein Domizil. 1888 erhielt es den Ehrennamen von Linger nach dem verdienten General Christian von Linger. 1917 konnte die Ersatzformation einen neuen Kasernen-Bereich in der Berliner Straße beziehen. Das Regiment wurde 1919 aufgelöst.

G

Gädeke, Heinrich Konrad, * Königsberg 1843, † Königsberg 1912. Bankier. Gädeke übernahm mit seinem Bruder Heinrich Robert das vom Vater ererbte Bankhaus. Zusammen mit größeren Holzhändlern gründeten sie 1900 die Königsberger Zellstoffabrik. Gädeke war Konsul der USA. Nach seinem Tode ging das Bankhaus Johann Konrad Jacobi 1890, ein.

Gaerte, Wilhelm Otto, * Eydtkuhnen 1890 † Hannover 1958. Prähistoriker. Nach dem Studium promovierte Gaerte 1914 zum Dr. phil. 1925 wurde ihm nach kurzer Studienassessortätigkeit die Leitung des Prussia-Museums im Königsberger Schloß übertragen. Gaerte erweiterte das Museum erheblich und gliederte es in mehrere Abteilungen. Er verfaßte mehrere Schriften über die Vorgeschichte Ostpreußens.

Gaffken, an der Bahnlinie Fischhausen-Palmnicken. Hier zweigte die Fischhausener Kreisbahn nach Thierenberg ab. Das Gut war im Besitz der Familie Wien. Der Nobelpreisträger Professor Wilhelm Wien wurde hier geboren.

Gallandi, Johann, * Paterswalde/Opr. 1843, † Königsberg 1918. Bedeutender Genealoge. An den Feldzügen 1866 und 1870 nahm er beim 1. Ostpr. Grenadier-Regt. teil und wurde ausgezeichnet. 1889 nahm er als Oberstleutnant seinen Abschied. Seit seiner Schülerzeit sammelte er Wappen und Stammtafeln des ostpr. Adels. Die von ihm mit der Hand gemalten Adelswappen Ostpreußens reichen von etwa 1500 bis zur Gegenwart. Seine genealogischen Aufzeichnungen und Stammtafeln sind sehr zuverlässig und genau. Außerdem veröffentlichte er eine dreibändige Geschichte seines Regiments.

Galtgarben. Der nördliche Teil des Samlands ist Hügelland, dessen Mittelpunkt der Galtgarben mit 111 m die höchste Erhebung ist. Trotz seiner geringen Höhe ist der Galtgarben weit sichtbar. Umwallungen bezeugen, daß er in vergangener Zeit Verteidigungsanlagen hatte. Auch einer der ersten Bischöfe ließ eine Fliehburg errichten. — Hier befand sich seit 1818 ein Denkmal, das ein Landwehrkreuz krönte und mit dem Namen Scharnhorst, Yorck und Gneisenau an die große Zeit von 1813 bis 1815 erinnerte. Ganz in der Nähe befand sich das Grab des 1820 verstorbenen Kriegs- und Domänenrats Johann Georg Scheffner. — Die letzte Erinnerungsfeier an die Waterloo-Schlacht war am 18. Juni 1847. — Im Sommer 1906 weihten Studenten den über 20 m hohen Bismarckturm auf dem Galtgarben ein. — Zur jährlichen Sonnenwendfeier fuhr Stadt und Land auf den Galtgarben, teils mit der Samlandbahn, teils auf Leiterwagen. Abends sammelte man sich. Alle, die Studenten mit Fackeln, zogen hinauf zum Bismarckturm, wo ein Flammenstoß aufgebaut war. Gesungen wurde „Flamme empor", verfaßt von einem Rheinländer.

Garnison-Kirchen. Nach 1670 ließ Oberst Johann von Hille, Kommandant der Feste Friedrichsburg, in ihr eine Kirche, die erste Garnisonkirche in Königsburg errichten. — Als solche bestand sie bis 1816. Als Kirche bestand sie bis 1859, wurde aber erst 1892 abgebrochen. — Nach einem Vorschlag des Herzogs Friedrich Wilhelm von Holstein-Beck von 1731 sollte auf dem Ostteil des Paradeplatzes eine Garnisonkirche für 3 Regimenter errichtet werden, da die kleine Kirche in der Feste Friedrichsburg nicht mehr für die Königsberger Truppen ausreichte. Um die Garnisonkirche auf feuchtem Grund errichten zu können, wurde der Bau sehr kostspielig. Aus Mangel an Geldmitteln wurde der Bau 1736 eingestellt. Auf seinen Fundamenten wurde 1806 mit dem Bau des Stadttheaters begonnen. — Erst 1816 erreichten die Militärbehörden, daß ihnen die Schloßkirche als Garnisonkirche eingeräumt wurde.

Garnison-Lazarette, s. Standort-Lazarette.

Gärten und Parks. Der älteste Königsberger Park war der westlich des Schloßteichs gelegene Paradeplatz, einst herzoglicher Lustgarten. Der Volkspark entstand zwischen den Wällen von 1626 und den neuen am Ausfalltor. 1875 Gründung des Kesselschen Verschönerungsvereins, der Anlagen schuf und Bänke aufstellte; 1901 übernahm das Städt. Park- und Gartenamt diese Arbeit. 1905 wurde durch Garteninspektor Kaeber eine Stadtgärtnerei im nördlichen Maraunenhof angelegt und der Kleistpark in Kalthof erworben. 1906 Anlage der ersten Schloßteichanlagen auf Pfahlrosten. 1907 entstanden — nach dem Bau von zwei Stützmauern — die Grünanlagen mit Promenade entlang der Südfront des Schlosses. 1908 hatte Königsberg 818 265 qm Parks und Promenaden, 195 000 qm Glacisanlagen, 201 500 qm Anlagen am Hammerteich, Fürstenteich und Landgraben, 50 000 im Tiergarten sowie 228 700 qm Garten-, Spiel- und Schmuckplätze; 1909 gab es in Königsberg 13 916 Straßenbäume.
1910 entstand der Max-Aschmann-Park als Stiftung in Maraunenhof. 1910 bis 1911 wurden die ersten Oberteichanlagen geschaffen. 1913 wurden die Hufenfreigraben-Schlucht und die 22 ha große Stadtgärtnerei öffentlicht freigegeben. Kaiser Wilhelm II. überließ 1914 das Krongut Luisenwahl der Stadt. — 1919

berief OB. Lohmeyer Gartenbaudirektor Schneider nach Königsberg. Durch ihn wurde die Stadt von 1920 bis 1930 die „Stadt im Grünen": Obere Freigrabenschlucht, Fürstenteichschlucht, Rosengarten in Maraunenhof und kilometerlange Anlagen an den Wällen, am Friedländer Tor, am Kupferteich, im Volkspark und am Oberteich. Auch der ehemalige dt.-reform. Friedhof, 1891 von der Stadt erworben wurde zum Park umgestaltet. So betrug 1928 die Gesamtfläche aller städt. Grünanlagen 6 303 700 qm. 1931 konnte die Julchentalpromenade von der Hufenallee nach Luisenwahl durchgeführt werden. Schließlich konnte 1937 die nordwestl. Schloßteichpromenade fertiggestellt werden; hierdurch wurde der Promenadenrundgang um den — einst so beliebten — Schloßteich in einer Länge von mehr als 2 km vollendet.*

Gasanstalt. 1852 wurde die „Gasbeleuchtungsanstalt" am Zuggraben in der Vorstadt in Betrieb genommen, die ersten 725 Gaslaternen brannten in den Straßen; auch Privatflammen wurden bestellt. 1853 expolodierte ein Gasometer. Seit 1866 wurde die Gasanstalt von zwei Ingenieuren geleitet, die einer städt. Kommission unterstanden. 1868 betrug die Zahl der Gaslaternen 1 136, der private Gesamtanschluß 22 988 m. 1886 betrug der durchschnittliche Tagesverbrauch an Gas 13 655 cbm. 1894 wurden 18 608 t Steinkohle verbrannt, aus denen 5 563 912 cbm Gas gewonnen wurde. 1896: 1 898 Gaslaternen. — Die 1900 erbaute Gasanstalt am Holsteiner Damm in Kosse wurde 1902 in Betrieb genommen, Erbauer war Stadtbaurat Dr. Krieger. 1907 betrug der Gasverbrauch 18 Mill. cbm, der Gaspreis 16 Pf je cbm; es gab 5 035 Gaslaternen. 1921 dagegen hatte Königsberg nur 4 708 Gaslaternen, aber 46 760 Gasmesser. — 1922 ging die Gasanstalt in die KWS über. 1931 hatte Königsberg 4 900 Gaslaternen. 1937: Nutzbare Abgabe 37 Mill. cbm Gas.*

Gasthöfe. Der berühmteste Gasthof war von 1804 — 1914 das „Deutsche Haus" in der Kehrwieder-, der späteren Theaterstraße. Einst Eulenburgsches, dann Loyalsches Haus, dann war hier die erste Synagoge, später ein Postamt, dann das Hotel de Paris, ein Gasthof erster Klasse. Ab August 1914 Festungshilfslazarett, seit 1919 Finanzamt Nord und Süd. — Aus dem Café National am Königsgarten wurde das Hotel du Nord, später Steindamm 117, und Ende des 19. Jh. die Oberzolldirektion. — Um 1900 gab es ferner das vornehme Hotel de Prusse an der Stelle der späteren Stadtbank und das British Hotel am Schiefen Berg, später Mellins Hotel. — Aus alter Zeit sei noch der Palmbaum in der Krummen Grube um 1592 erwähnt, einst Fürstenherberge, später in der Vorstadt; im 18. Jahrhundert vornehmster Gasthof der Stadt. S. Hotels.*

Gaststätten. S. Cafés, Gasthöfe, Hotels, Kneipen, Konditoreien, Restaurants und Weinstuben.

gaunerig, auf seinen Vorteil bedacht sein.

Gause, Alfred, * Königsberg 1896, † Bonn 1967. Generalleutnant. Gause trat 1914 als Fahnenjunker in das Pionier-Bataillon 18 in Königsberg ein. Während des I. Weltkrieges stand er als Pionieroffizier an der Westfront. Gause wurde als Oberleutnant in die Reichswehr übernommen. Nach kurzer Verwendung im 1. (Pr.) Pionier-Bataillon war seine weitere Laufbahn die des Generalstabsoffiziers, u. a. bei dem V. AK in Stuttgart. 1937 wurde Gause als stellvertretender Chef des Stabes in das Wehrmachtsamt nach Berlin berufen. 1939 wurde Oberst Gause Generalstabschef des X. AK. 1941 wurde Gause deutscher Verbindungsoffizier beim italienischen Oberkommando in Nordafrika, bald erfolgte seine Ernennung zum Generalstabschef der Panzergruppe Afrika. Die Zusammenarbeit mit seinem OB Feldmarschall Rommel war glücklich und dauerhaft. Dank seiner kühnen und umsichtigen Operation erhielt Gause am 13. 12. 1941 das Ritterkreuz. Gause blieb erster Gehilfe Rommels, als dieser den Oberbefehl über die Heeresgruppe B in Norditalien und in gleicher Stellung beauftragt wurde, an der Westfront die Abwehr der erwarteten Invasion vorzubereiten. Nach deren Beginn wurde er Generalstabschef der Panzergruppe West und anschließend der 6. Panzer-Armee. Am 1. 4. 1945 wurde Gause mit der Führung des II. AK im Kurlandkessel betraut. — Gause konnte aus sowjetischer Gefangenschaft erst 1955 nach Deutschland zurückkehren. Dann arbeitete Gause einige Zeit in der kriegsgeschichtlichen Studiengruppe des Generals Halder und veröffentlichte eine Darstellung des Feldzuges 1941/43 in Nordafrika.

Gause, Fritz, * Königsberg 1893, † Essen 1973. Nach dem Besuch des Friedrichskollegs studierte Gause an der Albertina Geschichte und Germanistik. Im 1. Weltkrieg war er als Kriegsfreiwilliger bei der Feldartillerie im Fronteinsatz. 1921 promovierte Gause zum Dr. phil., und 1922 wurde er Studienrat am Goethe-Oberlyzeum. 1938 übertrug ihm die Stadt die Leitung des Stadtarchivs und die Direktion des Stadtgeschichtlichen Museums. Beide Posten behielt er bis 1945. Bei Kriegsende geriet er in polnische Gefangenschaft, aus der er 1947 entlassen wurde. Gause unterrichtete an einem Mädchenlyzeum in Essen, bis er 1959 als Oberstudienrat pensioniert wurde. Zu seinen zahlreichen historischen Arbeiten gehören: „Deutsch-slawische Schicksalsgemeinschaft“ und als Werk von herausragender Bedeutung „Die Geschichte der Stadt Königsberg“. Gause wurde von der Landesregierung Nordrhein-Westfalen 1972 der Professoren-Titel verliehen. Während seiner Amtszeit als Stadtvorsitzender wurde am 20. Oktober 1968 das Haus Königsberg in Duisburg eingeweiht.

Gayl, Wilhelm, * Königsberg 1879, † Potsdam 1945. Deutscher Reichs- und Preußischer Staatskommissar für das Abstimmungsgebiet Allenstein im Jahre 1920. — Ehrenbürger der Königsberger Albertina. — Gayl hatte bereits 1910 nach dem Jurastudium in Berlin, Göttingen und Bonn die Leitung der Ostpreußischen Landgesellschaft übernommen. An den Friedensverhandlungen nach dem Ersten Weltkrieg nahm er als Gutachter der Provinz Ostpreußen teil. Mit der Durchführung der Volksabstimmung 1920 gewann er Respekt bei der Alliierten Kommission. Nach 1921 vertrat Gayl die Provinz im Reichsrat und im Preußischen Staatsrat. Später war er Mitglied der Deutschnationalen Volkspartei und Reichsinnenminister im Kabinett von Papen, das 1932 zurücktrat. Gayl schied aus der Ostpr. Landgesellschaft aus und widmete sich ganz seinen publizistischen Arbeiten.

Gebauhr, Carl J., * Haffstrom 1809, † Königsberg 1881. Fabrikant. Gebauhr lernte bei einem dt. Klavierbauer in Moskau und eröffnete zw. Lobeck- und Rippenstraße eine Klavierfabrik, deren vorzügliche Klaviere in alle Erdteile ausgeführt wurden. Gebauhr wurde Komm. Rat, war Stadtverordneter und erwarb die Güter Willkühnen und Alexwangen. Fabrik sowie Schneidemühle führte sein Sohn Carl Julius Gebauhr weiter. Gebauhr d. J. machte sich um das Musikleben seiner Vaterstadt verdient durch Gründung des Konservatoriums für Musik. Zum Bau der Stadthalle stiftete er erhebliche finanzielle Mittel, so daß ein Saal nach ihm benannt wurde, in dem seine Erzbüste von seinem Sohn, Dr. med. Georg G. aufgestellt wurde.

Gebauhrstraße, fr. Sackh. Hinterstraße, 1932 benannt nach dem Besitzer C. J. Gebauhr, der hier gelegenen Sägemühle „Prinz von Preußen“, die als eine der ersten Fabriken Königsbergs eine Dampfmaschine hatte.

Gebser, August Rudolf, * Tauhardt/-Sachs. 1801, † Glaucha 1874. Theologe. Nach dem Studium wurde Gebser Lic. theol. und 1826 ao. Professor in Jena. 1829 ao. Professor in Königsberg sowie Domprediger und Superintendent. Gebser hat wichtige Schriften zur Kirchengeschichte Ostpreußens veröffentlicht: 1835 Geschichte der Domkirche zu Königsberg und des Bistums Samland. 1834: Brismann, Concio sacra und 1844 Brismann, Epistolae.

Gedenksteine und Gedenktafeln: Albrecht, Herzog, steinerne Gedenktafel an der Hofseite der Alten Universität. **Dach, Simon,** Tafel von Bildhauer Threyne, Magisterstr. 28. **Eichendorff, Jos. v.,** Tafel am Institutsgebäude, Lange Reihe 4. **Dinter,** Friedr. Gustav, Tuchmacherstr. 19. **Frey, Gottfried,** Vorderroßgarten 50. **Gesecus, Joh. Heinr.,** am Postgebäude Gesecusplatz. **Goßler, Dr. Gustav von,** Königstr. 79. **Götz, Hermann,** Löben. Oberberg-Ecke Kollegienstraße. **Hamann, Johann Georg,** Tafel des Bildhauers Georg Fugh, Hamannstraße 1. **Hensche, August Wilhelm,** Henschestr. 16. **Hindenburg, Paul von,** st. 1924, Königstr. 82. **Hoffmann, E. T. A.,** Tafel von Professor Cauer, Französ. Straße 25. **Herder, Johann Gottfried,** Mitteltragheim 12. **Kant, Immanuel,** Tafel st. 1893, Kantstr. 2, und seit 1924 Krumme Grube 2. **Kleist, Heinrich von,** Tafel seit. 1914 von Professor Cauer, Löben, Langgasse 12. **Landwehrkreuz** von 1813, Landhofmeisterstr. 16/18. **Luther, Johannes,** Gedenkstein st. 1859 auf dem Kaiser-Wilhelm-Platz. **Morgenbesser, Ernst G.,** Kollegienstr. 1. **Neumann, Franz,** Äußere südl. Wandelhalle der Albertina. **Nicolai, Otto,** Steindamm gegenüber der Steindammer Kirche. **Rhesa, Professor Ludwig,** Rhesastraße 21. **Rosenkranz, Karl,** Gedenkstein auf dem Ehrenfriedhof an der Sternwarte. **Rupp, Julius,** Gedenkstein mit Relief von Käthe Kollwitz, Pauperhausplatz 5. **Schön, Theod. von,** Regierung Schönstr. 3. **Schroetter, Karl Frhr. von,** Königstr. 61. **Simson, Eduard von,** Brodbänkenstr. 25. **Verunglückte bei der Rothensteiner Explosion,** Gedenkstein von Cauer und Lahrs seit 1921 auf dem Gemeindefriedhof. **Voigdt, Dr. Carl F.,** Sackh. Kirchenstr. 18. **Wagner, Dr. med. Karl E.,** Wagnerstr. 38. **Wagner, Richard,** Tafel von Bildhauer Rosenberg, Steindamm 111. **Wegnern, Ludwig von,** Königstr. 56. **Werner, Zacharias,** Tafel von Professor Brachert, Altst. Markt 15. **Wichert, Ernst,** Gedenkstein seit 1931 an der südöstl. Schloßteich-Promenade.

Geede, Ruth, * Königsberg 1916. Schon in jungen Jahren 1. und 2. Preis im Damenwettbewerb der Niederpr. Bühne; Mundart-Preis der Stadt Königsberg. Veröffentlichungen: „De Levensstruusz“, „Die Pflugschaar“, „Ohm Willem“, „Die Magd Katrin“ und „Die Nehrungsleute“; Kinderbücher und -Kalender. Ruth Geede lebt als freie Schriftstellerin in Hamburg.

Gefallenen-Denkmäler: Kriegerdenkmäler für die Gefallenen von 1870/71 im Volksgarten, nach dem Entwurf des Stadtbaurats Krüger. **Kriegerdenkmal des Grenadier Regiments 1,** vor der Kaserne Herzogsacker. **Ehrenmal der Feldartilleristen 1922,** auf dem Hof der Art.-Kaserne Cranzer Allee. **Gefallenen-Denkmal des Fuß-Artl. Rgts. 1,** von Professor Lahrs, 1924 am Brandenburger Tor. **Gefallenen-Denkmal der Wrangel-Kürassiere,** von Professor Cauer, 1924 enthüllt. Ecke Wrangelstraße und Wallring. **Marine-Ehrenmal,** an der Alten Pillauer Landstraße. **Mahnmal „Für uns“** für die Gefallenen des Ersten Weltkrieges, von Professor St. Cauer, ausgehauen von Paul Kimritz. Eingeweiht 1931 am Steind. Kirchenplatz. **Schreitender Jüngling** für die Gefallenen des DHV, enthüllt 1932 am Hansaring. Es gab weitere Gefallenen-Denkmäler.

Gehlhaar, Fritz, * Kbg. 1892, † Kbg. 1929. Musiklehrer, Organist. Teilnahme am Ersten Weltkrieg bis zu einer schweren Verwundung. 1920 Lehrer am Altstädt. Gymnasium, 1923 Chordirigenten- und Gesanglehrerprüfung. G. wird 1923 Oberschulmusiklehrer sowie Organist und Chorleiter an der Löben. Kirche. G. starb an den Folgen seiner Kriegsverwundung.

Gehlhaar, Karl, Baumschulen seit 1917, Juditter Allee 18/22.

Gehlhaar, Kurt, Konditorei und Café, 1912 eröffnet. Bereits 1931 konnte G. sein Unternehmen durch einen Neubau Kantstraße 11/11a erheblich erweitern. Hier befanden sich die individuell ausgestatteten Café-Stuben, zu denen ein alttürkischer Mokka-Salon gehörte. So hatte das renommierte Café stets einen guten Besuch. Spezialität waren die „Turmspitzen". Bald entwickelte sich G. zur größten Marzipan- und Konfitürenfabrik Königsbergs, deren Erzeugnisse bereits Anfang der 30er Jahre in der Weihnachtszeit weltweit versandt wurden. Beim Einmarsch der Russen in Königsberg kamen Kurt Gehlhaar und seine treue Gefährtin ums Leben. — Das Haus Gehlhaar wird seit 1957 in Wiesbaden von Werner G., dem Sohn des Gründers, weitergeführt. Auch heute noch geht Königsberger Marzipan in alle Welt.

Gehr, Theodor, * Christburg 1663, † Kbg. 1705. Pädagoge. G. besuchte die Löben. Schule und studierte an der Albertina Theologie, seit 1684 die Rechte. Bereits 1689 wurde G. kurfürstl. Holzkämmerer in Königsberg. Er trat 1693 mit Spener, 1697 mit den Hallischen Pietisten in Beziehung und beschloß in Königsberg etwas den Franckeschen Stiftungen Ähnliches zu begründen. G. errichtete 1698 eine Hausschule mit Lateinunterricht und 1699 die erste Armenschule, die für die Entwicklung des Volksunterrichts bedeutungsvoll wurde. Trotz vielfältiger Angriffe gegen die „Pietistenschule" ließ G. sich von seinem Vorhaben nicht abbringen. Als Direktor wurde ihm von den Halleschen Freunden H. Lysius zugewiesen. 1703 kaufte G. das Grundstück am Kollegienplatz.

Gehrmann, Hanns, * Kbg. 1886, † Berlin 1944. Pädagoge. G. promovierte 1916 mit dem Thema „Die Städte und Freiheiten von Königsberg 1806", die auch als Veröffentlichung erschien. 1925 Studienrat und 1936 OStD an der Ulrich-von-Hutten-Schule in B-Lichtenrade. Bei einem Bombenangriff kam G. mit seiner Frau in B-Charlottenburg ums Leben.

Gelber Turm. Die nördl. Altstadtmauern reichten vom Danzker des Schlosses bis zum Steindammschen Tor. Der zweite Turm war jener, der zu unserer Zeit „Gelber Turm" genannt wurde. Seine Geschichte im 19. Jahrhundert: 1796 schlug Stadtrat Neumann vor, den nutzlosen Turm abzubrechen. Stadtbaumeister Bleeck stellte 1797 in einem Gutachten fest, daß beim Abbruch nichts zu gewinnen sei. So kam es zum Magistratsbeschluß, der „Wüste Turm müsse im status quo verbleiben". 1800 zeigte Stadtrat Hampus dem Magistrat an, daß wegen des drohenden Einsturzes des benachbarten „Diebsturmes" die acht Gefangenen in den Wüsten Turm überführt worden seien, dieser sich aber nicht als Gefängnis eigne. Daraufhin wurden Diebsturm und Mauer bis auf einen Rest am Gelben Turm abgebrochen; dieser aber blieb erhalten. Bäckermeister Werner kaufte 1812 den Turm für 100 Taler und setzte ihm das Hausdach auf. 1864 kaufte Hermann Kadach den Turm und brachte eine riesige schwefelgelbe Reklame auf ihm an. Diese Farbverschandelung gab ihm seinen Namen; er hieß zunächst im Volksmund, dann offiziell „Gelber Turm".

elböhrchen, die Pfifferlinge besonders in Masuren.

emälde-Galerie s. Kunstsammlung der Stadt Königsberg.

emeinde-Friedhof. 1913 wurde ein großer städtischer Friedhof an der Cranzer Allee geschaffen, in dessen Mitte das Krematorium erbaut wurde. Hier stand ein Denkmal von Cauer und Lahrs für die vielen Opfer des Explosionsunglücks am 10. April 1920 in Rothenstein.

emeingärten. Auch die Handwerker und sonstigen Kleinbürger hatten im Mittelalter ihre genau geregelten Zusammenkünfte in ihren Zunfthäusern. Neben jedem Hof lag ein Garten für die Sommergeselligkeit. Der Altstädt. Gemeingarten war bis zum Ende Königsbergs erhalten als Jubiläumhalle mit Garten an der einstigen Stadtmauer. Der Löbenichtsche Gemeingarten lag neben dem Krönchentor; sein alter Remter diente noch bis 1890 als studentischer Paukboden. Der 1407 angelegte Kneiph. Gemeingarten lag am Pregel östlich der Köttelgasse. Der Altstädt. Gemeingarten hieß seit 1840 Bürgergarten. Hier tagte 1844 die „Königsberger Bürgergesellschaft". Anläßl. des 600jährigen Stadtjubiläums wurde der Garten zur „Jubiläumhalle". 1880 wurde der gotische Bau durch Umbau verändert.*

emmel, Hermann, * Barten 1813, † Kbg. 1868. Architekturmaler. G. studierte an der Berliner Akademie und wurde mit Rosenfelder zusammen an die Königsberger Akademie berufen. G. konnte erst am 1. 1. 1846 seinen Architekturunterricht beginnen. 1855 Professor für Architekturmalerei. G. lieferte Entwürfe für den Berliner Dom und für Umbauten in Königsberg.

Generalkommando auf dem Vorderroßgarten mit einem bis zum Schloßteich reichenden großen Garten. Das Adelspalais war der Musenhof der Grafen Kayserling bis 1796. Der König erwarb es 1809 als Kronprinzliches Palais. Doch schon 1814 wurde es Sitz des Generalkommandos und 1830 auch Dienstwohnung des Kommandierenden Generals.

Generallandschaftsdirektion s. Ostpr. Generallandschaftsdirektion.

General-Litzmann-Straße s. Fuchsberger Allee.

Gennrich, Paul, * Zachau/Pommern 1865, † Werningerode 1946. Generalsuperintendent. Nach dem 1. theologischen Examen war G. 8 Jahre Prinzenerzieher und Schloßprediger in Oldenburg. 1893 Promotion zum lic. theol. 1898 Direktor am Predigerseminar Dembowlanka/Wpr. — 1908 Theologie-Professor in Breslau. — 1917 bis 1933 Generalsuperintendent in Ostpreußen und 1. Pfarrer an der Schloßkirche sowie Honorar-Professor an der Albertina. — G. schuf das Predigerseminar in Neuhof bei Rastenburg. Gennrich begründete das „Evangelische Volksblatt für die Deutsche Ostmark".

Gentzen, Max, * Königsberg 1880, † Lübeck 1950. Landesrat. Nach dem Medizinstudium an der Albertina promovierte G. zum Dr. med. Er war 4 Jahre Assistent an der Medizinischen Universitäts-Poliklinik in Königsberg. Dann ließ er sich als praktischer Arzt in Königsberg nieder. G. wurde 1914 Truppenarzt an der Westfront, dann als Schularzt wieder in Königsberg. Längere Zeit war er Vorsitzender der Dt. Demokratischen Partei und Abgeordneter im Prov.-Landtag. — G. wurde 1932 zum Landesrat der Prov.-Verwaltung gewählt, er übernahm die Aufgaben der sozialen Medizin, insbesondere auf dem Gebiet der Tuberkolosebekämpfung sowie des Heilstättenwesens und der Lungenfürsorgestelle. — Vor der Kapitulation konnte Gentzen nach Lübeck entkommen.

Geographische Lage, 54° 42' 50" nördl. Breite, wie Kap Arcona, die Schleimündung, Belfast, Wilna, Smolensk und der Baikalsee. — Östliche Länge 20° 29' 47", wie Allenstein, Belgrad, östl. Alandinseln, Westrand Barentsinsel. — Königsberg liegt auf beiden Ufern des Pregels: nördl. des Alten Pregels im Samland südl. im Gau Natangen. — Die Stadt hat sieben Hügel: Löben. Kirchenberg, Schiefer Berg, Mühlenberg, Schloßberg, Rollberg, Bauernberg und Butterberg sowie außerhalb der alten Städte den Habersberg und den Veilchenberg. — Höhe ü. d. M.: Kneiphof 2,5 m, Schloßberg 13 m, Haberberg 9,5 m; höchster Punkt am Oberteich mit 22,5 m. — Entfernungen, Luftlinie: Berlin 583 km, Danzig 148 km, Tilsit 98 km, Insterburg 85 km.*

Georgenswalde. Bei den beliebten Wanderungen von Rauschen nach Warnicken befand sich der stille Badeort Georgenswalde auf halbem Wege. Kurz vor Georgenswalde wird die hohe Steilküste von der Gausupschlucht und vor Warnicken durch die liebliche Detroitschlucht unterbrochen.

Georg-Friedrich, Markgraf von Brandenburg-Ansbach, * Ansbach 1539, † Ansbach 1603. Georg-Friedrich war ein eifriger Anhänger der Reformation, brachte die Finanzen seines Landes Ansbach in vortrefflichen Zustand, begünstigte Künste und Wissenschaften und errichtete stattliche Bauten. 1577 an Stelle seines geisteskranken Vetters Albrecht Friedrich zur Regierung des Herzogtums Preußen berufen, ordnete er trotz heftigen Widerstandes der Stände auch hier das Staatswesen. U. a. veranlaßte Georg-Friedrich in Königsberg den Neubau des Westflügels des Schloßes. Mit Georg-Friedrich erlosch die ältere fränkische Linie der Hohenzollern.

Georgine, 1824 in Königsberg erstma[l] erschienen, Zeitung der ostpreußische[n] Landwirte. Georg-Straße von der Vo[r]städtischen Langgasse zum Korinther[-]damm.

Georg-Wilhelm, Kurfürst von Brande[n]burg, * 1595 † Königsberg 1640. Ku[r]fürst seit 1619: nahm im Dreißigjähr[i]gen Krieg eine schwankende Haltun[g] ein; schließlich auf schwedischer Seit[e]. Georg-Wilhelm residierte zeitweilig i[n] Königsberg. Georg-Wilhelm wurde i[m] Dom zu Königsberg beigesetzt.

Gerdien, Johannes, * Königsberg 187[?] † Bremke/Gött. 1951. Physiker. Nach dem Studium in München und Götti[n]gen war G. seit 1911 mit luftelektr[i]schen Untersuchungen im Geophysika[]lischen Institut als Assistent von Wi[e]chert beschäftigt. Gerdien promoviert[e] 1903 zum Dr. phil. Seit 1906 am Phys[i]kalischen Institut, habilitierte er sic[h] 1907 für Physik. Gerdien ging 1908 z[ur] Firma Siemens nach Berlin, der er b[is] 1944, zuletzt als Direktor, angehört[e]. Von seinen zahlreichen Erfindunge[n] sind der „Gerdiensche Schwinger" un[d] der „Gerdiensche Lichtbogen" hervo[r]zuheben. 1917 hat ihm die Universit[ät] Göttingen den Titel Professor verli[e]hen.

Gerhard-Straße, auf den Hufen, von de[r] Charlotten-Straße zur Beeck-Straße.

Gerichte. Wie jede der drei mittelalterlichen Städte ihr Ratsreglement hatte, s[o] hatte jede auch ihr eigenes Gericht. S[o] befand sich das Altstädt. „Dinghaus" erbaut 1491, neben dem Steindamm[]schen Tor. Die Richter hießen Schöp[]pen, der höchste Richter war de[r] Schöppenmeister. Für Berufungen wurd[e] 1455 der „Obere Kolm" eingerichte[t]. Ihn ergänzte 1508 Hochm. Friedric[h] durch das Kammergericht und 151[?] wurde von Hochm. Albrecht im Schlo[ß] ein Appellationsgericht geschaffen. 152[?] saßen zum ersten Mal auch Handwerke[r] auf der Schöppenbank. 1632 Hofge[-] richtsordnung Georg Wilhelms. 1657 konstituierte Kurfürst Friedrich Wilhelm das Oberappellationsgericht und schuf 1659 das Hofhalsgericht für schwere Verbrechen. 1724 wurden die drei Stadtgerichte zum Kgl. Stadtgericht im Altstädt. Rathaus zusammengelegt. 1729 wurde das Hofhalsgericht Hofgericht. 1783 einheitliche Jurisdiktion für den Königsberger Magistrat. 1803 letzte Hinrichtung mit dem Schwert. 1808 wurde die „Regierung" Oberlandesgericht; erster Präsident war Karl Frhr. v. Schrötter; er führte den Titel „Kanzler des Königreichs Preußen". 1810 Bau des Oberlandesgerichts im nördl. Schloßflügel an Stelle des alten Kornhauses. Das „Inquisitoriatsgefängnis" befand sich Kruggasse 7. Auch bestand noch ein Schuldgefängnis im Altstädt. Neuen Turm. — 1879 wurde das Stadtgericht im Altst. Rathaus als „Amtsgericht" in den neu erbauten Justizpalast am Theaterplatz verlegt, und das Tribunal ging im Oberlandesgericht auf. 1891 das Gewerbegericht geschaffen. 1913 neues Amts- und Landgericht an der Hufenallee. 1933 wurde der Erweiterungsbau vollendet.

Gerlach, Hans, * Friedensthal/Opr. 1885, † Rielasingen/Bd. 1980. Architekt. Nach dem Studium wurde G. 1920 mit der Leitung des im Königsberger Schloß untergebrachten Bauamts betraut. — Während seiner langen Amtszeit entstanden die neuen Universitätskliniken und das Anatomische Institut an der Sternwarte. Auch für das Schloß erfüllte Oberbaurat G. wichtige Aufgaben; u. a. wurden die ehemaligen Ordensräume im Nordflügel in ein Museum umgestaltet, das durch die Ausstellung der Silberbibliothek Herzog Albrechts hohe Bedeutung hatte. Gerlach ist eine Schilderung der Vorgänge der letzten Tage vor der Kapitulation im Königsberger Schloß und über den Untergang des Bernsteinkabinetts zu verdanken.

Gerlach, Heinrich, * Königsberg 1908. Schriftsteller, Philologe. G. studierte seit 1926 in Wien, Genf, Freiburg und Königsberg. Ab 1931 war er Lehrer an Oberschulen in Tilsit, Königsberg, Lyck und Elbing. Seit 1939 im Kriegsdienst kam er durch die Kapitulation Stalingrads in sowjetische Gefangenschaft und kam als „Kriegsverbrecher" erst 1950 zur Entlassung, um wieder im Schuldienst tätig sein zu können. Seine Werke: Die verratene Armee, 1957; Odyssee in Rot, 1966 und Nur der Name blieb, Glanz und Untergang der Alten Preußen, 1978.

Gerlach, Otto, * Angerburg 1862 † Königsberg 1923. Nationalökonom. Nach dem Studium promovierte G. 1885 in Leipzig. War ab 1890 Privatdozent in Breslau, wurde 1894 a. o. und 1903 o. Professor der Nationalökonomie in Königsberg. Direktor des staatswissenschaftlichen Seminars und Leiter der Handelshochschulkurse. Von seinen vielen Schriften sind zu erwähnen: Preuß. Steuerreform 1893; Rechte Stellung des Studenten zur Tagespolitik und zur sozialen Frage 1901; Gemeindesteuerrecht 1905. G. Tätigkeit in Königsberg führte zur Behandlung der ländlichen sozialen Verhältnisse: Ansiedlung von Landarbeitern in Norddeutschland 1909; Landarbeiterverhältnisse in Ostpreußen; Förderung von Arbeiterwohnungen; Kolonisation und Landarbeiteransiedlung; Landwirtschaftliche Kreditreform und innere Kolonisation.

Gerlach-Straße, Querstraße der Arndtstraße in Ratshof.

Germania-Apotheke, seit 1894, Bes. Dr. phil. nat. R. Franck, Hinterroßgarten 44.

Germau. Der Orden hat hier bald nach 1270 eine Burg angelegt, die 1581 dem Bernsteinmeister zum Wohnsitz angewiesen wurde. Auch das 1644 eingesetzte Bernsteingericht hatte hier seinen Sitz, wurde aber wohl bald darauf mit dem Bernsteinmeisteramt nach Palmnicken verlegt. — Einige Mauerreste vom Schloß waren noch in den Fundamenten der Germauer Kirche erhalten. — Das Kirchdorf hatte eine Haltestelle der Bahnstrecke Fischhausen-Palmnicken.

Gerschmann, Rudolf Johannes, * Kbg. 1858, † Kbg. 1928. Pädagoge. G. studierte seit 1876 an der Albertina. Zunächst Hauslehrer in Petersburg war G. an zwei Königsberger Gymnasien; seit 1887 Oberlehrer am Städt. Realgymnasium. — 1906 wurde G. Schulrat am Prov.-Schulkollegium in Danzig und kam 1910 in der gleichen Stellung nach Königsberg zurück. — G. war u. a. Schriftführer der Königsberger literarischen Gesellschaft und von 1921 bis 1927 Präsident der Kgl. Deutschen Gesellschaft. — G. veröffentlichte: „Studien über den modernen Roman", 1894 und „Russische Lyrik in den Versmaßen der Originale übertragen", 1895. G. trat 1923 in den Ruhestand.

Gesang-Vereine s. die einzelnen Vereine.

Gesecus, Johann Heinrich, * Kbg. 1745, † Kbg. 1810. Justizkommissar. Als Rechtsanwalt und Notar war er bei allen Königsberger Gerichten zugelassen. G. blieb unverheiratet und vermachte 1802 seiner Vaterstadt 74 000 Taler mit merkwürdigen, schrulligen Bestimmungen über deren Verwendung.

Gesecus-Platz, 1867 durch den Abbruch des Steindammschen Tores und der Gebäude des Danziger Kellers geschaffen, wurde 1882 nach J. H. Gesecus benannt. 1902 wurde das Telegrafenamt an der Nordseite errichtet. — Der Platz wurde zeitweilig als Wochenmarkt benutzt.

Gesecus-Straße von der Tragh.-Kirchen-Straße zum Theaterplatz.

Geselligkeits-Vereine. Von derartigen zahlreichen Vereinen werden genannt: Börsengarten-Gesellschaft, Klub Königshalle, Kaufmännischer Verein, Bürgerressource, Deutsche Ressource, Schlaraffia u. a. m.

Gesellschaft der Freunde Kants. Von Kants Tischgenossen überlebten ihn: die Professoren Chr. J. Kraus, C. G. Hagen, Friedrich Gensichen, Carl Ludwig Poerschke, Kriegsrat Scheffner, Reg. Rat Vigilantius, Konsistorialrat Hasse, Reg. Rat Schreiber, Stadtrat Buck, Diakon Wasianski, Pfarrer Sommer, Dr. Jachmann, O. St. Insp. Brahl, Friedrich Nicolovius, Bankier Friedr. Conrad Jacobi, Joh. Christian Gaedecke, Dr. Laubmeyer, Dr. Reusch, Konsistorialrat Staegemann, Rektor J. M. Hamann, Reg. Ass. Reusch und Dr. W. Motherby. Letzterer lud alle in einem Zirkular zu einem Gedächtnismahl am 22. 4. 1805 in Kants Haus ein, das damals eine Gastwirtschaft war. Alle 22 kamen. Auch 1806—1809 wurde dieses Gedächtnismahl gefeiert. Für inzwischen Verstorbene wurden in der Folge neue würdige Mitglieder gewählt. 1828 hatte die „Gesellschaft der Freunde Kants" 30 Mitglieder. Schon früh war der große Astronom Bessel zugewählt worden, der den Vorschlag machte, in die zum Nachtisch gereichte Torte eine silberne Bohne einzubacken; wer sie in seinem Stück fand, sollte „Bohnenkönig", seine beiden Nachbarn „Minister" werden. Der König war verpflichtet, im nächsten Jahr eine „Bohnenrede" auf Kant zu halten. 1824, am 100. Geburtstag Kants, feierte die Gesellschaft ein großes Fest mit geladenen Gästen. — U. a. machte sich die Gesellschaft das Sammeln von „Kantreliquien" aller Art zur Pflicht; dadurch wurde der Grundstock zu den vier Kantzimmern im Stadtgeschichtlichen Museum gelegt. Auch, daß Kant endlich 1924 ein würdiges Kenotaphion von Prof. Friedrich Lahrs erhielt, war letztlich den intensiven Bemühungen der Gesellschaft zu verdanken. — Die Gesellschaft besteht noch heute in Göttingen; ihr Bohnenmahl findet alljährlich etwa am 22. April statt.*

Getreide-Handlungen
Abramowsky & Fabian, Roßgärter Markt.
Albrecht, vorm. Hesse & Steininger Nachf. Sackheim 126/127.
An- und Verkaufsgenossenschaft e.G.m.b.H., Oberlaak 1.
Barkan, E., Vorstädt. Langgasse 80.
Bellmann, Carl, Lindenstr. 26.
Eisenberg, M. & S., Schanzengasse 5.
Gayer & Plaschke, Weidendamm 23.
Gerlach, Edgar, Magisterstr. 67/71.
Glitzke, C., Kneiph. Langgasse 1/4.
Haupthandelsgesellschaft ostpr. landw. Genossenschaften m.b.H. Stresemannstraße 27.
Holldack & Thran, Bohlwerksgasse 11.
Krause, Heinrich, Sattlergasse 32.
Krause, Oskar, Sattlergasse 32.
Kunze & Wildies, Sattlergasse 4.
Kuropatwa, E., Sattlergasse 2.
Lehmann, Hans Koggenstr. 21.
Lehmann, Otto, Sattlergasse 28.
Leibinnes, Karl, Kai 13.
Lesser, Kurt, Schnürlingstr. 16.
Leß, Gebr. Vorstädt. Langgasse 70.
Lippke, Egon, Kummerauerstr. 44.
Litten, Hans, Sattlergasse 34.
Marienfeld, Rich., Kneiph. Langgasse
Odebrett, Paul, Kaiserstr. 48a.
Ostpr. Getreide-Wirtschafts- u. Handelsvereinigung e.G.m.b.H., Sattlergasse 5.
Paetsch, Kurt, Börsenstr. 12.
Pelz & Liachowsky, Klapperwiese 17.
Raeder & Malbin A.G., Bohlwerksgasse 2/7.
Romahn, Bruno, Insel Venedig 1.
Sahm & Wedel, Magisterstr. 2.
Schloßberg & Podbielski, Sattlergasse 4.
Sinnecker, Oskar, Kneiph. Langgasse 46.
Taubmann & Schleß, Vorderroßgarten 50.
Wiersbitzky, Gustav, Neue Dammgasse 27.
Willert, C. L., Schanzengasse 5.
Wittkowski, Henry, Sackheim 128/129.
Wolff, Paul, Sattlergasse 2.
Schlegelberger, Rud., Kneiph. Langgasse 1.

Gewerbe-Ausstellungen. Die erste fand 1875 in Königsberg statt. Die internationale Ausstellung zu Königsberg 1885 wird durch die Inschrift eines Glaspokals bezeugt, der sich im Haus Königsberg befindet. Eine weitere 1895 in der Freigrabenschlucht, dem späteren Gelände des Tiergartens.

Gewerbe-Straße in Kosse, vom Holsteiner Damm zur Neuen Bleiche.

Gewerkschaftshaus. Ausdruck des allgemeinen Aufstiegs der Arbeiterbewegung war die Einweihung des neuen Gewerkschaftshauses auf dem Vorderroßgarten 61/62 im Mai 1914; die Mittel waren für ein großräumiges Gebäude aufgebracht worden. Das vom Architekten Waldemar Kuckuck errichtete dreigeschossige Haus in günstiger Verkehrslage konnte die Geschäftsstellen der Partei und einzelnen Gewerkschaften aufnehmen. Der gern aufgesuchte Kaffeegarten reichte bis zur Schloßteichpromenade, der Blick ging über den Schloßteich zu den begrünten Logen-Gärten.

gielen, beharrlich nach etwas hinsehen.

Giesebrecht-Straße von der Tragheimer Kirchenstraße zum Theaterplatz.

Gindler, Erich, * Kbg. 1903. Maler. G. studierte bei Rich. Pfeiffer und Arthur Degner an der Königsberger Kunstakademie, ab 1923 Meisterschüler Degners. G. war 1933 Gast im Herderhaus in Mohrungen, er lebte seit 1935 in Kassel. 1939—1945 im Kriegsdienst mit schwerer Verwundung. — Seit 1946 zunächst in Murnau, arbeitete G. 1963—65 bei einer Werft in Lübeck, wo er dort verblieb.

Glage, Karl, * 1860, † nach 1941. Architekt. Nach den Plänen des Stadtbaurats Glage erfolgte 1911—12 ein nochmaliger Umbau des Stadttheaters, um die Modernisierung des Bühnenbetriebes zu erreichen. Ebenfalls nach seinen Plänen kam es 1914—15 zum Erweiterungs- und Umbau des Löben. Realgymnasiums. Auch schuf G. die Pläne für den Bau eines Krematoriums mit aufwendiger Kuppel, das von 1914—16 an der Cranzer Allee errichtet wurde. Weitere öffentliche Bauten, so der großzügige Neubau der Fortbildungsschulen werden ihm zugeschrieben, wodurch G. zur Modernisierung des Stadtbildes beigetragen hat. G. wurde 1924 durch die Ernennung zum Stadtältesten geehrt.

Glasenapp, Helmuth von, * Berlin 1891, † Tübingen 1963. Indologe. Professor in Berlin, Kbg. und Tübingen. G. arbeitete über vergleichende Religionswissenschaften. Verf. u. a.: „Die fünf großen Religionen" und „Die nichtchristlichen Religionen".

Glaser-Straße östl. vom Roßgärter Markt.

Glockengießerei. Die ersten Glockengießer waren Stückmeister, die Geschütze in der kurfürstlichen Gießerei anfertigten. Um 1600 war Nickel Schmiedchen als Glockengießer tätig. Die bekanntesten waren Michael Dormann und Hannibal Brors, der als Mechanicus das Gießverfahren verbesserte und mechanische Werkzeuge zur Erleichterung des Läutens der Glocken erfand. — Die Familie Dormann hat von 1633 an über 150 Jahre Glocken in Königsberg gegossen. Ein weiterer Glockengießer Andreas Dorling, bezeugt 1722/36 und 1742/65, vermutlich Vater und Sohn. Der Elbinger Jonas A. Bellmann fertigte in Königsberg 2 Glocken für die Tragheimer Kirche. — Die Dormannsche Werkstatt führte der aus Dresden stammende Johann Christian Copinus weiter. Der letzte Glockengießer war Johannes Groß; er war Werkführer der Witwe Wilhelmine Copinus gewesen und hatte dann die alte Werkstatt übernommen. 1855 goß er die große Glocke auf dem Schloßturm um. 1876 verschwindet sein Name aus dem Glockenregister; seitdem sind keine Glocken mehr in Königsberg gegossen worden.

glubschen, böse dreinschauen.

Glumse, der Quark, weißer Käse.

Gluck-Straße auf den Hufen, vom Hansaring zur Hufen-Allee.

Gnaschel, ein kleiner, unbedeutender Mensch.

Gneisenau-Straße auf den Hufen, von der Kraus-Allee zur Straße Am Landgraben; 1911 benannt nach GFM Neidhart von Gneisenau. Nach der Verteidigung von Kolberg kam er 1807 nach Königsberg und wurde der wichtigste Mitarbeiter Scharnhorsts bei der Armee-Reorganisations-Kommission. — Sein Relief in gelbem Sandstein am Roßgärter Tor.

gniddern, kichern, verschmitzt lachen.

Gniefke, ein Geizhals, Geizhammel.

gnietsch, neidisch sein, mißgünstig.

Godrienen, ein Dorf südl. von Ponarth, es blieb außerhalb der Stadtgrenze.

Godriener Straße von der Berliner Straße nach Prappeln.

Goedeckemeyer, Albert, * Springe 1873, † 1945. Philosoph. G. studierte in Lausanne, Berlin, Tübingen und Straßburg; er promovierte 1897 zum Dr. phil. 1898 habilitierte sich G. als Privatdozent in Göttingen und wurde 1908 Professor für Philosophie an der Albertina. G. war ein kluger Historiker der Philosophie. Er beschäftigte sich vorwiegend mit der antiken Philosophie. Ferner galt sein Interesse der Philosophie Kants, dessen Lehrstuhlnachfolger er war. G. schrieb: Die Idee vom ewigen Frieden, 1920; Kants Lebensanschauungen in ihren Grundzügen, 1921; Kant und der Staatsgedanke, 1932. Zur großen Kantfeier 1924 redigierte er die Festschrift der Albertina. Nach seiner Emeritierung 1938 zog G. nach Potsdam.

Goerdeler, Carl Friedrich, * Schneidemühl 1884, † Berlin-Plötzensee 1945. Politiker. G. studierte in Tübingen und Königsberg Jura; seit 1911 war er in der Stadtverwaltung von Solingen tätig. 1919 hat er in Danzig die Bevölkerung zum Kampf gegen die Polen aufgerufen. — 1922 als zweiter Bürgermeister von Königsberg war sein Werk im wesentlichen die beispielhafte Neuordnung der Verwaltung, indem er sie durch die Errichtung von 15 Stadtämtern straffte. — 1930 wurde G. zum Oberbürgermeister von Leipzig berufen. 1931/32 und 1934/35 war er zugleich Reichskommissar für Preisüberwachung. 1937 zurückgetreten, bemühte G. sich bis 1939 auf Auslandsreisen um Aufklärung über die dt. Verhältnisse und um Erhaltung des Friedens. Mit General Beck, geistiger Führer des Widerstandes entwickelte er Pläne zur Neuordnung Deutschlands. G. war in einer künftigen Regierung als Reichskanzler vorgesehen; nach dem Attentat vom 20. Juli 1944 wurde G. in Plötzensee hingerichtet.

Goerdeler-Kreis. Ihm gehörten zwanglos folgende Persönlichkeiten an: Dr. C. Geoerdeler als führender Kopf des Widerstandes, Stadtkämmerer Fritz Goerdeler, Mag. Baurat Walter Schwartz, Dipl. Kaufm. Arn. Bistrick, Dr. Fritz Baltrusch, Direktor Ernst Meyer, Dr. med. Ernst Riebes, Kaufm. Vict. Caillé, OB Dr. Hans Lohmeyer, Prinz Wilhelm von Preußen, Gutsbes. Schneege, Tykrigehnen und der spätere OB Cuno Raabe. Die Zusammenkünfte fanden unregelmäßig, abwechselnd in den Wohnungen der Angehörigen dieses Kreises statt.

Goethebund. Königsberger Zweigverein, gegründet 1901. 1. Vors. war Akademiedirektor L. Dettmann, der 1902 zurücktrat; ihm folgte Bgm. Kunckel bis 1906, diesem Dr. L. Goldstein bis 1929 und endlich Dr. Fr. Schröder bis zur Selbstauflösung des Goethebundes i. J. 1933. — Der Goethebund hat zahlreiche Dichterlesungen veranlaßt; es lasen Börries v. Münchhausen, Waldemar Bonsels, Sudermann, Frieda Jung, Arno Holz u.v.a. Vor allem aber wurden ostpreuß. Dichter gefördert, wie Adda v. Königsegg, Rolf Lauckner, Katharina Botsky, A. K. T. Tielo, Alfred Brust, Walter Scheffler, Fritz Kudnig, Charlotte Wüstendörfer, Martin Borrmann u. a. 1901 fand die vom Polizeipräsidenten verbotene Aufführung von Gerhart Hauptmanns „Weber“ im Sommertheater in Luisenhöh, im Landkreis, statt. — 1909 hatte der Goethebund 1200 Mitglieder, die allmählich zur Höchstzahl von 3500 anwuchsen. Am Fastnachtsdienstag 1911 fand eine originelle Ehrung E.T.A. Hoffmanns statt: Nach einer Reihe guter Vorträge über ihn wurde in Kostümen der Hoffmannszeit ein Ball gegeben. — Sehr verdient machte sich der Goethebund durch Anbringung von Gedenktafeln, so für Gottsched am Juditter Pfarrhaus; für Heinr. v. Kleist von Cauer, 1914 an seinem Wohnhaus Löben. Langgasse 12; für E.T.A. Hoffmann, von Cauer, 1925 an seinem Geburtshaus Französische Str. 25; für Zacharias Werner, von Brachert, 1927 an seinem Geburtshaus Alstädt. Markt 15, das Relief Ernst Wicherts, von Cauer, 1931 auf der südöstl. Schloßteichpromenade.*

Goethe-Oberlyzeum, Friedrichstraße 13a. Von der Königin-Luise-Straße 1913 als Lehrerinnenbildungsanstalt abgezweigt. Langj. Direktoren Bruno Dannenbaum und Richard Scheibe.

Goethe-Straße, von der Lawsker Allee zur Alten-Pillauer-Landstraße, benannt nach Johann Wolfgang von Goethe.

Goetz, Hermann Gustav, * Kbg. 1840, † Hottingen 1876. Komponist. G. war in Königsberg Schüler des bedeutenden Musikers Louis Köhler, in Berlin Hans von Bülows. — 1863 Organist und Musiklehrer in Winterthur, dann in Zürich.

1874 vollendete er seine beste Oper „Der Widerspenstigen Zähmung“, die aber erst ein Jahr nach seinem frühen Tode in Mannheim uraufgeführt wurde. Seine vergoldete Büste von Rosenberg stand im Opernhaus.

Goldene Bulle. Die goldene Bulle von Rimini ist die Grundlage für das spätere Wirken des Deutschen Ordens im Preußenland. In dieser im März 1226 unterzeichneten Urkunde stellte Friedrich II. das Kulmerland und alle künftigen Besitzungen des Ordens unter seinen Schutz. Das kirchliche Gegenstück ist die 1234 erlassene Bulle von Rieti, in der Papst Gregor IX. die gleichen Gebiete in das Eigentum des heiligen Petrus übernahm und sie dem Orden mit allen Rechten zu ewigem Besitz übertrug.

Goldschmiede nordwestl. von Königsberg Goldschmiede ist einer der ältesten Herrensitze des Samlands. Der Name stammt aus der 1. Hälfte des 17. Jahrhunderts, weil er 1608 von dem Hofgerichtspräsidenten Aurifaber als Sommersitz käuflich erworben wurde. Der Amtshauptmann Ludwig v. Auer kaufte den großen Besitz 1652; zu ihm gehörten u. a. 600 Morgen Wald der Wilky und 13 Krüge bzw. Krugländereien. Der 8. Majoratsherr auf Goldschmiede war der 1887 geborene Andreas Christoph v. Auer st. 1914.

Goldstein, Ludwig, * Kbg. 1867, † Kbg. 1943. Journalist. G. studierte Germanistik, Kunstgeschichte sowie Indologie und promovierte. Seit 1889 Mitarbeiter im Feuilleton und Lokalteil der „Hartungschen“, von 1906—1933 Chef des Feuilletons dieser Zeitung. G. schrieb Lokalhistorie und war auch Mitarbeiter mehrerer Zeitschriften. — Von 1910 bis 1929 war Goldstein rühriger Vorsitzender des Goethebundes.

Goldstücker, Theodor, * Kbg. 1821, † London 1872. Engl. Indologe. Prof. in London, Mitbegründer der Sanskrit Text Society, Arbeiten zur Grammatik, Sanskrit-Wörterbuch.

Goltz, Colmar Frhr. von der, * Bielkenfeld/Lab. 1843, † Bagdad 1916. Generalfeldmarschall. G. verlebte eine entbehrungsreiche Jugend in Königsberg. 1855 kam er auf die Kadettenanstalten in Kulm und in Berlin, wurde 1861 Leutnant im 41. Inf. Rgt. in Königsberg und machte die Kriege von 1866 und 1870/71, diesen beim Oberkommando, der 2. Armee unter Prinz Friedrich Karl, mit. Dann war er in verschiedenen Generalstabsstellungen tätig. 1883 trat G. in türkische Dienste, wurde Pascha und leitete seit 1886 die Reorganisation der gesamten Armee. 1896 wurde G. Divisionskommandeur in Frankfurt/O. und 1898 Chef des Pionier-Korps und Generalinspekteur der Festungen. 1902 kam G. als Komm. General des I. AK nach Königsberg. 1907 wurde er Generalinspekteur der 6. Armeeinspektion und erhielt den schwarzen Adlerorden, 1911 GFM, schied er 1913 aus dem aktiven Dienst aus. 1914 zunächst Generalgouverneur in Belgien, ging er im Nov. 1914 als Berater des Generalissimus Enver Pascha nach Konstantinopel. Seit Okt. 1915 führte er die 6. türkische Armee im Irak. G. starb in Bagdad an Flecktyphus. — Bedauerlich, daß der befähigte G. nicht als Chef des Generalstabes an Stelle Schlieffens berufen wurde.

Goltz-Allee von der Hufenallee zur Alten Pillauer Landstraße, benannt 1908 nach GFM Colmar von der Goltz-Pascha.

Gosse, Marie Therese, * Berlin 1876, † Naumburg/S. 1961. Pädagogin. G. wurde im Letteverein in Berlin zur Handarbeitslehrerin ausgebildet, unterrichtete dann an der Haushaltungs- und Gewerbeschule in Gnesen, übernahm 1907 die Leitung der Haushaltungs- und Gewerbeschule in Danzig und 1912 die der Ostpreußischen Mädchengewerbeschule in Königsberg. Sie bewirkte, daß die Schule 1930 einen großzügigen Neubau bekam und daß ihr 1931 ein berufspädagogisches Institut zur Ausbildung von Gewerbelehrerinnen angegliedert wurde. — Frau Prof. Gosse siedelte nach ihrer vorzeitig erzwungenen Pensionierung nach Naumburg über.

Goßler, Karl Gustav von, * Kassel 1810, † Kbg. 1885. Jurist. G. wurde 1835 Assessor, 1838 Land- und Stadtgerichtsdirektor in Weißenfels, 1846 in Potsdam. 1855 Vizepräsident am Appellationsgericht in Königsberg. 1868 erster Präsident des Ostpr. Tribunals, 1869 Kanzler des Königreichs Preußen und Herrenhausmitglied. Die Durchführung der im Reich so wesentlichen Institution der Oberlandesgerichte 1879 lag für Ostpreußen in seiner Hand. Seit 1862 war G. Vorsitzender des Königsberger Kunstvereins. — Das Krankenhaus der Barmherzigkeit hat seiner Fürsorge als Obervorsteher seit 1858 viel zu verdanken.

Gottberg, Walter v., * Kbg. 1823, † Kbg. 1885. General. G. kam auf das Kadettenkorps und wurde 1840 Leutnant im Gren. Regt. 1. 1853 kam G. in den Gr. Generalstab. 1866 war G. Chef des Stabes beim Gen.-Kommando der Elbherzogtümer als Oberst. 1870 Oberquartiermeister der 3. Armee, 1877 Kommandeur der 26. Division. Schließlich 1883 Komm. General des I.A.K. in Königsberg. 1884 wurde G. zum General d. Infanterie ernannt.

Gotthold, Friedrich August, * Berlin 1778, † Kbg. 1858. Pädagoge. Nach Besuch des Grauen Klosters in Berlin studierte G. in Halle, wo er hauptsächlich Friedr. A. Wolfs Vorlesungen hörte. 1810 übertrug ihm Wilhelm von Humboldt die Leitung des Friedrichskollegs; G. trat erst 1852 in den Ruhestand. Das Friedrichskolleg hat er vollkommen reorganisiert und ausgezeichnet geleitet. Hervorragend befaßte sich G. u. a. auch mit Musikgeschichte. Seine 40 000 Bände starke Bibliothek konnte nach seinem Tode die Universitäts-Bibliothek übernehmen; eine Besonderheit dieser Bibliothek bildeten die Musikalien.

Göttner & Prestien-Weber K.G., Baustoffe, Schleusenstr. 7. Die Firma hatte ein großes Lager am Hafenbecken IV.

Gottschalk, Alfred, * Kbg. 1863, † Kbg. 1942. Mediziner. Nach dem Studium war G. prakt. Arzt in Königsberg, Brodbänkenstraße 4. — G. war von Jugend an politisch tätig, er wirkte für die SPD und wurde deren Vorsitzender bis zum Verbot. G. war in seiner Vaterstadt eine allgemein angesehene Persönlichkeit. — Nach 1933 wurde G. als jüdischer Mitbürger verfolgt; fast 80jährig ist er im Krankenhaus der Barmherzigkeit verstorben.

Gottsched, Johann Christoph, * Juditten 1700, † Leipzig 1766. Literaturhistoriker. G. studierte an der Albertina Theologie und Philosophie. 1723 erlangte er die Magisterwürde. G. entrann 1724 seiner Aushebung zu den „Langen Kerls" nach Leipzig, wo er Reformer der deutschen Bühne und Ausrichter des literarischen Geschmacks wurde. — G. wirkte auf Flottwell ein, in Königsberg die „Kgl. Dt. Gesellschaft" zu gründen. — Obwohl als „Literaturpapst" gescholten, bleibt sein Eintreten für die deutsche Geisteskultur sein bleibendes Verdienst. — Eine Tafel am Juditter Pfarrhaus ehrte ihn.

Gottsched-Platz und Gottsched-Straße in Juditten wurden nach Gottsched benannt.

Gottwaldt, F., Inh. Alfred G., Japan-Haus, Parfürmerie, Drogerie, Paradeplatz 12.

Götz, Hermann, Reederei, Magisterstr. 57. Die drei bei der Union-Gießerei gebauten Passagierdampfer „Rossitten", „Memel" und „Cranz" gingen 1930 in den Besitz der Reederei Götz-Königsberg über. Sie versahen vom 15. Mai bis

15. September den Seebäderdienst der Kurischen Nehrung von Cranzbeek bis Schwarzort bzw. Memel. — Der zunehmende Verkehr veranlaßte die Reederei 1938 das Motorfahrgastschiff „Cranzbeek“ einzusetzen, das 1200 Personen befördern konnte.

Götz, Johann Karl Leopold, * Kbg. 1833, † Kbg. 1903. Theologe. Nach dem Studium in Königsberg und Bonn wurde G. 1858 Pfarrer in Albrechtsdorf, 1860 in Dollstädt. 1874 wurde er Leiter und Pfarrer des Diakonissenmutterhauses Krankenhaus der Barmherzigkeit in Königsberg berufen. Fast 30 Jahre hat er das große Haus erfolgreich geleitet. G. war Vors. der Preuß. Bibelgesellschaft und Mitglied der Missionsdirektion. 1900 konnte er den Jubiläumsbericht über 50 Jahre Diakonissenarbeit am Krankenhaus der Barmherzigkeit abstatten.

Gouverneurshaus, Ecke Königstraße — Roßgärter Markt. 1727 an Stelle des alten Schirrhofs vom Gouverneur Herzog Friedr. Karl Ludwig v. Holstein-Beck als Palais mit kleinem Wachhäuschen erbaut. Später Sitz der Intendantur. Seit 1826 diente das Gebäude den 1. Grenadieren als Speiseanstalt und wurde um 1900 Pionierkasino. — 1887 bei der Verbreiterung der Königstr. durch Abbruch des nördl. Flügels verändert.*

Grabe, Johannes Ernst, * Kbg. 1666, † Oxford 1711. Theologe. Vorlesungen in Königsberg über Geschichte und Rhetorik; übersiedelte wegen der Anklage katholischer Neigungen nach England und konvertierte. G. ist durch seine Septuagintaforschungen bedeutend.

Gräf, Joh. Hartmann, Tennstedt/Thür. 1744, † Kbg. 1820. Theologe. G. wurde 1783 als Professor und Pfarrer am Dom nach Königsberg berufen und wurde 1786 Konsistorialrat. G. veröffentlichte zahlreiche Predigten und andere Fragen der praktischen Theologie behandelnde Schriften.

Gräf, Leop. Gustav August, * Kbg. 1821, † Berlin 1895. Maler. G. war Schüler von Th. Hildebrand und W. Schadow. G. betrieb zunächst die Historien- und Wandmalerei unter dem Einfluß Kaulbachs, u. a. malte er die Wandgemälde Solon und Demosthenes für die Aula in der Albertina. Seit den 60er Jahren legte er sich mehr auf Genre- und Porträtmalerei. Besonders waren seine eleganten Damenporträts geschätzt. 1906 erfolgte eine Nachlaßausstellung in der Berliner Nationalgalerie.

Gräfe, Heinrich Eudard * Hamburg 1799, † Kbg. 1867. Buchhändler, zunächst in Leipzig trat G. 1827 in die Buchhandlung von A. W. Unzer ein und war seit 1832 Teilhaber. Seit 1848 allein, gelang es G. die finanziellen Schwierigkeiten seiner Firma zu überwinden.

Gräfe und Unzer. Der aus Grimma stammende Christoph G. Eckart gründete 1722 diese Buchhandlung; er war in Königsberg der erste Buchhändler großen Stils; auch verlegte er 87 Werke, meist wissenschaftliche Literatur. E. verkauft 1746 seine Firma an Hartung. Eine Konkurrenz wird die Buchhandlung des Joh. Kanter, der sein florierendes Geschäft 1768 in das Löben. Rathaus verlegt, jedoch mußte K. seine Buchhandlung 1781 an die Hartungs übereignen. Auch sie kommen in Schwierigkeiten und müssen die Buchhandlung 1797 an Göbbels und Unzer verkaufen, sie führten ihr Geschäft im ehemaligen Laden von Kanter weiter. Seit 1808 ist der tüchtige Aug. Wilh. Unzer Alleininhaber; dank seiner Tatkraft konnte die angesehne Buchhandlung die Notzeit nach 1807 überstehen. 1831 übergibt U. seine Firma seinem Sohn und Heinrich Ed. Gräfe, sie fimiert nunmehr Gräfe und Unzer. 1866 wird der

Laden nach Junkerstr. 17 verlegt und 1867 wird Gräfes Sohn Heinrich Wilh. sein Nachfolger, der die Buchhandlung 1873 nach Paradeplatz 7 verlegt. 1878 übernehmen Richard Dreher und Botho Stürtz die mit Schwierigkeiten kämpfende Firma. Aus gesundheitlichen Gründen verkauft Dreher 1893 die Firma an Hugo Pollakowsky und Franz Lipp. P. nimmt 1902 den Rastenburger Otto Paetsch als Teilhaber auf, ihm gelang der Ausbau des Geschäftshauses Paradeplatz 6 zum „Haus der Bücher", zur größten Sortimentbuchhandlung Europas. Die große Zweihundertjahrfeier der Firma 1922 zeigte der breiten Öffentlichkeit die Bedeutung dieser Buchhandlung für Königsberg und Ostpreußen. P's Schwiegersohn und Nachfolger Bernhard Koch setzte 1927 das Werk fort. Konsul Koch ist es geglückt die einst so bedeutende Firma in München als Verlag und in Garmisch-Partenkirchen als Versandbuchhandlung weiterzuführen.

Graffius, Ina, * Kbg. 1901. Nach einem Musikstudium war Ina G. Opernsängerin, später Musikreferentin. Sie reiste seit Jahrzehnten in ferne Länder, deren Volkslieder sie nach Herkunft und eventuellen Gemeinsamkeiten erforscht. Von ihr erschien das Buch „Geschichten um die Oma C." Ina G. lebt heute in Hamburg.

Graf-Spee-Straße in Amalienau von der Dieffenbachstr. zur Admiral-Scheer-Str.

gransen wie weinen.

Grauchen sind wohlschmeckende kleine Birnen.

Grawert, Julius August Reinhold, * Kbg. 1746, † Obertalheim/Schles. 1821. General d. Inf. G. wurde schon 1759 beim Regt. von Tauentzien eingestellt und machte Schlachten mit. 1778 Stabskapitän und Adjutant beim Herzog von Braunschweig. 1788 Oberstleutnant und Kommandeur des Regt's dieses Herzogs. 1792 Teilnahme am Feldzug gegen Frankreich. 1798 Generalmajor. Im Feldzug 1806 zeichnete sich G. als Divisionsführer aus. 1807 Gouverneur von Schlesien. — Auf Wunsch Napoleons 1812 Führer des pr. Hilfskorps gegen Rußland; Gefecht bei Eckau. G. erkrankte in Mitau und nahm den Abschied. Sein Nachfolger war Yorck. G. betätigte sich als Militärwissenschaftler.

Grazer Weg in der Siedlung Liep.

Green, Joseph, * Hull/Engld. um 1726, † Kbg. 1786. Kaufmann. G. gründete in jungen Jahren in Königsberg ein blühendes Handelsgeschäft, in das er den aus England gerufenen Robert Motherby aufnahm. G. war ein Mann von hoher Bildung; Immanuel Kant würdigte ihn seiner besonderen Freundschaft, sie beschäftigten sich gemeinsam mit dem englischen Philosophen Hume. G. verstand es so gut auf die Gedankengänge Kants einzugehen, daß er später versicherte, er habe oft nicht einen Satz niedergeschrieben, ohne ihn zuvor von G. beurteilen zu lassen. G. starb nach längerer Krankheit, während der ihn Kant fast täglich besuchte.

Gregorovius-Straße in Maraunenhof. Nach Ferdinand G., * 1821 in Neidenburg, benannt. G. verlebte Studienzeit und nachfolgende Jahre in Königsberg. Er ging 1852 nach Rom, wo er sein Standardwerk „Geschichte Roms im Mittelalter" in glänzendem Stil schrieb, das ihm die Ehrenbürgerschaft Roms einbrachte. G. starb 1891 in München.

Grenadier-Regimenter. Das Grenadier Regiment Kronprinz 1. Ostpr. Nr. 1 wurde 1655 aufgestellt, es galt als das Königsberger Haus-Regiment. Ende der 1840er Jahre bezog das Regiment die Defensions-Kaserne auf Herzogsacker. — Das Grenadier-Regiment Friedrich Wilhelm I. Nr. 3 lag seit 1890 mit zwei Bataillonen in den nördl. Bastionen des Wallrings. Das ganze Regiment konnte 1914 einen modernen Kasernenbau in der Cranzer Allee beziehen. 1919 wurden beide Regimenter aufgelöst.

Grimoni, Erich, * Kbg. 1908, † Lemgo 1974. Pädagoge. G. besuchte das Löben. Realgymnasium und studierte an der Albertina Philologie. G. gehörte zu den hervorragenden Männern, die sich nach der Vertreibung um ihre ostpreußische Heimat besonders verdient gemacht haben. Auf seinen Vorschlag wurde das „Haus des deutschen Ostens“ in Düsseldorf errichtet. G. begründete die Agnes-Miegel-Gesellschaft in Bad Nenndorf und die wissenschaftliche „Prussia-Gesellschaft“ in Duisburg. Auch wurde von ihm der Preußenschild der Landsmannschaft Ostpreußen geschaffen. Schließlich war G. 1968 an der Einrichtung des Hauses Königsberg in Duisburg maßgeblich beteiligt. — Für seine Verdienste für die Stadt Düsseldorf wurde G. mit dem Ehrenring der Stadt ausgezeichnet, zudem erhielt er die Agnes-Miegel-Medaille des Tatenhauser Kreises und die Königsberger Bürgermedaille. G. verstarb als Oberschulrat und wurde auf dem Waldfriedhof in Duisburg beigesetzt.

Groeben, Georg Dietrich v. d., * Kbg. 1725, † Berlin 1794. General. G. wurde im Groebenschen Stipendienhaus in Königsberg erzogen. Er trat 1741 in das Kürassier Regt. v. Buddenbrock Nr. 1 ein und wurde 1753 Adjutant des GFM von Buddenbrock. — Als Major kam er 1759 in russische Gefangenschaft. 1775 erhielt er den Pour le mérite und wurde 1782 Oberst. G. starb als Chef des Oberkriegskollegiums und Generalleutnant. Unter seinen Schriften sind bemerkenswert: „Versuch einer Kriegsbibliothek“ Militärzeitschrift in 10 Bänden 1754—1772. „Kriegswissenschaft oder belehrende Nachrichten für diejenigen, so sich dem Soldatenstande widmen wollen“, 1784.

Grolmann-Straße, Hinterroßgarten, b 1888 Schwanengasse, benannt nach General Karl Wilhelm von Grolman * 1777, † 1843. G. war Mitarbeiter Scharnhorsts bei der Armee-Reorganisation Kommission, kämpfte dann unter Erzherzog Karl in Spanien. 1813 kämpft G. bei Gr. Görschen, Bautzen un Leipzig. 1815 Blüchers Generalquartiermeister. — Mit Boyen trat er für d Befestigung Ostpreußens ein. Nach ih hieß eine Bastion zwischen Königs- un Roßgärter Tor.

Grosse, Emil, * Rodeberg/Nordh. 183 † Kbg. 1904. Pädagoge. G. studierte i Halle und Berlin. Seit 1861 Lehrer i Tilsit, dann am Friedrichskolleg in Königsberg. Ab 1876 Direktor des Gymnasiums in Memel, ab 1882 des Wilhelmsgymnasiums in Königsberg. — G. bemühte sich um den deutschen Unterricht, zumal um das Verständnis de Klassiker, dem auch die Mehrzahl seine literarischen Arbeiten gewidmet ist.

Grosse, Walther, * Marienburg 188 † Müllheim/Bd. 1969. Nach dem Abitu trat G. 1903 in das Pion.-Batl. 1 in Königsberg ein. 1911 zur Kriegsakademi kommandiert, zog er 1914 als Kompanieführer in einem Inf.-Regt. ins Feld Nach Kriegsende trat G. 1919 in di Redaktion der Königsberger Allgemeinen Zeitung ein, zugleich studierte e Volkswirtschaft. 1923 promovierte G zum Dr. rer. pol. — Sein besondere Interesse galt der Militärgeschichte Ostpreußens; G. wurde der beste Kenne der Geschichte der ostpreußischen Truppenteile. Genannt sei sein Buch „Ostpreußische Soldaten“, 1937. — Damal war G. bereits wieder Soldat, Pionieroffizier der Kommandantur der Befestigungen bei Königsberg. Er gründete ei Festungsmuseum, dessen Bestände z. T gerettet werden konnten. — Nac Kriegsteilnahme von 1939 bis 194 schrieb G. Soldatenbiographien u. a 1961 ein Werk unter dem Titel „Ei buntes Leben“, München.

Gr. Dirschkeim, dieses Gut lag 3 km südl. von Brüsterort. In den 30er Jahren wurde die Bahnlinie von Fischhausen nach Palmnicken bis hierher verlängert.

Große Kranstraße von der Vorstädt. Langgasse zur Alten Eisenbahn-Brücke.

Große Sandgasse vom Unterhaberberg zum Viehmarkt.

Große Schloßteichstraße von der Schloßteich-Brücke zum Paradeplatz.

Großer Domplatz zwischen Dom und Landeskulturamt, dem fr. Schindelmeißer-Haus.

Großer Hausen westl. von Palmnicken, mit einer Höhe von 90 m die zweithöchste Erhebung des Samlands.

Gr. Heydekrug an der Nordküste des Frischen Haffs. Dieses Kirchdorf hat einen Fischereihafen.

Gr. Holstein s. Holstein.

Große Schloßteich-Straße von der Schloßteichbrücke zum Paradeplatz.

Gr. und Kl. Kuhren, zwei Fischerdörfer zwischen Brüsterort und Warnicken. Westl. Kl. Kuhren der 60 m hohe Wachtbudenberg, die einzige Unterbrechung der sonst durchgehenden Steilküste des Samlands.

Gr. Lindenau, dieses große Dorf mit Bahnstation liegt östl. von Königsberg an der Ostbahn. Wegen der dortigen großen Kiesvorkommen baute die Firma Windschild und Langelott 1910 ein Betonwerk, in dem vornehmlich Röhren hergestellt wurden. In einer Halle von 1000 qm Grundfläche mit Gleisanschluß wurden die Betonröhren von hoher Beschaffenheit durch die sogenannten Velten'sche Rohr-Stampfmaschinen hergestellt. Mehr als 20000 m dieser Röhren verließen jährlich das Werk auf dem Bahnweg. Die im Besitz von W. & L. befindliche Fläche von 500 pr. Morgen lag zum größeren Teil im angrenzenden Gemeindebezirk Seewalde; dort lag in der Pregelniederung das große Kiesvorkommen. Für den Abtransport von Kies und Sand wurde 1924 ein Kanal von insgesamt 1800 m Länge zum Pregel gebaut. Es entstand ein Baggersee von großer Tiefe, der bei Kriegsende 90 Morgen groß war.

Gr. Mischen nordwestl. von Königsberg. Der Gutsbezirk reichte bis an den Damm-Teich.

Gr. Otternhagen südöstl. von Königsberg 1332. Aufsiedlung einiger Güter der Grafschaft Friedrichstein und Ansiedlung von vertriebenen Bauern aus dem polnischen Korridor 1921/22. Reicher Wildbestand. In der Ordenszeit starke Wehranlage mit Wachturm, auf dessen Grundmauern die Kirche mit Turm erbaut wurde. Neubau aus Feldsteinen mit Ziegelecken außer dem Turm im 19. Jahrhundert. Altar, Kanzel und Beichtstuhl in reichen Barockformen 18. Jahrhundert. Große Glocke vorreformatorisch, kleine Glocke von 1606. — Patronat des Königsberger Magistrats.

Gr. Raum an der Cranzer Bahnlinie, von hier lief eine Nebenbahn nach Powunden. 800 m westl. lag die Geophysikalische Warte.

Groß Waldeck nördl. von Uderwangen, gehörte zu den ältesten Orten Natangens. Augustiner-Mönche gründeten hier 1400 ein Kloster „Zur heiligen Dreifaltigkeit“. Sie hatten die Seelsorge in den Kirchen zu Abschwangen und Almenhausen. 1524 wurde das Kloster infolge der Reformation aufgehoben; erst jetzt bürgerte sich der Name Groß Waldeck ein.

Grün, Ernst, * Tarvast/Livland 1890, † Oldenburg 1965. Kunsterzieher. Studium in Dorpat, 1919—22 Studium an der Kunstakademie Königsberg. 1923 Berufung an die Kunst- und Gewerkschule Königsberg. 1930 Professor für Schrift, Plakatgestaltung, Illustration und Fotomontage. — 1945 Verschleppung in den Ural, schließlich in Oldenburg für das dortige Kulturamt tätig.

Grünbaumspeicher, seit 1913 Gr. Kranstr. 3. Dieses 10 Stockwerke hohe Lagerhaus beherrschte das Hafenbild von der Grünen Brücke aus. Es war geschickt durch Verbindung und Aufstockung von drei alten Speichern entstanden. Bes. M. Grünbaum Akt.-Ges., Sattlergasse 9/10.

Gründung Königsbergs. Nach Eroberung des südwestl. Preußens von der Weichsel her, erfolgte unter Hochm. Poppo v. Osterna im Jan. 1255 ein Zug gegen das Samland, das rasch erobert und durch Anlegung einer Burg über dem Pregel gesichert wurde. — Erste Siedlung nordwestl. der Burg; sie ging im „Großen Aufstand" völlig zugrunde, doch die Burg widerstand und es bildete sich wieder eine neue Siedlung zwischen Burg und Pregel, die am 12. 2. 1286 durch Landmeister Konrad von Tierberg ihre Handfeste als Altstadt erhielt. — Die Siedler stammten aus Niedersachsen, Westfalen, Mecklenburg, Lübeck, Pommern, Schlesien und aus Preußen selbst.*

Grüne Brücke, 1322 erbaut, auch Langgasser Brücke genannt, brannte 1582 ab. Neubau bis 1590. Diese Brücke mit Hochkurbeln im Handbetrieb bestand bis zum Neubau 1907.

Grüne Minna, auch Querdroschke und Nasenquetscher genannt, war der Renitentenwagen sinnlos Betrunkener. Nicht unähnlich einem auf Rädern gestellten mit Luftlöchern versehenen Sarg, grün gestrichen, wurde sie von einem Pferd mit Lichtstumpflaterne am Gurt gezogen, den ein reitender Junge lenkte. Auf Anordnung des beaufsichtigenden Schutzmanns mußten Passanten den Betrunkenen in die Droschke legen; unter dem Gaudio der Anwesenden ging es zur Ausnüchterungszelle auf „Nummer Sicher" in der Junkerstraße 8.

Grünes Tor. Der Name Grünes Tor findet sich 1764 erstmalig bei Hartknoch, doch hieß es im Volksmund längst so. Das Langgasser Tor, schon 1322 erwähnt, war nur ein einfacher Bau, der 1592 durch den wunderschönen Renaissancebau des Meisters Wilhelm ersetzt wurde. W. ließ es sich nicht nehmen, Turmknopf und Fahne in eigenhändiger, schwindelerregender Arbeit selbst anzubringen. Das Stadtbild, das sich dem von Süden Kommenden mit diesem Tor und der Kneiph. Langgasse mit ihren alten Giebeln zeigte, muß herrlich gewesen sein. Der mit Inschriften versehene Turm war später noch mit Uhr, Kneiph. Wappen, Adler und Figuren geschmückt. Vom grünen Tor ging ein gewölbter Gang zu dem runden Turm an der Großen Fähre, der erst 1885 zugeschüttet wurde. Im Tor hausten die Kneiph. Stadtmusikanten, die um 10 Uhr morgens musizierten. — 1851 mußte der Boden des Tores zwei Fuß tief aufgegraben werden, um den Transport des Denkmals Friedr. Wilh. III. zu ermöglichen. Schließlich mußte das Tor dem wachsenden Verkehr weichen, weil man es nicht umgehen konnte. Kein Einspruch aus Künstlerkreisen und des Provinzialkonservators v. Quast es zu erhalten, half — es fiel 1864 der Spitzhacke zum Opfer.*

Grünhoff. Der Ordenshof zu G. ist als Gestüt berühmt gewesen, wohl schon um 1322. Die Bücher nennen zwei Arten, die großen Streitrosse des Ordens und die kleinen Pferde der Preußen, sie waren anspruchslose Arbeitstiere. G. blieb ein bedeutendes Kammeramt und besaß 1433 und noch 1513 einen Pfleger. 1623 heißt G. „kurfürstliches Haus", später ein Jagdschloß des Gr. Kurfürsten. 1700 erfolgte ein Erweiterungsbau durch einen Potsdamer Baumeister. Friedr. Wilhelm III. schenkte die Domäne G. zusammen mit Neuhausen 1814 dem GFM Graf Bülow v. Dennewitz, der dort in einem schlichten Mausoleum begraben ist.

Grünhoffer Forst. Er liegt 20 km nordwestl. von Königsberg. Einst ein beliebtes Ausflugs- und Wandergelände mit Schulmeisterberg und Engersee.

Grünhoffer Weg von der Samitter Allee zur Hans-Sagan-Straße.

Grünwalde. Das bei Landsberg gelegene Dorf G. ist durch einen Messerschlucker, den Bauern A. Grünheid, bekannt geworden.

Gruppen- und Turmspeicher am Hafenbecken IV. Speicher und Kais wurden auf einem Rost von 5600 10—15 m langen Pfählen errichtet. Die 3 Hafenbecken und die großen Speicher wurden am 13. 6. 1924 feierlich eröffnet.

Gumbold, Joh., Inh. Rich. Gumbold, Einrichtungshaus, Münz-Str. 25/26.

Gusovius, Paul, * Purmallen/Memel 1891, † Biedenkopf 1970. Jurist. Nach dem Studium an der Albertina und der Teilnahme am Ersten Weltkrieg promovierte G. zum Dr. jur. Von 1923—45 war G. Syndikus des Kreises Königsberg, später des Kreises Samland. G. war seit 1946 Syndikus des hess. Landkreistages. 1966 verfaßte er das umfangreiche Werk „Der Landkreis Samland“.

Gusovius, Richard Emil, * Kbg. 1873, † Kbg. 1942. Offizier. Nach dem Abitur trat G. 1892 als Fahnenjunker in das Dragoner-Regt. 10 in Allenstein ein und absolvierte die Kriegsschule in Engers. Als Rittmeister wurde G. 1914 Vorsitzender der 2. Remontierungskommission in Königsberg, seit 1919 Vors. der 1. Rem. Komm. zu Königsberg. In dieser Zeit hat er mehrere 10 000 Pferde für das Heer gemustert und angekauft. 1933 wurde G. Oberst und, nach Kriegsausbruch wieder eingesetzt, Generalmajor.

Gustav-Adolf-Vereine. Der ostpr. Hauptverein hatte den jeweiligen Oberpräsidenten zum Vorsitzenden. Königsberger Ortsverein, der letzte Vorsitzende war Pfarrer Hans Rohde.

Gruppen- und Turmspeicher

Gustloff-Straße von der Schrötter-Str. zur Kraus Allee.

Gruschel das Kleinzeug, Kleinholz.

Gutenfeld, Dorf mit Bahnhof südöstl. von Königsberg. Östl. des Dorfes ein Flugplatz, der als Luftpark benutzt wurde.

Güterbahnhöfe. Der älteste Güterbahnhof war die Güterabfertigung Königsberg-Ost mit den Güterschuppen und den Freiladegleisen an der Friedrichsburger Straße. Aus der Privatbahnzeit stammte die Güterabfertigung Süd mit Schuppen und Wagenladungsgleisen an der Knochenstraße. — Im Zuge der neuen Bahnanlagen entstand 1928 der Güterbahnhof Königsberg-Nord. Für die nördlichen Gebiete der Stadt entlastete dieser Bahnhof die in die Oberstadt führenden „Berg"-Straßen wie die Kantstraße und den Rollberg von Gütertransporten. — Der Pregelbahnhof in Ratshof bediente die Industrieanlagen am Holsteiner Damm. — Der Verschiebebahnhof vor dem Brandenburger Tor diente rein betrieblichen Vorgängen für das Auflösen und Bilden der Güterzüge.

Güterbock, Karl Eduard, * Kbg. 1830, † Kbg. 1914. Jurist. G. habilitierte sich 1861 an der Albertina und wurde 1863 zum a. o. 1865 zum ordentlichen Professor berufen. G. betätigte sich in der Nationalliberalen Partei. Er schrieb u. a.: „Die englischen Aktiengesellschaftsgesetze von 1857", 1858; „Über einige in der Praxis hervorgetretene Mängel des pr. Konkursverfahrens", 1860.

Güttler, Hermann, * Kbg. 1887, † Berlin 1963. Musiker. G. besuchte das Altstädt. Gymnasium und studierte bei Rob. Schwalm und Constanz Bernecker; Studien an der Albertina schlossen sich an. 1928 erfolgte seine Promotion bei Müller-Blattau mit der Dissertation „Königsbergs Musikkultur im 18. Jahrhundert". G. konnte viele Beiträge zur „Altpreußischen Biographie" verfassen, da er seine Unterlagen über den Krieg hinweg retten konnte. Eine Anzahl von eigenen Kompositionen hat G. hinterlassen: Opern „Sakuntala" und „Katzensteg" nach eigenen Dichtungen, ferner 5 Sinfonien, 60 Lieder und weitere Musikwerke.

Guttzeit, Emil Johannes * Kbg. 1898 † Diepholz 1984. Heimatforscher, Pädagoge. G. kam nach der Lehrerausbildung an verschiedene Schulen im Kreis Heiligenbeil, dann an die Mittelschule zu Heiligenbeil. Sein schriftstellerisches Wirken auf dem Gebiet der Heimatforschung hat zu einer umfassenden Dokumentation über den Kreis Heiligenbeil geführt. — Ab 1947 als Mittelschul-Konrektor tätig, gehörte G. zu den Initiatoren und Gründern der Kreisgemeinschaft Heiligenbeil. Ihm ist es zu verdanken, daß der Landkreis Burgdor[f] die Patenschaft über den Kreis Heiligenbeil übernommen hat. Von seinen zahlreichen Veröffentlichungen sei da[s] Kreisbuch von Heiligenbeil genannt. Auch war G. seit 1960 Herausgeber de[s] „Redlichen Ostpreußen". G. wurde 198[.] die Königsberger Bürgermedaille verliehen, er war Ehrenbürger von Diepholz.

H

Haarbrücker Straße in Amalienau.

Haase, Hugo, * Allenstein 1863, † Berlin 1919. Politiker. H. studierte an der Albertina Jura und Nationalökonomie. Nach den Staatsexamen war er bis 191[.] Rechtsanwalt in Königsberg. Als Sozialdemokrat war H. MdR und 191[.] Fraktionsvorsitzender. Aus der SP[D] ausgeschlossen, war H. 1917 Mitbegründer der USPD. Nov. 1918 Mitgl[ied] des Rates der Volksbeauftragten. 191[.] Mitglied der Nationalversammlung; er[...] mordet.

Haberberg 1327 erstmals erwähnt. Dieses Gärtnerdorf kam 1522 zum Kneiphof. Großes Wohnviertel mit gewerblichen Betrieben.

Haberberger Friedhöfe. Der alte Kirchhof, auf dem 1566 die drei hingerichteten Räte Herzog Albrechts verscharrt worden waren, wurde 1927 durchstochen, um eine Zufahrtsstraße zum neuen Hauptbahnhof zu gewinnen. Seit 1882 ein Friedhof am Nassen Garten, sp. ein weiterer Friedhof in Schönbusch.

Haberberger Grund paral. zur Artilleriestr.

Haberberger Kirche. 1537 wurde auf dem höchsten Punkt des Haberbergs eine Kapelle errichtet. 1653—1683 Bau der neuen Kirche, die 1747 durch einen Blitzschlag völlig niederbrannte. Die neuaufgebaute Kirche wurde 1753 geweiht. Der Turm erhielt 1774 als Wetterfahne einen von dem Kupferschmied Lorenz Wietander Kupfergetriebenen stark vergoldeten 2,2 m großen Engel; für die Vergoldung benötigte man das Gold von 76 Dukaten. 1783 erhielt die Kirche als erste Königsbergs auf Kants Empfehlung einen Blitzableiter. 1807 wurde die Kirche russ. Lazarett und beim Bombardement am 14. Juni traf eine Kugel die Kirche, die in der Wand erhalten blieb. Die einheitliche Ausstattung, bis zu Liedertafeln und Altarschranken von spielerischem Rokoko und lichten Farben, gehörte zu den schönsten Ostpreußens. Orgel von 1753, Altar von 1765. Die letzten Pfarrer waren Anton Wormit, Superintendent Heinrici, Dittmar, Walter Machmüller, Ernst Müller und L. Grunwald.*

Haberberger Mittelschule s. M.-Schulen.

Haberberger Neue Gasse vom Unterhaberberg zum Oberhaberberg.

Haberberger Schul-Straße vom Unter- zum Oberhaberberg.

Haberturm, an der Nord-Ost-Ecke des Schlosses 1275 aus Feldsteinen erbaut. Der Turm war siebeneckig, im Obergeschoß achteckig mit Zeltdach. Er erhielt 1565 eine Laterne mit Engel. — Wetterfahne. Zuerst Getreidespeicher, seit 1519 war das Ordensarchiv in ihm aufbewahrt. Später war der Turm Schuld- und Haftgefängnis. Markgraf Georg Friedrich ließ die Fensterluken mit Sandstein umrahmen.

Haebler, Friedrich Reinhold, Inh. Stadtrat H. Rempel, Delikatessen, Kolonialwaren, gegr. 1801. Kneiphöf. Langgasse 21.

Haecker, Hans Joachim, * Kbg. 1910. Dichter; als Lyriker und Dramatiker beeinflußt von Strindberg und Kafka. Tiefgründige abstraktsurrealist. Dramen, u.v.a. „Hiob", 1937. Haecker lebt in Kassel.

Haenicke, Siegfried, * Konstanz/Bd. 1878, † Lager Mühlberg 1946. Nach Erziehung im Kadettenkorps wurde H. 1897 Leutnant. 1913 Hauptmann im Inf.-Regt. 150 Allenstein, in dem er den Ersten Weltkrieg mitmachte und 1918 mit dem Pour le Mérite ausgezeichnet wurde. 1920 Major, war H. u. a. in Allenstein und Königsberg in Garnison. 1929 führte er als Oberst das Inf.- Regt. 2 in Allenstein. Seine Ernennung zum Intendanten des Reichssenders Königsberg machte ihn in Ostpreußen weithin bekannt. 1939 reaktiviert, rückte H. an der Spitze der von ihm aufgestellten 61. Inf.- Div. in den Zweiten Weltkrieg. 1941 nahm H. mit seiner Division Reval ein, wofür er mit dem Ritterkreuz ausgezeichnet wurde. 1942 führte H. ein Armeekorps am Wolchow. H. starb am 18. 2. 1946 in dem Lager Mühlberg bei Riesa.

Hafen, zuerst 1339 bezeugt. 1440 wurde der Pregel durch Altstadt und Kneiphof vertieft. — 1730 liefen 872 Schiffe in Königsberg ein. 1800: 684 Schiffe ausgelaufen. 1811 wurde die Verwaltung der

Hafenanlagen der Königsberger Kaufmannschaft übertragen. 1828 lief der Dampfer „Coppernicus", in Elbing erbaut, als erstes Dampfschiff Königsberg an. 1839 verkehrte das Dampfboot „Anna Henriette" und 1840 die „Gazelle" regelmäßig zwischen Königsberg, Pillau und Danzig. 1855 fuhr zwischen Königsberg und Tilsit das erste eiserne Dampfschiff „Schnell". 1872 Schiffsverkehr 3741 Schiffe. 1882 verkehrte die erste Dampfschiffähre über den Pregel. 1904 wurde die Werfthalle erbaut und der ausgebaute Innenhafen eröffnet. — 1917 mußten die Bauten zur Hafenerweiterung eingestellt werden. 1921 wurde der Hafenausbau der neuen Industrie und Handelsbecken nach Plänen des Stadtbaurats Cornelius Kutschke begonnen; 1924 von OB Lohmeyer feierlich eröffnet: 8 m Kaitiefe, 7,8 km Kaimauern, 100 000 qm Speicherraum, 30 Kräne. 1930 war der Königsberger Hafen der modernste der Ostsee. Der Verkehr war 1938 auf 4210 Schiffe angewachsen.*

Hafenbecken. Die Planung des Stadtbaurats Kutschke hat 5 Hafenbecken südlich des unteren Pregellaufs vorgesehen. Jedoch wurden 1924 nur 3 Hafenbecken in Betrieb genommen. Das Kosse gegenüberliegende Hafenbecken III war Freihafen, Becken IV Industrie- und V Holzhafen. Etwas später erfolgte der Pregeldurchstich zwischen den Hafenbecken III und IV.

Hafen-Straße, parallel zum unteren Pregel von der Friedrichsburger Straße zum Contiener Weg.

Haffstrom, vor 1349, am Frischen Haff gelegen. 1939 nach Königsberg eingemeindet. Heutige Pfarrkirche, vor 1349 als Kapelle erwähnt, stammt aus der Ordenszeit, aber vielfach umgebaut. Privatpatronat in Maulen und Wundlacken. Fenster mit Glasmalereien von den Grafen Dohna-Waldburg 1837 gestiftet. Kanzel und Beichtstuhl um 1700, Orgel 1850. — Eine Glocke 1701 bei Dormann in Königsberg gegossen, befindet sich als Leihgabe in der evang. Kirche Gr. Lobcke bei Hildesheim.

Hagen, Adolf Hermann, * Kbg. 1820, † Golling/Salzburg 1894. Jurist. Nach kurzem Staatsdienst wurde H. 1854 Kämmerer der Stadt Berlin. Seit 1871 Direktor der Deutschen Unionbank in Berlin, trat H. 1876 wieder als Stadtrat in den Berliner Magistrat ein. 1867 trat er in den norddeutschen und 1871 in den deutschen Reichstag und gehörte in diesen Körperschaften der Fortschritts-Partei an.

Hagen, Ernst August, * Kbg. 1797, † Kbg. 1880. Kunsthistoriker. Nach dem Studium von Medizin, Kunst und Literatur an der Albertina Reisen durch Deutschland und Italien, wo er die Kunstschätze studierte. 1825 ao Professor der Kunstgeschichte, 1830 wurde er der erste ordentliche Professor für Kunstgeschichte in Preußen. H. leistete Beachtliches auf dem Gebiet der Kunstgeschichte; ihm verdankt Königsberg die regelmäßigen Kunstausstellungen, für die Albertina das Kupferstichkabinett. H. war Mitbegründer der Gemäldegalerie, des Prussia-Museums und der Kunstakademie. H. schrieb eine Geschichte des Königsberger Theaters und mit Gebser eine des Doms. Von 1846 bis 1857 leitete er die „Neuen Preußischen Provinzialblätter".

Hagen, Gotthilf Heinrich, * Kbg. 1797, † Berlin 1884. Bauingenieur. H. studierte zunächst Mathematik und Astronomie. Dann widmete er sich dem Baufach und wurde 1826 Hafenbauinspektor in Pillau. 1831 trat H. in die Oberbaudeputation. 1850 vortragender Rat im Handelsministerium, 1866 Vorsitzender der techn. Baudeputation, 1869 wurde H. zum Oberlandesbaudirektor ernannt.

Hagen, Heinrich, * Schippenbeil 1709, † Kbg. 1772. Apotheker. H. lernte bei seinem Onkel als Apotheker, arbeitete in Königsberg und Thorn. Er hörte in Berlin bei Pott und Eller Vorträge über Chemie und Pharmazie, bestand 1728 das Examen bei dem Obercollegium medicum. Heiratete in Königsberg Maria Elisabeth, T. des Apothekers Georgesohn; erwarb 1746 dessen Apotheke und wurde 1757 Hofapotheker. H. war der Begründer der „Königsberger Hagen-Dynastie".

Hagen, Karl Gottfried, * Königsberg 1749, † Königsberg 1829. Apotheker. H. lernte in der väterlichen Apotheke, studierte an der Albertina Medizin und machte 1773 in Berlin die Apothekerprüfung. Bereits 1778 erschien sein „Lehrbuch der Apothekerkunst", das viele Auflagen erlebte. 1779 Professor der Physik, Chemie, Mineralogie und Botanik. H. war einer der letzten Universalgelehrten. 1811 erhielt durch ihn die Universität den Botanischen Garten. Bekannt wurde Hagen vor allem durch sein zweibändiges, 1805 erschienenes verbessertes „Lehrbuch der Apothekerkunst"; er wurde dadurch der Begründer der wissenschaftlichen Pharmazie. H. schrieb 1818 ein grundlegendes Werk über „Preußens Pflanzen" und 1819 die „Floris borussica".

Hagen-Straße, Mittelhufen-Amalienau. Sie wurde 1901 nach der bedeutenden Familie Hagen benannt.

Hahn, Friedrich Gustav, * Glauzig/Anh. 1852, † Königsberg 1917. Geograph. H. studierte in Leipzig Geographie und habilitierte sich 1879. Nach Königsberg berufen, wurde er 1886 ord. Professor und Nachfolger von Karl Zöppritz. H. regte zu eingehender Forschung Ostpreußens an und veranlaßte eine Reihe wertvoller Dissertationen darüber. Er war langjähriger Vorsitzender der Geographischen Gesellschaft. H. wandte sich gegen eine zu einseitige Hervorhebung der naturwissenschaftlichen Seite der Geographie; Siedlungs- und Verkehrsgeographie zogen ihn besonders an. 1901 erschien sein Hauptwerk, eine gänzliche Umarbeitung von W. Sievers Afrika. — Im „Geograph. Jahrbuch" berichtete Hahn 20 Jahre hindurch über Afrika und Australien.

Hamann, Johann Georg, * Königsberg 1730, † Münster 1788. Philosoph und Schriftsteller. Ab 1746 studierte H. an der Albertina Philosophie, Theologie und Jura. Nach einem unruhigen Leben in Riga, England und in den Niederlanden war er von 1766 bis 1787 Packhofsverwalter in Königsberg, befreundet mit Kant, Herder und Jacobi. Wegen seiner kurzen, meist fragmentarischen Schriften mit dunkler Ausdrucksweise wurde er „Magus des Nordens" genannt. Als leidenschaftlicher Gegner der Aufklärung wandte er sich gegen die verstandesmäßige Erkenntnislehre Kants und schrieb 1784 seine „Metakritik über den Purismus der reinen Vernunft". H. betonte die Schöpferkraft des Gefühls und des Glaubens. Er starb auf einer Reise in den Armen seines Sohnes Michael, der später Direktor des Altstädt. Gymnasiums wurde. H. starb in Münster und wurde dort begraben.

Hamann-Straße, von der Holzbrücke als Uferstraße zum Neuen Markt.

Hammerteich, in Ratshof. Seit 1910 befand sich hier eine Badeanstalt.

Hammerweg, führte von Luisenwahl westl. durch Felder zum Ratshöfer Freigraben, an dem einst ein Eisenhammer stand und zu unserer Zeit der Hammerkrug zur Rast einlud, dann weiter durch Kornfelder und an dem Gut Friedrichswalde vorbei durchs Juditter Wäldchen nach Louisenthal.

Hamburger Straße, von der Hafenstraße zu den Getreidespeichern des Hafenbeckens IV.

Handel. Der Orden handelte nicht nur mit Bernstein, Kupfer, Wachs und Pelzwerk, mit Getreide und Holz durch die Großschäffer in Königsberg, sondern war auch eines der größten Handelsunternehmen seiner Zeit. Dagegen war der Handel der Städte ein Teil des Hansa-Handels. Die Altstadt war schon 1339 der Hanse beigetreten, der Kneiphof später, der Löbenicht gehörte ihr nur vorübergehend an. Gehandelt wurde mit Heringen, Holz, Asche, Teer, Pelzwerk, Flachs gegen Salz, Tuche, Reis und Wein. — 1365 gab Hochmstr. Winrich v. Kniprode das Stapelrecht, das 1518 durch Hochmstr. Albrecht bestätigt wurde. 1526 öffnete Gustav Wasa den Königsbergern alle schwedischen Häfen. 1566 wollten die Königsberger die jüdischen Kaufleute dulden, wenn sie ihre Waren nicht speicherten. 1608 kamen 614 holländische Schiffe mit Salz und Getreide nach Königsberg, 1623 wurden 500 000 Scheffel Getreide exportiert. 1772 war der Handel mit Salz das Vorrecht der Salzverfrachter der Preußischen Seehandlung. 1782 bestätigte Friedrich der Große das Stapelrecht. 1784 brachte der Export von 3 Millionen Scheffel Getreide 400 000 Thlr. — 1855 kam es zum Handelsaufschwung durch den Krimkrieg. — 1866 gab es die Getreide-Exportfirmen: Fr. Laubmeyer, Riebensahm & Biehler, Gicycki & Schröter; letztere betrieb gleichzeitig Herings- und Eisenhandel. Ferner gab es sechs Großhandlungen für Indigo und sieben für Tee. 1880 wurden 227 000 Ztr. Tee gehandelt. — Durch die Handelsverträge mit Rußland 1894 wurde Königsberg größter Durchgangshafen und Welthandelsplatz für Linsen. — 1895 betrug die seewärtige Einfuhr 447 309 t auf 1503 Dampfern und 712 Segelschiffen; die seewärtige Ausfuhr 610 324 t auf 1478 Dampfern und 694 Segelschiffen. Demgegenüber Eisenbahntransport 734 886 t Einfuhr und 364 153 t Ausfuhr. — 1897 kostete die Tonne Roggen 115 Mark, die Tonne Kartoffeln 62,50. — 1904 wurde d Kaufmannsgericht gegründet. — 19 war Königsberg wieder Welthande platz für Hülsenfrüchte. — 1932: se wärtiger Güterumschlag 1,7 Mill. t, E senbahn-Güterumschlag 1,2 Mill. t. 19 Güterumschlag: seewärts 4,6 Mill. t, p Bahn 2,6 Mill. t.*

Handelshochschule. Schon seit 1907 fa den städtische Handelshochschulkur im Altst. Rathaus statt. 1915 entsta daselbst eine Handelshochschule, c aber bald wegen der ständig zunehme den Zahl der Studierenden ihr Domi in das alte Gebäude der Steindamm Schule, 3. Fließstraße 1, verlegen muß 1928 hatte diese Hochschule bereits 6 Studenten. Bei einem Festakt am 2 Nov. 1930 in der Stadthalle fand Verleihung des Promotionsrechtes sta Am gleichen Tag erfolgte die feierlic Grundsteinlegung zum neuen Hoc schulgebäude am Oberteich in Anw senheit des pr. Ministerpräsidenten Ot Braun. Der Neubau wurde von Re Baurat Malwitz mit einem Kostena wand von 1 113 000 RM erstellt. D Handelshochschule, als einzige O deutschlands, hatte im WS 1937/ 9 Professoren, 28 Dozenten, 234 Stud rende und 88 Hörer. 1939 hatte die B bliothek 47 000 Bände. Außer 12 Ser naren hatte die Hochschule folgen Institute: Technologisch-warenkur liches Institut; Institut für Bürowi schaft und ein Institut für Genosse schaftswesen. Professor Fritz Urbsch hat 1962 die Geschichte der Königsbe ger Handelshochschule geschrieben.

Handels-Hof, s. Stadthaus.

Handels-Schulen, s. Fortbildungsschule

Händelstraße, von der Stresemannstra zur Brahmsstraße.

Handwerkskammer für Ostpreuße Hansaring 22. Langj. Präsidenten R bert Groß, Waldemar Magunia.

Hannighofer, Erich, * Königsberg 1908, gefallen bei Heilsberg Jan. 1945. H. betätigte sich schon in jungen Jahren als Schriftsteller und Dichter. — Seine Veröffentlichungen: Novellen, Gedichte und Erzählungen. U. a. ist H. das von Herbert Brust vertonte Ostpreußenlied zu verdanken.

Hansaplatz, Hansaring, vorher Kaiser Wilhelm-Damm, erinnerte an die Zugehörigkeit Königsbergs zur Hanse. Der Hansaring führte vom Steindamm zur Hufen-Allee.

Hansa-Privatpost. Diese tat sich 1894 für das Stadtgebiet in der Koggenstraße auf; sie wurde im Vergleich zu anderen Städten gut geführt und hatte 1899 einen Gesamtumsatz von über 2,5 Millionen Sendungen innerhalb der Stadt. Im gleichen Jahr hatte die Privatpost 165 Briefkästen im Stadtgebiet, während die Reichspost damals nur 140 Kästen zählte. Am 31. 3. 1900 wurden die Privatposten aufgelöst.

Hanse. Seit den Anfängen der Deutschen Hanse — erstmals 1340 erwähnt — war Königsberg Hansestadt, neben Braunsberg, Elbing, Danzig u. a., und besaß Markt- und Stapelrecht. Es nahm an ihrem Handel nach Flandern, England und Lissabon auf der einen, nach Stockholm, Reval und Nowgorod auf der anderen Seite teil. Besonders wichtig waren damals die Baienfahrten an die Loiremündung, um dort das unentbehrliche „Seesalz" zu übernehmen; auch das alljährliche, im Rahmen der Heringsfangzeit im schwedischen Schonen stattfindende Treffen aller Hanse-Mitglieder, war für die Versorgung der Bevölkerung mit Heringen, die damals Hauptnahrungsmittel waren, bedeutsam. — Königsbergs ausgehender Handel war hauptsächlich auf Waldprodukte, wie Pech, Holz, Teer, Wachs und Klappholz sowie Pottasche, zur Glasherstellung ausgerichtet. Bis in die letzte Zeit erinnerten Klapperwiese und Aschhof noch daran. — Den letzten Hansetag 1669 beschickten noch 6 Städte. In den ersten Jahrhunderten wurde der Ordens-Hochmeister zeitweilig, vor allem in England, als Oberhaupt der Hanse angesehen.

Hanseaten-Apotheke, Bes. Gustav Giese, Hammerweg 10.

Hanssen, Clara, * Pillau 1877, † Königsberg 1945, verschollen. Schriftstellerin. Clara Pelkmann war zunächst als Erzieherin, später in kaufmännischen Betrieben tätig. Erst 1914 erschien ihr Drama „Walpurg die Hexe", dann die Romane „Geschichte einer Sehnsucht", 1921, „Die Kriegsgefangenen", 1931, „Ewige Eva" 1937, „Meine drei Wunschkinder", 1939, „Die in Mietskasernen wohnen" 1940 und „Marianne Herdegen", 1942.

Hans von Sagan, volkstüml. Sagenfigur. Der Sage nach soll der Schustergeselle aus dem Kneiphof, obwohl am Fuß verwundet, 1370 in der Schlacht bei Rudau das sinkende Ordensbanner hochgehalten und zum Siege beigetragen haben. Als Dank soll er sich das „Schmeckbier" für die Königsberger alljährlich zum Himmelfahrtstage erbeten haben. Die wirkliche geschichtliche Gestalt war Herzog Balthasar von Sagan, der 1455 Hilfstruppen des Ordens im Kampf gegen den Kneiphof anführte. Diesen peinlichen Bruderkampf fälschte die Sage in die glorreiche Schlacht bei der Burg Rudau um. Das Hans-Sagan-Denkmal von Threyne stand am Kneiphöfischen Rathaus.

Hans-Sagan-Straße, auf der Tragheimer Palve von der Stresemannstraße zur Samitter Allee, erinnert an die Sagenfigur.

Hardenberg-Straße, auf den Hufen, vom Hammerweg zur Hagenstraße.

Harder, Agnes, * Königsberg 1864, † Berlin 1939. Schriftstellerin. Sie war eine viel gelesene Autorin, von zu ihrer Zeit weit verbreiteten Romanen und Jugendbüchern. Sie gehörte um die Jahrhundertwende zu den erfolgreichen Unterhaltungs-Schriftstellerinnen. Ihre Erzählungen: „Anno dazumal“, 1910, und „Das trautste Marjellchen“, 1918, spielen in Ostpreußen.

Hardershof, ein kleiner Vorort nördlich der Mittelhufen. Zuerst 1822 als Georg Harders Hof erwähnt. In den 70er Jahren entstand hier das Königsberger Wasserwerk. Hier stand die Funkstation der Wetterwarte und seit 1931 eine Badeanstalt.

Harich, Wolfgang, * Königsberg 1921. Marxist. Philosoph. Sohn des Schriftstellers Walter H.. Nach dem Zweiten Weltkrieg ist H. Journalist und Philosophie-Professor an der Humboldt-Universität Berlin. H. löste in der SED-Monatszeitschrift „Einheit“ eine Diskussion zur Demokratisierung der DDR aus; er wurde 1957 zu 10 Jahren Zuchthaus verurteilt, jedoch 1964 entlassen.

Harpf, Hans, Musikalien, Französ. Str. 11. Dessen Gattin, Martha Harpf, als ehrenamtliche Stadträtin von der SPD, ist 1942 in Theresienstadt umgekommen.

Harpf, Marie, Buch- und Musikalien-Handlung. Französ. Str. 12/13a.

Hartung, Johann Heinrich, * Erfurt 1699, † Leipzig 1756. Verleger und Druckereibesitzer in Königsberg. 1742 übernahm H. von Joh. Friedr. Reußner das „Intelligenzblatt“ und benannte es 1752 die „Königl. privileg. Pr. Staats, Krieges und Friedenszeitung“. Diese angesehene Zeitung blieb unter dem Namen „Hartungsche Zeitung“ im Besitz der Familie Hartung.

Hartungsche Zeitung, s. Königsberger Hartungsche Zeitung.

Hartung-Straße, von der Stresemann-Straße zur Samitter Allee.

Haslinger, Carl Justus Ferd., * Schwerin 1847, † Königsberg 1919. Kaufmann. Nach kaufm. Ausbildung bei der Firma Carl Dorno gründete H. zusammen mit Max Scheffler die Agentur Haslinger & Scheffler. Am 1. 1. 1896 wurde er Mitinhaber der Schiffahrts-und Speditionsfirma Robert Meyhöfer. Nach dem Tode Meyhöfers 1909 war H. Alleininhaber. Er übte eine Reihe von Ehrenämtern aus und wurde später Kommerzienrat. U. a. war er 2. Vorsteher im Vorsteheramt der Kaufmannschaft.

Haslinger, Erich, * Königsberg 1882, † Hamburg 1956. Kaufmann. Nach dem Jurastudium in Königsberg, München und Freiburg, legte H. 1909 in Berlin das Staatsexamen ab. Bereits in die väterliche Firma aufgenommen, hat er während des Ersten Weltkrieges das Amt des „Wasserstraßenbevollmächtigten Ost“ ausgeübt. Dann widmete er sich zusammen mit seinem Bruder erfolgreich dem weiteren Ausbau des Betriebes und wurde 1935 Alleininhaber der Firma Robert Meyhöfer sowie Vizepräsident der Industrie- und Handelskammer Königsberg. — 1944 wurde seine Firma schwer betroffen; alles fiel den Flammen zum Opfer, fast alle Schiffe gingen verloren. Trotzdem gelang es H., die Firma 1949 in Bremen mit 5 geretteten Binnenschiffen und 3 Küstenmotorschiffen in verkleinertem Rahmen weiterzuführen. — Nach seinem Tode hat sein Sohn Kaspar Haslinger den Betrieb bis 1967 weitergeführt.

Haslinger, Oswald, * Königsberg 1883, † Königsberg 1935. Kaufmann. Nach bestandenem Abitur erhielt er eine Ausbildung bei mehreren Firmen im Speditionsgewerbe und trat 1910 als Teilhaber in die Firma Robert Meyhöfer ein. Als Pionieroffizier verwundet und mit dem EK I. und II. Klasse ausgezeichnet, wurde H. 1915 Sachverständiger für Schiffahrtsfragen, zuletzt im großen Hauptquartier. — Dank seiner Initiative wurde der „Seedienst Ostpreußen“ gegründet. Seit 1921 Handelsrichter, wurde H. 1926 Finnischer Konsul. — O. H. war verheiratet mit Dr. med. Hildegard, geb. Feeder; sie blieb nach der Besetzung durch die Russen freiwillig in Königsberg und leitete ein Ambulatorium für die deutsche Bevölkerung bis 1948. — Sie praktizierte bis 1971 in Hannover und wurde mit dem Bundesverdienstkreuz I. Klasse und der Paracelsusmedaille ausgezeichnet.

Hassel-Straße, vom Oberhaberberg zur Artilleriestraße, seit 1894 benannt nach der Stifterin, des in dieser Straße gelegenen Stifts, Anna Hassel, * 1787, † 1867.

Hauptbahnhof. Bereits seit 1896 plante die Eisenbahnverwaltung, die alten Personenbahnhöfe mit den wenigen und zu kurzen Bahnsteiggleisen der betrieblich unzureichenden Kopfbahnhöfe zu ersetzen. Die Wallanlagen verloren erst 1910 ihre fortifikatorische Bedeutung. Die Eisenbahn plante auf dem freigegebenen Festungsgelände im Haberberger Grund zwischen Brandenburger und Friedländer Tor auf lange Sicht ausreichende Anlagen für einen Durchgangs-Personenbahnhof in Hochlage annähernd 6 m über dem Niveau der Straßen, um hindernde Kreuzungen mit dem Straßenverkehr zu vermeiden. — Schon 1914 erhielt die Firma Flender AG in Düsseldorf—Benrath den Auftrag für den Stahlbau der Bahnsteighalle. Die dreischiffige 178 m lange Halle umfaßte sechs doppelseitige Bahnsteige und drei Gepäckbahnsteige mit 13 Gleisen. Auf beiden Seiten des 43,55 m breiten Mittelschiffes schlossen 37 m breite Seitenschiffe an. Damit bedeckte die Halle 21 932 m mit rd. 10 000 qm Glasfläche und 2 200 qm Glasfläche der Seitenwände und Giebelschürzen. — In der langen Front der Gebäude längs der Bahnanlagen am Südrand des „Reichsplatz“ genannten Bahnhofsvorplatzes, bildete der große Giebel der Eingangshalle den Blickfang. Die Mittelhalle erhielt ein großes spitzbogiges Fenster, das 8 Travertin-Pfeiler gliederten. Die beiden Mittelpfeiler trugen die Bahnhofsuhr. Über dem Fenster sprang aus der Fassade ein Werksteinblock hervor, den Professor Brachert gestaltet hatte. Vater Chronos, der seine stürmenden Pferde zu zügeln sucht, sollte Sinnbild für die rasch mit der Zeit dahinstürmenden Eisenbahn sein. Unter dem schlichten Vordach rahmte eine Werksteinarchitektur, von Professor Schmidt-Kestner gemeißelt, die 5 Türen ein. — Rechts in der Halle lagen die Abfertigungsräume mit Auskunft, Bankschalter, Reisebüro und Fahrkartenschaltern. Der anschließende Quergang führte zu den Gepäck- und Expreßgutabfertigungen. An der östlichen Seite der Haupthalle lagen die Räume für Läden, Gaststätten und Wartesäle. — Die Front des Bahnhofsgebäudes war ebenso wie die des großen westlich anschließenden Bahnpostamtes mit blaubunten Klinkern des kleinen oldenburgischen Formats, teilweise aus dem Cadiner Werk geliefert, verkleidet. — Am 19. 9. 1929 fand die feierliche Eröffnung des Betriebes auf den neuen Bahnanlagen statt. — Am 21. Januar 1945 ging der letzte von Flüchtlingen überfüllte Nachtzug nach Berlin. — Der Hauptbahnhof ist heute als Süd-Bahnhof in Betrieb. —

Haupthandelsgesellschaft, ostpr. landw. Genossenschaft, m. b. H., Stresemannstraße 27/33.

Hauptmann, R., Inh. Richard Knopp, Tapeten, Linoleum, Handweberzeugnisse, Vorstädt. Langgasse 82, Tragheimer Kirchenstraße 42.

Hauptversorgungsamt Ostpreußen, Brahmsstraße 9. Direktor B. Pflug. Im gleichen Hause befand sich das Versorgungsamt Königsberg.

Hauptzollämter. Das Amt in der Holländer Baumstraße 17 war für die Verzollungen der Schiffs- und Bahneinfuhren zuständig. Das Hauptzollamt Paradeplatz verzollte die Postsendungen, außerdem unterstanden ihm die Zollämter Gerdauen, Rastenburg und Labiau.

Haus der Stauer, für den gesamten Hafenbetrieb, Friedrichsburgstraße 19, neben der alten Feste Friedrichsburg.

Haus der Technik, 1925 von Hanns Hopp erbaut als Ausstellungshalle, besonders der Ostmesse. Der riesige Saal übertraf an Größe den Moskowitersaal; er diente auch zu Veranstaltungen. Von 1933 — 1945 hieß es Schlageterhaus.*

Hayn-Straße, Siedlung Charlottenburg, 1941 benannt nach dem Gynäkologen Professor Albert Hayn, 1801 in Breslau geboren. Er wurde 1830 an die Königsberger Hebammenschule berufen. Professor an der Albertina. 1847 Mitglied des Medizinalkollegiums. Hayn verstarb 1863 in Königsberg.*

Heeresbauämter, Wilhelmstraße 1.

Heersbekleidungsamt, Großkomturstraße 16/18.

Heeresfeldzeugkommando I, Kaserne Trommelplatz.

Heeresstandortkasse, Wilhelmstraße 2.

Heeresstandortverwaltung I, Wilhelmstraße 2a.

Heeresstandortverwaltung II, Oberhaberberg 29.

Heeresverpflegungs-Hauptamt, Holländerbaumstraße 9.

Heereswaschanstalt, Wallring 3.

Heereszeugamt, Wrangelstraße 31.

Heidemann, Dr. August Wilhelm, * Stargard/Pomm., 1773, † Königsberg 1813. Kommunalpolitiker. 1799 am Kammergericht, 1802 Reg. Rat und Professor an der Albertina. H. tat viel für die Verbesserung der Universitätsverhältnisse. 1810 zum OB gewählt, widmete sich mit Eifer und Liebe der Stadtverwaltung, die besonders 1812/13 ungeheuere Anforderungen stellte. Im Ausschuß zur Landwehrordnung und in der Generalkommission, war er ein unermüdlicher Mitarbeiter des Grafen Dohna. 1813 erlag H. einem Nervenfieber.

Heidemann-Straße, seit 1899 zum rechten Sackheim, benannt nach dem OB Dr. August W. Heidemann.

Heilige-Geist-Hospital, s. Hospitäler.

Heiligenbeil, erhielt 1301 durch den deutschen Orden das Stadtrecht. Der Name Heiligenbeil bedeutet heiliger „Berg“, swentopil, obwohl sich im Wappen zwei gekreuzte Beile befinden. Hier wurde 1372 ein Augustinerkloster gegründet, nach dessen Brand 1520 zogen die Mönche aus der Stadt fort. Die Kirche soll bereits 1349 entstanden sein; mehrfach abgebrannt, wurde sie 1794 letztmals erneuert. 1939 hatte die Stadt 12000 Einwohner. Als im Heiligenbeiler Kessel die Reste der 4. deutschen Armee eingeschlossen wurden, hat die Stadt schwere Schäden erlitten.

Heiligengeist-Straße, von der Altstädt. Langgasse zur Holz-Straße.

Heiligenkreuz, im Nordwesten des Samlandes. Der Landmeister Konrad v. Thierberg d. J. hat um 1283 nach der endgültigen Unterwerfung der Sudauer hier einer Gruppe von 1600 Menschen unter dem zum Christentum bekehrten Edlen Kantegerde neue Wohnplätze angewiesen. Zur besseren Pflege des neuen Glaubens wurde 1352 die „Kirche zum hl. Kreuz bei den Sudauern“ als besonderes Kirchspiel von dem entlegenen Thierenberg abgetrennt.

eiligenwalde, 1344. Nördl. des Pregeltales in altpreußischer Zeit im „Heiligen Walde“ gelegen. Pfarrkirche als einschiffiger, verputzter Feld- und Ziegelbau mit 16-teiligem Gewölbe im Chor, im 15./16. Jahrh. erbaut. Bruchstücke mittelalterlicher Wandmalereien, Mutter Gottes mit Kind 14. Jahrh., Triumpfbogen um 1500, Kanzel 1675, Altar 1690, Beichtstuhl und Liedtafel um 1750, Orgel 1761, 2 Glocken.

eilig-Kreuz-Kirche, westl. vom späteren Roßgärter Markt, 1506 erstmals bezeugt. Die Kirche wurde nach 1525 in ein Gießhaus verwandelt, in dem Geschütze und Glocken gegossen wurden.

eilsberger Straße im Mühlenhof.

eimat-Museum s. Freilicht-Museum.

ein, Dr. Max, * Angerburg/Ostpr. 1885, † Schleswig 1949. Historiker. Studium in Berlin und Heidelberg. Bald galt sein Interesse vorwiegend der neueren pr. Geschichte. Bereits 1909 war H. in den Dienst der pr. Archivverwaltung getreten, zunächst in Danzig dann in Berlin. 1921 erfolgte seine Versetzung an das Staatsarchiv in Königsberg. Er wurde 1927 dessen Archivdirektor. Neben seinen historischen Forschungen trat die Verwaltungsarbeit nicht zurück; H. konnte das Archiv 1930 aus seiner Enge in den Schloßräumen in einen modernen Archivbau überführen. Auf seine Veranlassung wurde 1944 der wertvollste Teil der Archivbestände in den Westen verlagert, die später nach Göttingen kamen. Nach dem Krieg wurde H. Leiter des Staatsarchivs Kiel, das sich im Schloß Gottorf befand.

Heincke, Dr. Hanswerner, * Allenstein 1905. Germanist. Nach dem Abitur auf dem Friedrichskollegium in Königsberg studierte H. zunächst Architektur in Graz und Breslau, später in Königsberg Germanistik, Geschichte, Kunstgeschichte, Religion, Volkskunde und Philosophie. Abschließend promovierte H. in Germanistik bei Prof. Ziesemer. Nach dem Studium war H. u. a. wissenschaftlicher Mitarbeiter beim Reichskolonialbund. Im Kriegseinsatz war H. in Rußland und Dänemark. Dann Jugenderzieher bei der Inneren Mission in Niedersachsen und Kulturreferent bei Vertriebenenverbänden, insbesondere bei der Lm. Ostpreußen in Nordrhein-Westfalen. Ab 1954 war H. im Schuldienst mit den Fächern Deutsch, Religion und Philosophie, auch über das Pensionsalter hinaus. Als langjähriges Mitglied der Stadtvertretung Königsberg redigiert H. seit 1974 den vielseitig gestalteten Königsberger Bürgerbrief. Auch gehört er zu den Betreuern des Museums „Haus Königsberg“ in Duisburg. —In der Zeit von 1927 bis 1985 hat H. mehr als 150 Bücher, Aufsätze und Manuskripte verfaßt u. a. m. — Für seine umfangreichen Arbeiten ist H. mehrfach geehrt worden: Agnes Miegel-Plakette, Goldenes Ehrenzeichen der Lm. Ostpreußen, Königsberger Bürgermedaille und Ernst Moritz Arndt-Plakette des BdV/NRW.

Heincke, Paul, * Jagdhaus/Westpr. 1878, † Ratingen 1968. Pädagoge. Nach einem vielseitigen Studium bestand H. die beiden philologischen Staatsexamen in Königsberg und an der Landesturnanstalt in Spandau. 1904 wurde er als Oberlehrer nach Allenstein berufen. 1911 kam H. an das Löben. Realgymnasium in Königsberg und war zuletzt Oberstudienrat; bereits 1917 hatte er den Professorentitel erhalten. — H. bildete Turn- und Mittelschullehrer aus und verfaßte Lehrbücher. Als Vorsitzender des Jugendherbergswerks von Nordostpreußen baute er das Herbergsnetz aus. Als Briefmarkensammler organisierte H. 1935 die „Ostropa“, eine erste internationale Osteuropäische Briefmarkenausstellung im Haus der Technik. Noch mit 72 Jahren wurde H. im Dom zu Luckau/NL zum Geistlichen ordiniert. Von Düsseldorf aus war ihm die alljährliche Verteilung der Alberten an die Abiturienten der Patenschule des Steinbart-Gymnasiums für den „Löbenicht“ Herzenssache.

Heinemann, Otto, * Langenau 1865, † Kbg. 1945. Tiefbau-Ingenieur. H. war seit 1892 in Königsberg Meliorationsmeister und ab 1930 Landesbaurat bei der Provinzialverwaltung Ostpreußen. H. erwarb sich besondere Verdienste um die Trockenlegung der Moorgebiete in Ostpreußen. Er war Träger des Hohenzollerischen Hausordens. Mit K. Stüwe verfaßte H. 1933 eine Schrift über die Bedeutung der landwirtschaftlichen Meliorationen in Ostpreußen.

Heinrich, Carl Ludwig, * Kbg. 1795, † Kbg. nach 1866. Politiker. Mitkämpfer im Nationalen Jäger-Detachement im Befreiungskrieg. Dann hatte H. in der Mönkestr. 21 eine Likörfabrik. — H. war Obervorsteher der Königsberger Kaufmannschaft und liberaler Politiker und spielte beim Huldigungslandtag in Königsberg 1840 eine Rolle als Sprecher; er wurde 1847 Deputierter zum Vereinigten Landtag.

Heinrich-Albert-Chor. Dieser Knabenchor wurde von Konrad Opitz 1933 gegründet. Seine Bereiche: Madrigale, sakrale Werke, Volkslieder. Seit 1935 Teilnahme an Musikfesten, 1938 Reisen ins Baltikum. 1942 Deutschlandfahrt. Nach der Zerstörung Königsbergs geht 1944 der größte Teil des Chors und der mit ihm vereinigten Rundfunkspielschar Königsbergs nach Prag. 1947 Konzertreise nach Berlin, letztes Auftreten 1951. Auftreten der Chorgemeinschaft beim Königsberger Treffen 1982 in Duisburg.

Heinrich-Straße, bis 1889 Mönkenstraße, vom Steindamm zur Drummstraße, benannt nach dem Politiker C. L. Heinrich.

Heinrich Königswieser-Straße, Friedrichswalde, parallel zur Herrantstraß 1936 benannt nach dem Hofmaler H Königswieser.

Heitmann, Fritz, * Ahlen/Westfl. 185 † Kbg. 1921. Architekt. H. legte 1875 di Diplomprüfung ab. 1877 trat er in de Dienst der Reichspost und war se 1886 mit der Leitung von Postbauten i Gumbinnen und Pillau beauftragt. Dan ließ sich H. als freier Architekt in Königsberg nieder und gehörte bald zu de am meisten beschäftigten Architekter H. baute die Palästra-Albertina, di Adalbertskapelle, die kath. Kirche au dem Haberberg, die Luisenkirche i Amalienau und die Lutherkirche au dem Viehmarkt. Ferner baute H. mehrere Kirchen sowie Kreis- und Krankenhäuser in der Provinz. Auch gestaltete H. die Villenkolonie in Amalienau Er zog als Landwehrhauptmann 191 für einige Monate ins Feld. Baurat H hinterließ 3 Töchter und einen Soh Wynrich.

Heitz, Ferdinand, * Kbg. 1866, † Kbg 1925. Mitinhaber der Firma J. C. Bittrich & Söhne, in der er 1884 seine Berufsausbildung begann. Seit 1901 wa H. im Vorsteheramt der Königsberge Kaufmannschaft, der späteren Handelskammer. 1911 wurde F. Mitinhaber de angesehenen Firma. Außer zahlreiche Ehrenämtern wurde H. vom Oberpräsidenten von Batocki mit der Leitung de Lebensmittelversorgung der Provinz betraut. Für seine Verdienste bekam H das EK II am weiß-schwarzen Bande H. war in mehreren Aufsichtsräten un war einer der Gründer der Königsberge Vereinsrösterei G.m.b.H.

Helene-Lange-Mittelschule. Das Rauschningsche Lyzeum wurde 1930 zur Mittelschule umgebildet, doch kamen ihr Lyzealklassen zum Bismarcklyzeum.

Helfferich-Straße in Amalienau.

Helmholtz, Richard von, * Kbg. 1852, † München 1934. Maschinen-Ingenieur. Sohn von Hermann v. Helmholtz. H. leitete als Eisenbahningenieur das Konstruktionsbüro der Lokomotiv-Fabrik Krauss & Co. München. H. machte bahnbrechende Erfindungen zur Verbesserung der Kurvenläufigkeit der Lokomotiven.

Helmholtz-Straße, seit 1914 von der Altroßgärter Kirche zur Arnold-Straße. Benannt nach dem berühmten Physiologen Herm. von Helmholtz, der 1850 in Königsberg den Augenspiegel erfand.

Hennenberger, Kaspar * Erlich/Hof 1529, † Kbg. 1600. Evang. Geistlicher und Kartograph. Nach seinem Theologiestudium an d. Albertina wurde H. Pfarrer in Mühlhausen bei Pr. Eylau. Aufgrund seiner Kartenzeichenkunst und seiner reichen Sammlung von Karteiblättern wurde H. um 1570 aufgefordert, eine neue Karte von Preußen herzustellen. Die neun Blätter, die er in 8 Jahren, von 1576—1584, geschaffen hat, sind mit Ortsbeschreibung und -verzeichnis in ihrer Prägnanz einmalig. Sie wurden fast dreihundert Jahre reproduziert und neu herausgegeben.

Hennig, Georg Ernst Sigismund, * Jauer 1749, † Kbg. 1809. Nach dem Schulabschluß 1767 studierte H. an der Albertina Theologie und wurde Pfarrer in Tharau, 1776 Pfarrer an der Löbenichtschen Kirche in Königsberg. 1801 erhielt H. den Professorentitel. Er hat sich verdient gemacht, in dem er im Namen der Königlichen Deutschen Gesellschaft ein Preußisches Wörterbuch verfaßte und redigierte. Seit 1788 war er Präsident dieser Gesellschaft. Von 1790 bis 1798 gab er das Preußische Archiv heraus, zu dem er eine Reihe historischer Beiträge lieferte. H. schrieb eine Geschichte der Löbenichtschen Kirche.

Henrietten-Straße von der Beeck-Straße zur Charlotten-Straße.

Hensche, Dr. h. c. August W. * Kbg. 1798, † Kbg. 1889. Nach Besuch des Altst. Gymnasiums und Pharmaziestudium übernahm er 1823 die väterliche Apotheke. H. entdeckte eine Reihe seltener Pflanzen in Ostpreußen. 1827 bis 1870 Stadtrat. 1858 erwarb er das schöne Braxein-Tettausche Adelspalais auf dem Mitteltragheim.

Hensche-Straße zum Mitteltragheim, nach Dr. August W. Hensche.

Hensel, Kurt, * Kbg. 1861, † Marburg 1941. Methematiker. H. war seit 1902 Professor in Marburg. Bedeutende Arbeiten v. a. zur Zahlentheorie, zur Theorie der algebraischen Funktionen und zur linearen Algebra, schuf eine neue Begründung der Theorie der algebraischen Zahlen.

Henze, Mahlow & Co., gegr. 1865. Inh. Joachim Schmeer, Vorstädt. Langgasse 94.

Herbart, Johann Friedrich, * Oldenburg 1776, † Göttingen 1841. Philosoph. H. wirkte seit 1809 als Professor der Philosophie und Pädagogik in Königsberg, wo er mit der Gründung des Pädagogischen Seminars einen bedeutenden Einfluß auf die Entwicklung dieser Wissenschaft ausübte. 1833 folgte er einem Ruf an die Göttinger Universität. — H. starb in Göttingen, während seine Witwe nach Königsberg zurückkehrte und seine Bibliothek und das Vermögen der Albertina vermachte.

Herbart-Straße zur Kalthöfischen Straße, 1878 nach Joh. Friedr. Herbart benannt.

Herder-Schule. 1931 bezog diese Schule den Ostflügel der ehemaligen Wrangel-Kaserne.

Herder-Straße zum Mitteltragheim, 1896 benannt nach Joh. Friedr. Herder, * Mohrungen 1744, † Weimar 1803. H. war 1764 Lehrer am Friedrichskolleg in Königsberg.

Herford, Wilhelm Hermann, * Coadjuthen 1837, † Kbg. 1916. Ev. Theologe. Nach dem Studium wurde H. zunächst Hauslehrer. — 1865 Prediger an der Tapiauer Provinzial-Besserungsanstalt. 1867 Pfarrer in Mahnsfeld. Seit 1882 Domprediger in Königsberg. H. wirkte mit an der Domerneuerung unter Prof. Dethlefsen 1903—07 und war Vorstandsmitglied des Gustav Adolf-Vereins sowie zahlreicher Wohltätigkeitsanstalten.

Herholzsches Lyzeum. Diese Schule wurde von Eugenie Thude gegründet und Jahrzehnte von ihr geleitet. Ihre Nachfolgerinnen waren Frau Herholz und Frau Günther. 1925 wurde das Lyzeum ins Körte Oberlyzeum überführt.

Hermann, Ludimar, * Berlin 1838, † Kbg. 1914. Physiologe. Nach dem Studium in Berlin wurde H. dort 1859 promoviert und habilitierte sich — nachdem er den Krieg gegen Dänemark mitgemacht hatte — 1865. H. wurde 1868 Prof. in Zürich und 1884 Ordinarius und Direktor des Physiologischen Instituts in Königsberg, wo er bis zu seiner Emeritierung 1913 blieb. H. war auf seinem Gebiet eine Kapazität von Weltruf, Ehrendoktor der Universitäten Oxford und Dublin. Verfasser von Lehrbüchern der Physiologie und Toxologie. Herausgeber der Jahresberichte über die Fortschritte der Physiologie und Mitherausgeber des sechsbändigen Handbuchs der Physiologie, 1883. H. war 1891 Rektor der Albertina.

Hermann-Göring-Straße s. Labiauer Straße.

Hermann-Allee auf den Hufen, von der Schubertstraße zur Hagenstraße.

Herrant, Crispin, * Franken um 1500, † Kbg. 1549. Maler. H. war Schüler Albrecht Dürers in Nürnberg und wurde 1529 als Hofmaler nach Königsberg berufen; erscheint laufend von 1530—1549 in den herzoglichen Rechnungsbüchern. Sein ausgezeichnetes Bild des Mathematikers und Astrologen Carrion als 17- und 37jährigen nebeneinander erweist ihn als Dürerschüler und war ein Hauptstück der Königsberger Gemäldegalerie. H. war mit der Königsbergerin Heffener verheiratet. Nach seinem Tode erhielt sein Schwager, Hans Heffener, die Hofmalerstelle.

Herrant-Straße in Friedrichswalde, benannt 1934 nach Crispin Herrant.

Herrje! Ein typischer Ausdruck, mit dem sich der Ostpreuße zu erkennen gibt.

Herzberg, Carl, gegr. 1883, Chemische Fabrik, Inh. Stadtrat C. Herzberg, Quednau, Backhausstraße 1.

Herzog-Albrecht-Allee in Maraunenhof, von der Auguste-Viktoria-Allee zur Cranzer Allee.

Herzöge, preuß., die in Kbg. residierten: Albrecht v. Brandenbg-Ansbach 1525—1568; Albrecht Friedrich 1568—1573. Nur zeitweise in Kbg. redisierend: Markgf. Georg Friedr. v. Ansb. 1577—1603; Kurfürst Joachim Friedrich 1603—1608; Kurfürst Johann Sigismund 1609—1619; Kurfürst Georg Wilhelm 1619—1640; Kurfürst Friedr. Wilhelm 1640—1688; Kurfürst Friedrich III. 1688—1701; dann als Friedrich I. König in Preußen — 1713.*

Herzogliche Regierung in Königsberg von 1525 bis 1701.

Herzogsacker, einst kalthöfischer Acker, der um 1695 als „Marschallsacker" dem Hzg. Friedrich Ludwig von Holstein-Beck vom König geschenkt wurde. Später Exerzierplatz. Der Herzog kam 1693 als Komm-General und Statthalter nach Kbg. Im Nordischen Krieg sicherte er Ostpreußens Neutralität; er war im gesellschaftlichen Leben Kbgs. von bedeutendem Einfluß.*

Hesse, Ludwig Otto, * Kbg. 1811, † München 1874. Mathematiker. Professor u. a. in Heidelberg und München; arbeitete v. a. über Invariantentheorie, analytische Geometrie und Determinanten.

Heumann, Felix, Komm. Rat, Dr. h. c., * Kbg. 1869, † Kbg. 1932. Industrieller. H. absolvierte seine technische Ausbildung an der TH Berlin-Charlottenburg und seine praktische Ausbildung in der Eisenbahnabteilung von Siemens-Schuckert. — H. übernahm nach dem Tode seines Vaters 1905 die Leitung der Waggonfabrik L. Steinfurt und behielt sie in der Hand, als sie 1906 in eine GmbH und 1922 in eine Aktiengesellschaft umgewandelt wurde. Das Werk baute vorwiegend Güterwagen und Straßenbahnwagen. 1918 wurde H. erster Präsident der Industrie- und Handelskammer. — Seine beiden Söhne Friedrich August und Max blieben 1945 in der Stadt und sind im damaligen Chaos ums Leben gekommen.

Heumann, Fritz, * Aachen 1835, † Kbg. 1905. Industrieller. H. studierte in Karlsruhe Maschinenbau und war u. a. auf der Vulkanwerft in Stettin praktisch tätig. — 1864 trat H. in die Waggonfabrik Leopold Steinfurt in Königsberg ein und erhielt bereits 1865 Prokura und die Gesamtleitung. — H. heiratete Steinfurts Tochter Ida, * 1838, † 1873, nach deren Tode Ida Gädeke. — 1886 wurde H. alleiniger Inhaber der Fabrik, die er zu einem der größten Industriewerke Ostdeutschlands ausbaute. Sein Werk führte sein Sohn Felix weiter.

Heumarkt, zwischen Steindamm und Drumm-Straße. Dieser Platz hieß seit 1811 Heumarkt, vorher Zu den drei Galgen, später Kleiner Büttelplatz.

Heydeck, Johannes, * Sakuten/Mem. 1835, † Kbg. 1910. Historienmaler. Ausbildung an der Kunstakademie Kbg. unter Rosenfelder. H. schuf große Geschichtsdarstellungen und Bildnisse. — 1869—1900 Professor an der Königsberger Akademie. Mitglied der Berliner Akademie. 1894 Dr. h. c. der Albertina. — Förderer und Erhalter der Kunstdenkmäler Ostpreußens. U. a. ein Porträt „Immanuel Kant", das 1872 gemalt, später ins Stadtgeschichtliche Museum kam. Das zuerst 1887 in Berlin ausgestellte Gemälde „Königin Luise auf der Flucht nach Memel im Januar 1807" machte H. weithin bekannt.

Heymann, Walter, * Kbg. 1882, gef. Soissons 1915. Dichter. Zu den ungezählten Opfern dt. Talente, die im Ersten Weltkrieg fielen, gehörte der vorwiegend lyrisch begabte H. — U. v. a. 2 Gedichtbände „Der Springbrunnen", 1906 und „Nehrungsbilder", 1909.

Heymann, Werner Richard, Kbg. 1896, † München 1961. Komponist. H. erhielt Musikunterricht u. a. von Paul Scheinpflug. Seine ersten Werke waren Bühnenmusiken, eine Rhapsodische Sinfonie, ein Streichquartett und Lieder. In Berlin wandte er sich der Filmmusik zu, die ihn in den 30er Jahren bekannt und beliebt machte. Die Filmstreifen „Die drei von der Tankstelle", „Bomben auf Monte Carlo", „Der Kongress tantz" u. a., in denen deutsche Filmstars die Hauptrollen spielten, waren Kassenschlager. — Seit 1933 lebte H. in Hollywood, kehrte aber nach dem Krieg zurück nach München.

Hieber, Dr. Otto, * Kbg. 1840, † Kbg. 1929. Gynäkologe. Als Assistent an der Königsberger Frauenklinik übernahm H. die Ausbildung der Hebammen. Später betrieb er eine eigene Praxis und erhielt den Titel Geh. Sanitätsrat. H. widmete sich ganz seiner Loge, deren Geschichte er 1897 herausgab. — Für seine Verdienste wurde H. Ehrenmitglied von etwa 90 Logen.

Hilbert, David, * Kbg. 1862, † Göttingen 1943. Mathematiker. H. studierte in Heidelberg und an der Albertina, wo er auch promovierte und sich 1886 habilitierte; hier wurde er 1893 a. o. Professor; 1895 ging er nach Göttingen. — H. veröffentlichte grundlegende Arbeiten über axiomatische Probleme und Quantenmechanik. Der von ihm definierte mathematische Raumbegriff ist als

„Hilbertscher Raum" anerkannt worden. — Unter seinen vielen Ehrungen hat ihn 1930 die Verleihung der Ehrenbürgerschaft seiner Vaterstadt am meisten beglückt. — H. schrieb u. a. „Grundlagen der Geometrie".

Hilfsschulen. Comeniusschule, Alter Garten 48-50. Rektoren: Ruhnau, Lemke.
Diesterwegschule, Tragheimer Pulverstr. 28-29, Rektoren: Sengstock, Grünberg.
Dinterschule, Waisenhausplatz 3. Rektoren: v. Knebel, Preuß.
Frankeschule, Arndtstr. 9. Rektoren: Klugmann, Büttner.
Pfundtnerschule, Schifferdeckerstraße 10. Rektoren: Janowski, Kingerski.

Hiller, Arthur, * Kbg. 1878, † Sucre/Boliv. 1949. Mediziner. Nach der Promotion ließ sich Hiller als orthopädischer Chirurg in Kbg. nieder. 1914 wurde er als Oberstabsarzt Leiter des Garnisonlazaretts in Kbg. 1937 gab er seine Praxis auf und wanderte im Januar 1938 nach Paris aus, von wo er 1939 nach Bolivien emigrierte und in abgelegenen Provinzen bis zu seinem Tode praktizierte.

Hindenburg, Paul von Beneckendorff und v. Hindenburg, * Posen 1847, † Neudeck 1934. GFM, Reichspräsident. H. erhielt 1914 als Retter der Stadt Königsberg vor den Russen den Ehrenbürgerbrief und wurde vierfacher Dr. h. c. der Albertina. Eine Gedenktafel befand sich am Haus Königstr. 54, wo er 1881—84 als Hauptmann im Stab der 1. Division wohnte. Seine Büste von Cauer stand im Kneiph. Rathaus, eine weitere von Brachert seit 1927 im Liebenthalschen Universitätsneubau.

Hindenburg-Haus. 1913 richtete Prof. H. Höftmann eine Krüppel- Heil- und Lehranstalt am Stadtgarten ein. 1915 erhielt das Heim den Namen Hindenburg-Haus. Langjähriger Chefarzt war Dr. med. Leo Kiewe, † 1942.

Hindenburg-Oberrealschule. Im Oktober 1868 wurde die Städtische Steindammer Mittelschule mit zunächst 27 Schülern in drei unteren Klassen eröffnet. Unter der Leitung des Rektors Carl A. Kißner nahm die Schule einen unerwarteten Aufschwung. 1890 konnte sie in der 3. Fließstraße 1 ein stattliches doppeltes Schulgebäude beziehen, und 1902 wurde sie als Steindammer Realschule anerkannt. Im Januar 1917 erfolgte die Einweihung des neuen großen Schulgebäudes am Wallring unter gleichzeitiger Umbenennung in Hindenburg-Realschule. Bereits Ostern 1918 wurde sie zur Hindenburg-Oberrealschule unter ihrem langjährigen Direktor Prof. Otto Portzehl. 1920 war sie mit 780 Schülern die meistbesuchte Schule Königsbergs.

Hindenburgstraße seit 1914, früher Bahnstraße, weil sie zur Haltestelle Mittelhufen der Labiauer Bahn führte.

Hinteranger, eine kurze Straße parallel zum Mittelanger.

Hinterhufen. Der Komm.-Rat Gust. Schnell kaufte 1820 die Hinterhufengüter und vereinigte sie zu einem Gut, das er nach seiner Frau Amalie, geb. Gramatzki, in Amalienau umbenannte.

Hinterlomse, von der Hochmeisterstraße zur Plantage.

Hinterroßgarten, vom Vorderroßgarten zum Roßgärter Tor.

Hintertragheim, vom Theaterplatz zu der Wrangelstraße. Die Königsberger nannten den Hintertragheim und seine Nebenstraßen das Geheimratsviertel.

Hippel, Robert, von, * Kbg. 1866, † Göttingen 1951. Jurist. Professor u. a. in Rostock, seit 1899 in Göttingen; Schüler von F. v. Liszt. H. war maßgeblich an der beginnenden Strafrechtsreform beteiligt.

Hippel d. Ä., Theodor Gottlieb von, * Gerdauen 1741, † Kbg. 1796. Schriftsteller. H. studierte Theologie in Kbg., wechselte zur Jurisprudenz über. 1765 Kriminalrat und Direktor des Kriminalkollegiums. — Mitarbeiter beim preußischen Landrecht. — 1780 Dirig. Bürgermeister Königsbergs und Stadtpräsident. 1786 Geh. Kriegsrat. Durch anonyme Romane und satirische Schriften gewann er den Ruf eines bedeutenden Humoristen. Kant nannte ihn einen „Zentralkopf". Seine schöne Gemäldesammlung wurde von einem Neffen der Stadt geschenkt. H. liegt auf dem „Gelehrtenfriedhof" begraben. Die Universität zeigte seine Scudelle.

Hippelstraße, vom Unter- zum Oberhaberberg.

Hirschfeld, Gustav, * Pyritz 1847, † Wiesbaden 1895. Archäologe. H. leitete zeitweilig die ersten Ausgrabungen in Olympia. — Seit 1878 Professor in Königsberg. H. war u. a. Herausgeber griechischer Inschriften.

Hirschgasse, Querstraße der Jägerstraße in Ponarth

Hochmeister des Deutschen Ordens, die in Königsberg residierten:
Ludwig v. Erlichshausen 1457—1467; Heinrich Reuß von Plauen 1467—1470; Heinr. Reffle v. Richtenberg 1470—1477; Martin Truchseß v. Wetzhausen 1477—1489; Johann von Tiefen 1489—1497; Friedr. Hzg. v. Sachsen-Meißen 1497—1510; Albrecht v. Brandenburg-Ansbach 1511—1525. Mit Ausnahme des Friedr. v. Sachsen-M. wurden alle im Königsberger Dom beigesetzt.*

Hochmeister-Straße auf der Lomse, kreutze den Kürfürsten-Damm.

Hoeftmann, Heinrich, * Memel 1851, † Kbg. 1917. Orthopäde. Nach dem Medizinstudium in Leipzig und Kbg. wurde Dr. H. 1877 Assistent an der chirurg. Universitätsklinik zu Kbg. 1882 eröffnete er eine Privatklinik für Orthopädie, die im Laufe der Jahre auf 120 Betten anwuchs. Schon 1901 gründete H. die „Deutsche Orthopäd. Gesellschaft". Er wirkte richtungsweisend für den Bau orthopädischer Apparate.

Hoeftmannstraße nördl. des Bhf. Maraunenhof, 1923 benannt nach Dr. H. Hoeftmann.

Hof-Apotheke in der Junkerstraße, 1560 von Dr. Montanus als „Churfürstliche Hofapotheke" gegründet, 1747 von Heinrich Hagen aus Schippenbeil gekauft, blieb die H. A. bis 1937 im Besitz der Familie Hagen.

Hoffheinz, Gustav Theodor, * Barten 1806, † Kbg. 1891. Theologe. Nach dem Studium an der Albertina wurde er 1832 Pfarrer in Gallingen und von 1847 bis 1882 an der Burgkirche in Kbg. Superintendent H. schrieb anregende Aufsätze zur Geschichte von Kbg.

Hoffmann, A., Inh. Gust. Hoffman, Bindfaden- und Seilerwarenfabrik, Borchertstraße 17.

Hoffmann, Ernst Theodor Amadeus, eigtl. E. Th. Wilhelm, * Kbg. 1776, † Berlin 1822. — Dichter, Kammergerichtsrat. H. besuchte die Burgschule, auf der er mit Th. Gottl. von Hippel d. J. Freundschaft fürs Leben schloß. Nach juristischem Studium an der Albertina ging er 1796 nach Glogau, 1802 Reg. Rat in Plock, 1804 in Warschau. Brotlos geworden, ging H. 1806 nach Bamberg als Kapellmeister und Oberregisseur. 1813 Kapellmeister in Dresden und Leipzig. 1815 ging er an die Regierung nach Koblenz. In Berlin wurde er 1816 zum Kammergerichtsrat ernannt. — H. besaß eine reiche musische Begabung, in der sich sein scharfer Verstand mit einer lebhaften romantischen Phantasie verband. Mit seinen zahlreichen Romanen und Erzählungen wurde er der genialste Vertreter der norddeutschen Romantiker. Von seinen Werken seien genannt: „Die Elixiere des Teufels", 1815/16, „Nachtstücke", 1817; „Klein Zaches genannt Zinnober", 1819 und „Lebensgeschichten des Katers Murr...". — H. schrieb zahlreiche Opern, von denen „Undine" erfolgreich 1816 uraufgeführt wurde. Schließlich war H. auch Maler und Karikaturen-Zeichner.

Hoffmann, Dr. h. c. Friedrich, * Goldberg/Schl. 1875, † Lugano 1951. Jurist. Seit 1922 war Hoffmann der Kurator der Königsberger Albertina, der er bis 1945 mit Geschick und Energie diente. Seinem Wirken waren die bauliche Erweiterung der Albertina, die Berufung hervorragender Lehrer und die Förderung des Ansehens der Universität zu danken. — Nach 1945 nahm H. sich tatkräftig seiner früheren Mitarbeiter in der Vertreibung an. — H. sorgte auch für die Wiederbegründung der „Gesellschaft der Freunde Kants" in Göttingen und trug zur Gründung des „Göttinger Arbeitskreises" ostdeutscher Wissenschaftler bei.

Hoffmann, Gustav Kurt, * Gudensberg/Hess. 1891, † Godesberg 1965. Schauspieler. Der beliebte und vielseitige Schauspieler und Regisseur gehörte unter der Ära Fritz Jessners dem Ensemble des Neuen Schauspielhauses in Königsberg an, das zu den besten Provinzbühnen des Reiches gehörte. — H. übernahm 1933 nach der Emigration Jessners die Leitung des Theaters, das von der Roßgärter Passage auf die Hufen in das ehemalige Luisentheater umgezogen war. — Von Königsberg ging H. dann nach Breslau. — Nach dem Zweiten Weltkrieg wirkte er bis zu seinem Tode als Schauspieldirektor seines Bonner Zimmertheaters „Contra—Kreis". — H. war mit Eva Reimer verheiratet.

Hoffmann, Hermann Theodor, * Adl. Lauth 1836, † Kbg. 1902. Kommunal-Politiker. — Sohn eines Königsberger Kaufmanns, studierte er Jura und wurde 1866 Stadtkämmerer in Stettin, 1872 in gleichem Amt in Kbg. 1884 Bürgermeister; 1893 wurde H. Oberbürgermeister seiner Vaterstadt. H. bereitete die großen Umwälzungen im Stadtleben vor: Wasserversorgung, Elektrizitätswerk, Schlachthof, Kanalisation, Straßenreinigung und Entfestigung. — 1902 wurde H. zum Ehrenbürger ernannt. In den Wiekauer Teichanlagen setzte man ihm 1905 einen Gedenkstein.

Hoffmannstraße, 1904 vom Jahrmarktsplatz zum Unterhaberberg nach H. Th. Hoffmann benannt.

Hohe Brücke, zugestanden bereits 1377, erbaut erst 1520. Neubauten 1882 und 1938

Hohenstaufen, His. wissenschaftl. Verbdg. gegr. 1889, Farben schwarz-weiß-orange, schwarze Samtmütze, Heim Palästra Albertina.

Hohenzollern-Apotheke, seit 1893, Bes. Ernst Morgenroth, Mitteltragheim 17.

Hohenzollern-Straße, seit 1895 vom Steindamm zur Tragheimer Kirchenstraße.

Hökerstraße in der Altstadt, von der Schmiedestraße zur Holzstraße.

Hollack, Emil, * Grünwalde 1860, † Kbg. 1924. Nach seiner Ausbildung war H. Lehrer in Mühlhausen, Labiau und Königsberg, dann Prorektor bis 1902, anschließend Lehrer an der Staatl. Baugewerkschule. Große Vorliebe für die Vorgeschichte führte H. schon früh zur „Prussia". Dort arbeitete er unter Bezzenberger und leitete später Ausgrabungen. Das Ergebnis seiner Arbeiten war die 1908 herausgegebene vorgeschichtliche Übersichtskarte von Ostpreußen, die mit dem umfangreichen Bande „Erläuterungen" ein grundlegendes Hilfsmittel der ostpr. vorgeschichtlichen Forschungen darstellt. Erwähnenswert das mit Stadtschulrat Tromnau 1899 herausgegebene Werk „Geschichte des Schulwesens der Stadt Königsberg".

olländer Baum. Jahrhunderte schloß eine Baumstammsperre neben der späteren Feste Friedrichsburg den Pregel. Entsprechend am östl. Stadtrand der Litauer Baum. In den 40er Jahren des 19. Jh. entstand hier ein kleines Befestigungswerk auf der re. Pregelseite und 1864 ein Tunnel der Lizentbahn durch den Wall. 1926 wurde hier der Bahnhof Holländer Baum errichtet.

olländer-Baum-Straße von der Lizentstr. zum Holsteiner-Damm.

olländergasse zum Neuen Markt, nach dem Ratsherrn A. Hollander benannt.

olldack & Thran, Inh. Max Raeder, Hülsenfrüchte, Bohlwerksgasse 11. Das Unternehmen wurde Ende der 1860er Jahre gegründet. Es entwickelte sich zum führenden Linsen-Exportgeschäft, denn Franz Thran war es durch eine geringfügige Änderung der sogenannten „Trieure" gelungen, die bisher unsortiert gehandelten Linsen jetzt in gleichmäßiger Sortierung zu liefern. Damit gelang es, die gesamte große Linsenproduktion Rußlands in den Königsberger Hafen zu ziehen. — Max Raeder hat die angesehene Firma weitergeführt.

olstein-Beck, Friedrich Karl Ludw., Hzg. von, * Kbg. 1757, † Wellingsbüttel/Hambg. 1816. H. trat 1777 auf Wunsch Friedrichs d. Gr. in preußische Dienste. 1781 war er Stabsoffizier beim Regt. von Schlieben. 1787 Komm. eines Gren. Batl. in Kbg. H. nahm 1797 als Generalleutnant seinen Abschied; erwarb sich dann große Verdienste um die Hebung der Landwirtschaft. Sein Enkel Christian wurde 1863 König von Dänemark.

olstein-Beck, Friedrich Wilh., Hzg. von, * Potsdam 1687, † Kbg. 1749. H. wuchs in Kbg. auf, wurde 1703 Hauptmann im Regt. seines Vaters. 1713 Oberst des Regt. Holstein. 1733 Generalleutnant. 1734/35 Teilnahme am Rhein — und am 1. Schlesischen Krieg. 1741 GFM, galt bei Friedrich II. als der „gute alte Holsteiner". Der Soldatenkönig schenkte ihm 1719 das Schloß Holstein. Sein Bruder, Peter August, wurde 1762 russ. GFM. Dessen Sohn, Karl Anton, war der Stammvater der Könige von Dänemark, Norwegen und Griechenland.

Holstein-Beck, Friedrich Ludwig, Herzog von, * Beck/Herfd. 1653, † Kbg. 1728. 1671 wurde H. Kornett im Regt. zu Pferde von Eller. 1675 bewährte er sich als Rittmeister in der Schlacht bei Fehrbellin. 1676 Oberst der Holstein-Dragoner. 1690 Gen.-Leutnant und Gouverneur von Wesel. 1693 Komm. General von Ostpreußen. 1713 GFM. Im Nordischen Krieg sicherte er Ostpreußen die Neutralität.

Holstein, Schloß und Dorf. An dieser Stelle lag das preußische Dorf Kasebalk, das Kurfürst Friedrich III. kaufte. Unweit vom alten Langerfeldkrug an der Pregelmündung ließ er von Georg H. Kranichfeld Schloß Friedrichshof 1693 nach einer Zeichnung von Joh. Arnold Nehring erbauen. Dieses Schloß nebst Fischerhäusern schenkte der Soldatenkönig 1719 seinem Vetter, dem Hzg. Friedr. Wilh. v. Holstein-Beck, der es Gr. Holstein nannte und in Form eines H. erweitern ließ. 1765 wurde es verkauft. Langj. Besitzer war die Familie Magnus, danach Prof. Kurt Munier, er verstarb 1946 in Königsberg.*

Holsteiner Damm, von der Reichsbahnbrücke am rechten Pregelufer nach Holstein. S. Treideldamm.

Holzbearbeitungs-Fabriken.

Anders G.m.b.H., Richard, Bartensteiner Str. und Kl. Friedrichsberg.
Demke, Johahnnes, Rudauer Weg 27.
Gebauhr & Co., C.J., Gebauhrstr. 4/6.
Hausen, Gust., Stresemannstr. 164.
Holzwarenfabrik Kbg. G.m.b.H., verläng. Kastanienallee.
Juknat, E., Lieper Weg 42/52.
Krages & Kriete, Heilsberger Str. 40/42.
Krutein Nachf., Wilh., Mühlenberg 1.

Neumann & Co. A., Lieper Weg 28/36.
Sperrholz-Hempel, Oskar Hempel, Lizentgrabenstr. 24.
Tappmeyer, Wilhelm, Gebauhrstr. 50.
Tuttas, Kurt, Kneiph. Langgasse 59.
Weller, Herbert, Metgethen, Sägewerk.

Holzbrücke vom Münchenhofplatz zur Lindenstraße. Die Altstädter erbauten sie 1404. Erneuert 1901—04 mit einer Gedenktafel für den Chronisten Lukas David.

Holzhandlungen.
Albrecht & Lewandowski, Brahmsstr. 46.
Atts, Paul, Vorstädt. Langgasse 83/84.
Bukowski, Arthur, Schönfließer Allee 1.
Freyer, M. Hindenburgstr. 31.
Funk, Bruno, Am Kaibahnhof.
Gallandi, Bernh., Inh. Ernst Rautenberg, Gebauhrstr. 25.
Hintze, Otto, Schnürlingstr. 39.
Horn, Ewald, Stresemannstr. 14/16.
Jürgensen, Kl., Brandenburger Str. 56/58.
König, Herm., Alte Pillauer Landstr. 37.
Krages, Hermann D., Holsteiner Damm
Lindenau, Alfred, Steindamm 79/80.
May, Walter, Stresemannstr. 36/40.
Riemann, Hugo, Am Kaibahnhof.
Ruhnau & Co., Erich Steinfurtstr. 1.
Runge, Albert, Henschestr. 20.
Schmakeit & Co., Kdt.-Ges., Mozartstr. 35.
Schmidt, Hans, Kniprodestr. 12.
Schwarz Nachf., Adolf, Kneiph. Holzwiesenstr. 9/10.
Sdorra, Paul, Kdt.-Ges., Kneiph. Langg. 5.
Seddig, Wilhelm, Gebauhrstr. 10a/12a.
Seikowsky, Otto, Altst. Holzwiesenstr. 3/5.
Struwe, Walther Kdt.-Ges., Gebauhrstr. 14/15.
Taday, Wilhelm, Juditter Kirchenstr. 14.
Vahlpahl, Albert, Walterstr. 1.

Holzstraße von der Altstädtischen Langgasse zum Pregel.

Holzwarenfabrik Königsberg GmbH, Nähfäden-Spulchenfabrik, Verlängerte Kastanien-Allee.

Honigbrücke, 1542 vollendet; benann nach den Fässern Honig, mit denen an geblich Oberburggraf Besenrade Kneip höfer Ratsherren bestach, worauf die erb osten Altstädter die Kneiphöfer „Honig lecker" nannten. Massiver Neubau 1882

Honig, August & F. Haurwitz, Kdt Ges., Baustoffe aller Art, Schleusenst 7.

Hopp, Hanns, * Lübeck 1890, † Berli 1971. Architekt. H. studierte in Karls ruhe und München. Bereits 1913 kan H. als Dipl.-Ing. nach Königsberg un betätigte sich als freier Architekt. E baute u. a. 1923 den Handelshof, de 1927 Stadthaus wurde, für die Mess das Haus der Technik, die Mädchenge werbeschule sowie das Parkhotel. 194 wurde H. als Professor an die Hoch schule für Werkkunst in Dresden beru fen. Seine Bauten in der DDR: Tbc Heilstätte Bad Berka, Hochschule fü Körperkultur, Botschaftsgebäude, Kranken haus Saalfeld und die Oper in Leipzig Von 1951—1957 war H. Präsident de BDA.

Horn, Carl Wilh. H. von, * Berlin 1807 † Berlin 1889. H. studierte in Heidel berg die Rechte und Nationalökonomie 1835 Assessor, war dann in Berlin bei Kammergericht mit Auszeichnung tätig 1844 Geh. Finanzrat, alsbald Vortr. Ra im Finanzministerium. 1849 Direkto der Abteilung für Etats- und Kassen wesen. 1862 wurde H. Oberpräsiden der Provinz Posen, er wurde 1865 erb lich geadelt. 1868 Wirkl. Geh. Rat 1869 wurde er Oberpräsident der da mals noch ungeteilten Provinz Preußen H. war das Muster eines altpreuß. Be amten, dem es auch gelang, einen Beitrag zur Tilgung der Kriegsschuld von 1807 aus der Staatskasse zu erhalten. Ferne ist ihm der Bau einer Reihe von Univer sitäts-Instituten zu verdanken. Bei seinem Abgang wurde er 1879 Ehrenbürger von Köngisberg.

Horn, Hans J. von, * Kbg. 1896. H war als aktiver Offizier Kriegsteilnehmer und später Stabsoffizier bei der Reichswehr. 1939 wurde H. Militär-Attaché in Paris. General von Horn war von 1957 bis 1961 Befehlshaber der Territorialen Streitkräfte der Bundeswehr.

Horn, Karl Friedrich, * Kbg. 1779, † Kbg. 1831. H. besuchte die Altstädt. Lateinschule, studierte an der Albertina und wurde Stadtrat und 1811 Bürgermeister. Zusammen mit Oberbürgermeister Heidemann war er am 5. Februar 1813 bei der denkwürdigen Sitzung im Landschaftsgebäude. Bereits 1814 Oberbürgermeister empfing er die aus dem Befreiungskrieg heimkehrenden Truppen. 1826 wurde er von den Stadtverordneten nicht wieder gewählt. Aus Horns Feder stammen wichtige Beiträge zur Beurteilung der Städteordnung.

Hornhausen, Burchard von, gef. Durben 1260. 1252 ist H. in Preußen noch ohne Amt. 1254 schon Komtur des Samlandes. Als nach dem Feldzug 1255 die Burg Königsberg erbaut wurde, war er der erste Komtur von Königsberg. Im April 1257 wurde H. Meister von Livland. H. fiel in dem Feldzug gegen die Litauer in der unglücklichen Schlacht bei Durben.

Hornhausenweg, Siedlung Jerusalem, benannt 1934 nach dem Ordenskomtur v. H.

Hornstraße, 1928 zur Hufenallee angelegt, benannt nach dem OB Karl Fr. Horn.

Horst-Wessel-Straße s. Österreichische Straße.

Hospitäler. 1286 erhielt der Bischof an der Hökerstr., nahe der Stadtmauer zum Löbenicht, einen Platz für einen Dom und das Heilige-Geist-Hospital. 1329 wurde das St.-Georgs-Hospital der Altstadt als Aussätzigenspital gegründet und 1376 das Antoniusspital von ihr erbaut. 1395 wurde das Heilige-Geist-Hospital vom Bischof an den Orden abgetreten. — 1528 räumte Herzog Albrecht das Heilige-Geist-Spital den Altstädtern für den Bau von Wohnungen ein und machte 1531 das Nonnenkloster auf dem Löbenicht zum Hospital und Pockenhaus; dadurch wurde das St.-Georgs-Hospital zu einem Stift frei. 1550 brannte das Antoniushospital ab. 1764 großer Brand des Löbenicht, dem auch das Hospital zum Opfer fiel; etliche Geisteskranke kamen um, die gotischen Altäre wurden gerettet. Der Neubau des Löben. Hospitals wurde 1772 geweiht. — 1903 wegen Baufälligkeit abgerissen und in der Heidemannstr. neu erbaut. Das St.-Georgs-Hospital blieb als Stift in der Turnerstraße bis zur Zerstörung Königsbergs.

Hospitalkirche, Gebauhrstraße 64, seit 1903. Langjähriger Prediger Georg Senger.

Hotels:

Berliner Hof, Steindamm 70/71.
Continental-Hotel, W. Wilkening, Vorst. Langgasse 68.
Hotel Germania, Tragh. Kirchenstraße 47.
Hotel „Kreutz", Bes. Robert Raudies, Tragh. Kirchenstraße 44/44a.
Hotel Nordbahnhof, Hospiz, Hansaplatz.
Hospiz, Evangelisches Vereinshaus, Schnürlingstraße 35.
Hotel Rheinischer Hof, Tragh. Kirchenstr. 45.
Hotel zur Südbahn, Inh. H. Gusowius, Knochenstraße 39.
Park-Hotel, Hintertragheim 33.
Viktoria-Hotel, Inh. Helmuth Walsdorf, Viktoriastraße 10.

Hoverbeck-Straße in Maraunenhof, westl. Parallelstraße der Herzog-Albrecht-Allee.

Hubatsch, Walther, * Kbg. 1915, † Bonn 1984. Historiker, Germanist — der Historiker Ostpreußens —. Nach Besuch des Tilsiter Gymnasiums Studium der Geschichte, Germanistik und Kunstgeschichte in Königsberg, München, Hamburg und Göttingen, dann Promotion und Habilitation in Göttingen. Dazwischen lag der Wehrdienst, den er 1945 als Kapitän z. S. d. R. abschloß. Dann übte er Lehrtätigkeit an der Universität Göttingen aus und wurde dort Professor. 1956 wurde H. nach Bonn berufen, wo er bis zu seiner Emeritierung wirkte. Auch übernahm H. Gastprofessuren nach Kansas und nach Upsala. — Zudem wurde er Ehrendoktor der Universität Turku. Bedeutsame Veröffentlichungen wie „Weg und Wirkungen ostpreußischer Geschichte" und „Ostpreußische Kirchen-Geschichte" verschafften ihm hohes wissenschaftliches Ansehen auch im Kreise seiner Landsleute. Es wurde ihm die Königsberger Bürgermedaille verliehen.

Hubertusteich, Hubertusstr. in Ponarth an der Südseite der Speichersdorfer Str.

Hübner, Rudolf, * Pillau 1837, † Kbg. 1904. Buchhändler. H., literarisch und künstlerisch begabt, eröffnete um 1867 mit Heinrich Matz die Buchhandlung Hübner & Matz, verbunden mit einer Kunst- und Musikalienhandlung. Mit seinem Schwager Robert Ellendt begründete H. 1871 die Künstlerkonzerte. H. hat 1875 in Paris die Uraufführung von Bizets „Carmen" erlebt und die Oper, obwohl sie durchgefallen war, dem Theaterdirektor Staegemann empfohlen. So wurde die reichsdeutsche Erstaufführung am 26.10.1879 ein voller Erfolg. Nach Hübners Tod trat die Nachfolge der Firma Hübner & Matz die Musikalienhandlung Jüterbock an.

hucken wie hocken, aber auch sitzen.

Hufen, nordwestl. Vorort, schon 1300 als „Huben" erwähnt; der Name kommt von dem alten Flächenmaß. Ältester Bewohner war 1710 der altstädt. Wildnisbereiter, der die Kaporner Heide betreute, u. zwar an der Stelle, wo die Pillauer Landstr. den scharfen Knick nach Süden macht. Die reichen Königsberger zogen im Sommer auf die Huben, deshalb legte 1786 Th. von Hippel den Bohlenweg an, der die Benutzung des Landweges, später Hufenalle, bis Pojenters Hof auch bei Regen ermöglichte. Als er Anfang d. 19. Jh. verrottete, unterhielt ihn ein Bohlenweg-Verein der Villenbesitzer. Wo einst der Gelbe Krug stand, lag „Carlsruh"; im Gartenhäuschen oberhalb der Freigrabenschlucht, der späteren Villa Hufenterrasse, wohnte der Diakon Christoph Wasianski, der sorgende Freund Kants. Carlsruh verkaufte 1807 Gelände an die „Flora", die zu einem so vornehmen Vergnügungsetablissement wurde, daß die Stadt dort 1879 die kaiserliche Familie begrüßte. 1812 wurde der alte Lauenhof zur Villa Conradshof. 1826 brannten 7 Villen nebst Scheunen ab. 1829 erfolgte der Bau einer Kunststraße bis Lawsken. Neben dem Häuschen des Wildnisbereiters, jetzt Chausseehaus, befand sich der Krug „Legan". Inzwischen waren die Vergnügungslokale vom Schloßteich hier in den einstigen Villen der Königsberger „Hochfinanz" zu neuem Leben erwacht. Etablissement Conradshof, Park Villa Nova, Villa Hufenpark, Hufenterrasse, Villa Bella, die spätere Konditorei Amende, Birkenhäuschen, Fortuna, Flora, Drachenfels, Julchenthal u. a. Nur die Villa Kurowski am Chausseehaus blieb bis zum Abbruch 1911 in privaten Händen. Stadtwärts neben dem Krug Legan wurde 1891 das Panorama erbaut, noch weiter östlich entstand der hölzerne Bau des Zirkus. Gegenüber Villa Nova kaufte 1892 Stadtrat Dr. Walter Simon ein Feld und schenkte es als Sportplatz der Stadt. 1901 wurden Chausseehaus und Legan abgebrochen und hier 1911 ein kleiner Teich — mit Cauers Badender — angelegt. Daneben erbaute Arch. Kuckuck das „Luisentheater". Allmählich verschwanden die Etablissements, Wohnblocks entstanden. 1913 wurde die Hufenfreigrabenschlucht eröffnet.*

Hufen-Allee, Hauptstraße auf den Hufen, Verlängerung der Kniprodestraße zu der Lawsker Allee.

Hufen-Freigraben, er läuft in einer Schlucht durch den Tiergarten und weiter zunächst in westl. Richtung dann in Luisenwahl in südl. Richtung und fließt am Kosser Weg in den Pregel.

Hufen-Gymnasium an der Hufenschlucht, gegr. 1905. Der Schulbetrieb wurde am 1. Mai 1905 in einem angemieteten Gebäude in der Hermannallee aufgenommen; seit 1907 unter der Leitung von Prof. Harry Brettschneider als Gymnasial-Direktor. 1915 wurde der durch Reg. Baurat Kraatz erstellte Neubau an der Tiergartenschlucht feierlich eingeweiht. Hierdurch wurde die Angliederung eines realgymnasialen Zweiges möglich und die Schule zu einer Doppelanstalt ausgebaut. 1922 wurde A. Postelmann Oberstudiendirektor. Dieser hochgeschätzte Pädagoge wurde 1934 in die Provinz versetzt.

Hufen-Oberlyzeum in der vord. Hindenburgstraße. Elvira Szittnick gründete 1902 eine höhere Mädchenschule, die 1905 ein neues Gebäude in der späteren Hindenburgstraße bezog. Der Staat erwarb dieses Lyzeum und wandelte es 1921 in das Hufen-Oberlyzeum um, das die Traditon der Posener Luisenstiftung fortsetzen sollte. Ihr erster Direktor war auch ihr letzter; A. Walsdorff hat die Schule bis 1945 geleitet.

Hufen-Park. Er befand sich nördlich der Hufen-Allee beiderseits der romantischen Freigraben-Schlucht. Hier war 1895 die Nordostdt. Gewerbeausstellung. Auf diesem Terrain wurde 1896 der Tiergarten errichtet; der Tiergartenverein übernahm einen Teil der Ausstellungs-Gebäude.

Hugenotten. Nach dem Edikt von Potsdam von 1685, wurden 350 Hugenotten in Königsberg seßhaft; sie siedelten sich vorwiegend in der Burggasse, der späteren Französischen Straße, an. Von ihnen wurde 1733—1736 die Franz.-Reformierte Kirche in der Königstraße erbaut.

Huldigung, der Treueid der Untertanen nach dem Regierungsantritt des Landesherrn. Dieser verpflichtete sich seinerseits, die Rechte der Stände und die Gewohnheiten des Landes zu schützen und zu wahren und mußte diesen Eid vor der Huldigung ablegen. Die H. hatte also die Aufgabe, vor absolutistischer Willkür zu schützen. Wurde ein anderer Fürst mitbelehnt, wurde auch diesem gehuldigt. Alle Regierungsmaßnahmen des Herrschers erlangten erst nach der Huldigung Gültigkeit. Die Opposition des Schöppenmeisters Roth basierte auf der juristischen Grundlage, daß die alte Huldigung nach der Erringung der Souveränität des Herzogtums Preußen nicht mehr gültig sei und die Rechte der Stände neu geregelt werden müßten. Nach langen Verhandlungen kam es im Mai 1663 zur Assekurationsakte und am 18. Oktober zur Huldigung. Der Aufbau der modernen Verwaltung schränkte die Rechte der Stände zwar ein, beseitigte sie aber keineswegs. So konnte dem am 11. Juli 1657 in Königsberg geborenen Friedrich III. (als König Friedrich I.) erst gehuldigt werden, als dieser nach der Ungültigkeitserklärung des Testaments des Großen Kurfürsten einen Erbvergleich mit seiner Stiefmutter und -brüdern 1692 geschlossen hatte. Auch seine Nachfolger ließen sich huldigen. Vor Friedrich Wilhelm II. legte 1787 Kant als Prorektor für die Universität den Eid ab. Die letzte Huldigung fand am 10. September 1840 vor Friedrich Wilhelm IV. statt. Im Rahmen der Feierlichkeiten wurde der spätere Kaiser Wilhelm I. zum General der Infanterie ernannt. Wilhelm I. lehnte die Huldigung ab, weil die Rechte der Stände auf das Parlament übergegangen waren und ließ sich deshalb krönen. Da der König bereits am 14. Januar 1861 den Eid auf die Verfassung abgelegt hatte, überbrachte Präsident Simson während der Krönungsfeierlichkeiten die Glückwünsche des Parlaments. Wilhelm II. verzichtete 1888 auf eine Krönung.

Humboldtplatz, Ecke Luisenallee und Landgraben, benannt 1911 nach Wilh. v. Humboldt. 1808 übernahm er auf Steins Vorschlag die Leitung der Sektion Kultur und Unterricht im preuß. Ministerium, wohnte 1809 im Saturgusschen Haus in Kbg. und schuf für die Stadt viel Gutes, den Bau der Sternwarte, die Berufung Bessels, Herbarts, Zellers und Lobecks.

Hundefriedhof, mit kleinen Grabhügeln, oft mit Namensschildern, lag westlich der Bahn Holländer Baum — Nordbahnhof und war von der Erlichshausenstraße aus zu erreichen.

Hundegatt, 1744 enger Unterlauf de Neuen in den alten Pregel, zwische dem Kneiphof und der Lastadie.

Hundertmark, Arno, * Insterburg 1880 † Volksdorf/Hambg. 1949. Pädagoge H. studierte in Kbg., in Berlin und i Tübingen, wobei er Religion, Deutsc und Hebräisch bevorzugte. Bereits 190 erhielt er seine erste Anstellung al Oberlehrer in Tilsit. 1910 wurde H. a das Kneiph. Gymnasium, das später Stadtgymnasium, berufen. 1926 wurd H. Studiendirektor der Bessel-Oberre alschule und 1928 als Nachfolger vo Prof. Otto Kehlert Oberstudiendirekto des Löben. Realgymnasiums, das er al begeisterter Pädagoge bis zum Ende lei tete. Schon im August 1946 konnte H den ersten Rundbrief an 57 ehemalig Schüler versenden. Aber der Verlust sei ner Heimat ließ den Lebenswillen dahin schwinden, so daß H. bereits im No vember 1949 verstorben ist.

Huldigung im Schloßhof

Hundrieser, Emil, * Kbg. 1846, † Berlin 1911. Bildhauer. Schüler des Königsberger Bildhauers Siemering. H. schuf für Königsberg die symbolischen Gestalten der vier Erdteile auf dem Dach der Börse sowie die — noch erhaltenen — Sandstein-Löwen an deren Freitreppe. — H. wurde in Berlin Direktor des Rauchmuseums und schuf u.v.a. die bekannte Berolina.

Hundrieserstraße, früher „Rote Brücke", vom Neuen Graben zur Lizentgrabenstr., benannt nach dem Bildhauer Emil Hundrieser.

Hünefeld, Ehrenfried Günther Frhr. von, * Kbg. 1892, † Berlin 1929. Flieger und Schriftsteller. 1914 Kriegsfreiwilliger, 1923 Syndikus des Norddt. Lloyd. H. faßte den Plan zur ersten Überquerung des Atlantiks und verwirklichte ihn unter Führung von Hauptmann Köhl mit dem irischen Major Fitzmaurice in einer Ju W 53 am 12. April 1928. H. besuchte, von den Königsbergern bejubelt, seine Vaterstadt.

Hünefeldstraße am Flughafen Devau, seit 1930, benannt nach Ehrenfr. v. Hünefeld.

I

Itlauer Weg in der Siedlung Liep, parallel zum Lieper Weg.

Immelmann-Straße s. Olivier-Straße.

Industrie. 1524 gründete des Hochmeisters Sekretär Christoph Gattenhofer am Wirrgraben die erste Papiermühle. Im selben Jahr richtete Hans Weinreich die erste Druckerei in Königsberg ein. 1606 Anlage einer Windmühle auf dem Haberberg. 1639 erste Seifenfabrik und Ölmühle anstelle des späteren Lizenthauses. Im Jahre 1642 Schwarzfärberei auf dem Tragheim. 1650 stellte eine Kurfürstl. Glashütte auf dem Sackheim in drei Schmelzöfen „venezianisches" Glas her. 1908 wurde die Werft in Contienen angelegt. — Die Refugiés Jean de Nun und Couvian waren 1688 die ersten Seidenband- bzw. Hutfabrikanten in Königsberg. 1722 gründeten die Mennoniten eine Lohgerberei, eine Feinlederfabrik, eine Seidenfärberei und eine Zeugmacherei. 1725 beschäftigte der Stadtrat Th. Boltz in seiner Leinenmanufaktur 96 Leinweber, 250 Hilfspersonen und 763 Spinner in Hausarbeit; die Leinwand wurde nach Hamburg, Amsterdam und Lissabon verkauft. 1726 gründete die Schuhmacher Innung eine Lederfabrik. 1752 besaß Johann C. Dittrich 7 holländische Schneidewindmühlen vor dem Friedländer Tor und legte 1766 die Mühlenwerke Pinnau an. 1775 erwarb der Buchhändler Joh. J. Kanter die Papiermühle Trutenau. 1776 bestanden in Königsberg zwei Fayencefabriken. 1781 gab es in Königsberg 224 Brauhäuser. 1782 errichtete die Königsberger Kaufmannschaft eine Zuckersiederei in der Vorstädt. Hospitalstraße. — 1786 gab es 39 Fabriken und Manufakturen, dazu 7 Tabakfabriken mit 6000 Arbeitern. — 1790 gab es in der Altstadt 112, auf dem Löbenicht 97, auf dem Kneiphof 31 Brauereien. 1814 gab es 33 Branntweinbrennereien. 1821 stand die erste Dampfmahlmühle auf dem Unterhaberberg. 1828 wurde die Uniongießerei gegründet. 1829 hatte Königsberg nur noch 85 Brauereien, davon 65 im Löbenicht. 1829 erbaute Georg C. Bittrich an der Hohen Brücke eine Zuckerraffinerie. — 1830 gründete Leopold Steinfurt am Weidendamm eine Waggonfabrik und 1839 Joh. Philipp Schifferdecker in der Tuchmacherstraße seine Brauerei. — 1845 fand die erste Gewerbeausstellung in Königsberg statt. — 1855 gab es nur noch 30 Brauereien; die wichtigsten waren, Schelfer Vorderroßgarten mit Porter, Ale und Weißbier; Kähler, Löben. Kirchenstr. mit Braunbier; Schifferdecker, Wickboldt und Worienen mit bayr. Bier. — 1857 gründete Louis Großkopf eine Tabakfabrik in der Knochenstraße. — 1866 entstand die

Vulkangießerei d. Gebr. Meyer, Kn. Holzwiese. 1871 wurde die Brauerei Schönbusch mit Park und Gasthaus gegründet. 1895 regte der Holzgroßhändler Emil Teppich die Gründung einer Zellstofffabrik an, die unter Heinrich Gaedeke entstand. 1913 erzeugten die beiden Königsberger Unternehmen zusammen jährlich 110000 t Zellulose mit 2700 Arbeitern. 1914 wurde die Kühlhaus AG in Betrieb genommen. 1921 gründete H. Stinnes das Odin-Werk als Eisen- und Maschinenwerk. 1930 wurde die Zellstoffindustrie durch eine Koholytanlage zur modernsten der Welt.*

Industrie- und Handelskammer zu Königsberg mit Sitz in der Börse. Sie trat an die Stelle der alten Kaufmannschaft. Präsident der Kammer wurde Kommerzienrat Felix Heumann, Vizepräsidenten Hanns Litten und Ludwig Porr. — 1932. wurde die Kammer in Königsberg neu gegründet und auf Ost- und Westpreußen ausgedehnt. Sie blieb in der Börse. Ihr erster Präsident war der Dr. jur. Willy Ostermeyer, ihr letzter Dipl.-Chem. Hugo Lauber von der Feldmühle A.G.

Infanterie. Nach 1861 wurde in Königsberg das Infanterie-Regt. Herzog Karl von Mecklenburg-Strelitz (6. Ostpr.) Nr. 43 aufgestellt. Nach 1871 bezogen das I. und III. Bataillon dieses Regiments einen Kasernenneubau auf dem Trommelplatz, während das II. Bat. in Pillau in Garnison lag. 1919 wurde dieses Regiment aufgelöst. S. auch die Grenadier-Regimenter 1 und 3. Das Infanterie-Regiment 1 der Reichswehr lag mit dem I. Bataillon und der 13. Komp. in der Grenadierkaserne Cranzer Allee und mit dem Ausbildungs-Bataillon in der Trommelplatzkaserne. Seit 1935 lag das Inf.-Regt. 1 mit 14 Kompanien in der Grenadierkaserne Cranzer Allee.

Innere Mission. Ostpr. Provinzialverein für Innere Mission, Vors. Oberkonsistorialrat von Bochmann, Geschäftsführer Pfr. Paul Kaufmann. — Stadtverein für innere Mission, Vors. Konsistorialrat Wien, Geschäftsführer Pfr. Reinhard Stadtmissionshaus Ziegelstr. 7.

Insel Venedig, einst eine wirkliche Insel von der Vorstädt. Klapperwiese und dem Philosophendamm begrenzt, führte sie seit Jahrzehnten von der Klapperwiese zum Aschhof. — Hier war einst ein Gewirr von Gräben, das den spottenden Volksmund zu dem großartigen Vergleich mit Venedig ermunterte. — 176: wurde der Name amtlich und blieb es auch 1788 nach der Zuschüttung der Gräben. Der Kielgraben wurde erst 1905 beseitigt.

Insterburger Straße hinter dem Sackheimer Tor, parallel zur Tapiauer Straße.

Institute s. Universitäts-Institute.

Instmann nennt man den nicht zum Gesinde gehörigen Landarbeiter mit seiner Familie auf den Gutshöfen.

Israelisches Waisenhaus. Dieses Institut hatte von der Gründung im Jahre 1861 mit vier Zöglingen eine lange Entwicklung durchgemacht. Schon 1898 hatte es 37 Zöglinge. 1905 konnte es einen Neubau neben der Neuen Synagoge beziehen, das bis heute erhalten geblieben ist. Dort gab es für 40 Zöglinge Platz, die von dem langjährigen Waisenhausdirektor Adolf Peritz betreut wurden.

J

jachern ist ausgelassen sein; jachrig ist, wer „rumjachert".

Jachmann, Reinhold Bernhard, * Kbg. 1767 † Thorn 1843. Theologe. J. studierte seit 1783 und stand bis 1794 in näheren Beziehungen zu Kant. Im gleichen Jahr wurde er 3. Prediger und Rektor der gelehrten Schule in Marienburg. Ab 1801 war J. Direktor der Erziehungsanstalt zu Jenkau bei Danzig. — Als Regierungsschulrat wurde J. 1814 nach Gumbinnen berufen. Seit 1832 leitete J. als Geh. Regierungsrat das höhere Schulwesen am Provinzial-Schulkollegium in Königsberg. — Seine 1790 erschienene Schrift über Kantische Religionsphilosophie hatte Kant mit einer Einleitung eingeführt. 1804 erschien Jachmanns Büchlein „I. Kant, geschildert in Briefen an einen Freund".

Jacobi, Johann Konrad, * Grünstadt/Pfalz 1717, † Kbg. 1774. Bankier. J. kam 1751 nach Königsberg und begründete ein Bankgeschäft, das bald florierte. 1752 heiratete er Maria Charlotte Schwinck und erwarb 1754 das Bürgerrecht; bereits 1755 wurde J. Kommerzienrat. Er kaufte das Dohnasche Haus an der Junkerstraße. Zu seinem engeren Verkehr gehörten: Hippel, Kant, der Oberstltn. von Lettow, Baronin Thiele und Münzmeister Göschen; dieser Kreis wurde die Gelehrte Gesellschaft genannt. Die Seele der Geselligkeit war die schöne und liebenswürdige Frau Jacobi, die auch auf Kant tiefen Eindruck machte. — J. ließ seinen Brudersohn Friedrich Konrad Jacobi aus Frankfurt kommen, nahm ihn in seine Firma auf und setzte ihn zum Erben ein. — Auch Friedrich Konrad gehörte zum Umgangskreis Kants. — Friedr. Konr. Schwiegersohn Johann Christian Gädeke führte das florierende Bankgeschäft fort.

Jacobi, Karl Gustav, * Potsdam 1804, † Berlin 1851. Mathematiker. J. war bis 1842 Professor in Königsberg. J. einer der bedeutendsten Mathematiker des 19. Jahrhunderts entwickelte unabhängig von Abel die Theorie der ellipt. Funktionen und eröffnete durch sein berühmtes „Umkehrproblem" den Weg zu den Abelschen Funktionen; daneben Arbeiten über Zahlentheorie und analytische Mechanik, Differentialgleichungen und Variationsrechnung.

Jacobson, Juluis, * Kbg. 1828, † Cranz 1888. Augenarzt. J. bezog bereits mit 16 Jahren die Albertina. 1853 promovierte er mit einer Arbeit über das Glaucom. 1854 ließ er sich in Königsberg als praktischer Ophtalmologe nieder und habilitierte sich 1858. J. wurde 1861 Extraordinarius, und er erreichte es 1867, die Augenheilkunde zu verselbständigen. Ein klinischer Neubau für Augenheilkunde in der Langen Reihe wurde 1877 errichtet. Von seinen wissenschaftlichen Arbeiten sind zu erwähnen: seine Monographie über Operation des Grauen Stars, 1863 und „Beiträge zur Pathologie des Auges" 1885. Prof. J. litt an Trigeminusneuralgie. Er starb 1888 in Cranz. Im Vorgarten der Univ.-Augenklinik stand seine Erzbüste von Friedrich Reusch.

Jacob-Straße, von der Tragheimer Kirchenstraße zur 3. Fließstraße. Woher dieser 1804 gegebene Name stammt, ist unbekannt. Später hieß die J.-Str. Schönstraße.

Jacoby, Günther, * Kbg. 1881, † Greifswald 1969. Philosoph. Professor in Istanbul, seit 1919 in Greifswald, neben Hartmann Begründer einer modernen Ontologie. Von seinen Schriften seien genannt: „Herders und Kants Ästhetik", 1907; „Herder als Faust", 1911 und sein Lebenswerk „Allgemeine Ontologie der Wirklichkeit", 1928.

Jacoby, Dr. Johann, * Kbg. 1805, † Kbg. 1877. Politiker, Arzt. Schon während seines Medizinstudiums zeichnete er sich in der Cholerazeit aus. Er wurde demokratischer Politiker. 1841 erregte er mit seinen „Vier Fragen" Aufsehen. 1848 wurde J. Abgeordneter der preuß. Nationalversammlung. 1849 vertrat er Berlin im Frankfurter Parlament, nachdem er in Königsberg Eduard von Simson unterlegen war. — Durch sein Wort an Friedrich Wilhelm IV.: „Das ist das Unglück der Könige, daß sie die Wahrheit nicht hören wollen" wurde J. abermals höchst populär. Dennoch starb J., bereits vergessen, und wurde auf dem Jüdischen Friedhof vor dem Königstor begraben. Seine Marmorbüste von Siemering wurde 1877 im Junkersaal aufgestellt. Sie ist seit 1933 verschollen.*

Jacoby, Yoram K., * Kbg. 1906. Jurist. J. war nach Abschluß seines Studiums in Königsberg, Breslau und Berlin tätig. 1934 ging er nach Palästina, wo er seit 1952 im israelischen Finanzministerium arbeitete. Ab 1957 wurde er in diplomatischen Vertretungen in Köln, dann in Bonn zuletzt als israel. Gesandter eingesetzt. Heute lebt J. in Jerusalem. Sein Beitrag zur Stadtgeschichte von Königsberg: „Jüdisches Leben in Königsberg/Pr. im 20. Jahrhundert", Würzburg 1983.

Jägerhof-Straße, von der König-Straße zum Vorderroßgarten.

Jäger-Straße in Ponarth, von der Aweider Allee zur Speichersdorfer Straße.

Jahn-Straße in Amalienau, von der Stägemann zur Gneisenau-Straße.

Jahrmarkt, im Mittelalter vor dem Laakentor, dann auf den Wiesen an der späteren Knochenstraße abgehalten, fand er seit 1895, nach Zuschüttung des Zuggrabens, auf dem Jahrmarktsplatz an der Kaiserstraße statt. Er wurde von Turner- und Böhmstraße begrenzt.

Japha, Felix, * Kbg. 1875, † Kbg. 1945. Kaufmann. Nach dem Abitur kaufmännische Lehre bei Bernhard Wiehler, anschließend weitere Ausbildung in London und Paris. 1902 erwarb J. zusammen mit Paul Hüter die 1812 gegründete Seifenfabrik von L. Gamm auf dem Steindamm, die er bis 1933 besessen und mit Fleiß und Glück vergrößert hat. Er war Schweizer Konsul und Stadtverordneter und beteiligte sich als Geldgeber an der Gründung des Neuen Schauspielhauses und der Stadthalle. 1933 konnte er in seiner Villa in Amalienau wohnen bleiben. Aus Enttäuschung über die Sowjets nahmen sich J. und seine Frau das Leben.

Japha, Walter Lionel, * Kbg. 1839, † Kbg. 1895. Kaufmann. J. war von 1856 bis 1863 in der Flachs- und Hanfgroßhandlung Fischer später Firma Wiehler tätig. — Wagemütig gründete J. 1867 eine eigene Firma mit seinem Freund Julius Jacobson. Für die Teehandlung Japha & Jacobson war die Konjunktur günstig, denn Königsberg war damals ein bedeutender Handelsplatz für Tee. So wurde J. rasch ein vermögender Mann, der sich nach innerem Kampf 1870 taufen ließ. J. assoziierte sich 1882 mit der Fa. Moritz Hirschfeldt in Moskau. — J. lebte nicht nur seinem Geschäft, er interessierte sich für Musik und Literatur. Von 1876—91 war er Stadtverordneter und dann Stadtrat. In der Geograph. Gesellschaft hielt er 1887 einen Vortrag über Karawanentee, der auch gedruckt wurde. J. hinterließ vier Söhne; seine Firma wurde 1899 gelöscht.

Japper. Am Altst. Rathaus wurde nach dem haßvollen Bürgerkrieg zwischen Altstadt und Kneiphof nach 1455 eine die Zunge bleckende menschliche Spottmaske als Hohn auf die unterlegenen Kneiphöfer angebracht, man nannte sie „Japper". Beim Neubau 1528 wurde einem der beiden Türme ein bei jedem Uhrenschlag die Zunge herausstreckender gekrönter bärtiger Kopf aufgesetzt. Dieser 2. Japper wurde am barocken Neubau des Rathauses 1774 wieder angebracht. — Durch einen hineingeflogenen Sperling wurde das Uhrwerk verdorben; nun nannten die Kneiphöfer die Altstädter spottend „Sperlingschlucker". — 1832 wurde ein neuer dritter Japper am obersten Stockwerk eingefügt; ein getriebener vergoldeter Löwenkopf, der bei jedem Stundenschlag seine rote Zunge herausstreckte — ein besonders bei Kindern höchstbeliebtes Wahrzeichen. — August 1944 zerstört.*

Jaschinski, Adalbert, * Kbg. 1905. Maler, Graphiker. J. besuchte von 1926 bis 1927 die Kunst- und Gewerkschule in Kbg. und war dann freier Mitarbeiter von Prof. Rudi Schön. Seit 1928 war er selbständig als Maler und Graphiker sowie im Staatsdienst tätig. Seit Kriegsbeginn wurde J. im Rahmen des Dienstes bei der Luftwaffe auch mit künstlerischen Aufgaben betraut. Danach war J. wieder selbständig als Künstler in Thüringen und Heidelberg, hier auch Dozent an der Volkshochschule. Seit einigen Jahren ist J. in Köln tätig, wo er sich bald einen Namen gemacht hat.

Jenisch, Erich, * Kbg. 1893, † Würzburg 1966, Literaturhistoriker. J. studierte an der Albertina und in Berlin Literatur und Kunstgeschichte. Er promovierte 1918 und war dann vorübergehend Kritiker bei Königsberger Zeitungen. 1925 habilitierte er sich. 1933 wurde J. zum a. o. Professor mit gleichzeitigem Lehrauftrag für die Handelshochschule und die TH Danzig ernannt. 1940 mußte J. ausscheiden. Bald darauf wurde er Bibliothekar an der Luftkriegsschule Gatow. Bis 1958 hatte er einen Lehrauftrag an der Universität Würzburg. Von seinen Werken seien genannt: Zacharias Werner Studien, 1930.

Jensen, Adolf, * Kbg. 1837, † Baden-Baden 1879. Komponist. J. stammte aus einer Musikerfamilie und trat schon mit 11 Jahren als Pianist auf. Er war Schüler von Louis Köhler und ließ sich 1863 in Kbg. als Musiklehrer nieder. Er schuf kompositorische Werke, in denen er Schumann nahekommt, Lieder und Klavierstücke, wie „Wanderlieder", „Deutsche Suite" u.a.

Jensen-Straße, zur Stresemannstraße, nach dem Komponisten Adolf Jensen.

Jerusalem, ein von den Ordensrittern so benanntes Dorf östl. von Kbg. am Pregel. Dort ließ der Elbinger Komtur Reuß von Plauen beim Gut eine halbkreisförmige Schanze aufwerfen, die von einem tiefen Graben umgeben war. 1927 wurde beim Gut Jerusalem ein Pregelwasserwerk errichtet. Dorf und Gut wurden 1928 eingemeindet.

Jerusalemer Straße in Rosenau, von der Aweider- zur Schönfließer Allee.

Jessner, Leopold, * Kbg. 1878, † Los Angles 1945. Intendant. In seiner Jugend war J. Schauspieler, und ab 1908 leitete er zwei Hamburger Bühnen. 1915 wurde er als Direktor an das Neue Schauspielhaus in Kbg. berufen. Durch einfallsreiche Inszenierungen machte er aus dieser Bühne ein Kammerspielhaus von Rang. Von 1919 bis 1933 war J. Generalintendant in Berlin, dann in Palästina und in den USA tätig. Expressionistische Inszenierungen, Betonung des Symbolischen in Spiel und Ausstattung, u. a. durch die Treppenbühne.

Joachim, Gerhard, * Ludwigswalde/Kbg. 1880, † Insterburg Mai 1945. Internist. Studierte an der Albertina. 1903 nach Promotion war er Assistent, später Oberarzt an der Medizinischen Klinik bei Prof. L. Lichtheim. 1906 habilitierte er sich und wurde 1909 Professor. 1932 übernahm er die Innere Abteilung des Krankenhauses der Barmherzigkeit in Kbg. J. war ein ausgezeichneter Geigenspieler. Als ihn die Sowjets mit 50 älteren Schwestern nach Insterburg abschoben, erhängte er sich dort, weil er am Leben verzweifelte.

Johannes, Robert Franz, * Insterburg 1846, † Kbg. 1924. Humorist. J. ging 1869 in Tilsit zum Theater und wirkte seit 1876 am Königsberger Stadttheater als allgemein beliebter Komiker. — 1887 hielt er seinen ersten Dialektvortrag und wurde nun der bekannteste Vortragskünstler in ostpreußischem Dialekt, den der Kaiser alljährlich in Rominten hörte. — Seine „Tante Malchen" und sein „Klempnermeister Kadereit" bezeugen noch heute ostpreußischen Humor.

Johannisnacht. Das am 24. Juni gefeierte Geburtstagsfest Johannes des Täufers war mit heidnischem Brauchtum vermischt. Auf den Hügeln des Samlands und in Natangen brannten die Sonnenwendfeuer, vielfach eine Tonne mit Teer und Reisig; man umtanzte es, solange das Feuer brannte: „Langer Dag, korte Nacht".

Johanniter-Straße in Maraunenhof, Querstraße der Aschmann-Allee.

Johann-Jacoby-Straße. Die 1919 nach dem bedeutenden Politiker Dr. J. benannte Straße, sie war früher die 2. Domquergasse und hieß seit 1933 Enge Pforte.

Jostenband, prussisch-kurisch-litauische Bezeichnung Josta der Gürtel. — Vor Aufkommen der mechanischen Weberei kunstvoll nach alten Mustern bunt gewebte Bänder für verschiedene Zwecke.

Journal̃iere, ein großer, breiter Kastenwagen nach Vorbild der Kremser mit Sitzbänken und Dach auf vier Eckstangen, zwischen die bei Regen Zeltplanen gespannt werden konnten. — Sie hielt stets an der Junkerstraßenecke, vor der Konditorei Steiner, von wo sie nach Cranz bzw. über Pobethen nach Nukuhren fuhr. Man konnte die Journal̃ieren auch für private Ausflüge und Gesellschaftsfahrten mieten.

Judendraht. 1906 legten Pioniere am Wrangelturm die erste Bresche in die Stadtmauer für eine Fahrstraße nach Maraunenhof. Umgehend efolgte Einspruch von der großen jüdischen Gemeinde. Weil nach dem Talmud der rechtgläubige Jude in einer Festung mit durchbrochener Mauer am Schabbes nur 1000 Schritte gehen darf, werde es den jüdischen Villenbesitzern in Amalienau und auf den Hufen unmöglich gemacht, ihren Gechäften in der Stadt nachzugehen oder ihr Heim aufzusuchen. Gegen diesen unhaltbaren Zustand fand ein weiser Mann einen klugen Ausweg: Es wurde ein Draht über die Lücke in der Ziegelmauer gezogen, und dem Talmud war Genüge getan.

Jüdische Friedhöfe. Erst 1703 wurde ein jüdischer Friedhof neben der Tragheimer Pulvermühle an der Wrangelstraße angelegt. Ein weiterer israelischer Friedhof befand sich seit 1875 an der Friedhofsstraße vor dem Königstor. 1929 wurde der Neue Israelische Friedhof an der Steffeckstraße in Amalienau angelegt. Ein altes Portal befand sich am Mitteltragheim.

Jüdische Mitbürger gibt es in Königsbe seit Zeiten des Herzogs Albrecht. Dama ließen sich jüdische Ärzte nieder, es ware dies im Jahre 1538 Isaak May und ab 154 Michel Abraham. Die Anfänge einer G meinde gehen jedoch erst auf das Ja 1704 zurück. Eine Synagoge wurde berei zu Zeiten des Großen Kurfürsten erric tet. Für das Jahr 1756 werden etwa 30 Jüdsche Mitbürger angegeben, für da Jahr 1817 bereits eintausend. Die Gleic berechtigung erhielten die Juden in Preu ßen im Jahre 1812 und endgültig ers 1869. Angeblich standen ihnen nun al Berufe offen, das galt aber für Offizier und Beamte nur sehr beschränkt. Darur drängten die Juden in die sogenannte freien Berufe, doch gab es unter ihnen nu wenige Handwerker. Ihren zahlenmäßi gen Höhepunkt erlebte die jüdische Ge meinschaft mit 5000 Köpfen im Jahr 1880. Von da ab erfolgte bis zum Jahr 1933 eine langsame Abnahme. Nach 193 entstand rapider Abgang infolge Entrech tung und der anschließenden Auswande rung. Zahlen über die Vernichtung Kö nigsberger Juden sind nicht bekannt. In Mai des Jahres 1939 gibt es nur noch 158 Juden. Nur ein kleiner Teil überlebte. Al Minderheit haben die jüdischen Mitbür ger zumindest seit Beginn des 19. Jahr hunderts im geistigen wie auch wirtschaft lichen Leben eine bedeutsame Rolle ge spielt. Auch am gesellschaftlichen Leber hatten sie beachtlichen Anteil. Unter sic führten sie in mehreren Synagogen ein re ligiöses Eigenleben. Maßgebend war ein grundlegende Spaltung als Centralver ein deutscher Staatsbürger jüdischen Glau bens und als Zionisten. Erstere bekannte sich treu zum nationalen Deutschtum Das bestätigen auch die Zahlen de Kriegsnehmer von 1917. In diesem Jahre befanden sich 820 jüdische Bürger im Militärdienst, davon 80 als Kriesgsfreiwillige. 15 von ihnen erhielten das EK I und 102 EK II. Es ist zu erwähnen, daß das geistig bedeutende Westjudentum eine wichtige Rolle spielte, während die Ostjuden nur etwa 25% der jüdischen Bevölkerung ausmachten. Das Judentum hat eine Reihe von Persönlichkeiten hervorgebracht. Für das 18. Jahrhundert ist der Arzt Marcus Herz, ein Bekannter Immanuel Kants, zu erwähnen. Bedeutend waren der Arzt Johann Jakoby, geb. 1805, der trotz anerkanntem Einsatz bei Bekämpfung der Cholera 1831 — 13 000 Opfer — nur deshalb keinen Orden erhielt, weil er Jude war, und Eduard (von) Simson, geb. 1810, dessen Eltern ihre Kinder 1823 taufen ließen. Beide haben anerkannte Beiträge zum Königsberger Liberalismus geleistet. Aus der Fülle der Persönlichkeiten aus der Zeit um 1900 sind zu erwähnen: Prof. Paul Stettiner, Philologe; die Professoren der Medizin Ludwig Lichtheim, Hugo Falkenhein sowie Oskar Samter; der Jurist Hugo Kisch; aus der Wirtschaft Max Magnus und Arthur Cohn; die Schriftsteller Fanny Lewald sowie Ludwig Goldstein; aus dem Musik- und Theaterleben Max Brode, Leopold und Fritz Jessner sowie Hedwig Wieck-Hulisch; aus dem Geistesleben und der Naturwissenschaft der Astronom Fritz Cohn, der klassische Philologe Ludwig Heinrich Friedländer, die Mathematiker Hermann Minkowski sowie Jacob Gustav Carl Jacoby.

Jüdische studentische Verbindungen. Der Verein jüdischer Studenten, V.J.St., wurde 1904 von Arthur Pelz, Udo Moses und Walter Perlis gegründet. Damals hatten sich die Verbindungen noch nicht der zionistischen Bewegung angeschlossen. Wenige Jahre später bekannte sich der V.J.St. zum Zionismus. So kam es 1912 zur Gründung der Studentenverbindung „Friburgia“ im Kartell-Convent, dem K.C. Von dieser Verbindung ist nur bekannt, daß sie den Zionismus ablehnte. — In den 20er Jahren entwickelte sich der V.J.St. zum Zentrum der zionistischen Bewegung. Beide Verbindungen hatten nur gemein, daß sie die Formen und Bräuche der deutschen Studentenkorporationen übernommen hatten.

Jüdisches Waisenhaus s. israelisches Waisenhaus.

Juditten, westl. von Ratshof, ist sicher älter als das 1402 genannte Judynkirchen. Der Ort bestand anfangs aus einer Wallfahrtskirche und einer befestigten Anlage, aus der sich ein Gut entwickelte. Dieses kaufte 1760 der Weinhändler Balt. Schindelmeißer. Sein Nachfolger Richter benannte dieses Gut 1814 zum Andenken an die Königin „Luisenthal“. Auch das dort um 1875 erbaute Fort hieß „Königin Luise“. — J. entwickelte sich zu einem Villenvorort und wurde 1927 eingemeindet. Die Erhaltung des schönen Pfarrwäldchens war dem rührigen Stadtrat Krohne zu verdanken.

Juditter Allee in Juditten war die Fortsetzung der Lawsker Allee.

Juditter Kirche, 1288 erbaut: ohne Turm, Fenster nur an der Südseite. Sie war die älteste Kirche des Samlands. 1394 schuf Maler Peter die Fresken im Chor und am Triumphbogen. Ende des 14. Jh. wurde der freistehende Turm erbaut, 1577 eine Wetterfahne und 1820 eine gewölbte Quervorhalle zw. Schiff und Turm. — Die Kirche wurde 1944/45 vom Krieg verschont. Sehenswürdigkeiten: Die Fresken im Chor stellen ritterliche Wappen dar, darunter die des Hochm. Ulr. v. Jungingen, Ritterdarstellungen, Fabelwesen. — Mutter Gottes auf dem Halbmond; überlebensgroß, farbiges Holz, herrliche Arbeit eines unbek. Meisters vor 1454. Nach Lahrs ist dies das Marienbild, das sich in der Königsberger Ordensburg in der alten Schloßkapelle befand und dem die das Schloß 1454 stürmenden Königsberger die Perlen aus der Krone raubten, die der Orden 1504 ersetzte, worauf er das Marienbild der als Wallfahrtsort berühmten Juditter Kirche schenkte. — Kruzifixus um 1520. — Kanzel mit Fruchtgehängen, 1686. — Zwei Ganzgemälde derFeldmarschälle Erh. v. Roeder und Hans v. Lehwaldt von dem Maler E. A. Knopke. — Taufengel von 1769. Die letzten Pfarrer waren Kons. Rat Lawin, Dr. Paul Salopiata.

Juditter Kirchenstraße, von der Juditter Allee zur Ringstraße.

Jugendherberge. Dem ostpr. Lehrer Richard Schirrmann ist es zu verdanken , daß es schon vor dem I. Weltkrieg zur Gründung von Jugendherbergen kam. Sein Aufruf zur Gründung von Herbergen von 1910 fand in allen Teilen Deutschlands freudige Zustimmung. Erst 1920 wurde ein Zweigausschuß Königsberg vom Stadtschulrat Stettiner ins Leben gerufen. Mitten in der Inflation wurde die erste Jugendherberge provisorisch in einer alten Schule in der Neuen Dammgasse eingerichtet. Kurz vor 1933 trat an ihrer Stelle ein großer Neubau im landschaftlich reizvollen alten Festungsgelände auf einer Bastion in der Nähe des Hauptbahnhofs. Vom Kreis Fischhausen ist mit der Förderung von Jugendherbergen Vorbildliches geleistet worden. Nach 1910 sind in ihm allein 12 Jugendherbergen erbaut worden, von ihnen lagen alle bis auf eine an der Ostseeküste. Die Herberge Rossitten, 36 km nordöstl. von Cranz, verfügte über 220 Betten.

Julchenthal auf den Hufen, Querstraße der Hufenallee. Hier kurz vor der Tiergartenstraße kreuzte der Hufen- und Freigraben die Hufen Allee und führte nach Luisen-Wahl; diese romantische Grünanlage hieß einst Julchenthal.

Jung, Alexander, * Rastenburg 1799, † Kbg. 1884. Schriftsteller. J. studierte in Königsberg Theologie und Philosophie. Er gab das Predigtamt auf und lebte als Schriftsteller und Lehrer an der Französ. höheren Töchterschule in Königsberg. — In seiner Schriftstellerei gab er sich einem schwärmerischen Idealismus hin, so wurden seine literaturhistorischen Arbeiten am wertvollsten. 1841 bis 1845 redigierte er das „Königsberger Literaturblatt", in dem er mit Vorliebe soziale Probleme behandelte. — Von seinen Schriften sind zu nennen: „Vorlesungen über die moderne Literatur der Deutschen", 1842; „Goethes Wanderjahre und die wichtigsten Fragen des 19. Jahrhunderts", 1854; „Darwin, komisch tragischer Roman in Briefen an einen Pessimisten", 1873.

Jungferndorf. Unmittelbar an Arnau grenzte ostwärts dieses Dorf, das vom Hochmeister Dusemer von Arfberg 1349 dem zu begründenden Jungfrauenkloster im Löbenicht verschrieben wurde und davon seinen Namen hatte.

Junkerhöfe und Junkergärten. Unter Junkern verstand man im Mittelalter die Großbürger, nämlich die Kaufherrn und Mälzenbräuer, im Gegensatz zu den Kleinbürgern. Erst in der Renaissancezeit ging der Name Junker auf die im Dienst des Herzogs stehenden Ritter und Beamten über. Die Junker des MA, die Großbürger, waren eine Kaste für sich; sie hatten einen eigenen Junkerhof, in dem sie tagten und ihre Feste feierten. Er war meist mit dem Rathaus baulich verbunden wie im Kneiphof, wo der Junkerhof noch bis zuletzt als Stadtverordnetensaal diente und der Junkergarten am Rathaus lag. — Der Löben. Junkergarten lag in der Krönchenstraße. Der Altstädt. Junkerhof lag in der Wassergasse, wo zu unserer Zeit das Kaufhaus Gebr. Siebert war; sein Junkergarten lag an der Stelle des späteren Körtelyzeums. In den Junkerhöfen und -gärten war alles nach Verordnungen geregelt. Jede Zunft hatte ihren Platz, Winkel genannt; so gab es im Altst. Junkerhof den Winkel der Kaufherren, den Hölkenwinkel, nach Holk-Schiff, mit der Statue des hl. Sebastian und der bis 1944 erhaltenen wundervollen Silberarbeit des „Sundes"; weiter den Winkel der Mälzenbrauer, den Kannenwinkel, den Schöffenwinkel mit der Figur des Moses, den Ritterwinkel mit der des hl. Georg. — 1344 ist der Altst. Junkerhof erstmals bezeugt. Die Statuten des neuangelegten Kneiph. Junkergartens wurden 1442 aufgesetzt. 1544 wurde der Altst. Junkerhof neu gebaut. 1614 neue Kneiph. Junkergarten-Ordnung. — 1704 Bau des Junkersaales in Kneiph. Junkerhof mit Stuckdecke der Brüder Johann und Matthias Poertzel. Auch der Altstädt. Junkerhof wurde 1710 neu gebaut. 1766 erlosch der Brauch, den Jahrmarktsochsen auszuspielen. 1798 Erstaufführung von „Figaros Hochzeit" im Altst. Junkerhof. 1809 kaufte die „Münzdeputation" Gold- und Silbergerät für den Staat auf; damals ging von den reichen Silberschätzen viel verloren. 1833 fand die 20-Jahrfeier der Schlacht bei Leipzig im Kneiph. Junkerhof statt, 135 Mitkämpfer waren anwesend. — 1840 wurde das Königspaar in der „Sommerbörse" des Kneiph. Junkergartens durch die Kaufmannschaft bewirtet. 1872 wurde der Altstädt. Junkerhof abgebrochen. — Im Gegensatz zu den Junkergärten stehen die Gemeingärten.*

Junker-Straße. 1466 wurde das Junkergassentor erbaut und 1544 die Junkergasse gepflaster; über sie führte die „Klafflaube", eine hölzerne Brücke, vom Schloß zum Herzoglichen Ballhaus. Daneben die Hagensche Hofapotheke, ein Renaissancebau von 1654 mit Volutengiebel, gekrönt von der Gestalt der Hoffnung, abgebrochen 1913. — 1701 wurde das Junkergassentor, das Ballhaus und der gedeckte Gang über der Junkergasse abgebrochen. — Die Bruinvisch'sche Tabakfabrik, ein ehemaliger Adelshof, dann Besitz des Berliner „Münzjuden" Ephraim, wurde 1766 von der Tabakregie übernommen. Bei deren Aufhebung durch Friedrich Wilhelm II. ließ sich hier 1786 die Schimmelpfennigsche Tabakfabrik nieder. 1831 bis 1913 Polizeipräsidium. Auf der südlichen Seite der Junkerstraße stand, bis zum Schloßgraben reichend, das „alte Haus des Kantzlers"; es wurde im 18. Jh. vom Staat dem Kammerpräsidenten von Münchow geschenkt, von dem es der General Graf Geßler erwarb. Sein Neubau gelangte in den Besitz des Herzogs Friedrich Carl Ludwig von Holstein-Beck, dem es der Buchhändler Nicolovius 1791 abkaufte. 1892 wurde das Geßlersche Palais abgebrochen. — Nach 1900 entwickelte sich die Junkerstraße zur Hauptgeschäftsstraße, die nach dem 1. Weltkrieg zur Weihnachtszeit festlich mit Tannengirlanden und elektr. Kerzen geschmückt wurde.*

Juweliere.
Aron, D., Inh. Hans Aron, Junkerstr. 6.
Bistrick, Walter, Vorderroßgarten 35/36 und Poststraße 16.
Blum, Siegfried, Vorstädt. Langgasse 134
Grieser, W., Theatersraße 7.
Haase, Paul, Hohenzollernstraße 15.
Kittlitz, A., Inh. M. Heinrich, Gesecusplatz 1
Muhlke, Oskar, Kantsraße 15.
Nicolai, Hermann, Kneiph. Langgasse 52.
Niekrentz, Conrad, Münzstraße 11.
Quednau, Ernst, Kneiph. Langgasse 36.
Schubert, Eduard, Steindamm 88/90.
Schultz, Arthur, Inh. Margarete Reichert, gegr. 1865, Steindamm 20.
Spicker, Erich, Kaiserstraße 19.
Spicker, Louis, sp. Hugo Rautenberg & Co., Poststraße 1/2.
Steyl, Carl, Paradeplatz 4
Werner, Oscar, vorm. Ed. Kalck. Französ. Straße 4

K

kabbeln, zanken auch prügeln.

Kaddig auch Kaddick, der Wacholder, so die Kaddigbeeren sind die Wacholderbeeren.

Kadgien, Horst, * Gerschwillauken/O. 1897, † Ansbach 1980. Offizier. Nach dem Notabitur am Wilhelmsgymnasium Eintritt in das Fußartillerie-Regiment von Linger Nr. 1, Dienst in der Reichswehr im 1. pr. Artillerie-Regiement u. Folgeformationen bis 1935, bis 1938 Lehrer an der Art.-Schule in Jüterbog, dann Abteilungskommandeur im Artl. Regt. 93 in Würzburg. Nach schwerer Rückgratsverletzung als Oberst und Führer der 36. Inf.-Div. wurde er Kommandeur der Art.-

Schule II. und Generalmajor. Nach dem Krieg setzt sich K. für seine ostpreuß. Kameraden ein und betreute besonders die alten Linger-Artilleristen.

Kahlberg. Das größte Seebad auf der Frischen Nehrung bestand seit 1850. Es hatte 2,5 km langen Badestrand und gepflegte Parkanlagen. Der Badeort wurde von den Elbingern bevorzugt und hatte bis zu 5000 Kurgäste jährlich.

Kahle's Apotheke zur Altstadt, Bes. Dr. H. Schartner, Altstädt. Langgasse 74.

Kai, Uferstraße auf dem Kneiphof, von der Krämer- zur Grünen Brücke.

Kaibahnhof. Von den Ostbahngleisen außerhalb des Eisenbahnnetzes der Wallanlagen zweigte nach den am südlichen Pregelufer westlich von Fort Friedrichsburg gelegenen Kaianlagen deren Anschluß zum Kaibahnhof ab. — Das 1,16 km seit 1877 nur dem Güterverkehr dienende Gleis fiel in den Rahmen der Konzession der „Ostbahn" nach dem Erlaß von 1849. Die Gleisanlagen dieses Ufergebietes gingen später in das Eigentum der Hafenbahngesellschaft der Stadt Königsberg über.

Kaimen. Die dortige Ordensburg wurde 1308 von Kynstut besetzt und 1352 in Stein ausgebaut. — 1525 war der Amtsverwalter Andreas Rippe, der Nachkomme eines Söldnerführers, ein übler Leuteschinder. So nahm der Bauernaufstand hier seinen Anfang. — Das Schloß wurde 1783 durch den Baumeister Blasius Berwart erweitert. Es war eine der wenigen in der Gesamtanlage erhaltenen Wasserburgen Ostpreußens.

Kaiser-Apotheke, seit 1907. Bes. Bruno Lange, Kaiser-Straße 12.

Kaiser-Brücke, sie verbindet seit 1905 die Kaiser-Straße mit dem Weidendamm.

Kaiser-Wilhelm-Heimstätte, sie wurde 1898 im Park Luisenthal in Juditten für Genesende eingerichtet.

Kaisers Kaffeegeschäft, G.m.b.H., Vorstädt. Langgasse 37 mit mehreren Filialen.

Kaiser-Straße. Der Zuggraben, der die Vordere von der Hinteren Vorstadt begrenzte, wurde 1895 zugeschüttet. Auf seinem Gelände wurde die Kaiser-Straße erbaut, die vom Weidendamm zum Ostbahnhof verlief.

Kaiser-Wilhelm-Platz, seit 1897, zuvor Altstädtischer Kirchenplatz. Hier befand sich der Nullpunkt aller Königsberger Chausseen. 1803 wurde der Platz angelegt. An ihm lag nordöstl. das Altstädt. Gymnasium. 1824 mußte die Altst. Kirche wegen Baufälligkeit geschlossen, 1826 abgebrochen werden. — Es entstanden Gartenanlagen mit Fontäne nach Lennés Entwurf. 1846/47 Erweiterungsbau des Gymnasiums, in das 1889 eine Knaben-Mittelschule einzog. 1859 wurde der Gedenkstein des 1575 verstorbenen Hans Luther errichtet und 1894 das Kaiser-Wilhelm-Denkmal enthüllt. — 1899 Endstelle der Straßenbahn nach Ponarth. 1900 an der Westseite des Platzes Warenhaus von Gebr. Barrasch. 1901 wurde das Bismarck-Denkmal enthüllt, das den Mittelpunkt des Platzes einnahm.*

Kalgen, südwestl. von Königsberg. Während des großen Aufstands, als die Preußen Königsberg eingeschlossen hatten, unternahm die Besatzung einen Ausfall, die bei Kalgen in einen Hinterhalt geriet; sie konnte aber die Feinde am 11. 1. 1262 besiegen. Das Gut gehörte der Familie Sacksen. Kalgen hatte in den letzten Jahrzehnten einen rennommierten Mühlenbetrieb.

Kalksandsteinwerk und Kiesbaggerei Heyde-Maulen G.m.b.H., Steindamm 119/121.

Kallen, nordöstl. von Fischhausen. Dieses Gut gehörte dem Warmblutzüchter Oskar Frhr. v. d. Goltz. Jährlich wurden dort etwa 30 dreijährige Remonten der Kommission zum Ankauf für die Armee vorgestellt. Die meisten dieser Remonten wurden im Alter von einem halben Jahr in östlichen Kreisen der Provinz gekauft. Außerdem hatte v. d. G. mit seinen schwarzköpfigen Fleischschafen große Auktionserfolge. Die Herde umfaßte 150 Herdbuch-Mutterschafe.

Kallmeyer, Hans, * Erfurt 1882, † Bayreuth 1961. Tiermaler. K. studierte zuerst Jura, ging dann aber zur Malerei über. 1907 trat er in die Dresdner Kunstakademie ein. Dann wurde Königsberg sein Wohnsitz. Immer wieder war K. auf der Nehrung oder in der Memelniederung, wo er die Elche studierte, die er zeichnete und malte. Aber auch die Vogelwelt hat er beobachtet und gemalt. Bald besaßen viele Naturfreunde einen „Kallmeyer", der seiner unermüdlichen Schaffensfreude entsprungen war. Auch nach dem Krieg war K. unermüdliche Schaffensfreude in Bayreuth vergönnt.

Kalthof, ein Vorwerk des Ordens mit Amtswassermühle im Osten Königsbergs, später Gutsbetrieb, s. Kleistpark. Vor dem Königstor wurden im Lauf des 19. Jahrhunderts zahlreiche Friedhöfe angelegt. 1905 wurde Kalthof eingemeindet.

Kalthöfer Park s. Kleist-Park.

Kalthöfische Kirche, 1907 als Kaiser-Friedrich-Gedächtnis-Kirche eingeweiht. Der Stifter war Berthold Kleist, der letzte Besitzer des Guts Kalthof. Pfarrer waren Brunau und Walter Vontheim.

Kalthöfische Straße, sie war eine der ältesten Straßen des Stadtteils „Neue Sorge" und begann an der Jägerhof-Straße, sie endete an der Wilhelm-Straße; ursprünglich führte sie bis zum Kalthöfischen Ausfalltor, das 1752 abgebrochen wurde.

Kamin, Gerhard, * Kbg. 1910, † Eutin 1983. Schriftsteller. Schüler von Ernst Wiechert, Studium an der Albertina. Höherer Schuldienst in Königsberg. Nach dem Krieg Studienrat in Düsseldorf und Eutin. Autor vieler Veröffentlichungen im In- und Ausland über Ernst Wiechert. Weitere Veröffentlichungen: „Carl Maria von Weber — Ein großes Leben", Gedichte und Erzählungen in Anthologien, Zeitungen und Zeitschriften.

Kaminski, Walter, * Kbg. 1899, † Radevormwald 1975. Jurist. Dr. K. war zwischen den Weltkriegen Vorstandsmitglied der Industrie- und Handelskammer Königsberg. 1930 Mitbegründer und Vorsitzender der Arbeitsgemeinschaft deutscher Kunden-Kredit-Gesellschaften, nachdem er 1926 in der Junkerstr. 8 die erste „Kunden-Kredit G.m.b.H." eingerichtet hatte, die den kleinen Mann als Geschäftspartner annahm, d. h. er konnte nur mit Zahlungsanweisungen bei den der Bank angeschlossenen Geschäften einkaufen, was zunächst mit Skepsis aufgenommen wurde. Dieses sogenannte „Königsberger System" fand nach dem Kriege weite Verbreitung. Nach dem Kriege war Kaminski u. a. bis 1953 Vorsitzender der „Heimatvertriebenen Wirtschaft" und seit 1959 Mitbegründer und Vorsitzender der „Europafinanz".

Kampf, Waldemar, * Kbg. 1913. Historiker. K. studierte Geschichte, Literatur- und Kunstgeschichte an der Albertina und in Berlin. Nach dem Staatsexamen erfolgte 1941 seine Promotion unter Prof. W. Ziesemer. Nach dem Kriege war er zunächst als Dozent an der Universität Freiburg tätig. Seit 1962 war er an der Pädagogischen Hochschule Karlsruhe, wo er 1968 zum Professor ernannt wurde. Von seinen vielseitigen Veröffentlichungen seien genannt: „Preußen, Polen und das Reich im 16. Jahrhundert" und „Entstehung, Aufnahme und Wirkung" zur Geschichte der Stadt Rom im Mittelalter von F. Gregorovius. In der „Neuen Deutschen Biographie", Band VI 1964, brachte Kampf einen umfangreichen Artikel über

Georg-Friedrich, der nach 1578 Ordnung in die verworrenen Verhältnisse des Herzogtums Preußen gebracht hat. Kampf lebt heute in Freiburg.

Kanalisation. 1880 arbeitete der Geh. Oberbaurat Wiebe den Entwurf einer großzügigen Kanalisation aus. Baubeginn am Mühlenberg, Roßgarten und Weißgerberstraße. 1881 wurden die letzten Fließe in Tonröhren verlegt oder zugeschüttet, auch Zuggraben und Lizentgraben. Ein Vorflutkanal von 2 m Höhe, 1890 begonnen, nahm die Abwässer der Unterstadt auf. Der Kanal, fast 30 km lang, 8 km davon geschlossen, ging vom Volkspark aus über den Hufenbach, unter dem Festungsgraben am Ausfalltor an der Neuen Bleiche und Lawsken vorbei, unter dem Park Louisenthal nach Moditten als überwölbter, ab Moditten als offener Kanal nach Neplecken ins Haff. 1888 wurde das erste Pumpwerk für die Kanalisation am Ostbahnhof erbaut, es folgten das Pumpwerk „Vogelgasse" sowie vier weitere. — Schwemmkanalisation eines Teils der Oberstadt. 1898 war die Kanalisation in Betrieb. 1903 wurde die Katzbach kanalisiert und der westl. Rest des Zuggrabens, der Kielgraben, 1905 zugeschüttet. 1922 wurde die Verwaltung der Kanalisation durch die „KWS" übernommen.*

Kanditten südwestl. von Pr. Eylau. K. war ein altes Kirchdorf.

Kanonenweg, Querstraße der Cranzer Allee, zw. Infanterie- und Artilleriekaserne.

Kant, Immanuel, * Kbg. 22. 4. 1724, † Kbg. 12. 2. 1804. Philosoph. Vater: Johann Gg. K., Riemermeister in Königsberg, Mutter: Anna Regina Reuter, Riemermeisterstochter. — K. besuchte das Friedrichskolleg und studierte st. 1740 in Königsberg. Sein geschätztester Lehrer war der Philosoph M. Knutzen. 1746 reichte er dem Dekan der philosoph. Fakultät seine erste Schrift ein: Gedanken von der wahren Schätzung der lebendigen Kräfte. Der

Kants Tafelrunde, nach einem Gemälde von Dörstling

Druck zögerte sich bis 1749 hin. K. hatte inzwischen eine Hauslehrerstelle in Judtschen und dann in Arnsdorf angenommen. 1755 promovierte K. in Königsberg mit einer Schrift über das Feuer zum Magister und wurde als Privatdozent zugelassen. Seine weiteren Schriften s. Kants Schriften. Zur Bewerbung um die durch den Tod Knutzens freigewordene Professur der Mathematik und Philosophie veröffentlichte K. 1756 eine Dissertation „Monadologia physica", doch blieb die Stelle unbesetzt. Vergeblich war auch seine Bewerbung um die Professur der Logik und Metaphysik nach dem Tode des Prof. Johann D. Kypke 1758. — Da man indessen auf Kants bedeutende Leistungen als wissenschaftlicher Schriftsteller höheren Orts aufmerksam geworden war, ließ man ihn 1764 die Professur der Beredsamkeit und Dichtkunst antragen, die er jedoch ablehnte. Dagegen bewarb er sich um die Stelle eines Unterbibliothekars an der Schloßbibliothek und erhielt sie 1765. Nachdem K. noch im Winter 1769/70 Berufungen nach Erlangen und Jena abgelehnt hatte, konnte er endlich 1770 wunschgemäß die ordentl. Professur für Logik und Metaphysik erhalten. — 1772 legte K. die Bibliothekarstelle nieder. Auf den Minister Freiherrn von Zedlitz machte Kants Wirken einen so großen Eindruck, daß er ihn 1778 eindringlichst für eine Professur in dem zentraler gelegenen Halle zu gewinnen suchte, K. war jedoch nicht bereit, seine Heimat zu verlassen. — Während der ersten 10 Jahre seiner Professur hat K. sehr wenig veröffentlicht, da er von der innerlichen Ausgestaltung seiner persönlichen Philosophie der kritischen Methode zu sehr in Anspruch genommen war. Von 1781—90 erschienen seine großen Hauptwerke, mit denen er als schöpferische Persönlichkeit der Philosophie die neue Methode der Erkenntniskritik gab und damit eine der größten Umwälzungen geistiger Art veranlaßte. — Der unglückliche Versuch der Regierung Friedrich Wilhelm II. durch Gewaltmaßregeln die Aufklärung zu bekämpfen, traf auf K. Seine 1793 erschienene Schrift: „Religion innerhalb der Grenzen der bloßen Vernunft", veranlaßte eine kgl. Kabinettsorder, die ihm Einstellung und Herabwürdigung der Grundlehren des Christentums und Zuwiderhandeln gegen seine Pflicht als Lehrer und die landesväterlichen Absichten des Königs vorwarf. K. verantwortete sich dagegen in würdevoller Weise, verzichtete aber gleichzeitig auf jede weitere öffentliche Erörterung religiöser Dinge. — Im Sommer 1796 stellte K. seine Vorlesungen ein, 1801 legte er auch seine Senatorenstelle nieder. K., der seinen Weg nur durch sich selbst gemacht und durch sein ganzes Leben bewiesen hatte, daß der Tüchtige immer freie Bahn hat, war ohne Zweifel der bedeutendste Philosoph, den Deutschland hervorgebracht hat, durch sein Werk und seine Persönlichkeit die größte Zierde der Albertina. Nächst Goethe gibt es keinen Deutschen, der in dem Maße wie K. auf die Mitlebenden und Nachfahren gewirkt, ihre Bewunderung erregt und ihre Federn in Bewegung gesetzt hat. S. auch Kants Schriften.

Kant-Apotheke, Inh. Hans U. Koepsch, Kant-Str. 3/4. Sie war einst die erste altstädtische Apotheke.

Kant-Bildnisse. Von den Porträts, die sich in Königsberg befanden, war das bekannteste das von J. Becker, der es 1768 für den Buchhändler Kanter gemalt hatte. Später war dieses Porträt im Besitz der Buchhandlung Gräfe und Unzer, die es nach dem Westen retten konnte. Heute hängt es im Schiller-Museum in Marbach/Württ. Das Porträt Doeblers von 1791 befand sich bis 1933 im Besitz der Loge „Zum Totenkopf und Phönix", dann hing es angeblich im Dienstzimmer Kochs im Oberpräsidium und ist seit 1945 verschollen. Doebler hatte eine Kopie des Porträts hergestellt, die Kant seinem Schüler Kiesewetter schenkte. Es befindet sich heute als Eigentum der Stadt Duisburg im dortigen Museum Haus Königsberg. — Unter den Miniaturen war das ovale Kant-Porträt in farbiger Ausführung von dem Franzosen Vernet am bekanntesten. — Die eindrucksvolle Radierung von Prof. Heinrich Wolff „Kant am Schreibtisch" aus dem Jahr 1924 gewann in Ostpreußen besonderen Ruf.

Kant-Büsten.

1795 von Joseph Mattersberger im Stadtgeschichtlichen Museum, vernichtet.

1798 von Emanuel Bardou im Museum Berlin-Dahlem, ein Bronzeabguß dieser Büste steht im Museum Haus Königsberg.

1801 von Carl Gottfried Hagemann, befindet sich in der Hamburger Kunsthalle.

1842 von Johann Gottfr. Schadow, in der Walhalla bei Regensburg.

1892 von Rudolf Siemering im Friedrichs-Kollegium, vernichtet.

1924 Kopie in Gips der Hagemannschen Kantbüste von K. Kraus-Hobson im Besitz der Gesellschaft der Freunde Kants in Göttingen.

1927 von Walter Rosenberg in der Mittelhalle des Universitäts-Anbaus, vernichtet.

1972 von Georg Fuhg im Museum Haus Königsberg in Duisburg.

Kant-Denkmal. Die Statue ist von der Meisterhand des Christian Daniel Rauch dargestellt, sie zeigte Kant in der Tracht seiner Zeit. Der Erzguß erfolgte 1857 bei Gladenbeck in Berlin. Die Aufstellung verzögerte sich, denn die Platzfrage blieb lange unentschieden, bis endlich am 18. Oktober 1864 die feierliche Enthüllung des in der Nähe von Kants ehemaligem Wohnhaus, Prinzessinstr. 3, aufgestellten Denkmals stattfinden konnte. Eine Rotunde umschloß damals das Denkmal. — Als die Schloßstraße 1885 angelegt wurde, mußte das Denkmal seinen Platz räumen. Es kam in der südwestl. Seite des Paradeplatzes zur Aufstellung. Daß König Friedrich Wilhelm III. die Mitte des Platzes einnahm und der Philosoph bescheiden zur Seite stand, ist bezeichnend für die gesellschaftliche Rangordnung, di auch nach der Umwandlung Preußens i einen Verfassungsstaat gültig war.

Kanter, Johann Jacob, * Kbg. 1738, † Kbg 1786. Buchhändler. K. erlernte den Buchhandel und richtete 1760 seine Buchhandlung in der Altstädt. Langgasse ein. 176 erhielt er die Erlaubnis zur Herausgab der „Königsbergischen gelehrten und politischen Zeitungen". 1764 zog K. in da von ihm gemietete Löben. Rathaus, wo e sein Geschäft in großzügiger Weise aus stattete, sein Laden wurde der Treffpunk der gebildeten Welt Königsbergs. Ha mann, Scheffner und Kant standen ihn nahe. Schon in den 70er Jahren ging sei Geschäft zurück, so daß er 1781 die Buchhandlung abgeben mußte. Der Lade blieb bis 1866 Sitz seiner Nachfolger, zu letzt Gräfe und Unzer. Kanters Hof buchdruckerei in Marienwerder führte seine beiden Söhne weiter.

Kanter-Verlag, Inh. Otto Dikreiter, geg 1938, Tragheimer Pulver-Str. 20.

Kant-Feier 1924. Die Feierlichkeiten de 200. Geburtstags Kants dauerten vom 1 bis 24. April 1924. Unter den Teilneh mern waren der Vizekanzler, der pr. Min sterpräsident Otto Braun, der Kultusm nister Bölitz, ferner der Vorsitzende de Kant-Gesellschaft Prof. Arthur Lieber die Philosophie-Professoren Eric Adickes, Hans Driesch, Adolf von Ha nack und Vertreter vieler Universitäte aller Länder bis nach Peking und Toki hin. Auftakt war die Festsitzung der Kö nigsberger Kantgesellschaft im Friedrich kolleg, der dt. Kantgesellschaft in der Pa laestra, Festakt im Dom und Einweihun des neuen Kantgrabmals, bei der Harnac die Rede hielt; Festabend der Stadt, Fest akt im Theater, Ehrenpromotionen, da unter die Dichterin Agnes Miegel, ei Studentenkommers und das Bohnenmal der Gesellschaft, das diesmal im groß Saal der Stadthalle stattfand. Die Albert na hatte eine von dem Philosophie-Pro fessor Albert Gödeckemeyer redigiert Festschrift herausgegeben.

Kant-Gesellschaft. Gegr. 1904 von Hans Vaihinger in Halle/S., dem Sitz der Gesellschaft. Aufgabe der Gesellschaft war es, durch Unterstützung der ebenfalls von Vaihinger ins Leben gerufenen Zeitschrift „Kant-Studien“, 1897 ff. und durch weitere Aktivitäten die Kantische Philosophie zu fördern und zu verbreiten. Dem Vorstand der Gesellschaft gehörte u. a. jeweils der Kurator der Hallenser Universität an; die organisatorische Arbeit oblag dem Geschäftsführer. Insbesondere dank Lieberts geschickter Leitung konnte die Gesellschaft zu einer der größten philosophischen Gesellschaften der 1. Hälfte des 20. Jahrhunderts werden: 1929 über 40 Ortsgruppen mit über 4000 Mitgliedern. Infolge der Emigration Lieberts im Jahre 1937 sowie der politisch-kulturellen Lage im damaligen Deutschland überhaupt ging die Tätigkeit der Gesellschaft rasch zurück und war in den 40er Jahren fast ganz erloschen. — 1969 erfolgte die Neugründung der Kant-Gesellschaft durch Gottfried Martin in Bonn. Die „Kant-Gesellschaft e.V. Bonn“ versteht sich als die Nachfolgeorganisation der alten Hallenser Gesellschaft mit analogen Zielen. Schwerpunkte der organisatorischen Arbeit der neugegründeten Gesellschaft sind die Herausgabe der Kant-Studien und die Durchführung von internationalen Kongressen; bislang 6 Kongresse, davon 2 Jubiläumskongresse 1974 und 1981 in Mainz. — Seit 1972 ist Funke Erster Vorsitzender der Gesellschaft. S. auch Gesellschaft der Freunde Kants.

Kant-Grabmal. Erst als die große internationale Kantfeier des Jahres 1924 näher rückte, entschloß man sich für einen würdigen Neubau. Die Mittel hierfür kamen von Hugo Stinnes, der damals mit seinem Konzern das Wirtschaftsleben Ostpreußens beherrschte. Schöpfer des neuen Grabmals war der Architekturprofessor Friedrich Lahrs. Ihm gelang ein Meisterwerk, in dem er die Bauformen seiner Zeit mit denen der Ordensgotik in glücklicher Weise vereinigte. Der steinerne Sarg unter dem offenen Pfeilerbau war ein Kenotaph. — Bei dem großen Festakt im Dom am 22. April sprach der berühmte Adolf von Harnack. Die Einweihung des Grabmals nahm der OB Dr. Hans Lohmeyer vor. Nur wenig mehr als zwei Jahrzehnte blieb es in der Obhut der Stadtverwaltung. Beim britischen Bombenangriff in der Nacht vom 26. zum 27. August 1944 brannte der Dom aus, das Grabmal blieb jedoch unversehrt. S. Stoa Kantiana.

Kantianer.
Die Philosophie Kants faßte die Ergebnisse der geistigen Strömungen des 17. und 18. Jahrhunderts zusammen und befruchtete durch ihre Erkenntnisse alle Wissenschaften des 19. Jahrhunderts und nicht zuletzt die geistigen Grundlagen der Staatsauffassung. Es ist daher verständlich, daß viele Philosophen sich als Kants Schüler betrachteten und seine Gedankengänge weiter ausbauten. Hierzu gehörten Herbart, der Nachfolger Kants in Königsberg, Fries, Fichte, Schelling und Schopenhauer in Deutschland, in Großbri-tannien Hamilton, Nitsch und Whewell, in Frankreich Villers, Cousin und Tissot und in Italien Galuppi.
Unter dem Einfluß Hegels, der in der dialektischen Methode das vollkommene Mittel aller Gedankenentwicklung und des realen Werdeprozesses sah, kam sein Schüler Karl Marx zum historisch-dialektischen Materialismus, während die Erkenntnisse der Naturwissenschaft zum neuen Überdenken des Begriffs des Materialismus in der Geisteswissenschaft zwangen, die zum Materialismusstreit der 50er Jahre des 19. Jahrhunderts führten. Der große Naturwissenschaftler Helmholtz, der von der Augenheilkunde (Professur in Königsberg) zur Physik gekommen war, forderte die Rückkehr zu der Philosophie Kants, unterstützt durch das von Kuno Fischer 1860 veröffentlichte zweibändige Werk „Immanuel Kant. Entwicklungsgeschichte und System der kritischen Philosophie“.

Die sogenannten Neukantianer bemühten sich, die naturwissenschaftlichen Erkenntnisse mit der Kantschen Lehre zu verbinden und überwanden dadurch bis zum Ende des Jahrhunderts den Materialismus von Hegel, Ludwig Feuerbach und Marx. Zu den Neukantianern gehören Arnold, Bona Meyer, Cohen, B. Erdmann, Göring, Fischer, Helmholtz, Laas, Lange, Liebmann, Natorp, Paulsen, Riehl, Stadtler, Thiele, Vaihinger, Windelband und Witte.

Kant-Laplacesche Theorie über die Entstehung des Sonnensystems. Nach Kant ist anfänglich der ganze von unseren heutigen Sonnensystem eingenommene Raum von der in ihre Grundstoffe aufgelösten Materie eingenommen worden. Die dichteren Elemente zogen infolge ihrer Schwere die dünneren an, während andererseits zwischen den dünneren noch abstoßende Kräfte vorhanden waren. Aus dem anfänglichen Chaos bildete sich eine große in rotierender Bewegung begriffene Masse, die sich in der Richtung der Rotationsachse abplatten mußte. Die Masse verdichtete sich allmählich im Zentrum zu einem Zentralkörper, der Sonne, der von den dünneren Teilchen umkreist wurde. Aus diesen bildeten sich infolge der Verschiedenheit der Materie eine Reihe von Zentren, die außer der Bewegung um den Hauptkörper noch eine Rotation um die eigene Achse erhalten mußten. Aus diesen bildeten sich unsere Planeten, aus denen sich wiederum die Monde herausbildeten. Unabhängig von Kant entwickelte der französische Astronom Laplace (1749—1827), Lehrer und Prüfer Napoleons in der Artillerieschule, eine ähnliche Theorie. Er setzte die Existenz eines Sonnenglutballs voraus, der langsam rotierte. Durch Hitzeausstrahlung in den Weltraum zog sich die Masse zusammen, wodurch die Rotationsgeschwindigkeit zunahm. Als der Zustand eintrat, daß für die äußerste Schicht die Zentrifugalkraft die Anziehungskraft des Zentrums überwog, löste diese sich und formte sich in einen den rotierenden Zentralkörper umkreisenden Ring um. Im Laufe der Zeit zog sich die Masse der Sonne stärker zusammen, wodurch mehrmals Ringe absplitterten. Mit der allmählichen Abkühlung verdichteten sich die Ringe zu rotierenden glühenden Körpern, aus denen bei weiterer Abkühlung die Planeten entstanden. Als sich deren äußere Schichten wiederum lösten und Ringe formten, entstanden aus diesen die sie begleitenden Monde. Kants „Allgemeine Naturgeschichte und Theorie des Himmels“ erschien in Königsberg bereits 1755. Laplace kannte das Werk nicht, als er 1796 in Paris die „Exposition du système du monde“ veröffentlichte. Die auffälligen Übereinstimmungen führten im 19. Jahrhundert dazu, beide Theorien zusammenzufassen.

Kant-Loge, dem jüdischen Orden Bnei Brith zugehörig. Sie wurde 1910 mit 68 Mitgliedern gegründet. Das Logenheim, Steindamm 8 wurde mit einer Festrede des Rabbiners Dr. Vogelstein eingeweiht.

Kants Häuschen in Moditten, nordwestlich von Königsberg, entstand 1763. Hierüber berichtet Preußens Erzbischof Borowski. Kant habe sich öfters dort aufgehalten. Der im Forsthaus Moditten lebende Förster Wobser, sei ein Wirt gewesen, wie Kant ihn sich für ländlichen Aufenthalt wünschte, ein Mann von sehr gutem natürlichen Verstand. Kant hielt sich gern bei ihm auf. In Moditten entstand das Werk über das Schöne und Erhabene. Kant habe Wobser nie vergessen. Man berichtet, daß auch die Freunde Green, Motherby und Ruffmann bei Wobser verkehrten. Abseits vom Forsthaus am Wege liegt das Häuschen mit fast quadratischem Grundriß. Es ist in Fachwerk errichtet. Man betritt den Wohnraum von einem kleinen Flur aus, neben dem links eine kleine Küche liegt. Ein schmaler Teil des Wohnraumes ist als Ruheraum abgetrennt. Später hat man den Wohnraum als Gedenkstätte auch mit einer Kant-Büste von Hagemann ausgestattet. Tafeln am Häuschen und an einer Lindenlaube weisen auf die Bedeutung des Ortes hin. Kants Häuschen ist erhalten geblieben.

Kants Schriften. Kant kam in seiner wissenschaftlichen Entwicklung von der Theologie über die Naturwissenschaften, Newton beeinflußte ihn stark, zur Philosophie. Seine erste Arbeit schrieb er 1746 vor dem Antritt einer Hauslehrerstelle, in der er das Geld für die Habilitation verdienen mußte, über „Gedanken von der wahren Schätzung der lebendigen Kräfte". 1755 folgte die „Allgemeine Naturgeschichte und Theorie des Himmels", die er Friedrich dem Großen widmete. Im gleichen Jahr promovierte er über die Eigenschaften des Feuers und habilitierte sich im Herbst 1755 über „Principiorum primorum cognitionis metaphysicae nova dilucidatio", gab 1756 die „Physische Monadologie" heraus, die er 1758 durch den Aufsatz „Neuer Lehrbegriff der Bewegung und Ruhe" ergänzte. Es folgte 1759 der „Versuch über den Optimismus", 1762 „Die falsche Spitzfindigkeit der vier syllogistischen Figuren", 1763 der „Versuch, den Begriff der negativen Größen in die Weltweisheit einzuführen" und „Der einzig mögliche Beweisgrund für das Dasein Gottes", 1764 „Beobachtungen über das Gefühl des schönen und Erhabenen", die „Untersuchung über die Deutlichkeit der Grundsätze der natürlichen Theologie und Moral" und der „Versuch über die Krankheiten des Kopfes". 1766 folgten die „Träume eines Geistersehers erläutert durch Träume der Metaphysik". Zwei Stellungnahmen zu Tagesthemen, 1756 „Betrachtungen über das Erdbeben von Lissabon", und 1764 „Räsonnement über den Abenteurer Komarnicki", rundeten die erste Schaffensperiode ab.

Mit der Berufung zum Professor begann 1770 die zweite große Schaffenszeit, in der seine weltbedeutenden Werke erschienen. Den Anfang machte 1770 „De mundi sensibilis atque intelligibilis forma et principiis". Es folgte 1781 die „Kritik der reinen Vernunft", 1783 die „Prolegomena zu einer jeden künftigen Metaphysik", 1785 die „Grundlegung der Metaphysik der Sitten", 1786 die „Metaphysischen Anfangsgründe der Naturwissenschaft", 1788 die „Kritik der praktischen Vernunft", 1790 die „Kritik der Urteilskraft" und die „Streitschrift gegen Eberhard", 1793 die „Religion innerhalb der Grenzen der bloßen Vernunft", 1797 die „Metaphysischen Anfangsgründe der Tugendlehre" und die „Metaphysischen Anfangsgründe der Rechtslehre" und als letztes 1798 die „Antropologie in pragmatischer Hinsicht". Alle Werke erschienen in Königsberg. Tiefentrunk gab 1799 unter Mithilfe K's in 3 Bänden die „Vermischten Schriften" in Halle/S. heraus, denen 1800 die „Sammlung einiger bisher unbekannt gebliebener kleiner Schriften von Kant" in Königsberg folgte. Nach Niederschriften seiner Vorlesungen über Logik, Pädagogik, Metaphysik und philosophische Religionslehre wurden von Rink zwei Bände in Königsberg 1802 und von Vollmer vier weitere in Hamburg 1801—05 unter dem Titel „Physische Geographie" herausgebracht. — Aus dem Nachlaß Kants veröffentlichte Erdmann in Leipzig 1882—84 „Reflexionen Kants zur kritischen Philosophie", Krause 1888 in Lahr „Vom Übergang von den metaphysischen Anfangsgründen der Naturwissenschaft zur Physik" und Rudolf Reicke „Lose Blätter aus Kants Nachlaß" in der „Altpreußischen Monatsschrift" 1887 ff.

Kant-Straße. 1864 wurde die Krämerstraße von der Krämerbrücke zur Wassergasse, 1888 die Altst. Schuhstraße und die Windgasse von der Wassergasse zur Altst. Bergstraße sowie der Danziger Keller zur Kant-Straße zusammengelegt. 1924 wurde sie durch die Prinzessinstraße nochmals verlängert, so daß sie nunmehr von der Krämerbrücke bis zur Junker-Straße reichte.*

Kant-Tafel. Sie befand sich seit 1904 an der westl. Zyklopenmauer des Schlosses. Eine Nachbildung wurde 1955 aus Anlaß der 700-Jahrfeier von Königsberg im Tordurchgang des Rathauses der Patenschaft Duisburg angebracht. Ihre Inschrift:

Immanuel
Kant
* 1724 † 1804

Zwei Dinge erfüllen das Gemüt mit immer neuer und zunehmender Bewunderung und Ehrfurcht, je öfter und anhaltender sich das Nachdenken damit beschäftigt:
Der gestirnte Himmel über mir und das moralische Gesetz in mir.

Kants Wohnungen. Das Grundstück Vordere Vorstadt 22 hat der Familie Kant bis 1733 gehört. Infolge späterer Straßenverbreiterungen ist von Kants Geburtshaus keine Spur erhalten geblieben. Als Kant nach der Hauslehrerzeit nach Königsberg zurückkehrte, wohnte er zunächst bei Prof. Joh. D. Kypke in der Köttel-Straße, dort hielt er auch seine Vorlesungen. Später wohnte Kant in der Magister-Straße. Wegen des Lärms, der von den Schiffen und Kähnen herkam, bezog er nach 1768 eine Mansardenwohnung im Kanterschen Haus, dem ehemaligen Löben. Rathaus. Nach einem Adreßkalender wohnte K. 1783 am Ochsenmarkt. Erst nach 1787 bezieht K. ein eigenes Haus in der Prinzessin-Straße 3, das er von der Witwe des Porträtmalers Becker erworben hatte. Dieses Haus war bescheiden in seinen Ausmaßen wie in der Ausstattung, sein Garten reichte bis zum Schloßgraben. Links unten befand sich der Hörsaal, darüber das große Speisezimmer. Alle anderen Räume waren klein, unten die Wohnung der Köchin und ein Besucherzimmer, oben Kants Studierstube und das Schlafzimmer, im Dachgeschoß eine Kammer für den Diener. Auf der Hofseite ein kleiner angebauter Holzschuppen. — Leider wurde Kants Wohnhaus sofort nach seinem Tode an einen Gastwirt verkauft. Unverständlicherweise hat die Fa. Bernhard Liedtke 1893 Kants Haus abgebrochen, um ihr Ladengeschäft zu erweitern. Kant mußte kurz vor seinem Tode seinen Diener Lampe entlassen. Auf dem Schreibtisch Kants fand man die Notiz „Lampe muß vergessen werden".

Kant-Zitate.
Der Himmel hat dem Menschen als Gegengewicht zu den vielen Mühseligkeiten des Lebens drei Dinge gegeben: die Hoffnung, den Schlaf und das Lachen.
Je mehr Du gedacht, je mehr Du getan hast, desto länger hast du gelebt.
Werdet nicht der Menschen Knechte! — Laßt Euer Recht nicht ungeahndet von anderen mit Füßen treten! Wer sich unter seinesgleichen zum Wurm macht, da ihn doch Gott zum Menschen schuf, muß sich nicht wundern, wenn man ihn nachher als Wurm behandelt und unter die Füße tritt.
... eine solche Stadt wie etwa Königsberg am Pregelflusse kann schon für einen schicklichen Platz zur Erweiterung sowohl der Menschenkenntnis als auch der Weltkenntnis genommen werden, wo diese, auch ohne zu reisen, erworben werden kann.

Kanusport-Vereine.
Kanu-Club Preußen, e. V. Altstädt. Holzwiesenstr.
Kanu-Verein Ostland, e. V. Altstädt. Holzwiesenstr.
Königsberger Kanu-Verein, An der Reichsbahnbrücke.
Albatros-Wassersportgemeinschaft, Holsteiner Damm, Pregelkrug.

Kanzler in Preußen. Dieser Titel bezeichnete einen der 4 Oberräte Herzog Albrechts, er hielt sich bis ins 20. Jahrhundert hinein. Bei den Reformen, die dem Tilsiter Frieden folgten, wurde er auf den Präsidenten des Oberlandesgerichts in Königsberg übertragen. — Letzter „Kanzler des Königsreichs Preußen" war bis 1918 Oberlandesgerichts-Präsident Karl Ludwig von Plehwe.

Kanzler-Straße in Amalienau von der Kastanienallee zur Dürerstraße.

aplan-Straße von der Tragheimer Kirchenstraße zur 3. Fließstraße.

aporner Heide. Vom Dorf Moditten zieht sich die Kaporner Heide entlang dem Frischen Haff bis Fischhausen. Dieses große Waldgebiet führt diesen Namen, jedoch nur in seinem östl. Teil. Die Heide hatte vorwiegend Kiefern sowie verschiedene Beerensträucher und war einst Elchgebiet. — Mitten im Walde stand der Vierbrüderkrug, unweit die Vierbrüdersäule, ein beliebtes Ausflugsziel der Königsberger.

aporner Straße, in Ratshof von der Gerlach-Straße zur Lawsker Allee.

app, Wolfgang, * New York 1858, † Leipzig 1922. Jurist, Politiker. 1906—1920 war K. Generaldirektor der Ostpr. Landschaft und bekämpfte die Politik Th. von Bethmann-Hollwegs. Mit Großadmiral von Tirpitz gründete er die „Deutsche Vaterlandspartei" und war von Februar bis November 1918 M. d. R. Der Kapp-Putsch, der rechtsradikale Umsturzversuch unter Führung von Kapp und General von Lüttwitz, scheiterte durch einen Generalstreik der Gewerkschaften. Kapp floh am 17. März 1920, stellte sich aber 1922 dem Reichsgericht und starb in Untersuchungshaft.

arl-Baer-Straße südl. des Steindamms, vom Steindammer Wall zur Bernsteinstraße.

arl-Straße in Ponarth, von der Berliner Straße zur Ostbahn-Strecke.

armitten, ein altes Rittergut nördl. von Königsberg mit einer mindestens 400jährigen Vergangenheit. Das alte Gutshaus, ein geräumiges Landhaus, stand erhöht hinter dem großzügig aufgebauten Hof. Daran schlossen sich an die zum Gut gehörende Schule und die in langer, hübsch angelegter Reihe gebauten Wohnhäuser für 40 Arbeiterfamilien. Zu dem vorbildlichen Gutsbetrieb gehörten ein eigener Bahnhof, Mühle, Meierei, ein Sportplatz und Gemeindesaal, sie stärkten das Gemeinschaftsgefühl der Einwohner. Der Schwerpunkt des Betriebs war die Rindviehzucht. 1904 übernahm der bekannte, erfolgreiche Züchter Waldemar Sehmer den Betrieb. Sein Tod in Königsberg am 17. 6. 1945 wurde bezeugt.

Karow, Gustav und Erich aus Stargard, sie kauften 1927 die Königsberger Mühlenwerke in Ratshof.

Karschau südl. von Königsberg. Zwei Güter Groß- und Hoch-Karschau. Um 1850 wurde bei Karschau ein Artillerie-Schießplatz angelegt. Ende der 1870er Jahre wurde auf dem Karschauer Hügel das Fort IX Dohna gebaut. 1929 wurden einige Exklaven nach Königsberg eingemeindet.

Karschauer Straße in Ponarth, von der Speichersdorfer Straße zur Stadtgrenze.

Karstadt A.-G., Rudolf, Kaufhaus. Nathan Sternfeld ließ vor dem Ersten Weltkrieg durch den Architekten Emil Arndt ein Kaufhaus im Messel-Stil neben dem Altstädt. Rathaus errichten. Das Geschäftshaus hatte Schaufenster an der Schmiedestraße, der Hökerstraße und dem Altstädtischen Markt. In den 20er Jahren wurde das Kaufhaus vom Karstadt-Konzern übernommen.

Karrasch, Alfred, * Kbg. 1893, † Mittenwald 1973. Schriftsteller. Nach einem Germanistik-Studium war K. zunächst Journalist, seit 1922 beim Scherlverlag arbeitete er für den Berliner Lokal-Anzeiger. Zunächst Dramatiker hatte K. mit seinen Hörspielen großen Erfolg. Seine Stärke lag im Roman: „Winke, bunter Wimpel" wurde verfilmt. „Der große Doktor", „Stein, gib Brot" und „Die Undes" spielen in Ostpreußen. Besonderen Erfolg hatte K. mit „Apassionata" und seinem letzten Roman „Nobel".

Kastanien-Allee in Amalienau, vom Hammerweg zur Gerlach-Straße.

Katastrophen. 1352 Pest, in 4 Monaten 5078 Tote. — 1529 wütete der „Englische Schweiß“ in Königsberg und Ostpreußen; 25 000 Tote. — 1549 Pest in Königsberg und Ostpreußen; 15 000 Tote. — 1550 Große Raupenplage in Königsberg und Samland. — 1620 Wassernot; Köttelbrücke fortgerissen, auf dem Altst. Markt und dem Kneiphof Verkehr mit Kähnen, im Dom stand das Wasser fußhoch. — 1693 Das morsche Bollwerk neben der Holzbrücke stürzte in den Pregel; 20 Tote. — 1709 Mißwuchs, Hungersnot, Teuerung. Als Folge bis 1710 Pest; mit 9827 Toten. — 1718 gewaltiger Sturm mit Überschwemmung. — 1747 Das verfaulte Bollwerk neben der Grünen Brücke stürzte mit vielen Menschen in den Pregel. — 1807 Flecktyphus und Ruhr in Königsberg; 10 000 Tote. Viehsterben, große Teuerung. Geburten 1949, Todesfälle 6392. — 1825 Hochwasser; Bootsverkehr auf Plantage, Weidendamm, Fischbrücke und Philosophendamm. — 1829 Weststurm, schwere Überschwemmung, Eisstauung an den Brücken; Erdgeschoß der Albertina unter Wasser; losgerissene Wittinnen; Pregelkrug und Bretterkrug weggerissen. — 1831 Cholera-Epidemie; 2220 Erkrankungen, 1327 Tote. — 1866 Cholera-Epidemie; 3967 Personen erkrankt, davon 517 Soldaten; 2671 Tote. — 1869, 13. Sept. Beim Besuch König Wilhelms brach bei abendlichem Schloßteichfest das Geländer der Schloßteichbrücke; 32 Tote. — 1871 Pockenepidemie; 771 Erkrankte. 1871 Cholera-Epidemie; 3741 Erkrankte, 1790 Tote. — 1916, 4. VIII. Munitionsexplosion in Rothenstein; 44 Tote, 95 Verletzte. — 1920, 10. IV. Große Explosion von gelagerter Munition in Rothenstein; viele Tote; die Kuppel des Krematoriums mit den Fresken Ewels stürzte ein. — 1944, 26./27. August Erster englischer Fliegerangriff zerstörte den nörd. Teil Königsbergs mit Altroßgärter Kirche, Regierung, Univers.-Bibliothek und Stadthalle. — 29./30. August Zweiter engl. Fliegergroßangriff mit bis zu 10 gekoppelten Phosphorbomben vernichtete die ganze Innenstadt mit allen Kunstschätzen: Schloß, Kirchen, Museen und Wohnhäusern.*

Kather, Linus, * Prossitten 1893, † Grafenhausen 1983. Jurist, Politiker. Nach dem Studium und der Promotion übte K. in Königsberg von 1921—45 eine Notariatspraxis aus. Als Mitbegründer der CDU in Hamburg war K. bis 1957 MdB. Mitbegründer des „Bundes der Vertriebenen“ schließlich Mitglied des BHE. Seiner Beharrlichkeit ist es zu verdanken, daß das Lastenausgleichsgesetz verabschiedet werden konnte. 1969 legte er alle Ämter resigniert nieder.

Katholische Friedhöfe. Der älteste Kirchhof befand sich zwischen der Propsteikirche und dem Kohlhasenwinkel. Der Alte Friedhof befand sich rechts, der Neue Friedhof links der Labiauer Straße.

Katholische Kirchen. Seit Jahrhunderten besaß die wachsende katholische Gemeinde nur ein Gotteshaus, die Propsteikirche, auf dem Sackheim. Erst 1904 erbaute der Architekt Heitmann die St. Adalbertskirche in Amalienau. Ebenfalls von Heitmann wurde auf dem Oberhaberberg eine Kirche „Zur heiligen Familie“ errichtet, die 1907 geweiht wurde; sie war mit einer Niederlassung der ermländischen Katharinerinnen verbunden. In Ponarth wurde 1913 die St. Josephskirche geweiht, die mit einem Waisenhaus verbunden war. In den letzten Jahren bestand noch die Liebfrauen-Gemeinde am Nordbahnhof.

Katholische Kirchen-Straße, vom Neuen Markt zum Sackheim.

Katholische Overberg-Schule, Mittelanger 15. Rektor Johann Praß.

Katholische Propsteikirche. Kurfürst Joh. Sigismund mußte sich 1611 anläßlich seiner Beleihung in Warschau zum Bau einer kathol. Kirche in Königsberg verpflichten. — Sie wurde 1616 erbaut und beim großen Brand 1764 zerstört. 1765—1776 Wiederaufbau durch Baudir. Joh. Sam. Lilienthal im Barockstil. L. baute 1772 auch die Kaplanei mit schönem Frontispiz. 1777 Einweihung der Kirche. 1810 fand hier eine Totenfeier für Königin Luise mit Musik von Joh. Friedr. Reichardt statt. — Die Kirche wurde 1876 den Altkatholiken zugewiesen, wurde aber 1889 nach Rückgang der Altkatholiken wieder katholisch. 1886 wurde Propst Dinder Erzbischof von Gnesen. — Sehenswürdigkeiten: Vier lebensgroße Evangelisten auf dem Westgiebel und Hochaltar von Andreas Schmidt, Rößel, 1772; Orgel von Christoph Braveleit, 1790. Schmiedeeiserne Kanzel und Sakristeitür von Powelski, 1777. — Langj. Pröpste Johann Szadowski, Oskar Stoff, Alb. Maier.*

Katholischer Kirchenplatz auf dem Sackheim, südlich von der Katholischen Kirchenstraße begrenzt.

Katholische Studentenverbindungen im K.V. „Borussia", gegr. 1875, Heim Schützenstr. 8. „Tannenberg", gegr. 1927, Heim Poststr. 1—2. „Unitas-Ostland" im U. V., gegr. 1927, Anschrift: Theaterstraße 8 I.

Katzbach. Der Abfluß des Schloßteichs als Mühlenfließ über den Mühlenberg zum Pregel; hier hatte der Orden drei Mühlen angelegt. Die Katzbach wurde 1903 kanalisiert. Man sagte stets die Katzbach.

Katzengründe südl. von Rauschen. Das Katzatal zieht sich durch einen hügeligen Wald von idyllischer Schönheit, der Volksmund hat ihn mit dem Namen Katzengründe belegt. Der Rauschener Mühlenteich wird von der Katza durchflossen.

Katzensteig von der Tuchmacherstraße zur Löben. Oberberggasse, 1811 so benannt, bis 1726 „Am hohen Steig", da sehr steil. — Hier spielt die Sage von der Brauerhexe.*

Kaufmann, Paul, * Goldap 1890, † Altenberg 1982. Ev. Theologe. Nach dem Studium und Teilnahme am Ersten Weltkrieg wurde K. 1921 in der Königsberger Schloßkirche ordiniert. Danach wird K. schon verhältnismäßig früh erster Geistlicher des Ostpreußischen Provinzial-Vereins für die Innere Mission. Ihm ist es zu verdanken, daß die Anstalten der Inneren Mission nach 1933 unangetastet blieben. 1945 blieb K. im sterbenden und gefledderten Königsberg im Dienst und kam erst 1948 nach Berlin. 1950 wird K. Landespfarrer der Ev. Kirche der Union in Beienrode dem Asyl-Zentrum der Ostpreußischen Kirche. — Nach dem Tode von Pfarrer Stachowitz wird K. Vorsteher des Königsberger Diakonissen-Mutterhauses der Barmherzigkeit in Berlin, später in Altenberg und konnte noch viele Jahre segensreich wirken.

Kaufmännischer Verein, gegründet 1858 von angesehenen Kaufleuten. Der erste Vorsitzende war. H. Brausewetter von der Firma Schienemann & Brausewetter, sein Stellvertreter der Bankier Samter. Später übernahm der Stadtrat G. Holldack von der Firma Holldack & Thran die Vereinsleitung. Anfangs diente der kneiph. Junkerhof als Vereinslokal, dann wurde ein bescheidenes Gebäude am Dom erbaut, der Artushof. Als die Mitgliederzahl auf ca. 1000 anstieg, wurde dieses Haus zu klein und 1924 an die Stadt verkauft. Der Verein verlegte seine Geschäftsstelle in die Börse, seine Feste seit 1912 in der Stadthalle. Nach 1933 mußte sich der Kaufmännische Verein umbenennen in „Vortragsgemeinschaft Börsenhalle im Reichswerk Buch und Volk" und wurde mit der alten Gesellschaft Börsenhalle und dem Bachverein vereinigt. In dieser Form bestand er bis 1945.

Kaufhäuser s. Warenhäuser.

Kaymen s. Kaimen.

Kayser, Emanuel, * Kbg. 1845, † München 1927. Geologe. K. kam 1854 nach Moskau in ein deutsches Erziehungsinstitut. Nach dem Naturwissenschaftsstudium in Halle, Heidelberg und Berlin wurde er 1873 Landesgeologe in Berlin und 1881 Titularprofessor. 32 Jahre lang wirkte er mit großem Erfolg als Inhaber des Ordinats für Geologie und Palaeontologie in Marburg, seit 1909 als Geh. Reg.-Rat. Er schrieb unter anderem ein „Lehrbuch der Geologie".

Keilchen, Klöße aller Art.

Keitelkahn s. Kurenkahn.

Kelch-Nolde, Dr. Ingeborg, * Ortelsburg 1914. Bibliothekarin, Kunsthistorikerin. 1938 Promotion im Hauptfach Kunstgeschichte in Königsberg. Wissenschaftliche Assistentin im Prussia-Museum, nach Schließung Journalistin am „Königsberger Tageblatt". 1943 Heirat mit dem Maler Franz Nolde. — Nach 1945 Journalistin für Kölner Zeitungen und Examen als Diplom-Bibliothekarin. Seit 1956 Bibliothekarin bei der Stadt Hagen. Daneben Berichte über bildende Kunst. 1975 Stellv. Büchereidirektorin. Im Ruhestand Arbeit an ostpr. Künstlerkatalogen.

Kelletat, Herbert, * Saalfeld 1907. Musikwissenschaftler. K. studierte in Halle und Königsberg Musik und Germanistik. Nach der Promotion wurde K. Assistent bei Prof. Müller-Blattau am Musikwissenschaftlichen Seminar der Albertina. Seit 1935 leitete er die kirchenmusikalische Abteilung dieses Instituts. Außerdem war K. seit 1938 Organist und Kantor an der Altstädt. Kirche. Krieg über war K. Soldat. Prof. K. wurde 1951 als Lehrer für liturgisches Orgelspiel und liturgisches Singen an die Berliner Musikhochschule berufen. 1973 in den Ruhestand getreten, ist K. weiterhin mit musikwissenschaftlichen Arbeiten beschäftigt.

Kempe, Martin von, * Kbg. 1642, † Kbg. 1683. Schriftsteller. K. studierte seit 1660 in Wittenberg und Jena, wurde dort 1665 Magister. Seit 1666 in Königsberg, wurde er in die philosoph. Fakultät aufgenommen. K. erhielt den Titel eines brandenburg. Hofhistoriographen und wurde 1677 vom Kaiser Leopold I. geadelt. K. war auf verschiedenen Gebieten schriftstellerisch und auch kritisch tätig.

Kempf, Werner, * Kbg. 1886, † Bad Harzburg 1964. General. Seit 1905 Offizier. Im Ersten Weltkrieg im Generalstab des Marinekorps Flandern. Danach bei der Reichswehr. Seit 1936 Inspekteur der Heeresmotorisierung, 1939 Generalmajor. Im Polenfeldzug Kommandeur der Division Kempf, Panzerverband Ostpreußen, wird 1939 Kommandeur der 6. Panzerdivision, 1941 Kommandierender General des XXXXVIII. Armeekorps (mot) und am 1. 4. 1941 General der Panzertruppen. K. erobert am 3. 1. 1941 Kursk und im August 1942 den Südteil von Stalingrad. K. wird am 15. 2. 43 Befehlshaber der Armeeabteilung Kempf und nach der Schlacht bei Kursk OB der 8. Armee. Dann Wehrmacht-Befehlshaber Ostland vom 15.—31. 8. 1944. Träger des Eichenlaubs zum Ritterkreuz.

Kenkel, Eduard, * Tilsit 1876, † bei Eckernförde 1945. Journalist. K. besuchte das evangel. Prediger- und Missionsseminar in Berlin. Durch Stöcker und Friedrich Naumann angeregt, wurde er Redakteur, nahm sich 1914 in Berlin der ostpreuß. Flüchtlinge an, gab die Zeitschrift „Ostpreußische Heimat" in zwei Jahrgängen heraus, gründete 1919 mit anderen in Königsberg die Deutschnationale Volkspartei und war von 1919—21 und 1927 bis Ende 1931 Chefredakteur der „Ostpreußischen Zeitung". K. war Stadtverordneter und ständiger Mitarbeiter nationaler Zeitungen und gehörte seit 1920 dem Vorstand des Verbandes der ostpreußischen Presse an.

Kepler, Ludwig, * Prag 1607, † Kbg. 1663. Mediziner. Vater: Astronom Joh. Kepler. Nach dem Studium in Tübingen wurde K. 1627 Magister. In Genf wurde er dem Schotten George Douglas in Königsberg empfohlen und ließ sich als praktischer Arzt in Königsberg nieder. Nach Reisen durch Ungarn wurde er nach 1643 Stadtphysikus der Altstadt Königsberg. Seine Bedeutung liegt in der Sorge für den Nachlaß seines Vaters, den er nach dessen Tode verwaltete und teilweise herausgab.

Kessel, Friedrich Christian, * Kbg. 1765, † Kbg. 1844. Mediziner. Als Reg.-Medizinalrat veranlaßte er den Ausbau von Cranz zum Badeort. 1816 gab es hier 2 Badebuden, aber 1817 schon ein Warmbad. Außerdem gründete Dr. Kessel 1836 den Kesselschen Verschönerungsverein, der Gartenanlagen schuf und bis Anfang des 20. Jahrhunderts Ruhebänke aufstellte.

Kessel-Straße, auf dem Tragheim von der Schön-Straße zur Jakob-Straße, 1874 benannt nach Dr. Friedrich C. Kessel.

Keyler, Eugen, * Kbg. 1840, † Berlin 1902. General. K. trat 1860 beim 1. Inf.-Regt. ein, wurde 1864 Adjudant des Füsilierbataillons, im Krieg 1866 Adjudant bei der 1. Inf.-Div. Nach dem Besuch der Kriegsakademie von 1866 bis 69 wurde er Adjudant der 17. Inf. Brig. und Teilnehmer am Feldzug in Frankreich. Dann wurde er als Hauptmann in den Generalstab der Armee aufgenommen und kam 1879 als Major zum Generalstab des VII. A.K., wurde 1888 K. Kommandeur des Gren. Regt. 4 und 1894 Kommandant von Königsberg, 1895 Generalleutnant und trat 1897 in den Ruhestand.

Keyserling, Gräfin Caroline Amalie, geb. Erbtruchseß zu Waldburg, * Kbg. 1727, † Kbg. 1791. Verwitwet heiratete sie den Reichsgrafen Christian Heinrich K. Sie war hochbegabt und aufgeschlossen für alles Schöne. Kant: „Von dieser Dame habe ich erst die Kunst der Unterhaltung gelernt." Reichardt nannte sie: „Eine prächtige, königliche Frau." Die Kgl. preuß. Akademie der Künste und Wissenschaften zu Berlin wählte sie 1786 zu ihrem Mitglied. Einzelheiten s. Musenhof.

Kiebitzweg in Rothenstein.

Kieler Straße, von der Hafenstraße parallel zum Hafenbecken III.

Kiefernweg in Ponarth am Fichte-Platz.

Kienast, Helmuth, * Kbg. 1892. Konteradmiral. Kaum dem Friedrichskolleg entwachsen, wurde K. Seekadett der Kaiserlichen Marine. Im Ersten Weltkrieg war er Navigations- und Funkoffizier auf dem legendären Hilfskreuzer „Wolf", der im Südpazifik von mehr als 70 Kriegsschiffen gejagt wurde und nach abenteuerlichem Blockadedurchbruch nach Kiel zurückkehrte. Seit 1919 war K. Kompagniechef bei der Küstenartillerie und 1939 Regimentskommandeur, bei Kriegsende Marinebefehlshaber. Weiterhin der Pflicht verschrieben, lebt heute „der Admiral" in Pforzheim.

Kiepe, auf dem Rücken zu tragender Korb.

Kiewe, Dr. Leo, s. Hindenburghaus.

Kiewe & Co., S. Kaufhaus. Altstädt. Langgasse 25/29. Das alte Geschäftshaus ließ K. 1925 abbrechen, um durch den Architekten Hans Manteuffel das erste Hochhaus, ein modernes Geschäftshaus im Messel-Stil, 1927 errichten zu lassen. Der Goethebund ließ an diesem Neubau eine Gedenktafel für den Dichter Zacharias Werner anbringen. Die Textilfirma wurde vor 1933 von Max Wilfang übernommen und unter dem Namen „Wilco" weitergeführt. Der einzige Sohn des früheren Inhabers, Heinz Edgar Kiewe, wanderte nach England aus und gründete 1933 in Oxford eine Firma für kunstvolle Handarbeit aus Wolle.

Kimritz, Paul, * Kbg. 1888, † Erfurt 1973. Bildhauer. Ausbildung bei Albert Boy und dem Steinsetzmeister Slama in Königsberg, zwei Jahre Kunstakademie unter Prof. St. Cauer, 1908 Porträt des Masurendichters Friedr. Dewischeit an dessen Denkmal in Lötzen, ein Kolossaladler in rotem Granit für Kraupischken, Putte auf Gänserich reitend im Garten der Kunst und Gewerkschule Königsberg, viele Bildhauerarbeiten an Königsberger Gebäuden und in der Provinz. In Erfurt war Kimritz als Restaurator kirchlicher Bildwerke tätig.

Kinat, Richard, * Kbg. 1888, † Spork/Eichholz 1973. Politiker. K. erlernte das Maurerhandwerk und machte den Ersten Weltkrieg als Frontsoldat mit. K. wurde Mitglied des Provinziallandtages und wirkte während des Abstimmungskampfes 1920 im Allensteiner Raum als Organisator und Redner für das Deutschtum. Dann wurde K. Bezirksleiter der Gewerkschaft der Bauarbeiter. Nach abenteuerlicher Flucht nach Lippe wurde K. Kreistagsabgeordneter in Detmold und schließlich Mitglied des Deutschen Bundestages für die SPD. Seine Verdienste wurden durch die Verleihung des Großen Bundesverdienstkreuzes gewürdigt.

Kirchhöfe. Im Mittelalter wurden Adel und bedeutende Beamte innerhalb der Kirchen bestattet, Bürger außen an der Kirche und schließlich auf dem Platz um die Kirchen. 1780 wurden Beisetzungen in den Kirchen verboten. 1629 wurde auf Veranlassung Georg Wilhelms südl. der späteren Königstr. der Deutsch-reform. Friedhof angelegt. 1817 wurde der Neuroßgärter Friedhof an der Sternwarte eingeweiht, später vom Volksmund „Gelehrtenfriedhof" genannt, weil sich hier die Gräber Hippels, Bessels, Rosenkranzs, Richelots, Lehrs, Casparis und Franz Neumann mit z. T. künstlerischen Grabsteinen befanden. 1927 wurde dieser Friedhof Ehrenfriedhof. — 1913 wurde ein großer Kommunalfriedhof in Rothenstein angelegt, in dessen Mitte ein Krematorium erbaut wurde. S. auch die einzelnen Gemeindefriedhöfe.

Kirchhoff, Robert, * Kbg. 1824, † Berlin 1887. Physiker. K. studierte bei Neumann Physik, war Professor in Breslau, Heidelberg und Berlin, leistete bahnbrechende Arbeiten auf den Gebieten der Spektralanalyse zusammen mit Bunsen, untersuchte das Sonnenspektrum, fand das Kirchhoffsche Strahlungsgesetz und 1845 die Regel der Stromverzweigung, die nach ihm benannte „Kirchhoffsche Regel".

Kittel, Arthur, * 1838, † Kbg. 1926. Mediziner. K. studierte bis 1864 in Königsberg und promovierte anschließend. Die Kriege 1866 und 1870/71 hat er als San.-Unteroffizier mitgemacht. Schon 1869 hatte sich K. in dem memelländischen Ruß als praktischer Arzt niedergelassen und seine Landpraxis bis 1906 ausgeübt, die sich mehr als über 60 km erstreckte. Für Ruß war K. mehrere Legislaturperioden pr. Landtagsabgeordneter. Seinen Lebensabend verbrachte er als Patriarch bei seinen „Germanen", die ihre Kneipe über seiner Königsberger Wohnung hatten. Durch seine Bekanntschaft mit H. Sudermann ist San.-Rat Kittel in die Literatur eingegangen. Seine Erinnerungen: „Das Königsberger Studentenleben von 1858—1864" und „37 Jahre Arzt in Preußisch Lithauen".

Klapperwiese, seit 1729 von der Kaiserstr. zur Sattlergasse. Das Klappholz, die zugeschnittenen Faßdauben, lagerte auf den Wiesen am Pregel. — Die Altstädtische Klapperwiese lag am Holländer Baum.*

Klebs, Erdmann Hermann Richard, * Suszen/Lyck 1850, † Kbg. 1911. Geologe. K. war zunächst Apotheker, studierte dann an der Albertina Naturwissenschaften, promov. 1880 mit einer Arbeit über die Braunkohlenformation um Heiligenbeil, war seit 1876 Assistent unter Prof. Jentsch, wurde 1877 pr. Landesgeologe und war u. a. wissenschaftlicher Mitarbeiter der Firma Stantien & Becker. Besondere Verdienste erwarb er bei der Erforschung des Bernsteins.

Klebs, Theod. Albrecht Edwin, * Kbg. 1834, † Bern 1913. Mediziner. K. studierte Medizin in Königsberg und in Würzburg, wo er von Virchow angeregt, sich der Pathologie zuwandte. 1858 Dozent in Königsberg. 1861 Assistent bei Virchow in Berlin. — 1866 Professor in Bern, Prag und Zürich, wo ihn seine Tuberkuloseforschungen veranlaßten, 1893 sein Amt niederzulegen. — Als Vorläufer von Koch trat K. als erster für die parasitäre Ursache zahlreicher Krankheiten ein.

kleckern Essen und Trinken fallen lassen, verkleckern, vergießen, verschütten.

leiderordnungen wurden im 17. Jahrhundert mehrfach erlassen. Schon 1585 forderte Georg Friedrich die Städte auf, Auswüchse in der Kleidung abzustellen, und von den Kanzeln wetterten die Geistlichen gegen übermäßigen Luxus. Von Ansbach aus erließ Georg Friedrich 1595 eine Kleiderordnung. Sie unterschied drei Gruppen: Bürgermeister, Ratsherren und Gerichtspersonen als erste, Kaufleute und Mälzenbräuer als zweite, die Handwerker als dritte und letzte für jede Gruppe, auch für die Frauen und Mädchen, fest, was getragen werden durfte und was verboten war. — 1640 hat der Gr. Kurfürst u. a. daran Anstoß genommen, daß die Dienstboten lange Pluderhosen trugen. 1663 mißfielen ihm bei der Huldigung die seidenen Mäntelchen, die die Frauen damals trugen. Die letzte Kleiderordnung von 1694 verbot allen bürgerlichen Personen, Kleinodien und Edelsteine zu tragen. U. a. waren kostbare Stoffe, von denen man in Preußen vor 40 Jahren noch nichts gewußt hatte, verboten. Den Mädchen war es nicht erlaubt, Hauben und Kappen zu tragen; diese waren den verheirateten Frauen vorbehalten. — Diese Kleiderordnungen nützten ebensowenig wie frühere.

l. Amalienau, nordwestl. der Hufen gelegen hatte einen Militärluftschiffhafen, dessen Halle 170 m lang, fast 50 m breit und eine lichte Höhe von 37 m hatte. Dieses Bauwerk hatte die größten Torflügel der Welt. Die Halle, 1911 ihrer Bestimmung übergeben, konnte gleichzeitig zwei Zeppelin-Luftschiffe aufnehmen.

leinbahn, Königsberger, die schmalspurige Kleinbahn mit 750 mm Spurweite wurde 1899/1900 nach dem Pr. Kleinbahngesetz v. 1892 erbaut. Vom Königstor aus liefen die Züge über Mandeln, Neuhausen-Tiergarten, Konradswalde, Moldehnen, Schaaken nach Schaaksvitte am Südufer des Kurischen Haffes. Beim Bahnhof Prawten zweigte die ebenfalls schmalspurige Strecke über Waldau nach Tapiau ab. Zum Anschluß an die normalspurigen Strecken bestand vom Bahnhof Königstor eine Verbindung über die Wrangelstraße, den Wallring durch den Volksgarten zum Umladebahnhof Ausfalltor der Kleinbahn, wo ein Anschlußgleis die Verbindung zu der alten Pillauer Strecke an der Ausfalltor-Straße herstellte. Alle Güter mußten dort umgeladen werden. Wegen des wachsenden Straßenverkehrs fuhr die Kleinbahn auf dem Verbindungsgleis seit den zwanziger Jahren nur noch nachts. — Der Kleinbahnhof an der Litauer Wallstr. nördlich des Königstors diente dem Personenverkehr der Königsberger Kleinbahn. Er hatte an Sonn- und Feiertagen starken Ausflugsverkehr nach Neuhausen-Tiergarten. Das Bahnhofsgebäude war ein schlichter Holzbau für die Abfertigungsaufgaben. Neben dem Bahnhof an der Litauer Wallstr. lag viele Jahre die Endhaltestelle der Straßenbahnlinie 6.

Kl. Dexen westl. von Pr. Eylau. Kirchdorf, schon 1335 erwähnt. Hier stiftete 1767 Kriegsrat Genge ein evang. Lehrerseminar. 1818 wurde die Anstalt erweitert und auf 30 Zöglinge gebracht.

Kleiner Domplatz von der Magister-Straße zur Fleischbänken-Straße.

Kleiner Hausen südöstl. von Heiligenkreutz, eine 80 m hohe Erhebung.

Kleine Sand-Gasse von der Gr. Sandgasse zum Oberhaberberg.

Kleine Schloßteich-Straße von der Weißgerberstraße zum Burgkirchenplatz.

Klein-Thüringen ein hölzerner Aussichtsturm nordöstl. von Cranz mit einem weiten Fernblick auf die Kurische Nehrung.

Kleistpark, Kleiststraße. Benannt nach dem früheren Besitzer des Gutes Kalthof, Berthold Kleist, * 1848, † 1925, der dieses 1905 der Stadt gegen eine Leibrente verkaufte. Der Kleistpark mit 4 ha war der Gutspark, dort befand sich ein Stein mit der stolzen Inschrift des Dichters Horaz „Non omnis moriar“.*

Klete, sie ist ein Raum, in dem die haltbaren Vorräte aufbewahrt werden.

Kleyenstüber, Robert, * Kbg. 1813, † Kbg. 1884. Reeder. Nach einer kaufmännischen Lehre eröffnete K. 1838 ein Kommissions- und Speditionsgeschäft. 1844 wurde er vereidigter Schiffsmakler. K. verwandelte 1863 seine angesehene Firma in eine offene Handelsgesellschaft, deren zweiter Inhaber sein Schwiegersohn August Preuß wurde. Nachdem K. die Befrachtung von Schiffen nach Holland und England übernommen hatte, stellte er 1862 den ersten Schraubendampfer „Borussia" in Dienst und erweiterte die Tourenlinie nach Kiel, Hamburg und Bremen. 1866 gründete K. den Verein für die Rettung Schiffbrüchiger; viele Jahre nach seinem Tod wurde das in Pillau stationierte Motorrettungsschiff „Konsul Kleyenstüber" benannt. 1874 wurde der Geh. Kommerz- und Admiralitätsrat der Obervorsteher der Königsberger Kaufmannschaft. — Die Reederei wurde von den Erben bis 1939 weitergeführt.

Klima s. Meteorologische Verhältnisse.

Klöster. 1349 gelobte Hochm. Dusemer die Gründung des Nonnenklosters St. Marien, das 1370 im Löbenicht durch Hochm. Winrich für 12 Benediktinernonnen entstand. 1531 wandelte Herzog Albrecht das Kloster zum Hospital und „Pockenhaus" um. — 1517 wurden die Graumönche im Magdalenenkloster in der ehem. Ordensfirmarie am südl. Schloßteich untergebracht. 1522 wurde das Magdalenenkloster der Barfüßer eingezogen und zur Fürstenherberge, später zur Münze. — 1518 wurde die Bullaten, reform. Franziskaner, wegen der Kriegsgefahr aus Wehlau nach Königsberg umgesiedelt. Durch Amandus Hetzreden aufgeputscht, stürmte der Pöbel 1523 das Bullatenkloster. Es wurde fürstl. Kornhaus und brannte 1827 ab. — Der Königsberger Volkswitz sprach von einem „Grauen Kloster". Gemeint war eine Mädchenschule auf der Laak, die 1931 abgebrochen wurde.*

Kloster-Straße von der Bullatenstraße zu Lutherstraße.

Klunkermus, eine Milchsuppe mit Mehl klieben.

Knapp, Paul, * 1880, † Königsberg 1946. Ev Theologe. Den Ersten Weltkrieg hat K als Divisionspfarrer mitgemacht. In de 30er Jahren kam er an die Tragheime Kirche und wurde ihr letzter Seelsorge der seine Gemeinde nicht im Stich lie Nach der Kapitulation kam K. nach Rothenstein und mußte mit etwa 18 000 Königsberger Männern in den Wagenhalle der Kaserne ein kümmerliches Lagerlebe führen. Als er im Sommer 1945 entlasse wurde, waren die Verhältnisse in seiner Pfarrhaus unerträglich. Im Angesicht de ausgebrannten Kirche hielt K. den sonn täglichen Gottesdienst vor seiner Rest gemeinde. — Trotz aufopfernder Bemühungen seiner Gemeindeglieder und de Prof. Ehrhardt starb K. im April 1946 de Hungertod.

Knauten. Ein alter Ordenshof bei Mühl hausen, der nach dem 13jährigen Krie Daniel v. Kunheim für wertvolle Dienst verliehen wurde. Sein Enkel Georg v. K war seit 1555 mit Margarete, der jüngste Tochter Luthers, verheiratet. 1563/6 hielt sich Johannes Luther bei seine Schwester in Knauten auf.

Kneipen. Hildebrandsches Flecklokal ar Unt. Rollberg war wohl die älteste Kneipe Königsbergs. — Das Loebellsche Loka Ecke Koggenstr. und Altstädt. Langgas war berühmt durch die Loebellsche Würstchen von hervorragender Qualität — Hafenkneipe von Wenzel, bekann durch ihre lecker belegten Brötchen. – „Zum schwimmenden Tempel" des Pre gelkapitäns Max Tempel, er hatte de Fährbetrieb von Kosse zum Kai hinübe mit Ausschank auf seinem Fährboot. – Auf dem Löbenicht die gernbesucht „Gambrinushalle", Tuchmacherstr. 1 sowie oben auf dem Berge die „Phönixhal le". — Tante Fischer: Im Mühlengrun lag geduckt unter den Häusern der Fran zös. Straße ihre Kabacksche „Wolfsschlucht“, das sie seit 1814 bewirtschaftete. Sie ließ sich Madam nennen von ihren Gästen, meist Studenten; ihre Kneipe war couleurfähig. Sie schenkte Löbenichtsches Braunbier in Deckelkrügen aus. Grog, Bayer. Bier, Flibb und Hoppe-Poppel sowie Fleck gab es bei ihr nicht, aber heiße Würstchen „Kniestchens“, weiße „Seehundchen“ für 5 Pfg. das Stück. Streichhölzer gab es nicht, nur Fidibusse, die man an einem offenen Holzkohlenfeuer anzünden konnte. Alles war blitzsauber, und sie hatte ein Herz für ihre Studentches, denen sie die getrunkenen Stof, $\frac{1}{8}$ l, mit Kreide aufs „Kerbholz“ schrieb. Altmodisch war die Kneipe: 100jährige Stiche an den Wänden, 12 Zinnkrüge, ein 100jähriger Tisch. Hier soll der Student Sydecum den Skat in Königsberg eingeführt haben. 1886 starb Tante Fischer und um 1900 fiel ihr Lokal der Spitzhacke zum Opfer. — Unter der Roßgärter Passarge war später wieder eine „Wolfsschlucht“.*

Kneiphof, die jüngste unter den 3 Städten Königsberg wurde 1327 durch den Hochmeister W. von Orseln zur Stadt erhoben, die Bebauung hatte bereits 1324 begonnen. Die Insel-Stadt hieß Werder oder Vogtswerder. Die neue Stadt wird schon in der Gründungsurkunde Knipab genannt. Der Name bedeutet wahrscheinlich, daß die Stadt durch die Pregelarme abgekniffen war. Das östl. Drittel des Kneiphofs wurde 1327 das Domviertel.

Kneiphöfische Hofgasse, parallel zur Kneiph. Langgasse von der Magister Straße zum Kohlmarkt.

Kneiphöfische Holzwiesen Straße, parallel zum alten Pregel, Verlängerung der Börsen-Straße.

Kneiphöfische Langgasse, Hauptverkehrsstraße des Kneiphofs von der Krämer-Brücke zur Grünen Brücke.

Kneiphöfisches Gymnasium. Es wurde 1304 als Domschule, schola cathedralis, gegründet. 1333 Verlegung auf den Kneiphof nördlich des Doms. — 1528 aufgrund der Reformation dem Rat der Stadt Kneiphof unterstellt unter Wahrung der Bindung an die Kirche und der bestehenden Erziehungsziele: pietas, Frömmigkeit; sapienta, sachbezogenes Wissen und eloquentia, Ausdrucksvermögen. — 1554 protestierten die Schüler gegen die Einsetzung des Rektors Campinge: Sie streikten und besetzten die Schule, ohne daß der Rat eingriff. 1560 Umzug auf die Südseite des Doms, 1633—1639 Konrektor Simon Dach. 1644 Gründung eines Pauperhauses neben der Schule. 1810 Umwandlung in eine Bürgerschule, am 1. 11. 1831 in ein humanistisches Gymnasium. — 1865 Einzug in das neue Gebäude nördlich des Doms, Einrichtung einer Vorschule. 1898 Erweiterungsbau und Turnhalle. Am 6. 1. 1923 Vereinigung mit dem Altstädt. Gymnasium zum Stadtgymnasium Altstadt-Kneiphof. — Letzte Direktoren: 1870—1900 Geheimrat Fridolin von Drygalski; 1900—1921 Geheimrat Prof. Dr. Richard Armstedt. — Schülerzahlen: 1586 etwa 200; 1650 etwa 300; 1878 430, 333 ev., 11 kath., 86 mos.; 1904 405, 332 ev., 20 kath., 53 mos.

Kneiphöfisches Pauperhaus. Das schon 1580 begründete Kneiph. Pauperhaus lag an der Westseite des Pauperhausplatzes. Es wurde 1803 mit dem Löbenichtschen Pauperhaus vereinigt.

Kneiphöfisches Rathaus, Brodbänkenstraße. 1374 bezeugt, davor der Kneiphöf. Markt, auf dem 1566 die Räte Herzog Albrechts Mag. Funk, Horst und Dr. Schnell geköpft wurden. Das Rathaus wurde 1387 erneuert. 1695 bis 1697 barocker Neubau mit Philastern, Glockentürmchen, Dachfiguren, vergoldeter reicher Barocktreppe mit zwei schildhaltenden Bären. — 1838 um 3 Fenster nach Osten erweitert. Im Magistratssitzungssaal herrliche Stuckdecke eines unbekannten Meisters. Rechts anschließend der

Junkerhof, in dessen Junkersaal die Stadtverordneten tagten. — Der Handelshof am Hansaring wurde 1927 das geräumige Stadthaus; in das der Magistrat umzog. Das Rathaus diente weiterhin repräsentativen Zwecken. Von dem Maler Eduard Anderson wurde 1927 die Errichtung eines Stadtgeschichtlichen Museums angeregt; bereits 1928 konnte er sein Museum eröffnen.*

Kniestchen, dieses bekannte alte Königsberger Gebäck war einst nur noch in einem alten Lokal „Wolfsschlucht" am Mühlenberg zu haben.

Kniprode-Straße, vom Heumarkt zur Hufen-Allee, benannt nach dem bedeutendsten Hochmeister, von 1351 bis 1382, der die Ummauerung der drei Städte Königsbergs anordnete.

Knochen-Straße, in der Vorstadt, von der Sattlergasse zum Alten Garten.

Knorr-Anders, Esther, * Kbg. 1931. Schriftstellerin. Veröffentlichungen: „Die Falle", „Kossmann", „Die Packesel", „Blauer Vogel Bar", „Ein Mordsspaß oder wäre es nicht gerade Zeit gewesen" und andere. Zahlreiche Beiträge in Anthologien, Zeitungen und Zeitschriften. Erster Preis im Hörspiel-Wettbewerb „Fremd in Deutschland" des Ostdeutschen Kulturrates. Esther Knorr-Anders lebt in Wiesbaden.

Knuth & Illas, Werkzeugmaschinen, Unterhaberberg 66.

Knutzen, Martin, * Kbg. 1713, † Kbg. 1751. Philosoph. Seit 1734 Professor der Logik und Metaphysik an der Albertina, Lehrer Kants, suchte seine Synthese zwischen dem Pietismus und dem Rationalismus Wolffs; vorwiegend eklektische Schriften. Knutzen hat wie Kant den Umkreis seiner Vaterstadt nie verlassen.

Kobbelbude, 1326 Staatsdomäne mit 782 ha, an der Ostbahn Königsberg—Berlin. Zur Ordenszeit schon Pferdezucht. Seit 1903 bedeutende Rindviehzucht begründet durch Oberamtmann Caspari, von seinem Sohn Gerhard weitergeführt, der durch seine 300 Hochleistungs-Milchkühe über Ostpreußens Grenzen hinaus bekannt wurde.

Koch, Bernhard, * Nürnberg 1900, † durch Verkehrs-Unfall 1970. Buchhändler, Verleger. Nach dem Tode seines Schwiegervaters O. Paetsch wurde der Buchhändler Koch nach Königsberg in die Leitung von Gräfe und Unzer berufen. Konsul K. hat sich bald in die Königsberger Umwelt eingelebt. Er entfaltete eine eigene Initiative, aber er fühlte sich den Traditionen des Hauses verbunden. — U. a. erweiterte K. den Verlag, besonders durch viele ostpreußische Heimatbücher. Ende August 1944 ist das „Haus der Bücher" in Trümmer gesunken. — „Gräfe und Unzer" lebt aber fort als Buchhandlung und als Verlag in Bayern. Das ist das Werk von Bernhard Koch, der sich weiter dem deutschen Osten verbunden fühlte.

Koehler, Otto, * Insterburg 1889, † Freiburg 1974. Zoologe. Professor in München, Königsberg und Freiburg. — Arbeiten auf dem Gebiet der Tierpsychologie, insbesondere der Verhaltensforschung.

Kogge. Segelschifftyp des späten Mittelalters, zuerst 1204 erwähnt. Ursprünglich einmastig, später als Dreimaster.

Koggen-Straße, sehr alte Straße von der Altstädt. Lastadie zum Steindammschen Tor. Der Name kommt von den Koggen, die im Hafen ankerten. Vor dem Haus Ecke Altstädt. Langgasse stand der schon 1400 erwähnte hölzerne „Kettenbrunnen"; er gab einer dort befindlichen Kneipe den Namen, in deren Fenster bis 1944 ein Modell des Brunnens stand. Haus Nr. 9 in holl. Renaissance.

Kohlen-Großhandlungen.

Brennstoff-Vertrieb Newger & Co., Steindammer Kirchenplatz 5.

Dumont du Voitel, Bruno, Lizentgrabenstr. 13.

Ivers & Arlt, Friedrichsburgstr. 5.

Karrer, Hans, Bittrichstr.

Kliewer & Lemke, Steindamm 67/69.
Kohlen-Import A.-G., Lizentstr. 13.
Kohlenumschlag Königsberg G.m.b.H., Steindamm 158.
Kohlen-Vertrieb, Alfred Ruhnau, Lizentgrabenstr. 24.
Königsberger Kohlenhof Nahler & Co., Phillauer Str. 5.
Kraemer & Donath, Stresemannstr. 18.
Lilienthal G.m.b.H., Heinr., Altstädt. Holzwiesenstr. 7.
Luise-Kohle G.m.b.H., Klapperwiese 5/6.
Mrongovius & Co., Kdt.-Ges., Stresemannstr. 16.
Neumann & Co., Paul, Paradeplatz 11.
Ostelbisches Braunkohlen-Syndikat G. m.b.H. Paradeplatz 9.
Ostpr. Feuerungsmaterial-Einkaufs-Genossenschaft E.G.m.b.H., Junkerstr. 15.
Raikowski & Wagenführ K.-G., Magisterstr. 1.
„Silesia" Kdt.-Ges. Scheffel & Co., Steindamm 170.
Stillert, Bruno, Paradeplatz 10.
Strube & Heimke, Steindamm 158.
Thies, Max, Mittelanger 1.
Tuschy & Co., Karl, Münzstr. 24.

Köhler, Louis, * Braunschweig 1820, † Kbg. 1886. Musiker. K. kam 1847 über Wien als 2. Dirigent an das Stadttheater Königsberg, arbeitete gleichzeitig als Musikpädagoge in seiner eigenen Musikschule, aus der so berühmte Künstler hervorgingen wie Herm. Goetz, Adolf Jensen, Alfred Reisenauer. Seine Methode des Klavierspiels legte er in einer Klavierschule fest, die Weltruf erwarb. K. schrieb auch Opern. Er heiratete die Buchhändlerstochter Johanna Bornträger und war angesehener Musikkritiker der Hartungschen Zeitung.*

Kohlhasenwinkel, bis 1944 erhaltener idyllischer Winkel mit dem offiziellen Namen: „Löbenichtscher Stadthof", ein großer, mit Bonbonpflaster belegter Hof östl. der Kohlgasse am Hinteranger, der von alten, berankten Häusern mit einer im Grünen versteckten Gaslaterne mit Fachwerkschuppen und Stallungen umsäumt war. Der Name „Kohlhasenwinkel" erinnert an die Kohläcker vor den Mauern und Toren der Ackerstadt Löbenicht mit darin schmausenden Hasen. Der Gartenpavillon der Propstei mit seiner Kuppel, das Grün der Bäume, der majestätische Bau der kath. Kirche und der glänzende Helm der Sackheimer Kirche umschlossen das oft und gern gemalte schöne Bild.

Kohlhof, ein ehemaliger Gutshof östl. von Hardershof.

Kohlmarkt, nördl. Uferstraße des Kneiphofs gegenüber dem Unteren Fischmarkt.

Koholyt, A.-G. s. Feldmühle A.-G.

Kolde, Alexander, * Neuhaldensleben 1886, † Flensburg 1963. Maler. Von 1906—1912 Studium an den Kunstakademien Charlottenburg, München und Königsberg. K. gründete 1918 die Künstlervereinigung „Der Ring", dann ließ er sich in Königsberg nieder. Bald galt er als einer der führenden Künstler Ostpreußens. In seinen Ausstellungen lobte man seine expressive Farbigkeit. Von seinen Werken seien genannt: Der Wandfries im Königsberger Stadthaus und „Die beiden Gesichter mit der St. Georgskirche".

Kollegienplatz, Kollegienstraße am Schiefen Berg.

Kollo, Willi, * Kbg. 1904. Musiker. Ebenso wie sein Vater, der in Neidenburg geborene Walter Kollo, ist Willi K. ein Stück Berliner Operetten-, Film- und Musikgeschichte. Er verhalf bereits mit 18 Jahren seinem Vater mit den Texten „Was eine Frau im Frühling träumt" und „Warte, warte nur ein Weilchen" zu Schlagerruhm. K. schrieb große Show-Revuen, trat als Chansonnier im Kabarett auf, textete und komponierte Schlager. Von ihm stammt die Operette „Wie einst im Mai". Sein Sohn René setzt die Kollo-Dynastie ruhmvoll fort. K. lebt heute unter seinen geliebten Berlinern.

Kollwitz, Käthe, geb. Schmidt, * Kbg. 1867, † Moritzburg 1945. Malerin, Bildhauerin. Schülerin u. a. von Stauffer-Bern; 1887 wieder in Königsberg, Unterricht bei Prof. Neide. 1891 Heirat mit dem in Rudau geb. Dr. med. Karl Kollwitz. Seit 1891 in Berlin, mit einem Lehramt von 1919—33 an der Akademie der Künste; schon früh besonders graphische Arbeiten mit sozialen Tendenzen, zunächst in literarischen und historischen Themen, dann auf die Gegenwart bezogen, wie Proletariat, Arbeitslosigkeit, schwangere Frau und immer mehr ins allgemein Menschliche einmündend; expressiv-realistische Graphik von zunehmend monumentaler Einfachheit, auch plastische Werke, wie das Gefallenenmal in Esen bei Dixmuiden. 1919 Ernennung zum Mitglied der Preußischen Akademie der Künste, Verleihung des Professorentitels. 1929 wurde ihr der Pour le mérite der Friedensklasse für Wissenschaften und Künste verliehen.

Kölmer war ein freier dt. Bauer, der nach kulmischem Recht angesiedelt war, hatte im Kriegsfall dem Ordensaufgebot mit „Hengst und Harnisch" zu folgen.

Kolonialwaren-Großhandlungen.
Bittrich & Söhne, J. C., gegr. 1792, Brückenstr. 4, zuletzt Münzstr. 10.
Blells Nachf., A. J., Schiefer Berg 8/9.
Brust, C. O., Wrangelstr. 25.
Dorno, Carl, Lindenstr. 22.
Edeka, Großhandel, Knochenstr. 7/8.
Eschle, Kurt, vorm. Heygster & Eschle, Kreislerstr. 1.
Hamburger Kaffeelager Thams & Garfs, Reifschlägerstr. 37.
Heller, C., Inh. Erich Meyer, Altst. Markt 13/14 und Steindamm 148.
Herzke & Hauschultz, Friedemannstr. 39.
Keichel, Albert, Weidendamm 20.
Minzloff, E., Neuer Graben 32/33.
Saltz, M., Viehmarkt 23.
Schmidt & Co., G.m.b.H., Synagogenstr. 12/13.
Tetzlaff & Wenzel, Laakspeicherquerstr. 6.
Waren-Einkaufsverein G.m.b.H., Simon-Dach-Str. 40/41.
Wiehler, Bernh., gegr. 1843, Schnürlingstr. 9/10.
Wiehler, Georg, Inh. Robert Wiehler, gegr. 1871, Friedrichsburgstr. 3.
Wohl & Ludwig, Schnürlingstr. 16.

Kolw-Straße vom Sackheim zur Gebauhrstr.

Kommandantur. 1693 kaufte Herzog Friedr. Karl Ludwig v. Holstein-Beck, Gouverneur von Königsberg und später GFM, die Frankschen Gründe sowie den Roten und Blauen Krug und baute hier am Hinterroßgarten sein Adelspalais. Die Tochter des Herzogs verkaufte 1707 diesen Besitz an Kammerdirektor Fiedrich Albert von Borck. Nach den Befreiungskriegen war dieser Park als Borckscher Garten ein Etablissement geworden. 1888/89 wurde das Palais abgebrochen und an seiner Stelle die Kommandantur erbaut, die bis 1944 bestanden hat. In ihren Räumen wurde das von dem Pionier-Oberstleutnant Dr. Walther Grosse geschaffene Festungs-Museum untergebracht.*

Kommandierende Generäle des I. A. K. Sie hatten ihren Sitz im ehemaligen Keyserlingschen, dann Kronprinzlichen Palais mit großem Garten auf dem Vorderroßgarten. 1813 wurde als Nachfolger Generalgouverneurs Yorck Erhard von Massenbach Komm. General. Im folgte 1814 Friedr. Wilh. v. Bülow Graf v. Dennewitz; er zog als erster in das Palais ein. Ihm folgten:
1816—25 Karl Heinr. Ludw. v. Borstell
1825—32 von Krafft
1832—38 Oldwig v. Natzmer
1838—42 Friedr. Graf Wrangel
1842—54 Friedr. Graf zu Dohna
1854—63 August Karl W. v. Werder
1863—66 Adolf von Bonin
1866—70 Ed. Vogel v. Falckenstein
1870—73 Edwin von Manteuffel
1873—83 Christoph v. Barnekow
1883—85 Werner von Gottberg

1885—89 Ewald von Kleist
1889—91 P. Bronsart v. Schellendorf
1891—95 Hans von Werder
1895—02 Finck von Finckenstein
1902—07 Colmar v. d. Goltz-Pascha
1907—13 Alexander von Kluck
1913—19 Hermann von Francois.
S. Wehrkreis-Kommando I.*

Kommunalfriedhof s. Gemeindefriedhof

Konditoreien. In den 30er Jahren gab es in Königsberg die folgenden Konditoreien:
Amende, Hufenallee 15/17
M. Barthold, Steindamm 171
Kurt Gehlhaar, Kant Str. 11a
E. Liedtke vorm. Petschlies, Kaiser Wilh. Platz
H. Motzki, Vorst. Langgasse Ecke Kaiserstr.
Müller, Weißgerber Str. 5a
Otto Packhäuser, Hammerweg 133
S. Plouda, Kneiph. Langgasse 6-7
Rohde, Steindamm 141
Schulte, Tragheimer Kirchenstr. 5/6
Schwermer, Münz Str. 12
Kant-Conditorei, Kneiph. Langgasse 37.
Den Namen Konditorei gab es vor 1800 noch nicht; man sprach von Cafehäusern. Die „Conditorei Feige dem Hofpostamt gegenüber" zeigt 1808 seine Luisentorten an. Der Schweizer Janatzki hatte seit 1796 seine Konditorei Junkerstr. 1. Diese Konditorei übernahmen 1870 die Gebr. Steiner, denen 1895 als Besitzer Gugisch folgte, von dem 1910 der Kaufmann Lachmanski das Haus erwarb. — Der Konditor Wilhelm Pomatti gründete 1809 in Kbg. eine Marzipanfabrik und eröffnete im Postpackhaus am Altst. Markt seine Konditorei — die einzige der Welt, vor der ein König Wache hielt. Sein Nachfolger war Sterkau, dann seit 1900 Petschlies. Seit 1935 führte seine Tochter Hildegard die Konditorei als erster weibl. Konditormeister. Sie verlegte den Betrieb an den Kaiser Wilhelm Platz und heiratete den Besitzer des Cafes Benther im Tiergarten, Ewald Liedtke, mit seinem Firmennamen. — Die 1812 gegründete Konditorei Zappa am Schloßplatz ist Anfang de 30er Jahre eingegangen. — 1854 gab es die Kallmannsche Konditorei neben der Börse, die von Stephan Plouda übernommen wurde. 1893 gründete Henry Schwermer eine Konditorei, 1896 auf der Nordseite der Münzstr., dann am Schloßteich. Steindamm 46 war die beliebte Konditorei Neuhaus, die im 1. Weltkrieg eingegangen ist.*

Kongehl, Michael, * Creuzburg 1646, † Kbg. 1710. Bürgermeister, Dichter. K. studierte seit 1661 an der Albertina Theologie. Nach längeren Reisen lebte er in Nürnberg und wurde von G. Neumark als Dichter gekrönt. Wieder in Kbg., wurde er nach erfolglosen Bemühungen um eine Professur 1683 kneiph. Stadtsekretär, rückte 1696 zum Ratsherrn und 1710 zum Bürgermeister auf. — K. galt als der vielseitigste und fruchtbarste Dichter seiner Zeit. Es waren fast 750 Gedichte, über 500 Epigramme, 20 Novellen, 1 Roman und 6 dramatische Werke. Sein Lustspiel „Prinz Tugendhold" wurde 1691 von Schülern der Domschule aufgeführt.

Königin-Luise-Gedächtniskirche. Die erste Kirche außerhalb des Wallrings ließ der Pfarrer Matthias Lackner von der Altstädt. Kirche errichten. — Den Baugrund und die Hälfte der Baukosten gab allein der Kommerzienrat Louis Großkopf, weitere Stifter waren Walter Simon, Fritz Heumann und A. Siebert. Die Kirche aufwendig in neuromanischem Stil vom Architekten Fr. Heitmann erbaut, wurde am 9. Sept. 1901 eingeweiht; die Festpredigt hielt Pfarrer Otto Lackner in Gegenwart des Kaiserpaares. Otto L. war der langjährige Pfarrer dieser Gemeinde für die Vororte Hufen und Amalienau. Zweiter Pfarrer war Wilh. Grigull.

Königin-Luise-Schule. Der Superintendent Johann G. Weiß eröffnete 1811 in der Brodbänkenstr. eine Töchterschule. Sie war zunächst eine Privatschule, wurde aber bereits 1817 von der Stadt übernommen und in das ehemalige altstädtische Pauperhaus am Danziger Keller verlegt. Als Sautersche Schule zog sie 1867 in das frühere Gebäude des Kneiphöfischen Gymnasiums am Dom. — 1901 zog sie als Königin-Luise-Schule in einen Neubau in der Landhofmeisterstraße; hier stand einst das Haus der Landhofmeister v. Wallenrodt und v. d. Groeben, in dem 1798 Königin Luise gewohnt hat. Seit 1907 wurde ihr eine realgymnasiale Studienanstalt angegliedert. 1913 hat die Schule 26 Klassen in 5 verschiedenen Schulsystemen mit 768 Schülerinnen. Das Oberlyzeum mit der Frauenschule wird von der Schule abgetrennt, bezieht ein Gebäude in der Friedrichstr. — Direktoren waren nach dem Abgang Sauters seit 1884 Karl Eugen Heinrich; seit 1905 Hermann Jantzen; seit 1913 Dr. Eduard Loch, er wurde 1922 OStD und 1932 pensioniert. Von 1933 bis 1945 war Dr. Erhard Roß OStD der Schule.

Königliche Deutsche Gesellschaft. Auf Anraten Gottscheds gründete Prof. Flottwell 1741 die Deutsche Gesellschaft, sie stand unter dem Protektorat des Obermarschalls Ernst von Wallenrodt. 1743 erhielt die Gesellschaft ein königliches Privileg und nannte sich fortan Königliche Deutsche Gesellschaft. Ihr letzter Präsident war Prof. Dr. Carl Diesch.

Königliche Haupt- und Residenzstadt Königsberg amtliche Bezeichnung seit 1724 nach der Vereinigung der drei Städte.

König-Ottokar-Platz in Maraunenhof, wurde von der Herzog-Albrecht-Allee gekreuzt. Nach 1933 in Herzog-Albrecht Platz umbenannt.

Königs-Allee vom Königstor nach Kalthof, sie wurde in den 20er Jahren in Labiauer Straße umbenannt.

Königsberg-Cranzer Eisenbahngesellschaft s. Cranzer Bahn.

Königsberger Allgemeine Zeitung und Verlagsdruckerei G.m.b.H., Theaterstr. 11-12. A. Hausbrand, der Inhaber der Kochschen Buchhandlung gründete 1875 eine Zeitung, die er „Kommunalblatt für Königsberg und die Provinz Preußen" nannte. In die Redaktion trat 1876 A. Wyneken ein und wurde bald Chefredakteur und geschäftl. Leiter. Nach Hausbrands Tode kaufte das Bankhaus Brüder Simon die Zeitung, die 1882 in „Königsberger Allgemeine Zeitung" umbenannt wurde. 1887 siedelte sie von der Fleischbänkenstr. in die Münzerstr. um und 1906 in einen Neubau in der Theaterstr., der sich auf dem Gelände des Hotels Deutsches Haus befand. Schon 1927 mußte sie ihren Betrieb durch Zunahme des Nachbarhauses erweitern. 1930 übernahm Dr. Robert Volz die Leitung der KAZ. Von ihren Redakteuren seien genannt: Martin Müller-Haeseler, Leo Holstein, Otto Besch und Ulrich Balzer. Die angesehene, weitverbreitete „Königsberger Allgemeine" ist ihrer liberalen Grundeinstellung bis zum Ende treu geblieben.

Königsberger Anglerclub E.V., seit 1902, Clubheim am Oberteich.

Königsberger Anzeiger, parteilose Tageszeitung, die nach 1900 zunächst als Königsberger Neueste Nachrichten von der Ostp. Druckerei und Verlagsanstalt herausgebracht wurde.

Königsberger Autodroschkenbetrieb, Waldemar Sievers, Lizentgraben-Straße 3.

Königsberger Automobildroschken-Betriebsgesellschaft, sie hat schon 1913 ihre erstklassigen Automobile für Fahrten angepriesen.

Königsberger Automaten-G.m.b.H., Am Schloß 2.

Königsberger Bernstein-Manufaktur, s. Staatliche Bernsteinmanufaktur.

Königsberger Brotfabrik, Otto Jatzkowski, Flottwell-Straße 19.

Königsberger Brückenrätsel. Es ist nicht möglich, die 7 Brücken nur einmal zu überqueren.

Königsberger Bürgergesellschaft, gegr. 1844. Sie hat nur kurze Zeit bestanden, und ist doch als Symptom ein wichtiges Stück Königsberger Geschichte geworden.

Königsberger Bürgermedaille, sie wurde 1959 von der Stadtgemeinschaft Königsberg gestiftet und von dem Bildhauer Georg Fugh geschaffen. Sie zeigt auf der Vorderseite das Gründungsdatum 1255 und Stadtansichten. Die Rückseite trägt die Worte Kants: Pflicht erhabener Name, der uns Gesetz wurde, vor dem wir uns neigen und dem wir dienen. Erster Träger wurde 1959 der damalige Oberbürgermeister August Seeling, Duisburg. Sie wurde bisher siebzehn mal verliehen.

Königsberger Dampfschiffahrtsgesellschaft, sie wurde 1840 von Königsberger Kaufleuten gegründet und kauften in Schottland die „Gazelle". Die Gesellschaft unterlag der Konkurrenz der Ostbahn und mußte ihre „Gazelle" 1851 verkaufen, worauf sie sich auflöste.

Königsberger Dichterkreis v. 1636, s. Kürbislaube.

Königsberger Drahtzaun-Gesellschaft Spankowski & Co., Weidendamm 4.

Königsberger Droschkenbesitzer-Verein, Vorderroßgarten 8/9.

Königsberger Ehrenbürger s. Ehrenbürger.

Königsberger Essigsprit-Fabrik George Riechert, Hinterroßgarten 23/24.

Königsberger Fahrt, schiffbarer Mündungsarm der Weichsel, von der Elbinger Weichsel nach dem Frischen Haff.

Königsberger Farbenköpfe, eine weitverbreitete Taubenrasse.

Königsberger Fleck, seit dem 16. Jh. allgemein beliebt. Die zerschnittenen „Kuddeln", Därme, Netz des Rindes, werden 4 — 5 Stunden gekocht und heiß mit Pfeffer, Salz, Marjoran, Essig und Mostrich gegessen. Im 19. Jh. boten die Marktfrauen auf dem Altstädt. Markt, dem Judenmarkt, dem Roßgärter Markt und anderen Märkten „e Schalche Fläck nur ein Dittche" an. Auch im Speicherviertel, Schanzengasse, ein Fleckstand. — Ältestes Lokal Hildebrand Unterrollberg 18. Zuweilen las man „Fleck is aller". Gute Fleck auch bei Borchert & Reichert und in der „Hütte", Steindamm. — Der Königsberger Heimatpoet Walter Scheffler hat ein hübsches Gedicht auf die Fleck gemacht.*

Königsberger Frauen-Verein für alkoholfreie Speisehäuser E.V., Am Fließ 18.

Königsberger Freiwillige Jäger. Bei allen aktiven Inf.- und Kav.-Regimentern wurden im Frühjahr 1813 Detachements bis zu 200 Mann stark Freiwillige Jäger gebildet. Sie mußten sich selbst ausrüsten, durften aber ihre Offiziere aus den eigenen Reihen wählen. In Kbg. entstand neben den Detachements ein Fußjäger-Korps unter dem Befehl des Leutnants Gottfr. Meinhardt; von seinen 310 Mann waren 206 Königsberger oder Studenten der Albertina. — Sie wurden dem Königsberger Landwehr-Regiment des Majors Friccius zugeteilt und nahm an den gleichen Schlachten teil. Lt. Meinhardt fiel beim Sturm auf das Grimmaische Tor in der Völkerschlacht bei Leipzig. Fast alle Freiwilligen Jäger wurden später Reserveoffiziere der ostpreußischen Truppenteile.

Königsberger Fuhrgesellschaft m.b.H., Heumarkt 4. Dieser städt. Gesellschaft, die seit Anfang der 20er Jahre bestand, bis 1939, oblag die Straßenreinigung und die Müllabfuhr. S. auch Städtische Betriebe und Straßenreinigung.

Königsberger Gelehrte Gesellschaft, sie wurde in der Kantwoche 1924 von den Professoren Kraus, Seeberg und Mitscherlich gegründet.

Königsberger gemeinnützige Aktien-Baugesellschaft, gegr. 1861, ihre Nachfolgerin wurde 1904 die Stiftung für gemeinnützigen Wohnungsbau Königsberg Pr.

Königsberger Glashandels-Gesellschaft m.b.H., Bülow Straße 5.

Königsberger Goerdeler-Kreis, s. Goerdeler-Kreis.

Königsberger Großhandel und Vereinsrösterei s. Königsberger Vereinsrösterei GmbH.

Königsberger Grundbesitzerverein e. V., Steindamm 176a. Gegr. 1870 vom Apotheker Oskar Schwonder.

Königsberger Hafengesellschaft m.b.H., Lübeckerstr. 4 am Hafenbecken III. Direktor M. Schultz. Sie übernahm 1931 den gesamten Hafenbetrieb von der Königsberger Hafenbetriebs-G.m.b.H., einschließlich der Verwaltung des Turm- und Gruppenspeichers im Hafenbecken IV!

Königsberger Handels-Compagnie, Neue Dammgasse 34, Tanklager Holsteiner Damm 77-78. Gegr. 1872 für den Handel mit Petroleum. Direktoren Teschendorff später Hans Junker. Die Firma wurde 1934 von der Deutsch Amerikanischen Petroleum-Gesellschaft übernommen.

Königsberger Hartungsche Zeitung, Münchenhofstr. 2. Bereits 1660 erhielt der Buchdrucker Reussner das Privileg, in Kbg. eine Zeitung herauszugeben. Sie trug verschiedene Namen, so Europäischer Mercurius, 1661, Königlich Preussische Fama, ab 1709, Königsbergsche Zeitung, ab 1740. Johann H. Hartung übernahm 1752 das Blatt und nannte es „Königlich Privilegierte preußische Staats-, Kriegs- und Friedenszeitung" in der auch Kant zeitweise als Zensor tätig war. Erst 1850 wurde der Titel „Königsberger Hartungsche Zeitung" offiziell. Verlag und Druckerei befanden sich seit 1789 im ehemaligen Löben. Rathaus. Die Zeitung gewann großes Ansehen; Th. Mann nannte sie „das große Kulturblatt des Ostens". — 1933 mußte sie ihr Erscheinen einstellen, und das 1897 im gleichen Verlag gegründete „Königsberger Tageblatt" versuchte die große Tradition fortzusetzen.

Königsberger Hausfrauenbund, 1914 gegr. von Olga Friedemann und der Graphikerin Helene Neumann.

Königsberger Hausmusikvereinigung, gegr. 1935, Leiter Erich Kaschub.

Königsberger Herbergsverein, Verein Evangelisches Vereinshaus. Hospiz Ev. Vereinshaus, Schnürlingstr. 35.

Königsberger Hotelbetrieb-G.m.b.H., Hintertragheim 33, Gen.-Direktor Fr. Cramer.

Königsberger Immobilien- und Baugesellschaft. Gegr. 1898.

Königsberger Jahrhundert. Das 18. Jahrhundert ist als „Königsberger Jahrhundert" in die Literatur- und Geistesgeschichte eingegangen. — 1700 wurde Johann Ch. Gottsched in Juditten geboren, 1730 folgte Johann Georg Hamann und Theodor G. Hippel, der in Gerdauen zur Welt kam, aber in Kbg. aufwuchs. Johann Gottfried Herder, 1744 in Mohrungen geboren, studierte in Kbg., Zacharias Werner 1768 in Kbg. geboren, wie ebenfalls E.T.A. Hoffmann, der 1776 zur Welt kam. Zentrale Figur dieses Jahrhunderts war der 1724 in Kbg. geborene Immanuel Kant. — Ohne sie wäre die deutsche Klassik nicht das geworden, was sie wurde; die deutsche Romantik hätte auf wesentliche Einflüsse verzichten müssen.

Königsberger Jüdische Gemeindeblatt, wurde seit 1924 als Monatsschrift herausgegeben.

Königsberger Kalk- und Mörtelwerke A.-G., Gebauhrstraße 74, gegr. 1899, letzter Direktor Herm. Bode. Das Unternehmen wurde in den 20er Jahren von der Baufirma Windschild & Langelott K.G. übenommen.

Königsberger Kartonagen-Fabrik Gebr. Schaak, gegr. 1887. Sackheim 67.

Königsberger Klops. Rind- und Schweinefleisch zu gleichen Teilen, ein altes Brötchen, Ei, Zwiebel, Pfeffer, Salz zu Klößen geknetet. In die mit Mehl angerührte Tunke Zitronensaft, Eigelb, Lorbeer, Kapern und Gewürzkörner.*

Königsberger Kohlenhof, Nahler & Co., Pillauer Straße 5.

Königsberger Kohlen- und Kokshandelsges. m.b.H., Lizentstr. 13.

Königsberger Konservatorium, 1881 von Julius Gebauhr gegründet, stand bis 1899 unter der Leitung von Carl Leimer, dann unter Emil Kühns, der ihm seinen Namen gab.

Königsberger Konferenz. Vertreter Polens und Litauens sprachen Ende März 1928 über eine Besserung der Beziehungen ihrer beiden Länder — ohne Erfolg.

Königsberger Konsumverein s. Konsumverein für Kbg. und Umgebung.

Königsberger Kostbarkeiten in aller Welt. An erster Stelle wird auf die Sammlungen des Museum Haus Königsberg in Duisburg und des Ostpreußischen Landesmuseums in Lüneburg hingewiesen. Dort weisen umfangreiche und vielseitige Exponate auf die einstige Bedeutung Königsbergs hin.
In vielen westdeutschen Museen, aber auch in Dresden und Erfurt sowie im Ausland befinden sich heute Königsberger Exponate — oft aus Bernstein — die an Ostpreußen und seine Hauptstadt erinnern. Zwei Bespiele:
In Berlin steht seit 1979 eine Nachbildung des Denkmals Friedrichs I. vor dem Charlottenburger Schloß. In diesem Schloß befinden sich die preußischen Krönungsinsignien und das Albrechtschwert. Im Museum Berlin-Dahlem steht die Kant-Büste, von Emanuel Bardou 1798 geschaffen. Das von Prof. Ehrhardt gerettete Schnitzbild „Mann mit dem Totenkopf" von Schenk-Scheuzlich befindet sich im Jagdschloß Grunewald. Schließlich das Gemälde „Kant und seine Tischgenossen" von Prof. Doerstling ebenfalls in Grunewald.
In Hannover stehen im Kestner-Museum der Krönungsteller von 1701, in Delft gefertigt und die Kant-Vase von 1785 aus Fürstenberg, von der eine Kopie im Museum Haus Königsberg steht. Adolf von Menzels Krönungsbild von 1861 hängt in der Landesgalerie. Eine weitere Kostbarkeit ist die Bernstein-Kogge von Jan Holschuh, die — in Kbg. gefertigt — im Treppenhaus des Verwaltungsgebäudes der „Preussag" steht.
Ein besonderer Hinweise gilt 20 Bernstein-Arbeiten aus dem 16. und 17. Jahrhundert, die im Münchener Residenz-Museum ausgestellt sind. Abschließend ist die Silber-Glocke aus dem Königsberger Dom heute in einem Turm der Burg Wupper zu nennen.

Königsberger Kühlhaus- und Kristall-Eis-Fabrik, A.-G., Holsteiner Damm 1 bis 7. 1914 gegr. hatte eine Lagerfläche von 6.000 qm und eine tägl. Produktion von 1.000 Ztr. Eis.

Königsberger Kunstverein s. Kunstverein.

Königsberger Lagerhaus-Aktien-Gesellschaft, Holsteiner Damm 115—128. Der Kaufmann R. Posseldt bewog die Firmen Gizycki & Schröter, Castell, Beer & Beumelburg, C. Glitzki und Max Pirsch eine Lagerhaus AG zu gründen. Der 1897 fertiggestellte Silospreicher war mit einem Fassungsvermögen von ca. 60 000 t damals der größte des Kontinents.

Königsberger Landwehr-Regiment. Im Juli 1813 wurden die drei in Kbg. aufgestellten Landwehr-Bataillone zu einem selbständigen Regiment vereint und unter dem Befehl des Majors d. L. Friccius der Nordarmee des Kronprinzen von Schweden zugeteilt. Es focht mit großer Tapferkeit in den Schlachten bei Großbeeren und Dennewitz, nahm an der Völkerschlacht bei Leipzig teil und erstürmte am 19. Oktober das Grimmaische Tor, wodurch die Verteidigung Leipzigs zusammenbrach. Der schweren Verluste wegen erhielt das Regiment im November Ersatz von ostfriesischen Landwehrleuten. Es nahm 1814 am Winterfeldzug in den Niederlanden teil.

Königsberger Lehrergesangverein, 1. Vors. Rektor E. Buettner, Nachtigallensteig 23. Langj. Chorleiter Prof. Paul Firchow, † 1945.

Königsberger Lichtspiele Weidle & Co., Kinobetriebe Alhambra, Prismaund Kamera, Steindamm 119—121. Gegr. wurde das Unternehmen von dem Kaufmann Albert Müller.

Königsberger Mandolinenklub, gegr. 1929 durch Bruno Rückert und Louis Prandl. Das Orchester ist mehrfach bei der „Orag“ dem späteren Reichssender Königsberg aufgetreten.

Königsberger Männergesangverein von 1911, Vors. Reg.-Inspektor Arnold Rogalla.

Königsberger Männer-Turnverein e. V., s. Turnvereine.

Königsberger Manzanil-Gesellschaft, Inh. Apotheker Max Bendig, Lindenstr. 24—25. Das erfrischende Getränk „Apfelblümchen“ bleibt unvergessen.

Königsberger Margarine-Spezialhaus Hollando, Alfred Smacka, Koggenstr. 21.

Königsberger Marzipan. Es kam bereits im Mittelalter aus Zypern und Griechenland in die Republik Venedig. Von ihr leitete man irrigerweise den Namen ab: panis Marci, Brot des venezianischen Schutzheiligen. Richtig ist in dessen die Ableitung von marzapana, Schachtel, in der aus Zypern der Teig aus Mandeln, Zucker und Rosenwasser eingeführt wurde; von der Schachtel ging der Name auf den Inhalt über. Von Venedig kam der Marzipan nach Lübeck, von dort nach Kbg. Erst hier wurde seine Oberläche gebrannt und als Randmarzipan innen mit Zuckermasse und kanddierten Früchten belegt. Schon zu Herzog Albrechts Hochzeit am 1.7.1526 gab es Marzipan, der als heilkräftig galt und von den Apothekern vertrieben wurde.*

Königsberger Maschinenfabrik A.G., Direktor Max Magnus, Unterhaberberg. Das Unternehmen mußte 1903 liquidieren.

Königsberger Mineralwasser-Fabrik, Bruno Beckerreiner, Rennparkallee 66—68.

Königsberger Molkereigenossenschaft E.G.m.b.H., gegr. 1909. In ihrem Neubau Tragheimer Kirchenstr. 8—10 übernahm sie auch die 1887 eingerichtete Versuchstation und Lehranstalt für Molkereiwesen aus Kleinhof bei Tapiau. Sie versorgte die Königsberger mit Milch, die in 30 Klingelwagen ausgefahren und in Läden verkauft wurde.

Königsberger Mucker, volkstümlich Bezeichnung der sich um die Pfarrer Ebel und Diestel sammelnden pietistischen Gemeinschaften.

Königsberger Mühlenwerke Hildebrandt & Co., Sattlergasse 8. Sie verkauften 1927 die Walzmühle in Ratshof an die Brüder Gustav und Erich Karow aus Stargard.

Königsberger Pferde Eisenbahn Gesellschaft s. Pferde-Eisenbahn AG.

Königsberger Regatta-Verein. Gegr. 1922 von Fritz Skrodzki zum Zweck der Veranstaltung von jährl. Ruder-Regatten in Ratshof. Letzter Vors. Kurt Stüwe.

Königsberger Reitklub, KRK, gegr. 1884. Vors. Dr. med. Werner Wilde.

Königsberger Ruder-Club e.V., s. Rudervereine.

Königsberger Sammlungen, s. Kunstsammlungen.

Königsberger Sängerverein, E.V., gegr. 1847, Vereinszimmer in der Stadthalle, Vors. Arnold Rogalla.

Königsberger Schälmühle S. Winter, auf dem Sackheim, gegr. 1894. Sie stellte Produkte aus Erbsen, Gerste und Hafer her. — Nach 1923 wurde die Schälmühle räumlich mit der Walzmühle zusammengelegt; gleichzeitig erfolgte die Firmenänderung in Königsberger Mühlenwerke A.-G. — Salomon Winter verstarb 1930.

Königsberger Schule. Prof. Franz Neumann war der Begründer der mathematischen Physik in Deutschland, weshalb seine Schüler die „Königsberger Schule" dieses Faches bildeten und fast alle deutschen physikalischen Lehrstühle besetzten.

Königsberger Schwimm-Club von 1901 s. Schwimmvereine.

Königsberger Schützengilde von 1351, s. Schützengilden.

Königsberger Seekanal s. Seekanal

Königsberger Segeltuchwaren- und Flaggenfabrik, J.E.W. Hellgardt, Lizentstr. 5

Königsberger Siechenhaus E.V. s. Siechenhaus.

Königsberger Spar- und Kreditbank eGmbH., Hohenzollernstr. 10.

Königsberger Sperrplattenwerk, Krages & Kriete, Friedländer Torplatz 11—13. Dieses Werk ersteigerte 1931 aus dem Konkurs von Potempa & Co. das Unternehmen Krages & Kriete, Bremen.

Königsberger Spezialitäten s. Spezialitäten

Königsberger Sport- und Turnverein E.V., s. Turnvereine.

Königsberger Stadtanzeiger der Graphischen Kunstanstalt GmbH, Tragh. Pulverstr. 20.

Königsberger Stadttheater s. Stadttheater.

Königsberger System. Unter diesem Namen wurde die in Kbg. nach dem I. Weltkrieg angewandte Methode bekannt, städtische Betriebe, besonders Versorgungsbetriebe, aus der behördlichen Verwaltung in eine Gesellschaftsform zu überführen. Die Geschäftsanteile blieben im kommunalen Besitz und der Einfluß der städtischen Körperschaften blieb im wesentlichen gewahrt. Das System wurde beispielhaft für andere deutsche auch ausländische Städte. Einzelheiten s. Städtische Betriebe.

Königsberger Tageblatt. Es wurde 1897 von dem Hartungschen Verlag gegründet und bemühte sich in verständlicher Sprache das gebildete Bürgertum wie den „Mann auf der Straße" zu informieren. Von seinen Redakteuren seien genannt: Dr. Ludwig Goldstein, Karl Herbert Kühn, Johannes Mittelstädt, Dr. Erwin Kroll und Dr. Lina Jung. — Sein Haus befand sich Krumme Grube 2 auf dem Gelände des früheren Löben. Rathauses. Es sank bei den schweren Bombenangriffen 1944 in Trümmer. — Schon 1908 fand das Tageblatt in 668 Postorten Verbreitung, 1930 hatte es eine Auflagenhöhe von 60 000 Exemplaren. Der letzte Chefredakteur Eduard Kenkel hat die Notstandsausgaben der 3 verbliebenen Zeitungen nach dem 31. Aug. 1944 auf den zerstörten Straßen der Stadt selbst verteilt.

Königsberger Tattersall, Königstr. 97/99.

Königsberger Terrain—Aktiengesellschaft legt 1906 Villenkolonie in Maraunenhof an.

Königsberger Tiergarten s. Tiergarten.

Königsberger Trägeramt G.m.b.H. für den Hafenumschlag, Wassergasse 29.

Königsberger Turn-Club E.V. s. Turnvereine.

Königsberger Turnerbund s. Turnvereine

Königsberger Vereinsbank, gegr. 1871 von Königsberger Kaufleuten. Sie vereinigte sich um 1920 mit der Discontogesellschaft. Die Konsul Berger und Frech leiteten ihre Bank weiter wie bisher, doch jetzt als Filiale der Discontogesellschaft.

Königsberger Vereinsrösterei G.m.b.H., Gegr. 1897 von einigen Kaufleuten, in den 20er Jahren eingegangen.

Königsberger Verlagsanstalt GmbH, Krumme Grube 2. Herausgeber des Königsberger Tageblatts.

Königsberger Vertrag. In diesem Vertrag zwang im Januar 1656 der Schwedenkönig den Kurfürsten das unter polnischer Lehnshoheit stehende Preußen und das polnischer Oberhoheit unterstehende Ermland von Schweden zu Lehen zu nehmen.

Königsberger Volkszeitung. Die sozialdemokratische Tageszeitung für Ostpreußen wurde 1901 von Otto Braun gegründet; er und Gustav Noske, der spätere Reichsminister, waren die ersten Redakteure. Lange Jahre übernahm Adolf Bartel die Redaktion. 1920 wurde Otto Wyrgatsch Chefredakteur; er ging 1933 nach dem Verbot der Volkszeitung nach Dänemark, dort ist er bald verstorben. Weitere Redakteure waren u. a. Arthur Crispien, Hans Mittwoch, Werner Lufft und Wilhelm Matull. — Seit Mai 1914 befanden sich die Redaktions- und Druckereiräume in dem neuen Gewerkschaftshaus Vorderroßgarten 61/62. 1930 erfolgte der Umzug ins Otto-Braun-Haus in der II. Fließstraße 4/6. Schon im Februar 1933 wurde die Volkszeitung verboten.

Königsberger Wachswarenfabrikation, Friedrich Tatusch, Lobeckstr. 14d.

Königsberger Wachschutz und Schließdienst, Inh. K. Pelka, Wilhelmstraße 15.

Königsberger Wach- und. Schließgesellschaft m.b.H. seit 1905, Klapperwiese 5.

Königsberger Wagen- und Karosseriebau, F. Lesch & Co., Jägerhof Straße 19.

Königsberger Walzmühle Gustav und Erich Karow, 1927 von den Königsberger Mühlenwerken übernommen, Holsteiner Damm 104—15.

Königsberger Wäschefabrik, Siegfr. Friedmann, Kneiph. Langgasse 40.

Königsberger Werke und Straßenbahn GmbH., — KWS —, Mühlenberg 2—4, s Straßenbahn.

Königsberger Wiegeamt der Industrie und Handelskammer, Börsenstraße 1—6

Königsberger Wohnungs-Baugenossenschaft e.G.m.b.H., Am Schloß 1. Sie baute u.a. in Ponarth 1912 zwei große Wohnkolonien, sowie Königseck und Prinzhauseneck.

Königsberger Zellstoffabrik A.G., am Pregel in Liep. Kommerzienrat Emil Teppich regte die Errichtung eines derartigen Werks an, das 1895 mit Hilfe des Bankhauses Simon, Inh. Gaedeke, zustande kam. Weitere Entwicklung s. Feldmühle.

Königsberger Zementwaren, Inh: H. B. Horn, Dieffenbachstraße 75.

Königsbergs Schloß wurde ab 1257 westlich der eroberten Prußenfeste Tuwangste als weitläufiger Burgbereich zur Aufnahme der Litauen-Reisenden, daß heißt der Kreuzfahrer aus dem Reich, so groß angelegt, daß nach späterem allseitigem Einbau von Bauwerken noch ein Hof von 67 m Breite und 105 m Länge übrigblieb. Bald sicherte man die Umwallung durch Mauern und fügte quadratiche Verteidigungstürme ein. Nur der Bergfried, der spätere Schloßturm, wurde freistehend innerhalb der Umfassungsmauern ausgeführt. Allein der nach Nordosten vorgeschobene Haberturm wurde 1275 siebeneckig angelegt.

Ordenszeitlich wichtigster Zubau im Innern wurde das etwa quadratische Konventshaus mit Innenhof, das Hochschloß, dessen Nord- und Ostflügel von den aufsässigen Altstädtern im Jahre 1453 eingerissen wurden. Dazu wurde nach der Verlegung des Sitzes des Ordensmarschalls von Marienburg nach Königsberg ein Gebäude an der westlichen Nordwand zur Aufnahme der Gemächer für diesen und zur Unterbringung der Herrenfirmarie, dem Altersheim für sieche Ritter, sowie einer Kapelle errichtet. Nach 1457 übernahm der Hochmeister die Räume des Marschalls. Eine Wende für die Entwicklung als Ordensburg brachte das Jahr 1525. Bald sollte sie eine weltliche Hofhaltung für den Herzog Albrecht und auch für seine Frau Dorothea, Prinzessin von Dänemark, Platz bieten. Dafür boten die vorhandenen Bauwerke keinen hinreichenden Platz und ein Ausbau zum Schloß wurde notwendig. So veranlaßt der Herzog den Baumeister Friedrich Nußdörfer zu einem Neubau des gesamten Ostflügels, wo sich bis dahin nur eine Mauer befand. In deren Mitte war bis dahin der Hauptzugang. Dieser sogenannte Albrechtsbau war mit seinem Sockelgeschoß, dem Mezzaningeschoß und nur einem Obergeschoß kein besonders stattliches Bauwerk. In ihm befand sich auch der Audienzsaal, in dem sich Kurfürst Friedrich III. am 18. Januar 1701 die Königskrone aufs Haupt setzte. In der Nordostecke war ein stattlicher Torbau angelegt. Dieser Bau war wie alle übrigen Bauteile außen und innen mit einem gelblich-grauen Spritzputz beworfen. Ausnahmen bildeten allein der Schultheiß von Unfried-Bau der gelblichen Glattputz hatte und der mit Granitsockel als Ziegelrohbau errichtete Schloßturm. Die Bauwerke hatten verschiedenartig ausgeführte Dachflächen.

Näherte sich ein Besucher unserer Tage dem Schloß, das im August 1944 bis auf das Erdgeschoß des Südflügels gänzlich ausbrannte und Ende der 60er Jahre dem Erdboden gleichgemacht wurde, so sah er Bauteile aus verschiedenen Jahrhunderten. Betrat er über den östlichen Torbau den Innenhof, wurde er von dessen Weite beeindruckt. Wandte er sich nach links, so stieß er bald auf einen stattlichen Barockbau, der als Teil eines geplanten Königsschlosses von dem Landbaumeister Schultheiß von Unfried ab 1704 begonnen und von dem russischen Gouverneur Baron von Korff während des siebenjährigen Krieges vollendet wurde. Vor seiner Errichtung war hierfür der südliche Teil des Albrechts-Schlosses eingerissen worden. In diesem Bau wie in Teilen des Albrechts-Baues befanden sich die königlichen Gemächer. Das 2. Obergeschoß beherbergte Teile der Kunstsammlungen der Stadt mit dem Lovis-Corinth-Saal, in dem man 16 seiner Gemälde betrachten konnte. Daneben war der Saal, in dem während des Zweiten Weltkrieges zeitweilig Teile des Bernsteinkabinetts gezeigt wurden.

Völlig ungegliedert zeigte sich der fast 100 Meter lange von Herzog Albrecht von 1551 bis 1553 durch Christoph Römer und Andreas Hess errichtete Südflügel. Nur ein Brunnenbecken und ein Portal mit Kariatyden und dem Albrechtsbildnis fielen auf. Dieser Bau hat lange Zeit für das Ober- und Regierungspräsidium gedient. In unserer Zeit war die vorgeschichtliche Abteilung des Ostpreußischen Landesmuseums, PRUSSIA, untergebracht und im oberen Geschoß die Königsberger Kunstsammlungen. Merkwürdig war im 2. Obergeschoß ein auf der Hofseite vom Ost- bis zum Westflügel durchlaufender breiter Gang, auch offiziell Krönungsgang genannt. Und dies, obwohl der Krönungszug am eiskalten Januartag nachweislich vom Albrechtsbau über den Schloßhof zum Westteil des Schlosses in die Kirche geführt wurde. Am östlichen Ende befand sich der nun eingebaute Schloßturm mit 84 m Höhe.

Ungewöhnlich beeindruckend war der Westflügel, der nach 1584 durch Blasius Berwart und Michael sowie Hans Wißmar in der ganzen Länge der Westfront errichtet wurde. Hierfür wurden die Reste des ordenszeitlichen Konventshauses entfernt. Das neue Bauwerk sollte vor allem das Gotteshaus für die lutherische Schloßbesatzung aufnehmen. Die gewaltigen Kellereien sollten der Weineinlagerung dienen. Über diesen wurde das Zeughaus mit breiter Durchfahrt auf den Schloßhof angelegt. Hier hatte die Schloßverwaltung ihre Lagerräume. Die zweischiffige Kirche nahm die oberen Geschosse ein.

Darüber lagen ein riesiger ursprünglich flach gedeckter Festsaal und ein Körnerboden. Im Jahre 1887 wurde der Körnerboden zum Einbau eines Tonnengewölbes für den Festsaal, der auch Moskowitersaal genannt wurde, ausgenutzt. In Anlehnung an die Verwendung der Geschosse des Westflügels meinte man, hier regierten Bachus, Mars, Jupiter, Juno und Ceres. Die Kirche wurde die Krönungskirche der preußischen Könige und hierfür im Innern von Schultheiß von Unfried neu gestaltet. Sie erhielt einen Kanzelaltar in der Mitte der Ostwand und diesem gegenüber eine Empore für die königliche Familie, später vom kommandierenden General und seiner Familie genutzt. Eine erst 1731/32 von Georg Siegm. Casparini mit reichem Barockprospekt ausgestattete Orgel setzte man im Jahre 1893 von der Südseite nach der Nordseite um. Die nach und nach in gleichen Größen angebrachten Wappen der Ritter des Schwarzen Adler Ordens prägten den Charakter des Kirchenraumes und vermittelten ihm eine besondere Würde. Auf der Ostseite führten 2 zweiläufige Sandsteintreppen zu den Kirchentüren. Hinter der südlichen Stirnwand des Westflügels befand sich ein Jagdsaal, der mit Stuckaturen des dänischen Meisters Hans Windrauch reich ausgestattet war. In den 20er Jahren hatte die PRUSSIA den Moskowitersaal als Ruhmeshalle ausgestaltet und zeigte dort die gesamte Waffenentwicklung seit der frühen Ordenszeit bis 1918. Zudem befanden sich dort sämtliche Standarten und Fahnen der in der Schlacht bei Tannenberg Ende August 1914 beteiligten Regimenter und Bataillione. Uniformen, der Schlitten des Großen Kurfürsten, den er bei Verfolgung der Schweden im Januar 1679 über das Kürische Haff benutzte, ein Modell der Marienburg sowie ein altertümliches Geschütz vervollständigen die Sammlung.

In der Nordwestecke des Schloßhofes befand sich ein Treppenturm, dessen Zugang mit einer Freitreppe im Jahre 1861 ausgestattet wurde. Auf dem Geländereckpfeiler hatte die Bronzegestalt des Kurfürsten Joachim I. ihren Platz. Er trug den hohenzollernschen Schwanenorden. Für die Freilichtaufführungen in den 20er Jahren bildete diese Schloßhofecke einen ungewöhnlich malerischen Hintergrund. An den Turm schloß sich nach Osten im 2. Obergeschoß eine 1613 errichtete hölzerne Galerie an, die bei Turnieren die Zuschauer aufnehmen sollte.

Den westlichen Teil des Nordflügels bildete die ordenszeitlich errichtete Wohnung für den Ordensmarschall mit der Firmarie, dem Pflegeheim für ältere Ritter. Herzog Albrecht ließ dort eine Kanzlei einrichten, die den Kern für das auch in weiteren Räumen angeordnete Staatsarchiv abgab. In der Nordwestecke schloß sich der sogenannte Turm des Kürschners an. Als man in den 30er Jahren das Museum der Ordenszeit zumeist aus Beständen des Staatsarchivs wie auch der Staatsbibliothek einrichtete, wurde dort in achteckiger Vitrine die Silberbibliothek aufgestellt deren 20 Bände Herzog Albrecht für seine 2. Gemahlin Anna von Braunschweig in Nürnberg und in Königsberg anfertigen ließ. Als Zugang zu dem ordenszeitlichen Empfangsraum wurde eine zweiläufige Treppe angelegt. In den Kellern dieses Bauteiles befand sich das renommierte Weinrestaurant „Blutgericht“, das man über einen erdgeschossigen Anbau auf der Hofseite und auch von der Schloßstraße aus erreichen konnte.

In Verlängerung der Deutsch-Ordensbauten wurde der Schloßhof durch den 1810 erstellten Bau des Oberlandesgerichts abgeschlossen. Hier stand einst der Kornspeicher des Ordens, in dem sich auch das Bernsteinlager des Großschäffers, des wirtschaftlichen Gebietigers im Orden, befand. Von hier wurde der sortierte Bernstein zur Verarbeitung nach Westen z. B. Lübeck und Brügge geleitet. Das Bauwerk unserer Zeit hatte auf der Hofseite zwei Portale, die rechts und links mit den Liktorenbündeln, dem Amtszeichen

der römischen Richter, geschmückt waren. Es ist noch zu berichten, daß das Außengelände des Schlosses im 20. Jahrhundert erheblich verändert wurde. Es erhielt außer auf der Ostseite eine Zyklopenmauer aus Findlingsgranit. Die Mauer wurde durch Oberbaurat Hinkeldeyn errichtet. Das Denkmal Kaiser Wilhelm I. wurde in der Südwestecke eingefügt und im Jahre 1904 die Kant-Tafel „Zwei Dinge erfüllen das Gemüt..." an der westlichen Längsseite angebracht.
Das Königsberger Schloß war ein Abbild der preußischen Geschichte, das sich in seinen Bauteilen in diese einmalig einführte. In den Bombennächten des August 1944 brannte die Anlage bis auf das Erdgeschoß des Südflügels aus. Dessen gewölbte Decken blieben sogar erhalten.

Königseck. Durch einen Torweg in der Königstraße kam man nach Königseck, mündete in der Wilhelmstraße. 15 Wohnhäuser gebaut und im Besitz der Königsberger Wohnungs-Baugenossenschaft, E.G.m.b.H.

Königsegg, Adda von, * Karschau/Friedl. 1872, † Güstrow 1945. Schriftstellerin. Schon früh als Johanniterschwester tätig, leitete sie im Ersten Weltkrieg Soldatenheime. Dann leitete sie in Königsberg das Heim der evangelischen Frauenhilfe und war Vorsitzende der Johanniter-Schwesternschaft der Preußischen Genossenschaft. Schon in ihren 20er Jahren entwickelte sie eine lebhafte, schriftstellerische Tätigkeit. Der Kreis ihrer literarischen Arbeiten war recht vielseitig. Sie schrieb u. a. Essays über die Königsberger Scheffner, Krug, Madeweiß, Fr. Nicolovius, Johanna Moterby und die Romane „Luise von Preußen", 1934 sowie „Der Große Kurfürst", 1935. Auf der Flucht kam Adda von K. nur bis Güstrow, wo sie an einer Infektion starb.

Königsgarten s. Paradeplatz

Königshalle. An der Südseite des Königsgartens Ecke Theaterstraße entstand 1790 das Korffsche Haus, der ursprünglich einstöckige klassizistische Bau der Königshalle. Nach mehrfachen Umbauten und Vergrößerungen wurde das Gebäude von dem 1848 gegründeten „Preußenverein" übernommen. 1935 wurde die Königshalle Standortkasino.

Königshalle-Klub. Mitteltragheim 25

Königshaus, Königstr. 65—67, ein Adelshof, der dem Kanzler von Ostau gehörte. Von dessen Witwe kaufte 1731 König Friedr. Wilhl. I. das K. als Königsberger Absteige-Palais. 1741 legte Friedrich II. die Ecole militaire hinein, die 1799 in das Artillerie-Kollegienhaus auf den Haberberg verlegt und 1810 aufgehoben wurde. Nun bezog die Universitätsbibliothek das Haus. Nach dem Umzug der Kgl. und Universitätsbibliothek in das neue Haus auf dem Mitteltragheim kam die Antikengipssammlung der Universität hinein.*

Königskrönungen in Königsberg. Am 29. 12. 1700 zog Kurfürst Friedrich III. mit Kurfürstin Sophie Charlotte und dem Kurprinzen in langem Kutschenzug in Königsberg ein, von den Königsbergern freudig begrüßt. Am 14. 1. 1701 erfolgte die Proklamation der Königskrönung durch Herolde im Schloßhof und vor den drei Rathäusern. Am 17. 1. stiftete Friedrich den Schwarzen Adlerorden, mit dem er die Gründung des Waisenhauses verband. Am 18. Januar setzte sich Friedrich im Audienzsaal die Königskrone auf, krönte seine Gemahlin und nahm im Empfangssaal die Huldigung der Stände entgegen. Dann ging es um 10 Uhr durch den mit roten Teppichen ausgelegten Schloßhof, die Majestäten unter Baldachinen, in die festlich geschmückte Schloßkirche, wo zwei Throne an den Pfeilern vor dem Altar aufgestellt waren. Der Oberburggraf mit dem Reichsschwert, der Kanzler mit dem Siegel, der Landhofmeister mit dem Reichsapfel, Edelleute und Hofbeamte umstanden die Throne, 4000 geladene Gäste schauten zu. Unter dem Schall aller Kirchenglocken, dem Donner der Geschütze vollzog sich vor dem Altar die Salbung der Majestäten durch den reformierten Hofprediger D. Ursinus. Auch der Rückweg ging über den Schloßhof zum Albrechtsbau, wo ein Festmahl Hofstaat und Gäste vereinigte. Unter das Volk aber wurden Münzen im Wert von 6000 Talern gestreut, und auf dem Stallplatz floß aus zwei Brunnen roter und weißer Wein und dazwischen briet am Spieß ein Ochse, der mit Hühnern und Enten gefüllt war. Am Abend fuhr das Königspaar in einer mit acht Isabellen bespannten Prachtkarosse durch die illuminierten Städte und Freiheiten. Der 12jährige Kurprinz wurde Rektor der Albertina. Am 19. gab es ein Riesenfeuerwerk auf dem Pregel, und am 21. brachten die Studenten dem Herrscherpaar eine Serenade.

Hatte Friedrich I. durch die Selbstkrönung festgelegt, daß er sich allein aus eigener Machtvollkommenheit im Range erhöht habe, so ging es bei König Wilhelm I. um die preußische Macht nach außen und dem Volke gegenüber um das Gottesgnadentum. — Bereits am 14. 10. 1861 trafen Kg. Wilhelm und Königin Augusta, feierlich in Schönbusch eingeholt, in Königsberg ein. Am Abend war großer Zapfenstreich, Illumination mit dem neuen Gaslicht. Am 15. besuchte der König die Stätte seiner Kindheit und das Landhaus. Am 16. fand die Auffahrt der Botschafter statt, unter ihnen der Petersburger Gesandte Bismarck und der Vertreter Kaiser Napoleons, Marschall Mac-Mahon. Am 17. gab die Stadt abends ein Fest im Börsengarten. An diesem Tage stiftete der König den „Kronenorden". Am 18. Ok-

Krönung König Wilhelms I. am 18. 10. 1861

tober, dem Jahrestag der Huldigung von 1663, ließ sich das Königspaar auf einem Podest an der Ostseite des Schloßhofes, wo 1840 Friedrich Wilhelm IV. die Huldigung entgegengenommen, von den Ständen huldigen, dann schritten die Majestäten über den mit Scharlachteppichen belegten Schloßhof zur Schloßkirche, wo der König die Krone vom Altar nahm und sich und die Königin krönte, worauf sie der Generalsuperintendent Moll salbte. Der Rückweg fand abermals über den Schloßhof statt, also durchaus nicht durch den „Krönungsgang", den weder Friedrich noch Wilhelm durchschritten haben. — Das Krönungsmahl fand mit 900 Gästen im Moskowitersaal statt, eben da ein Hofkonzert mit 4000 Besuchern. Am 19. übernahm Kronprinz Friedr. Wilh. das Rektorat der Albertina und abends brachten die Studenten der königl. Familie einen Fackelzug. Am 20. erfolgte die Rückreise. — Die Krönungsszene hat Adolf von Menzel in zwei Fassungen mit 163 Porträts gemalt, er stand dabei in der Kirche auf einem wackeligen Stuhl, von dem er fast herabgestürzt wäre.*

Königstraße. Hauptstr. vom Roßgärter Markt bis zum Königstor, genau 1 km lang. In der Herzogszeit als „Neue Sorge" angelegt. Noch 1613 war die Neue Sorge nur ein Fußweg zu den Wiesen, in denen er sich verlor. 1729 ist der Name Königstraße bereits in den Akten belegt und bürgerte sich gegenüber den Namen Breite und Gumbinnische Straße allmählich ein. Ursprünglich führte die Königstraße als Sackgasse auf den Wall; denn das alte enge Gumbinnische lag nördlicher, südwestl. von der späteren Bastion Grolmann. — Die Königstraße hatte zahlreiche schöne Barockhäuser: Nr. 55 das Dasselsche Haus, von einem Grafen Eulenburg erbaut, mit breitausladender einarmiger Treppe im Torweg, die eine prächtig geschnitzte Hirschjagd mit Jägern und Hunden im Rankenwerk zeigte, 1936 Umbau zur Kreissparkasse. Nr. 56: Damals mit der Durchfahrt unter dem Balkon, doppelarmige Treppe mit vier Pfosten. Das schöne Treppengeländer zeigte geschnitztes Rankenwerk mit Amoretten, Adler, Löwen aus dem 17. Jahrhundert. Den klassizistischen Bau der Kunst- und Gewerkschule sowie das Königshaus. Nr. 26: Das Dönhoffsche Haus in den Dönhoffschen Gründen, einst Sitz des Kommandeurs der 1. Division. Schließlich Nr. 79, wo der Kanzler Dr. G. v. Goßler gewohnt hat, eine Gedenktafel erinnerte an ihn.*

Königs-Tor. Erst 1765 wurde das neue Gumbinnensche Tor erbaut, das dann 1811 offiziell den Namen Königstor erhielt. Um 1850 wurde das Königs-Tor erbaut. Es war künstlerisch höchst wertvoll, geschmückt mit den Figuren Ottokars von Böhmen, links, Friedrichs I. in der Mitte und Herzog Albrechts, rechts und deren Wappen sowie oben mit den Wappen von Samland und Natangen. Um 1890 wurde das Tor für den wachsenden Verkehr freigelegt.

Königswieser, Heinrich, * Kbg. 1530, † um 1583. Maler. K. wurde 1552 von Herzog Albrecht nach Wittenberg geschickt, um bei Lukas Cranach d. J. ausgebildet zu werden. 1559 wurde K. Hofmaler des Herzogs. Von seinen vielen Werken finden sich interessante Epitaphien im Dom: Das des Hans Nimptsch mit der ältesten Ansicht von Königsberg, 1557, die Epitaphien des Bischofs Mörlin, 1571 und des Landhofmeisters Anton v. Borcke. Ein Bild Herzog Albrechts, 1564, befand sich im Kaiser-Friedrich-Museum in Berlin.

Königswieser-Straße, in Amalienau Siedlung an der Steffeckstraße.

Konitzer Straße, auf dem Haberberg zwischen Haberberger Grund und Österreichischer Straße.

Konsulate.
Belgien, Lizentstr. 13
Bulgarien, Vorstädt. Langgasse 16
Dänemark, Klapperwiese 8
Estland, Friedrichsburger Str. 5
Finnland, Gr. Kranstr. 1

Frankreich, Mitteltragheim 3
Griechenland, Generalkonsulat, Kneiph. Langg. 27
Großbritannien, Kaiserstr. 49
Guatemala, Vorderroßgarten 45
Japan, Generalkonsulat, Ritterstr. 14
Lettland, Ostmesse Hansaring
Litauen, Hintertragheim 20a
Niederlande, Sattlergasse 32
Norwegen, Lizentstr. 13
Österreich, Paradeplatz 6
Polen, Mitteltragheim 24
Rumänien, Lizentstr. 5
Schweden, Schnürlingstr. 9/10
Spanien, Vorstädt. Langgasse 83/84
Tschechoslowakei, Landhofmeisterstr. 16
Ungarn, Generalkonsulat, Kneiph. Langgasse 11
Union d. Sozialist. Sowjet-Republiken, Schönstr. 18b
Vereinigte Staaten von Nordamerika, Vogelweide 5.

Konsumverein für Königsberg und Umgebung E.G.m.b.H. Zentrale Aweider Allee 114/116 mit insgesamt 50 Vertriebsstellen.

Kopskiekelwein ist Johannisbeerwein.

Korallus, Eduard, * Bilderweitschen 1861, † Potsdam 1945. Ev. Theologe. Nach dem Studium an der Albertina war K. Pfarrer in Bischofstein, dann in Mohrungen. Von 1900 bis 1933 arbeitete er als beliebter Seelsorger der Tragheimer Kirche in Königsberg. Seine Interessen galten der Geschichte seiner Gemeinde und der kirchlichen Kunst. Wegen seiner erfolgreichen Arbeit im Verein für religiöse Kunst ernannte ihn die Theologische Fakultät zum Ehrendoktor. Er hatte 2 Söhne. Der 83jährige mußte seine Heimat verlassen und starb in Potsdam.

Korben östl. von Rudau. Von Georg Siebert 1895 erworben, entwickelte sich K. zu einem vorbildlich geführten landwirtschaftlichem Betrieb. Schon 1896 wurde mit dem Dränieren der Felder begonnen, auch wurden Hohlwege beseitigt und Wege begradigt. Neben dem intensiven Ackerbau hatte die Viehzucht erhebliche Bedeutung. So baute S. um 1900 mehrere massive Ställe, die u. a. 100 Milchkühen Platz boten. 1905 wurde das Gutshaus durch Umbau modernisiert und von dem Achitekten Hermann Glaubitz die Inneneinrichtung gestaltet. Nach der Abgabe von 700 Morgen Siedlungsland verblieben Korben etwa 1600 Morgen. Frau Erna Siebert war in der ostpreußischen Landfrauen-Bewegung führend tätig, sie war die „Bienenmutter“ Ostpreußens.

Korff, Friedrich Alexander, * 1713, † Kbg. 1786. Staatsmann. K. studierte 9 Jahre in Königsberg und Frankfurt/O. Bereits 1740 wurde er Pr. Legationsrat in Kassel. Z. Zt. der russischen Okkupation bewährte er sich durch umschichtigen Patriotismus. Friedrich d. Gr. benutzte ihn seit 1762 zu diplomatischen Sendungen nach Petersburg und Mitau. 1766 wurde K. zum Wirkl. Staatsminister und Kanzler in Preußen ernannt. Bei der Umgestaltung des Justizwesens durch den Großkanzler v. Carmer war K. in hervorragender Weise beteiligt, und er erledigte auch 1782 die Einrichtung der Ostpreußischen Regierung, die Gerichtsverwaltung. Seit 1784 war K. auch Präsident des Etatsministeriums und Kurator der Universität.

Korinthendamm, parallel zum Unterhaberberg von der Georgstraße zur Hoffmannstr. Er hieß bis 1904 Salzmagazingasse, an der bis 1909 das Salzmagazin lag. An der Ecke Selkestraße entstand 1914 der große Bau der Fortbildungsschule. Einst wurden hier Schafe zur Weide getrieben; nach deren Losung nannte der Volksmund den Damm „Korinthendamm“. Der neben dem Damm fließende Graben hieß sinngemäß Grumpelgraben.*

Korn, Albert, * Kbg. 1847, † Kbg. 1925. Stadtrat. K. stammte aus einer alten Königsberger Bäckerfamilie und hat sich um seinen Berufsstand und das öffentliche Leben der Stadt große Verdienste erworben. — K. war von 1874 bis 1912 Stadtverordneter und von 1912 bis 1919 Stadtrat sowie von 1914 bis 1921 Vorsitzender der Königsberger Handwerkskammer. Außerdem war K. Vorsitzender des Zweigverbandes des Zentralverbandes dt. Bäckerinnungen „Germania". Seine Bäckerei befand sich auf dem Steindamm.

Körnerplatz in Amalienau am Landgraben.

Kornkammer Ostpreußen. Auch die Kreise Fischhausen und Königsberg hatten erheblichen Anteil am jährlichen Ernteüberschuß, der — trotz ungünstiger klimatischer und wirtschaftlicher Verhältnisse — wesentlich zur Ernährung der Bevölkerung des Reiches beigetragen hat.

Korschenruh ein Gut südwestl. von Brandenburg an der Küste des Frischen Haffs. Auch hier flog man seit 1925. Der deutsche Luftsportverband errichtete hier 1933 eine Fliegerschule.

Kornsilo s. Königsberger Lagerhaus.

Körte, Siegfried, * Berlin 1861, † Kbg. 1919. Kommunalpolitiker. Nach dem Jurastudium war K. Stadtkämmerer in Breslau; K. wurde 1902 zum Oberbürgermeister Königsbergs gewählt. Mit der ihm angeborenen Tatkraft und großem Pflichtbewußtsein ging er an die Lösung der drängenden Probleme: Eingemeindung, durch die sich die Einwohnerzahl auf 200 000 erhöhte, Fertigstellung der Wasserversorgung aus den Samlandteichen, Bau der Stadthalle, des Krematoriums, der Fortbildungsschule sowie der Kunstakademie, Anlage der Schloßteichpromenaden, vor allem Durchführung der Entfestigung. K. konnte den Widerstand des Fiskus brechen, so daß endlich 1906 der erste Durchbruch der Stadtmauer am Wrangelturm erfolgen konnte. Königsberg mußte 29 Mill. Mark für den Befestigungsgürtel zahlen, um dort Grünanlagen zu schaffen. — 1913 verlieh ihm die Albertina den Dr. phil. h. c. — Dann kam der Erste Weltkrieg mit neuen Problemen: Flüchtlinge und Kriegswirtschaft, die er zu lösen verstand. K. war u. a. im Vorstand des Dt. Städtetages und in der Generalsynode. — K. mußte es erleben, daß er vom Arbeiter- und Soldatenrat widerrechtlich abgesetzt wurde; dieses tieftragische Ende brach seine Kräfte.*

Körte-Allee in Amalienau, nach dem Oberbürgermeister Körte benannt.

Körte-Oberlyzeum. Die Lyzeen von Seydel in der Theaterstr. und Günther auf dem Steindamm wurden zusammengelegt und bezogen 1925 das frei gewordene Gebäude des ehemaligen Altstädtischen Gymnasiums.

Koschwitz, Eduard, * Breslau 1851, † Kbg. 1904. Romanist. Professor in Königsberg; Arbeiten über die frühesten französischen Sprachdenkmäler und über die Sprache der Félibres. — 1903 gründete K. den „Verein zur Hebung des Fremdenverkehrs in Ostpreußen".

Koß, polnischmasurisch für die Ziege.

Kosse, einst eine Fischersiedlung am unteren rechten Pregelufer. Später ein Krug, wo Zar Peter I. bei einem Besuch Königsbergs übernachtete. 1804 ein bescheidenes Gasthaus. 1902 durch die Eröffnung der neuen Gasanstalt, der 1907 das neue E-Werk und Straßenbahn-Depot sowie 1914 das Kühlhaus folgten, ein industrieller Begriff und Stadtteil Groß-Königsbergs.

Köttel-Brücke, über den alten Pregel von der Börsen- zur Köttelstraße. Erstmals erbaut 1377. Neubau einer Klappbrücke 1886.

Köttel-Hof. Die Schlachthöfe nannten die Königsberger im Mittelalter Köttelhöfe. — Der Kneiphöfische wurde 1377 neu gebaut, er lag am alten Pregel an der späteren Börsenstraße und wurde 1889 abgebrochen.

Köttel-Straße auf dem Kneiphof, von der Köttelbrücke zum Kohlmarkt.

Köttel-Tor, einfaches Tor am südl. Ende der Köttel-Brücke neben dem Köttel-Hof. Der Torbau von 1708 wurde 1867 abgebrochen.

Kraftfahr-Abteilung 1 seit 1920 in der Linger-Kaserne, Berliner Straße 38/47.

Kraftwerk Friedland, es lag am gestauten Reihersee im Kreis Bartenstein und versorgte bis 1945 das nördliche Ostpreußen. S. auch Ostpreußen-Werk.

Krajebieter nannte man die Fischer der Kurischen Nehrung, die im Herbst beim Vogelzug mit Netzen Krähen fingen. Ein Biß in die Schädeldecke ließ die Krähen sofort verenden. Sie dienten eingepökelt der Winternahrung. — Die Krähen wurden auch an große Hotels oder Gaststätten verkauft und erschienen als Delikatesse unter ihrem eigenen Namen auf der Speisekarte. Im Königsberger Hotel Continental zum Beispiel gab es noch bis in den Zweiten Weltkrieg hinein Nebelkrähen als Leckerbissen und Spezialität des Hauses.

Krages & Kriete, Sperrholz, Furnier- und Holzfaserplattenwerke, Heilsberger Sr. 40/42.

Krämer-Brücke, 1286 mit Krambuden erbaut. Sie hieß 1339 St. Georgsbrücke, seit 1397 Koggenbrücke, 1787 ohne Buden erneuert. Der Neubau von 1900 wurde ohne Strompfeiler durchgeführt.

Krämer-Tor. Auf diesem Tor befand sich nach Caspar Stein das Standbild von Hans von Sagan; es wurde 1752 abgebrochen.

Krankenhaus der Barmherzigkeit. Im Jahr 1848 gründeten zwei Töchter des Kommandierenden Generals Graf zu Dohna, die bei Fliedner in Kaiserswerth die evangelische Diakonie kennen gelernt hatten, einen Verein, der auf dem Hinterroßgarten ein Grundstück erwarb. 1849 wurde dort das Krankenhaus der Barmherzigkeit mit 3 Kaiserswerther Diakonissen eröffnet. Pfleger für die Männerstation kamen aus dem „Rauhen Haus" Wicherns in Hamburg. Die Anstalt gewann bald so vorzügliche Ärzte und Pflegerinnen, daß sie als ein Muster der Krankenpflege hingestellt wurde. Der Pfarrer, gleichzeitig Leiter des Krankenhause war Johann Götz; er amtierte bis 1903. – Das Krankenhaus wurde 1928 durch eine großen Neubau, Hinterroßgarten 31, au 7 Hauptabteilungen mit 633 Betten ve größert. An ihm wirkten so bekannt Ärzte wie Blohmke, Flath, Herfordt, Jo achim, Kob und Sinnhuber. Geleite wurde es bis 1932 von Pfarrer Augus Borrmann, dann von Pfarrer Stachowitz der es durch alle Schwierigkeiten der NS Zeit hindurchbrachte. Oberin der Schwe sternschaft war, nachdem Rose von Bror sart 1925 zurückgetreten war, die Diako nisse Renate Gräfin zu Stollberg. Mi über tausend Schwestern war die „Barm herzigkeit" eine der größten Diakoni senanstalten Deutschlands.

Krankenhäuser. 1764 stiftete Komm. Ra Fr. R. Farenheid 50 000 Gulden für de Bau eines Krankenhauses, das 1768 in Be trieb genommen wurde. Es war das Ein gangshaus der sp. Städt. Krankenanstal Weitere 20 000 Gulden stiftete Kriegsra J. F. W. Farenheid. 1797 Bestand ei „Städt. Krankenhaus" mit 24 Betten au dem Hinterroßgarten. 1811 konnte da Krankenhaus auf 120 Betten vergrößer werden. — 1830 wurde das Farenheidsch Armenhaus nach der Sackh. Hintergass verlegt, wodurch das Krankenhaus 79 Kranke aufnehmen konnte; 1832 kam ei Pockenlazarett hinzu. 1848 wurde da Krankenhaus der Barmherzigkeit auf An regung von Gen.-Leutnant v. Plehwe ge stiftet. 1880 wurde der letzte „Chirurgus am Städt. Krankenhaus pensioniert. 188 fanden 120 Pockenkranke Aufnahme, ein Typhusbaracke wurde gebaut. 1889 wurd Stadtrat Th. Krohne Vorsitzender de Verwaltungsdeputation der Krankenan stalten; die Geisteskranken-Abt. dient als Psychiatr. Univers.-Klinik. — 189 wurde das Kathol. Elisabethkrankenhau eröffnet. 1895 Neubau der Städt. Kran kenhäuser; fünf Ärzte betreuten 314 Kranke. — 1945 wurde auf Befehl de Russen in der zerstörten Psychiatr. Uni versitäts-Klinik ein dt. Seuchenkrankenhaus eingerichtet. Prof. Starlinger wurde nach Workuta verschleppt und später todkrank nach Deutschland entlassen. Weiteres s. die einzelnen Krankenhäuser.

Krät eigentlich die Kröte ist als Schimpfwort nicht aus dem ostpreußischen Sprach-„Schatz" oder Sprachgebrauch herauszudenken.

Krantz, Albert, * Kbg. 1851, † Kbg. 1938. Musikdirektor. K. begann seine Laufbahn bei der Militärmusik 1872 als Oboist beim Inf.-Regt. 41 in Kbg. 1880—1882 zur Kgl. Hochschule für Musik in Berlin abgeordnet, wurde ihm 1883 die Leitung des Musikkorps des Infanterieregiments 43 in Kbg. übertragen, das er zu anerkannter Leistungsfähigkeit führte. 1913 wurde K. Kgl. Musikdirektor. K. schied 1920 vom Militärdienst aus. Unvergessen sind seine Richard-Wagner-Abende. Seine Persönlichkeit an der Spitze des Musikkorps der 43er gehörte fast 40 Jahre lang zu den volkstümlichsten Erscheinungen des Königsberger Stadtbildes. K. hinterließ einen Sohn und eine Tochter.

Kraus, Christian Jac., * Osterode/Ostpr. 1753, † Kbg. 1807. Philosoph. K. studierte an der Albertina und in Göttingen. K. wurde 1782 Professor an der Albertina der prakt. Philosophie und der Kameralwissenschaften. — K. war einer der Schüler Kants, der ihn an Königsberg fesselte. K. begründete eine Schule der Staatswissenschaften, die viel zur Verbreitung englischer Lehren beitrug. — Prof. K. regte Beamten und Adel Ostpreußens zu Verbesserungen der ländlichen Verhältnisse an, womit wesentliche Vorarbeiten für die späteren Reformen geleistet wurden.

Kraus, Herbert, * Rostock 1884, † Göttingen 1965. Staatsrechtler. Nach dem Studium in Heidelberg, Leipzig, Berlin und an der Sorbonne kam K. nach einer Lehrtätigkeit in Leipzig 1924 an die Albertina, wo er den Lehrstuhl für Völkerrecht versah. K. hat maßgeblich zur Gründung der Königsberger Gelehrten Gesellschaft beigetragen. In Göttingen nahm K. seine Lehrtätigkeit wieder auf. Der über ein weltweites Ansehen verfügende Gelehrte hat 1951 die Präsidentschaft des „Göttinger Arbeitskreises" übernommen und mit mehreren völkerrechtlichen Schriften zur Oder-Neiße-Frage Stellung genommen.

Kraus-Allee vom Hammerweg zum Landgraben und eine Volksschule 1911 nach Christian Kraus benannt.

Krause, Maria Karoline, * Voigtshof/Seeburg 1851, † Kbg. 1941. Pädagogin. Sie war zunächst Lehrerin und machte die Schulvorsteherinprüfung. 1882 übernahm sie die Höpfnersche Privatschule mit Lehrerinseminar in der Jägerhofstraße. 32 Jahre hat sie beide Anstalten geleitet und ihnen ein Vorbild für mustergültige Verwaltung und für geistige Schulung der weiblichen Jugend gegeben, ein Vorbild, das ihre Schule bald zu der besuchtesten in Königsberg machte. Wegen finanzieller Schwierigkeiten mußte sie beide Anstalten 1914 an Frau E. Rauschning verkaufen. 1924 erhielt eine städt. Mädchenschule in der Schnürlingstr. ihren Namen.

Krausesches Lyzeum. In der Jägerhofstr. befand sich das am meisten besuchte Lyzeum der Stadt, die Krausesche Schule. Maria Krause hatte dort 1882 die Höpfnersche Privatschule übernommen und ihr ein Lehrerinnenseminar angegliedert. Sie leitete ihre Schule bis 1914 mit vorbildlicher Hingabe. Ihre Nachfolgerin wurde Emma Rauschning. Dieses Lyzeum wurde 1925 in eine Mittelschule umgebildet und erhielt den Namen Helene-Lange-Mittelschule, doch kamen ihre Lyzealklassen zum Bismarcklyzeum. Nach 1933 wurde sie in Agnes-Miegel-Schule umbenannt.

Kraussen, Dorf und Gut Kraussenhof östl. von Rosenau und nördl. von Gutenfeld.

Kraxtepellen, nördl. von Palmnicken. Dieses Fischerdorf wurde durch die beiden Bernstein-Bergwerke bekannt.

Kreis Fischhausen. Als die beiden Landkreise Königsberg und Fischhausen im Jahr 1815 durch Teilung des im Samland gelegenen Hauptamtes Schaaken neu entstanden, wurden ihre Kreisgrenzen wie folgt festgelegt: Zum Kreis Fischhausen kamen das ganze Hauptamt Fischhausen und vom Hauptamt Schaaken die Ämter Grünhoff, Laptau und Caporn, so daß die Kreisgrenze zwischen den Landkreisen Königsberg und Fischhausen in nordsüdlicher Richtung etwa von Cranz über Laptau — Rudau — Tannenwalde, sämtliche Orte zu Fischhausen gehörig, zur Pregelmündung bei Holstein verlief. Die damals festgelegten Grenzen sind — außer Eingemeindungen zur Stadt Königsberg — bis 1939 unverändert geblieben. Der Kreis Fischhausen mit dem Sitz der Kreisverwaltung in Fischhausen hatte eine Landfläche von 1047,50 qkm. 1933 hatte dieser Kreis 65 000 Einwohner. 1939 erfolgte die Zusammenlegung mit dem Landkreis Königsberg zum Landkreis Samland, mit dem Sitz der Kreisverwaltung im bisherigen Landratsamt Königsberg in der Königstraße.

Kreis Königsberg s. Landkreis Königsberg.

Kreis Samland. Durch die wiederholten Eingemeindungen zum Stadtgebiet Königsberg wurde der Landkreis Königsberg nicht mehr lebensfähig. So kam es 1939 zur Zusammenlegung der Landkreise Fischhausen und Königsberg zum Kreis Samland mit dem Sitz des Landrats und der Kreisverwaltung in Königsberg, Königstraße 56. — Durch die Zusammenlegung hatte der Kreis Samland eine Landfläche von 1922,9 qkm und eine Wasserfläche von 727,5 qkm, somit entfielen 73 Prozent auf die Landfläche. Der Samlandkreis war damit zum viertgrößten Kreis in Preußen geworden.

Kreisler-Straße von der Französ. Straße zum Burgkirchenplatz. Die Benennung der Straße erfolgte 1922 anläßlich des 100. Todestages E. T. A. Hoffmanns nach der Hauptfigur des „Kater Murr“.

Krematorium im Gemeindefriedhof Cran
zer Allee 78. Nach den Plänen des Stadt
baurats Glage wurde von der Stadt 191
ein Krematorium errichtet und um diese
herum ein großer Kommunalfriedhof an
gelegt, aber erst 1918 vollendet. 192
wurde die große Kuppel mit den Freske
durch die Munitionsexplosion in Rothen
stein zerstört. Wiederaufbau des Gebäu
des mit Glasfenstermalereien von Ewel
Im Friedhof stand das Grabmal für die be
der Explosion umgekommenen Muni
tionsarbeiter; von den Professoren Caue
und Lahrs gemeinsam errichtet.

Kreuz-Apotheke seit 1888, langjähriger Be
sitzer Adolf Petrenz, Königstraße 73.

Kreuzburg südl. von Königsberg. Hie
wurde um 1240 die Preußenfeste vom Dt
Orden erobert und ab 1270 als Burg i
Stein ausgebaut; als Steinbruch benutzt
war die Burg 1580 fast ganz abgetragen
Zu der 1315 gegründeten Stadt gehört
eine Wassermühle. K. brannte 1818 fas
ganz nieder, danach gewann eine Zwirn
fabrikation große Bedeutung. 1930 hatt
K. 1853 Einwohner.

Kreuzer Königsberg, dt. Kleiner Kreuze
von 3400 t Größe, kämpfte 1914 unte
Freg. Kapt. Loof auf der Ostafrikanische
Station und band ein britisches Geschwa
der von 35 Schiffen, vernichtete im Sept
1914 im Hafen von Sansibar den briti
schen Kreuzer „Pegasus“, wurde im Rufi
jidelta blockiert und am 15. 7. 1915 ver
senkt. Die Besatzung nahm mit den aus
gebauten Geschützen an den Landkämp
fen unter von Lettow-Vorbeck teil. De
Ersatzbau „K“, 5300 t von 1916 nahm an
Kreuzergefecht an der norwegische
Küste 17. 11. 1917 teil und wurde 1919 al
„Metz“ in die französische Marine einge
stellt. Ein Neubau wurde mit 6650 t 192
eingestellt. Wurde während des Nor
wegen-Unternehmens am 10. 4. 1940 in
Hafen von Bergen versenkt.

Kreuzkirche auf der Lomse an der Planta
ge, der zweitürmige Bau wurde 1933 vo
Arthur Kickton errichtet. Geistlicher wa
der Konsistorialrat Johannes Wien.

reuz-Straße parallel zum Steindamm, vom Oberrollberg zur Nikolai-Straße.

reytzen, Andreas von, * Domnau 1579, † Kbg. 1641. Landhofmeister. Nach dem Studium wurde K. 1606 Landrat, dann Hauptmann zu Angerburg. Zunächst Obermarschall wurde K. 1628 Landhofmeister. — Große Fürsorge ließ er der Albertina angedeihen.

reytzenscher Platz, mit der neuen Altstädtischen Kirche gegenüber der Hauptpost, benannt nach dem Kanzler Georg Friedr. v. Kreytzen. Die Familie v. Kreytzen hatte in dieser Gegend umfangreichen Grundbesitz.

rieger, Ferdinand, * Goldap 1858, † Kbg. 1919. Tiefbau-Ingenieur. Dr. K. wurde 1888 als Regierungsbaumeister bei der Königsberger Bauverwaltung angestellt. Ihm unterstand die Bauausführung der samländischen Stauteichanlagen und des E-Werks im Mühlengrund, dessen Direktor er wurde. K. baute die erste elektrische Straßenbahn in Königsberg, als noch im ganzen Reich Pferdebahnen fuhren. 1894 übernahm er auch die Wasserwerke, für die er Filter, Kläranlagen und neue Pumpen schuf. 1900 erbaute er die neue Gasanstalt in Kosse, 1907 ebenda das neue E-Werk. K. war 1898—1905 freisinniger Abgeordneter in Königsberg im Landtag.

rieger-Straße, Tannenwalde, 1941 benannt nach dem Direktor Dr. Ferd. Krieger.

riegskammer. Diese Behörde, zeitweilig auch als Kriegskommissariat bezeichnet, stand als Organ der eigentlichen königlichen Verwaltung neben den Resten der ständischen Regierung und war u. a. mit dem Einzug der Steuern beauftragt. Sie wurde unter Friedr. Wilhelm I. durch die Domänenkammer ergänzt und dann mit dieser zur Kriegs- und Domänenkammer vereinigt. 1724 wurde eine zweite Kammer in Gumbinnen für das von der Pest verwüstete sogenannte „Preußisch-Litauen“ geschaffen, den späteren Regierungsbezirk Gumbinnen.

Krohne, Tehodor Ludwig Clemens, * Dankelshausen 1846, † Kbg. 1925. Kommunalpolitiker. K. nahm nach kaufmännischer Lehre am Krieg 1870/71 teil. K. heiratete Anna W. Schimmeyer und übernahm die Fa. Schimmeyer, Garn- und Kurzwaren. Er wurde bereits 1878 Stadtverordneter, 1889 Stadtrat und von 1898 bis 1913 Stadtverordnetenvorsteher. Sein Name ist mit der Aufwärtsentwicklung Königsbergs eng verknüpft: Eingemeindungen, Entfestigung, Stadthallenbau, Schloßteichuferwege usw. K. war auch der Retter des Juditter Stadtwäldchens. Die Stadt ernannte ihn zum Ehrenbürger, der König zeichnete ihn durch den Titel Geh. Reg. Rat aus, bei Kaufleuten ein vereinzelter Fall. Im Nachruf der Stadt hieß es: „Seine schöpferischen Leistungen, edler Gemeinsinn, ritterlicher Herzensgüte, unbestechliche Menschenliebe wird in der Geschichte der Stadt nimmer vergessen.“

Kroll, Erwin, * Pr. Eylau 1886, † Berlin 1976. Nach dem Abitur am Wilhelmsgymnasium Studium der Philologie, Kunstgeschichte und Musik bei Fiebach. Nach Promotion und Staatsexamen Studienrat am Friedrichskolleg. Als Oberleutnant aus dem Ersten Weltkrieg zurück Musikstudium in München. K. ging 1925 als Musikkritiker an die renommierte Hartungsche Zeitung. 1933 siedelte er nach Berlin über und war dort als Musikreferent für Berliner Zeitungen tätig. Nach dem Zweiten Weltkrieg wirkte er bis 1953 als musikalischer Leiter beim NWDR in Berlin. K. wirkte in Berlin weiter als Musikkritiker und Schriftsteller u. a. für das Ostpreußenblatt. 1960 wurde ihm der ostpreußische Kulturpreis verliehen. Seine kompositorischen Werke beziehen vielfach ihre Motive aus ostpreußischem Volkstum.

Krollmann, Christian, * Bremen 1866, † Kbg. 1944. Philologiestudium in Marburg, München und Halle. Nach der Promotion lebte er seit 1890 in Bremen und Berlin, daneben studierte er Geschichte. 1902 Archivar des Fürsten Dohna in

Schlobitten; er fand in der Beschäftigung mit der Geschichte Ostpreußens den Sinn seines Lebens. 1917 wurde er in Königsberg Stadtbibliothekar und übernahm 1924 die Leitung der Stadtbibliothek und des Stadtarchivs bis zu seiner Pensionierung 1934. K. war 1926 Mitbegründer der Historischen Kommission für ost- und westpreußische Landesforschung. Von Krollmanns Publikationen seien erwähnt: Ostpr. Burgen und sein größtes wissenschaftliches Unternehmen die Altpr. Biographie, deren Drucklegung er noch bis „P" erlebt hat; dieses Werk wird von 1961 an fortgesetzt.

Krönchen-Straße, von der Löben. Oberberggasse zur Landhofmeisterstraße.

Kronen-Apotheke A. Eichert, Bes. R. Schwennicke, Vorderroßgarten 33.

Kronprinzen-Straße in Amalienau, von der Lawsker Allee zum Hammerweg.

Kronprinzer. Die Angehörigen des Grenadier Regiments 1. Ostpr. Nr. 1 nannte man die Kronprinzer.

Kronprinz-Kaserne. Die Defensionskaserne Herzogsacker hatte bis 1919 im Volksmund diesen Namen.

Krueger, Arthur, * Kbg. 1846, † Kbg. 1914. Jurist. K. studierte an der Albertina, machte den Krieg 1870/71 mit, wurde Direktionsmitglied bei der Ostpreußischen Südbahn AG, deren Direktor er 1895 wurde. Als sie 1903 von der preußischen Staatsbahn aufgekauft wurde, wurde Krueger Präsident der 1895 gegründeten Eisenbahndirektion. Sein Verdienst ist der Umbau der Königsberger Bahnanlagen. K. war Kunst- und Theaterfreund.

Krueger-Straße, zum Hauptbahnhof, benannt 1925 nach dem Direktionspräsidenten Arth. Krueger.

Krüge. Im mittelalterlichen und herzoglichen Königsberg gab es in den Vorstädten zahlreiche Krüge mit meist poetischen Namen, wie Grafenkrug, Adebarskrug, Bärenkrug, Schwanenkrug, Katerkrug, Roter, Blauer und Grüner Krug. In de Stadt lagen die besseren Gasthöfe. De Blaue Krug zwischen Schweinegraben un Roßgärter Tor, an der Heerstraße Berlin—Königsberg—Kurische Nehrung — Petersburg liegend, war viel besucht. — De Gelbe Krug stand da, wo der reiche Bankier Adler, der Urgroßvater von Agne Miegel, sein Landhaus Carlsruhe erbaute also links vom Hufenfreigraben oberhal der Brücke der Hufenallee. Später entstand hier der „Drachenfels" ein beliebte Schwooflokal". — Der Freudenkrug in Nassen Garten erwarb Kriegsruhm; e wurde am 14. 6. 1807 hart umkämpft. — Der Krug „Legan" mit seiner freundlichen Aufforderung, halt zu machen, wir 1804 erwähnt. Er lag am Knick der Alte Pillauer Landstraße neben dem 1901 abgebrochenen Chausseehaus. Einen ähnlich einladenden Namen trug der Kru „Sprechan". Er entstand erst Ende de 50er Jahre des 19. Jh. auf der westl. Seit der Fuchsberger Allee, dicht hinter den späteren Samlandbahnhof; beliebtes Tanzlokal, das um 1910 abgebrochen wurde.

Krüger. Der „Krüger" ist der Besitzer eine Kruges oder Gasthauses; Schwankwirt.

Krug-Straße, ein sehr alter Name, der sic von einem Krug herleitet, der hier einst stand, nicht von Prof. Traugott Wilh Krug, 1805 bis 1809 Kants Nachf. auf seinem Lehrstuhl. Mit der Kruggerechtigkeit des an der Mündung in die III. Fließstraße gelegenen Kruges war das Richteramt im Tragheim verbunden; der Krugwirt-Dorfrichter hieß Erbschulze. Erst i der Mitte des 17. Jh. löste ein ordentliche Richter den Schulzen ab.

Krumme Grube s. Münchenhof-Straße.

Krupsch, der Küfer, der im Blutgericht be diente, trug eine Kleidung, die „Krupsch" dazu gehörte eine schwarze Lederschürze

Kruschke die wilde Birne, Holzbirne ge nannt.

Krutein, Gebr., Möbelgeschäft, Altstädt Bergstraße 4a.

Kuckuck, Otto Walter, * Berlin 1871, † nach 1942. Architekt. K. studierte an der TH Berlin-Charlottenburg und war dort acht Jahre Assistent. 1904 ging er als Lehrer an die Baugewerkschule in Königsberg und eröffnete dort 1909 ein eigenes Architekturbüro. Außer vielen Villen und Wohnhäusern errichtete er das Neue Schauspielhaus in der Passage, das Luisentheater auf den Hufen, die Kant-Apotheke und das Warmbad in Rauschen, das den Zweiten Weltkrieg überlebte und 1968 auf einer sowjetrussischen Briefmarke abgebildet wurde. — K. gab die Zeitschrift „Neue Kunst in Altpreußen" heraus, von der von 1911—1913 sechs Hefte erschienen waren.

Kuczewski, Otto, * Lyck 1886, † Kbg. 1942. Werftbesitzer. Nach dem Studium der Schiffsbautechnik arbeitete K. als Assistent von Prof. Flötinger bei der Stettiner Vulkanwerft, dann als Betriebsleiter bei der Fa. Wenz, Baggerbau, in Spandau und danach bei einer kleinen Werft am Königsberger Viehmarkt. 1920 entstand aus kleinsten Anfängen seine Reparaturwerft in der Nettelbeck-Straße, die sich zügig ausdehnte, bis sie auf beiden Seiten des toten Pregelarmes etabliert war. Es entstanden Slipanlagen für die Reparatur von Frachtern und Spezialschiffen mittlerer Größe. Unter den Neubauten befanden sich Fähren, Lotsenversetzboote und Passagierschiffe für die Masurischen Seen. 1942 starb K. an den Folgen einer Operation, und sein Sohn führte diese bedeutende Schiffswerft bis zur Demontage durch die Sowjets.

Kuddelmuddel ist das Durcheinander.

Kudnig, Fritz, * Kbg. 1888, † Heide/Hst. 1979. Dichter. K. besuchte das Gymnasium in Braunsberg und kämpfte im Ersten Weltkrieg an vielen Fronten. Als Justizbeamter in Königsberg hatte er die ersten dichterischen Erfolge, und bereits in den dreißiger Jahren war er ein bekannter ostpr. Heimatdichter. Seine Bücher „Land der tausend Seen" und „Das Wunder am Meer" erzielten hohe Auflagen. In Holstein schrieb er „Flucht und Einkehr", diese Dichtung wurde seine größte Leistung. Weitere Veröffentlichungen waren die Gedichtbände „Durch Leid und Licht" und „Das Lied der Kurischen Nehrung".

Kühn, Karl Herbert, * Kbg. 1895, † Stadtoldendorf 1968. Journalist. K. studierte Philosophie an der Albertina. Im August 1914 wurde er nach einem Reitunfall dienstuntauglich. K. wurde Schriftleiter der zwei Wochenblätter des Ostdeutschen Heimatdienstes, dann freier Schriftleiter und Theaterrezensent, 1923 Feuilletonleiter des Königsberger Tageblattes. 1945, nach kurzer Gefangenschaft lebte K. in Hamburg, seit 1948 in Stadtoldendorf. Seit der Begründung des Ostpreußenblattes war K. dessen Mitarbeiter. Seine anschaulichen Stadtteilschilderungen sind unvergessen.

Kühns Konservatorium s. Königsberger Konservatorium.

Kulmer Straße am Hauptbahnhof, vom Reichsplatz zur Dirschauer Straße.

Kumbartzky, Herta, * Kbg. 1904. Tiermalerin. Sie studierte 1925 an den Staatsschulen für freie und angewandte Kunst bei den Professoren Mickelait, Tank und Wehlte. Die talentierte Tiermalerin, bei deren Darstellungen der Elch nicht fehlte, beteiligte sich an mehreren Ausstellungen in West-Berlin, wo sie lebt.

Kumehnen, nordwestl. vom Galtgarben war ein Kirchdorf.

Kummerau nördl. von Devau, dieses Dorf wurde 1927 eingemeindet.

Kummerauer Straße, von der Devauer Straße zur Ringchaussee.

Kumst, wird allgemein der Kohl bezeichnet.

Kunckel, Paul, * Gr. Maraunen/Allenstein 1843, † Kbg. 1925. Bürgermeister. Nach dem Studium der Rechte in Königsberg wurde K. Kreisrichter in Pr. Holland und in Mohrungen, dann trat er 1882 in den Dienst der Stadt Königsberg als hauptamtlicher Stadtrat. Von 1901 bis 1913 war er Bürgermeister und nahm an dem Aufschwung unter Körte und Krohne erheblichen Anteil. Als er nach 30jähriger Tätigkeit in den Ruhestand trat, verlieh ihm die Stadt die Würde eines Ehrenbürgers, und er erhielt 1915 den Titel Geh. Regierungsrat. K. starb durch einen Verkehrsunfall.

Kunckel-Straße, bis 1933 Simson-Straße.

Kunstakademie, Ratshof. 1841 gegründet durch Oberpräsid. Theodor v. Schön und Prof. E. August Hagen, 1845 im Hause der Kunstschule, Königstr. 57, mit 3 Schülern eröffnet. Erster Direktor war der Historienmaler L. Rosenfelder, ihm folgte 1880 der Tier- und Porträtmaler Karl Steffeck, 1891 der Landschaftsmaler Max Schmidt, 1901 Ludwig Dettmann bis 1919. Dieser berief neue Lehrkräfte: Karl Storch, Stanislaus Cauer, Heinrich Wolff, Friedrich Lahrs, Karl Albrecht u. a. Der Maler Prof. Heydeck, der die Ausgrabung der Gebeine Kants geleitet hatte starb 1910. Bereits 1913 wurde der Bau der neuen Kunstakademie nach Plänen von Prof. Friedrich Lahrs begonnen; 1916 erfolgte der Umzug. Erst 1919 wurde die Ratshöfer Akademie vollendet. Zuletzt wirkten an ihr Direktor Dr. Nollau, die Maler Burmann und Partikel, der Architekt Kurt Frick, der Bildhauer Wissel, für szenische Kunst Dr. Löffler. 8 Lehrer, 40 bis 50 Studenten.*

Kunsthalle am Wrangelturm. Der Leiter der Ausstellungen des Kunstvereins e.V., der Maler Eduard Andersen, gab die Anregung, eine eigene Kunstausstellungshalle zu bauen. Es wurden 80000 Mark gesammelt, je 5000 Mark spendeten Konsul Minkowski, Kommerz. Rat F. Heumann und Hofphotograph Gottheil, den Rest gab die Stadt. Die Halle wurde von Prof. Friedr. Lahrs gebaut und 1913 mit einer von Prof. Bezzenberger erarbeiteten Gedächtnisausstellung der Erhebungszeit von 1813 eröffnet. Während des Kriege[s] war die Kunsthalle von der Feldpost ge[-]mietet; Kunstausstellungen wieder in de[r] Börse. 1924 vom Kunstverein, Vor[s.] Landeshptm. Dr. Blunck, der Stadt z[u] Ausstellungszwecken übergeben. – Heute russische Schule.*

Kunstsammlung der Stadt Königsber[g] im Südflügel des Schlosses. Um 181[0] kamen Bilder des Malers Hackert nac[h] Königsberg, um Napoleon zu entgehen. Ihre Ausstellung veranlaßte Stadtrat H[.] Degen, Prof. E. A. Hagen, Assesso[r] Schnaase und Kaufm. Friedmann, 183[2] eine Kunstausstellung privater Gemäld[e] im Oberbürgermeisterhaus Ecke Altst[.] Markt und Hökerstraße zu organisieren. Der große Erfolg ließ diese Männer i[m] Mai desselben Jahres einen Kunstverei[n] gründen und eine Gemäldegalerie planen, zu der sie das Bild „Riesengebirgslandschaft“ von Caspar David Friedrich ankauften. Degen schenkte das Bild „Reitergefecht“, Th. Gottlieb von Hippel d. J. 1837 51 Gemälde seines Onkels, un[d] Oberpräsident v. Schön führte der junge[n] Galerie ital. Werke der Renaissance au[s] preuß. Staatsbesitz zu. 1838 vermacht[e] die Gattin des Geh. Finanzrates Joh. Minuth, Marianne, geb. Toussaint, der Galerie 45 Bilder. 1845 erhielten sie ein Heim in der Kunst- und Gewerkschule. Ed. Anderson regte die Überführung der Gemäldegalerie mit damals 297 Bildern ins Schloß an. Dabei wurde er von OBM Lohmeyer unterstützt. 1921 wurde ein Teil der Gemälde im sogen. Krönungsgang gezeigt und 1924 die ganze Galerie der Stadt übergeben. 1927 wurde der Hamburger Dr. Alfred Rohde Direktor der Galerie, weil Anderson Direktor des von ihm geschaffenen Stadtgeschichtlichen Museums geworden war. Unter den reichen Gemäldeschätzen befanden sich u. a.: Aus der Kirche des ehemal. Löben. Hospitals eine Madonna mit Buchfink von 1300, ein Altar von 1515, die Gemälde des Dürerschülers Crispin Herrant, die den Hofastrologen Herzog Albrechts

Mag. Carion als 17jähriger Jüngling und als 35jähriger Mann darstellen, von Franz Hals „Der Raucher und sein Mädchen", von Michael Willmann „Heilige Barbara", von Luise Neumann Porträt E. A. Hagen, von Carl Glum Porträt Stadtrat Degen, von Joh. Ed. Wolff Porträts Med. Rat Kessel und Karl Friedr. Zelter, von L. Rosenfelder „Übergabe der Marienburg". Von Fritz v. Uhde „Mädchen im Hausgarten", von Max Liebermann „Mann in den Dünen", von Ludwig Dettmann „Wäscherinnen am Gardasee" und „Verlorener Sohn", von E. Anderson „Alte Holzbrücke in Königsberg", von Corinth „Schlächterladen", „Harem", „Luther", „Der Kuß" und 12 andere Gemälde und von Carl Bublitz ein Bildnis Corinths. Unter den kunstgewerblichen Schätzen im 1. Stock befand sich der Silberschild des Hölkenwinkels, der Sund, das Symbol der im Altst. Junkerhof zusammenkommenden Gildeschiffer, der Reeder. Das waren die vornehmsten „Junker", von deren gr. Silberschatz nur der Sund u. einige Trinkhörner erhalten blieben.

Kunst- und Gewerkschule, zuletzt „Meisterschule des dt. Handwerks", Königstr. 57. Hier stand einst der Kleine Jägerhof. Der König stellte ihn 1838 durch Kabinettsorder „Kunst- und Zeichenschule" zur Verfügung, die, auf Betreiben des Stadtpräs. v. Hippel 1790 gegründet, vom Schloß hierher verlegt wurde. Auch die 1841 gegründete Kunstakademie wurde 1845 im Neubau der Kunstschule eröffnet. Oben an der Front des Hauses prangte in goldenen Lettern die von Schön stammende Widmung: „Artium operibus condendis, arteficibus constituendis." In diesem Hause wurde bereits 1842 die Gemäldegalerie eröffnet und verblieb hier z. T. bis 1924. Die Kunstakademie zog 1916 nach Ratshof um, so daß das Haus nun der Kunst- und Gewerkschule allein gehörte. An ihr lehrten zahlreiche Professoren für Malerei, Bildhauerei, Graphik u. a. Vor ihr stand von 1843—1943 der Schönobelisk.*

Kunstverein, e.V. Prof. Ernst Aug. Hagen gründete 1832 den Kunst- und Gewerbeverein. Er hatte bereits 1838 über 1000 Mitglieder. Später nannte er sich nur noch Kunstverein. — U. a. hat der Verein 1913 die Kunsthalle am Wrangelturm erbaut. Letzter Vorsitzender war OB Dr. Helmuth Will.

Kunzener Weg am Oberteich, von dem Schwarzorter Weg zur Sarkauer Straße.

Kupferteich. Vor dem Sackheimer Tor lag der Kupferteich zum Pregel hin. Eine künstliche Stauanlage, die ihren Namen von dem einst hier gelegenen Ober- und Unterkupferhammer erhalten hat. Solche Hämmer zur Metallbearbeitung unter Anwendung der Wasserkraft waren vor Erfindung der Dampfmaschine vielfach im Brauch. Der Teich wurde in den Befestigungsring des v. Jh. einbezogen. 1925 wurde hier ein Schwimmbad angelegt.

Kuplitzer Straße vom Hinterroßgarten zur Altroßg. Predigerstraße.

Kupsten sind kleine wandernde Hügel außerhalb der Wanderdünen.

Kürbislaube. Auch Kürbishütte. In dieser Laube Heinrich Alberts kam die von dem Rat Robert Roberthin 1636 gegründete „Gesellschaft der Sterblichkeit Beflissner" an schönen Sommerabenden zu Gesprächen, Gesang und Becherklang zusammen. Es war nicht nur ein Freundes- sondern auch ein Dichterkreis, eine Kulturstätte im vom Dreißigj. Krieg verschonten Königsberg. Man pflegte besonders das geistliche Lied, wie es der Zeitgeist mit seiner tiefen Frömmigkeit gebot. Mitglieder waren u. a.: Domorganist H. Albert, Prof. Simon Dach, Hofkapallmeister Joh. Stobäus, Kirchenliederdichter G. Werner, Kurfürstl. Rat M. Adersbach, Mathematiker Christ. Rose, Prof. Tinctorius, Elbinger Ratsherr G. Zamelius. 10 bis 12 Männer trafen sich regelmäßig hier in Alberts Garten, einer Schwedenschanze am Pregel an der Mündung des Lindengrabens. 1630 hatte der Rat des Kneiphofs die Schanze seinem

Organisten geschenkt, und Albert hatte in seinem Garten an der Laube Kürbisse gezüchtet, in deren Schale die Freunde ihre Schäfernamen eingruben. Hier besuchte Martin Opitz 1638 seinen Freund Simon Dach. 1641 wurde die Kürbishütte wegen Bebauung des Weidendamms enteignet.*

Kürenberg, Joachim von, eigtl. J. v. Reichel, * Kbg. 1892, † Meran 1954. Schriftsteller. K. emigrierte während des Dritten Reiches in die Schweiz. Er schrieb Dramen, aber vorwiegend biographische Romane: 1932 „Die graue Eminenz", 1935 „Krupp" u. a.

Kurenkahn. Das Fischerboot des Kurischen Haffs 10 bis 12 m lang, 3 m breit mit einem sehr stabilen Flachboden aus Eichenholz. Der Mast, dessen Höhe der Länge des Kahns entsprach, trug an der Spitze den farbigen Kurenwimpel; dieser zeigte oft die Silhouette des Heimatdorfes.

Kurenwimpel. Das waren eigenartige Kennzeichen der Fischerboote des Kurischen Haffs, von den Fischern an langen Winterabenden mit Kunstfertigkeit geschnitzt. An den Farben des Mittelschildes erkannte man die Herkunft des Bootes: Nehrung schwarz-weiß, Festlandküste rot-weiß, darüber kunstvoll, buntbemalte Schnitzerei.

Kurfürstendamm auf der Lomse. Der großzügig angelegte K. war der Anfang für eine östl. Umgehungsstraße vom Roßgärter Markt zum Friedländer Tor.

Kurische Nehrung, ein schmaler Landstreifen, der das Kurische Haff von der Ostsee trennt. Ihre Länge von Cranz bis zum Memeler Tief beträgt 97 km, während die Breite zwischen 0,5 und 4 km schwankt. Schon in der Ordenszeit kam es zu Abholzungen, aber erst durch Kahlschlag in der Schwedenzeit und Russenzeit kam es zur Dünenbildung. So ist die Nehrung besonders durch ihre gewaltigen Sanddünen bekannt, die 12 km von Cranz, bei Sarkau beginnen und sich fast ununterbrochen bis Memel hinziehen; ihre wechselnde Höhe beträgt oft 60—70 Meter. Sie stehen nie still, sondern wandern infolge der Westwinde stetig nach Osten weiter; Wälder und menschliche Siedlungen unter sich begrabend. Erst um 1900 ist es gelungen, die Dünen festzulegen, und so weitere Ortschaften vor dem Untergang zu retten. Diese ostpreußische Wüste wurde gern von Ornithologen und Altertumsforschern besucht. Wilhelm von Humboldt hat zu Recht verkündet: „Die Kurische Nehrung ist so merkwürdig, daß man sie eigentlich ebensogut wie Spanien und Italien gesehen haben muß, wenn einem nicht ein wunderbares Bildnis der Seele fehlen soll." Die größeren Ortschaften waren Rossitten, Nidden und Schwarzort.

Kurisches Haff, das größte der Haffe, es reicht von Cranz und Labiau bis Memel, ist 98 km lang und im Süden 45 km breit. Seine Größe beträgt 1620 qkm, seine Tiefe höchstens 10 m. Der Pregelarm Deime mündet bei Labiau ins Haff. Die einzige Verbindung mit der Ostsee ist das im Norden gelegene Memeler Tief. Bedeutende Fischerei: Barsche, Plötze, Flundern, Aale und Stinte. Typisch für das Haff waren die Kurenkähne mit ihren bunten Wimpeln. Von Cranzbeek nach Memel bestand eine Schiffsverbindung mit der weißen Flotte „Cranz", „Memel" und „Rossitten".

Kurischer Weg, zwischen Oberteich und der Cranzer Allee.

Kurschat, Friedrich, * Noragehlen/Ostpr. 1806, † Cranz 1884. Ev. Theologe. Zunächst als Volksschullehrer tätig, bezog K. 1836 die Albertina. Von Prof. Rhesa gefördert, erhielt K. 1841 die Leitung des litauischen Seminars und wurde Lektor des Litauischen an der Albertina. 1844 litauischer Militärprediger, 1871 a. o. Professor, 1875 Dr. phil. h. c. — K. war der geistliche Vater der evangelischen Litauer und bildete ihre Prediger aus. Er verbesserte die 1853 erschienene litauische Bibel; auch hatte er sich um die Syntax des Litauischen bedeutende Verdienste erworben.

Kur-Straße in Amalienau, von der Kronprinzen-Straße zum Luisen-Platz.

Kusseln sind dürftige Kiefern, z. B. auf der Nehrung; auch Kuseln.

Kutschke, Cornelius, * Dramburg/Pomm. 1877, † Königsdorf/Obb. 1968. Bauingenieur. Nach seiner Ausbildung war K. 3 Jahre Leiter der Vorarbeiten für die Bahnstrecke Windhuk-Kapstadt in Deutsch Südwest-Afrika, dann Baurat in Berlin. 1915 wurde K. Stadtbaurat und Leiter des Tiefbauamts in Königsberg. Hier löste K. die schwierige Aufgabe des Hafenausbaus, so daß ihm die TH Danzig die Würde eines Dr. Ing. h. c. verlieh. 1930 erschien sein Buch „Königsberg als Hafenstadt". 1933 inhaftiert, schied K. 1934 aus dem Staatsdienst. Er verbrachte sein weiteres Leben auf seinem Hof in Königsdorf/Obb.

Kuttelfleck, das sind zerschnittene Gedärme und Magen zum Essen, schon 1312 erwähnt. Die Kuttelflecksuppe ist auch in Prag gang und gäbe, nicht nur in Ostpreußen. S. auch Königsberger Fleck.

Kypkeanum. 1778 stiftete Prof. Kypke testamentarisch 10000 Taler zum freien Wohnen für 13 Studierende. Das Kypkeanum befand sich zunächst Hinterlomse 16, später Tragheimer Pulverstraße 60.

Kypke, Georg David, * Neukirchen/Pomm. 1723, † Kbg. 1779. Philologe. Nach dem Studium an der Albertina und in Halle wurde K. 1744 Magister. 1746 wurde K. Professor der orientalischen Sprachen an der Albertina und führte die Aufsicht über die Synagoge. — Er stiftete das Kypkeanum, das 1797 Hinterlomse 16 errichtet wurde.

L

Laak, Unterlaak westl. Verlängerung der Altstädt. Langgasse bis zur Lizentgrabenstr., Oberlaak von da bis zu dem Deutschordenring. Am Anfang die Markthalle, 1911—1934, daneben die Hauptfeuerwache.

Laak-Apotheke, seit 1884, Inh. Kurt Prill, Oberlaak 21.

Laakspeicherquerstraßen, deren drei von der Laak zur Lastadie.

Labiau, fast an der Mündung der Deime ins Kurische Haff, 1258 erstmals erwähnt. Damals wurde eine Ordensburg gebaut, die seit 1289 der Komturei Ragnit unterstellt war. Labiau diente als Nachschubort für die Litauerkämpfe und wurde schon im 13. Jh. als Lischke — eine Siedlung mit vorübergehenden Märkten — bezeichnet. Die Bedeutung des Ordens erhöhte sich durch den Ausbau der Deime als Schiffahrtsweg um 1400. — 1525 wurde Labiau ein Hauptamt, 1642 erhielt Labiau das Stadtrecht. — Im Vertrag von Labiau sicherte Schweden 1656 Brandenburg die volle Souveränität über Preußen zu. 1679—1689 wurden der Gr. und Kl. Friedrichsgraben ausgebaut, um den schwierigen Weg übers Haff zu vermeiden. 1939 hatte die Kreisstadt Labiau 6500 Einwohner und u. a. eine Höhere und eine Schifferschule.

Labiauer Bahn. Die von Königsberg ausgehende staatl. Eisenbahnstrecke nach Labiau und Tilsit nannten die Königsberger kurz Labiauer Bahn. Seit dem 15. 5. 1889 ging diese Strecke für den Personenverkehr von zwei nicht überdachten Bahnsteigen westl. der Halle des Ostbahnhofs aus. Auf der seit 1868 vom preuß. Staat gebauten Eisenbahnbrücke, die bisher nur der privaten Südbahn gedient hatte, überquerten die Züge den Pregel, benutzten den privaten Lizentbahnhof und das Festungstor der Südbahnstrecke nach Pillau, stiegen in einer weit nach Westen ausholenden Kurve auf das etwa 2 m höhere Gelände der Hufen und kamen durch die Haltestellen Mittel- und Vorderhufen sowie Tragheimer Palve nach Rothenstein. Dort kreuzten sie die Gleise der Cranzer Bahn. — Die neue Strecke Hauptbahnhof—Holländerbaum—Nordbahnhof—Rothenstein ersetzte nach 1929 die alte um die Hufen herumführende Labiauer Bahnstrecke.

Labiauer Straße, vom Königstor nach Kalthof und Devau. Sie hieß bis in die 20er Jahre Königs-Allee.

Lackner, Matthias, * Nassawen/Ostpreußen 1835, † Königsberg 1926. Ev. Theologie. Nach Studium und Ausbildung war L. von 1865—1915 Pfarrer an der Altstädt. Kirche. Nebenbei war er Lektor für Litauisch an der Albertina. 1890 wurde L. Superintendent später Konsistorialrat, endlich Geh. Kons.-Rat. Seinem Eifer ist der Bau der Königin Luise-Kirche zu verdanken.

„Ladol", Öffentlich-rechtliche Lebensvers.-Anstalt, Landhofmeister Straße 5/6.

Lahrs, Friedrich, * Kbg. 1880, † Stuttgart 1964. Architekt. Nach dem Studium arbeitete L. bis 1908 in Berlin. Von Dettmann an die Königsberger Akademie berufen, wurde er 1911 Professor. L. baute 1913 die Kunsthalle am Wrangelturm und u. a. 1913—1919 die Kunstakademie in Ratshof. 1924 schuf L. das Kant-Grabmal. L. baute auch in der Provinz. — 1926 leitete L. die Ausgrabungen der Fundamente des alten Hochschlosses im Schloßhof. Bis 1934 blieb er an der Kunstakademie. 1956 erschien sein Buch „Das Königsberger Schloß". Schon 1906 hatte L. den Schinkel-Preis erhalten.

Landesarbeitsamt Ostpreußen, gegr. 1920, Beethoven-Straße 17/19.

Landesbank der Provinz Ostpreußen, 1919 gegründet. Später wurde die Ostpr. Stadtschaft angegliedert. Hauptstelle im Landeshaus, seit 1931 in dem großen Bankgebäude Kneiph. Langgasse 1, das vorher die Deutsche Bank beherbergt hatte. Geschäftsstellen im Landeshaus und Steindamm 132. — Langj. Generaldirektor Dr. Ewald Huck.

Landesfinanzamt, Alte Pillauer Landstr., 1928 erbaut von Prof. Fr. Lahrs; später Oberfinanzdirektion.

Landeshaus, seit 1878 Königsberg 18/31. Auf dem Park des Dönhoffschen Grundes errichtete Landesbaurat Krah einen dreistöckigen Bau mit breiten Mittelfenstern und je fünf Fenstern seitlich. Dreimal wurde eine Vergrößerung dieses Verwaltungsgebäudes notwendig. — 1875 wurde die Provinzialverwaltung geschaffen; leitender Beamter war der Landeshauptmann. Einzelheiten s. Provinzialverwaltung.

Landes-Kulturamt, Gr. Domplatz 1.

Landesversicherungsanstalt Ostpreußen im Landeshaus, Königstr. 28/31.

Land-, Forstwirtschaft und Fischerei. Der Landkreis Königsberg hatte eine landwirtschaftliche Nutzfläche von 83 944 ha = 77,7 % der Gesamtfläche, 10 768 ha Forsten = 10 %, Gewässer 1697 ha = 1,6 % und an sonstigen Flächen (Moore, Ödland etc.) 11 663 ha = 10,8 %. Die Jahresniederschlagsmenge belief sich auf 643 mm, das Mittel in Ostpreußen war 598 mm, gegenüber 740 mm in Nordwestdeutschland. Die Temperaturen lagen im Mittel zwischen -2,8° im Januar und +17,1° im Juli, wobei sie im Extremfall auf unter -40° sinken und über +33° steigen konnten. Der mittlere landwirtschaftliche Einheitswert lag im Kreis Königsberg bei 858 RM, in Ostpreußen betrug er 652 RM und im Deutschen Reich 1009 RM. Die landwirtschaftliche Nutzfläche lag mit 21,7 % in Betrieben unter 20 ha, 24,2 % lag in Größen zwischen 20 und 100 ha, 49,1 % waren in Gütern von

100—1000 ha und die Rittergüter über 1000 ha Größe besaßen 5 % der Flächen. Das Ackerland hatte einen Anteil von 57,9 %, das Dauergrünland einen solchen von 38,4 %. Trotz der Ungust der klimatischen Verhältnisse (52 Frosttage mehr pro Jahr als im Westen Deutschlands standen die Durchschnittserträge den Erträgen in Westdeutschland nicht viel nach, denn der größte Teil der Böden bestand aus günstigem Lehm- und Tonböden. Nördlich von Königsberg waren lehmige Sande und sandige Lehme zu finden.
Eine überragende Rolle spielten Tierhaltung und Tierzucht, bei denen der Reinertrag durch Klima und Marktferne nicht so stark beeinträchtigt wurde wie beim Ackerbau. Vor allem befanden sich Rindvieh- und Pferdezucht auf einem hohen Stand. Milchkühe, zu 99,4 % schwarzbuntes Niederungsvieh, je 100 ha landwirtschaftlicher Nutzfläche waren 30,1 Stück, im Deutschen Reich 35,5 Stück. Der Milchertrag je Kuh und Jahr lag bei 3735 l, im übrigen Deutschland bei 2492 l. 1938 gab es im Kreis Königsberg 49 831 Stück Rindvieh und 15 026 Pferde und Fohlen. Zucht und Haltung des Warmblutpferdes Trakehner Abstammung wurde in vielen großen und kleineren Betrieben vorgenommen. In der Landwirtschaft wurde mehr und mehr das Kaltblut- bzw. Mischblutpferd verwandt, weil die Warmblüter andere Einsatzmöglichkeiten, z. B. als Reitpferd fanden. Der Schweinebestand erreichte 87 % des Durchschnittsbestandes des Deutschen Reiches. Der Schafbestand war sehr niedrig, weil nur wenige ertragsarme Weiden vorhanden waren. Die Hühnerhaltung nahm im Kreis an Bedeutung zu, weil die Absatzmöglichkeiten verbessert wurden. Die Fischerei am Kurischen und Frischen Haff wurde in 14 Fischerorten betrieben und brachte hohe Fangergebnisse. Im Kurischen Haff wurden hauptsächlich Kaulbarsch, Stint, Barsch, Zander, Brassen, Aal, Hecht und Plötze gefangen; am Frischen Haff waren es Aal, Kaulbarsch, Brassen, Schlei und Karausche. Besonders bekannt waren die Keitelkähne mit ihren von den Fischern selbst geschnitzten Kurenwimpeln. Hoch- und Niederwild waren reich vertreten und erbrachten bei Treibjagden hohe Jagdausbeuten. Besonders markant und geschützt waren die Elche und Störche. In der Land-, Forst- und Fischereiwirtschaft waren im Kreis Königsberg 48,4 % der Erwerbspersonen beschäftigt, in der Provinz Ostpreußen 47,7 %. Von einem km^2 (100 ha) landwirtschaftlicher Nutzfläche lebten im Samland 79 Personen, in Ostpreußen 98, im Deutschen Reich 230 Personen. Es ist nicht im einzelnen belegt, wie hoch der Überschuß an Agrarerzeugnissen im Kreis Königsberg war, aber wie überall in der Provinz wurden Brotgetreide, Kartoffeln, Fleisch, Milch und Molkereiprodukte auf Märkten im Reich verkauft, so daß rund 2,2 Millionen auswärtige Verbraucher zusätzlich zu der eigenen Bevölkerung ernährt werden konnten.

Landfrauenschule Metgethen. Die Begründerin war die ostpreußische Landfrau, Elisabeth Böhm aus Lamgarben. Der Schulbetrieb wurde im April 1912 eröffnet. Sie erhielt den Namen „Kronprinzessin-Cäcilie-Schule“ und wurde 1913 von der Kronprinzessin erstmals besucht. Von den Direktorinnen seien genannt: Irene Freiin von Gayl bis 1919 und Marie Goetz 1926—45.

Landgraben. 1384 wurde der Landgraben zuerst urkundlich erwähnt. Aus der Ordenszeit stammt die Mühle Mühlfeld, die den Königsberger Mühlen oft das Wasser nahm. Der Landgraben von Wargen bis Königsberg ist 17,3 km lang. Weil das Gefälle nur gering ist, braucht das Wasser 3 Tage bis Hardershof. — Der nördlichste Beginn des Landgrabens liegt im Straßenteich von Elchdorf. Er speist den Pilzenteich, der in den Mühlfelder Teich mündet, dieser wiederum mit 4 Meter Gefälle in den Wargener Teich. Von da fließt der Landgraben durch den Trankwitzer- zum Philippsteich. Das dazwischenliegende Wäldchen, der Rest der „Großen Wilkie", der Wolfswald, wurde im 1. Weltkrieg abgeholzt. Dann fließt er zum Fürstenteich, seit 1894 von da unterirdisch zum Wasserwerk Hardershof. Bereits zu Herzog Albrechts Zeit waren die Bäche, die den 1884 von der Stadt angelegten Wiekauer Teich speisten, einer Mühle dienstbar. Das Wasser des Wiekauer Teichs wurde durch einen Kanal zum Mühlfelder Teich geleitet. 1907 wurde das Quanditter Fließ mehrfach nördlich der Samlandbahn gestaut, so daß auch dieser Stausee die Wasserversorgung Königsbergs sicherte.*

Landhofmeister-Straße, von der Königstr. zum Kathol. Kirchenplatz.

Landkasten. Diese Einrichtung war die Hauptkasse, die die Stände im Königsberger Dom aufbewahrten, um sie dem eventuellen Zugriff des Herzogs zu entziehen. Die herzogliche Kasse dagegen befand sich im Schloß.

Landkreis Fischhausen s. Kreis Fischhausen.

Landkreis Königsberg Pr. Er umfaßte ein Gebiet von 1155 km², davon 184 km² Wasserfläche, die vor allem aus dem Südteil des Kurischen Haffes von Cranzbeck bis Postnicken und einem kleineren Teil des Frischen Haffes bestand, der von Holstein an der Pregelmündung bis Heide-Waldburg reichte. Die Einwohnerzahl umfaßte 1939 42410 Personen, Wohndichte 62,5 Einwohner je km². Die Wirtschafts- und Bevölkerungsstruktur war durch die Nähe der Provinzhauptstadt geprägt. Hier war auch der Sitz der Kreisverwaltung. Neuhausen mit 3181 Einwohner war der größte Ort und Kalkeim im Kirchspiel Heiligenwalde mit 64 Einwohnern, in den 125 Landgemeinden mit 371 eigennamigen Ortschaften, Gutshöfen, Vorwerken und Abbauten, der kleinste Ort
Die Zahl der Gemeinden und Ortschaf
ten wurden durch die 1905 bis 1910
1927—1929, 1933 und 1939 erfolgte
Eingemeindungen nach Königsberg ver
ringert.
Durch die letzte Eingemeindung war de
Landkreis Königsberg nicht mehr le
bensfähig, weil er steuerkräftige Indu
striebetriebe verlor. Er wurde darun
mit dem Kreis Fischhausen zum Krei
Samland zusammengelegt. Dieser Krei
hatte 1922,92 km² Landfläche un
727,5 km² Wasserfläche. Der Samland
kreis war damit seiner Landfläche nac
zum viertgrößten Kreis in Preußen un
auch im Reichsgebiet geworden.
Das Wappen des Kreises stellt eine
Ordensritter zu Pferde dar. Es ist ein
Nachbildung des gleichen Wappens, da
der Komtur und Ordensmarschall vo
Königsberg in seinem Siegel gefüh
hatte.

Ca. 48,8 % der Bevölkerung waren i
der Land- und Forstwirtschaft beschäf
tigt. Die Ackererträge waren hoch
Tierhaltung und Tierzucht spielten ein
überragende Rolle.
Die Industrie im Landkreis Königsber
war nur im geringen Umfang vorhan
den. Textil- und eisen- bzw. stahlverar
beitende Industrie fehlte ganz. Mit de
Landwirtschaft zusammenhängende In
dustriebetriebe wie Ziegeleien, Getrei
demühlen, z. T. als Windmühlen, Sä
gewerke und Molkereien waren über da
Gebiet verstreut.
Das Handwerk arbeitete fast ausschließ
lich für die Landwirtschaft bzw. für di
in ihr Tätigen. Mit den in der Industri
beschäftigten Arbeitskräften waren e
20 % der Bevölkerung, 9 % waren Ange
stellte und Beamte und 7 % lebten vo
Handel und Verkehr. Die Bevölkerun
des Kreises gehörte zu 98 % dem evan
gelischen Glauben an. Die zwei Kir
chenkreise waren in 18 Kirchspiele ein
geteilt. Eine Reihe von Kirchen stamm
ten aus der Ordenszeit und hatten ein

reiche Innenausstattung. Die katholischen Glaubensbrüder gehörten zur Probstei Königsberg.

Im Jahre 1939 bestanden im Landkreis Königsberg 17 drei- und mehrklassige, 31 zweiklassige und 40 einklassige Volksschulen mit 153 Schulstellen. Die 7917 Schulkinder wurden in 166 Klassen unterrichtet und waren in verhältnismäßig gut ausgestatteten Schulgebäuden untergebracht. Ab 1925 wurden ländliche Berufsschulen zum Unterrichten der in der Landwirtschaft tätigen Jugend aufgebaut.

Das Vereinsleben war in den Dörfern unterschiedlich verbreitet. Es bestanden landwirtschaftliche Vereine, Freiwillige Feuerwehren, Kriegervereine und in größeren Orten Volksbüchereien. Auch karitative Verbände, so die Frauenvereine vom DRK waren tätig. Die ländlichen Hausfrauenvereine unterhielten Verkaufsstellen in Königsberg. Arnau, Neuhausen-Tiergarten und Haffstrom waren Nahausflugsziele der Königsberger.

Das Kreisgebiet wurde schon in vorgeschichtlicher Zeit besiedelt. Dies beweisen zahlreiche Ausgrabungen von Hügelgräbern, Steinwerkzeugen, Schmuckstücken und altpreußischen Burgen. Auch viele Ortnamen weisen auf die Prußenzeit hin.

Aus der Ordenszeit stammen einige Burgen und zur Zeit der Preußenkönige wurden viele Schlösser gebaut.

Nach dem 2. Weltkrieg beschlossen die Vertreter des Samlandkreises diesen wieder in die beiden alten Kreise aufzuteilen. So entstand die Heimatkreisgemeinschaft Königsberg-Land, für die am 9. 7. 1955 der Kreis Minden/Westfalen die Patenschaft übernahm. Seitdem erfolgen alle Heimatkreistreffen in Minden. Dort wurde auch am 22. 10. 1976 eine Heimatstube eingerichtet, die vom Leben und Wirken in der Heimat kündet. Die Zusammenarbeit mit dem Patenkreis ist in freundschaftlicher Verbundenheit erfolgreich und zukunftsträchtig.

Landräte gab es in Ostpreußen seit 1752. Sie waren Staatsbeamte und traten an die Stelle der früheren Amtshauptleute, die den Rest der ständischen Verwaltung gebildet hatten. Die Landräte wurden ohne Mitwirkung der Kreisbewohner ernannt.

Landratsamt Königsberg. Untergebracht war es im Kreishaus in Königsberg, Königsstraße 56. Es wurde etwa 1880 vom Kreis erworben, vorher befand sich der Sitz in Schaaken.

Das Kreishaus hatte eine Straßenfrontbreite von etwa 30 m. Es stand mit dem daneben liegenden Gebäude der Kreissparkasse, welches die gleiche Bauform aufwies, unter Denkmalschutz. Die im Innern zum oberen Stockwerk führende Eichenholztreppe hatte Altertumswert, weil die Seitenwände reiche Schnitzereien mit Jagdmotiven, Ranken und Blättern aufwiesen. Ursprünglich war dieses Gebäude von einer auf dem Lande wohnenden ostpreußischen Adelsfamilie etwa um 1700 als Stadt-Wohnsitz errichtet worden. Durch Ankauf von Gelände wurde ausreichend Platz für eine Erweiterung geschaffen. Nach dem 1. Weltkrieg nahmen die Aufgaben der Kreisverwaltung ständig zu. Es mußte eine Vermehrung des Personals und Erweiterung des Gebäudes erfolgen, so daß das gesamte Personal — staatliche und kommunale Abteilungen zusammengenommen — zu Beginn des 2. Weltkrieges fast 200 Bedienstete umfaßte.

Seit etwa 1900 bedeutende Landräte waren: Freiherr von Meerscheid-Hüllessem-Kuggen vor 1900, von Batocki-Bledau von 1900—1907, Graf von Brünneck-Bellschwitz etwa 1908 bis 1916, Freiherr von der Goltz von etwa 1917 — 1933 und letzter Landrat war Klaus von der Groeben von 1936—1939, danach Landrat des Samlandkreises bis 1945. Daneben haben bedeutende Männer als Kreisdeputierte, bzw. Kreisausschußmitglieder die Geschicke des Landkreises maßgeblich beeinflußt.

Landsberg, ein Städtchen südl. von Königsberg mitten im Stablack, das 1335 vom Balgaer Komtur Heinrich v. Muren gegründet wurde. Schon vor 1370 hatte L. eine Kirche und ein Hospital. Bei dem großen Brande von 1655 wurde fast die ganze Stadt zerstört; die Kirche konnte bald wiederaufgebaut werden. — 1812 durchzog die Große Armee die Stadt. Sie wurde 1819 dem Kr. Pr. Eylau zugeteilt. — In neuerer Zeit hatte L. eine Wollwarenfabrik. 1935 hatte die Stadt 3000 Einwohner.

Landsmannschaften in der Studentenschaft. Arminia, gegr. 1905, Farben schwarz-gold-rot, Heim 2. Fließstr. 3. Marko-Natangia, gegr. 1879, Farben grün-gold-grün, Haus Hermannallee 23. Prussia, gegr. 1909, Farben schwarz-weiß-schwarz, 1. Fließstr. 26/27.

Landtag s. Provinzial-Landtag.

Landwehr s. Königsberger u. Ostpreußische Landwehr.

Landwirtschaftskammer, Beethovenstr. 1896 gegründet. Präsident war Ad. v. Batocki-Bledau bis 1914, sein Nachf. Dr. Brandes.

Landwirtschaftsverband Ostpreußen, langj. Vorsitzender Strüvy, Gr. Peisten. Nach 1933 aufgelöst. Schönstr. 4.

Langanke, Heinrich, Delikatessen, Steindamm 18, in den 30er Jahren eingeg.

Lange, Dr. Friedrich, * Lonkorrek 1849, † Neubabelsberg 1927. Mediziner. L. besuchte das Gymnasium in Hohenstein und studierte an der Albertina. — Als Freiwilliger machte er den Krieg 1870/71 mit. 1878 ging L. nach New York, wo er Chefchirurg am Dt. Krankenhaus wurde; er führte die Asepsis in Amerika ein. Zur 350-Jahrfeier der Albertina stiftete er die Palaestra, eine großartige, damals einzigartige soziale Tat. 1898 wurde sie eingeweiht, dabei wurde L. Ehrenbürger der Albertina. 1900 gab er seine New Yorker Praxis auf und erwarb die Domäne Lonkorrek bei Löbau. 1914 stellte er sich dem Lazarett Dt. Eylau zur Verfügung. — Außer dem Bau in der Fließstr. ehrt ihn der Dr.-Friedr.-Lange-Platz auf der Tragh. Palve sowie seine Büste von Reusch im Vestibül der Palaestra, die beim engl. Luftangriff von 1944 zersprang.

Langenbeck-Straße, Tragheimer Ausbau, Querstr. der Straße Am Landgraben.

Lange Reihe, von der Coppernicus-Straße zum Heumarkt.

Lange Wurst. Am Neujahrstag 1520 trugen die Fleischer eine Wurst von 41 Ellen in Prozession durch die Stadt 1558 war sie 403 Ellen lang. Neujahr 1601 war die Wurst 1005 Ellen lang und wog 585 Pfund; sie war aus 81 Schweineschinken bereitet und wurde von 10[illegible] Fleischergesellen geschleppt. — Am Dreikönigstag 1601 wurden 6 Stritzel, je [illegible] Ellen lang, von den Bäckern getragen — Der Zug ging von der Fleischerherberge zum Schloß, wo die Herrschaft eine Ehrengabe erhielt, dann zu den Oberräten und den drei Stadtpfarrern mit einer Schmeckprobe, dann wurde der Rest von Fleischern und Bäckern gemeinsam verspeist.*

Langkeit, Herbert, * Kbg. 1907, † Kassel 1979. Jurist. Nach dem Studium an der Albertina und in Freiburg promovierte L. und trat als Jurist in die Dienste der Dt. Reichs- und späteren Bundesbahn. Seit 1954 gehörte L. dem Richterkollegium des Bundessozialgerichts in Kassel an; er wurde Fachmann auf dem Gebiet des Krankenversicherungsrechts. 1975 trat L. als Senatspräsident in den Ruhestand und wurde von Scheel mit dem Großen Verdienstkreuz ausgezeichnet.

Laptau südl. von Cranz, Kirche und Gutsbetrieb. Hier stand seit 1351 eine Bischofsburg, deren Ruinen zum Bau der Cranzer Chaussee verwendet worden.

Laptauer Straße auf den Vorderhufen, von der Bledauer- zur Powundener Straße.

Lasch, Otto, * Pleß 1893, † Godesberg 1971. General. L. war als Offizier Teilnehmer am 1. Weltkrieg, dann ging er 1920 zur Schutzpolizei, wurde Kommandeur der Polizeischule in Sensburg. 1935 wurde L. ins Reichsheer übernommen. Im Ostfeldzug war L. Oberst und Kommandeur des Inf.-Rgts. 43; er eroberte, weit voraus, bei Bauske die Brücken über die Düna und wurde mit dem Ritterkreuz ausgezeichnet. 1942 wurde General Lasch Kommandant der ostpr. 217. Inf.-Division; 1944 führte er im Westen ein Armeekorps. Nach einer Erkrankung wurde L. im Januar 1945 zum Befehlshaber des Festungsbereichs Königsberg ernannt. L. mußte am 9. April 1945 die Kapitulation Königsbergs einleiten. — Erst im Oktober 1955 wurde er aus russischer Gefangenschaft entlassen. — L. hat eindrucksvolle Erlebnisberichte geschrieben.

Lastadie. In ganz Deutschland heißen die Verladekais Lastadien. — In Königsberg aber von jung und alt, gebildet auch ungebildet: „Lastaadje" ausgesprochen. Das Wort kommt vom mittelalterlichen Lastadigum, dem Schiffsbalast. Die altstädtische Lastadie lag zwischen der Laak und dem unteren Pregel. — Die älteste Königsberger Lastadie lag bis 1327 auf der Insel Vogtswerder, dem späteren Kneiphof.

Latte, Kurt, * Kbg. 1891, † Tutzing 1964. Altphilologe. Professor in Greifswald sowie Basel und Göttingen. Zahlreiche bedeutende Arbeiten zur griechischen und römischen Religionsgeschichte sowie Geschichte des griechischen Rechts und griechischer Lexikographie.

Lauber, Heinrich Hugo, * Gießen 1884, † Düsseldorf 1958. Dipl.-Chemiker. Nach dem Studium an der TH Darmstadt legte L. 1906 die Diplom-Prüfung ab. 1909 ging L. nach Schlesien und wurde 1911 Vorstand des chemischen Laboratoriums der Feldmühle AG in Cosel OS. 1921 wurde er Chefchemiker dieses Konzerns in Aschaffenburg. — Von 1923 bis 1945 wirkte L. in Königsberg als Direktor der Zellstoff-Fabrik Sackheim, der damals zum Stinneskonzern gehörenden Koholyt AG. Unter seiner Leitung erreichte das Sackheimer Werk eine Jahresproduktion von 80 000 t und gehörte damit zu den größten Zellstoff-Fabriken Deutschlands. 1940 übernahm L. auch die Leitung des Werkes Kosse. L. war Vorstandsmitglied in industriellen Verbänden. Sein besonderes Interesse galt der Königsberger Handelshochschule, deren Förderverein er bis 1945 leitete.

Lauckner, Rolf, * Kbg. 1887, † Bayreuth 1954. Schriftsteller, Schwiegersohn Sudermanns. Nach dem Studium lebte L. seit 1925 freiberuflich in Berlin. — L. hat sich als Dramatiker und Lyriker einen Namen gemacht und war Übersetzer und Überarbeiter fremdsprachiger Werke. L. schrieb Texte zu den Opern „Satuala" und „Nadja". Der erste wurde von Reznicek, der zweite von Künecke vertont. Bekannt wurde sein Buch „Das Leben für den Staat", ein Charakterbild Friedrichs des Großen, 1936 und sein Trauerspiel „Der letzte Preuße" 1937.

Laudien, Victor, * Kbg. 1866, † Schlawe/Pomm. 1945. Evang. Theologe. L. besuchte das Altstädt. Gymnasium in Königsberg, an dem sein Vater Musiklehrer war, studierte seit 1892 und war von 1909 bis 1933 Pfarrer an der Altstädt. Kirche in Königsberg, seit 1911 Stadtsuperintendent. — L. war ebenfalls musikalisch begabt und schrieb 1909 die Biographie des Musikers Constanz Berneker. Er war ein tüchtiger Pfarrer und Verwaltungsmann. 1934 brachte er das erste und einzige „Evangelische Gemeindebuch für Königsberg" heraus.

Laukischken bei Labiau. Der Ort wurde unter dem Namen „Lowke" bei der Teilung des Samlands 1258 zuerst erwähnt. Eine Ordensburg wird genannt, die 1525 Jagdbude Hzg. Albrechts wurde; 1584 zu einem „schönen lustigen Schlößchen" ausgebaut. Neuzeitlich überbaut, stand das Schloß noch am Ende des Zweiten Weltkrieges.

Lauth, dieses Dorf östlich von Liep wurde 1939 eingemeindet. Zu nennen ist der das Dorf nach Osten abgrenzende Lauther Mühlenteich, an dessen Südspitze das Gut Lapsau lag.

Lavendelstraße südl. des Steindamms, von der Karl-Baer-Straße zum Triangel.

Läwen, Arthur, * Waldheim/Sa. 1876, † Hermannsburg 1958. Mediziner. Zunächst in Marburg übernahm L. 1928 eine Professur an der Albertina und die Leitung der Chirurgischen Universitäts-Klinik.

Lawin, Gerhard, * Schlochau 1890, † Lemgo 1960. Theologe. L. studierte in Königsberg und Berlin. 1918 wurde L. Pfarrer in Fischau Kreis Marienburg, wo er als Mitglied des deutschen Volksrats für die deutsche Sache bei der Volksabstimmung 1920 tätig war. — Von 1924 bis 1945 war L. Pfarrer im Vorort Juditten, seit 1936 war er Konsistorialrat im Nebenamt. L. gehörte der Dt. Volkspartei an und wurde 1926 der letzte bürgerliche Vorsteher des Stadtparlaments. L. war nach 1933 zu besonderer Vorsicht genötigt, weil er Freimaurer gewesen war.

Lawin, Rudolf, * Schlochau 1899, † Bad Reichenhall 1970. Stadtdirektor. Nach dem Studium promovierte L. zum Dr. rer. pol. — L. wurde Direktor des Amts für Wirtschaft und Statistik in Königsberg sowie Lehrbeauftragter an der Handelshochschule. — Nach 1945 war L. Stadtdirektor von Bad Oeynhausen. L. hat Aufsätze statist. Inhalts publiziert.

Lawsker Allee von der Hufenallee nach Juditten, benannt nach dem altpreußischen Dorf Lauxken, dort nisteten noch um 1900 viele Störche.

Leest, Hilde, * Kbg. 1903, † Berlin 1970. Bildhauerin. Sie studierte an der Kunst- und Gewerkschule und an der Kunstakademie bei Prof. Cauer. Profilierte sich bald als begabte Bildhauerin. — Schuf das Modell für das Kraftwerk Friedland. — Anstellung bei den Gebrüdern Taut in Berlin. Zerstörung ihres Ateliers durch Kriegseinwirkung. — Wiederanfang mit Porträtplastiken, z. B. einer Büste von Ernst Reuter. Weitere Plastiken: Die munteren Rochen; Hockender Knabe; Das Gespräch. — 1964 Kulturpreis der Landsmannschaft Ostpreußen.

Lehmann, Friedrich, * Kbg. 1888, † Frankfurt/M. 1960. Kommunalpolitiker. L. studierte Jura in Königsberg, Berlin und Heidelberg. Dort promovierte er 1912 und legte 1914 das Assessorexamen ab. — Im November 1918 wurde L. in Königsberg städtischer Demobilmachungskommissar und bald Stadtrat. Seit 1920 Stadtkämmerer, brachte er zusammen mit OB. Dr. Lohmeyer die Stadt geschickt durch die Nöte der Inflation. Wegen seines guten Rufes als Finanzmann bestellte ihn 1932 die verschuldete Stadt Frankfurt/M. zum Stadtkämmerer. L. trat 1946 in den Ruhestand, wirkte aber im wissenschaftlichen Leben Frankfurts weiter. Er arbeitete u. a. am Freien Deutschen Hochstift und im Beirat der Frankfurter Museumsgesellschaft mit. 1949 wurde er von der juristischen Fakultät zum Honorarprofessor ernannt, und zum 70. Geburtstag erhielt er die Goetheplakette der Stadt Frankfurt/M.

Lehndorff-Steinort, Karl Friedrich Gf., * Kbg. 1770, † Kbg. 1854. General. L. wurde Kavallerie-Offizier und als Major 1807 bei Marienwerder verwundet. Im Einvernehmen mit den preußischen Landständen stellte er im Frühjahr 1813 das Ostpreuß. National-Kavallerie-Regt. auf, das sich im Befreiungskrieg auszeichnete. 1817 wurde L. als Oberst Brigadekommandeur, seit 1824 in Danzig und 1832 als Generalleutnant ausgeschieden. 1843 wurde er Landhofmeister, 1853 erhielt er den Schwarzen Adler Orden.

Lehndorffstraße nördl. Amalienau, parallel der Boyenstraße, benannt nach dem Grafen Lehndorff.

Lehrs, Karl, * Kbg. 1802, † Kbg. 1878. Altphilologe. L. studierte an der Albertina und trat 1822 zum Christentum über, war 1825—45 Lehrer am Fridericianum und ab 1835 Prof. an der Albertina. L. fand neue Wege für die Homerforschung, vor allem durch sein grundlegendes Werk „De Aristarchi studiis Homericis". L. wurde auf dem „Gelehrtenfriedhof" beigesetzt.

Lehrsstraße, vom Arresthausplatz zum Pregel, 1907 benannt nach Karl Lehrs.

Lehwaldt, Hans von, * Legitten 1685, † Kbg. 1768. General. Nach der Teilnahme am Spanischen Erbfolgekrieg zeichnete er sich bei Chotusitz, Hohenfriedberg und Kesselsdorf aus. 1751 Generalfeldmarschall und Gouverneur von Königsberg. Nach der ehrenvollen Niederlage von Gr. Jägersdorf 1757 gab er auf König Friedrichs Befehl Ostpreußen auf, verjagte die Schweden aus Pommern und schützte Berlin vor den Russen. 1762 bis 1768 wieder Gouverneur von Königsberg. L. ist in der Juditter Kirche beigesetzt.

Lehwaldtstraße, Juditten zum Gottsched-Platz. 1927 benannt nach GFM v. Lehwaldt.

Leibinnes, Karl, Großhandlung für Klee- und Grassaaten, Sattlergasse 5.

Lejeune-Dirichlet, * Bretschkehmen/Dark. 1858, † Kbg. 1920. Pädagoge. Nach dem Studium in Bonn und Leipzig promovierte L. 1882. Von 1885 war L. Oberlehrer am Kneiph. Gymnasium, bis er 1903 Direktor des Altstädt. Gymnasiums wurde. L. verfaßte Arbeiten zur klassischen Philologie und eine Abhandlung „Die Umwandlung der Altstäd. Pfarrschule in ein Stadtgymnasium". L. wurde 1896 Stadtverordneter und 1914 zum Stadtverordnetenvorsteher gewählt. — Wie der ihm nahestehende Oberbürgermeister Körte war er ein Patriot. Nach Körtes Tod schrieb L. sein „Charakterbild".

Lenzenburg bei Korschenruh am Frischen Haff. 1246 hatten hier die Preußen eine Wehranlage, die der Orden als Burg ausbaute. — Nach einem Mordanschlag 1260 ließ der Vogt Mirabilis die L. mit einer Anzahl geladener Preußen verbrennen.

Leo, Ludwig, * Kbg., † Kbg. 1915. Kaufmann. L. heiratete in die Reederei Marcus Cohn & Sohn ein und wurde später Eigentümer dieser bekannten Reederei. Seit 1873 war L. unbesoldeter Stadtrat, er erhielt 1876 das Dezernat der städt. Handelsgebäude. Nach 28jähriger Tätigkeit für die Stadt schied L. 1902 aus und wurde zum Stadtältesten ernannt. 1907 erhielt L. von der Stadt den Ehrenbürgerbrief. Ihm zu Ehren wurde eine Straße in Amalienau benannt, die spätere Dieffenbachstraße.

Leostraße in Amalienau von der Lawsker Allee zur Hagenstraße. Benannt nach dem 1915 verstorbenen Stadtrat Ludwig Leo, der 1907 zum Ehrenbürger ernannt wurde. Diese Straße wurde nach 1933 in Dieffenbachstr. umbenannt.

Lerbs-Bernecker, Gertrud, * Rogehnen/-Ostpr. 1902, † Lüneburg 1968. Graphikerin. Ausbildung an der Kunst- und Gewerbeschule und an der Kunstakademie bei Prof. Wolff. — Sie war die erste Frau, die als Meisterschülerin ein Atelier an der Kunstakademie bekam. Schon mit 22 Jahren erhielt sie die Goldene Medaille der Künste. Ausstellungen in Berlin, Königsberg und Danzig. Ihr Themenkreis umfaßte auch die ostpreußische Landschaft und soziale Probleme. 1943 konnte sie das Angebot einer Professur an der Kunstakademie Kbg. wegen ihres schlechten Gesundheitszustandes nicht annehmen. Nach dem Kriege lebte sie in Lüneburg. Ihre Arbeit „Wanderdüne" wurde vom Kupferstichkabinett Berlin erworben.

Lerchenweg in Rothenstein, Querstraße der Cranzer Allee.

L' Estocq, Johann Ludwig von, * Aftinten/Ostpr. 1712, † Kbg. 1779. Jurist. Nach dem Studium in Halle wurde L. 1736 Advokat und Notar in Königsberg. 1743 Kriegsrat, 1744 Stadtrat, Dr. jur. und Prof. der Rechte. Später Kanzler der Universität. L. schrieb u. a. über das Seerecht und das Wechselrecht. Durch seine Heirat mit Marie Eleonore Reußner kam er in den Besitz der Reußnerschen Hofbuchdruckerei, die er 1751 verkaufte. Sein Vetter war der General Anton Wilhelm L., der 1806 ein Korps in Ostpreußen führte.

L'Estocq-Straße im Mühlenhof, von der Bartensteiner zur Heilsberger Straße.

Leutweinstraße, in Ratshof an der Appellbaumstraße.

Lewald, Fanny, * Kbg. 1811, † Dresden 1889. Schriftstellerin. Sie lernte nach ihrem Übertritt zum Protestantismus die Dichter des „Jungen Deutschland" kennen und pflegte einen regen Umgang mit den Königsberger Liberalen. — Nach dem Tode ihrer Mutter verließ sie Königsberg, setzte aber noch als Siebzigjährige in dem Roman „Die Familie Darner" ihrer Heimatstadt ein Denkmal. — Die Stationen ihres Schaffens waren Breslau und Berlin. Ihre realistischen Romane und Novellen wurden viel gelesen. Sie schrieb ihre Lebensgeschichte in sechs Bänden. — Aus dem Nachlaß veröffentlichte 1900 Ludwig Geiger ihre Tagebücher.

Lichtenhagen, südl. von Königsberg. Erstmals 1304 erwähnt. Hochmeister H. Dusemer schenkte das deutsche Zinsdorf mit Kirche und Mühle dem löbenichtschen Benediktinerinnenkloster. Die Kirche wurde 1350 durch Bischof Jakob von Samland geweiht.

Lichtspieltheater. Alhambra-Lichtspiele, Steindamm 119/121; Apollo-Lichtspiele, Lawsker Allee 56; Astoria-Lichtspiele, Jerusalemer Str. 23; Filmeck, Krumme Grube 6; Gloria-Lichtspiele, Brandenburger Str. 36; Hansa-Tonfilm-Theater, Theaterstr. 2; Hufen-Lichtspiele, Stresemannstr. 19a; Kamera-Lichtspiele, Sackheim 22; Lichtbildbühne, Brandenburger Str. 1; Miramar-Lichtspiele, Gr. Schloßteichstr. 1; Münz-Theater, Münzstr. 23; Passage-Lichtspiele GmbH., Roßg. Passage 6; Prisma-Lichtspiele, Steindamm 136/138; „Scala", Hufenallee 41; Schauburg-Lichtspiele, Hagenstr. 23a; Schloß- Kino, Koggenstr. 7; Steindamm-Lichtspiele, Heumarkt 4; Urania-Theater, Weißgerberstr. 4; Victoria-Theater, Vorstädt. Langgasse 110; Waldburg-Lichtspiele, Wallring 30/32. Capitol-Lichtspiele, Vorstädt. Langgasse 36. Die ersten Kurzfilme wurden schon 1901/02 in Königsberg gezeigt, im Programm eines Zirkus und in Julchenthal. Die ersten „Kintöppe" in der Stadt entstanden 1903. — Vorgänger der Kinos waren das „Panorama international" in der Roßgärter Passage. In einem sich drehenden Holzgestell mit 50 Guckkästen wurden hier bunte Landschaftsbilder, zu einer Reihe zusammengestellt, vorgeführt.

Liebenthal, Robert, * Tilsit 1884, † Frankfurt/M. 1961. Architekt. Dipl.-Ing. L. schuf u. a. von 1925 bis 1928 den Erweiterungsbau der Albertina, den sogenannten Liebenthal-Flügel und das Staatsarchiv am Hansaring. 1953 wurde L. zum Reg.-Baudirektor ernannt.

Liebreich, Osccar, * Kbg. 1839, † Berlin 1908. Mediziner. Professor und Direktor des Berliner Pharmakologischen Instituts. L. entdeckte die schlafbringende Wirkung des Chloralhydrats, v. a. die Heilwirkung des Lanolins.

Liebigstraße, in Kohlhof von der Stresemannstraße zur Samlandbahn.

Liedert, Jacob Heinrich, * Kbg. 1697, † Kbg. 1776. Jurist, Chronist. Nach dem Studium wurde L. 1719 Advokat beim Gericht der drei Städte Königsbergs, 1745 Stadtrat und Kurator der Stadtbibliothek. — L. hatte Interesse für die Geschichte seiner Heimatstadt. Auf seine Anregung hin wurde 1755 das 500jährige Bestehen Königsbergs festlich begangen, wozu er eine Festschrift „Das jubilierende Königsberg“ verfaßte.

Liedtke, Harry, * Kbg. 1888, † Pieskow 1945. Schauspieler. Nach dem Besuch des Altstädt. Gymnasiums trat L. in ein Bankgeschäft ein. Doch ließ er sich als Schauspieler von H. Oberländer ausbilden und kam über Provinzbühnen nach Berlin, München und an das New German Theatre in New York, danach zu Reinhardt. Jetzt folgte sein steiler Aufstieg als jugendlicher Held und Liebhaber des Stummfilms. — L. spielte die feschesten Leutnants, die bezauberndsten Liebhaber mit so viel gutem Geschmack, angeborenem Charme und Eleganz so natürlich, das sie menschlich und lebensecht wirkten. Harry Liedtke verkörperte so die beste Periode deutscher Filmkunst. Seine besten Filme waren unter vielen anderen: „Madame Dubarry“ 1919, „Die Wiskottens“ 1926 und „Sophienlund“ 1943. Als er sich am 27. 4. 1945 schützend vor seine zweite Frau, Christa geb. Tordy, stellte, wurden beide erschlagen.

Liep. Die Stadtrandsiedlung vor dem Sackheimer Tor, ursprünglich ein Gutsbetrieb, wurde 1927 eingemeindet. Auf diesem Gelände am Pregel wurde 1895 das Werk Sackheim der Königsberger Zellstoff-Fabrik AG errichtet.

Lieper Weg hinter dem Kupferteich, von der Tapiauer Straße zur Stadtgrenze.

Linck, Hugo, * Kbg. 1890, † Hamburg 1976. Theologe. Nach dem Abitur am Friedrichskolleg studierte L. in Königsberg und Tübingen. Als Kriegsfreiwilliger geriet er 1915 in Gefangenschaft und wurde nach Sibirien gebracht. Nach gelungener Flucht wurde er 1918 in der Königsberger Schloßkirche ordiniert. Später wurde L. Pfarrer an der Löbenichtschen Kirche und schloß sich früh der Bekennenden Kirche an. — Nach Kriegsende betreute er die in seinem Gemeindeteil Liep zurückgebliebenen Deutschen. L. veröffentlichte: „Königsberg 1945—1948.“

Lindengrabenstraße, von der Lindenstr. zur Hinterlomse.

Lindenstraße von der Holzbrücke zum Weidendamm. Einst Ochsenmarkt später Getreidemarkt. Hier wurden 1838 58 Lindenbäume angepflanzt; im Volksmund Lindenmarkt genannt.

Lindh, Max, * Kbg. 1890, † Berlin 1971. Landschaftsmaler. L. studierte an der Königsberger Kunstakademie bei Prof. Degner, lebte dann als freischaffender Künstler. Ankäufe seiner Werke durch die Museen in Königsberg, Allenstein und Rostock. Prof. L. wirkte ab 1955 mit einem Lehrauftrag für Kunsterziehung in Rostock. Sein Hauptthema war die ostpreußische Landschaft. 1969 malte er aus der Erinnerung den Wachtbudenberg/Samlandküste.

Linger-Kaserne s. Fuß-Art.-Rgt. 1 und Kraftfahr-Abt. 1.

Lipmann, Fritz Albert, * Kbg. 1899. Mediziner, Biochemiker. Nach dem Studium an der Albertina und Promotion in Berlin ging L. nach Heidelberg. Seit 1939 Prof. an der Harvard Medical School und am Rokkefeller Institut in

New York. L. erforschte die Energetik des Stoffwechsels und der B-Vitamine, er entdeckte das Coenzym A und wies die Bedeutung bestimmter Phosphorverbindungen für den Organismus nach. 1953 erhielt er mit H. Krebs den Nobelpreis für Medizin.

Lischke. Hierunter verstand man in der Ordenszeit eine regellose Siedlung. Damals waren es vorwiegend Handwerkersiedlungen mit gelegentlichen Märkten. Lischke hieß auch der oft bestickte Tragekorb, der aus Bast oder Weidenruten gefertigt wurde. Ein Stück bäuerlicher Volkskunst.

List, Johann Friedrich, * Marienwerder 1787, † Berlin 1868. Jurist. L. studierte an der Albertina und trat in den Staatsdienst ein. 1826 wurde er Oberbürgermeister von Königsberg. Weil auch er die Streichung der Kriegsschulden von 1807 nicht durchsetzen konnte, wurde er 1838 nicht wieder gewählt. Er zog sich auf sein Gut Ankern im Oberland zurück.

Litauer Baum, Baumsperre des Pregels an dessen Eintritt in die mittelalt. Stadt.

Litauer Wallstraße vom Roßgärter Tor am Königstor vorbei zum Pregel.

Litten, Prof. Fritz, * Elbing 1875, † England 1940. Jurist. Vater Joseph L. L. wurde Protestant und habilitierte sich 1904 in Halle. 1908 erhielt er an der Albertina einen Lehrstuhl für Römisches und Sachenrecht. Als Reserveoffizier im I. Weltkrieg mit dem EK I. ausgezeichnet, war er in liberal-konservativer Haltung ein fesselnder Redner, so daß seine Kollegs lebhaften Zuspruch hatten. In seinem Haus verkehrten die Spitzen der Königsberger Gesellschaft. Nach 1933 amtsenthoben, zog L. nach Berlin. Unter großen Mühen gelang es, ihn 1938 im Hause eines englischen Lords unterzubringen, wo er im Februar 1940 verstarb. Aus seiner Ehe mit Irmgard Wüst entsprossen drei Söhne.

Litten, Hans, Getreideexport, Sattlergasse 34, um 1933 eingegangen.

Lizent bedeutet den Zoll, der von den auf dem Wasserwege einkommenden Waren erhoben wurde.

Lizentbahnhof. Diesen Bahnhof hatte die Südbahn für die Abfertigung der Züge nach Pillau um 1865 gebaut. Die drei Bahnsteiggleise nahmen seit 1882 auch die vom Ostbahnhof ausgehenden Züge nach Labiau-Tilsit auf. Das dreigeschossige Bahnhofsgebäude zeigte zur Lizentgrabenstraße eine einfache, sandsteinähnliche Putzfassade. In dem Gelände zwischen Lizentgrabenstraße und Ostendorffstraße, südlich begrenzt durch das Hauptzollamt, lagen die Betriebsanlagen des Bahnhofs zum Abstellen der Personenzüge. Versorgen der Lokomotiven und die Rangiergleise für die Anschlüsse der Lastadie und des Kleinbahnhofs.

Lizentgrabenstraße, von der Oberlaak zur Lizentstraße.

Lizentstraße, von der Lastadie zur Lizentgrabenstraße.

Löbauer Straße, vom Haberberger Grund zur Österreichischen Straße.

Lobeck, Christian August, * Naumburg 1781, † Kbg. 1860. Klass. Philologe. L. war anfangs Oberbibliothekar der Kgl. Bibliothek im „Königshaus", in dessen linken Vorbau er seine Dienstwohnung hatte. Von 1813—1857 war er Professor der Eloquenz und Altertumskunde an der Albertina. Am 30. August 1844 hielt L. seine berühmte Rede im Dom zum 300jährigen Universitätsjubiläum. Geheimrat Lobeck wurde auf dem Altgroßgärter Kirchhof beigesetzt.

Lobeckstraße, früher Löffelgasse, von der Königstraße zur Kalthöfischen Straße.

Löbenicht, die zweitälteste von den Städten Königsberg erhielt 1300 durch den Komtur B. Brühaven städtische Gerechtigkeit. Das Wappen besteht aus einer vergoldeten Krone mit zwei vergoldeten Sternen ober- und unterhalb derselben; die Bedeutung dieser Sterne ist ungeklärt. Begrenzt wird der Löbenicht im Westen von der Altstadt, im Norden von der Burgfreiheit, im Osten vom Anger und im Süden vom Pregel.

Löbenichtsche Friedhöfe. Zunächst befand sich der Kirchhof an der Löbenichtschen Kirche. 1794 wurde ein Friedhof vor dem Gumbinnischen Tor eingeweiht. Hier, im sp. Glacis, wurden noch bis zum Ende Königsbergs die Gräber Heidemanns, Freys und Dinters gepflegt. Bereits 1844 wurde ein weiterer Friedhof rechts vor dem Königstor angelegt; schließlich noch ein Friedhof um die Jahrhundertwende auf der linken Straßenseite vor dem Königstor.

Löbenichtsches Hospital. 1528 räumte Herzog Albrecht das Heilige-Geist-Hospital den Altstädtern für den Bau von Wohnhäusern ein und machte 1531 das Nonnenkloster auf dem Löbenicht zum Hospital und Pockenhaus. 1764 großer Brand des Löbenicht, dem auch das Spital zum Opfer fiel; etliche Geisteskranke kamen um, die gotischen Altäre wurden gerettet. Der Neubau des Löbenichtschen Hospitals mit schönem Rokokoportal wurde 1772 geweiht. 1903 wegen Baufälligkeit abgerissen und in der Heidemannstraße neu erbaut. Das schöne Portal wurde dorthin umgesetzt.

Löbenichtsche Kirche. 1334—1352 wurde „St. Barbara auf dem Berge" erbaut. 1474 Vergrößerung der Kirche. 1497 zerstörte ein Sturm die Spitze des Kirchturms: vier Ecktürmchen erneuert. 1695 vernichtete ein Blitz den Turm; 1702 mit Turmgalerie und vier Ecktürmchen erneuert. 1717 Gewölbeeinsturz über dem Altar, der 7 Tote kostete. Beim großen Brand des Löbenicht 1764 wurde die Kirche vernichtet. Wiederaufbau durch J. E. Löckel bis 1776. 1818 stürzte ein Sturm Fahne und Knopf vom Turm. — Sehenswürdigkeiten bis 1944: Einheitlich in hellen Farben gehaltene Rokokoausstattung. Kanzelaltar vorzüglich geschnitzt von Fr. Suhse. Orgel von Preuß mit flottem Rokokoschnitzwerk und musizierenden Engelsfiguren und dem preuß. Adler als Krönung, 1782. Drei Messing-Kronleuchter der Mälzenbräuer, der Schuhmacherinnung mit Stiefel und Schuhchen. Ein silberner Bucheinband des Kirchenschatzes von 1681 gerettet 1948 nach Hamburg von Pfarrer Link. *

Löbenichtsche Kirchenstraße vom Löbenichtschen Kirchenplatz zur Löben. Oberbergstraße.

Löbenichtsche Kirchhofstraße vom Katzensteig zum Löbenichtschen Kirchenplatz.

Löbenichtsche Langgasse, sicher die älteste Straße des Löbenicht; von der Altstädtischen Bergstraße zum Mittelanger.

Löbenichtsche Oberbergstraße vom Mittelanger zum Katzensteig.

Löbenichtscher Kirchenplatz vom Mittelanger zur Löbenichtschen Unterbergstraße.

Löbenichtsches Rathaus, Löbenichtsche Langgasse. Beim großen Brand 1764 sank das gotische Rathaus in Trümmer, das 1724 bei der Zusammenlegung der drei Städte Kämmereigebäude wurde. Wieder aufgebaut, waren hier die Versammlungsräume der Löbenichtschen Brauerzünfte und der Stadtwache. — Dann kaufte der Buchhändler Kanter das Haus; Kant wohnte und dozierte 1769 in einer seiner Mansarden. 1788 kaufte es der Buchdrucker Gottlieb Leberecht Hartung. 1876 abgebrannt, erhielt das große Gebäude seine heutige Gestalt. — Bis 1906 besaß es die Hartungsche Zeitung, dann das Königsberger Tageblatt.

Löbenichtsches Realgymnasium. 1441 als Löben. Stadtpfarrschule urkundlich, wurde 1525 Lateinschule und 1581 vergrößert. — 1644 Neubau der Löben. Schule eingeweiht. Bei dem Brande des Löbenicht 1764 stürzte der brennende Kirchturm auf die Schule, die in Flammen aufging. Sie wurde sogleich neu erbaut. 1811 wurde die kirchlich geführte Höhere Bürgerschule von der Stadt übernommen; Rektor Graff. 1855—1859 Neubau als städt. Realschule am Münchenhofplatz in Backstein. Sie wurde Oberrealschule und hatte 1865 357 Schüler. 1882 durch Bemühungen des langjährigen Direktors Alexander Schmidt Realgymnasium. — 1895 erfolgt der Anbau einer Turnhalle. 1901: 16 Lehrer, 331 Schüler. — Dank der Initiative des Direktors, Geheimrat Dr. Otto Wittrin, 1911 bis 1914 großer Erweiterungsbau durch Stadtbaurat Glage; in der Aula Fresken von Otto Ewel. Der großzügig angelegte Bau wurde 1944 durch englische Bomben zerstört.

Löbenichtsche Unterbergstraße von der Tuchmacherstraße zum Löben. Kirchenplatz.

Lobwasser, Ambrosius, * Schneeberg 1515, † Kbg. 1585. Jurist. L. studierte Jura und war seit 1563 Professor in Königsberg. Seine Übertragung des kalvinistischen Genfer Reimpsalters 1573 fand Eingang in die Gesangbücher und war 2 Jahrhunderte maßgebend; erhebliche Bedeutung haben seine Kirchenlieder.

Loch, Eduard, * Memel 1868, † Meiningen 1945. Pädagoge. L. studierte Philologie in Königsberg und Berlin; er promovierte 1890 über griechische Grabstellen. L. wurde 1895 als Oberlehrer am Altstädt. Gymnasium angestellt und erhielt 1908 den Titel Professor. — 1913 wurde L. zum Direktor der Königin-Luise-Schule berufen. Diese Schule war eine Doppelanstalt; 1922 wurde L. zum Oberstudiendirektor ernannt. — L. war mehr als 40 Jahre Mitglied der Altertumsgesellschaft Prussia und im Verein für Geschichte von Ost- und Westpreußen.

Lochstädt, nördl. von Pillau; das dortige Tief bewog den Orden hier eine Burg anzulegen, die nach 1275 begonnen und massiv 1300 vollendet wurde. 1305 wird ein Komtur von L. genannt, spätestens seit 1327 nur noch Pfleger, die gleichzeitig Bernsteinmeister waren. — Von 1422—1429 hatte Heinrich von Plauen die Burg L. zum Aufenthalt. — Erste Verfallserscheinungen in der Schwedenzeit, so daß 1701 zwei Flügel mit Turm und Danzker auf Befehl des Königs abgebrochen wurden, um als Baumaterial für die Festung Pillau zu dienen. Der russ. General v. Korff ließ die Kapelle 1760 im Inneren ausgestalten. Die beiden erhaltenen Flügel sind 1937 in umfassender Weise wiederhergestellt worden und enthalten bauliche Kostbarkeiten.

Lochstädter Straße in Ratshof, von der Galtgarben Straße zur Lawsker Allee.

Logen. Als erste wurde 1746 die „Loge zu den 3 Ankern" an der NO-Ecke des Roßg. Marktes gegründet. 1758 von den Russen aufgelöst, wurde sie 1760 neu gegründet; ihre Nachfolgerin, die „Drei Kronenloge" erwarb 1771 das Haus des Justizrats Woydt, Holländerbaumstr., für 11000 Taler, später Proviantamt. 1771 stiftete der Ob. Forstmeister Friedrich E. Jester die Loge „Zum Totenkopf", Hintertragheim 21, und 1775 wurde die Loge „Zum Phönix" gegründet. 1818 erwarb die „Drei Kronenloge" das von Kammerrat Cuppner 1690 erbaute, dem Gastwirt Bartsch gehörende Haus in den Motherbyschen Gründen, Modestengasse 1. 1832 schlossen sich die beiden anderen Logen zusammen „Zum Totenkopf und Phönix". 1864 erfolgte die Stiftung der Loge „Immanuel", die auf dem Gelände des Bauerschen Gartens ihr Heim erhielt. 1937 wurden die Logen enteignet.*

Lohmeyer, Dr. Hans, * Thorn 1881, † Berlin 1968. Kommunalpolitiker. Nach dem Studium war L. Stadtrat in Berlin-Schöneberg. — 1919 wurde er zum Oberbürgermeister von Königsberg gewählt. L. führte die lange Reihe der bedeutenden Oberbürgermeister Königsbergs weiter, indem er für die vom Reich abgeschnittene Provinz und deren Hauptstadt alles nur Mögliche tat: Die Einrichtung der Ostmesse, der KWS, Ausbau des Hafens, der Handelshochschule und des Schloßmuseums; er machte Königsberg zur „Stadt im Grünen". L. wurde Dr. h. c. der Albertina und Ehrendoktor der Handelshochschule. — 1933 wurde er gesetzwidrig abgesetzt. Seit 1951 Leiter der Geschäftsstelle des Dt. Städtetages in Berlin hat er in dieser Funktion noch viel Segensreiches geleistet.

Lokator. Das Wort kommt vom lateinischen locus = Ort. Der Lokator der Ordenszeit war der Ortsgründer, ein Privatunternehmer, der die Siedler anwarb und für die Gründung eigene Mittel investierte. Dafür erhielt er vom Orden größeren Grundbesitz, die Kruggerechtigkeit und das erbliche Schulzenamt.

Lomme s. Tolkemiter Lomme.

Lomse, die östl. des Kneiphofs liegende größere Insel zwischen dem neuen und dem alten Pregel. Name aus dem Prußischen, bedeutet morastiges Bruchland. — Nur der Westen der Insel war bebaut, der größere Teil bestand aus nassen Wiesen. Die Lomse wurde 1404 von den Altstädtern erschlossen. Sie bauten dorthin die Holzbrücke und schütteten 1466 den mit Weiden bepflanzten Damm auf, an den sie Speicher bauten. — Als 1542 die Kneiphöfer durch den Bau der Honigbrücke Zutritt zur Lomse bekamen, siedelten sich dort Bürger an. Seit 1520 war durch die Hohe Brücke auch der Zugang nach Natangen möglich. — 1742 wurden Maulbeerplantagen angelegt, s. Plantage. 1778 baute Prof. Kypke sein Stift am Weidendamm. Die Villa des Komm. Rats Heumann stand neben Heinrich Alberts Garten. Als Weidendamm und Kaiserstraße 1905 durch die Kaiserbrücke verbunden wurden, entstand das neue Viertel Kurfürstendamm-Hochmeisterstraße.

Löns-Straße Maraunenhof, Querstraße der Herzog-Albrecht-Allee.

Lorck, Carl von, * Schleswig 1892, † München 1975. Kunsthistoriker. Nach dem Studium promovierte L. zum Dr. jur. und wurde Rechtsanwalt am Oberlandesgericht Königsberg. Nach kunstgeschichtlichen Studien im In- und Ausland schrieb L. viele kunstgeschichtliche Abhandlungen, von ihnen seien genannt: „Dome, Kirchen und Klöster in Ost- und Westpreußen" 1963 sowie „Landschlösser und Gutshäuser in Ost- und Westpreußen" 1966. Nach 1945 war L. u. a. Senatspräsident beim OLG Schleswig. — Seine letzten Jahre lebte L. in München.

Lovis-Corinth-Straße in Juditten, zwischen Hammerweg und dem Landgraben, 1921 benannt nach dem Maler L. Corinth.

Löwen-Apotheke, Apotheker Hans Wottrich, Vorstädtische Langgasse 17.

Löwenhagen. Dieses Kirchdorf lag südöstl. von Königsberg an der Ostbahnstrecke nach Insterburg; hier zweigte eine Bahnstrecke über Friedland nach Gerdauen ab.

Lubbe, Albert, Inh. J. Abramowsky, Eisenwaren u. Küchengeräte. Roßgärt. Markt 5.

Lübecker Straße am Hafenbecken III, von der Hafenstraße zur Stettiner Straße.

Lucht ist der Bodenraum eines Hauses.

Lucas, Christian Theodor Ludwig, * Petrikau/Pol. 1796, † Schrimm 1854. Pädagoge. L. studierte seit 1816 in Königsberg, erst Theologie dann Jura. Er begann 1820 eine wissenschaftliche Laufbahn. — Im Auftrag des Oberpräsidenten von Schön ordnete er die Bibliotheken und Archive der aufgehobenen Klöster. 1822 wurde L. Lehrer am Altstädt. Gymnasium, 1828 Reg. Schulrat als Gehilfe Dinters, 1832 auch Direktor des neu eingerichteten Kneiph. Gymnasiums. — L. wurde 1835 ao. Professor für deutsche Literatur. 1843 wurde er Provinzialschulrat als Nachfolger Jachmanns, jedoch bereits 1848 nach Posen versetzt.

Lucke, Hans, * Kbg. 1892, † Scharnebeck 10. 8. 1983, Schriftsteller. Studium der Ingenieurwissenschaft in Danzig. Landesbaumeister in Memel, dann in Pillau. — Nach der Vertreibung 6½ Jahre politisch Gefangener in Bautzen. — Erzählungen und Romane: „Der Leuchtturmwärter" 1965, „Der leichter Stein" und „Die Enkelin".

Ludwich, Artur, * Lyck 1840, † Kbg. 1920. Altphilologe. Professor in Breslau und seit 1878 in Königsberg. Bedeutender Homerforscher; Herausgeber kritischer Textausgaben der Ilias und Odyssee.

Ludwig, Karl, * Bromberg 1889, † Potsdam-Babelsberg 1945. Pädagoge. L. studierte seit 1910 Deutsch, Geschichte und Theologie, promovierte 1915 zum Dr. phil. Bis November 1916 Soldat, wurde reklamiert und mit einer Vertretung am Hufengymnasium Königsberg als Referendar betraut. 1921 erfolgte seine Wahl zum Studienrat an der Vorstädtischen Realschule. Dort war er von 1928 bis 1933 Oberstudiendirektor. 1934 wurde ihm eine Studienratsstelle am Städt. Lyzeum in Heilsberg zugewiesen, die er bis zum Russeneinmarsch im Januar 1945 innehatte.

Ludwigsort südwestl. von Brandenburg, das Dorf hatte Bahnstation.

Ludwigswalde ein Kirchdorf südl. von Kbg.

Luftgaukommando I seit 1935 in Maraunenhof, General-Wever-Straße 7.

Luftnachrichten-Regiment 1, die Kaserne befand sich seit 1935 in Ballieth.

Luftschiffahrt. Am 5. 8. 1810 Ballonaufstieg des Prof. Robertson vom Schloßplatz; er landete in Quanditten. Im Juni 1906 Fesselballon des Vereins für Luftschiffahrt stieg im Tiergarten 300 m hoch; der Korb faßte etwa 15 Mitfahrer, Flugpreis 3 Mark. 1913 flog in Kbg. der französische Flieger Blériot, der kürzlich den Kanal überquert hatte. 1913 Zeppelin-Luftschiffhalle im nördl. Amalienau, bis 1919. Am 24. 8. 1930 besuchte Luftschiff „Graf Zeppelin" Königsberg; Massenbesuch der Königsberger auf dem Flugplatz Devau.

Luise-Kohle GmbH., seit 1931, Klapperwiese 5—6, Lager- und Umschlagplatz am Hafenbecken IV.

Luisenallee, von der Hufenallee zur Hagenstraße, seit 1900 benannt nach Königin Luise aus dem Hause Mecklenburg-Strelitz, * 1776, † 1810, die im Dezember 1806 und vom 15. 1. 1808 bis 15. 12. 1809 mit Familie in Kbg. lebte. Ihre Marmorbüste von Rauch stand in Luisenwahl, und ein sehr volkstümlich gewordenes Gemälde Steffecks von ihr und ihren beiden ältesten Söhnen in Luisenwahl hing im Wilhelmsgymnasium.

Luisen-Apotheke, seit 1901, Inh. W. Hoehne, Hufenallee 43.

Luisenhöh, Straße von der Hufenallee nach Luisenwahl.

Luisenkirche, s. Königin Luise Gedächtnis Kirche.

Luisenplatz in Amalienau.

Luisenschule, s. Königin-Luise-Schule.

Luisentheater. Schon 1861 war die Sommerbühne Wilhelmstheater unter Woltersdorf erfolgreich, bis das Haus 1872 einem Neubau für die Regierung weichen mußte. Das 1870 durch den Schauspieler Saalmeyer bekannt gewordene Theater „Albrechtshöh" wurde in „Luisenhöh" umbenannt. Hier führte 1900 Direktor Emil Hannemann Schwänke und 1901 auf Veranlassung des neugegründeten Goethebundes und mit Genehmigung des Landrats des Kreises Fischhausen auch Stücke wie Hauptmanns „Weber" auf. Danach pachtete Martin Klein die Luisenhöhbühne und spielte Operetten: 1906 die „Lustige Witwe", 1907 „Walzertraum", 1908 die „Dollarprinzessin" und den „Fidelen Bauer", 1910 den „Graf v. Luxemburg", 1911 „Polnische Wirtschaft". — Klein, ein geschäftstüchtiger Mann, ließ 1911—12 an Stelle der Villa Kurowski, Hufenallee 2, von dem Königsberger Architekten Walter Kuckuck das Luisentheater erbauen. Am 23. 9. 1912 eröffnet, wurde es 1923 unter den Kaufherren Dumont du Voitel und Meyerowitz „Komische Oper". Es rentierte sich nicht und wurde 1924 von der Stadt erworben. Nachdem der Architekt Kaufmann den Zuschauerraum umgebaut und auf 980 Sitzplätze erweitert hatte, wurde das Theater zum „Neuen Schauspielhaus".*

Luisenwahl. Ende des 18. Jh. befand sich nördl. an der Alten Pillauer Landstraße der Gutshof Pojenters. Aus dieser Zeit stammte das bescheidene Gutshaus, versteckt im Hintergrund des Parks, zu dem am Hufengraben entlang eine Allee alter Linden führte. Insthäuser und Gutsschmiede standen an der Landstraße, von denen zu unserer Zeit das Wirtschaftshaus „Milchhäuschen" hieß, wo es Schmand mit Glumse, aber auch Berliner Weiße gab, bis es 1914 der Spitzhacke zum Opfer fiel. Das Gutshaus war zum Luisenhaus geworden. — Dieses Gut Pojenters erwarb 1786 Stadtpräsident v. Hippel, der vom Chausseehaus der Alten Pillauer Landstraße ab auf einem Fußweg einen Bohlensteg anlegte, die spätere Hufenallee. 1796 kaufte Schulrat C. G. W. Busolt das Anwesen und nannte den herrlichen Gutspark seiner Gattin Louise zu Ehren Louisenwahl. 1808 und 1809 wählte das Königspaar dieses Gutshaus zum Sommersitz, und der höchste Punkt des Parks mit herrlicher Fernsicht wurde Königin Luises Lieblingsplatz. Hier stand st. 1874 ihre Marmorbüste von Christ. Dan. Rauch. — 1829 wurde eine Kunststraße über die Hufen bis Lawsken gebaut. Dadurch wurde das Luisenhäuschen vom Park abgetrennt. Anläßl. seiner Krönung 1861 besuchte Kg. Wilhelm I. diesen Park und kaufte 1872 das Anwesen. Kaiser Wilhelm II. überließ das Krongut 1914 der Stadt. — Am kleinen Freilichttheater in Luisenwahl wurde 1928 eine Stele mit der Scudelle Franz Schuberts von W. Rosenberg enthüllt. Im harten Winter 1929/30 fror die Obstbaumplantage am Hang in Luisenwahl aus; er wurde Rodelbahn der Königsberger Jugend. 1937 wurde die Julchentalpromenade mit Luisenwahl verbunden. Neuerliche Verbreiterung der Hufenallee und das Luisenhäuschen wurde Mütterheim.*

Lullies, Reinhard, * Kbg. 1907. Archäologe, Hauptkonservator der Staatl. Antikensammlung in Kassel; Forschungen zur griechischen Plastik und Vasenmalerei. Prof. L. lebt in Göttingen.

Luther-Heim. Studentenwohnheim in der Hindenburgstraße, 1917 auf Anregung des Konsistorialrats J. Quandt eröffnet.

Luther-Kirche auf dem Viehmarkt, erbaut durch den Architekten Heitmann als Zentralbau im Renaissancestil mit barocken Elementen, Einweihung 1910. Beim Kriegsende vernichtet.

Lutherstraße vom Münchenhof z. Sackheim.

Lyzeen, s. die einzelnen Schulen.

M

Maaß, Dr. Otto, * Dorpat 1866, † Kbg. 1943. Pädagoge. Nach dem Studium war M. Lehrer in Dorpat und Petersburg, seit 1907 in Gütersloh. M. wurde 1921 zum Direktor der Friedrichsschule in Gumbinnen berufen. 1923 wurde er Oberschulrat beim Provinzial-Schulkollegium in Königsberg. Nebenamtlich war M. Dozent für neue dt. Literatur an der Handelshochschule und erhielt den Professor-Titel. — Von seinen Arbeiten sei genannt: „Platons Staat", Textauswahl mit Kommentar für Schulen.

Mädchengewerbeschule s. Ostpreußische Mädchengewerbeschule.

Magdalenenstift st. 1895, später Mädchen-Erziehungsheim, Stresemannstraße 109-111.

Mager, Friedrich, * Lauban/Schles. 1885, † Greifswald 1974. Geograph, Historiker. Nach dem Studium in Greifswald, Halle und Breslau promovierte M. 1910 mit einer historischen Arbeit. Seit 1912 mit kulturgeschichtlichen Untersuchungen in Schleswig-Holstein betraut, wurde M. von Prof. Max Friederichsen beauftragt, kulturgeographische Untersuchungen in Kurland vorzunehmen. So bereiste er Kurland 1917/18, wobei nicht weniger als 6000 km zurückgelegt wurden. M. erhielt 1920 einen Lehrauftrag für Wirtschaftsgeographie in Kbg. und 1922 a. o. Professor. M. befaßte sich auch intensiv mit der wirtschaftlichen Bedeutung des Waldes. U. a. konnte M. feststellen, daß der 98 km lange Waldgürtel der Kurischen Nehrung noch im 15. Jahrhundert fast vollständig erhalten war. 1941 erhielt er einen Ruf an die Universität Greifswald, um dort bis 1953 den Lehrstuhl für Historische Geographie und Kulturlandschaftsforschung zu übernehmen. — 1960 erhielt M. die Ehrendoktorwürde der Universität Halle. Die Kulturlandschaftsforschung Ostpreußens verdankt ihm eine große Zahl wertvoller Beiträge.

Magisterstraße, von der Kneiph. Langgasse zur Domstraße.

Mahnsfeld, ein Kirchdorf südlich von Königsberg.

Mandeln nordöstlich von Kbg. kurz vor Neuhausen. Diese kleine Ortschaft hatte eine Molkerei und eine Windmühle.

Manteuffel, Hans, * Osterode/Ostpr. 1879, † Hamburg 1963. Architekt. 1900 bis 1902 besuchte M. die Baugewerkschule in Kbg. — 1912 wurde M. freier Architekt; er schuf zahlreiche Verwaltungsgebäude, Geschäftshäuser der Firmen Gebr. Siebert und S. Kiewe & Co. 1928 als Hochhaus-Gebäude am Altstädt. Markt. Das Bankgebäude für die Disconto-Gesellschaft in der Vorst. Langgasse; die Einrichtung des Alhambra-Kinos mit Café in dem Hochhaus am Steindam Ecke Wagnerstr. u. a. m. — Nach 1945 ließ sich M. in Hamburg nieder und blieb bis 1959 in seinem Beruf tätig.

Manteuffelstraße von der Tiepoltstraße zur Wrangelstraße.

Manufakturwaren-Geschäfte. Alexander & Echternach, Nachf. Reinold & Horten, Altstädt. Markt 4/6; Berding & Kühn, Kantstr. 12/14; Berliner Warenhaus A. Bennheim, Nfl. Steinmetz & Co., Französische Str. 8/10; Defaka G.m.b.H., Steindamm 147; Fuerst, Jul., G.m.b.H., Wassergasse 1/3; Goldstein, E., Nfl. Erich Dietz, Junkerstr. 5; Guttowsky, Max, Schloßstr. 4; Herrmann, Moritz, Vorstädt. Langgasse 82; Hettlage, Kantstraße, Ecke Junkerstr.; Hirschfeld, Gebr., Kaiserstr. 31; Jacobsberg, Conrad, Nachf. Gohs & Berner, Poststr. 13; Karstadt, Rudolf, Akt.-Ges., Schmidestr. 14/18 und Altstädt. Markt 9/10; Kiewe & Co., S., Nachf. Willfang, Müller & Co., Altstädt. Langgasse 25/29; Lachmanski, H., Nachf. Willy Kukorus, Junkerstr. 1/2; Ladendorff, M., Nachfr. Franz Gedig

K. G., Wassergasse 6/8; Petersdorff, Rud., Nachf. Hans Jasching, Kantstr. 1; Rawrawey, Jul., Vorstädt. Langgasse 49; Siebert, Gebr., gegr. 1861, Altstädt. Langgasse 30/32, Wassergasse 9/10; Siebert & Wessel G.m.b.H., Klapperwiese 10; Sommerfeld G.m.b.H., Nachfr. Fritz Jahnke, Junkerstr. 3/4.

Mapu, Abraham, * Williampol b. Kowno 1808, † Königsberg 1867. Hebr. Schriftsteller. M. gilt als literarischer Vorläufer des Zionismus. Romane mit guten Milieuschilderungen und satirischer Darstellung, „Thamar“, dt. 1885.

Maraunenhof. Ein Landwirt Maraun erwarb 1605 das Gut am Oberteich, das der Löbenicht 1651 kaufte. — 1798 Pachtgasthaus: Maraunenhof. — 1906 fand der erste Durchbruch der Wallmauer am Wrangelturm statt, sodaß eine Straße nach Maraunenhof gebaut werden konnte. — Nunmehr entstand der Villenvorort Maraunenhof westlich des Oberteichs, der bis an den 1912 geschaffenen Max-Aschmann-Park reichte.

Maria-Krause-Lyzeum. Diese Schule ging in den 20er Jahren aus dem Lyzeen Lemke in der Schnürlingstraße und Maria Osterroth in der Tamnaustraße hervor. Das Lyzeum wurde 1935 aufgelöst bzw. in das Körte-Oberlyzeum eingegliedert.

Maraunenhöfer Kirche s. Herzog-Albrecht-Kirche.

Marienhof nordwestl. von Königsberg. Der Gutshof lag östl. vom Bahnhof der Samlandbahn, der auch Endstation der Fischhausener Kreisbahn war.

Marienstraße in Ponarth, Querstraße der Karlstraße.

Marjellchen, ein trautstes Mädchen.

Markgrafenstraße in Amalienau, von der Lawsker Alle zum Hammerweg.

Märkte. s. Alstädt. Markt, Fischmarkt, Gesecusplatz, Kohlmarkt, Neuer Markt, Roßgärter Markt und Viehmarkt. Vor 1900 gab es Pferdemärkte in der Vorderen Vorstadt und auf dem Lindenmarkt. Hier fanden noch lange Zeit Geschirr-, Tonwaren-, Kurzwaren- und Spitzenmärkte statt, und auch die beliebten Thorner Katharinchen wurden verkauft. Der Trommelplatz an der Steindammer Wallstraße diente als Butter-, Eier-, Käse- und Geflügelmarkt und der Platz an der Kreuzung Hagen- und Schrötterstraße als Gemüsemarkt. Eine Markthalle befand sich auf der Unterlaak.

Marstall s. Schloßkaserne.

Marx, George, * Köln 1843, † Kbg. 1927. Bankier. M. war 1876—1886 Direktor der Bergisch-märkischen Bank in Elberfeld. Er übersiedelte 1886 nach Kbg. und wurde Teilhaber des Bankhauses J. Simon Witwe & Söhne. Zusammen mit Joseph Litten gründete er das Bankhaus Litten. 1897 wandelte M. als Alleininhaber diese Bank in die Norddeutsche Creditanstalt um, deren Generaldirektor er bis 1912 blieb. 1917 ging die Creditanstalt in die Deutsche Bank auf. Durch Gründung von Filialen machte M. die Creditanstalt zum größten Bankinstitut des deutschen Ostens. M. finanzierte die Kalk- und Mörtelwerke, die ostpr. Dampfwollwäscherei, 1905 die Zellstofffabrik auf dem Sackheim und mehrere Unternehmen in der Provinz. Unter seiner Leitung erhöhte die Bank ihr Aktienkapital von 5 auf 24 Mill., den Umsatz auf jährl. 5 Milliarden. Seine private Wohltätigkeit kam in erster Linie der jüdischen Gemeinde Königsbergs zugute. Politisch bekannte sich M. zur Demokratischen Partei.

Maschinengenossenschaft eGmbH., s. Ostpreuß. Zentralgenossenschaft.

Matkowsky, Adalbert, * Kbg. 1857, † Berlin 1909. Schauspieler. Schon als kaufmännischer Lehrling war er vom „Theaterteufel“ besessen. 1877 ging er an das Dresdner Hoftheater und erntete dort ungewöhnlichen Erfolg. 1886 wechselte M. nach Hamburg über. Danach wurde er an das Königliche Schauspielhaus nach Berlin berufen. Als Karl Moor, Wallenstein, Götz und Faust wußte M. zu überzeugen. 30 Jahre lang galt er als unnachahmlicher Darsteller der großen Gestalten Shakespeares, und er erzielte jahrelang triumphale Erfolge.

Matull, Wilhelm, * Kbg. 1903, † Düsseldorf 1985. Journalist. Nach dem Studium an der Albertina und in München war M. Kunstkritiker und bis 1933 Redakteur bei der Königsberger Volkszeitung; er förderte auch die ostpreußische Arbeiterbewegung. — Ab 1945 Volkshochschuldirektor. Von 1945—1968 war M. an staatlichen Einrichtungen für politische Bildung in Hannover, Bonn und Düsseldorf zuletzt als Ministerialrat tätig. Zahlreiche meist heimatkundliche Veröffentlichungen. Hervorzuheben sind: Liebes altes Königsberg, 1957, und Damals in Königsberg 1919—1939, München 1978.

Mauchen auch Maukes waren Pulswärmer.

Maulen südl. von Kbg., ein Gutsbetrieb, Wirtshaus Heide Maulen an der Berliner Chaussee.

Maurerstraße, vom Roßgärter Markt zur Krönchenstraße.

Max-Aschmann-Park, Maraunenhof, benannt 1904 nach dem Kaufmann Max Aschmann, dem Inhaber des Weinhauses Steffens & Wolter. A. vermachte 1903 seiner Stadt 100 000 M. zur Schaffung eines großes Parkgeländes mit Spielplätzen, das „Max-Aschmann-Park heißen und stets und unveräußerlich bleiben soll."

May, Edmund, * Berlin 1876, † München 1956. Nach dem Abitur studierte M. Architektur in Berlin und München. Er wurde 1905 Leiter des Ateliers von Prof. A. Messel, eröffnete 1909 ein eigenes Atelier in Berlin und schuf dort u. a. eine Reihe öffentlicher Bauten. 1915 wurde M. an die Kgl. Kunstgewerkschule nach Königsberg berufen die er neu gestaltete und einrichtete. Während des 1. Weltkrieges war M. am Wiederaufbau zerstörter Städte beteiligt. 1934 pensioniert, zog M. nach Stuttgart, 1950 nach München, wo er noch einige Jahre schriftstellerisch tätig war.

Maybachstraße in Ponarth.

Meckelburg, Friedrich Adolf, * Kbg. 1809, † Kbg. 1881. Studium und Promotion in Kbg. 1844 Verwalter der Stadtbibliothek, seit 1848 am Staatsarchiv angestellt. Nach dem Tode Voigts wurde er 1863 Archivdirektor. M. war Mitbegründer der Altertumsgesellschaft Prussia. Seine Veröffentlichungen beschäftigten sich mit Königsberger Geschehnissen.

Mecklenburger Meierei, Inh. A. David, Bülowstraße 51—52, Filialen in allen Stadtteilen.

Medenau. Dieses Gebiet zeigt baltische Siedlungsspuren schon um 1000 v. Chr. Der Name ist preuß. und bedeutet Waldort. Von den Bischöfen wurde der preuß. Wallberg übernommen und als Burg ausgebaut. M. wurde ein Kammergut und blieb es bis 1619. Die Kirche wird 1355 erstmals erwähnt. Im Vertrag von 1466, der alle preuß. Burgen aufführt, wird das Schloß nicht mehr genannt. — Der verdiente Heimatforscher Dr. Karl. E. Gebauer war 1847—83 Pfarrer in M.

Mednicken nordwestl. von Kbg. Begüterung der Grafen von Kanitz mit großem Waldbesitz. Station der Samlandbahn.

Meitzen. A. Meitzen Auktionshaus seit 1831, Löben. Langgasse 36.

Mentz, Arthur, * Elbing 1882, † Rinteln 1957. Pädagoge. Studium an der Albertina: Geschichte, Erdkunde, Theologie; er promovierte 1906 bei Prof. Rühl. — 1909 Oberlehrer am Löben. Realgymnasium, 1921 Direktor am Altst. Gymnasium; 1923 OStD des durch Zusammenlegung entstandenen Stadtgymnasiums Altstadt—Kneiphof bis 1945, obwohl M. nicht Mitglied der NSDAP wurde. Erstes Schullandheim bei Rauschen 1925 von ihm geschaffen. 1914—1931 Stadtverordneter der Dt. Volkspartei. Mitarbeit in vielen kirchlichen Gremien, ab 1929 in der Generalsynode. 1929 Ehrendoktor der Albertina. — International anerkannter Schriftforscher, besonders Geschichte der griechischen, römischen und mittelalterlichen Stenographie. — Zahllose Veröffentlichungen bis zu seinem Tode. 1937 Gr. silberne Medaille des Kronprinzen von Italien. Seit 1938 Gaugebietsführer der Dt. Stenographenschaft Ostpreußen.

Meteorologische Verhältnisse. Luftdruck im Jahresmittel: 758,7 mm. Mittlere Jahrestemperatur: 6,7°, Berlin 9°, München 7,4°, Paris 10,3°. Mittlere Sommertemperatur: 16,4°; mittlere Wintertemperatur: -2,7°. Wärmster Monat: Juli. Klarster Monat: Mai, 50 % Sonnentage. Kältester Monat: Januar. Erster Frosttag im Mittel: 23. Oktober. Letzter Frosttag im Mittel: 30. April. Schneetage im Mittel: 54; erster Schneefall im Mittel: 29. Oktober; letzter Schneefall im Mittel: 24. April. Eisbrecher im Mittel eingesetzt: 110 Tage. Gewittertage im Mittel: 18. Niederschläge im Mittel: 634 mm, Hamburg 690, München 800, Leipzig 590, Berlin 580, Breslau 560 und Petersburg 470 mm. Jährliche Sonnenscheindauer im Mittel: 1577 Stunden, Treuburg 1686, Aachen 1140 Stunden. Vorherrschende Winde: S und SW. 1889: Meterologische Beobachtungsstation am Ostbahnhof. Sie wurde in den zwanziger Jahren ins Flughafengebäude verlegt.

Metgethen. 1278 erste urkundl. Erwähnung des Ortes. 1384 wird M. im Zusammenhang mit der Anlage des Landgrabens genannt. — Um 1900 entwickelte sich der in der Kaporner Heide gelegene Ort zu einer Villenkolonie und zu einem beliebten Ausflugsziel, besonders zum Vierbrüderkrug. In M. befanden sich die Landfrauenschule und die Feuerwehrschule. Greueltaten an den Bewohnern im Jan. 1945. Am 19. Febr. 1945 wurde bei M. in einem letzten schwungvollen Angriff ostpr. Soldaten der 1. ID der Einschließungsring um Kbg. in Richtung Pillau noch einmal geöffnet, ehe er sich am 6. 4. endgültig schloß.

Meyer, Ernst, * Göttingen 1871, † Kbg. 1931. Psychiater. 1904 wurde M. auf den Lehrstuhl für Psychiatrie an der Albertina berufen. 1906 wurde sein Lehramt in ein Ordinariat umgewandelt und einige Jahre später mit dem Neubau einer Nervenklinik am Veilchenberg begonnen, die 1913 eingeweiht wurde. Diese moderne Lehr- und Pflegeanstalt galt lange als Musterbau für Deutschland. Prof. M. erhielt den Titel Geh. Medizinalrat. M. schrieb u. a.: „Diagnostische Irrtümer"; „Psychiatrie" 1917 und „Krankheiten des Gehirns und verlängerten Marks" 1921. M. starb nach längerem Krankenlager.

Meyer, Ernst, * Allenstein 1908, † München 1972. Jurist. Vater: Generaldirektor der Feuersozietät Ostpreußen, Mutter: Helene, geb. Burow. Jurist. M. bestand 1931 das Referendarexamen. Da seine Mutter eine Halbjüdin war, wurde ihm die Zulassung zum Staatsdienst verwehrt. So trat M. bei der Allianz-Versicherung ein und wurde 1939 Direktor dieser Filiale in Kbg. — Von 1942 an nahm er am Zweiten Weltkrieg im Königsberger Infanterieregiment 1 teil, zuletzt als Komp.-Chef und Oberleutnant wurde er u. a. mit beiden Eisernen Kreuzen ausgezeichnet. — Im August 1945 wurde M. Leiter des Berliner Betriebes der Allianz-Leben und 1947 ordentliches Vorstandsmitglied; seit 1952 Vorstandsmitglied der Allianz-Versicherungs-AG in München. — Als M. 1966 Vorsitzer des Präsidiums des Gesamtverbandes der Versicherungswirtschaft e. V. wurde, war er „der große Mann". M. konnte dem Albertinum in Göttingen die Büste seines Urgroßvaters Karl H. Burow schenken, die er auf dem Hamburger Glockenfriedhof gefunden hatte. Sie ist das einzige Königsberger Denkmal, das in den Westen gerettet wurde.

Meyer-Waldeck-Straße in Ratshof an der Appelbaumstraße.

Meyhöfer, Max, * Schwirgseln/Ostpr. 1889, † Unna-Massen 1972. Nach dem Abitur an dem Kneiph. Gymnasium studierte M. Religion, Geschichte und Erdkunde an der Albertina und promovierte 1912 zum Dr. phil. Den ersten Weltkrieg hat M. als Batteriechef mitgemacht. M. war Studienrat am Löbenichtschen Realgymnasium, als der Stadtschulrat Stettiner ihn beauftragte, zur Zweihundertjahrfeier der Vereinigung der drei Städte eine Schrift zu verfassen. Diese wertvolle Schrift „Königsbergs Stadtwirtschaft 1724 bis 1808" erschien rechtzeitig 1924 im Verlag von Gräfe und Unzer. M. wurde 1930 Direktor des Ortelsburger Gymnasiums und überstand dort die „Machtergreifung" des Jahres 1933. Nach der Umsiedlung nach Göttingen konnte sich M. wieder der ostpr. Geschichtsforschung zuwenden. M. konnte bis 1968 die Kreisbücher von Ortelsburg, Lötzen und Neidenburg herausbringen.

Meyhöfer, Robert. Vorwiegend Binnenschiffahrt betrieb die von Robert Meyhöfer gegründete Reederei, die 1872 von Tilsit nach Königsberg übersiedelte. 1896 trat Justus Haslinger in die Firma ein und wurde, nachdem Meyhöfer 1910 ausgeschieden war, ihr alleiniger Inhaber. Nach seinem Tode 1919 führten seine Söhne Erich und Oswald das aufstrebende Unternehmen weiter und gliederten ihm 1920 das erste ostpreußische Reisebüro auf dem Steindamm an. Diese bedeutende Reederei unterhielt Linien nach Danzig, Elbing, Memel und Tilsit; sie unterhielt in Kbg. an neur Stellen Läger und Büros. — 1944 wurde die Firma schwer betroffen; alles fie den Flammen zu Opfer. Trotzdem gelang es Erich Haslinger, die Reedere seit 1949 in Bremen im verkleinerten Rahmen weiterzuführen. — Nach seinem Tode 1956 konnte sein Sohn Kaspar Haslinger den Betrieb bis 1967 weiterführen.

Michelly-Ufer. Die Michellystraße von der Kaiser-Brücke zur Hoffmannstraße hatte einen breiten Uferstreifen, dort löschten gelegentlich Frachtschiffe. Hieß einst Salzwiese. Benannt war sie nach dem Bankier Benno Michelly, der von 1876—1904 unbesoldeter Stadtrat war.

Miegel, Agnes, „Mutter Ostpreußen", * Kbg. 9. 3. 1879, † Bad Salzuflen 26. 10. 1964. Sie lebte in Kbg. als Tochter eines im Kneiphof ansäßigen Kaufmanns, der 1917 verstarb, ihre Mutter ist 1913 verstorben. Ihr Interesse wandte sich der lyrischen Dichtung zu und sie veröffentlichte durch Vermittlung des Freiherrn Börries von Münchhausen bereits 1901 ihre „Gedichte und Balladen" im „Göttinger Musenalmanach". Mit letzterem und mit Lulu von Strauß und Torney gilt sie als Begründerin der neueren deutschen Ballade, in der sie sich vorzugsweise mit Stoffen ihrer Heimat befaßt. Als Journalistin und Schriftstellerin wandte sie sich den Erzählungen zu. Sie verstand es, die Natur, die Kultur sowie die Geschichte Ostpreußens in ihren Werken der Allgemeinheit nahezubringen. So wurde sie in Deutschland bekannt und durch zahlreiche Ehrungen ausgezeichnet. Schon im Jahre 1916 erhielt sie den Kleistpreis, und die Königsberger Albertina verlieh ihr 1924 die Ehrendoktorwürde. Die Wartburgrose bekam sie 1933 und den Herderpreis der Goethestiftung im Jahre 1936. Ehrenbürgerin ihrer Heimatstadt wurde sie 1939. Dann folgten die harten Kriegsjahre mit Flucht nach dem dänischen Lager Oxböl. Nach der Entlasssung ging sie zunächst nach Apelern und schließlich nach Bad Nenndorf. Ihr dortiges Heim ist der Öffentlichkeit als Museum zugängig. Als letzte bedeutende Ehrung erhielt sie zu ihrem 85. Geburtstage die „Königsberger Bürgermedaille".

Mikulicz-Radecki, Felix von, * Breslau 1892, † Höhenrain 1966. Gynäkologe. Von 1932—1945 Professor und Direktor der Universitäts-Frauenklinik in Königsberg, dann an der Freien Univ. Berlin. Arbeiten u. a. zur Geburtshilfe und Urologie.

Militär. Kurfürst Georg Wilhelm stiftete 1619 in Kbg. das Inf.-Regt. 1. 1642 wurde Kbg. Truppenstandort der Churfürstlichen Leibgarde zu Fuß, der Stammtruppe der 4. Grenadiere. Da 1655 Schweden vor den Wällen Königsbergs streiften, wurde das Gren.-Regt. 1 aufgestellt. 1721 Truppenschau auf dem Kalthöfer Gelände. 1741 Ecole militaire eingerichtet. 1758 GFM v. Lehwaldt räumte Kbg. und Ostpreußen nach der Niederlage bei Gr. Jägersdorf: 1758—1762 russisch. 1796 Artl.-Regt. 1. — 1807 Bechießung Königsbergs durch die Franzosen; General Rüchel räumte die Stadt kampflos. Yorck besetzt Kbg. am 8. 1. 1813. Auf seinen Aufruf am 5. Febr. meldeten sich in Kbg. 2000 Freiwillige Jäger und 1356 Landwehrmänner. 1855 wird die Dragonerkaserne im vorherigen Marstall Unterkunft der 3. Kürassiere. 1860 Inf.-Regt. 43 aufgestellt. 1864 Trennung von Festungs-und Feldartillerie; Fußartl.-Regt. 1 entstand. 6. 8. 1871 Einzug der siegreichen Truppen. 1873 Kürassierkaserne auf dem Tragheim erbaut. 1874 erhält die Artl. die Schießplätze Karschau und Altenberg. 1876 hat die Garnison 5800 Mann und 1100 Pferde. 1879 Bau des Lazaretts in der Yorckstraße. 1880 neue Kommandantur auf dem Hinterroßgarten erbaut. Nach dem Bau der Trainkaserne 1881 lagen ab 1882 keine Soldaten mehr in Bürgerquartieren. 1887 Meldereiter mit Velozipeden neben den berittenen eingeführt. 1889 Pionierbatl. 1, seit 1816 in Danzig, nach Kbg. verlegt. 1890 Feldartl.-Regt 16 aufgestellt. 1891 Offizierskasino im Gouverneurshaus. 1893 Pion.-Batl. 18 und 1899 Feldartl.-Regt. 52 aufgestellt. 1907 besuchte der kleine Kreuzer „Königsberg" seine Patenstadt. Neue Kasernen 1910 für das Feldartl.-Regt. 16 und 1914 für die 3. Grenadiere in der Cranzer Allee. 1910 Fahnenübergabe und letztes Kaisermanöver in Devau. 1914 Trainkaserne in Ponarth. 1914 je eine Komp. des Flieger- und Luftschifferbatl. mit Parseval 3 und Zeppelin 5, später 16. in der Luftschiffhalle Amalienau. — Bei Kriegsausbruch 1914 sechs Hilfslazarette: Stadttheater, Logen, Stadthalle, Gewerkschaftshaus, Fortbildungsschule, Baugewerkschule, Hotel Deutsches Haus. S. Reichswehr.*

Militär-Friedhöfe. Der Alte Militär-Friedhof lag an der Ostseite der Labiauer Straße vor dem Königstor. Der Neue Militärfriedhof befand sich seit 1870 an der Nordseite der Tapiauer Straße vor dem Sackheimer Tor. — Mitten im Zweiten Weltkrieg wurden die Gebeine des 1916 auf der Insel Ösel gefallenen Dichters Walter Flex auf den Neuen Militärfriedhof umgebettet.

Militär-Musik. Der Aufzug der Wache vor dem Schloß mit dem anschließenden Platzkonzert am Schloßteich war ein immer wieder gern gesehenes Schauspiel. Volkstümlich waren die Musikkapellen der 7 Königsberger Regimenter und 2 Pionierbataillone und die von ihnen veranstalteten Konzerte, besonders die Gartenkonzerte am Schloßteich, in Luisenhöh und im Tiergarten, sowie im Winter auf der Eisbahn des Clubs der Schlittschuhläufer. Zwei Musikmeister aus königlicher Zeit waren jedem Königsberger bekannt: Albert Krantz vom Infanterieregiment 43 und Gustav Sabac el Cher von den Kronprinzern. Auch in der Weimarer Zeit hatte die Garnison 6 Militärkapellen, die vorwiegend in vier Schloßteichgärten und im Tiergarten spielten. Genannt sei der langj. Stabsmusikmeister Hermann Gareis des Infanterieregiments 1.

Millionendamm, hieß später Neue Dammgasse. Der M. wurde aus den Trümmern des Brandes von 1769 auf dem Wiesengrunde nördl. des Zuggrabens aufgeschüttet. Der Name trauert den vernichteten Millionenwerten nach.

Mineralwasser-Hersteller: Königsberger Manzanil-Gesellschaft, Apotheker M. Bendig, Lindenstraße 24/25. — Königsberger Mineralwasser-Fabrik Bruno Bekkerreiner, Rennparkallee 66/68. — Ed. Schmidt, Vorst. Langgasse 55. — Dr. Paul Zechlin, Inh. Rich. Bartlau, Steindamm 10 B.

Mischener Weg, vom Grünhoffer Weg zur Samitter Allee.

Mitscherlich, Eilhard Alfred, * Berlin 1874, † Paulinenaue 1956. Agrarwissenschaftler. Seit 1906 Professor in Königsberg; stellte das Wirkungsgesetz der Wachstumsfaktoren auf, Arbeiten zur Bodenkunde.

Mitscherlich, Eilhard, * Kbg. 1913. Veterinärmediziner. M. promovierte zum Dr. med. vet. und war seit 1943 Dozent an der Tieho Hannover, 1951 Professor. Später Prof. und Direktor des Tierärztlichen Universitätsinstituts in Göttingen. Seit 1969 Ehrendoktor der TäH Hannover, seit 1973 Mitglied der Deutschen Akademie der Naturforscher Leopoldina. Lebt in Göttingen.

Mitscherlich, Gerhard, * Kbg. 1911. Forstwissenschaftler. Professor in Freiburg i. Br.; Arbeiten zur forstl. Ertragskunde. M. lebt heute in Göttingen.

Mittelanger, von der Löben. Langgasse zum Roßgärter Markt.

Mittelgrabenstraße auf der Laak, Neuen Graben zur Lizentgrabenstraße

Mittelschulen. Agnes-Miegel-Mittelschul Jägerhofstraße 18. S.-Helene-Lang Schule. Rektor F. Scheffler.

Altstädt. Knaben-Mittelschule, Altstäc Bergstr. 11—12. Rektoren seit 19(August Brückmann und Otto Der bowski.

Haberberger Mittelschule. Alter Ga ten 48. Rektoren seit 1906 Ed. Schinn gel, Brombach und Albert Ohloff.

Kneiphöf. Mädchen-Mittelschule, Dor str. 23/24. Letzter Rektor Em Schmischke.

Nassengärter Mittelschule, Berliner St 10. Rektoren ab 1910 August Schissa Otto Wiechert.

Ponarther Mittelschule, Schifferdeck Straße 8. Rektoren seit 1901 Ern Klein, Herr Tiedemann, Otto Herb und Karl Baaske.

Private Mittelschule, Luisenallee 1 Gegr. 1918 von der Rektorin A. Riem als Lyzeum.

Roßgärter Mittelschule, Klingershof und Feldstr. 2. Seit 1900 Rektoren Gu leben, Wiedenberg, Granas und Pa Singer.

Sackheimer Mittelschule, Yorckstraß 60–61. Seit 1906. Ab 1929 Rektor Wil Zeil.

Steindammer Knaben-Mittelschule, Ar Fließ 1. Rektor Richard Klaus.

Tragheimer Mädchen-Mittelschule, Ar Fließ 1—2. Rektoren Elise Hagedorr K. Kowalsky.

Vorstädt. Mädchen-Mittelschule, Neu Dammgasse 14. Gegr. von der Rektori Lydia G. Waschke als Lyzeum.

Mitteltragheim, von der Burgstraße zun Wallring.

Moditten zwischen Juditten und Metgethen; dieses Dorf wurde 1939 eingemeindet. — Hier hatte Kant ein Sommerhäuschen; es blieb erhalten. Unvergessen das Ausflugslokal Forsthaus Moditten mit seinem Kopskiekelwein.

ohr, Kuno, * Kbg. 1911. Jurist. M. besuchte das Friedrichskolleg und studierte an der Albertina und in Berlin. Während seiner Referendarzeit stellte er sich 1 Jahr dem freiwilligen Wehrdienst. Nach seinem zweiten Staatsexamen 1938 wurde M. Reichsbahn-Assessor bei der RB-Direktion Königsberg. Unterbrechung seiner Laufbahn durch Kriegsdienst und Gefangenschaft von Sept. 1944 bis Jan. 1947. Nach weiterer 30jähriger Dienstzeit bei der Bundesbahn trat M. 1976 als Präsident der BB-Direktion Hamburg in den Ruhestand. — 1949 war M. Mitbegründer der Frankfurter Landsmannschaft Ost- und Westpreußen. Seit 1961 ist er Vorsitzender des Königsberger Ruder-Clubs Germania in Hamburg. M. lebt in Hamburg.

löring, Bruno * Kbg. 1863, † Berlin in 1929. Architekt; verwandte Eisenkonstruktionen, blieb aber bei der historisierenden Gestaltung. Brücken-, Industriebauten und städtebauliche Planungen in Berlin.

Iollenhauer, Ernst, * Tapiau 1892, † Düsseldorf 1963. Maler. M. erhielt seine Ausbildung zum Maler an der Königsberger Kunstakademie durch die Professoren Pfeiffer und Degner. Nach zweijährigem Aufenthalt in New York zog es ihn nach der Kurischen Nehrung zurück; Nidden war inzwischen eine kleine Künstlerkolonie. M. liebte die Weite und das Meer, er war schlechthin der Nehrungsmaler.

Möller, Anton * Kbg. 1563, † Danzig 1611. M. schloß seine Ausbildung in Prag, Venedig, Antwerpen und Amsterdam ab und ließ sich 1587 in Danzig als bald sehr angesehener Maler nieder. Sein Hauptwerk ist das Jüngste Gericht im Danziger Artushof. Aber auch für seine Heimatstadt blieb er dauernd tätig. Sein Königsberger Hauptwerk war der Altar in der Steindammer Kirche, auf dessen Flügeln er, zwar in der Farbe noch etwas kalkig, aber in wildem, schon barockem Schwung und in machtvoller Komposition sich als echter Vorläufer Rubens erweist. Trotz seiner großen Künstlerschaft war er jahrhundertelang fast vergessen. Eine Straße am Landgraben erhielt 1934 seinen Namen.

Möller, Rudolf Ludwig Theodor, * Kbg. 1815, † Kbg. 1885. M. studierte an der Albertina und wurde 1836 Dr. phil. Seit 1837 Lehrer an der Löbenichtschen höh. Bürgerschule, 1838 am Kneiph. und 1842 am Altstädt. Gymnasium. 1863 bis 1885 Direktor. M. war verh. mit Aurelie Valentini, 7 Kinder. Schriften: Beiträge zur Geschichte der Völkerwanderung. Geschichte des Altstädt. Gymnasiums 1847—1885.

Möllerin, Gertrud, geb. Eifler * Kbg. 1637 † Kbg. 1705. War schon in der Jugend sehr aufgeweckt und erhielt eine gute geistige Erziehung. Sie heiratete den Arzt Prof. P. Moller, dem sie zehn Kinder schenkte. Ihre poetische Begabung, durch Simon Dach geweckt, schuf ihre warm empfundenen „Geistlichen und weltlichen Lieder", 1692. Sie war eine poeta laureata, erhielt den ehrenden Beinamen „Pregelhirtin" und wurde nach ihrem Tode auf Kosten des Königs im Dom feierlich beigesetzt.

Mollowitz, Günter Georg, * Kbg. 1920 Chirurg. Nach der Kriegsteilnahme und dem Studium promovierte M. 1946 und wurde Chirurg an der Chirurgischen Univ. Klinik Kiel, dort habilitierte er sich 1957 und wurde 1963 apl. Professor. M. war von 1962—66 Chefarzt des Johanniter-Krankenhauses Rheinhausen und ist seit 1967 Chefarzt des Krankenhauses Bethanien in Moers. — M. gab zahlreiche medizinische Publikationen heraus und entwickelte mehrere medizinische Geräte.

Moltkestraße vom Unter- zum Oberhaberberg.

Monken-Gasse vom Steindamm zur Drummstr., früher Heinrichstraße.

Montagsgesellschaft, sie bestand stets nur aus 12 Mitgliedern. Zwar erst 1815 gegründet, war sie ein Kreis der geistigen Erneuerung. — Das Kränzchen entwickelte sich zu einem Kreis, dem in 4 Generationen Professoren und Beamte sowie Generale und Kaufleute angehörten; bestand bis 1945.

Morgenbesserstraße, Siedlung Charlottenburg, benannt 1932 nach dem Oberlandesgerichtspräsidenten und Kanzler Preußens Dr. Ernst Gottlieb Morgenbesser * Breslau 1755, † Kbg. 1824. M. wurde 1779 Assessor beim Königsberger Hofgericht, 1792 Tribunalrat, 1804 Steins Mitarbeiter bei der Regelung des Hypothekenwesens und bei der Städteordnung. — Gedenktafel an dem Hause Collegienstraße 1.

Mörlin, Joachim, * Wittenberg 1514, † Kbg. 1571. Stadtsuperintendent in Arnstadt und in Göttingen. — 1550 als Pfarrer in Königsberg streitbarer Vertreter der lutherischen Orthodoxie. 1568 wurde M. Bischof von Samland. — Gemeinsam mit M. Cheminitius verfaßte er die „Repititio corporis doctrinae Prutenici", dieses Werk wurde die Richtschnur für das lutherische Bekenntnis in Preußen.

Moskowitersaal, er lag über der Schloßkirche. Über die breite Freitreppe und durch den runden SW-Turm erreichte man den 83 x 18 m großen Moskowitersaal, bei Erbauung und Jahrhunderte danach der größte Saal Deutschlands. — Hier wurde die Hochzeit des brandenburgischen Kronprinzen Johann Sigismund mit Anna, der Tochter des Herzog Albrecht Friedrich, gefeiert; hier fand auch das Krönungsmahl des ersten Königs statt. Als Zar Peter 1711, 1712 und 1713 in Königsberg weilte und hier bewirtet wurde, bürgerte sich der Name Moskowitersaal ein. 1798 saß hier das junge Königspaar mit 3000 Ballgästen an langen Tafeln und wurde von Mädchen aus Masuren und von der Nehrung in Volkstrachten bewirtet, wa[s] Königin Luise „allerliebst" fand. 184[.] erhielt der Saal durch Stüler größer[e] Stichbogenfenster. 1844 zur 300jährige[n] Universitätsgründung sah der Saal eine[n] Studentenball. 1877 wurde die Kasset[ten]decke durch eine flachbogige Holz[-]decke ersetzt, wobei der Saal durch di[e] Hinzunahme des Kornbodens erhöh[t] wurde. Anläßlich der Jahrhundertfeie[r] der Erhebung lud Wilhelm II. am 5. 2[.] 1913 Gäste hier zum Mahle. — 192[.] wurde der Saal vom Prussia-Museum übernommen.

Motherby, Dr. William, * Kbg. 1776 † Kbg. 1847. Mediziner. Sein Vater Robert, Kants Freund, war aus Schottland eingewandert. M. wurde auf Kants Rat in Basedows Philantropin in Dessau erzogen, studierte Medizin in Königsberg und Edinburgh. M. ließ sich in Königsberg nieder, wo er sehr bald ein beliebter Arzt wurde. 1803 begann er mit der Schutzpockenimpfung in Königsberg. — M. stiftete die Gesellschaft der Freunde Kants.

Motherbystraße auf den Hufen, parallel zur oberen Schrötterstraße.

Mozartstraße auf den Hufen, von der Stresemannstraße zur Simsonstraße.

Mühlbach, Paul, * Frankfurt/O. 1849, † Kbg. 1908. Stadtbaurat. Nach dem Studium an der Bauakademie in Berlin bestand er die Prüfung als Bauführer mit Auszeichnung. — Im pr. Kriegsministerium wurde er u. a. mit dem Bau des Garnisonlazaretts in Königsberg beschäftigt. — Auf seine Bewerbung hin wurde M. 1887 in Königsberg zum Stadtbaurat gewählt. — Zahlreiche Bauten von ihm haben dem Stadtbild z. T. ein ganz neues Gepräge gegeben. M. baute u. a. den städt. Schlachthof, die neuen Krankenhäuser, viele Schulen, die Feuerwehrgebäude, vor allem die Freilegung der Südseite des Schlosses und die Schloßteichanlage am Münzplatz.

[M]ühlenberg, Mühlengang und Mühlengrund. Unten am Berg stand die schon 1257 erwähnte Untermühle, Getreide-, später Malzmühle für die Löbenichter Brauer. Der Abfluß des Schloßteichs, „die Katzbach“, trieb sie. — Etwas weiter zur Krummen Grube das Mühlentor. Von hier führte der Mühlengang zum unteren Schiefen Berg. Die ganze Gegend unterhalb des Schloßteichdamms, der Französischen Straße, hieß Mühlengrund, weiter westl. die „Wolfsschlucht“ der Tante Fischer. — Wo später das E-Werk stand, war einst der Mühlenhof. Die steil den Mühlenberg herabplätschernde Katzbach trieb an ihrem Austritt aus dem Schloßteich oben die 1299 erbaute Obermühle; wo der Berg sich senkte, stand die altersgraue Mittelmühle, die erst 1908 abgebrochen wurde. Die Ober- und Mittelmühle waren Getreidemühlen.

[M]ühlenhof, ein alter Gutsbezirk am Alten Pregel, der an das Vorfeld der Bastion Pregel grenzte; wurde 1908 eingemeindet.

[M]ühlenplatz auf dem Tragheim, von der 3. Fließstraße zur Waldburgstraße.

[M]ühlhausen, südl. von Königsberg, gehörte zu den ältesten Orten Natangens und wurde bereits 1305 Kirchdorf. — 1468 schenkte der Dt. Orden Mühlhausen dem aus Lothringen stammenden Daniel von Kuenheim, der vom Papst persönlich einen Ablaß für die baufällige Kirche erwirkte. 1560—1590 wirkte in M. der Pfarrer Kaspar Hennenberger, der 1569—76 das Herzogtum Preußen kartographisch aufnahm. Margarete von Kunheim, die jüngste Tochter Martin Luthers, ruht in der Kirche von Mühlhausen.

Mühlhauser Straße in Rosenau, Querstraße der Aweider Allee.

Mühlpfordt, Dr. med. Herbert Meinhard, * Kbg. 1893, † Lübeck 1982. Internist und Kunsthistoriker. M. verfaßte bedeutende Werke zur Königsberger Stadtgeschichte. Das Stadtlexikon „Königsberg von A bis Z“ ist besonders erwähnenswert. M. schrieb auch einen fesselnden Gesellschaftsroman, der die Zeit in Königsberg um 1900 schildert. Durch sein Werk „Königsberger Skulpturen und ihre Meister 1255—1945“ errichtete er der Königsberger Bildhauerkunst ein Denkmal. Weitere zahlreiche Abhandlungen, auch über das Königsberger Theaterleben, veröffentlichte er vorwiegend im Ostpreußenblatt. Seine letzte Abhandlung befaßte sich mit Zeitgenossen Immanuel Kants. Neben anderen Ehrungen wurde M. 1977 mit der Königsberger Bürgermedaille ausgezeichnet.

Müll-Abfuhr, s. Königsberger Fuhrgesellschaft m. b. H.

Müller-Blattau, Joseph, * Colmar/Els. 1895, † Saarbrücken 1976. Musikwissenschaftler. Nach der Promotion in Freiburg begründete M. 1922 das Musikwissenschaftliche Institut an der Albertina. Sein Interesse galt der Erforschung der ost- und westpreußischen Musikvergangenheit. Ein Ergebnis seiner Arbeit ist die 1968 erschienene „Geschichte der Musik in Ost- und Westpreußen“. Prof. M. hinterließ umfangreiche Forschungsarbeiten über die deutsche Musik- und Liedgeschichte.

Müller, Johann Valerian, * Marienwerder 1771, † Kbg. 1839. Baudirektor. M. studierte an der Albertina Mathematik. Seit 1798 war er kgl. Bauinspektor in Königsberg. 1800 Kriegs- und Domänenrat, zuletzt Provinzialbaudirektor. Für das Oberlandesgericht entwarf er den Plan zu einem Neubau des östl. Nordflügels des Schlosses, mit Benutzung der aus der Ordenszeit stammenden Nordmauern. Die Ausführung erfolgte 1811 nach einem umgearbeiteten Plan, so daß M. für die Einzelheiten nicht verantwortlich war. 1806—09 erbaute M. das Stadttheater und 1811—13 das Gebäude der Sternwarte. Er vertrat einen schlichten Klassizismus. Bekannt ist der von ihm aufgenommene große Stadtplan von Königsberg, den er 1815 in Kupferstich herausgab.

Müller, Ludwig, * Gütersloh 1883, † Berlin 1945. Ev. Theologe. M. war im Ersten Weltkrieg Marinepfarrer anschließend bis 1926 in Wilhelmshaven, dann Wehrkreis-Pfarrer in Königsberg. — In Müllers Dienstwohnung fand 1932 eine folgenschwere Begegnung zwischen Hitler und dem General Werner v. Blomberg sowie dessen Stabschef Werner v. Reichenau statt; beide Offiziere ließen sich für den Nationalsozialismus gewinnen. — 1933 wurde M. Bevollmächtigter des Reichskanzlers für Kirchenfragen. — 1934 wurde M. Reichsbischof der ev. Kirche, als Anhänger der „Deutschen Christen" konnte er sich jedoch nicht durchsetzen, man erzwang seinen Rücktritt.

Müller & Guthzeit, Heringsimport, Neuer Graben 12. Gegr. 1856, seit 1916 Inhaber Othmar Orlopp, sein Sohn Siegfried führte die Firma bis zum Ende Königsbergs weiter.

Münchenhof-Platz. Im Süden durch den Neuen Pregel begrenzt, über den die Holzbrücke zum Lindenmarkt führte; im Westen mündete die Altstädt. Langgasse, nach Norden führte die Münchenhofstraße und nach Osten die Lutherstraße zum Neuen Markt.

Münchenhofstraße vom Münchenhof-Platz zum Mühlenberg; nach 1933 Krumme Grube.

Münzplatz, Münzstraße. Der Platz entstand 1802 durch Abbruch der Münze, auf derem westl. Fundament das Haus Ecke Junker- und Münzstraße stand. Aus der Straße „hinter der Münze" entstand die Münzstraße. Die Freilegung des Schloßteichs 1900 mit dem Abbruch der Häuser am Südufer veränderte das Stadtbild und ließ Schloß- und Münzplatz ineinander übergehen.

Münzwesen. Schon 6 Jahre nach der Gründung der Stadt ließ der Deutsche Orden hier Pfennige prägen. 1309 hörte die Münztätigkeit auf, 1456 begann sie wieder und dauerte bis 1803. Es blieb nicht bei Pfennigen. Mit fortschreitender Entwicklung des Geldwesens wurden Schillinge, Groschen, Zwei-, Drei-, Sechs- und Achtzehngröscher, Taler, halbe Taler, Doppel-, Drittel-, Viertel-, Sechstel- und Zwölfteltaler, Silber- und Goldgulden, Dukaten und Gedenkmünzen geprägt. Der Dreigröscher war das Düttchen jener Zeit. — Wo die Münzstraße auf den Münzplatz stieß, wenige Schritte vom Schloßteich, stand seit 1586 die Münzstätte, geleitet von einem Münzmeister. Münzherren waren die Hochmeister, dann die Regenten Preußens. Die Münzstätte prägte Münzen für das gesamte Königreich aber auch Provinzialmünzen. — Die Münzmeister kennzeichneten die Münzen mit ihrer Namensabkürzung, bis König Friedrich d. Gr. allen preußischen Münzstätten Buchstaben gab. So waren die Königsberger Münzen an dem Zeichen E zu erkennen. Von 1759—1762 wurden unter der russischen Besetzung weiterhin Münzen geprägt. — Die Tradition des Königsberger Münzwesens wird durch Sammler, Sachverständige und Händler in Ausstellungen und Kaufangeboten weiter gepflegt.

Musenhof der Keyserlings. Graf Gebhard Johann v. Keyserling kaufte 1755 das Adelspalais an der Ostseite des Schloßteichs, das er mit seiner Gattin, der 28jährigen Caroline Amalie, geb. Gräfin Erbtruchseß zu Waldburg und ihren zwei Söhnen bewohnte. K. starb 1761 und die Witwe heiratete 1763 den Reichsgrafen Christian Heinrich v. Keyserling, einen Neffen ihres ersten Gatten. Es wurde nunmehr der „Musenhof der Keyserlings". Denn bei diesen beiden, allen schönen Künsten tief ergebenen, wahrhaft adligen Menschen verkehrte der schöngeistige Adel der Provinz und das feingebildete Königsberger Bürgertum. Kant ging hier 30 Jahre ein und aus, und er, der wenig für gelehrte Frauen übrig hatte, bewunderte diese Frau. Auch mit dem Grafen verstand sich Kant in der großen freien Weltauffassung überragender Menschen vortrefflich. Hier verkehrten auch Hamann, Hippel, Kraus, Scheffner, der Musiker Carl G. Richter sowie das musikalische Wunderkind Joh. Friedr. Reichardt, dessen Vater der Gräfin Lautenunterricht gab. Hier waren durchreisende Fürstlichkeiten Prinz Heinrich von Preußen, der Zarewitsch Paul und Kg. Friedrich Wilhelm II. zu Gast. Die Gräfin zeichnete und malte u. a. ein Porträt des jungen Kant; sie spielte auch im Garten in Liebhaberaufführungen mit. Die Ehegatten sammelten auch Gemälde; Caroline war die Seele alles Schönen. Das Palais wurde durch Kauf der Nachbarhäuser vergrößert und im Rokokogeschmack umgebaut; ein wahrer „Musensitz". Das hörte 1787 mit dem Tod des nur 60jährigen Reichsgrafen auf. Caroline überlebte ihn knapp vier Jahre, und ihr einziger überlebender Sohn Albrecht Johann Otto, dessen Nachkommenschaft noch heute blüht, verkaufte das Palais 1796 an den Mechanicus Loyal, der es 1799 an den Bancodirektor Krüger für 24 000 Taler weiterverkaufte. Von diesem erwarb es 1809 der König für 32 000 Taler als Kronprinzliches Palais, später Sitz des Generalkommandos.*

Museum der Ordenszeit, s. Ordensräume.

Musik. Königsberg war eine Musikstadt besonderen Grades. Schon am herzoglichen Hof wurde die Musik gepflegt. Bekannt waren die Hofkapellmeister Johann Eccard und sein Schüler Johann Stobäus. 1650 erschien die „Musikalische Kürbislaube" von dem Komponisten Heinrich Albert. Der Komponist Georg Riedel, der langj. Kantor der Altstadt war, leitete 30 Jahre das Musikamt in Kbg. Später sind als schaffende Musiker aus Kbg. u. a. J. F. Reichardt, E. T. A. Hoffmann, Otto Nicolai, Adolf Jensen und Hermann Goets hervorgegangen. Königsberger Komponisten der letzten Jahrzehnte waren u. a. C. Berneker, Heinz Tiessen, Werner Heymann, Otto Besch und Herbert Brust, dem die Vertonung des Ostpreußenliedes zu verdanken ist. Praktisches Musizieren im Sinne musikalischen Nachschaffens trat früh in Erscheinung. Zunächst war es — und das ist bezeichnend für den musikalischen Horizont der Stadt und ihres Publikums — vor allem die Hausmusik, die ähnlich wie einst in Wien besonders in den Häusern der Aristokratie mit großer Liebe gepflegt wurde. Aber auch das öffentliche Musizieren fand bald einen fruchtbaren Boden. Wir wissen, daß Caroline Unger, die bei der Uraufführung von Beethovens IX. Sinfonie die Sopranpartie gesungen hat, in Kbg. konzertiert hat, ebenso ein Sohn Mozarts, der ein bedeutender Pianist war, ganz zu schweigen von Franz Liszt, dem die Albertina die Würde eines Ehrendoktors verlieh. Seither sind wohl alle Künstler von Rang und Namen in der Stadt am Pregel gewesen. Das Königsberger Konzertpublikum fühlte sich mehr und mehr wie eine Schicksalsgemeinschaft im Zeichen der Kunst. Es ging ein Fluidum von ihm aus, das auch die Künstler auf dem Podium nicht unberührt ließ, was mehrfach bestätigt worden ist. Neben den vielen Konzerten auswärtiger Größen trat in hohem Grade die eigene Bestätigung. Hier sind vor allem die Königsberger Sinfoniekonzerte zu nennen, deren Weg durch die Namen ihrer in ihrem Wesen sehr verschiedenen profilierten Dirigenten Max Brode, Wilhelm Sieben, Ernst Kunwald, Hermann Scherchen, Bruno Vondenhoff, Erich Seidler und Wilhelm Franz Reuß kurz umschrieben sei. Daneben stand der Königsberger Musikverein mit seiner unvergessenen, dem Konservativismus der Königsberger trotzenden Pionierarbeit unter Ernst Wendel und Paul Scheinpflug. Da waren die Musikalische Akademie und die Singakademie, die unter Hugo Hartung zu einer Einheit verschmolzen, da war der Bachverein unter Walter Eschenbach und Traugott Fedtke, der Schubertchor unter Heinz von Schumann und der Domchor unter Herbert Wilhelmi. Unvergeßliche Aufführungen der großen Chorwerke sind ihnen allen zu danken. Groß war ferner die Zahl der Männerchöre, unter denen nur der Königsberger Sängerverein unter Karl Ninke und die Melodia genannt seien. In der Musikerziehung wirkten in Kbg. neben dem unter den Professoren Müller-Blattau und Hans Engel neu erstandenen Institut für Kirchen- und Schulmusik der Albertina zwei Konservatorien und zahlreiche tüchtige Lehrkräfte. Unmöglich, alle Namen zu nennen. Einst war es Louis Köhler, der weit über Königsbergs Grenzen bekannte Klavierpädagoge, in den letzten Jahrzehnten vor allem Prof. Margarete Schuchmann, Dr. Lina Jung, Prof. Erwin Roß, Rudolf Winkler, Joachim Ansorge, Walter Kühn, Kurt Brache und gastweise auch Hans-Erich Riebensahm, der aus Kbg. gebürtige, bedeutende Pianist. Bekannte Musikkritiker waren Gustav Dömpke und Dr. Erwin Kroll. Auf dem Paradeplatz, seitlich der Universität, stand das altehrwürdige Opernhaus, in dem einst der junge Richard Wagner als Kapellmeister gewirkt hatte. Eine Ehrenwand im Wandelgang des ersten Ranges erinnerte an ihn. Zu erwähnen ist die Ära Stegemann, deren Initiative durch die deutsche Erstaufführung der Oper „Carmen“ am 26. 10. 1879 gekennzeichnet ist. Große, dem Fortschritt aufgeschlossene Leistungen brachten die Jahre unter Hans Schüler, dem späteren Generalintendanten der Leipziger Oper, und — vom Blickpunkt der Opernreg gesehen — das Wirken Günther Re nerts, des späteren Intendanten d Hamburger Staatsoper. Als Kuriosu sei erwähnt, daß Kbg. in den Jahre 1923 bis 1925 noch ein zweites Oper haus besaß, die Komische Oper auf de Hufen unter der Leitung des Kunstm zens Bruno Dumont du Voitel. - Nach einer Schilderung des 1966 ve storbenen Otto Besch.

Müttrich, Gottlieb Emik, * Kbg. 183 † Kbg. 1890. Mediziner. Nach dem St dium promovierte M. und wurde 185 praktischer Arzt in Königsberg. 186 wurde ihm die Leitung des Turnunte richts an den höheren Schulen übertr gen. M. machte sich verdient um di Einführung des obligatorischen Turn unterrichts und leitete eine Anstalt fü Heilgymnastik sowie galvanische Hei methoden. 1886 erhielt M. den Tite eines Sanitätsrats.

N

Nachrichten Abteilung 1 seit 1920 in Kalthof, seit 1935 Korps-Nachrichter Abteilung 41.

Nachtigallensteig, 1884 von der Schützenstraße zur Wrangelstraße. Der Volksmund nannte den Weg durch diese Gegend, die reich an Nachtigallen und an deren Westseite das „Studentenfließ“ plätscherte, schon im 18. Jahrhundert so. — Kurfürst Friedrich III. nahm die Nachtigallen in seinen Schutz; er verbot ihren Abschuß bei Strafe von 100 Gulden für den Fiskus. — Schließlich wurde der idyllische Name der Straße offiziell.

Nadrauer Weg, von der Samitter Allee zur Hans-Sagan-Straße.

Napoleon in Königsberg. Im Juli 1807 wohnte Napoleon im Schloß und besichtigte Stadt, Hafen und Truppen. Hier wohnte er auch im Juni 1812 und empfing die pr. Zivilbehörden, Generale und die Spitzen der Kaufmannschaft; er hielt Revue im inneren Schloßhof. Auch besichtigte N. die Stelle des Speicherbrandes von 1811 und befuhr mit einem Boot den Lizent. Schließlich Besichtigung der deutschen Truppen vor dem Friedländer Tor. Abreise am 17. 6. nach Wehlau.

Narren- oder Tuchmachertor, am späteren Roßgärter Markt; 1753 abgebrochen.

Nassengärter Feuerweg, parallel zur Berliner Straße.

Nasser Garten. Durch den Wallbau von 1626 wurde der Alte Garten von ihm abgeschnitten. Er war ein Gemüsebauerndorf mit Häusern in einheitlich klassizistischem Stil und blieb es auch, als er 1743 zum Kneiphof kam. — Am 14. 6. 1807 heftige Kämpfe um den Freudenkrug und das Nassengärter Tor, dessen Wachthäuschen erst 1902 abgebrochen wurde.

Natangen. Der alte Preußen-Gau wird nördlich vom Pregel, südwestlich vom Ermland und südöstlich vom Gau Barten begrenzt.

Nationaler Frauendienst, er wurde bei Kriegsausbruch 1914 vom Stadtverband Königsberger Frauenvereine organisiert.

National-Kavallerieregiment, s. Ostpreußisches National-Kavallerieregiment.

Naturereignisse. 1303 Erdbeben in ganz Preußen. — Winter 1322/23 starke Kälte; fast alle Obstbäume erfroren. — 1427 Dürre, Ostern bis August kein Regen. — 1506 Birnbäume tragen zweimal Frucht. — 1556/57 sehr kalter Winter. — 1572 „Wunderzeichen am Himmel", ein Nordlicht. — 1577 großer Komet über Königsberg. — 1585 großes Nordlicht für ein „schröckliches Zeichen" gehalten. — 1642 der Storch kommt bereits Ende Januar. — Am 23. 12. 1680 „nach dem Sonnen Untergang ein schrecklicher Cometstrahl 52 Grad hoch zum ersten mal gesehen worden", Halleyscher Komet. — 12. 5. 1706 totale Sonnenfinsternis, 11 Uhr stockdunkel. — Januar 1709 ungeheure Kälte; im Lustgarten gehen seltene Bäume ein; noch Anfang Mai fährt man auf der Ostsee Schlitten; Folgen Mißwachs, Hungersnot, Teuerung. — 1711 Königsberg leidet unter Heuschreckenschwärmen. — 1739/40 strenger Winter, furchtbare Kälte, Eichen geborsten; Wein, Bier gefroren; Wachtposten, Wild und Geflügel erfroren. Ostsee öffnet sich erst Mitte Mai. — 12. 4. 1766 totale Sonnenfinsternis. — 1771 strenger Winter. — 1794/95 große Kälte. — 3. 11. 1801 Westorkan mit gewaltigem Rückstau, Schiffe liegen auf Wiesen, durch die Überschwemmung wird ein Wollschiff auf dem Wall abgesetzt. — 1806 Orkan über Königsberg, er fegt einen der drei Schloßhofgiebel des Berwartbaus herab. — 1832 kalter Sommer; im Juli in den Nächten Reif und Eis. — 1834 Hitze und Dürre, zweimaliges Blühen und zweimal Früchte. — 1836 großes Nordlicht. — 1849 große Kälte, bis -35° R. — 1. 6. 1871 liegt Schnee. — 1868 heißer Sommer, am 13. 8. 35,8° R. — 1889 schneereiches Jahr, 92 Schneetage. — Febr. 1894 Weststurm, großer Rückstau; der Damm des Nassen Gartens bricht, er wird überflutet. — 1899/1900 schneereicher Winter; 17 500 cbm Schnee abgefahren mit 28 721 Fuhren. — Juni 1905 geringfügiger Erdbebenstoß in Königsberg. — 1907/08 schneereicher Winter, 175 696 cbm Schnee abgefahren, Kosten 235 860 Mark. — Juli 1910 Halleyscher Komet. — 1911/12 Landgraben bis auf den Grund zugefroren. — 7. 4. 1912 fast totale Sonnenfinsternis, heißer Sommer; an Königsberger Schulen 25 mal Hitzeferien. — Jan. 1918 heftiges Wintergewitter. — 1928/29 sehr harter Winter, Ostsee bis zum Horizont zugefroren; noch im Mai Eis an der Kurischen Nehrung; 7. 1. 42 cm Schneehöhe; 10. Febr. -34,4° C; mittlere Februartemperatur -13,8° C. meist NO-Wind. 1934 ungeheuere Schneefälle; Maifeier fällt aus.*

Naumann, Paul, * Birkenhof/Samland 1850, † Kbg. 1919. Tiefbauingenieur. N. trat 1879 in den Königsberger Kommunaldienst als Stadtbaurat für den Tiefbau. Ihm verdankt Königsberg die gesunde Wasserversorgung aus dem ordenszeitlichen Landgraben und den Samlandteichen. N. baute die neuen Pregel-Klappbrücken und trat für den Ausbau der Kanalisation, des Innenhafens und des Straßenbahnnetzes ein.

Nehrungen, s. Frische und Kurische Nehrung.

Neide, Emil, * Kbg. 1843, † Dresden 1908. Maler. N. war an der Königsberger Kunstakademie Schüler von Rosenfelder, arbeitete dann an der Kunstakademie München, ab 1880 als Lehrer und Professor an der Kunstakademie Königsberg. Er schuf u. a. zwei Bilder in der Aula der Albertina und vier Gemälde für die Aula des Wilhelms-Gymnasiums in Königsberg. — Später wandte sich N. dem realistischen Erscheinungsbild zu: „Am Ort der Tat“ 1884, „Die Lebensmüden“ 1885, „Vitriol“ 1891. Diese Bilder wurden in den großen Städten Deutschlands gezeigt und riefen überall Aufsehen hervor.

Nesselmann, Georg Heinrich, * Fürstenau/Elbing 1811, † Kbg. 1881. Altphilologe. Nach dem Studium und der Promotion habilitierte sich N. als Priv. Dozent der orientalischen Sprachen in Königsberg. 1843 wurde er a. o., 1859 ord. Professor auf seinem Fachgebiet. Namentlich ist N. durch Arbeiten über orientalische Numismatik hervorgetreten. Von seinen Veröffentlichungen sind zu nennen: Die Sprache der alten Preußen, Königsberg 1845; Wörterbuch der Littauischen Sprache, 1851; Deutsch preuß. Vocabularium aus dem Anfang des 15. Jahrhunderts 1868.

Nettelbeckstraße vor dem Friedländer Tor, benannt nach Johann Christian Nettelbeck, * 1738, † 1824. N. war von 1762 bis 1770 Königsberger Bürger. — Bei dem großen Brand von 1764 spielte er eine rühmliche Rolle. Davon erzählte N. in seinen lesenswerten Lebenserinnerungen.

Neubacher. Fritz Neubacher, Koggenstraße 42, betrieb seit 1914 einen Großhandel mit Hanferzeugnissen und rief die Schiffahrtslinie Cranzbeek — Memel ins Leben mit den Dampfern „Cranz“, „Rossitten“ und „Memel“.

Neue Bleiche am Veilchenberg von der Alten Pillauer Landstraße nach Kosse. Hier befand sich bis 1904 ein Etablissement, das von den Königsbergern gern besucht wurde.

Neue Dammgasse, von der Börsenstraße zum Unterhaberberg. Nach dem Brand von 1769 als „Millionendamm“ aufgeschüttet.

Neuendorf, s. Adl. Neuendorf.

Neuendorfer Straße in Jerusalem, von der Schönfließer Allee nach Neuendorf.

Neue Reiferbahn auf der Laak, vom Neuen Graben zur Lizentgrabenstraße.

Neuer Graben von der Unterlaak zur Bohlwerksgasse.

Neuer Markt, seit 1811 am Pregel, zwischen Löben. Langgasse und Kath. Kirchenstraße.

Neuer Turm, er stand am altstädtischen Gemeindegarten, 1888 abgebrochen.

Neues Albertinum. Dieses Gebäude ließ Herzog Albrecht Friedrich 1569 neben dem Alten Albertinum errichten.

Neues Kollegienhaus, 1541 erbaut. Es wurde 1544 das Albertinum und bald auf der Hofseite mit dem „Albertus“ geschmückt.

Neue Sorge, vom Roßgärter Markt zum späteren Königstor. Erst 1610 besiedelt, wurde sie 1662 Freiheit mit Gerichtssiegel. 1729 ist der Name Königsstraße bereits in den Akten belegt.

Neues Schauspielhaus, gegründet von einer GmbH unter Führung des Königsberger Arztes Dr. Arthur Berdrow, erbaut von Architekt W. Kuckuck in der Roßgärter Passage, eröffnet am 8. 9. 1910 von Dir. Josef Geißel mit Shakespeares „Was Ihr wollt“. Das N. S. wurde eine moderne Kammerspielbühne. 1915—1919 war Leopold Jeßner Direktor u. 1919—1925 Richard Rosenheim. Paul Wegener spielte die Titelrolle bei der Uraufführung von Sudermanns „Raschhoffs“ und 1924 zu seinem 50. Geburtstag den „Götz“. 1925—1933 war Dr. Fritz Jeßner Direktor. Er führte Hauptmanns „Florian Geyer“ auf. 1927 siedelte das Schauspielhaus, von der Stadt erworben, aus der Passage ins bisherige Luisentheater über. Über dem Eingang des neuen Hauses stand auf Vorschlag Stadtschulrat Stettiners Schillers Wort: „Ewig jung ist nur die Phantasie“. Zur Eröffnung am 28. 9. 1927 Shakespeares „Sturm“. 1933 Intendant Kurt Hoffmann. Im Schloßhof wurde 1934 „Götz von Berlichingen“ mit Heinrich George und 1935 „Die Jungfrau von Orleans“ aufgeführt. 1937—38 gab es 318 Aufführungen und 200 654 Besucher.*

Neues Schützenhaus, s. Schützengilden.

Neuhausen. Die Burg N. wurde 1292 erbaut im samländischen Domkapitel, dessen Sitz Königsberg war. Südlich des Schlosses am Ende des Mühlenteiches blieb die Hausmühle des Ordens — der spätere Eichenkrug — in ihrem ursprünglichen Zustand erhalten. Turm und Seitengiebel der Kirche aus der gleichen Zeit trugen Blenden und Staffelgiebel. Es hatte sich auch eine Lischke gebildet. Drei Handwerker, ein Schneider, ein Schuster und ein Schmied, erhielten zusammen von Herzog Albrecht eine Hufe Acker. Nach 1525 war das Schloß eine Zeitlang Sitz des evang. Bischofs Georg von Polentz. Nach dessen Tod verschrieb es der Herzog 1550 seiner zweiten Gemahlin Anna von Braunschweig zum Leibgedinge. Der ältere Teil wurde vom Herzog umgebaut. Anna Maria starb hier am 20. 3. 1568, dem gleichen Tage wie ihr Gemahl. Da N. mitten in einem reichen Jagdgebiet lag, machte es der jagdliebende Kurfürst Georg Wilhelm zu seinem Lieblingsaufenthalt. 1814 verlieh der König Schloß und Domäne dem General Graf Bülow von Dennewitz zusammen mit Grünhoff. Graf Luckner und von Massow waren die späteren Schloßbesitzer. Schloßpark und Forst um die Kleinbahnstation N.-Tiergarten mit dem Etablissement Freiwald waren ein beliebtes Ausflugsziel der Königsberger. 1935 wurde in Neuhausen eine Niederlassung des Behring-Instituts in Betrieb genommen.

Neuhäuser. Ein beliebter, nördl. von Pillau gelegener Badeort. Als Anfang der 60er Jahre des v. Jh. die Strecke nach Pillau gebaut wurde, faßten die Königsberger Kaufleute den Plan, hier eine Villenkolonie mit Seebadegelegenheit zu gründen.

Neukuhren westl. von Cranz. Bereits in den 90er Jahren hatte N. ein Kurhaus mit einem Garten, in dem der häufig zitierte alte Birnbaum stand. Nach 1900 entwickelte sich N. zu einem gern besuchten Seebad und Ferienaufenthalt. In der Neukuhrener Bucht befand sich ein kleiner Fischereihafen, der einzige zwischen Pillau und Memel.

Neumann, David, * Kbg. 1734, † Cosel 1807. Offizier. N. trat 1756 in das pr. Heer ein, geriet aber bald in östr. Gefangenschaft. 1760 Sek. Leutn. 1779 geadelt. Teilnahme am Feldzug gegen Frankreich, 1792 Major, 1793 Pour le mérite. 1804 Oberst, leitete 1807 die heldenhafte Verteidigung von Cosel. — Seine Ernennung zum Generalmajor erreichte ihn nicht mehr.

Neumann, Ernst Christian, * Kbg. 1834, † Kbg. 1918. Pathologe. Vater: Prof. Franz E. N. Bereits 1859 habilitierte er sich für die pathologische Anatomie. N. wurde 1866 Direktor des Pathol. Instituts und a. o. Professor. Generationen ostpreuß. Ärzte hat er herangebildet und sich durch seine Leistungen einen Ruf als „Virchow des Ostens“ erworben. 1903 emeritierte N., blieb aber bis zum Lebensende tätig. — Am bekanntesten wurde N. durch seine Entdeckung, daß die roten Blutkörperchen postfötal im Knochenmark entstehen. Seine Arbeiten erstreckten sich auf alle Gebiete der Pathologie. So erkannte er in der Entzündung eine zweckmäßige Reaktion des Organismus. Sein Hauptwerk: „Blut und Pigmente“, Jena 1917.

Neumann, Franz Ernst, * Joachimsthal/Berlin 1798, † Kbg. 1895. Physiker. Nach der Teilnahme am Befreiungskrieg Promotion in Berlin; dann Habilitation in Königsberg, wo N. 1828 Professor wurde. N. begründete mit Prof. K. Jakobi die mathem. Physik in Deutschland und schrieb bahnbrechende Arbeiten auf physikalischem Gebiet, u. v. a. in der Kristallographie. — Als einer der fünf letzten Veteranen des Befreiungskrieges starb Geheimrat N. fast hundertjährig in Königsberg und wurde auf dem „Gelehrtenfriedhof“ unter der Sternwarte beerdigt. — Seit 1898 ehrte ihn eine Bronzetafel des Bildhauers Prof. Reusch in der Säulenhalle der Albertina.

Neumann, Friedrich Julius, * Kbg. 1835, † Freiburg 1910. Nationalökonom. Sohn des vorigen. N. studierte in Königsberg und Leipzig Staats- und Rechtswissenschaft, habilitierte sich 1865 an der Albertina, ging 1871 als Prof. der Volkswirtschaftslehre nach Basel und wurde dann nach Freiburg und Tübingen ber fen. N. schrieb zahlreiche Abhandlu gen über das Steuerrecht.

Neumann, Karl Gottfried, * Kbg. 183 † Leipzig 1925. Mathematiker, Brud des vorigen. N. studierte an der Albe tina Mathematik und Physik. 1858 Halle habilitiert für Mathematik, wur er dort Professor, später in Basel un Tübingen. 1868 ging er nach Leipzi wo er 42 Jahre erfolgreich als charakt ristischer Vertreter der Königsberg Schule arbeitete und zum eigentliche Begründer der Theorie des logarithm schen Potentials wurde. Bedeutend sin N.s Arbeiten zur mathematischen Ph sik und Funktionstheorie.

Neumann, Karl Johann, * Kbg. 182 † Breslau 1880. Historiker, Geograph. N studierte an der Albertina. Von 185 bis 1860 redigierte er die Berliner „Zeit schrift für allgemeine Erdkunde“, wurd 1860 a. o. Professor der Geschichte i Breslau, 1865 ordentl. Professor. Sei Hauptwerk: „Die Hellenen im Skythen lande“, Berlin 1855.

Neumann, Luise, * Kbg. 1837, † Leipzi 1934. Malerin, Tochter des Prof. Fran N. Sie studierte die Malerei bei Prof Heydeck und H. Knorr. Sie schu Landschafts- und Porträtbilder. Da Stadtgeschichtl. Museum besaß ihre Por träts von Fr. Neumann und dem Kunst historiker Prof. Aug. Hagen. — Nach einem Aufenthalt in Joachimsthal er schien ihr Werk „Franz Neumann Erinnerungsblätter“. Den Nachlaß ihres Vaters übergab sie dem Stadtgeschichtl Museum, so daß dort ein Neumann-Zimmer eingerichtet werden konnte.

Neumann, Reinhold Ferdinand, * Kbg. 1789, † Kbg. 1833. Pädagoge. N. besuchte die Altst. Lateinschule und studierte an der Albertina. 1812 wurde er Lehrer an der Berliner Taubstummenanstalt und später Direktor der Königsberger Taubstummenanstalt. Statt der bisherigen Zeichensprache führte Neumann die Lautsprachmethode ein. Schon 1814 ernannte ihn die Universität Wittenberg zum Dr. phil. h. c.

Neuroßgarten, 1635 von der Altstadt gegründet. Dieser Stadtteil wurde östlich vom Steindamm, südlich von der Laak, westlich vom Deutschordensring und nördlich von der Kniprodestraße begrenzt. In diesem Wohngebiet befanden sich fast alle Kliniken und Institute der Albertina. — Der Volksgarten mit der Sternwarte und der Botanische Garten gehörten zu den wenigen Grünanlagen innerhalb der Umwallung.

Neuroßgärter Friedhöfe. Der alte Friedhof lag an der Sternwarte, zwei weitere auf dem Veilchenberg.

Neuroßgärter Kirche, erbaut 1644—47, ein chorloser Saalbau, von flacher Holztonne mit Stichkappen überwölbt. Der von 1683—95 gebaute 90 m hohe Westturm diente den Haffschiffern als Landmarke. Er erhielt 1697 eine Turmuhr und 1817 einen Blitzableiter. 1737 wurde in die N. K. eine Orgel von Ad. Casparini und 1848 eine Kanzel mit eindrucksvollen Figuren eingebaut. Andreas Knorre schuf ein Gemälde und Prof. Cauer eine Erzbüste des Erzbischofs Ludwig Ernst von Borowski. Das Bild hängt in der N. K., und die Büste steht außen an der Nordseite der Kirche.

Neuroßgärter Kirchenberg, vom Butterberg zur Ostendorffstraße.

Neutief, eine Fischersiedlung an der Nordostspitze der Frischen Nehrung.

Nicolai, Otto Ehrenfried, * Kgb. 1810, † Berlin 1849. Komponist. Nach einer harten Jugend in Königsberg wurde er in Berlin von Zelter ausgebildet. Dann führte N. auf der Jagd nach Erfolg in Italien ein unstetes Leben, das ihn 1841 als berühmten Musiker nach Wien brachte. Am 20. 8. 1844 kam N. als Gast der Albertina nach Königsberg und dirigierte im Dom seine Festouvertüre über den Choral „Ein feste Burg". Von Friedrich Wilhelm IV. hoch geehrt, übernahm er 1847 die Leitung des Berliner Domchors und der Kgl. Oper. Hier 1849 Uraufführung seiner unsterblichen Oper „Die lustigen Weiber von Windsor", zwei Monate vor seinem jähen Tode.

Nicolaistraße, 1886 Querstraße des Steindamms, dort O. Nicolai geboren, vorh. Bandschneidergasse.

Nicolovius, Georg Heinrich, * Kbg. 1767, † Berlin 1839. Jurist. Nach vielseitigem Studium trat N. in den Staatsdienst, seit 1806 Vortragender Rat bei Auerswald. 1808 wurde er preuß. Staatsrat. N. war mit Luise Schlosser, einer Nichte Goethes, verheiratet.

Nicolovius, Matthias Balthasar, * Kbg. 1717, † Kbg. 1778. Jurist. Während der Russenzeit konnte N. durch seine diplomatischen Fähigkeiten Unheil über Stadt und Land verhüten. Als Jurist und Hofrat nahm er 1772 den Mitgliedern des Oberlandesgerichts in Marienwerder den Diensteid ab.

Nicolovius, Matthias Friedrich, * Kbg. 1768, † Kbg. 1836. Buchhändler. N. lernte den Buchhandel in Riga, eröffnete 1790 in Königsberg eine Buchhandlung, die er 1791 in das Geßlersche Palais verlegte. Bald nahm N. den ersten Platz im Königsberger Buchhandel und Verlagswesen ein. Er brachte Werke von Kant, Hamann, Hippel, Baczko und Scheffner sowie die Kant-Biographien von Borowski, Jachmann und Wasianski heraus. Sein Geschäft ging langsam zurück, so daß er es 1818 an die Brüder Bornträger verkaufen mußte.

Nicoloviusstraße von der Stägemannstraße zum Landgraben; 1912 nach der hochverdienten Familie Nicolovius benannt.

Niebuhr-Straße, Siedlung Charlottenburg, benannt 1932 nach dem Historiker Georg B. Niebuhr, * 1776, † 1831. N. trat 1806 als Mitdirektor der Berliner Seehandlung in preuß. Dienste. In Königsberg war er freundschaftlich und ideel mit Stein, Schön und G. H. Nicolovius verbunden. 1809 wurde er Sektionschef für das Staatsschuldenwesen, 1810 Historiker in Berlin. Dort gab er den „Preuß. Correspondenten“ heraus, in dem er für die Befreiung Preußens eintrat.

Nidden, größte Siedlung auf der Kurischen Nehrung. Bereits 1437 erwähnt, wird N. im 15. Jh. als Reiseetappe genannt und war ein Fischerdorf mit Krug. — Größere Bedeutung erhielt N. wegen seiner schönen Lage in der Nähe großer Dünen erst um 1900. N. zog Künstler an, die es immer wieder aufsuchten. Dazu gehören Max Pechstein, Schmidt-Rottluff, Alfred Partikel, die Königsberger Julius Freymuth, Ed. Bischoff und auch den Dichter Thomas Mann, der dort vor 1933 für seine Familie ein Haus baute. 1939 hatte Nidden 736 Einwohner.

Niddener Weg an der Cranzer Allee, von der Sarkauer Straße zur Straße Am Ziegelhof.

Niederpreußische Bühne, 1926 von Studienrat Karl Bink gegründet, war eine Vereinigung zur Pflege des mundartlichen Theaterspiels. B. schrieb selbst Stücke in ostpr. Platt und führte sie mit einer Spielschar von Laien in vielen Orten der Provinz und im niederdeutschen Sprachraum auf.

Nobelpreisträger. Zwei geborene Königsberger erhielten den Nobelpreis: 1910 Otto Wallach und 1953 Fritz A. Lipmann. Außerdem 1911 Wilhelm Wien aus Gaffken. S. die Genannten.

Nollendorfstraße in Maraunenhof von der Auguste-Viktoria-Allee zur Tauroggenstraße.

Nordbahnhof. Dieser Bau war ein G
meinschaftsbahnhof für die Reichsbah
strecke nach Labiau und Tilsit sow
für die Cranzer und Samland-Bahn. -
Die Stadt kaufte unter Leitung von O
Dr. Lohmeyer die an der Börse geha
delten Aktien zu einer Mehrheit, u
mit den anderen Beteiligten im Rahme
einer G.m.b.H. den Gemeinschaftsbah
hof am Hansaplatz 1930 errichten z
lassen. Der die Nordseite des Hans
platzes beherrschende wuchtige Ba
hatte Oberbaurat M. Stallmann entwo
fen. — Der Mittelbau enthielt im Er
geschoß die Fahrkartenausgaben der b
teiligten Bahnen, Räume für das Stä
tische Verkehrsamt sowie Läden. I
westlichen Flügel und einem Anbau b
fand sich ein Hotel ersten Ranges, b
trieben von der inneren Mission und e
erstklassiges Restaurant. Den östliche
Flügel besetzten die Geschäftsräume d
Ostdeutschen Eisenbahn-Gesellschaf
der Betriebsführerin aller privaten un
kommunalen Eisenbahnen und Klei
bahnen in Ostpreußen. In einem östl
chen Anbau befand sich das Postamt 2

Norddeutsche Bernstein-Industrie, Na
joks, Mann & Gedenk, Bernsteinhau
Weidendamm 28/29.

Norddeutsche Creditanstalt, s. Dt. Ban

Norddeutsche Zellulose A. G. Die Kö
nigsberger Kaufleute Geilus und A
ders, A. J. Levin, Max Minkowski un
Rudolf Schlegelberger gründeten dies
Unternehmen und errichteten 1907 d
Zellstoffwerk Kosse. Weitere Entwic
lung s. Feldmühle.

Nordostdeutscher Genossenschaftsve band, gegr. 1909.

Nord-Ostpreußen. Dieses Gebiet süd
der Memel mit Teilen der Regierung
bezirke Königsberg und Gumbinne
steht seit 1945 unter sowjetischer Ve
waltung. Nord-Ostpreußen wurde m
15 100 qkm der Russ. SFSR angegli
dert und in 13 Rayons, 22 Städte und

Siedlungen städtischen Typs eingeteilt. — 40 Jahre nach Kriegsende ist Nord-Ostpreußen immer noch für jeden Touristen-Verkehr gesperrt.

Notgeld der Stadt Königsberg. Erst 1916 gestattete der pr. Minister für Handel und Gewerbe den Städten die Herausgabe kleiner Zahlungsmittel. Auch der Königsberger Magistrat druckte „Gutscheine" im Wert von 50 Pfennig bis 2 Mark mit verschiedenen Stadtansichten, 1922 einen Hundertmarkschein mit der Büste Kants, spätere Scheine in schneller Reihenfolge mit immer größeren Zahlen bis zu 200 Millionen Mark im September 1923.

Noth, Dr. h. c. Martin, * Dresden 1902, † Subeita/Palästina 1968. Ev. Theologe. Nach dem Studium wurde N. 1927 Dozent an der Universität Greifswald und 1928 in Leipzig, 1930 als Professor für Theologie nach Königsberg berufen, nahm er am gesellschaftlichen Leben Königsbergs regen Anteil. Ab 1945 bekleidete N. einen theologischen Lehrstuhl in Bonn. Er betätigte sich in der Alttestamentlichen Wissenschaft und in der Palästina-Forschung.

O

Oberappellationsgericht s. Gerichte.

Oberbürgermeister

Martin Gottlieb Deetz	1809—10
Dr. August Wilh. Heidemann	1810—13
Carl Friedrich Horn	1814—26
Johann Friedrich List	1826—38
Rudolf von Auerswald	1838—42
August Friedrich Krah	1843—48
Carl Gottfried Sperling	1853—64
Ernst von Ernsthausen, komm.	1865—66
Friedrich Kieschke, komm.	1867—72
Carl Joh. Eduard Szepansky	1872—74
Joh. Karl Adolf Selke	1875—93
Herm. Theodor Hoffmann	1893—02
Siegfried Körte	1903—18
Dr. Hans Lohmeyer	1919—33
Dr. Hellmuth Will	1933—45

Oberfinanzdirektion s. Landesfinanzamt.

Oberhaberberg parallel zum Unterhaberberg, von der Vorstädt. Langgasse zum Viehmarkt.

Oberpostdirektion. Im Zusammenhang mit der Neuordnung des preußischen Postwesens wurde am 19. 9. 1849 die Oberpostdirektion Königsberg eingerichtet. — Im Jahre 1905 kamen noch Kreise des neuen Regierungsbezirks Allenstein dazu, von 1920 bis 1939 Kreise des früheren Westpreußen. Der erste Leiter der OPD Königsberg war der Oberpostdirektor Pieck, ihr letzter der Präsident der Reichspostdirektion Pietsch. Im Jahre 1850 gab es im OPD-Bezirk 67 Ämter und Amtsstellen; 1862 waren es 71 „Postanstalten" mit 135 Beamten. 1942 zählte man 1814 Postanstalten mit 10 861 Beamten. Im Bezirk wurden 1870 1,7 Millionen Briefe und Karten täglich aufgegeben und 1942 waren es über 90 Mill. An Paketen wurden 1942 jährlich 8,5 Mill. Stück aufgegeben. Sitz der OPD war das Hauptpostgebäude in der Poststraße. Nach 1918 wurde der Neubau Brahmsstr. 7, Ecke Hansaring errichtet. — In den letzten Kriegsmonaten befand sich bis März 1945, in den Kellern der OPD, der Gefechtsstand des Festungskommandanten, General Lasch. Die OPD sollte mit Akten und Einrichtungen verlagert werden in die Postschutzschule in Sternberg/Meckl. Als die Lastkraftwagen dort ankamen, wurden sie bereits von der Sowjetarmee empfangen.

Oberlaak von der Unterlaak zur Friedrich-Ebert-Straße.

Oberpräsidenten. 1765 wurde Johann Fr. v. Domhardt Präsident der Gumbinner und Königsberger Kriegs- und Domänenkammern und damit praktisch der erste Oberpräsident Ostpreußens. Ihm folgte 1791 Friedr. L. Frhr. v. Schrötter, der 1795 Minister für Ost- und Neu-Ostpreußen wurde. 1814—24 war Hans J. v. Auerswald Oberpräsident von Ostpreußen. Ihm folgte Theod. v. Schön. Unter ihm wurden West- und Ostpreußen zur Provinz Preußen vereinigt. Nach seinem Rücktritt wurde Karl Wilh. v. Bötticher Oberpräsident, dem 1850 Franz Aug. v. Eichmann und 1869—1882 Carl v. Horn folgten. Von 1872—1880 wurde das Regierungsgebäude gebaut, in dem nun die Oberpräsidenten wohnten:

1882—91 Albrecht v. Schlieckmann
1891—95 Udo Grf. v. Stolberg-Wernigerode
1895—01 Wilhelm Graf Bismarck
1901—03 Freiherr v. Richthofen
1903—07 Friedrich v. Moltke
1907—14 Ludwig v. Windheim
1914—19 Adolf v. Batocki
1919—20 August Winnig, der gehen mußte, weil er dem Kapp-Putsch nicht entgegen trat.
1920—32 der verdienstvolle Ernst Siehr
1932—33 Wilh. Kutscher, durch Erich Koch verdrängt, der im Juni 1933 die Amtsgeschäfte im Oberpräsidium übernahm.*

Oberpräsidium. Mittelbehörde der pr. Staatsverwaltung für die Provinz Ostpreußen unter der Aufsicht der Staatsregierung. Der Oberpräsident ist der ständige Vertreter der Staatsregierung. Der oberste Verwaltungsbeamte hat die politischen, wirtschaftlichen, sozialen und kulturellen Vorgänge in der Provinz zu beobachten und darüber zu wachen, daß die Verwaltung einheitlich und dem Gesetz, den Verordnungen und dem Staatswohl entsprechend geführt wird. — Zu diesem Zweck kann er sich bei allen Behörden der Provinz unterrichten und besitzt ihnen gegenüber das Weisungsrecht. Der Oberpräsident übt eigene Verwaltungstätigkeit aus, die ihm durch Gesetz oder durch das Staatsministerium übertragen worden sind.

Oberräte. In der Verfassung des Herzogsstaates ab 1525 führten unter dem Herzog vier Oberräte die Regierung: Oberburggraf, Obermarschall, Landhofmeister und Kanzler. Sie bildeten das sogenannte Etatsministerium, das bis 1804 bestand. — Dann wurden diese Würden zu Titeln, die an hervorragende Beamte verliehen wurden. Der Titel „Kanzler“ ging seit 1808 auf den Oberlandesgerichtspräsidenten über. — Wohnungen der herzogl. Oberräte: Oberburggraf im Schloß, Obermarschaller auf dem Burgkirchenplatz, die Kanzlei in der Junkergasse, Landhofmeisterei in der Landhofmeisterstraße.*

Oberrollberg vom Gesecusplatz zur Drummstraße.

Oberteich. Von den Ordensrittern 1270 als zweiter Stauteich durch den Staudamm der späteren Wrangelstraße als Fischteich angelegt. Heutige Größe 41,1 ha. Die Grünanlagen um den Oberteich waren mit dem Rosengarten in Maraunenhof verbunden. — Der Teich liegt 22 m über dem Pregel. Es leben in ihm: Barsche, Plötze, Karpfen, Schleie, Hechte und Aale.*

Oberteichufer, Straße und Uferpromenade von der Auguste-Viktoria-Alle zur Schneiderstraße.

obsternatsch = widerspenstig.

Ochsenmarkt s. Lindenstraße.

Odinwerk, Maschinenfabrik und Gießerei, Bartlick & Rögler, Aweider Allee 59—65. Dieser Betrieb wurde 1921 von Hugo Stinnes in Rosenau gegründet.

Oelsnitz, Alexander Bernhard von der * Rosenberg/Wpr. 1858, † Kbg. 1943. Genealoge. O. kam 1868 an die Kadettenanstalt in Berlin, wurde dann aktiver Offizier und stand zunächst im Grenadier-Regt. Kronprinz. 1918 als Oberstleutnant verabschiedet, nahm er seinen Wohnsitz in Marienburg. Um seinen familiengeschichtlichen Aufgaben besser nachgehen zu können, zog O. nach Königsberg. — O. beschäftigte sich eingehend mit Archiv- und Forschungsarbeiten; er wurde bald als Kundiger in Familiengeschichte und in der Heraldik bekannt. Auf seine Anregung wurde 1925 der Verein für Familiengeschichte in Ost- und Westpreußen e.V. gegründet, dessen Vorsitzender war er bis zu seinem Tode. 1927 gründete er die Vereinszeitschrift „Altpr. Geschlechterkunde".

Okel wurden Ecken und Winkel auf dem Hausboden genannt.

Olfers-Batocki, Erminia von, * Gr. Ratshof/Kbg. 1876, † Bad Harzburg 1954. Schriftstellerin. Sie verbrachte ihre Kindheit im Luisenhaus auf den Hufen. Schon als junges Mädchen in Tharau begann sie zu schreiben; 1912 heiratete sie Hans von Olfers. — Ihr Schrifttum ging größtenteils auf der Flucht verloren. Ihr Familienroman „Das Taubenhaus" fand Beachtung. Die „Ostpreußischen Dorfgeschichten" weisen sie als eine naturverbundene und talentierte Beherrscherin des Wortes aus.

Olfers, Hedwig von, * Kbg. 1799, † Berlin 1891. Malerin, Schriftstellerin. Vater Friedr. Aug. v. Staegemann. Ihre Kindheit fiel in die Zeit der Ereignisse von 1806—1815 und wuchs in den Traditionen der Romantik auf. Durch sie angeregt, schuf Wilhelm Müller die durch Schuberts Melodien unsterblich gewordenen „Müllerlieder". Seit 1865 war sie Besitzerin des ererbten Ritterguts Metgethen; mit der königlichen Familie stand sie in engen Beziehungen. — Im Druck erschienen: Der Kinderadvokat, 1868; Gedichte, Berlin 1892.

Olias, Lotar, * Kbg. 1913. Komponist. Nach seinem Musikstudium in Berlin war O. bis 1949 im Hamburger Kabarett „Die Bonboniere" tätig. 1953 hatte er den ersten Welterfolg mit You, You, You/Du Du Du. — O. Schrieb die Musik zu 35 Spielfilmen. Seine bekanntesten Schlagertitel: Wunderschöne Carmen; So ein Tag, so wunderschön wie heute; Die Welt ist doch für alle da; Die Gitarre und das Meer. — O. lebt in Ascona/Tessin.

Olivier-Straße in Kalthof, Parallelstraße zur Labiauer Straße.

Olmützer Weg in Liep, vom Hultschiner Weg zum Iglauer Weg.

Opitz, Konrad, * Schmiegel/Posen 1903, † Gießen 1974. Pädagoge. O. war Studienrat an der Vorstädt. Oberrealschule Königsberg, langj. Leiter des Gesangvereines der Königsberger Bäckerinnung. O. gründete 1933 den Heinrich-Albert-Chor. Er war seit 1947 Oberstudienrat in Gießen und Chorleiter, später Stadtrat, seit 1952 1. Vorsitzender der Landsmannschaft der Ost- und Westpreußen Hessen, mehrere Jahre Kulturreferent der LMO. Er erhielt neben Auszeichnungen der LMO das Bundesverdienstkreuz am Bande.

Ordensräume als Museum im westl. Nordflügel des Schlosses. Der älteste Bauteil ist der vom Vogt des Samlands Diderich v. Liedelau 1278—92 erbaute rechteckige Turm. Eine Tonplatteninschrift in gotischen Majuskeln, Buchstabengebälk, die älteste des Ordenslandes, im Unterstock bezeugt das. Später hieß er Wolff Malers Turm nach dem Hofmaler Hzg. Albrechts Wolf Rieder. Beiderseits des Turmes lagen die Remter, in denen der Ordensmarschall und seit 1457 der Hochmeister wohnte. Hier feierte Herzog Albrecht 1526 seine Hochzeit mit Dorothea von Dänemark. Sie wohnten hier bis 1533. Nach Westen reichte das Museum bis zum „Turm des Kürschners", dem nordwestl. runden Eckturm des Georg-Friedrich-Baus. Bei dessen Errichtung hatte Berwart einen etwas weiter östl.

stehenden Turm dieses Namens abgebrochen, und sein Name ging auf den neuen Rundturm über. In Ihm lag seit 1924 die weltberühmte Siberbibliothek aus 20 theologischen Werken in Folio und Oktav in schweren silbernen Einbänden, feinziseliert und getrieben, z. T. vergoldet. Der aus Ulm 1527 in den Kneiphof gekommene Goldschmied J. Freudner verfertigte 1541 dem Herzog das berühmte, noch erhaltene Albrechtsschwert in Silberarbeit. Ferner besaß das Museum einen ziselierten Harnisch Herzog Albrechts und das schöne Schnitzbild des Meisters Schenck-Scheuzlich, das auf abenteuerliche Weise gerettet, sich heute im Schloßmuseum Grunewald befindet. Außerdem gab es im ehemaligen Ordensarchiv den Geleitbrief Karls V. für Luther, als er ihn 1521 vor den Reichstag in Worms forderte. Durch Luthers dritte Tochter Margarethe v. Kunheim gelangte diese Urkunde nach Ostpreußen, kam in den Besitz des Kanzlers v. Wallenrodt und dann ins Schloßmuseum.

Orenstein & Koppel A.-G., Kaiserstraße 48a.

Orgelbau. Schon Ende des 17. Jahrhunderts waren Orgelbauer in Kbg. tätig. Johann Mosengel errichtete in mehreren Königsberger Kirchen Orgeln, u.a. im Dom und in der Burgkirche. — Adam G. Casparini kam 1742 nach Kbg; seine bedeutendsten Orgelwerke waren die in der Altroßgärter, Haberberger und Tragheimer Kirche. Der Casparinischüler Christoph W. Braveleit baute ab 1790 Orgeln für die Sackheimer, die Tragheimer und die katholische Kirche. — 1871 errichtete der aus Allenstein stammende Max Terletzki eine Orgelbauanstalt in der Landhofmeisterstraße. T. baute Orgeln für den Dom, die Altroßgärtner und die Altstädt. Kirche, insgesamt 180 Instrumente. — Der Schlesier Bruno Goebel übernahm 1898 die Werkstatt von T. und verlegte sie nach Kalthof; Goebel baute jährlich bis zu 12 Orgeln. Sein Unternehmen wurde von seinen Söhnen fortgesetzt. Insgesamt haben die Goebels 251 Orgeln gebaut, auch die in der Neuroßgärter Kirche und in der Stadthalle. Das Unternehmen Bruno Goebel Söhne befand sich bis 1945 Wallring 19.

Orlopp, Othmar Anton Jakob, * Kbg. 1854, † Kbg. 1927. Kaufmann. O. absolvierte eine kaufmännische Lehre bei der Fa. Fast. Ein dreijähriger Aufenthalt in den USA hat ihn als Kaufmann mit Entschlußkraft und Weitblick geprägt. O. kaufte den Lebensmittelgroßhandel A. J. Blells Nachfolger. Nach einem Großbrand 1901 baute er den ganzen Komplex Selkestr. 3/4 wieder auf und richtete eine eigene Kaffeerösterei ein.
Um 1900 bekleidete er zahlreiche Ehrenämter; O. war der Gründer seines Berufsverbandes und gehörte zu den Mitbegründern der Kühlhaus AG. 1916 verkaufte O. seine Firma und erwarb die altangesehene Firma Müller & Guthzeit, die damals in Schwierigkeiten war. Als Stadtverordnetenvorsteher trat O. dafür ein, daß die Wirtschaftsbetriebe der Stadt nach kaufmännischen Gesichtspunkten geführt werden sollten, was OB Lohmeyer dann als „Königsberger System" bekanntmachte.

Orseln-Straße hinter dem Staatsarchiv, benannt nach dem Hochm. Werner v. Orseln, der dem Kneiphof 1327 die Handfeste gab.

Osiander, Andreas, eigtl. Hosemann, * Gunzenhausen 1498, † Kbg. 1552. Ev. Theologe. O. führte seit 1522 die Reformation in Nürnberg ein ; Teilnehmer an den Marburger Religionsgesprächen; reformierte 1544 die Kirchenordnung in Pfalz—Neuburg. — Seit 1549 Pfarrer und Professor in Kbg. Die Rechtfertigung geschieht nach O. durch die sündentilgende „Einwohnung Christi", des Wortes im Glaubenden sowie durch den Glauben selbst. — Es kam zum Osiandrischen Streit, der auch bald ins Reich getragen wurde und in der Konkordienformel beigelegt werden konnte. Sein Schwiegersohn J. Funck fiel dem Streit zum Opfer.

Ostbahn. Die Kabinettsorder vom 7. 12. 1849 verordnet den Bau der Eisenbahn nach Königsberg, welche den Namen „Ostbahn" führen soll, einschließlich der Brücken über die Weichsel und Nogat und der durch die Eisenbahn-Anlage bedingten Strom- und Deichregulierungen an diesen beiden Strömen, vorläufig von dem Kreuzungspunkt der Ostbahn mit Stargard — Posener Eisenbahn ab, in der Richtung über Bromberg, Dirschau, Marienburg, Elbing, Braunsberg nach Königsberg mit einer Zweigbahn von Dirschau nach Danzig, für Rechnung des Staates auszuführen." — Die Erdarbeiten für diese Eisenbahn von dem Anschlußpunkt unweit Driesen in Richtung auf Bromberg begannen bereits im Juni 1848 zur Beschäftigung erwerbsloser Arbeiter. Friedrich Wilhelm IV. eröffnete mit einer Festfahrt am 2. August 1853 die Strecke Marienburg—Elbing—Braunsberg—Königsberg. Erst ab 12. 10. 1857 liefen die Züge zwischen Dirschau und Marienburg über die Weichsel— und Nogatbrücken, nachdem die Verbindung Bromberg—Dirschau bereits seit 1852 dem Zugverkehr diente. 1860 ging die Strecke Königsberg—Eydtkuhnen bis zur russischen Grenze in Betrieb. Zwischen Berlin und Königsberg fiel der Umweg über Stettin weg, nachdem die Züge seit 1857 die neue Strecke Frankfurt/Oder—Küstrin—Kreuz benutzen konnten. Weitere Gewinne an Reisezeit brachten seit 1867 die direkte Verbindung vom Berliner Ostbahnhof über Strausberg nach Küstrin und schließlich seit 1873 die Strecke durch die Tucheler Heide von Schneidemühl—Konitz—Pr. Stargard nach Dirschau. — Damit war die bis 1945 bestehende Strecke Berlin—Königsberg fertiggestellt, die auf 589,7 km zwischen Berlin—Schlesischer

Einweihung des Ostbahnhofs

Bahnhof und Königsberg im Jahr 1936 trotz polnischen Korridors für den D 5 eine Reisezeit von 6 Stunden und 45 Minuten ermöglichte.

Ostbahnhof. Als vorläufiges Ende der Ostbahnstrecke fuhr der Eröffnungszug am 2. August 1853 in die Halle des Ostbahnhofs ein. Diese Bahnhofshalle mit der damals ungewöhnlichen Länge von 126 m und 33 m Breite erregte allgemeine Bewunderung. Zwei Seiten — und ein Mittelbahnsteig boten den Zügen vier Bahnsteigkanten. Außerhalb der Halle, auf der Westseite kamen noch zwei nicht überdachte Bahnsteige hinzu, die seit 1889 den Zügen der Strecke nach Labiau—Tilsit dienten. Die Bahnsteige waren für die Berliner und Eydtkuhner Züge gegen Ende des Jahrhunderts zu kurz, so daß am Bahnsteig 1 der Weichenbereich mit Bohlen ausgelegt wurde, und Bahnarbeiter Stufentritte an die Türen der Züge stellten. An drei Seiten rahmten Gebäudetrakte die Bahnsteighalle ein. An der Ostseite zum Vorplatz lag der Seitentrakt des nördlichen mehrgeschossigen Gebäudes mit den Empfangsräumen. Von der Säulenvorhalle aus waren zugänglich: die Gepäckabfertigung, der Raum der Fahrkartenschalter und anschließend die nach Klassen getrennte Warteräume. Der Westflügel sowie die Obergeschosse enthielten Büroräume. Dort waren auch zunächst die Büros der Inspektionen, seit 1873 die Pr. Eisenbahnkommission zu Königsberg, ab 1879 das Eisenbahnbetriebsamt, von 1895 bis zum Umzug in die Vorstädtische Langgasse die Kgl. Pr. Eisenbahndirektion und bis 1929 auch verschiedene Eisenbahn— bzw. Reichsbahnämter untergebracht. — An der Nordseite mit unmittelbarem Zugang vom Querbahnsteig aus befand sich für feierliche Empfänge ein Ausgang mit überdachter Vorfahrt.

Ostdeutsche Brunnenvertriebs-Gesellschaft Hagen & Co., Junker Straße 6.

Ostdeutsche Eisenbahngesellschaft. Diese Gesellschaft verwaltete zu Lasten der Eigentümer alle privaten Eisenbahnen und Kleinbahnen in Ostpreußen als Betriebsführerin mit den Aufgaben der Betriebsleiter und sorgte für die Instandsetzung der Anlagen und Fahrzeuge. — Die O. E. G. war Eigentümerin des Nordbahnhofs, wo sie auch ihre zentrale Verwaltung hatte. Ihr langjähriger Direktor war Erwin Münz.

Ostdeutsche Handelskredit A. - G. Kneiphöf. Langgasse 5.

Ostdeutsche Hausfrau, Familienzeitschrift, Schloßstr. 6.

Ostdeutsche Kühlerfabrik, Weidendamm 9.

Ostdeutsche Kunststeinwerke G.m.b.H., Stresemannstr. 68 a.

Ostdt. landwirtsch. Vertriebsgesellschaft, Koggenstr. 29.

Ostdeutsche Margarinewerke, Brändlein, Holtz & Co., Hinterlomse 10.

Ostdeutsche Marmorwerke Paul Schneider, Tragheimer Mühlenstr. 3.

Ostdt. Spedition e.G.m.b.H., Sattlergasse 2.

Ostdeutsche Stahlbau-Gesellschaft m.b.H. i. L., Godriener Straße.

Ostdeutsche Verlagsanstalt G.m.b.H., Selkestraße 3—4. Direktor August Kaspereit.

Ostdeutsche Wachsschmelze Westphal & Co., Alter Graben 25.

Ostdeutsche Werbe-Zentrale, Paul Jussas, Henschestraße 11.

Ostdeutsche Zentralgenossenschaftsbank, seit 1897 auf dem Steindamm.

Ostendorff, Gottfried Johann Dietr., * Kamen 1812, † Neuhäuser 1876. Industrieller. — O. hat seine Laufbahn als Autodidakt begonnen: Tischlerhandwerk, Mühlenbaufach, Gewerbeschule, Techniker in England. 1845 wurde O. technischer Leiter der Unionsgiesserei in Königsberg. 1852 Teilhaber und weitschauender Direktor des bedeutenden Unternehmens. Unter ihm wurde auch 1855 der Lokomotivbau in den Betrieb aufgenommen. — Komm. Rat O. hat sich um die Entwicklung der Industrie in Kbg. hervorragende Dienste erworben. — Seit 1860 war O. auch Stadtverordnetenvorsteher.

Ostendorffstraße von der Lizentgrabenstraße zum Neuroßgärter Kirchenberg.

Ostermeyer, Willy, * Kbg. 1883, † Haßfurt 1961. Kaufmann. Vater: Kommerzienrat Carl Ostermeyer. — Nach dem Jurastudium in Freiburg und Berlin promovierte O. 1906 zum Dr. jur. und trat als Lehrling in die Fa. Georg Wiehler ein. Er erweiterte seine Kenntnisse im Ausland. 1910 wurde O. als Teilhaber in die Firma Bernhard Wiehler aufgenommen. Nach dem Tod seines Vaters hat er die Fa. zusammen mit Rudolph und Werner Barth geleitet. — O. war schwedischer Konsul und wurde 1932 der erste Präsident der Industrie — und Handelskammer für Ost- und Westpreußen. — Nach 1945 war O. Steuerbevollmächtigter in Haßfurt/Franken.

Österreichische Straße vom Hauptbahnhof zum Friedländer Tor.

Ostmark akadem. Turnerverbindung im A.T.B., gegr. 1900, Farben schwarz-weißschwarz, Heim Pälästra.

Ostmark-Apotheke, Bes. G. Scharffenberg, Steindamm 50.

Ostmarken-Rundfunk s. Rundfunk

Ostmesse. Die Deutsche Ostmesse entsprang einer Idee des Oberbürgermeisters Dr. H. Lohmeyer, der mit dieser Schau dokumentieren wollte, daß Ostpreußen auch weiterhin die Mittler- und Brückenfunktion zu den Oststaaten ausüben konnte. Am 26. 9. 1920 eröffnete Reichspräsident Ebert die erste Deutsche Ostmesse mit 50.000 qm Ausstellungsfläche im Tiergarten. 1921 stellte Hanns Hopp die Messebauten am Wallring mit Eingangsfront am Hansaring fertig. Frühjahrsmesse 1922: 1.650 Firmen. Herbstmesse 1923: 2.500 Aussteller. 1925 „Haus der Technik“ am Wallring als Messehalle für die Technik erbaut. 18. Dt. Ostmesse 1930: 1.873 ausstellende Firmen und 65.000 Besucher. 1933: 120.000 Besucher. 1937: 204.000 Besucher. „Des ganzen Ostens Presse meist die Königsberger Messe preist“. Im Okt. 1941 fand als letzte Messe die 29. Dt. Ostmesse statt. Direktoren der Messeamt G.m.b.H. waren Dr. Erich Wiegand bis 1930, dann Konsul Hans Jonas.

Ostpreußen s. Preußen.

Ostpreußenhütte auf dem Rettenbachriedel bei Werfen. Sie wurde 1928 von der Königsberger Sektion des Dt. Alpenvereins erbaut. Von den Alliierten 1945 beschlagnahmt, hielt Österreich die Hütte zurück. Erst 1974 wurde die Sektion Königsberg wieder ins Grundbuch eingetragen.

Ostpreußenwerk A.-G., Das Werk wurde 1921 geschaffen, um Ostpreußen mit elektrischem Strom zu versorgen. Durch die Stauwerke bei Friedland und Wohnsdorf konnte ein Teil des Strombedarfs gedeckt werden. An dem Verwaltungsgebäude, Stresemannstr. 15, befand sich ein Relief von Walter Rosenberg zu Ehren des 1919 abgestürzten Segelfliegers Ferdinand Schulz.

Ostpreuß. Blinden-Anstalt, s. Blindenunterrichtsanstalt.

Ostpreuß. Fleischwarenwerke A.-G., Hardershof, Liebigstr. 1 — 3. Gegr. 1928.

Ostpreuß. Frauenhilfe E.V., Rhesastr. 18.

Ostpreußische Generallandschaftsdirektion, Landhofmeisterstraße. Dieses landwirtschaftliche Institut, das Kredite gegen mäßige Zinsen mit unkündbaren Darlehen verschaffte, wurde erst 1788 in Kbg. mit einem Kapital von 200.000 Talern vom König begründet. 1806 kaufte die Ostpr. Generallandschaftsdir. das Wallenrodtsche Grundstück in der Landhofmeisterstraße 17. Das Gebäude war zweistöckig, der Mittelteil dreigeschossig. 1807 wurden auch Gutsbesitzer und Kölmer kreditberechtigt. Am 5. Feb. 1813 traten die Landstände in diesem Gebäude zusammen auf Einladung des Generallandschaftsdirektors Graf Alexander Dohna. Aufgrund von Yorcks Aufruf wurde die Aufstellung der Landwehr beschlossen und am 7. 2. 1813 die von Clausewitz, Dohna und Yorck aufgestellte Landwehrordnung vom Landtag einstimmig angenommen. Diese Szene vom Feb. 1813 wurde von dem Maler Otto Brausewetter, Nachkomme eines Teilnehmers, 1888 packend dargestellt. Das Original hing im Landeshaus, eine Kopie im Landschaftsgebäude. Beide Gemälde verbrannten 1944. Langjährige Generallandschaftsdirektoren waren: Jean Pierre Louis Bon, † 1905 und der durch seinen Putsch bekannte Wolfgang Kapp von 1906 bis 1920. Geheimrat Dr. jur. Walter von Hippel, 1872, † 1936, war seit 1927 in dieser Stellung, er wurde aus seinem Amt gedrängt, nach umfangreichen Prozessen nahm er sich 1936 das Leben. Seine Nachfolger, von der NSDAP ernannt, waren Walter Lechler aus Berlin und Dr. Ernst Neumann aus Memel.

Ostpreuß. Heimstätte G.m.b.H., Bernker Straße 9.

Ostpreuß. Herdbuchgesellschaft e.V., Händelstraße 2. Geschäftsführer von 1900 — 1939 war Oberlandwirtschaftsrat Dr.h.c. Peters.

Ostpreußischer Hochschulkreis, E.V., früher Kbg. Universitätsbund, Vors. Landeshauptmann von Wedelstädt.

Haupteingang zur Ostmesse

Ostpreußische Imprägnierwerke G.m.b.H., Kaibahnhof.

Ostpreußische Landgesellschaft. Diese Institution arbeitete mit staatlicher Förderung, um der Abwanderung aus Ostpreußen zu begegnen. Zwischen 1906 und 1914 schuf sie auf ehemaligem Gutsland zu diesem Zweck 1.600 neue Siedlerstellen, um auch den zweiten Söhnen der Bauern zu ermöglichen, einen eigenen Hof zu errichten. — Seit 1840 hatte allein Ostpreußen 739.000 Menschen an die Industrie abgegeben. Nur der kleinste Teil von ihnen war in den Industriebetrieben des Ostens bei Schichau oder in den Zellulosefabriken von Königsberg, Tilsit und Ragnit an einen Arbeitsplatz gekommen. Meist waren es nachgeborene Bauernsöhne, die abwanderten. — Langjähriger Direktor der Landgesellschaft war der als Abstimmungs-Kommissar bekanntgewordene Freiherr Wilh. von Gayl.

Ostpreußische Landwehr 1813. Ab März 1813 wurden 19 Landwehr-Bataillone, 3 Landwehr-Kavallerie-Regimenter, 4 L.-Feldbatterien und 2 L.-Train-Bataillone aufgestellt. Ein Kavallerie-Regiment wurde der Nordarmee zugeteilt und aus drei Bataillonen das Königsberger Landwehr-Regiment formiert. Alle anderen Einheiten bildeten die Landwehr-Division unter Graf Ludwig von Dohna, die an der Belagerung von Danzig teilnahm. Von ihren etwa 9.000 Mann fielen 2.500 oder starben an Krankheiten. Es sollte die einzige Division der dt. Geschichte bleiben, in der alle Offiziere gewählt wurden. Als einzige Provinz stellte Ostpreußen L.-Artillerie und -Train-Formationen auf.

Ostpreußische landwirtschaftliche Berufsgenossenschaft, Prinzenstraße 6 — 7.

Ostpreuß. Mädchengewerbeschule, seit 1909 in der Kasernenstr. 4 — 5 am Roßgärter Markt. 1928: 1.208 Schülerinnen. — 1930 Neubau der Mädchengewerbeschule in der Beethovenstraße durch Hanns Hopp und Georg Lucas; Kosten 2.245.000 RM. — Seit 1935 war Frau Dr. Brostowski Direktorin der Schule, die im Volksmund „Mädchenaquarium" aber auch „Klopsakademie" hieß.

Ostpreußische Pächterkreditbank GmbH, Hintertragheim 11.

Ostpreußische Regenmäntel-Fabrik Bury & Co., Schnürlingstraße 4

Ostpreußischer Provinzial-Verein für Innere Mission s.Innere Mission.

Ostpreußischer Sparkassen- und Giroverband, Brodbänkenstraße 21 — 22.

Ostpreußische Saatzucht-Gesellschaft m.b.H., Lisztstraße 4.

Ostpreußisches Nährmittelwerk Walter Schwenke, Kbg.-Tannenwalde.

Ostpr. National-Kavallerie-Regiment 1813. Auf Befehl Generals von Yorck begann Graf Lehndorff-Steinort mit der Aufstellung dieses Regiments im Febr. 1813. Ihm wurden 38 Rekruten zugewiesen, alle anderen mußte er aus den Reihen der Nichtwehrpflichtigen werben, wobei die Freiwilligen möglichst ihr Pferd und die Ausrüstung mitzubringen hatten. Alle 833 Reiter stammten aus Ost- und Westpreußen. — Es wurde der Schlesischen Armee Blüchers zugeteilt und kämpfte ruhmvoll in den Schlachten an der Katzbach und bei Leipzig. Bis zur Einnahme von Paris, 30. März 1814, gehörte es zur Kavallerie-Vorhut der Blücherschen Armee unter Generalmajor von Katzler. Drei Schwadronen des Regiments wurden 1815 zur Aufstellung des Garde-Husaren-Regiments verwandt.

Ostpreußische Sonntagspost, Theaterstr. 11.

Ostpreußisches Reisebüro Robert Meyhoefer G.m.b.H., Steindamm 127.

Ostpreuß. Stadtschaft bei der Landesbank, Kneiph. Langgasse 1.

Ostpreußisches Stutbuch für schwere Arbeitspferde e.V., Schubertstraße 15.

Ostpreußische Stutbuchgesellschaft für Warmblut Trakehner Abstammung e.V., Gluckstraße 10.

Ostpreußische Südbahn-Gesellschaft. Am 2. 1. 1862 beschloß das „Königsberg-Pillauer Eisenbahn-Comité" den Bau einer Eisenbahn Pillau-Königsberg-Lyck zum Anschluß an das russische Eisenbahnnetz nach dem Preußischen Eisenbahngesetz von 1838 zu planen, konzessionieren und durchführen zu lassen. Als Gründer und Erbauer wird der später als „Europäischer Eisenbahnkönig" bekannt gewordene B. H. Strousberg genannt, der als Barthel Heinrich Strausberg 1823 in Neidenburg geboren wurde und nach Schulbesuch in Königsberg in England als Kaufmann und Journalist tätig war. Strousberg förderte die Planung der Südbahn maßgeblich durch Verhandlungen in Berlin, scheint sich jedoch an der unmittelbaren Leitung des Unternehmens nicht mehr aktiv beteiligt zu haben, denn im Status der Ostpr. Südbahn-Gesellschaft wird er unter den Mitgliedern des Verwaltungsrates nach acht englischen und vier ostpr. Mitgliedern erst an dreizehnter Stelle genannt. — Nachdem russische Pläne über Eisenbahnverbindungen zwischen den westlichen Landesteilen des Zarenreiches über Kowno zum Hafen Libau bekannt geworden waren, sollte die Südbahn den Verkehr aus den genannten Gebieten auf die Häfen Königsberg und Pillau ziehen. — Nach dem ersten Spatenstich für die Südbahn am 23. 3. 1864 in Ratshof begannen die Bauarbeiten. Es erfolgte die Inbetriebnahme folgender Strecken: 1865 Königsberg-Pillau; 1866 Königsberg-Bartenstein; 1867 Bartenstein-Rastenburg; 1868 Rastenburg-Lyck und 1871 Lyck-Prostken. Die Südbahn wurde 1903 vom Pr. Staat übernommen.

Ostpreuß. Verwaltungs-Akademie, Goltz-Allee 13.

Ostpreuß. Werkstätten Amalienau, Gertrud Windelband, Helene Michelau, Kurstraße 3a.

Ostpreußische Zeitung, gegründet 1849 von Konservativen um Prof. Schubert und General von Plehwe in der Altstädt. Langgasse, später in der Tragheimer Pulverstraße. Langj. Chefredakteur war Eduard Kenkel. Nach 1933 mußte die O.Z. ihr Erscheinen einstellen.

Ostpreuß. Zentralgenossenschaft f. Viehverwertung e.G.m.b.H., Vorstädt. Langgasse 111.

Ostpreuß. Zentralgenossenschaft zum An- und Verkauf landwirtschaftlicher Maschinen und Geräte G.m.b.H. Gegr. 1899, sie führte seit 1905 die Bezeichnung Maschinengenossenschaft, seit 1908 kurz „OMG".

Ottokar-Straße Amalienau, von der Alten Pillauer Landstr. zur Kastanien-Allee.

Otto Reinke-Straße s. 2. Fließ-Straße.

P

Paarmann, Rudolf, * Tilsit 1826, † Kbg. 1893. Baumeister. P. war seit 1854 der leitende Baumeister des von Stüler entworfenen Universitätsgebäudes in Kbg. Von ihm stammte auch die 1880 errichtete und 1923 abgerissene Kantkapelle am Dom. P. wurde nach 1875 Intendanturbaurat und später Geh. Kriegsrat. Aus seinem Nachlaß wurden 12.000 M. der Baugewerkschule zu Stipendien gestiftet.

Pabst Paul, * Kbg. 1854, † Moskau 1897. Pianist. Sein Vater war der Komponist Friedr. A. Pabst. P. zeigte bedeutende musikalische Anlagen und konnte bereits mit 11 Jahren mit Ole Bull auf eine Tournee nach Rußland gehen. Nach einem Musikstudium erwarb er sich 1870 Lobsprüche aus dem Munde Liszts. 1874 ließ er sich in Riga nieder. Hier hörte ihn Nik. Rubinstein spielen und berief ihn als Lehrer ans Moskauer Konservatorium. Hier erwarb er sich auch als Lehrer einen Ruf und wurde 1881 Professor der Ausbildungsklassen. Von ihm erschienen mehrere Kompositionen.

Packhof. Mehrere 1865 errichtete Lagerhäuser am nördl. Pregelufer zwischen alter Eisenbahnbrücke und dem Proviantamt. In diesem kleinen Freihafenbezirk konnte über See eingegangenes Stückgut bis zur Verzollung gelagert werden.

Paetsch, Otto, * Rastenburg 1878, † Tirol 1927. Buchhändler. P. trat 1896 als Lehrling in die Firma Gräfe und Unzer ein. Bereits 1902 wurde er Teilhaber der Firma Gräffe und Unzer, die er im Jahre 1927 nach dem Ausscheiden von Hugo Pollakowsky als alleiniger Inhaber übernahm. Auf seine Tätigkeit ist der Aufschwung der Firma zu einem der größten buchhändlerischen Unternehmen Europas zurückzuführen. U. a. wurde der Verlag auf völlig neue Grundlagen gestellt. Auf seine Initiative hat der deutsche Buchhandel im Kant-Jahr 1924 der Universitätsbibliothek Bücher im Wert von 80 000 Mk. gestiftet. Der Bau des neuen Geschäftshauses ist gleichfalls auf Konsul Paetsch zurückzuführen.

Palaestra Albertina, 3. Fließstr. 3—5. Dr. med. Friedrich Lange legte 1894 den Grundstock der Palaestra als Stifter mit den Worten: „Im Dienste des Guten und Schönen zur Entwicklung gesunder Kraft“. Erbaut von Heitmann wurde die Palaestra Albertina 1896 eingeweiht; Verwalter wurde Prof. Bezzenberger. — Der für die damalige Zeit vorbildliche Bau umfaßte alles, was zur Erhaltung des Körpers diente, Turnsaal, Hallenbad, Fechtsäle und eine Kegelbahn, dazu Tennisplätze auf dem Hof. — Zum 10jährigen Stiftungsfest fanden 1908 sportliche Wettkämpfe der Studenten statt. Die Mensa wurde erst im I. Weltkrieg eingerichtet. Hier befand sich seit 1927 das Institut für Leibesübungen; langj. Leiter Direktor Alfred Schurig, * 1883, † 1965.

Palaestra-Apotheke, Inh. Arth. Hochmann, 3. Fließstr. 48.

Palaestra-Sportplatz s. Dr. Fr. Lange-Platz.

Palast-Café, Inh. Rud. Schmied, seit 1912 Musik-Café, Königstr. 49/50 am Roßg. Markt.

Palmburg östl. von Liep am Mühlen-Fließ. Der Gutsbetrieb wurde 1939 eingemeindet.

Palmburger Brücke über beide Pregelarme. Hier endete die 1937 vollendete Reichsautobahn Königsberg-Elbing.

Palmnicken an der westl. Samlandküste. P. war einst ein Fischerdorf. Hier wurde seit Jahrhunderten Bernstein gesucht. Von der Fa. Stantien & Becker wurde 1872 bei P. Bernsteinbergwerk angelegt, das bereits 1896 ausgebeutet war. Im gleichen Jahr wurde die neue Grube Anna bei Kraxtepellen nördl. von Palmnicken in Betrieb genommen. Da auch diese Grube langsam versiegte, wurde 1913 der großangelegte Tagebau östl. Kraxtepellen aufgenommen. — 1934 förderte man nicht weniger als 600 t Rohbernstein. — Palmnicken hatte 1939 knapp 4000 Einwohner.

Palvendorf von der Tapiauer Straße zur Robert-Koch-Straße.

Palve-Straße in Ponarth von der Karschauer Straße zur Stadtgrenze.

panjebratsch = plump vertraut.

Panorama-Gebäude. Unmittelbar an der Straßengabelung vor dem Steindammer Tor befand sich ein Circusgebäude; daran nach Westen hin befand sich seit 1891 das

Panoramagebäude. Die kreisförmige Wand wurde von der Innenseite mit einem Rundgemälde umkleidet; jährlich wurde ein neues Bild ausgestellt.

Papendick, Gertrud, * Kbg. 1890, † Hamburg 1982. Schriftstellerin. Sie verfaßte im 7. Lebensjahr ihr erstes Gedicht. — In Kbg. stand sie im Schuldienst zuletzt als Konrektorin. Daneben hat sie immer wieder geschrieben, u.a. Feuilletons für die Königsberger Allgemeine Zeitung. — Von ihren zahlreichen Werken seien genannt: „Deine Söhne, Land im Osten", 1937; der Familienroman „Konsul Kanther und sein Haus", 1965, wurde zu ihrem größten Erfolg. Die kurische Idylle „Wo der Birnbaum stand", 1969, bezeichnet die Schriftstellerin als ihr liebstes Kind. Schließlich „Das war unsere Stadt", 1972. — Sie erhielt 1966 den Literaturpreis der Landsmannschaft Ostpreußen und 1980 die Königsberger Bürgermedaille.

Papiermühlen konnten sich in Kbg. nicht lange halten. 1524 gründete des Hochmeisters Sekretär Christoph Gattenhofer am Wirrgraben die erste Papiermühle. Weiter ist bekannt, daß 1775 der Buchhändler Joh. Jacob Kanter die in Trutenau bestehende Papiermühle erworben hat.

Paradeplatz, auch Königsgarten genannt, Grünanlagen vor der neuen Universität. Hochm. Friedr. von Sachsen ließ 1509 nördl. des Schlosses Gartenland „zeunen", das war der Anfang des herzogl. Gartens. Er reichte bis zur Junkergasse; später wurde diese Seite der Junkerstraße bebaut. An das große Areal schloß sich ein Hetzgarten bis zur Münzgasse an. In diesem Garten wurde anläßl. der Hochzeit des Kurprinzen Johann Sigismund mit Anna von Preußen 1594 große Tafel gehalten. Auf der berühmten alten Linde hat der Kanzler Georg F. v. Creytzen Kurfürst Friedrich III. bewirtet. Im ungewöhnlich kalten Winter 1708/09 fror der ehrwürdige Baum aus. — Der Soldatenkönig brauchte hier einen Exerzierplatz mit Exerzierhaus und einer Garnisonkirche. So baute Schultheiß von Unfried an Stelle des Exerzierhauses 1731 eine Kirche, sie wuchs bis zur Fensterhöhe empor; aber Friedrich II. ließ den Bau einstellen. 1791 wurde an der Nordseite des Platzes ein neues Exerpierhaus erbaut; 1808 fand hier das letzte Spießrutenlaufen statt. Auf der Stelle der Garnisonkirche aber legte der Minister Frhr. v. Schrötter 1806 den Grundstein zum Stattheater. 1809 schenkte der König den Königsgarten der Stadt mit der Auflage, ihn niemals zu bebauen. — 1844 legte Friedr. Wilhelm IV. am Exerzierhaus den Grundstein zum Bau der Neuen Universität. — Am 3. 8. 1851 wurde hier das mächtige Reiterdenkmal Friedr. Wilh. III. enthüllt. Das Exerzierhaus wurde nach 1853 abgerissen, der Universitätsbau entstand und wurde 1861 eingeweiht. — 1885 kam das Kant-Denkmal in den südwestl. Anlagen zur Aufstellung und der Platz wurde gartenmäßig gestaltet: Kastanien- und Lindenalleen an drei Seiten des Platzes, Rasenflächen und Fliederbüsche. — Hier fand auf dem freien Platzteil im Süden an Kaisers Geburtstag die festliche Parade statt. Zur Weihnachtszeit standen hier Trödelbuden. — 1920 wurde der Königsgarten gärtnerisch umgestaltet; „es blieb der Republik vorbehalten, den König ins rechte Licht zu stellen", sagte man. In den 30er Jahren die schöne südliche Kastanienallee abgeholzt, um einen großen freien Platz zu schaffen den die Straßenbahn vom Steindamm zum Tragheim überquerte. Seit 1944 befand sich ein Bunker auf dem Platz.*

Park Friedrichsruh, Straße und Park in Ponarth, Querstraße der Brandenburger Straße.

Partikel, Alfred, * Goldap 1888, † Ahrenshoop 1945. Landschaftsmaler. Nach dem Besuch der Kunstakademie Kbg. von 1905—07 arbeitete P. als freier Maler in München und Weimar, 1911 in Berlin. Er war Mitglied der Freien Sezession und von 1914 bis 1919 Soldat. Dann hatte er sein Atelier in Ahrenshoop, bis er 1929 als

Professor an die Kunstakademie Kbg. berufen wurde. P. unternahm mit seinen Schülern Studienfahrten durch das ostpr. Land. Er war einer der bedeutendsten Darsteller der ostpr. Landschaft, besonders der sanften masurischen Hügel südl. von Goldap. Seine Arbeiten hängen u.a. in der Ostdt. Galerie Regensburg, im Hause Königsberg in Duisburg und in der Kunsthalle Mannheim.

Paslak, ein gutmütiger Mensch.

Passagen, Roßgärter Passage zur Königstraße, glasgedeckt, 1883 erbaut. Am Knick befand sich das Passage-Theater, in dem nach 1900 die damals beliebten Ringkämpfer auftraten. Daneben im Keller lag der „Passagetunnel". Beide wichen 1909 dem „Neuen Schauspielhaus". Gegenüber hatte Lovis Corinth sein Atelier. Später stand dort das Varieté „Barbarina". Weiter nach der Königstraße zu hatte der bekannte „Vogelschutz" sein Schaufenster neben dem „Panorama international". — Die Tragheimer Passage war nur eine offene Winkelstraße, von der Krugstraße zum Mitteltragheim.

Passarge, Siegfried, * Kbg. 1867, † Bremen 1958. Bedeutender Geograph. Prof. in Breslau und 1908—35 in Hamburg. P. reiste in Kamerun, Südafrika und dem nördl. Südamerika und begründete die Landschaftskunde. Werke: Südafrika, 1908; Die Grundlagen der Landschaftskunde, 3 Bde., 1920; Die Landschaftsgürtel der Erde, 1929; Georgraph. Völkerkunde, 1951.

Passarge-Straße, zur Lawsker Allee, 1908 benannt nach dem Erschließer des Samlands Ludwig Passarge, * Wolittnik 1825, † Lindenfels 1912. P. war von 1879—1887 Oberlandesgerichtsrat in Königsberg. Über seine Wanderungen durchs Samland, Natangen und durch die Kurische Nehrung schrieb er 1878 ein schönes Buch „Aus baltischen Landen". Er bereiste auch das Ausland und war Mitarbeiter bei Karl Baedeker.

Paukenhund. Bei Königgrätz eroberte das Königsberger Inf. Regt. 43 den Paukenwagen des Österr. Inf. Regt. Karl Salvator von Toskana Nr. 77. Der Paukenhund, ein Bernhardiner namens Sultan, der das Wägelchen mit der großen Pauke gezogen hatte, lag erschossen vor seinem Wagen. Dieser Paukenwagen wurde beim Einzug der Truppe in Königsberg mitgeführt und erregte großes Aufsehen. Ein Paukenhund wurde dem Regiment ausdrücklich verliehen und war im Regimentshaushalt planmäßig. Er war bei allen Paraden und beim Aufzug der Schloßwache, stets dabei. Die einander folgenden Hunde hießen Pascha, aber auch Sultan. 1919 mußte Pascha seinen Abschied nehmen, er erhielt auf einem Gut sein Gnadenbrot. Bei Aufstellung der Reichswehr wünschte das Inf. Regt. 1 die Wiedereinführung des Paukenwagens; Kaufmann Kalitzki schenkte einen prächtigen Bernhardiner. Im April 1945 hat der Betreuer sich und die Hunde erschossen.*

Paul-Naumann-Straße, 1915—1924 auf dem Gelände des Altroßg. Friedhofs, dann in Cosse an der Gasanstalt, benannt nach dem Stadtbaurat Paul Naumann.

Paulstraße, vom Mitteltragheim zur Henschestraße.

Pauperhäuser. Zu jeder Stadtschule gehörte ein städtisches Pauperhaus. Das des Kneiphofs ist vor 1580 gegründet worden, das altstädtische wurde 1631 auf dem Danziger Keller neu erbaut, das Löbenichtsche an der Ecke Langgasse/Pauperssteig. In ihnen wohnten 20—40 arme Schüler wie in einem Internat. Unterhalten wurden die Häuser von Legaten und Zuwendungen der Bürger. Die Pauperes waren das Rückgrat des Schulchores, bei Begräbnissen und dem Currendesingen. — So mancher begabte Junge hat in den Pauperhäusern eine harte Jugend verlebt.

Pauperhaus-Platz auf dem Kneiphof an der östl. Domstraße.

Paupersteig, von der Löben. Langgasse zum Löben. Kirchenplatz.

Pawel, Robert, * Kbg. 1905, † Kaiserslautern 1984. Kaufmann, Heimatforscher. Nach Besuch des Hufengymnasiums, auf dem P. Schüler von Ernst Wiechert war, begann er eine Lehrzeit im Warengroßhandel und war anschließend bei der Reederei Rob. Kleyenstüber tätig. 1929 begann P. sein Studium an der Handelshochschule und promovierte 1937 zum Dr. der Betriebswissenschaft. Dann wurde er wieder praktisch tätig und im Sept. 1944 zur Wehrmacht einberufen. Nach kurzer Gefangenschaft war P. als Betriebsprüfer in Bayreuth und seit 1953 in Kaiserslautern als Ausbildungsleiter in einem Industriewerk tätig. Schon lange wirkte P. schriftstellerisch für seine Heimat und wurde ein wertvoller Mitarbeiter des Ostpreußenblatts. Dr. Pawel ist Experte für die Entwicklung des Königsberger Hafens.

Peede, die Holztrage für Wassereimer.

Peiser, Felix Ernst, * Berlin 1862, † Kbg. 1921. Prähistoriker. P. wurde 1890 Privatdozent in Breslau und 1894 in Königsberg, wo er 1905 Professor wurde. Neben mehreren Veröffentlichungen bearbeitete er in der „Keilinschriftlichen Bibliothek“ historische Urkunden. Seit 1899 gab P. die von ihm gegründete „Orientalische Literaturzeitung“ heraus. Er war seit 1916 Vorsitzender der Altertumsgesellschaft Prussia.

Pelzwaren-Geschäfte.

Gebr. Dauter, Altstädt. Langgasse 54/55.
Otto Klementz, Altstädt. Langgasse 22.
Hermann Krüger, Französische Straße 24.
Otto Kuessner, Schmiedestraße 2/3.
Arthur Radtke, Junkerstraße 18.
Robert Stein, Französische Straße 21.

Perles, Baruch Ascher Felix, * München 1874, † Kbg. 1933. Rabbiner. P. studierte Theologie und semitische Sprachen in München, 1895 promovierte er zum Dr. phil. Danach setzte P. seine Studien an der Israelisch-Theologischen Lehranstalt in Wien fort. Dort nahm er Verbindung auf mit Theodor Herzl, dem Begründer des politischen Zionismus. 1898 machte P. in Paris seine Prüfung zum Rabbiner und wurde 1899 Lehrer und stellvertretender Rabbiner der jüdischen Gemeinde in Kbg., wo er bis zu seinem Tode blieb. Obgleich P. in seiner Glaubenseinstellung konservativ war, zeigte er sich zugänglich für vorsichtige Reformen. U. a. setzte sich P. dafür ein, die „Wissenschaft des Judentums" durch eigene Lehrstühle an den philosophischen Faktultären der deutschen Universitäten vertreten zu lassen. Obwohl P. ein führender Zionist und namhafter Forscher war, lehnte er Berufungen an andere Orte ab. — P. wurde Honorarprofessor der Albertina und schrieb 426 Abhandlungen über alle Bereiche der hebräischen und aramäischen Sprache sowie textkritische Untersuchungen zur Bibel. Ein Teil seiner Arbeiten wandte sich an eine breite jüdische und christliche Öffentlichkeit. Aus seiner Ehe mit Hedwig Behr hatte P. vier Söhne.

Perrey, Siegried, * Kbg. 1915, † Hassloch/Pf. 1984. Sportorganisator. P. war zunächst Lehrer und Organist in Ostpreußen. Nach der Teilnahme am Weltkrieg wurde P. in Rheinland-Pfalz als Regierungsdirektor für den Schulsport eingestellt. — Bei den olympischen Spielen 1952 in Helsinki und 1972 in München war P. als verantwortlicher Organisationschef tätig. P. war in der Sportwelt in Ost und West unter dem Namen „Mister Olympia" allgemein bekannt. Als ausgebildeter Organist war er sehr der klassischen Musik zugetan.

Perwelker Weg an der Cranzer Allee.

Peter, Carl, Zigarren-Importgeschäft, Kneiphöfische Langgasse 36, Inh. Julius Priebe, die Fa. unterhielt 15 Filialen.

Pestalozzi-Straße in Ponarth.

Peter von Dusburg. Chronist der 1. Hälfte des 14. Jh. s; Ordenspriester in Königsberg; schrieb eine lateinische Geschichte des Dt. Ordens von der Gründung bis auf seine Zeit. — 1326 widmete er sein großes „Chronicon terrae Prussiae" dem Hochmeister Werner von Orseln. Eine Fortsetzung ist die Thorner Handschrift, die in ihren ersten 20 Kapiteln, wohl das Werk Dusburg's ist. — Bekannt wurde P. durch die deutsche Umdichtung des Nikolaus von Jeroschin. — Um 1330 muß P. verstorben sein.

Peters, Johannes Friedr., * Kbg. 1863, † 1940. Altphilologe, Turnpädagoge. Nach dem Studium an der Albertina promovierte P. 1890. Seit 1892 wirkte er am Löben. Realgymnasium. — Seine Bedeutung liegt in seiner auf die Förderung des Turnwesens gerichteten Tätigkeit. P. war 20 Jahre 1. Ordner des Königsberger Turn-Clubs, dessen Spielplatz in Wilky durch ihn ausgestaltet wurde. U. a. gründete er den Königsberger Stadtverband für Leibesübungen. Mit Recht gebührt Prof. P. der Name des Turnvaters der dt. Ostmark.

Peterweg, Juditten, benannt 1934 nach dem Ordensmaler Peter, der die Juditter Wallfahrtskirche ausmalte. Man weiß von ihm nur, daß er für Meisters Winterremter in der Marienburg zwei Tafeln malte und dafür vom Hochmeister Konrad von Jungingen 4 und 7 Mark erhielt.

Pest s. Seuchen.

Peyse, ein Fischerdorf östl. der Fischhausener Wiek; hier befand sich seit 1935 eine Marinebasis. Auch hier befand sich seit 1938 ein Kohlekraftwerk zur Stromversorgung und 2 Hafenbecken; der Peyser Haken bot sich geradezu als Industriegelände an.

Pfeifer, J. A., Pianofortebau, Vorderroßgarten 46.

Pfeiffer, Richard, * Breslau 1878, † Berlin 1962. Maler. Nach dem Studium an den Kunstakademien in Breslau und München war P. Mitarbeiter an der „Jugend" und „Simplizissmus". Ab 1902 dreijähriger Aufenthalt in Italien, dann wieder in München. 1910 Berufung als

Professor an die Kunstakademie Königsberg. P. schuf die Wandmalereien in der Aula des Elbinger Realgymnasiums, im Krematorium von Tilsit und in der Neuroßgärter Kirche. 1932 wurde P. pensioniert und zog nach Berlin, wo er freischaffend tätig war.

Pferde-Eisenbahn AG. Eine städtische Pferdeeisenbahn war schon 1876 geplant, doch erst 1881 wurde die erste Strecke durch eine Charlottenburger Firma von der Poststraße durchs Steindammer Tor nach Julchental gebaut. Die Unternehmer verkauften jedoch ihren Betrieb bald an die 1881 gegründete „Königsberger Pferde-Eisenbahn-Gesellschaft", die der Eisenbahnkönig Strausberg finanzierte. Der Bahnhof war am Heumarkt. Leichte, kleine eiserne Wagen mit großer Glocke am offenen Führerstand wurden von zwei kräftigen Pferden gezogen, nur am Kantberg, bzw. Gesecusplatz war ein Vorspann von zwei weiteren Pferden notwendig. 1895 bestanden fünf Linien: Vorstadt-Steindammer Tor, Kronenstr. — Rhesastr., Königstor — Ostbahnhof, Steindammer Tor — Hinterroßgarten, Poststr. — Julchenthal. 1900 waren es sieben Linien, doch war die Strecke Ostbahnhof — Kalthof bereits 1897 elektrifiziert worden. Die Gesellschaft besaß ein eigenes E-Werk am Landgraben, also im Landkreis, von dem sie auch die Hufenvillen mit Strom versorgte. Dies führte zu einem Rechtsstreit mit der Stadt. Nach langen Prozessen bis zum Reichsgericht war die Gesellschaft 1901 bereit, ihre Rechte und Liegenschaften für 1 Mill. Mark an die Stadt zu verkaufen.*

Pferdemarkt an der Ecke Poststraße und Steindamm, reichte einst bis zur Steindammer Kirche. Durch Bebauung wurde der Kreytzensche Platz vom Pferdemarkt abgetrennt. Nachdem der Pferdehandel längst auf den Viehmarkt verlegt worden war, wurde der P. noch lange Zeit als Markt benutzt. Hier lag der Ausgangspunkt der Pferdebahn nach Juditten.

Pferderennen s. Rennplatz.

Philippi, Waldemar, * Kbg. 1828, † Berlin 1869. Seit 1848 Studium an der Kunstakademie Königsberg. Bereiste Ostpreußen; 1858—60 skizzierte er in Bayern. 1862 Übersiedlung nach Berlin. P. malte Genreszenen, Bildnisse und Tiere, besonders oft Schafe. Seit 1864 zahlreiche Merinoschafbilder in Mecklenburg, Pommern und Schlesien. Die Ausstellungskataloge des Königsberger Kunstvereins nennen in den Jahren 1850 bis 1861 Werke von ihm.

Philips, George, * Kbg. 1804, † Salzburg 1872. Rechtshistoriker. Nach dem Rechtsstudium in Berlin unter Savigny promovierte P. 1824 in Göttingen. Er habilitierte sich 1826 in Berlin für deutsches Recht und wurde 1827 a. o. Professor. Unter dem Einfluß seines Kollegen K. E. Jarcke trat P. zur katholischen Kirche über. 1847 wurde P. Abgeordneter der Frankfurter Nationalversammlung, wo er zur streng Katholischen Partei gehörte. 1851 Professor in Wien. Schriftstellerisch auf dem Gebiet des germanischen und deutschen Rechts tätig; sein Interesse galt aber vorwiegend Publikationen zum Kirchenrecht.

Philosophendamm, ein Spaziergang, der von Stadtpräsident v. Hippel angelegt, im Viereck von der Philosophendammgasse im Süden durch die Bahnhofswallgasse ging, das Fort Friedrichsburg, die Werft und die Insel Venedig berühte und an der Klapperwiese endete. Die Wiese, vielfach mit Wasser bedeckt, täuschte so einen See vor. So war diese stille Gegend ein Lieblingsspaziergang Kants. 1833 wurde der Damm erhöht. Zu unserer Zeit war vom Damm nur noch ein kleines Stück in der Schleusenstraße und in den Anlagen am Südbahnhof erhalten.*

Photographen.
Brachert Mia, Hufenallee 57/59.
Cohn, Meinhardt, Roßgärter Markt 7/8.
Goetze-Janson, Walter, Weißgerberstraße 22a.
Goetze, Kurt, Steindamm 31.
Gottheil & Sohn, Inh. A. Stoff, Münzstraße 5/6.
Gscheidel & Co., Inh. G. Dikomeit, Poststraße 3.
Iffland, Heinrich, Steindamm 27/29.
Kiby, Max, Inh. J. Reining, Königseck 12.
Krauskopf, Fritz, Steindamm 64.
Kühlewindt, Alfred, Vorstädt. Langgasse 39.
Kuhr, Ida, Paradeplatz 16.
Michelau, Helene, Kurstraße 3.
Nickel, Julius, Landhofmeisterstraße 11.
Schattke, Ferdinand, Münzstraße 23.
Schilling & Co, Nachf., Steindamm 34.

Physikal-Ökonomische Gesellschaft. 1790 vom Reichsgraf G. C. v. Finckenstein in Mohrungen gegründet, 1791 vom König bestätigt. Auf Anregung des Ministers Leop. Frhr. v. Schrötter siedelte sie 1799 nach Königsberg um. Sie tagte im ehem. Arbeitszimmer Herzog Albrechts über dem Albrechtstor mit Vorträgen über Naturwissenschaft, Landwirtschaft und Technik. Um 1830 Blütezeit: Bessel, v. Baer, Burdach u. Neumann. Die bis 1945 bestehende Gesellschaft besaß eine bedeutende Bernsteinsammlung.*

Pielkentafel. In früheren Jahrhunderten ein beliebtes Unterhaltungsspiel in den Gemeingärten. Die erhaltene Pielkentafel der Altstadt von 1649 war 15 m lang, wohlgeglättet und nur 60 cm breit. Je zwei einander gegenüberstehende Spieler warfen scheibenförmige knöcherne Steine der Länge nach so, daß sie die Steine des Gegners wegschleuderten.*

Pietismus. Diese religiöse — von Spener ins Leben gerufene — Erneuerungsbewegung gegen die lutherische Orthodoxie kam nach 1700 nach Ostpreußen. In Königsberg wurde eine pietistische Lateinschule gegründet.

Pietsch, Johann Valentin, * Kbg. 1690, † Kbg. 1733. Mediziner, Poet. P. studierte seit 1705 in Königsberg, beschäftigte sich aber schon mit der Dichtkunst. 1713 promovierte er in Frankfurt a. O. und ging dann nach Berlin. 1715 begann er in Königsberg die ärztliche Praxis auszuüben. Ein Gedicht auf Prinz Eugens Siege verschaffte ihm 1717 die Professur für Poesie und Beredsamkeit. P. verfaßte Lobgedichte und auch geistliche Poesien, wonach er dem Pietismus nahestand. Bedeutender war P. als Arzt; er wurde 1719 Leibmedikus und bald Hofrat sowie Oberlandphysikus.

Pillau. Als hier 1510 die See zum Haff durchbrach, entstanden die ersten Siedlungen. 1626 eroberte Gustav Adolf das Gelände, auf dem die Stadt liegt. Er legte dort eine kleine Festung an, die er mit eisernen Kanonen besetzte. Die Schweden räumten den Ort erst nach dem Stuhmsdorfer Vertrag von 1635. Der große Kurfürst vergrößerte die Festung wesentlich; zu ihr gehörte ein mit Wasser gefüllter Festungsgraben. Durch Abholzung der Umgebung war Pillau stark versandet; 1793 wurde nördlich der Stadt aufgeforstet und so der Grund zu einer Plantage gelegt. — 1701 erhielt Pillau Marktgerechtigkeit, 1725 wurde es Stadt. Die verfallene Festung wurde 1790 wiederhergestellt. Der 76jährige Kommandant, Oberst von Hermann, konnte Pillau 1807 erfolgreich gegen die Franzosen verteidigen, doch Napoleon belegte 1812 die Festung mit 2500 Mann. — Im Sommer 1913 erfolgte die feierliche Einweihung des Denkmals des Großen Kurfürsten. Auf vielen Schiffen landeten im Juni 1920 91 000 Abstimmungsberechtigte, um in Südostpreußen ihre Stimme für Deutschland abzugeben. Ihre Feuerprobe bestanden Stadt und Hafen als ab 18. Januar 1945 flüchtende Ströme ostpreußischer Landsleute zum Hafen hasteten, um auf dem Wasserwege nach Dänemark und „ins Reich“ geschafft zu werden. Erwähnenswert ist noch die „Ilskefalle“, eine viel besuchte Schifferkneipe.

Pillauer Bahn s. Südbahn.

Pillauer Straße von der Oberlaak zur Straße Am Ausfalltor.

Pillauer Tief. Das jetzige Tief bei Pillau hat schon im 14. Jahrhundert bestanden; es wird 1376 zum ersten Mal erwähnt. Doch wurde es wieder zugedämmt, um die Nehrung zu schützen. 1497 wurde es durch einen großen Sturm aufgerissen. Für größere Schiffe ist es erst seit 1510 befahrbar. Anfangs führte es den Namen Tief bei Wogram; zum Schutz der hier einlaufenden Handelsschiffe wurde eine Schanze mit einem hölzernen Blockhaus erbaut.

Pillkoppen auf der Kurischen Nehrung, Fischerdorf zwischen Rossitten und Nidden. Viermal im Lauf der Jahrhunderte zwangen die Wanderdünen die Einwohner von Pillkoppen ihre Häuser abzubrechen und an anderer Stelle wieder aufzubauen. Nach 1880 war das Dorf erneut von einer 60 m hohen Düne bedroht. Diese Düne ließ Dünenmeister Epha von 1887 bis 1892 durch Bepflanzung mit Bergkiefern festlegen. Pillkoppen hatte keine Anlegestelle, und die Fahrgäste mußten daher von einem Boot von dem stoppendem Dampfer übernommen und an Land gebracht werden.

Pilzenweg auf der Tragheimer Palve, vom Dammhofer Weg zum Grünhoffer Weg.

Pionier-Kasernen in Kalthof. 1891 bezog das von Danzig nach Königsberg verlegte Pion.-Batl. Fürst Radziwill Nr. 1 eine neue Kaserne und 1893 bezog das Pion.-Batl. 18 hier eine weitere Kaserne. Nach 1919 lagen in Kalthof das Pion.-Batl. 1 und die Nachrichten-Abtlg. 1 der Reichswehr.

Pionierstraße in Kalthof, von der Labiauer Straße zur Pionier-Kaserne.

Piroggen gefüllte Flinsen, auch Plinzen.

Pirsch, Walter, * Kbg. 1878, † Weißenfels/S 1957. Kaufmann. Nach dem Besuch des Kneiph. Gymnasiums ging Pirsch 1894 auf die Godohardi-Mühle in Hildesheim und besuchte dann die Müllerschule in Dippoldiswalde. Nach Auslandsreisen war Pirsch bis 1901 in London deutsch-französischer Korrespondent. Als 27jähriger übernahm Pirsch die Getreide-Agentur seines Vaters. Er wurde bald eine bekannte und angesehene Persönlichkeit. U. a. war Pirsch Vorstandsmitglied des Kaufmännischen Vereins und Revisor des Friedmannschen Stifts sowie humorvolltätiges Mitglied der Schlaraffia-Regimontana. Als Stiftsherr ließ er die Wasserkünste im Zschockschen Stift wiederherstellen und die dortigen Statuen erneuern, auch die kleinen Konzerte im Stiftsgarten waren sein Verdienst. Gelegentlich schrieb Pirsch für das Feuilleton Dr. Goldsteins kleine historische Essays über Königsberg u. a.

Pisanski, George Christoph, * Johannisburg 1725, † Königsberg 1790. Theologe. Pisanksi unterrichtete seit 1748 an der Altstädt. Schule und wurde 1759 Rektor der Domschule; er erwarb den Magistergrad und las seitdem an der Albertina über Philosophie und Geschichte, seit er 1773 D.theol. geworden, hielt er auch theologische Vorlesungen. 1789 wurde Pisanski Konsistorialrat. — In seinem Verzeichnis von 1790 zählte er 108 gelehrte Schriften; so hat er sich einen geachteten Namen gemacht.

Plachandern plaudern, unterhalten.

Plantage, zwischen Lindengrabenstraße und Altstädt. Holzwiesenstraße, sie wurde auf dem Gelände der einstigen Maulbeerplantagen angelegt. Diese wurde auf Befehl Friedrich II. 1742 angelegt. Der König setzte Belohnungen aus. Es lieferte die Senftenbergische Plantage 1750: 20 Pfd. Rohseide. — Im strengen Winter 1771 froren alle Maulbeerplantagen aus.

Plorin, G., Bauglaserei, Spiegelfabrik, Tiergartenstraße36.

Pobethen, ein 8 km südlich von Neukuhren gelegenes Kirchdorf. Anstelle des preuß. Burgwalls errichtete der Orden nach 1289 ein massives Haus. Die Kirche, ein ansehnlicher Feldsteinbau, stammt aus den späten Jahren des 14. Jahrhunderts.

Pobether Weg auf den Hufen, vom Samlandweg zum Rudtauer Weg.

Podbielski, Christian Wilhelm, * Königsberg 1741, † Königsberg 1792. Komponist. Podbielski studierte zunächst Theologie. Nach dem Tode seines Vaters wurde er Organist am Dom und erteilte Musikunterricht an der Universität; er war auch Lehrer des jungen E.T.A. Hoffmann. Von seinen Kompositionen erschienen 2 Sammlungen von 1780 und 1783 bei Hartknoch in Riga. Seine künstlerische Begabung und sein großer Humor trugen ihm ein hohes Ansehen in der Königsberger Musikwelt ein. Seine hochbegabte Tochter Karoline Amalie heiratete Johann Michael Hamann.

Poetendamm, ein gegen Überschwemmungen geschütteter, mit Bäumen besetzter Deich, der sich hinter den Gärten des Nassen Gartens nordwärts zum Pregel hinzog, wo er am Festungswall von Friedrichsburg den Philosophendamm traf.

Polentz, Georg von, * Gäritz/Meißen 1478 † Balga 1550. Jurist, Bischof. Polentz stand nacheinander im Dienst Julius II., Maximilian I. und des Deutschen Ordens; seit 1518 Bischof von Samland; führte seit 1524 die lutherische Reformation in seinem Bistum ein. Polentz förderte die Gründung der Universität Königsberg. Polentz starb als lutherischer Bischof.

Poliander, Johannes, eigtl. Graumann, * Neustadt/Franken 1487, † Königsberg 1541. Reformator, Theologe. Poliander war Ecks Sekretär bei der Leipziger Disputation, nach der er sich Luther anschloß. Poliander war seit 1525 Pfarrer an der Altstädt. Kirche in Königsberg und verfaßte Kirchenlieder.

Politische Landschaft. Liberalismus ist die aus dem Glauben an die Allgemeingültigkeit menschlicher Vernunfterkenntnis entstandene freisinnige Welt-, Staats- und Wirtschaftsanschauung, die in Königsberg bis 1939 vorherrschend war. Die mittelalterlichen Ratsfamilien sonderten sich nicht als Patrizier ab, sondern ergänzten sich durchaus liberal aus der Kaufmannschaft und dem Handwerkerstande. Zur Landesherrschaft verhielt man sich loyal. Ausnahme blieb allein der Aufstand der Altstadt von 1453. Auch die vom König angeordnete Vereinigung der Altstädte des Jahres 1724 wurde ohne Murren hingenommen. Das Bürgertum entwickelte sich in Preußen bis zur Mitte des 19. Jahrhunderts zu einem Zentrum des Liberalismus und des erwachenden nationalen Bewußtseins. So ging die preußische Volkserhebung gegen Napoleon im Jahre 1813 vorzugsweise von Königsberg aus. Der Provinziallandtag als Ständeversammlung bat den König fast einstimmig um die Gewährung einer Verfassung. Oberpräsident von Schön begründete öffentlich die Notwendigkeit Generalstände 1840 einzurichten und der Königsberger Arzt Johann Jacoby verbreitete eine Flugschrift, die ihm die Anklage des Hochverrats einbrachte. Doch am 19. Januar 1843 wurde er freigesprochen. Für den Liberalismus setzte sich auch Eduard Simson aus Königsberg als Präsident der Frankfurter Nationalversammlung ein. Im Jahre 1867 erging ein Ruf an den Norddeutschen Reichstag, die neugegründete Nationalliberale Partei zu wählen. Den Durchbruch für diese erzielte Alexander Wyneken 1887 mit der Königsberger Allgemeinen Zeitung. Die liberalen Gedanken wurden nach 1918 in der Deutschen Volkspartei und in der Demokratischen Partei fortgesetzt bis der Nationalsozialismus um 1930 auch in Königsberg ein Ende setzte.

Polizei. 1639 führte Kurfürst Georg Wilhelm eine Art Fremdenpolizei ein. Infolge Zusammenlegung der drei Städte wurde 1724 die städtische Polizei königlich.

Beim „Cholerakrawall“ 1831 wurde das Polizeipräsidium Höderstraße 31, an der SO-Ecke des Altstädt. Markts, einst Oberbürgermeisterhaus, demoliert. Das alte Adelspalais Junkerstraße 8, vorher Schimmelpfennigsche Tabakfabrik, davor im Besitz der Berliner „Münzjuden“ König Friedrichs, Ephraim, wurde nun Polizeipräsidium. 1835 erließ die Polizei Vorschriften gegen die Tollwut der Hunde. 1893 ging das Nachtwachtwesen auf den Staat über. Die Stadt hatte 103 Nachtwächter, die Polizei 1895 122 Schutzmänner. 1912 bis 1914 neues Polizeipräsidium Stresemannstraße 13 erbaut.*

Ponarth, südl. Vorstadt; der Name ist altprussisch. Als dt. Dorf wurde es zuerst 1385 erwähnt. 1520 brannten die Polen Ponarth nieder. 1609 verschrieb Johann Sigismund Ponarth dem Löbenicht, 1679 wurden die Ponarther Häuser zur Sicherung Königbergs vor den Schweden abgebrochen. Um 1790 war Ponarth ein Lieblingsausflug zu Fuß oder mit der „Düttchenpost“ zum Kaffee. 1812 lag das Korps des Marschalls Davoust in Ponarth. 1849 verlegte Joh. Philipp Schifferdecker seine Brauerei aus der Tuchmacherstraße nach Ponarth, das Königsberg's bevölkertste Vorstadt wurde. Im Park mit den alten Bäumen war ein Ausschank „Müllers Garten“, nach 1900 „Südpark“. 1896 erhielt Ponarth eine Kirche. 1900: 8 074 Einwohner. 1905 eingemeindet. Durch Anlage des Hubertusteichs, des Schwanenteichs und des Parks Friedrichsruh, 1907, wurde Ponarth verschönt.*

Ponarther Kirche. Der Vorort Ponarth hatte seine eigene Kirche dem Opfersinn des Gemeindevorstehers Robert Hoffmann und des Direktors Schifferdecker zu verdanken. — Die Kirche, im roten Ziegelmauerwerk errichtet, wurde 1897 eingeweiht, der Ort Ponarth nach der Eingemeindung 1905 aus dem Haberberg ausgepfarrt und als eigene Gemeinde konstituiert. Pfarrer waren Johannes Joachim, Leop. Beckmann, Gerh. Symnanowski und Helmut Hildebrandt.

Ponarther Bergstraße von der Brandenburger Straße zur Ostbahn.

Ponarther Hofstraße, Querstraße de[r] Ponarther Straße.

Ponarther Straße, von der Berliner Straße zur Speichersdorfer Straße.

Ponarth umwenden, eine in gehobener Stimmung beliebte Redensart.

Pörschke, Karl Ludwig, * Molsehnen 1752 † Königsberg 1812. Philisoph. Nach einem vielseitigen Studium an der Albertina habilitierte sich Pörschke 1787 in Königsberg, wurde 1795 a. o. Professor der Philosophie, 1803 ord. Prof. der Poesie, 1806 der Pädagogik und Beredsamkeit, 1809 der prakt. Philosophie. Von Kant sehr geschätzt, war Pörschke dessen Tischgenosse und Testamentvollstrecker In seinen ethischen und metaphysischen Schriften erscheinen Kants Grundsätze in einer abgeschwächten und vielfach mit Wolfs Anschauungen vermischten Form

Portzehl, Otto, * geb. Strelitz 1860, † Neustrelitz 1945. Pädagoge. Studium alter und neuer Sprachen und Deutsch in Halle und an der Albertina. 1887 Staatsexamen mit der Lehrbefähigung für Französisch, Englisch und alte Sprachen. Nach dem Probejahr am Insterburger Gymnasium seit 1888 Lehrer. Ab Ostern 1892 Oberlehrer am Kgl. Wilhelmsgymnasium in Königsberg. Im Oktober 1905 gründete Portzehl das Kgl. Hufengymnasium zu Königsberg und wurde dessen Leiter. 1907 wurde er zum Direktor der Städtischen Oberrealschule in Königsberg ernannt, und von Ostern 1918 bis zur Pensionierung 1925 war er Oberstudiendirektor der Hindenburg-Oberrealschule in Königsberg. Schon im Juni 1906 war seine Ernennung zum Professor erfolgt. Nach seiner Pensionierung unterrichtete Portzehl Französisch und Englisch an dem Privatlyzeum von Frau P. Arnheim

osener Straße, von der Vorstädt. Langgasse zur Dirschauer Straße.

osseldt, Richard, * geb. Zinten 1840, † Königsberg 1907. Kaufmann Posseldt begann mit einem „Comptoir“ als Getreidekaufmann in der Kneiphöf. Langgasse 97. Er war Stadtverordneter und viele Jahre im Vorsteheramt, außerdem Obervorsteher der Kaufmannschaft. 1895 bewog er die vier größten Getreideexporteure von Königsberg, Gizycki & Schrötter, Castell, Baer & Beumelburg und Glitzki, ihre veralteten Speicherbetriebe aufzugeben und Mittel zum Bau eines riesigen Lagerhauses am Pregelbogen südl. vom Ratshof bereitzustellen.

osseldt-Straße, parallel des Holsteiner Damms, vom Pulversteg zur Gewerbestraße, benannt nach dem Kaufmann Richard Posseldt.

ost. Das Postwesen in Königsberg geht zurück auf die Botenpost des Deutschen Ordens, die dieser im 13. Jh. einrichtete. Mittelpunkt dieser Botenpost war seit 1457 Königsberg, der Sitz des Hochmeisters. Ihm folgte die Ämter- und Schulzenpost des Herzogtums Preußen ab 1525 mit einer Zentrale im Königsberger Schloß. Die Kaufleute hatten ihre eigene Hansepost mit eigenen Boten und die drei Städte machten sich im 17. Jh. auch selbständig mit einem Stadtpostmeister an der Spitze. Der Gr. Kurfürst vereinigte beide Postbetriebe zur Zentrale im Schloß, damit ging die Kaufmannspost in der „Postbude“ an der Börse ein. Der Regierungsbotenmeister Martin Neumann errichtete einen Postcours nach dem anderen, 1649 stand der lange Postcours von Cleve nach Memel. Königsberg wurde neben Berlin das einzige Hofpostamt. 1709 hatte der Postmeister Heinrich Bertram noch vier Mitarbeiter neben sich. Friedr. Wilh. I. war dem Postwesen sehr zugetan. Bald bestanden 7 Postlinien, Kutsche und Reiter, von Königsberg aus. Während der russischen Besatzung 1758—1763 hieß das Hofpostamt „Russisch Kaiserliches Hofpostamt“. Die Bauten der Post, insbesondere das Packhaus am Schloß wurden schlecht gepfelgt und brachen fast zusammen. Erst 1797 gelang es dem Hofpostdirektor Wagner das Hippelsche Grundstück, später Poststraße 15, zu kaufen. Von 1808—1822 leitete der Hofpostdirektor von Madeweis das Königsberger Postwesen und führte viele Neuerungen ein. Ihm unterstanden 1820 7 weitere Postämter und 25 Postwärtereien. 1847 wurde das Lesgewangsche Gelände erworben und 1849 das stattliche Gebäude der „Hauptpost“ erbaut, das bis 1945 seinen Dienst tat. Neue Postämter kamen in der Stadt und auch im Zuge der Eingemeindungen dazu; 1945 waren es 23. Von besonderer Bedeutung waren die Ämter 1, die Hauptpost, 5, die Bahnpost und 9 auf den Hufen. Von 1894 bis 1900 gab es die private Stadtpost „Hansa“. Eine illegale Schülerpost gab es von 1917 bis 1923 mit einem erstaunlichen Umsatz und 287 verschiedenen Briefmarken. — Feldpost, Luftpost von und in alle Richtungen gab es natürlich auch in Königsberg. Von 1842 bis 1944 gab die Post in Königsberg 43 Sonder- und Werbestempel heraus.

Postelmann, Alfred, * geb. Königsberg 1880, † Pillau 1945. Pädagoge. Postelmann war anfangs Oberlehrer in Bartenstein, kam dann ans Hufen-Gymnasium, zunächst als Studienrat, 1922 wurde er Oberstudiendirektor dieser Schule. Postelmann war Mathematiker und Physiker, sein besonderes Interesse galt der Geologie und der Erforschung seiner Heimaterde. 1934 wurde der allgemein geschätzte Pädagoge an eine Aufbauschule in der Provinz versetzt.

Postnicken, ein Kirchdorf östl. von Schaaken, um 1429 als dt. Dorf gegründet. Die Kirche wurde 1739 erbaut. Für die hier wohnenden Bauern und Fischer wurde 1900 ein kleiner Hafen an der Beek-Mündung zum Haff angelegt.

Postscheckamt. Der Postscheckbetrieb der Deutschen Reichspost begann am 1.1.1909. Anfangs gehörte Ostpreußen zum Postscheckamt Danzig. Am 1. Juli 1916 wurde das Postscheckamt Königsberg für die OPD Bezirke Königsberg und Gumbinnen eingerichtet. Den Anfang bildeten 2 325 Postscheckkunden, die zunächst im Hauptpostgebäude in der Poststraße, dann in gemieteten Räumen in der Schönstraße gegenüber dem Postamt 8 bedient wurden. 1924 wurde mit dem Bau eines eigenen Gebäudes begonnen, und Anfang 1926 wurde der ansprechende Behördenbau am Deutschordenring Ecke Kniprodestraße bezogen. 1928 hatte das Amt Königsberg bereits 18 000 Postscheckkunden. 1945 war eine rechtzeitige Verlagerung nicht möglich, und die Amtsräume wurden mit den gesamten Unterlagen vernichtet. Das Gebäude blieb erhalten.

Post-Straße, von der Junkersraße zum Steindamm.

Powunden, Kirchdorf nördl. von Königsberg. Reste einer bischöflichen Burg von 1325 mit kreisrundem, breitem Graben. Pfarrkirche, ein gut durchgebildeter, großer Bau aus Feld- und Ziegelsteinen mit schmalerem Chor, der Turm aus dem Langhaus herauswachsend. Gotische Sakristei, Kanzel von 1702. Altargeräte aus dem 17. und 18. Jahrhundert. Orgel, 1883 von Terletzki. 2 Glocken; die 1727 gegossene Glocke hängt als Leihgabe in der ev. Kirche in Hüffelsheim/Nahe. Powunden war Endstation der Nebenstrecke der Cranzer Bahn.

Powundener Straße auf den Hufen, vom Samlandweg zur Hans Sagan-Straße.

Pracher bekannt als Bettler, Pracherei ist die Bettelei.

Prappeln, südwestl. von Ponarth, Dorf und Mühle wurden 1939 eingemeindet.

Prappelner Straße in Ponarth, von der Brandenburger Straße zum Zeugamt.

Pregel, der Hauptfluß Ostpreußens, ent
steht aus Zusammenfluß von Angerapp
Pissa und Inster bei Insterburg un
hat bis Königsberg eine Länge von 11
km. Königsberg liegt 7 km vor seine
Mündung ins Frische Haff. Der Prege
teilt sich vor und in Königsberg in zwe
Arme, den nördl. Neuen oder Samländi
schen Pregel und den südl. Alten oder Na
tangischen Pregel, die Wieseninseln bi
den. In Königsberg die Lomse-Insel un
die Insel Kneiphof. Der Neue Prege
machte ursprünglich nicht den scharfe
Knick am Hundegatt, sondern floß west
wärts im Zuge der Reifschlägerstraße un
Laak, nahm südl. der Neuen Bleiche de
Hufenfreigraben auf und mündete be
Cosse in den Alten Pregel. Zweifello
wurde der natürlichen Verlandung scho
vor 1300 nachgeholfen. — Entfernung de
Pregels von der Ostsee in Königsberg 4
km. Gefälle des Pregels 1 : 100 000, dahe
Rückstau bei Westwind. Täglich fließe
durch Königsberg im Mittel 2 191 10
cbm Wasser. Tiefe: Oberlauf 5 m, Neue
Pregel 6,5 m, Alter Pregel 8—11 m, bei de
Vereinigung beider 22 m. Breite: Ober
halb Königsberg 80—100 m, in der Stad
70 m, bei Groß Holstein 230 m. Länge de
städt. Pregelufer. ca. 30 km, davon 10 km
in der Innenstadt; Seekanal 35 km lang. —
1594 bei der Hochzeit des Kurprinzen
Johann Sigismund mit Anna von Preußen
fand im Pregel ein Fischerstechen von
Paaren und abends ein großes Feuerwerk
statt. 1741 wurde der Spicking abge
dämmt, so daß der Neue Pregel Haupt
strom wurde. 1798 wurden Pegel gesetzt
1833 befuhr der erste Dampfer den Fluß.
1927 Pregelwasserwerk bei Gut Jerusalem
gebaut. Beim Luftangriff am 29./30. 08
1944 auf Königsberg wurde keine Pregel-
brücke getroffen, aber Dalben im Pregel
brannten.*

Prengel, Theodor, * Königsberg 1837, † Berlin 1914. Presbyter. Prengel gehörte der Freien Evang.-katholischen Gemeinde Königsberg an, besuchte ihre Schule, studierte seit 1858 an der Albertina Medizin, dann Geschichte sowie Philosophie und unterrichete an Privatschulen. Als Presbyter und in Vorträgen wirkte er eifrig für seine Gemeinde. Prengel heiratete die zweite Tochter Julius Rupps. Er ging 1895 als Prediger der Freien Gemeinde nach Danzig, mußte aber wegen eines Halsleidens dieses Amt 1901 aufgeben und zog nach Berlin.

Preußen. Das Herzogtum Preußen ist aus dem Gebiet des Deutschen Ordens hervorgegangen, dessen Rest der Hochmeister Markgraf Albrecht von Brandenburg-Ansbach 1525 in ein weltliches protestant. Herzogtum der Hohenzollern unter poln. Oberlehnshoheit verwandelte. Nach dem Tode seines geisteskranken Sohnes Albrecht-Friedrich fiel das Herzogtum Preußen 1618 an Kurbrandenburg. — Im Frieden von Oliva wurde dem Gr. Kurfürsten die Befreiung Preußens von der pol. Lehnshoheit bestätigt. Hierdurch wurde die Gewinnung der Königswürde durch den Kurfürsten Friedrich III. von Brandenburg möglich. Innerhalb des Reiches war die Krone nicht zu erreichen. Obwohl Preußen nicht zum Reich gehörte, brauchte man die Anerkennung des Kaisers, was man durch Waffenhilfe im spanischen Erbfolgekrieg erreichte. Durch die Krönung des Kurfürsten Friedrich III. am 18. Jan. 1701 in Königsberg zum König Friedrich I. in Preußen, wurde die Einheit des Gesamtstaates verstärkt. Preußen aber hat dem neuen Staat den Namen gegeben; auch der pr. Adler und die schwarzweißen Farben wurde die Symbole des pr. Gesamtstaates. Die bisherige pr. Regierung in Königsberg wurde 1712 zu einem Teil der Berliner Regierung. Erst seit 1773 hieß die Provinz Preußen amtlich Ostpreußen. Die endgültige Teilung Preußens in die Provinzen Ost- und Westpreußen erfolgte erst 1878.

Preußische Städteordnung. Der Königsberger Stadtrat Dr. Johann Frey erhielt vom pr. Minister Freiherrn vom Stein den Auftrag, Vorschläge für eine allgemeine Reform der Kommunalverfassung auszuarbeiten. Nach einigen Abänderungen sicherte sich der pr. Staat durch Gesetz vom 19. November 1808 das oberste Aufsichtsrecht über die Städte sowie ihre Verfassung und ihr Vermögen. Die Stadtgemeinde untersteht dem Magistrat und die Bürgerschaft wird durch Stadtverordnete vertreten, die sie aus ihrer Mitte wählt. Die Stadtverordneten sind zu keiner Rechenschaft gegenüber den Bürgern verpflichtet. Alle Stadtverordneten mußten unentgeltlich arbeiten. — Der Oberbürgermeister, zu dem drei Kandidaten vorgeschlagen werden konnten, wurde durch oberlandesherrliche Bestätigung ernannt; er war den Landräten gleichgestellt.

Preußisch Eylau, Kreisstadt südl. von Königsberg. Hier entstand um 1325 eine Burg, der bald eine Siedlung folgte. Sie erhielt 1585 Stadtrecht, wurde 1819 Kreisstadt. Im Februar 1807 fand die Schlacht bei Pr. Eylau statt. Zur Erinnerung an diese Schlacht wurde 1850 ein gotischer Turmbau an der Bartensteiner Chaussee errichtet. Maschinenbau, Mühlen und Molkereien bestimmten das Bild der 7 500 Einwohner zählenden Stadt.

Preyler Weg auf den Hufen, von der Schindekopstraße zum Pobether Weg.

Prilacken südlich des Galtgrabens, dieses Gut war durch seinen schönen Park bekannt.

Prin, Marquard Gottfr., * Burg/Magdeburg 1759, † Königsberg 1834. Kaufmann, Prin gründete 1786 eine Kolonialwaren- und Materialwaren-Firma in Königsberg. Prin erwarb sich Verdienste um den Neubau der Altstädt. Kirche und der Hufenchaussee. Prin konnte zusammen mit dem franz. Prediger S. Lacanal in Tilsit, ohne Napoleon persönlich zu sprechen, eine Herabsetzung der Kontribution erreichen. — 1832 wurde Prin zum Geh.-Komm.-Rat ernannt.

Prinzen, Ernst, Wäscherei und Plätterei, Robertstraße 4.

Prinzen-Straße, von der Königstraße zur Yorkstraße.

Prinzessinnen-Straße, bis 1811 Prinzessinnenhof nach den kurfürstl. Prinzessinnen Loyso Charlotte und Hedwig Sophie, die sich wegen der Unruhen des 30jährigen Krieges in Königsberg aufhielten. — 1924 Neubenennung in (Oberste) Kantstraße.

Prinzhauseneck zwischen Sackh, Mittelstraße und Gebauhrstraße 52—54.

Probstheida-Straße auf den Hufen, zwischen Waldburg- und Belle Alliance-Str.

Produkten Bahnhof. Für den wachsenden Ladungsverkehr reichten noch im vorigen Jahrhundert die Freiladegleise an der Friedrichsburger Straße nicht mehr aus. Die notwendigen zusätzlichen Freiladegleise entstanden vor dem Brandenburger Tor auf dem Eisenbahngelände zwischen den Ostbahngleisen Richtung Ponarth und der Brandenburger Straße. Diese Ladestraßen, die als Produktenbahnhof bekannt waren, erhielten 1914 Anschluß an die Straßenbahngleise der Linie 11 und dienten seit den Kämpfen um Ostpreußen der Abfertigung der Lazarettzüge. Verwundete im Ersten Weltkrieg fuhren mit für die Aufnahme von Tragbahren hergerichteten Straßenbahnwagen zu den Lazaretten auf dem Roßgarten, auf dem Sackheim oder auf der Laak.

Proviantamt s. Heeresverpflegungsamt.

Provinzialdenkmalamt, Schloß Eingang 8. Provinzialkonservatoren: Adolf Bötticher seit 1891; Richard Dethlefsen seit 1902; Dr. Conrades seit 1937. Vertreter Provinzialbaurat Dr. Ing. Carl Wünsch; er wurde 1938 mit der Verlegung des Ostpr. Freiluftmuseums nach Hohenstein beauftragt.

Provinzial-Schulkollegium, Königstraße 65/7. Präsident. Oberpräsident Dr.h.c. Siehr; Vizepräsident: Geh. Reg.-Rat M. Latrille.

Provinzialverwaltung Ostpreußen, Landeshaus, Königstraße 28—31. Die Provinzialvewaltung ist 1875 durch Geset aus dem Landesarmenverband entstanden. Organe waren der Provinziallandtag der Provinzialausschuß und der Landeshauptmann als Chef der Verwaltung; ihm waren Landesräte und Landesbauräte al Dezernenten beigegeben. Aufgaben de Provinzialverwaltung waren: 1. Heil- und Pflegeanstalten für geistig Erkrankte Taubstummenanstalt und -schulen, Blindenanstalt und -schulen und Ausbildung der Hebammen mit Landesfrauenklinik, Krüppelfürsorge. Fürsorgeerziehung in 7 Provinzial Erziehungsheimen und 21 konfessionellen Heimen. 2. Provinzial-Straßenverwaltung: Verwaltung der Reichsstraßen und Landstraßen 1. Ordnung, alt Prov. Straßen und Betreuung der Landstraßen 2. Ordnung, Kreisstraßen. Verwaltung durch 14 Landesbauämter. 3 Kulturpflege: Konservator für Denkmalpflege, Museen, Prussia-Museum, Freiluft-Museum bei Hohenstein. Verwaltung des Reichsehrenmales in Hohenstein. 4. Meliorationswesen, Betreuung von Deichverbänden und Wasser-Genossenschaften, Gärtner- und Lehranstalt in Tapiau, Provinzial-Güter. 5. Wirtschaftliche Betätigung der Provinzialverwaltung, Ostpreußenwerk A.-G., Ostpreußische Landgesellschaft, Landesbank mi Stadtschaft, Ostpreußische Kleinbahnen A.G. u.a. Der Landeshauptmann wa Vorsitzender des jeweiligen Vewaltungsorgans. Finanzverwaltung. Die Provinzialverwaltung erhielt Zuweisung aus den Finanzausgleich des Landes Preußen. Die ungedeckten Ausgaben wurden durch Provinzialumlage von den Stadt- und Landkreisen erhoben. — Letzter Etat der Provinzialverwaltung in Einnahmen und Ausgaben 40 636 000.00 RM.

Prowehren westl. von Tannenwalde. Zur Anlegung eines Flugplatzes waren die Güter Prowehren, Gallhöfen, Strittkeim und Ländereien des Grafen Kanitz-Mednicken aufgekauft worden. Es war der größte Flugplatz im Samland mit drei km langen Startbahnen, die parallel zur Samlandbahn verliefen.

Prußen. Die Bezeichnung Prußen gibt es etwa seit dem Jahre 965. Damals reiste der spanische Jude Ibrahim ibn Jaqub im Auftrag Kaiser Ottos des Großen in den Osten. Er schilderte als östliche Nachbarn der jenseits der Elbe lebenden Slawen das Volk der „Brûs". Sie nannten sich wahrscheinlich „Prussai", Grabfunde bestätigen einwandfrei, daß es sich dabei um das gleiche Volk handelt, das unter dem Namen Aestier bekannt war. — Volklich gehören die Prußen gemeinsam mit den Letten, Litauern und den ausgestorbenen Kuren zu der ostbaltischen Völkerfamilie. Schon die alten Geschichtsschreiber unterschieden sie sorgfältig von den „Sclavi", also den Slawen.

Prussia s. Altertumsgesellschaft Prussia.

Prussiamuseum. Die vorgeschichtliche Abteilung der 1844 von Prof. E.A. Hagen gegründeten „Prussiagesellschaft" befand sich zunächst im Königshaus, später im Erdgeschoß des Südflügels des Schlosses. Am Eingang stand der Mannkesteen, das primitive mächtige Granitbild eines Gottes als Grenzmarke. Innen befanden sich vorgeschichtliche. landes- und volkskundliche Sammlungen. 1924 wurde der Moskowitersaal ins Museum einbezogen: hier war der Schlitten zu sehen, mit dem der Gr. Kurfürst Jan. 1679 über das Eis der Haffe geeilt war, daneben die Fahnen der preuß. Regimenter, ihre Uniformen, die Pfeilspitze des Ordensmarschalls Erasmus von Reitzenstein, die der Unglückliche jahrelang in seinem Kopf herumtrug und vieles andere. Letzter Museumsdirektor war Dr. Wilhelm Gaerte, * Eydtkuhnen 1891, † Hannover 1958.*

Prutz, Hans, * Jena 1843, † Stuttgart 1929. Historiker; Professor in Königsberg; u.a. „Kulturgeschichte der Kreuzzüge", Staatengeschichte des Abendlandes im Mittelalter".

Przybyllok, Erich, * Tarnowitz/OS 1880, † Köln 1954. Przybyllok studierte in Freiburg und in Breslau, wo er 1904 als Schüler des Mondtopographen J. Franz promovierte. Dann war er Assistent u.a. an der Sternwarte Königsberg. 1910 und 1911 begleitete er Filchner auf zwei Forschungsreisen. 1916 wurde er Observator am Geodätischen Institut in Potsdam. 1921 erhielt er einen Ruf als Professor an die Albertina und als Direktor der Sternwarte, deren restlose Zerstörung er bei einem Bombenangriff auf Königsberg 1944 erleben mußte. Przybyllok hat sich in Königsberg im wesentlichen der visuellen und photographischen Beobachtung der Doppelsterne gewidmet.

Puscheien (weich) ein liebevolles Wort für streicheln, auch puscheiche.

Q

Quanditten an der Chaussee nach Drugehnen, Guts- und Ziegeleibetrieb.

Quandt, Joh. Jakob, * Königsberg 1686, † Königsberg 1772. Ev. Theologe. Quandt stammte aus einer alten Königsberger Familie. Nach dem Besuch der Altst. Schule studierte Quandt Philosophie und Theologie an der Albertina und anderen Universitäten. Seit 1710 hielt er in Königsberg Vorlesungen und wurde 1714 Professor der Theologie. Seit 1721 Hofprediger an der Schloßkirche. Quandt erwarb sich Verdienste bei den Bemühungen Friedrich Wilhelms I. um die Einrichtung von Schulen. — Zum Pietismus stand Quandt in scharfem Gegensatz. Als Theologe war Quandt orthodox und näherte sich nur zaghaft der Aufklärung, er war aber ein beliebter Kanzelredner. — Quandt verfaßte eine große Anzahl von theologischen Schriften. U. a. war Quandt der erste Präsident der Königlichen Deutschen Gesellschaft.

Quandt, Johannes Paul, * Collin/Pommern 1863, † Königsberg 1937. Ev. Theologe Nach dem Studium war Quandt seit 1889 Divisionspfarrer in Glatz und Danzig. Dann wirkte er ab 1892 an der dt. Gemeinde in Den Haag. 1904 wurde Quandt als 1. Pfarrer an die Domkirche zu Königsberg berufen. Von 1909 bis 1933 war er als Konsistorialrat im Nebenamt tätig und erhielt 1923 die Ehrendoktorwürde der Albertina. Der angesehene Geistliche nahm sich besonders des theologischen Nachwuchses an; so wurde 1917 auf seine Anregung hin das „Lutherheim“ als Wohnheim für Studierende gegründet. 1933 schied Quandt aus seinen Ämtern aus.

Quednau nördl. von Königsberg. Die Bischöfliche Burg von 1302 ist gänzlich verschwunden. Durch Bauernkriege 1525 und die Franzosen 1807 wurde das Gebiet stark verwüstet. Zuerst Wallfahrtskirche für Fischer und Seefahrer. 1507 Neubau aus verputzten Feldsteinen, im 19. Jahrh. mehrmals renoviert. Reich an Epitaphen aus dem 17. und 18. Jahrhundert. Neben der Kanzel angebliche Rüstung von Hennig Schindekop. 2 Glocken; die 1710 gegossene Glocke hängt als Leihgabe in der ev. Kirche St. Martini in Stockheim/Hann. — Auf dem Quednauer Berg wurde 1888 ein Fort angelegt, das bis zum 7.4.1945 von der 367. I. D. gehalten wurde. Quednau wurde 1939 eingemeindet.

Quednauer Kirchenweg von der Rothensteiner Straße zur Cranzer Allee.

Querdroschke s. Grüne Minna.

Quessel, Ludwig, * Königsberg 1872, † Darmstadt 1931. Journalist. Quessel gehörte zu den Begründern des Königsberger „Leseclubs Kant“, an dessen Bestrebungen auch der spätere Ministerpräsident Otto Braun aktiv Anteil nahm. Quessel wurde dann Redakteur an sozialdemokratischen Zeitungen in Königsberg, Danzig und Stettin. Nach seiner Promotion zum Dr. der Staatswissenschaften wirkte er von 1907 als Redakteur am „Hessischen Volksfreund“ in Darmstadt. Von 1912—31 gehörte er für seinen hessischen Wahlkreis dem Dt. Reichstag an. 1925 veröffentlichte Quessel sein Buch „Der moderne Sozialismus“.

Quidde, Margarethe, * Königsberg 1858, † München 1940. Schriftstellerin. Vater Professor Julius Jacobson, Mutter Hermine Heller. Margarethe studierte Musik in Berlin und in Italien. Als Pianistin und Cellistin trat sie auch in Österreich, der Schweiz und England auf. — 1882 heiratete sie in Königsberg den Historiker und späteren Träger des Friedens-Nobelpreises Dr. Ludwig Quidde. In München war sie der Mittelpunkt einer Mozartgemeinde. Sie betätigte sich als Schriftstellerin und auch als Herausgeberin.

Quiddern für unterdrückt lachen

R

rachullrig bedeutet gierig, auch habgierig.

Raddäus, Georg, * Königsberg 1649, † Königsberg 1707. Bis 1694 Tragheimer Kantor übernahm Raddäus das Königsberger Hofkapellmeisteramt von Joh. J. Witte. Während seiner Amtsführung ging die Königskrönung 1701 vonstatten. Ein anschauliches Bild gibt der Kupferstich von 1712, auf dem eine Darstellung des gesamten musikalischen Apparats während der Salbung in der Schloßkirche zu sehen ist. Seine Beisetzung fand „mit großer Musique“ in der Tragheimer Kirche statt.

Radziwill, Boguslaus Fürst von, * Danzig 1620, † bei Königsberg 1669. Zunächst in polnischen und schwedischen Diensten wurde Radziwill 1657 vom Kurfürsten zum Statthalter des Herzogtums Preußen sowie zum Generalleutnant ernannt. Statthalter blieb er bis zum Ende seines Lebens. Radziwill wurde im kurfürstlichen Erbbegräbnis im Dom beigesetzt.

Radziwillstraße, von der Kalthöfer Allee zur Pionierkaserne nach dem General der Infanterie Fst. Radziwill benannt, der von 1860—1866 Chef der Pioniertruppen war.

Radok, Elias, *Kaladey/Böhmen 1840, † Berlin 1910. Radok studierte Maschinenbau an der deutschen Technischen Hochschule in Prag und arbeitete bei August Borsig, der ihn mit dem Bau des ersten deutschen Schwimmdocks in Swinemünde beauftragte. R. kam 1869 als Oberingenieur an die Uniongießerei in Königsberg. Der allgemein begabte Ingenieur stieg schnell auf; er übernahm 1876 die technische, 1891 die alleinige Leitung des Werks, das sich unter ihm zur größten Maschinenfabrik Ostpreußens entwickelte. Radok, zum Kommerzienrat ernannt, leitete die Union bis zu seinem Tode. Der Regierungsbaumeister Max Hartung, der die Werft und seit 1923 das ganze Unternehmen leitete, war sein Schwiegersohn.

Rantau. Dieser Ort, westl. Cranz, wird als Beispiel genannt, daß in Ostpreußen neben den oberirdisch sichtbaren Denkmalen der urgeschichtlichen Zeit den Hügelgräbern größte Bedeutung zukommt. Zu Beginn der Bronzezeit, um 1800 v. Chr., wird dieser Brauch der Bestattung als Ausdruck der Ahnenverehrung allgemein, bleibt es bis in die Zeit um Chr. Geburt.

Rantauer Straße auf den Hufen, von der Schindekop-Straße zur Powundener Straße.

Rapfen, eine Fischart im Kurischen Haff.

Rappel bezeichnet die Verrücktheit.

Rasensport-Vereine: Damen-Sport-Verein e.V,, Sportplatz an der Aschmann-Allee. **Polizeisportverein Königsberg,** Vors. Kdr. der Schutzpolizei, Sportplatz Herzogsacker. **Spielvereinigung Concordia 1911,** Vors. Gerh. Prepens, Weidendamm 5. **Spielvereinigung Rasensport-Preußen 1905,** Vors. Wilh. Jebsen, Vorderroßgarten 25, Sportplatz Stresemann-Straße. **Sport-Club-Hansa 1915,** Vors. Kurt Zachrau, Grünhoffer Weg 16. **Sportvereinigung Asco,** Akademischer Sport-Club Ostpreußen e.V., gegr. 1909, Gründer und Vors. Gustav Sembill, sp. Alfr. Hirsch, Sportplatz Samitter Allee. **Sportvereinigung Prussia-Samland,** E. V., gegr. 1908, Gründer und Vors. Dr. Döring, Sportanlagen Steffeck-Straße 29. **Verein für Bewegungsspiele,** „VfB“, gegr. 1900, Gründer und Vors. Hans Weinberg, Geschäftsstelle Theaterplatz 10/11, Sportplatz an der Stadtgärtnerei. **Verein für Körperübungen,** „VfK“, gegr. 1918 durch Hans Weinberg, Geschäftsst. Schnürlingstraße 32a, Sportplatz in Metgethen. **Verein für Leibesübungen,** Vors. Siegfried Neumann, Hasselstraße 1, Sport auf dem Jahnplatz am Hammerteich.

Rastenburger Straße am Mühlenhof.

Rathke, Martin Heinrich, * Danzig 1793, † Königsberg 1860. Anatom. Zunächst Kreisphysikus, war Rathke seit 1829 Anatom in Dorpat und seit 1834 Nachfolger Karl von Baers in Königsberg. Rathke setzte den Bau des anatom. Institus durch, das bis 1935 benutzt wurde. 1858 reformierte er das Physikum. Rathke entdeckte u. a. die Anlage des Hypophysenvorderlappens.

Rathke-Straße zw. Hindenburg- und Tiergartenstraße, benannt nach Prof. M. Rathke.

Ratshof, Vorort Königsbergs. Einst Eisenhammer am Freigraben, dann Gutsbetrieb, später Etablissement, schließlich Kinderpflegeheim. Der Hammerteich und der beliebte Hammerkrug waren von weiten Grünanlagen umgeben. Seit 1907 wurde zwischen der Pillauer Bahnlinie und der Lawsker Allee eine vorbildliche Gartenstadt erbaut. 1916 wurde der Neubau der Kunstakademie eröffnet. Die großen Speicher und die Waggonfabrik L. Steinfurt am nördlichen Pregelufer lagen auf Ratshöfer Gelände. Pregelabwärts die Zellstoffabrik und eine chemische Fabrik.

Ratshöfer Kirche. Sie wurde 1937 als Christus-Kirche eingeweiht. Es war der letzte Kirchenbau Königsbergs, ein Werk des Architekten Kurt Frick. Pfarrer war W. Schliewe.

Ratslinden, Straße in Ratshof, von der Lawsker Allee nach Norden zum Landgraben.

Rauschen die Perle der Samland-Bäder wurde erstmals 1258 als prussische Siedlung Rusemoter erwähnt. In der Mitte von „Alt Rauschen“ befindet sich der weit hingezogene Mühlenteich, in dessen dunkler Oberfläche sich die idyllische Umgebung wiederspiegelt. An seiner östl. Uferpromenade stand eine vierhundertjährige Linde mit einem Stammumfang von mehr als 8 Metern, den Südrand säumt ein Nadelwald mit den anschließenden Katzengründen. — Etwas höher lag der Badeort „Rauschen-Düne“, der sich entlang der hohen Steilküste bis zur Venusspitze hinzog. Er hatte seit 1906 einen eigenen Kopfbahnhof. Hotels, einige Erholungsheime und schmucke Villen unter hohen Kiefern gaben diesem Ortsteil ihr Gepräge. Im Kurzentrum lag der Turmbau des Warmbades und der Lärchenpark mit seinen Kurkonzerten. Neben dem Serpentinenweg zur Seepromenade herab, baute man vor dem I. Weltkrieg eine Drahtseilbahn mit 2 großen Kabinen. In Richtung nach Georgenswalde wurde Rauschen durch die Gausupschlucht begrenzt.

Rauschningsches Lyzeum s. Krausesches Lyzeum.

Rautenberg, Gerhard, * Königsberg 1905, † Leer 1982. Druckereibesitzer, Verleger. Nach einer gründlichen Ausbildung trat Rautenberg 1930 in den väterlichen Betrieb ein, der einer der bedeutendsten Buchdruckereien Königsbergs war; sein Urgroßvater Carl-Ludwig Rautenberg hatte 1825 diese Firma in Mohrungen gegründet und 1856 nach Königsberg verlegt. Rautenberg übernahm 1933 die Leitung der Verlagsbuchdruckerei Emil Rautenberg. — Während des Krieges war Rautenberg vorübergehend an der Front; seine Betriebsgebäude gingen bei den Luftangriffen im August 1944 unter. — Nach beharrlichen Bemühungen gelang es Rautenberg 1949 in Leer eine leistungsfähige Buch-, Offset- und Rotationsdruckerei, einen Verlag sowie eine Versandbuchhandlung aufzubauen. So konnte das tradionsreiche Unternehmen erhalten bleiben. In Leer wird u. v. a. vom April 1950 an von Rautenberg das Ostpreußenblatt gedruckt; sein Buchversand wird gern in Anspruch genommen. Das renommierte Unternehmen wird von zwei Söhnen in der fünften Generation weitergeführt.

Reedereiwesen. Die Reederei, d. h. der Besitz von Handelsschiffen, ist in unserer Stadt niemals groß gewesen. Zu Anfang des 18. Jhrhdrt besaßen die Königsberger Kaufleute noch kein einziges Schiff. Erst unter Friedrich d. Gr. begann die Reederei in Königsberg sich zu heben. 1805 besaß Königsberg 85 eigene Schiffe mit 12 917 Lasten. Aber bald gingen viele Schiffe durch die Kontinentalsperre zu Grunde, so daß es 1825 nur noch 13 Schiffe mit 1 617 Lasten waren. 1851 waren es 42 Schiffe, doch bald wurde die Segelschiffahrt durch die nun aufkommende Dampfschiffahrt verdrängt, und Königsberg stellte sich nur schwer auch verhältnismäßig spät auf die Dampfschiffahrt um. — 1895 besaßen die Königsberger Reedereien nur noch 6 Segelschiffe, dafür aber 12 größere Seedampfer sowie 31 Flußdampfer. Bei Ausbruch des Weltkrieges waren die Segelschiffe ganz verschwunden und die Dampfer in Königsberg um 3 vermehrt. Die in Königsberg ansässigen Reedereien für die Seeschiffahrt waren: Robert Kleyenstüber & Co., Storrer & Scott, Edward und Georg Hay und Marcus Cohn & Sohn. 1910 kam die Reederei Ivers & Arlt hinzu. Lebhafte Binnenschiffahrt betrieb seit 1872 die Firma Robert Meyhöfer und G. Fechter & Co. — Robert Kleyenstüber besaß die Dampfer „Planet“, „Margarethe“ und „Pionier“, der als „Veteran der Ostsee“ galt. Marcus Cohn & Sohn besaß 5 Dampfer, darunter D. „Ostpreußen“ mit 4 000 to den größten Königsberger Dampfer. Ivers & Arlt hatten die Dampfer „Samland“, „Königsberg“ und „Ermland“. Von den Flußdampfern seien genannt: „Altstadt", „Kneiphof" und „Löbenicht" sowie „Phönix" und „Memel". Alle Reedereien unterhielten im Vorhafen Pillau Kontore, denn jedes Schiff mußte dort seine Zollpapaiere abfertigen lassen. Größere Schiffe waren früher auch gezwungen, in Pillau einen Teil ihrer Ladung in sogenannte Boardings zu leichtern und mit diesen im Schlepp nach Königsberg weiterzufahren. Erst 1901 wurde der Königsberger Seekanal eröffnet. — Nach dem I. Weltkrieg erwuchs den Königsberger Reedern eine existenzbedrohende Konkurrenz durch den Stinnes-Konzern. Er gründete 1922 zwei Gesellschaften „Poseidon" und „Artus", jene für den Seeverkehr, diese nur für Flußtransporte. Die Poseidon-Schifffahrt AG fing mit etwa 6 Schiffen an und erreichte mit ihren 14 Seedampfern „Allenstein", „Tilsit", „Kohlenimport", „Koholyt" sowie „Fritz Schoop" u. a. eine Tonnage von etwa 31 500 BRT. — Nach 1930 wurden weitere 17 Dampfer von Duisburg-Ruhrort nach Königsberg verlegt; die Stinnes-Tonnage wuchs damit auf annähernd 100 000 BRT an. Damit wurde Stinnes-Poseidon zur größten Ostseereederei überhaupt.

Reformation. Auf Anregung Martin Luthers wandelte 1525 der Hochmstr. Albrecht, Markgraf von Brandenburg, den Ordensstaat Preußen in ein weltliches Herzogtum und führte gleichzeitig die seit 1523 im Lande durch Joh. Briesmann begonnene Reformation ein. Albrecht und die Bischöfe Georg v. Polentz vom Samland und Erhard Queis von Posesanien sowie die Theologen Andreas Osiander, Paul Speratus u. a. schlossen sich an.

Regenten-Straße in Amalienau.

Reger, Rudolf, Waffengeschäft, Walsche Gasse 4.

Regierungsbezirk Königsberg. Er umfaßte den nordwestlichen Teil Ostpreußens mit der Stadt Königsberg und den Landkreisen Bartenstein, Braunsberg, Gerdauen, Heiligenheil, Heilsberg, Labiau, Mohrungen, Pr. Eylau, Pr. Holland, Rastenburg, Samland und Wehlau. Der Kreis Samland wurde 1938 aus den Kreisen Königsberg-Land und Fischhausen gebildet. Der Regierungsbezirk hatte 13 147 Quadratkilometer Fläche und 1,06 Millionen Einwohner nach der Volkszählung von 1939.

Regierungs-Präsidium. Mitteltragheim 40 Mittelbehörde der preußischen Staatsverwaltung für den Regierungsbezirk Königsberg Pr. mit der Zuständigkeit für alle Angelegenheiten, die nicht ausdrücklich anderen Behörden übertragen sind, und dem Aufsichtsrecht über die nachgeordneten Behörden. Bei der „Regierung" sind drei Abteilungen gebildet:

a. Präsidialabteilung mit der Zuständigkeit für Polizeisachen und Inneres.
b. Abteilung für das Kirchen- und Schulwesen.
c. Abteilung für direkte Steuern, Domänen und Forsten

Das ursprüngliche Kollegialsystem der beiden letztgenannten Abteilungen ist in neuerer Zeit durch das monokratische System abgelöst worden, wie es schon bei der Präsidialabteilung bestand. Dem Regierungspräsidenten ist ein Bezirksausschuß als Kollegialbehörde beigegeben, der in Verwaltungs- und Verfahrenssachen entscheidet. Gesetzliche Grundlagen für Verwaltungsaufbau und Zuständigkeiten s. Oberpräsidium

Rehs, Carl, * Lägs/Pr. Holld. 1867, † Königsberg 1945. Lehrer, Imker. Rehs wurde 1891 Hilfslehrer an der Blindenanstalt Königsberg und später Hauptlehrer in Kalgen. 1896 übernahm Rehs den Bienenstand seines Vaters und wurde bald der führende Imker Ostpreußens. Seit 1909 regelmäßiger Mitarbeiter der „Georgine", war Rehs 25 Jahre 1. Schriftleiter der Pr. Bienenzeitung. U. a. ist ihm die Gründung der bedeutenden Imkerschule in Korschen zu verdanken. Rehs war in der Provinz als „Bienenvater Rehs" bekannt.

Rehs, Reinhold, * Klinthenen/Opr. 1901, † Kiel 1971. Politiker. Nach dem Jurastudium in Königsberg und Heidelberg ließ sich Rehs in Königsberg als Rechtsanwalt nieder. Nach Kriegsende wurde Rehs in den Landtag von Schleswig-Holstein gewählt und kam 1953 als Abgeordneter der SPD in den Dt. Bundestag. Von 1962—1967 war er der erste Vorsitzende der Stadtgemeinschaft Königsberg. 1966 wurde Rehs Sprecher der Landsmannschaft Ostpreußen, ein Jahr später Präsident des BdV, 1967 wurde ihm die Königsberger Bürgermedaille verliehen.

Rehsteg, in Ponarth, von der Jägerstraße zur Wolfstraße.

Reich. Der Ausdruck „ins Reich" gehen, war schon Anfang des vorigen Jahrhunderts gebräuchlich. Verständlich, denn erst 1871 kam die Provinz Preußen bzw. Ostpreußen zum Reich. Dies bezeugt Reichsminister a. D. Frhr. Magnus von Braun, Neucken, in seinen Lebenserinnerungen.

Reichardt, Johann Friedrich, * Königsberg 1752, † Giebichenstein/Halle 1814. Komponist. Sein Vater war Musiklehrer der schöngeistigen Gräfin Keyserling und er ein musikalisches Wunderkind. Reichardt war ein hochgebildeter Komponist und Musikschriftsteller, der aus den „Cirkeln der Königsberger Kenner und Liebhaber der Musik" kam. Reichardt hörte drei Jahre Philosophie bei Kant, der ihn lehrte die Kunst von höheren Gesichtspunkten aus zu betrachten. — In Paris und Wien trug Reichardt später zur Musikgeschichte des ausgehenden 18. Jahrh. Wesentliches bei. 1775 wurde Reichardt Kapellmeister Friedrichs d. Gr.; seine 1792 veröffentlichten „Vertrauten Briefe" kosteten ihm aber diese Stellung. — Reichardt vertonte Goethe-Lieder und war journalistisch tätig.

Reichardt-Straße, im Musikantenviertel auf den Hufen, nach J. F. Reichardt benannt.

Reichel, Emma, * Könisberg 1857, † Berlin 1931. Schriftstellerin. Reichel war zuerst Schauspielerin, dann Korrespondentin verschiedener Blätter in London und lebte seit 1896 als Schriftstellerin in Berlin. Sie schrieb hauptsächlich Romane; einer von ihnen „Vom selben Ast" spielt in Ostpreußen.

Reichel, Eugen, * Königsberg 1853, † Berlin 1916. Schriftsteller. Reichel seit 1883 in Berlin, schrieb Schauspiele und Romane. Reichel gründete eine Gottsched-Gesellschaft und schrieb 1912 eine Gottsched-Biographie. In zahlreichen Aufsätzen und Vorträgen trat er für Gottsched ein.

Reichermann, Wilhelm, * Kreuzburg 1845, † Königsberg 1920. Dialektdichter. Reichermann erlernte das Handwerk des Vaters und lernte als Wanderbursche Deutschland, die Schweiz und Österreich kennen. 1880 erwarb Reichermann die Stadtmühle und war 20 Jahre Stadtverordnetenvorsteher. Bekannt ist Reichermann weit über seine engere Heimat hinaus geworden, durch die „Spoaßkes", plattdeutsche Gedichte. In humorvoller Weise wurden natangische Verhältnisse geschildert. Das erste dieser acht Bändchen erschien 1891, die zahlreiche Auflagen erlebten. Nach 1945 erschien eine Auswahl unter dem Titel „Starker Toback". — 1925 wurde Reichermann in Kreuzburg ein Gedenkstein gesetzt.

Reichsautobahn, s. Autobahn Elbing — Königsberg

Reichsbahnausbesserungswerk Königsberg. Inbetriebnahme 1. 11. 1877 zwischen den süd-westl. Bahnanlagen. — Um 1906 Baubeginn neuer Anlagen in Ponarth nördl. der Speichersdorfer Straße. Um 1930 waren 87217 qm des Geländes bebaut. Gesamtpersonal 1918

Köpfe, davon 205 Beamte und Angestellte. Unterhaltungsbestand 513 Lokomotiven, 17 Triebwagen, 1628 Personenwagen, 133 Bahndienstwagen, 273 Güterzuggepäckwagen und 89 Kühlwagen. Nach Anfall 464 Güterwagen im Jahr ausgebessert.

Reichsbahnbrücke, sie überquerte den Pregel unmittelbar westlich des Forts Friedrichsburg für die Strecken nach Metgethen — Pillau und nach Nordbahnhof — Labiau — Tilsit. Das Untergeschoß der Brücke trug eine 7 m breite Straße mit zwei Straßenbahngleisen und zwei außenliegenden Fußwegen. Auf dem Obergeschoß verliefen vier Streckengleise. Die zwischen den Endpfeilern rund 200 m lange Brücke, bestand aus der nördlichen und der südlichen Landbrücke sowie der Flußbrücke mit einem festen Teil von 42,5 m Stützweite und der zweiarmigen Drehbrücke mit 2 x 28,7 m Länge. Die Drehbrücke gab zwei Schiffsdurchfahrten von 17,5 lichter Weite frei. — Baustoff der Haupttragteile z. T. veredelter Flußstahl. Gesamtes Gewicht der Drehbrücke 1225 t. Die Drehbrücke ruhte in geschlossener Lage auf dem „Königsstuhl“ und 4 Hublagern auf den Außenpfeilern. Die Stoßlücken der Fahrbahnen und der Gleise wurden durch längsbewegliche Teile mit mehrfacher Verriegelung überbrückt. — Baubeginn der Strompfeiler 1913, Einweihung am 28. August 1926 durch Reichsverkehrsminister Dorpmüller. — Die Russen haben die im Krieg stark beschädigte Brücke in eine feste Brücke umgewandelt.

Reichsbahndirektion. Schon ein Erlaß vom 11. 12. 1845 hatte im Verfolg des Entschlusses zunächst östl. der Weichsel eine Bahn zu bauen, für die Planung eine Eisenbahnkommission mit allen Befugnissen einer öffentlichen Behörde geschaffen. — Am 5. Nov. 1849 hatte der König mit Erlaß zur Fortsetzung des

Königsberg i. Pr. - Eisenbahn-Drehbrücke

Baus der Ostbahn sowie zu deren späteren Verwaltung und Leitung des Betriebes die „Kgl. Direktion der Ostbahn“ eingesetzt. Sie übernahm die Arbeiten im Juni 1848 für den Bau der Strecke von Driesen/Kreuz nach Bromberg der „Kgl. Kommission für die Ostbahn“, die aus dem schon in Elbing beschäftigten Landrat Wernich und dem Oberwegebauinspektor Gerhardt bestand. Diese Direktion hatte zunächst Sitz in Schönlanke in der Nähe der begonnenen Erdarbeiten, verlegte ihren Sitz zum 1. April 1849 nach Bromberg. Sie bestand aus dem Geh. Regierungsrat Wernich als Vorsitzender, dem Reg.-Baurat Wiebe und den Assessoren von Düring und Eggert. — Der Erlaß vom April 1873 schuf wegen des zunehmenden Umfanges des Eisenbahnnetzes, Eisenbahnkommissionen in mehreren Schwerpunkten u. a. in Königsberg, die am 1. Okt. 1873 ihre Tätigkeit begann. — Die Neuordnung der Staatsbahnverwaltung von 1895 teilte das rund 5000 km Eisenbahnen umfassende Netz auf die neuen Eisenbahndirektionen, K. E. D., Bromberg, Danzig und Königsberg auf. Die Geschäftsräume der K. E. D. Königsberg befanden sich im Haus Hintere Vorstadt 55a, später umbenannt in Vorstädt. Langgasse 117/121. Das Gesims dieses Hauses verzierten auf die Eisenbahn deutende allegorische Figuren, die linke umfaßte die Front einer Dampflokomotive und die rechte hielt eine Telegrafenstange. — Die Präsidenten der Direktion Königsberg waren: Seit 1895 Simson, st. 1905 Krueger, st. 1914 Schultze, st. 1917 Bodenstein, st. 1919 Dr. Platho, st. 1922 Dr. Moeller, von 1938 —1945 Dr.-Ing. Baumann.

Reichsbank, gegenüber der Ostseite des Schlosses. Das stattliche, im neuklassizistischen Stil erbaute Bankgebäude wurde 1928 bezogen. Erwähnenswert die aufwendige Inneneinrichtung, besonders das in Marmor gehaltene Treppenhaus mit vergoldeter Kassettendecke. Nach längerem Hin und Her blieb die Mauer mit der Nische für das Denkmal Friedrichs I. stehen.

Reichs-Platz, vor dem Hauptbahnhof.

Reichs-Straße, vom Brandenburger Tor zur Reichsbahn-Brücke.

Reichswehr, die Wehrmacht des Dt. Reiches von 1919 — 1935. Nach der in Versailles erzwungenen Abrüstung blieb Königsberg eine Festung und die größte Garnison des Reiches. Höhere Stäbe Wehrkreiskommando I., 1. Division Artillerieführer 1 und Festungskommandantur. Truppenteile: Zwei Bataillone des Infranterieregiments 1, Eine Abteilung des Artillerieregiments 1 Pionierbataillon 1, Nachrichtenabteilung 1, Kraftfahrabteilung 1, Fahrabteilung 1 und Sanitätsabteilung 1.

Reicke, Curt, * Pillau 1883, † Kiel 1969 Pädagoge. Reicke promovierte 1906 und wurde nach seiner Ausbildung 190[illegible] Oberlehrer in Tilsit, 1911 am Löben Realgymnasium. 1919 erhielt Reicke eine Dozentur für englische Sprache an der Handelshochschule. — 1924 Studiendirektor des Körtelyzeums und 1926 Oberschulrat in Königsberg. 193[illegible] erhielt Reicke den Titel eines Honorarprofessors und wurde 1943 OStD der Hindenburg-Oberrealschule. Als langj Vorsitzender des Königsberger Turnclubs, KTC, gehörte Reicke zu den führenden Männern der Turnerei. 1945, in ein Lager im Samland verschleppt gelang es ihm nach Berlin zu entkommen. — Reicke setzte sich u. a. für die Übernahme der Patenschaft für das Löbenichtsche Realgymnasium durch das Steinbart-Gymnasium ein.

Reicke, Georg, * Königsberg 1863, † Berlin 1923. Bürgermeister. Reicke studierte Jura und wurde 1888 Assessor und promovierte, 1890 bis 1892 Justitiar beim Konsistorium der Provinz Westpreußen, dann Hilfsarbeiter beim Oberkirchenrat in Berlin, 1897 Justitiar beim brandenburgischen Konsistorium, 1901 Regierungsrat im Reichsversicherungsamt, und 1903 wurde Reicke zum zweiten Bürgermeister von Berlin berufen. — Er hat Romane und Dramen geschrieben. Seine Tochter, Ilse Reicke, war eine bekannte Schriftstellerin.

Reicke, Rudolf, * Memel 1825, † Königsberg 1906. Historiker. Reicke promovierte an der Albertina. 1858 trat er in die Kgl. Bibliothek ein und wurde 1894 Oberbibliothekar. Er verwaltete auch die Wallenrodtsche Bibliothek im Dom und war ein bedeutender Kantforscher, der zahlreiche nachgelassene Papiere auffand. — Von 1863 — 1903 gab er die Altpreußische Monatsschrift heraus, anfangs mit Ernst Wichert, nach dessen Tod, 1902, allein. Sein Sohn Georg wurde 2. Bürgermeister von Berlin.

Reicke-Straße, von der Samitter Allee zur Bezzenberger Straße, benannt nach dem Oberbiliothekar Rudolf Reicke.

Reifschläger-Straße, von der Koggenstraße zum Neuen Graben.

Reihersee, wurde von Menschenhand angelegt. Durch den Stau der Alle entstand ein 30 km langer See. Er speicherte die Wasserreserve für das Kraftwerk bei Friedland, das bis 1945 das nördliche Ostpreußen mit Strom versorgte.

Rennpark-Allee, in Kalthof, von der Cranzer Allee zur Labiauer Straße.

Rennplatz, in Carolinenhof, seit 1889. Eingang von der Cranzer Allee bzw. vom Roßgärter Glacis. — An der Cranzer Allee Pferde-Ausstellungsplatz und Tattersall. — Das erste Pferderennen wurde 1820 von in Königsberg lebenden Engländern veranstaltet. — 1834 entstand dann der „Verein für Wettrennen und Pferdezucht“, der ein Jahr darauf das erste Pferderennen auf dem Exerzierplatz vor dem Königstor abhielt. — Später auch eine Rennbahn in Metgethen.

Residenz Königsberg. Von 1457 an war Königsberg Sitz der Hochmeister des Deutschen Ordens. Von 1525 bis 1618 Residenz der Herzöge Preußens. Durch die Krönung Friedrich I. 1701 wurde Königsberg zweite Residenz der pr. Könige bis 1918. Seit 1724 führte Königsberg den Titel Königliche Haupt- und Residenzstadt.

Residenz-Straße, in Amalienau, von der Kastanien-Allee zur Ritter-Straße.

Restaurants: Alter Hirsch, Inh. A. Drusendahl, Altstädt. Langgasse 76. **Annenbräu, Zum,** Inh. Friedr. Grunwald, Georgstraße 5. **Augusta-Halle,** Ihn. F. Dargel, Augustastr. **Bergschlößchen,** Inh. F. Stuhrmann, Quednau, Hauptstraße 19. **Bismarckshöh,** Inh. W. Laudien, Stresemann-Straße 99. **Blutgericht,** im Nordflügel des Schlosses. **Boehm, Horst,** Prussia-Bad, Cäcilienallee 4. **Börsenkeller,** W. Baukat, Börsenstraße 1. **Bürger-Ressource,** R. Michaelis, Burgstraße 1. **Café Julchenthal** in Luisenwahl, Hufenallee. **Casino Roßgarten,** Roßgärter Markt 4. **Deutsche Ressource,** Ökonom Fritz Armbrust, Jägerhofstraße 8. **Drachenfels,** Hufenallee 29. **Eden,** Tanzdiele, Kniprodestraße 17. **Eisernes Kreuz,** Inh. A. Werner, Kaiserstraße 53. **Flughafen-Restaurant,** Devau, Inh. G. Link. **Fürstenstein-Restaurant,** Inh. O. Lebrecht. **Gesellschaftshaus Südpark,** Ponarth. **Hammerklause,** Hammerweg 22. **Hammerkrug,** Bes. O. Gutzeit, Hammerweg 41. **Hansa-Gaststätte,** A. Feierabend, Hansaring. **Hegenbarth, Alfred,** vorm. **Zum Franziskaner,** Königstraße 54. **Hufen-Lauben,** Inh. K. Schroeder, Hufenallee 60. **Jubiläumhalle,** Kleinkunstbühne, Koggenstraße. **Kneiphöfsche Bierstuben,** Kneiph. Langgasse 25. **Knorr's Bierstuben,** Vorderroßgarten 65. **Königshöh,** Labiauer Straße 80/84. **Kopernikus,** E. Pichler, Am Landgraben. **Korinthenbaum,** A. Makowski, Lawsker Allee 33. **Kückens Pschorrhaus,** Steindamm 67/69. **Landeshalle,**

H. Zimmerlinkat, Königstraße 85. **Likörstube „Zum Hegenbarth"**, Königstraße 48. **Lunapark Rosenau,** E. Reßke, Aweider Allee 60. **Messe-Restaurant,** O. Kammer, Wallring 36. **Metropol-Theater**, P. Ragutzky, Hufenallee 9. **Mitropa,** Hauptbahnhofswirtschaft, Reichsplatz. **Neue Welt,** Garten-Gastst., Alte Pillauer Landstraße 12. **Oberteich-Terrasse,** H. Borz, Oberteichufer. **Park Schönbusch,** K. Zilkenath, Schönbuscher Straße 5. **Pelikan-Klause,** Gr. Schloßteichstraße 11. **Reichshof, Der,** G. Müller, Theaterplatz 10. **Restaurant Nordbahnhof,** K. Kaempf. **Sackheimer Hof,** B. Stelke, Sackheim 126. **Siechen-Restaurant,** W. Baukat, Vorst. Langgasse 94. **Spatenbräu,** Rich. Rehse, Kneiph. Langgasse 19. **Stadthalle,** Vorderroßgarten 49. **Stadtkeller,** Hansaring, Stadthaus. **Tarachs Hufenschlößchen,** Hufenallee 62. **Tiergartengesellschaftshaus,** Tiergarten. **Tucher,** G. Gattow, Steind. Kirchenplatz 1. **Zum Bärenfang,** Vorst. Langgasse 138. **Zur Hütte,** M. Rehse, Steindamm 123/124. **Zum Kulmbacher,** Ju. Nahser, Steindamm 147. **Zum Kurfürsten,** O. Platz, Steindam 153.

Retablissement, nannte man den Wiederaufbau des vorwiegend durch die Pest 1709 zur Wüstenei gewordenen Ostpreußen. Er begann noch in den letzten Regierungsjahren Friedrichs I., aber nur sehr schleppend. — Beim Tode des Königs 1713 waren erst zwei Fünftel der ausgestorbenen Höfe wieder von nachgeborenen einheimischen Bauernsöhnen oder eingewanderten Litauern übernommen und bewirtschaftet worden.

Reusch, Christian Friedrich, * Königsberg 1778, † Königsberg 1848. Jurist. Reusch studierte von 1793—97 an der Albertina und wurde 1803 Assessor bei der Regierung. 1815 zum Oberpräsidialrat ernannt, wurde er 1824 Kurator der Albertina und leitete bis 1831 in der Regierung die Abteilungen für Kirchen und Schulen. — 1837 verlieh Reusch die Albertina die Würde eines Ehrendoktors.

Reusch, Friedrich Rudolf, * Königsberg 1810, † Königsberg 1872. Jurist. Nach dem Studium an der Albertina wird Reusch 1842 Oberlandesgerichtsassessor und 1850 Stadtgerichtsrat in Königsberg. Dr. jur. Reusch wurde 1867 Geheimer Justizrat. Seine literarischen Arbeiten: Sagen des preußischen Samlandes, 1838; Die preußischen Erntegebräuche, 1846; Die nordischen Göttersagen einfach erzählt, 1864. Außerdem gab er die Unterhaltungen des literarischen Kränzchens von 1858 heraus.

Reusch, Johann Friedrich, * Siegen 1843, † Agrigent 1906. Bildhauer. Reusch studierte seit 1863 an der Kunstakademie in Berlin erfolgreich. — 1881 als erster Lehrer der Bildhauerkunst an die Königsberger Kunstakademie berufen, wurde er 1883 Professor. Reusch fand die größte Anerkennung, die Albertina ernannte ihn zum Dr. h. c. — Seine beliebtesten Werke waren: „Der deutsche Michel" am Wrangelturm, „Die Bildnisbüste" von Bessel, an der Sternwarte sowie die Denkmäler von Herzog Albrecht, von Kaiser Wilhelm I. und von Bismarck auf dem Kaiser-Wilhelm-Platz. Von seinen vielen Werken ist noch die Selbstbildnisbüste in Marmor in seiner Vaterstadt Siegen erhalten.

Reuss, Wilhelm Franz, * Dresden 1886, † Königsberg 1945. Dirigent. Nach dem Musikstudium u. a. bei Max von Schillings wirkte Reuss an verschiedenen dt. Bühnen, bis er 1918 an das Stadttheater in Königsberg als erster Kapellmeister berufen wurde, wo er auch eine reiche Konzerttätigkeit entfaltete. Von 1923 an war er in Berlin und von 1927 Staatskapellmeister in Kassel. 1932 wieder in Königsberg dirigierte er neben der Oper auch die Königsberger Symphoniekonzerte. Nach der Kapitulation am 9. 4. 1945 wurde Reuss verhaftet und fand nach mehreren Verhören den Tod.

Reuter, G., Möbelfabrik, Steindamm 139

Rhenania-Ossag, Mineralölwerke A. G., Hindenburgstraße 9, Tanklager an der Einfahrt zum Hafenbecken IV.

Rhesa, Ludwig, * Karwaiten 1776, † Königsberg 1840. Theologe. Während des Studiums war Rhesa Stipendiat im Kypkeanum. Zunächst Garnisonsprediger in der Feste Friedrichsburg. 1810 Professor der Theologie an der Albertina und Direktor des litauischen Seminars. Rhesa sammelte litauische „Dainos", Lieder, ihm sind weitere litauische Übersetzungen zu verdanken, sowie die „Kurzgefaßten Nachrichten von allen seit 1775 an den ev. Kirchen in Ostpreußen angestellten Predigern" 1834, ein verdienstvolles Nachschlagewerk. Testamentarisch stiftete er sein Vermögen für ein Studentenheim „Rhesianum", das 1854 erbaut wurde.

Rhesastraße, Am Rhesianum, vom Hintertragheim zum Nachtigallensteig, benannt 1885 nach Professor Ludwig Jedomin Rhesa.

Rhode, Paul, * Königsberg 1856, † Königsberg 1913. Bibliothekar. Rhode promovierte mit einer Arbeit über die Denkmäler provencalischer Literatur. Seine weiteren Schriften galten der Geschichte Königsberg. Am bekanntesten wurde sein Buch „Königsbergs Stadtverwaltung einst und jetzt". Rhode war an der Stadtbibliothek tätig und wurde 1912 zum Bibliotheksrat ernannt.

Richard-Straße, auf den Hufen, von der Hindenburgstraße zur Luisenallee.

Richelot, Friedrich Julius, * Königsberg 1808, † Königsberg 1875. Mathematiker. Richelot begann sein Studium mit noch nicht 17 Jahren; seine Lehrer waren F. W. Bessel und K. Jacobi. Nach der Promotion wurde er bereits 1832 a. o. Professor und erhielt 1844 den Lehrstuhl Jacobis. Richelot konnte in seinen Zuhörern Begeisterung für Mathematik wecken. Richelot war Mitglied der wissenschaftlichen Prüfungskommission und der Stadtschuldeputation.

Richter, Johann Christ., * Gumbinnen 1768, † Königsberg 1853. Kaufmann. Richter betrieb mit Joh. J. Koch einen offenen Weinhandel in den Schloßkellern. — 1806 heiratete er Karoline Schindelmeißer, die Witwe des David Schindelmeißer, und übernahm dessen große Weinhandlung. Sie wurde 1827 nach dem Schloß verlegt, wo sie bald den Namen Blutgericht erhielt. — Richter, einer der reichsten Männer der Stadt, wurde 1832 Geh. Kommerzienrat. Eine Krise veranlaßte ihn, das große Haus am Domplatz 1843 an die Preußische Bank zu verkaufen. — Die Familie Richter blieb bis 1945 an der Firma beteiligt.

Richterstraße, in Ratshof, von der Lawsker Allee zur Wiebestraße.

Richthofenstraßen, in Kalthof, zum Flughafen Devau, vor 1933 Straße Am Flughafen.

Riebensahm, Erich, * Königsberg 1880, † Berlin 1971. Technologe. Nach dem Studium Maschinenbau und Elektrotechnik, promovierte Riebensahm 1908 zum Dr. Ing. Nach praktischer Tätigkeit wurde Riebensahm 1922 auf den Lehrstuhl für Mechan. Technologie an der TH Charlottenburg berufen. Er baute ihn nach 1945 zu einem Lehrstuhl für Werkstofftechnik aus und begründete die Wissenschaftl. technische Arbeitsgemeinschaft für Härterei-Technik und Wärmebehandlung in Bremen. — 1957 ernannte ihn die TU-Berlin zum Ehrensenator. — Riebensahm blieb bis in sein 90. Jahr hinein wissenschaftlich tätig.

Riedel, Georg, * Sensburg 1676, † Königsberg 1738. Komponist. Riedel studierte Theologie und ging in die Lehre bei Hofkapellmeister Raddäus. An der Königskrönung 1701 trug er mit einer selbstkomponierten Abendmusik der Studentenschaft bei. 1706 erhielt er ein Lehramt an der Altstädt. Stadtschule, wurde Kantor und leitete 30 Jahre das Musikamt in Königsberg. Er komponierte eine Trauerkantate für seine eigene Leichenfeier. Als gläubiger Lutheraner sah er seine Aufgabe darin, die Christen durch seine Musik zum ent schiedenen Glauben zu bewegen.

Riel, Friedrich August, * Potsdam 1774, † Königsberg 1845. Komponist. Riel genoß in Potsdam die besondere Gunst Friedrich Wilhelm II., der ihn zum Kammermusikus machte. Riel verlegte 1798 seine Wirksamkeit nach Königsberg und führte sich mit einem Konzert im Kneiph. Junkerhof ein. Von klassischen Oratorien brachte er zum ersten Mal 1802 in der Schloßkirche „Die Schöpfung" von Haydn. 1807 wurde Riel zum Kgl. Musikdirektor ernannt. Er war der führende Musiker Königsbergs. Romantische Opern von Spohr und Weber brachte er erstmalig zur Aufführung. Von seinen Kompositionen erschien eine Serenade für Gesang und Klavier bei Breitkopf und Härtel.

Riemann, Erhard, * Kraußen/Königsberg 1907, † Kiel 1984. Germanist. Riemann absolvierte ein vielseitiges Studium an der Albertina. 1938 habilitierte er sich mit einer vorgeschichtlichen und sprachwissenschaftlichen Arbeit bei Professor Ziesemer. Über verschiedene Zwischenstationen — u. a. Dozent an der Hochschule für Lehrerbildung in Elbing — wurde er schließlich Professor für Volkskunde und Mundartforschung an der Universität Kiel. Seine Lebensaufgabe sah Riemann in der Vollendung des „Preußischen Wörterbuchs", das in Königsberg von Professor Ziesemer begonnen wurde.

Riesemann & Lintaler, Buch- und Kunsthandlung, Schiefer Berg 15.

Riga, Isaak d. J., vor 1653, † Königsber[g] 1715/20. Bildschnitzer, er war der best[e] seiner Zeit in Königsberg. — Riga ent[-]faltete hier fast 40 Jahre lang eine reg[e] Tätigkeit, hatte den Titel Hofbildhaue[r] und zahllose Schüler. — Seine Werke i[n] Königsberg sind fast restlos unterge[-]gangen, die in der Prov. wohl z. T. er[-]halten. — Ausstattung der Wallenrodt[-]schen Bibliothek im Dom mit der be[-]seelten Figur der Weisheit, Kruzifix i[n] der Neuroßgärter Kirche.*

Ring-Straße, nördlich von Rothenstei[n] ein Teil der Ring-Chaussee.

Rippen-Straße, von der Königstraße zu[r] Kalthöfischen Straße. Zuerst vo[m] Volksmund so genannt, weil dort i[m] Hause des Leinenwebers Valerius Geß[-]ler eine acht Ellen lange Walfischripp[e] hing. Seit 1728 amtlich Rippengasse.*

Ritter-Straße, in Amalienau, von de[r] Lawsker Allee zur Regenten-Straße.

Ritthausen, Karl Heinrich Leop., * A[r-]menruh 1826, † Berlin 1912. Agrikultu[r-]chemiker. Ritthausen wurde 1856 Leite[r] der Agrikulturchemischen Versuchsan[-]stalt in Ida-Marienhütte/Schlesien. 185[.] wurde Ritthausen als Professor fü[r] Chemie und Physik an die eben gegrün[-]dete landwirtschaftliche Akademie i[n] Waldau bei Königsberg berufen. 186[.] ging er an die landwirtschaftliche Hoch[-]schule in Bonn und kehrte 1873 nac[h] Königsberg zurück. Die Akademie i[n] Waldau war aufgehoben und das Stu[-]dium der Landwirtschaft zur Philoso[-]phischen Fakultät der Albertina gestel[lt] worden. Er wirkte hier als a. o. Profe[s-]sor der Agrikulturchemie und trat er[st] 1898 in den Ruhestand. Ritthausens be[-]sondere Verdienste liegen auf dem Ge[-]biet der Eiweißstoffe der Pflanzen.

Roberthin, Robert, * Saalfeld 1600, † Kö[-]nigsberg 1648. Dichter. Nach erfolgre[i-]cher Hofmeisterlaufbahn kehrte er 163[.] nach Königsberg zurück. Seine jurist[...]

sche und staatsmännische Bildung ließ ihn für hohe Ämter geeignet erscheinen. Er sorgte dafür, daß Simon Dach eine Professur an der Albertina erhielt. Roberthin gründete den Königsberger Dichterkreis, der von 1636—1648 bestand. Er schrieb Gedichte, die er mit dem Pseudonym „Berrintho“ unterzeichnete.

Robert-Koch-Straße, in Kalthof und Devau.

Robertstraße auf den Hufen, von der Hindenburgstraße zur Luisenallee.

Roeder, Erhard Ernst von, * Königsberg 1665, † Trenck/Königsberg 1743. General. Roeder war 20 Jahre Kommandant von Königsberg. Im Juni 1732 wurde er Taufpate des ersten in Königsberg geborenen Salzburger Emigrantenkindes. 1739 Generalfeldmarschall, Gutsherr von Metgethen, 1743 Stifter des reformierten Stifts Burgkirchenplatz 7. Roeder wurde in der Juditter Kirche beigesetzt.

Roeder-Straße, Juditten, parallel der Gottschedstraße, benannt nach GFM von Roeder.

Rohde, Alfred, * Hamburg 1892, † Königsberg 1945. Kunsthistoriker. 1928 kam Dr. Rohde nach Königsberg als Direktor der städt. Kunstsammlungen im Südflügel des Schlosses. Er ordnete sie neu. Sein besonderes Interesse galt dem Bernstein, über den er zwei Bücher herausgab. Rohde starb im Seuchenlazarett in der Yorckstraße.

Rollberg, Ober- und Unter-. Lt. Hennenberger nach einem Herzog der Normandie Rollo benannt, was unglaubwürdig erscheint. Wahrscheinlich sprach die Steilheit der Berge namengebend mit. Der Oberrollberg heißt auch Glappenberg, weil dort der Sage nach 1320 ein Prusse Glappe gehenkt wurde. Der Name bedeutet im Prussischen Kopf, Hügel.

Romowe, war der Name einer heiligen Stätte der Prußen. Jahrhunderte war man der Ansicht, es habe nur ein Romowe gegeben. Heute weiß man, daß es mehrere Romowes gab. Also nicht nur im westlichen Samland, sondern wohl ein Romowe für jeden Gau, entsprechend etwa den christlichen Domen. Man darf sich unter dieser heiligen Stätte kein Gebäude vorstellen, sondern einen heiligen Hain, wahrscheinlich einen Eichenhain. Im westlichen Samland gab es einen Ort Romehnen, der noch im Mittelalter die Bezeichnung Rummowe führte. Den gleichen Wortstamm finden wir in Rombinus, dem heiligen Berg an der Memel bei Ragnit.

Ronden-Weg, hinter dem Hauptbahnhof.

Ronge, Paul, * Königsberg 1901, † Berlin 1965. Rechtsanwalt. Nach dem Studium und der Promotion war Ronge Assessor in Königsberg und in Insterburg. Ronge wurde Mitglied der Staatspartei und 1931 Sozius des Strafverteidigers David Aschkanasy. Als Verteidiger von Juden und verfolgten Pfarrern konnte sich Ronge einen Namen machen. 1944 wurde er einer Haussuchung unterzogen. Im September 1945 gelangte Ronge auf abenteuerliche Weise nach Berlin und wurde dort wieder als Anwalt tätig. Von 1948—1958 war Ronge Abgeordneter der Berliner FDP, zuletzt als Fraktionsvorsitzender.

Roon-Straße, vom Alten Garten zur Burgenland-Straße.

Rosen-Apotheke, Bes. E. Rose, Hagenstraße 78.

Rosenau-Apotheke, E. May, Bes. Rudolf Pflegel, Aweider Allee 77.

Rosenau. Dieser südl. des Alten Pregels gelegene Vorort wurde 1908 eingemeindet.

Rosenauer Kirche, sie wurde 1926 eingeweiht. Pfarrer Paul Peisker.

Rosenauer Straße, von der Schönfließer Allee zur Aweider Allee.

Rosenberg, Walter, * Königsberg 1882, † Königsberg 1945. Bildhauer. Rosenberg studierte von 1899—1902 an der Königsberger Kunstakademie, er war Meisterschüler von Reusch. Dann war Rosenberg in Paris und Italien. — Er blieb bis zu seinem Tode als begabter, vielbeschäftigter Bildhauer in Königsberg, wo er seine Werke auf den Ausstellungen des Königsberger Kunstvereins zeigte. — Von seinen zahlreichen Werken seien genannt: Büsten von Frey und Heidemann im Kneiph. Rathaus, das Yorckdenkmal im Glacis vor dem Königstor und das Relief von Herm. Claaß im Tiergarten.

Rosenfelder, Ludwig, * Breslau 1813, † Königsberg 1881. Historienmaler. Rosenfelder besuchte von 1832 — 1836 die Berliner Akademie. Nachdem er mit „Narcissus und Rienzi im Gefängnis zu Avignon" begonnen hatte, erzielte er 1838 seinen ersten Erfolg mit der „Blendung des Prinzen Artur nach Shakespeare". — 1845 als Direktor der Kunstakdemie nach Königsberg berufen, bekleidete er dieses Amt bis 1874. — Rosenfelder malte dort zahlreiche historische Gemälde, unter denen Kurfürst Joachim II. beim Gastmahl Albas, Besitznahme der Marienburg durch Söldner des Deutschen Ordens und Kurfürstin Elisabeth von Brandenburg beim Abendmahl überrascht, hervorzuheben sind. In der Aula der Albertina führte er die Wandbilder der Theologie und der Medizin aus. — Rosenfelder wurde 1871 durch den Dr. phil. h. c. der Albertina ausgezeichnet.

Rosenhain, Johann Georg, * Königsberg 1816, † Berlin 1887. Mathematiker. Rosenhain habilitierte sich 1844 an der Universität Breslau und gewann 1846 mit Göpel den großen mathem. Preis der Pariser Akademie. — Von 1848 an lebte er in Wien und wurde 1857 Professor der Mathematik an der Albertina. — Seine Schriften beziehen sich hauptsächlich auf die hyperelliptische Funktionen.

Rosenkranz, Johann Karl, * Magdeburg 1805, † Königsberg 1879. Philosoph. Rosenkranz wurde 1830 als Nachfolger Herbarts nach Königsberg berufen. Rosenkranz teilte das allgemeine Vorurteil gegen den Osten, nahm aber doch an, um bald der begeisterte Königsberger zu werden, der bereits 1841 seine geistvollen „Königsberger Skizzen" schrieb. — Beliebt bei seinen Studenten, trat er 1845 für die Abschaffung des Duelles ein. — Als überzeugter Liberaler wurde er 1848 als Vortr. Rat ins Kultusministerium berufen, trat aber schon 1849 in seine Professur zurück. Rosenkranz war fünfmal und auch 1861 bei der Eröffnung der Neuen Universität Prorektor. — Rosenkranz wurde auf dem Gelehrtenfriedhof beigesetzt. Seine Scudelle aus gelbem Sandstein befand sich an der Front der Albertina, sein Gemälde von Friederici im Senatszimmer der Albertina.*

Rosenkranz-Allee, in Maraunenhof, nach Professor J. K. Rosenkranz benannt.

Rosen-Straße, vom Steindamm zur Drumm-Straße

Roß, Erhard, * Gr. Wolfsdorf/Rastenburg 1877, † Pillau 1945. Pädagoge. Roß studierte in Königsberg und in Jena Germanistik. 1902 promovierte er zum Dr. phil. in Geschichte. Seit 1906 im höheren Lehramt an der Steindammer Realschule. 1914 Teilnahme als Offizier am I. Weltkrieg. Dann Oberstudienrat an der Hindenburg-Oberrealschule. St 1924 OStD der Vorstädt. Oberrealschule. Roß wurde 1928 Stadtschulrat anstelle Stettiners. Schließlich von 1934—1945 OStD der Königin-Luise-Schule U. a. war Roß langj. Vorsitzender des Ostpr. Philologenvereins.

Roßgarten, schon 1300 in der Handfeste des Löbenicht als Roß- und Rindergarten erwähnt, wurde 1542 Freiheit. Der Roßgarten erstreckte sich bis zum vom Oberteich zum Schloßteich rinnenden Schweinegraben — seit 1811 Schwanengraben — in die Senke der späteren Stiftstraße. Als der Roßgarten landwärts wuchs, trat die Spaltung in Vorder- und Hinterroßgarten ein. Gerichtssiegel des Vorderroßgartens seit 1576: Weißes, fressendes Pferd auf grüner Weide, des Hinterroßgartens seit 1596: Schwarzer Stier auf grüner Wiese in blauem Felde. — Bemerkenswerte Häuser: Dumckesches Haus, Nr. 39, 1787 erbaut im klassizistischen Stil mit prächtiger Rokoko-Kleineisenarbeit und das Traufenhaus, Nr. 38, mit schönen Inschriften, einst Bäckerherberge.

Roßgärter Hinterstraße, vom Roßgärter Markt zur Kl. Schloßteichstraße.

Roßgärter Markt, Straßenkreuzung östl. vom Schloßteich. Im Mittelalter hieß diese Gegend Vorm Heiligen Kreuz, nach einem Kloster, das unter Hochm. Friedr. als Gießhaus zum Orden kam. Daneben lag das Kreuztor, davor ein Galgen, nach dessen Abbruch von 1705 bis um 1920 Marktbetrieb herrschte.

Roßgärter Neue Gasse, von der Altroßgärter Predigerstraße zur Farenheidstraße.

Roßgärter Tor, an alter Stelle am Ende des Hinterroßgartens mit den Scudellen von Scharnhorst und Gneisenau.

Rossitten, auf der Kurischen Nehrung; 1722 erstmals erwähnt. Hier wurde auch Landwirtschaft betrieben. Im Dünengelände östl. des Ortes gab es die Segelfliegerschule der Rhön-Rossitten-Gesellschaft. Ab 1901 befand sich in Rossitten die Vogelwarte des Professors Thienemann und seit 1925 das Institut für Schädlingsforschung der Albertina. Rossitten hatte einen festen Bestand an Elchwild. — Die Königsberger konnten Rossitten als Tagesausflug mit dem Dampfer über Cranzbeek erreichen.

Rossittener Weg, zwischen Oberteich und Cranzer Allee.

Rothenstein, Dorf und Siedlung nördl. von Maraunenhof.

Rothensteiner Straße, von der Cranzer Allee zur Kummerauer Straße.

Rote Radler. Junge Leute mit roten Studentenstürmern besorgten auf Fahrräder alle kleineren Dienste gegen billige Gebühr. Ihre Geschäftsstelle war Brodbänkenstraße 23. Später auch „Gelbe Radler".*

Rothfels, Hans, * Kassel 1891, † Tübingen 1976. Historiker. Professor in Königsberg, Chikago und Tübingen; Arbeiten zur Geschichte des 19. Jahrhunderts, zum Nationalitätenproblem, zur Person Bismarcks und über den Widerstand gegen Hitler. — Zur Geschichte Königsbergs hat Rothfels mit mehreren Publikationen beigetragen.

Rudau, südlich von Cranz. Im Januar 1255 eroberte König Ottokar II. v. Böhmen die alte Burg, worauf sich die Samländer unterwarfen und Geiseln stellten. — 1370 fand auf dem Felde nördl. Rudau die berühmte Schlacht statt. Die vereinigten Litauer-Heere wurden von dem Ordensheer unter dem Marschal Henning Schindekop vernichtend geschlagen. Mit der Schlacht verband sich die Sage, daß Hans von Sagan, Sohn eines Schuhmachers aus dem Kneiphof, der angesichts zurückgehender Kameraden die Ordensfahne ergriff, vorwärtsstürmte und das übrige Heer zum Siege führte. — Er und seine Mitbürger erhielten eine jährliche Bewirtung auf dem Schloß. Noch Kurfürst Georg Wilhelm soll die Herrenpartie als „Schmeckbier" beibehalten haben.

Rudauer Weg, auf den Vorderhufen, rechte Querstraße der Stresemannstraße.

Ruder-Vereine: Königsberger Ruder-Club e. V., gegr. 1889. Bootshaus: Friedländer Torplatz 8. Langjährige Vorsitzende: Fritz Schepke, Karl Leibinnes, Werner Krohn, Kurt Stüwe. **Ruderclub Germania,** gegr. 1896. Bootshaus: Weidendamm 21. Langjährige Vorsitzende: Eugen Conradt, O. Embacher, Thomas Leber, Erich Becker. **Ruder-Verein-Prussia,** gegr. 1902. Bootshaus: Weidendamm 18—20. Langjährige Vorsitzende. Fritz Skrodzki, Paul Hehse. **Akademischer Ruderverein Alania,** gegr. 1914. Bootshaus: Bastion Litauen. Langjährige Vorsitzende: Bernhard Ausländer, Dr. Siegfried Bauck. **Ruderklub Wiking e. V.,** gegr. 1923, Bootshaus: Friedländer Wall. Langjährige Vorsitzende: Alfred Pariso, Willy Wentz. **Ruderverein Blau-Gelb** im Postsport-Verein. Gegr. 1926. Bootshaus: Friedländer Wall. Vorsitzender 1939: Herbert Aschmann. **Ruder- und Kanu-Abt. im Reichsbahn-TuSV.** Gegr. 1927. Bootshaus: Hafenstr. an der Rbahnbrücke. Vorsitz 1939: Wilh. Gudzent. **Königsberger Damen-Ruderverein,** gegr. 1927. Bootshaus: Friedländer Torplatz. Langjährige Vorsitzende: Fr. Erna Bittrich, Margarete Flakowski, Wanda Ennulat. **Schüler-Ruderverein,** gegr. 1903 und 1904. Bootshaus: Neben der Bastion Litauen, war gemeinsame Unterkunft 6 selbständiger Schüler-Rudervereine höherer Schulen. An Herren-RV waren 3 weitere Ruder-Riegen höherer Schulen angeschlossen. In den 30er Jahren entstanden mehrere Schüler-Ruderriegen auch an den Mittelschulen. **Schülerinnen-Ruderverein.** 3 Ruderriegen der Lyzeen wurden 1928 und 1929 gegründet, später kamen weitere hinzu. Eigenes Bootshaus neben der Bastion Litauen. **Hochschulinstitut für Leibesübungen** der Universität Königsberg. Eigenes Bootshaus neben der Bastion Litauen. **Ruderriege des Pionier-Bataillons** auf dem Wasserübungsplatz der Reichswehr oberhalb des Schüler-Bootshauses Bastion Litauen. **Jüdischer Ruderverein** im SC Maccabi, Bootshaus Altst. Holzwiesenstraße, 1933 aufgelöst. **Königsberger Regatta-Verein** s. Königsberger Regatta-Verein.

Rühl, Franz, * Hanau 1845, † Jena 1915. Historiker. Rühl promovierte 1867 und habilitierte sich 1871 in Leipzig. 1876 wurde Professor Rühl auf den Lehrstuhl für Alte Geschichte nach Königsberg berufen; 35 Jahre hat er dieses Amt bekleidet und war als der „alte Rühl" bekannt. 1911 mußte er sein Lehramt wegen eines Augenleidens aufgeben.

Rummel, mit Karussels und Schaustellerbuden fand bis 1811 auf den Jahrmarktswiesen statt, dann auf dem Jahrmarktsplatz. Um 1850 waren Schausteller auch auf dem Königsgarten. Der Hauptrummel aber spielte sich am Zirkus ab, der um 1800 als kreisrundes Holzgebäude vor den Steindammer Tor erbaut worden war. Um 1930 war der Rummel links vor dem Friedländer Tor.*

Rundfunk. 1924 wurde die Ostmarkenrundfunk AG, Orag, im Messegelände eingerichtet. Als der private Rundfunkverein zusammenbrach, wurde der Rundfunk 1925 Städtisches Messeamt AG., Vors. Dr. Lohmeyer. — Königsberg hatte als einzige Stadt einen Rundfunk betrieben, der um 1928 in die Reichsrundfunkgesellschaft aufging. 1933/34 Bau des Rundfunkhauses am Hansaring. Das Rundfunkorchester wurde von Scherchen aufgebaut.*

Rundteil. Der 1. und 2. Rundteil vom Oberhaberberg zur Artilleriestraße.

Rupp, Julius, * Königsberg 1809, † Königsberg 1884. Theologe. Rupp wurde 1842 Divisionsprediger an der Schloßkirche. Wegen freiheitlicher Äußerungen wurde seine Wahl zum Direktor des Kneiphof. Gymnasiums nicht bestätigt. Am 29.12.1844 sagte er sich auf der Kanzel von der Kirche los. — 1846 gründete er mit 150 Gleichgesinnten die Freie evangelische Gemeinde und trat 1850 aus der Landeskirche aus. — Ein

Granitfindling mit dem von seiner Enkelin Käthe Kollwitz geschaffenen Bronzerelief wurde auf dem Kneiph. Pauperhausplatz aufgestellt; das Relief war nach 1945 verschwunden, ist später ersetzt worden. Seit 1927 Ruppstraße zur Domstraße.

Rupp-Straße, von der Dom-Straße zum alten Pregel.

S

Saarlandring auf den Hufen, von der Stresemannstraße zum Hammerweg; Promenade auf der stillgelegten Strecke der Labiauer Bahn.

Saaten-Handlungen
Armgart, Kurt, Kaiserstraße 48 b
Ebhardt & Co., Arthur, Koggenstraße 25
Ernst, Heinrich, Alter Graben 5
Hoppe, Alfred, Unterhaberberg 20
Krause, Heinrich, Sattlergasse 32
Landwarengroßhandel und Lagerei AG, Sattlergasse 5
Lehmann, Otto, Inh. Herbert Lehmann, Schleusenstraße 2
Leibinnes, Karl, Sattlergasse 5
Neufeldt, Georg, Sattlergasse 4
Paetsch, Kurt, Börsenstraße 12
Scherwitz, G., Sattlergasse 5
Sinnecker, Oskar, Kneiphöfische Langgasse 46/47
Wolff, Paul, Sattlergasse 2
Sahm & Wedel, Magisterstraße 2

Sabinus, Georg, eigtl. Schuler, * Brandenburg 1508, † Frankfurt/O 1560. Humanist, Lyriker; Schwiegersohn Melanchtons. Professor für Rhetorik in Frankfurt/O. S. kam 1544 als Herzogl. Rat und Rektor des Partikulars nach Königsberg, wurde dann aber bei der Gründung der Universität Rektor perpetuus. 1553 verließ S. Königsberg, leistete aber von Frankfurt/O aus dem Herzog noch diplomatische Dienste. Rundrelief an der Albertina.

Sabinus-Straße, seit 1930 von der Samitter Allee zum Oberteich, benannt nach dem ersten Rektor der Albertina.

Sackheim, das älteste bereits 1326 erwähnte prußische Dorf wurde die älteste von allen Kurfürstlichen Freiheiten und war zunächst kein einheitliches Stadtgebiet. Im Wappenschild führte der Sackheim das Lamm Gottes mit der roten Kreuzesfahne auf grünem Anger. Der Sackheim stand in geringerem Ansehen, wie der bekannte Vers bezeugt:

In der Altstadt die Macht
im Kneiphof die Pracht
im Löbenicht der Acker
auf dem Sackheim der Racker.

Unter Racker verstand man die Sackheimer Bowkes.

Sackheim-Apotheke, Inh. Fritz Schwarzlos, Katholische Kirchenstraße 4.

Sackheimer Friedhöfe, vor dem Königstor, Labiauer Straße 2 und 12 sowie Kummerauer Straße in Kalthof.

Sackheimer Gartenstraße, von der Sackheimer Mittelstraße zur Gebauhrstraße.

Sackheimer Hinterstraße, am Pregel nach 1931 in Gebauhrstraße umbenannt.

Sackheimer Kirche. Der Grundstein wurde erst 1640 gelegt, die 1. Predigt erfolgte 1648. Orgel von Josua Mosengel 1707. Beim großen Brand des Löbenicht 1764 brannte die Kirche ab. Neubau durch Oberbaudirektor Karl L. Bergius, 1769 geweiht. — Der zierliche, reizvolle Rokokohelm trug eine schwer vergoldete Wetterfahne von 1771 mit dem Lamm Gottes, dem Stadtwappen des Sackheims. Sehenswürdig: Rokokoaltar, Kanzel mit ornamentalem Schmuck von 1769. Taufschale haltender Jüngling, Sandstein von Threyne, 1940. — Die letzten Pfarrer waren Lic. Walter Kowalewski, Otto Nomikat und Wilhelm Willigmann. *

Sackheimer Kirchenstraße, von der Landhofmeisterstraße zur Yorckstraße.

Sackheimer Mittelstraße, südl. Parellelstraße des Sackheims.

Sackheimer Neue Gasse, vom Sackheim zur Sackheimer Kirchenstraße.

Sackheimer rechte Straße, Hauptstraße st. den 20er Jahren nur Sackheim genannt.

Sackheimer Tor, ein einfacher Bau an alter Stelle, verziert mit den Scudellen der beiden Kommandierenden Generäle des I. AK Graf Yorck und Graf Bülow.

Sackträger. Sie nahmen eine Sonderstellung auf der Lastadie ein. Sie unterstanden dem Trägeramt der Kaufmannschaft, waren Freiarbeiter und wurden in Abetracht ihrer schweren Arbeit verhältnismäßig hoch bezahlt. Es war keine Kleinigkeit, tagaus tagein Zweizentnersäcke auf den Schultern die steilen Leitern der Dampfer hinauf und bis zu den Rollenaufzügen der Speicher zu tragen. Wer nicht mithalten konnte, schied von selbst aus. Sie bildeten Riegen von 10 bis 16 Mann unter einem Vormann; sie hatten die blauen Leinenhosen gegen den Staub über den Knien abgebunden, trugen gemusterte Hemden und auf dem Kopf das „Krätzchen", denn natürlich waren diese Riesen Soldaten gewesen. Sie wurden meist alt, waren gutmütig, verfügten über einen trockenen Humor und große Schlagfertigkeit. Eine Ruhepause hieß „en Piepke Tobak", und sie hatten ihre Spezialschnäpse. *

Sagen, Königsberger. Eine historische Sage ist die über Hans von Sagan, ihr wahrer Kern läßt sich gut nachweisen. — Gern siedelten sich Sagen in alten Kirchen an, in der Schloßkirche die Sage von der wandernden Taube an der Stuckdecke. Im Dom: die Sage vom unterirdischen Gang zum Dom, durch den der Teufel kam, um seine zwei Todwunschmesser abzuholen; vom Ring des Kanzlers v. Kospoth, der sich im Magen eines Truthahns fand; von der Leiter am Dom aus einigen an die Außenwand angemörtelten Ziegeln, die der Maurer besteigen konnte. Den in der Altstädtischen Kirche feierlich beigesetzten Leichnam des Andreas Osiander soll der Teufel geholt haben, denn bei der Öffnung der Gruft fand man nicht ihn sondern den toten Nickel Balthasar drin. In der Steindammer Kirche erschien ein Hirsch während des Gottesdienstes. — In der Altroßgärter Kirchenstraße befand sich der der Witwe Dorothea Gnadcowius gehörender Brunnen mit wunderbarer Heilwirkung; als der Teufel die Witwe bewog, Geld für die Heilungen zu nehmen, versiegte der Quell. Das Blutgericht war Schauplatz der Sage von einer eisernen Jungfrau. — Im Katzensteig geisterte die Sage von den zwei Katzen, die im Braukessel auf dem Pregel gondelten und Hexen waren. Die Brauerhexe fand ihr Ende im Braukessel. — Über den Steindamm sei einst ein Gespenst in Jesuitentracht geschritten und habe alle Häuser mit Blut bespritzt. — Der Ordensritterbrunnen an der Schloßfreiheit erzählt, daß ein Ritter, dem Dursttod nahe, von einer Dogge zu einem aus einem Felsspalt rieselnden Quell geführt worden sei. Ein Schlossergeselle wird entsetzlich von der Mahr gedrückt; er griff mit letzter Kraft zu und hielt einen Strohhalm fest, den er in seinen Schraubstock spannte; am Morgen stand eine nackte Hexe mit eingeklemmten Finger da. — Der Schlittschuhläufer auf dem Pregel, der in rasendem Lauf in eine Wuhne stürzte, in der nächsten wieder auftauchte, wobei sich der vom Eis abgeschnittene Kopf wieder mit dem Rumpf vereinigte, anfror, in der warmen Wirtsstube zu Holstein aber auftaute und beim Niesen herabfiel. Einst kamen Heringe im Pregel bis nach Königsberg. Als ein Soldat, der sie nicht essen mochte, fluchend auf einen Hering einschlug, blieben sie fort. — Ein Dienstmädchen holte in der Weihnachtszeit Brunnenwasser, trank, und es war Wein; als sie es weitererzählte erblindete sie. — Dem im Fenster des Königsberger Schlosses Pfeife rauchenden Alten Dessauer zauberte ein

Müllergeselle wegen verweigerter Lohnzahlung ein Elchgeweih an. — Die Altstädterin Wymann setzte 1454 die dem Marienbild der Schloßkapelle geraubte Perlenkrone ihrer Tochter auf: „Sie soll eure Maria sein, sie ist schöner." Zur Strafe starb die Tochter an fallender Sucht. *

Sager & Woener, Hoch-, Tief- und Straßenbau, Cranzer Allee 209.

Säkularisation, siehe Herzog Albrecht.

Salkowski, Ernst Leopold, * Königsberg 1844, † Berlin 1923. Mediziner. Nach seinem Studium wurde S. 1869 Assistent an der Medizinischen Klinik in Königsberg. 1874 a. o. Professor an der Berliner Universität. Ab 1880 leitete er das Chemische Laboratorium des Pathologischen Instituts. — S. arbeitete über die Ausscheidung der Alkalisalze, über den Eiweißstoffwechsel und die Bildung des Harnstoffes; S. ist der Begründer der Lehre von der Autolyse. — S. schrieb: „Die Lehre vom Harn", 1882; „Praktikum der physiologischen und pathologischen Chemie", 1883.

Salkowski, Heinrich Otto, * Königsberg 1846, † München 1929. Chemiker. Nach seinem Studium an der Albertina war er 1870 bei Kekulé in Bonn. — S. wurde 1879 Ordinarius in Münster, wo er bis zu seiner Emeritierung 1915 blieb. — S. gab Tafeln zur qualitativen chemischen „Analyse" und ein „Organisch-Chemisches Praktikum" heraus.

Salzastraße, von Süden zur Kniprodestraße, benannt nach dem großen vierten Hochmeister des Deutschen Ritterordens, Hermann von Salza, der den Landmeister Hermann Balke zur Eroberung Preußens aussandte. *

Salzburger in Königsberg. Am 28. Mai 1732 traf das erste von 66 Schiffen von Stettin in Königsberg ein. Der erste der elf Landtransporte kam am 6. 8. 1732, der letzte am 8. 11. 1733 nach Königsberg. Von den 14700 Emigranten in Ostpreußen blieben 377 in Königsberg. — Hier gab es seit 1911 einen sehr aktiven „Salzburger Verein", der sogar in den 20er Jahren eine Forschungsstelle einrichtete, die sich zunächst im Prussia-Museum, später Hintertragheim 34 befand.

Salzmagazin. Am Holländer Baum wurde 1766 ein königliches Salzmagazin errichtet.

Salzwiese, siehe Michellystraße.

Samitter Allee, von der Waldburgstraße nach Norden zur Stadtgrenze.

Samland, eine der alten Landschaften Ostpreußens zwischen dem Pregel, Frischen Haff, der Ostsee, dem Kurischen Haff und der Deime. Das S. ist in seinem östlichen Teil mehr eben, im westlichen hügelig, dort erhebt sich der 111 m hohe Galtgarben. Das Bistum Samland, 1249 gegründet, erstreckte sich im N. bis jenseits der Memel, im O. umfaßte es auch das Quellgebiet des Pregels. Der Bischof v. Polentz wurde 1523 evangelisch, aber ein evangelisches Bistum gab es noch länger.

Samlandbahn. Die Samlandbahn-Gesellschaft erhielt nach dem Pr. Kleinbahngesetz von 1892 die Konzession für eine nebenbahnähnliche Kleinbahn mit Normalspur 1899 für die Strecke Königsberg — Neukuhren — Warnicken. Hinter dem Bahnhof Rauschen-Ort machte der Einschnitt und der Bau des Dammes über das Katzatal wegen des rutschenden Sandes besondere Schwierigkeiten. Um die Eröffnung der Strecke zum Sommer 1900 zu ermöglichen, halfen Königsberger Pioniere bei den Erdarbeiten. Die Bahn konnte nun am 14. 7. 1900 bis Warnicken eröffnet werden. Die niedriger veranschlagten Baukosten schlossen mit 2 Millionen Mark ab. Den Bau leitete Reg.-Baumeister Klinke, an den ein Gedenkstein am Bahnhof Rauschen-Ort erinnerte. Der Bahnhof Rauschen-Düne am Kurzentrum des Ortes und in der Nähe des Strandes diente erst seit 1906 den Reisenden. — Die Zahl der Reisenden an die schöne Ostseeküste stieg von 157 331 im Jahr 1900 auf 1 217 720 in 1920. Die Bahn fuhr mit ihrem schnellsten Zug die Reisenden von Königsberg in 45 Minuten nach Neukuhren und in 59 Minuten nach Rauschen-Düne. — Der Samlandbahnhof lag westlich des Cranzer Bahnhofs an der Stresemannstraße. Ein schlichtes Holzgebäude enthielt die notwendigen Abfertigungsräume. Auf dem Gelände verblieb nach der Stillegung die gemeinsame Güterabfertigung der Cranzer und der Samlandbahn. — In Marienhof bestand der Anschluß der Fischhausener Kreisbahn an die Samlandbahn. Die Reichsbahnstrecke von Fischhausen über Palmnicken nach Gr. Dirschkeim konnte bis Kriegsende nicht für den allgemeinen Personenverkehr bis Warnicken fertiggestellt werden. — Züge über die Baugleise zwischen Warnicken und Gr. Dirschkeim sollen in den letzten Kriegstagen noch Flüchtlinge nach Pillau befördert haben.

Samländischer Pregel, der neue Pregel.

Samlandweg auf den Hufen, von der Stresemannstraße zur Powundener Straße.

Samter, Adolf, * Königsberg 1824, † Franzensbad 1883. Bankier S. lernte in Berlin und in Hamburg. Trat dann in das von seinem Vater 1814 gegründete Bankhaus in Königsberg ein und kaufte 1846 eine Druckerei, die die liberale „Neue Königsberger Zeitung" herausgab, aber 1849 ihr Erscheinen einstellen mußte. — Nach dem Tode seines Vaters leitete er allein das florierende Bankgeschäft. Auch gehörte S. dem Aufsichtsrat der „Hartungschen Zeitung" an. — S. betätigte sich ein Leben lang als Autodidakt mit der Lösung sozialer Fragen.

Samter, Oscar, * Posen 1853, † Königsberg 1933. Mediziner. Nach dem Studium war S. von 1882—84 Assistent an der chirurgischen Abteilung der städt. Krankenanstalt in Danzig. Bis 1890 wirkte er an der chirurgischen Universitätsklinik in Königsberg und habilitierte sich. — Von 1898 bis 1926 war S. leitender Arzt der äußeren Abteilung und Direktor der Städtischen Krankenanstalt in Königsberg; sein Hauptarbeitsgebiet war die Orthopädie. S. war a. o. Professor für Chirurgie.

Sarkau, sie war die südlichste Ortschaft auf der Kurischen Nehrung. Schon im Jahr 1569 bestand das Kirchdorf Sarkau; hier wurden vorzügliche Flundern gefangen.

Sarkauer Straße, von der Cranzer Allee zur Oberteich-Brücke.

Sängerschaften in der Studentenschaft.
Altpreußen. In der D.S. Gegründet 1921. Weiße Mützen, schwarz-weiß-rot. Heim: Pauperhausplatz 6.
Askania, Sängerverbindung im S.V. Gegründet 1874. Nichtfarbentragend, blau-silber-blau. Haus Wartenburgstraße 1.

Sankt Lorenz, südöstl. von Rauschen, ein kleiner Ort mit einer Kirche aus der Ordenszeit.

Saßnick, Siegfried, * Königsberg 1903, † Hannover 1971. Architekt. Außer zahlreichen Wohnhäusern baute S. das Raiffeisenhaus und das Nordsternhaus auf den Hufen und mehrere Kinos. — Nach dem Krieg setzte er sich als Vorsitzender der Landesgruppe Niedersachsen-Süd für seine ostpreußischen Landsleute mutig ein. — S. besaß eine Sammlung preußischer Münzen von der Ordenszeit an und zeigte sie zuletzt 1971 im Haus Königsberg in Duisburg.

Sattlergasse, von der Vorstädtischen Langgasse zur Klapperwiese. Bis 1929 hieß sie Bahnhofstraße.

Saturgus, Friedr. Franz, * Königsberg 1728, † Königsberg 1810. Kaufmann S. führte das vom Vater ererbte Handelshaus weiter. Dank seiner Tüchtigkeit erhielt er bereits 1754 den Titel Kommerzienrat. — Nach dem Brand der Katholischen Kirche 1764 wurde der Gottesdienst im Hause des Kommerzienrats abgehalten. Beim Wiederaufbau war er sehr rege und gab bedeutende Spenden, so daß 1777 die Einweihung der neuen Probsteikirche erfolgen konnte. — Zum Besitz der Familie Saturgus gehörte u. a. das Haus Neuer Graben 6—8, das 1831 der Kaufmann Georg Karl Zschock erworben hat.

Saturgussches Haus, siehe Zschocksches Stift.

Saucken, Reinhold von, * Königsberg 1899, † München 1966. Diplomat. S. studierte Jura an der Albertina und wurde als Reg.-Assessor bald ins Auswärtige Amt zum Attaché berufen. S. wurde 1925 Legationssekretär in Moskau und 1926 Konsul in Alexandrien. 1928 kam er in die Presseabteilung des Auswärtigen Amts in Berlin, wo er 1931 zum Legationsrat ernannt wurde. — S. kam 1934 als Generalkonsul nach Memel, dort vertrat er mit Geschick die Interessen der Reichsdeutschen und besonders der Memelländer. 1940 wurde S. Gesandter Erster Klasse und Leiter der deutsch-sowjetischen Zentral-Grenzkommission. 1941 war S. Vertreter des Auswärtigen Amts beim Reichskommissariat Ukraine. - Nach dem Kriege gehörte er dem Vorstand der Landesgruppe Bayern der LMO an und hielt auch weiter Kontakt zu den Memelländern.

Sauerampfersuppe mit kleingehackten harten Eiern und Schmand, auch als Hauptgericht mit gekochtem Rindfleisch.

Sauter, Julius Leopold, * Osterode 1808, † um 1887. Pädagoge. S. studierte Theologie und promovierte. 1841 wurde S. Direktor der städtischen höheren Töchterschule, der späteren Königin-Luise-Schule. S. war ein bekannter liberaler Pädagoge und Politiker. Er feierte 1884 sein 50jähriges Dienstjubiläum und trat in den Ruhestand. Sein Nachfolger wurde C. E. Heinrich.

Schaaken, nordöstlich von Königsberg. Die Ordensburg Schaaken, 1328 erstmalig urkundlich erwähnt, wurde später in achteckiger Form ausgebaut. Aus der südöstlich der Burg entstandenen Lischke wurde das Dorf Liska-Schaaken. Ebenfalls zur Burg gehörig, entwickelte sich eine Vitte, Schaaksvitte, wo sich Fischer ansiedelten. Bereits Mitte des 14. Jh. hatte Sch. 2 km südöstlich der Burg eine Kirche. 1525 wurde die Burg Sitz eines Herzoglichen Kammeramts, später Wohnhaus des Domänenpächters. Von 1815—1819 war Sch. Sitz eines Landratsamtes, das dann in den Kreis Königsberg aufging.

Schaakener Straße auf den Vorderhufen.

Schade, Oskar, * Erfurt 1826, † Königsberg 1906. Germanist. Habilitierte sich 1860 in Halle und übernahm 1863 die ordentliche germanische Professur in Königsberg. 85 Semester hat er an der Albertina gelehrt. Seine wichtigsten wissenschaftlichen Werke: 1866 das „Altdeutsche Wörterbuch“ und Textausgaben zur deutschen Literatur des MA und der Reformationszeit. Sch. gehörte der konservativen Partei an.

Schafgasse, vom Unterhaberberg zur Großen Sandgasse.

Schanzengasse, Querstraße der Vorstädtischen Langgasse.

Schälmühle, siehe Königsberger Schälmühle.

Scharfenberg, Karl, * Wismar 1874, † Gotha 1938. Ingenieur, Erfinder. Viele Jahre bei Steinfurt als Oberingenieur tätig, wurde S. in Fachkreisen durch zahlreiche Erfindungen bekannt. Große Bedeutung kommt der Scharfenberg-

Kupplung zu, deren vielseitige Anwendung für Schienenfahrzeuge auch im Ausland weit verbreitet ist. Es kam zur Gründung der Scharfenbergkupplung GmbH. Nach deren Neugründung hat das Unternehmen heute seinen Sitz in Salzgitter.

Scharfenorth, Erwin, * Legnitten/Ostpreußen 1901, † Hamburg 1966. Journalist. Über 400 Jahre alt war der väterliche Hof in Natangen, auf dem S. aufwuchs. Nach der Teilnahme am Ersten Weltkrieg als Kriegsfreiwilliger studierte S. an der Königsberger Kunstakademie und widmete sich den Theaterwissenschaften bei Professor Kutscher in München. — Ab 1925 war S. Bühnenbildner und Ausstattungsleiter am Königsberger Stadttheater. — Als freier Mitarbeiter an der „Königsberger Allgemeinen Zeitung" wurde er 1929 deren Feuilleton-Redakteur. — Im Zweiten Weltkrieg war S. Kriegsberichterstatter, endlich Hauptmann d. L. — 1948 wurde S. Redakteur an der Tageszeitung „Die Welt". Kurz nach der Gründung „Das Ostpreußenblatt" übernahm S. die Sparten Kultur, Heimatgeschichte, Feuilleton; er hatte entscheidenden Anteil an der Aufwärtsentwicklung dieser Zeitung, deren Redaktion er schließlich als stellvertretender Chefredakteur bis zu seinem Tode angehörte.

Scharnhorst-Straße in Amalienau, 1908 benannt nach General Gerhard von Scharnhorst, * 1755, † 1813, der in Königsberg als Vorsitzender der Armee-Reorganisations-Kommission 1808 die Wehrpflicht, das Krümpersystem, das Landwehrgesetz und humane Kriegsartikel ausarbeitete. Seine Sandsteinscudelle von Stürmer am Roßgärter Tor, auch als Relieffigur am Denkmal Friedrich Wilhelm III. von Kiß. *

scharwenzeln, sich um jemanden oder um eine Sache herumdrehen.

Schaumann, Ernst, * Königsberg 1890, † angebl. 1953. Maler. S. erhielt seine Ausbildung an den Kunstakademien in Königsberg und Berlin. S. war Landschafts-aber in erster Linie Pferdemaler, Kürassiere in der Winterschlacht in Masuren, Pferde in Trakehnen. Auch lithographische Gemälde von ihm waren in den Städtischen Sammlungen, im Oberpräsidium und in der Königshalle zu sehen. Eine Lithographienfolge war den Bildnissen von Musikern gewidmet. Er soll während seiner Reise an die Ostseeküste verstorben sein. Schon 1913 wurde S. mit dem Menzelpreis der Berliner Akademie ausgezeichnet.

Schaumann, Leopold, * Giesenhorst/Ruppin 1863, † Laggenbeck/Westfalen 1946. Evangelischer Theologe. Nach der Ordination war S. seit 1888 Pfarrer im Raume Berlin. S. wurde 1891 Divisionspfarrer in mehreren Garnisonen, dann 1906 Militäroberpfarrer in Posen, 1912 in Danzig. Geheimer Oberkonsistorialrat D. Schaumann war dann 1920 bis 1933 zweiter Pfarrer an der Königsberger Schloßkirche.

Schauspielhaus, siehe Neues Schauspielhaus.

Scheffler, Walter, * Königsberg 1880, † Hamburg 1964. Heimatschriftsteller. S. nannte sich gern Walter von der Laak und erfreute sich unter seinen Königsbergern großer Beliebtheit. Seine Gedichtbände Mein Lied, 1921; Mein Königsberg, Sonette 1924; Helle Wege, 1925, und seine Erzählungen: „Walter von der Laak", 1934, und „Die Lehrjahre des Walter von der Laak", 1942.

Scheffner, Johann George, * Königsberg 1736, † Königsberg 1820. Jurist. S. studierte mit 16 Jahren an der Albertina; durch Freundschaft mit den späteren Generälen L'Estocq und David Neumann verbunden. Als Königsberg russisch wurde, entrann er mit Neumann und machte die beiden letzten Jahre des Siebenjährigen Krieges mit. 1765 Sekretär der Königsberger Kammer, 1772 Kriegsrat in Marienwerder, wo er den

Dienst quittierte. Durch Erbschaft wurde er Gutsbesitzer, zog aber 1795 nach Königsberg, wo er westl. der Neuroßgärter Kirche ein Haus mit Garten erwarb. Dieses Besitztum verkaufte er 1809 dem König zur Gründung des Botanischen Gartens. — S. lebte dann im Motherbyschen Hause. Als unerreichter Anreger in dem großen Kreis hervorragender Geister, die von 1807—13 in Königsberg zusammenkamen, war er ein mächtiger Ansporner zu der hier heranreifenden geistigen und moralischen Erhebung. — Die Stoa Kantiana ließ er, als dankbarer Tischgenosse Kants 1809 erbauen. Eine weitere unvergeßliche Tat war die Errichtung des Landwehrkreuzes auf dem Galtgarben, die auf die Einigungsbestrebung der Studenten wie ein Fanal wirkte. — Hier wurde er, seinem Wunsch gemäß, unter Bäumen begraben. *

Scheffner-Straße, auf der Lomse, benannt nach Johann George Scheffner.

Scheibert, Walter, * Wehlau 1889, † b. Luzk 1944. Jurist. S. war Teilnehmer des Ersten Weltkrieges. Nach dem Assessor-Examen wurde S. 1922 Landesrat bei der Provinzialverwaltung Ostpreußen. Als Dezernent für kulturelle Angelegenheiten förderte er die Landesforschung. U. a. wurde er 1925 Schriftführer des Tannenberg-Nationaldenkmal-Vereins. — 1941 wurde er Leiter der Haushaltsabteilung beim Reichskommissar für die Ukraine und dort im Januar 1944 auf einer Dienstreise von Partisanen ermordet.

Schellong, * Löbau/Wpr. 1858, † Kbg. 1945. Mediziner. Nach dem Besuch des Lycker Gymnasiums studierte S. an der Albertina Medizin, wo er auch promovierte. Auf Veranlassung von Robert Koch übernahm er in den 80er Jahren eine Stellung als Regierungsarzt in der Kolonie Neu-Guinea. S. beschäftigte sich mit der Erforschung der Malaria, über die er eine Arbeit herausgab. Ferner konnte er ein Lexikon der papuanischen Sprache fertigstellen. Seine Erlebnisse in dieser Kolonie erschienen unter dem Titel: Zur Geschichte der Gründung einer Kolonie. Erlebtes und Eingeborenenstudien. Sein Ansehen fand Ausdruck in der Benennung eines Kaps „Schellong". 1890 ließ er sich in Kbg. als praktischer Arzt nieder und gründete 1893 den Verein der Königsberger Ärzte. 1910 wurde die Kommission für ärztliche Fortbildung gegründet, deren Vorsitz er viele Jahre innehatte. — Bei der Einschließung von Kbg. durch die Russen 1945, schied er mit seiner Frau freiwillig aus dem Leben.

Schemionek, Hans, * 1905, † Hannover 1981. Kaufmann. Mehr Betreuer und Organisator als Sportler übernahm S. 1944 die Clubführung des Akademischen Sport-Club Ostpreußen e. V. — S. war es, der nach dem Kriege wieder die ASCO-Mitglieder sammelte und die Club-Nachrichten als „ASCO-Treue" erschienen ließ.

Schenkendorf, Max von, * Tilsit 1783, † Koblenz 1817. Lyriker. S. studierte 1800 bis 1805 an der Albertina Jura. 1807 gab S. mit Ferdinand von Schrötter, dem Sohn des Kanzlers, die vaterländische Zeitschrift „Vesta" heraus, an der Scheffner, Arnim und Fichte mitarbeiteten. S. blieb als Dichter der Erhebung bis 1812 in Kbg. Aus dieser Zeit stammen die Gedichte „Preußenvolk", „Freiheit, die ich meine" u. a. 1813 Freiwilliger bei den Kürassieren, wurde S. 1815 Regierungsrat in Koblenz.

Schenkendorf-Platz am Oberteich, zwischen Nachtigallensteig und Hintertragheim. 1921 benannt nach Max von Schenkendorf, der hier bei seiner Mutter gewohnt hatte.

Scherres, Carl, * Kbg. 1833, † Berlin 1923. Landschaftsmaler. Seit 1849 Schüler der Kunstakademie Königsberg. 1853 Reisen in die Schweiz, Oberitalien und ins Rheinland. 1859 lebte S. in Danzig, 1866 in Königsberg, siedelte 1867 nach Berlin über. 1868—92 Leiter der Landschaftsklasse an der Zeichenschule des „Vereins für Künstlerinnen". — S. galt als der Entdecker der landschaftlichen Schönheiten Ostpreußens. — Werke: Überschwemmung in Ostpreußen; Bei scheidendem Sonnenlichte an einer Waldhütte in Ostpreußen; eine „Abendlandschaft", die vom Kaiser angekauft wurde.

Scherres-Straße südl. des Zwillingsteiches, 1924 nach dem Maler Scherres benannt.

Schichau-Straße in Ponarth, von der Speichersdorfer Straße zur Jägerstraße.

Schichau-Werft s. Uniongießerei.

Schiefer Berg, 1811 offiziell Bergplatz, 1933 zurückgetauft in den viel treffenderen Namen Schiefer Berg. — Schöne alte Häuser. Nr. 12 das Dohna-Dönhoffsche Palais, Flur mit Figurennischen und mit einer schweren geschnitzten Treppe mit Wappengerät und Eberköpfen. Nr. 5 stand das Haus des Prof. Burow, das 1905 für die Buchdruckerei Emil Rautenberg abgebrochen wurde. *

Schifferdecker, Johann Philipp, * Mosbach 1811, † 1887. Industrieller. E. Ritzhaupt, ein Bruder seiner Mutter, holte S. 1839 nach Königsberg. S. eröffnete in der Tuchmachergasse eine Brauerei von untergärigem Bier, womit er das Bayerische Bier in Ostpreußen einführte. — 1849 verlegte er seine Brauerei nach Ponarth; es wurde die größte Brauerei Königsbergs. Nach der Umwandlung in eine Kommandit-Gesellschaft überließ S. die Leitung seinem jüngeren Bruder Eduard. Er selbst ging in seine Heimat zurück und gründete in Heidelberg eine Portlandzement-Fabrik.

Schifferdecker-Straße in Ponarth, von der Brandenburger- zur Krupp-Straße.

Schifferstechen. Das Königsberger Fischerstechen am 3. Januar ging auf einen Brauch der Schiffer von 1594 zurück.

Schiffbefrachter.

Artus Hansa Transport-Ges.m.b.H., Lizent-Straße 14.
Fechter, Gustav & E., Lizentstr. 4.
Ivers & Arlt, Friedrichsburgstr. 5.
Jansen, Nicolai F., Gr. Kranstr. 1.
Kaminsky & Buldmann, vorm. Marcus Cohn & Sohn, Schleusenstr. 1.
Meyhöfer, Carl, Münchenhof 10.
Meyhoefer, Robert, Gr. Kranstr. 1.
„Poseidon", Lizentstr. 13.

Schiller-Straße auf den Hufen, von der Busolt- zur Hagenstraße.

Schimmeyer, W., Woll- und Kurzwarenhandlung am Kaiser-Wilhelm-Platz. Gegr. 1847. Langjähriger Inh. Stadtrat Th. Krohne.

Schimpfnamen. Bowke, Dämlack, Dammelskopp, Flätz, Dussel, Heemske, der, die, das Krät, einziges Wort der Deutschen mit 3 Artikeln, Labommel, Laux, Lachudder, Lorbaß, Lulatsch, Luntrus, Plawucht, Posauk, Rabauk, Spacheister, Steppke, Zruchel. *

Schimmelpfennig, Johann, * Kbg. 1604, † Kbg. 1669. Jurist. S. nahm sein Studium 1623 in Kbg. auf. Er wurde kurfürstlicher wirklicher Rat, Tribunalrat und Vicebürgermeister des Kneiphofs. S. war Pfandinhaber der Ämter Georgenburg und Salau sowie Erbherr mehrerer Güter. Er war einer der größten Wohltäter von Königsberg. Viermal jährlich ließ er alle Armen der Stadt speisen und wöchentlich alle Insassen des kneiph. Pauperhauses bewirten. 1635 schenkte er 15.000 fl. zum Bau der Haberberger Kirche. Sein Haus war so groß, daß er 1635 den polnischen König Wladislaw mit seinem Gefolge darin bewirten konnte. Er gehörte dem Dichterkreis von S. Dach an. 1650 wurde ihm und seinen beiden Brüdern vom

Kaiser der Adel verliehen, doch führten sie das Prädikat nicht. Im Testament stiftete er 10.000 Taler, aus deren Zinsen vier Stipendiaten unterstützt werden sollten.

Schindekop-Straße, seit 1911 von der Stresemannstr. zur Samitter Allee; in ihrem Verlauf seit 1927 der Viadukt über die Nordbahngleise. — Benannt nach Henning Schindekop, der 1350 als Komtur von Ragnit erwähnt wird. — Er war seit 1359 Ordensmarschall in Kbg. 1370 fiel er in der blutigen Schlacht von Rudau gegen die Litauer und wurde im Magdalenenkloster beigesetzt. *

Schindelmeißer, David, * Kbg. 1757, † Kbg. 1802. Kaufmann. S. war Sohn des Balthasar S., der mit Salzburgern 1732 nach Kbg. gekommen war und hier einen Weinhandel eröffnet hatte. S. sen. hatte 1751 in der Kneiph. Langgasse eine Weinstube, die so viel abwarf, daß er in Juditten ein Gut, das spätere Louisenthal, erwerben konnte. Sein Sohn David erbaute nach Baczko „das schönste Haus Königsbergs“ im Zopfstil, Domplatz 2, und lagerte im Keller seine Weine, von denen er einen Teil 1799 in die Keller des Berwartbaues verlegte. S. starb 1802. Seine Weinhandlung aber blühte unter seinen Nachfolgern als Blutgericht weiter. In das Schindelmeißersche Haus zog 1845 die Pr. Staatsbank, die spätere Reichsbank. Seit 1928 befand sich hier das Landeskulturamt.

Schindelmeißer-Straße, auf den Hufen, parallel zur Luisen-Allee. 1932 benannt nach David Schindelmeißer.

Schirrmann, Richard, * Grunenfeld/Heiligenbeil 1874, † Grävenwiesbach/Ts. 1961. Lehrer. S. wurde 1901 Lehrer in Gelsenkirchen und 1903 in Altena im Sauerland. Er setzte seine in Ostpreußen begonnenen Wanderungen mit Schülern im Ruhrgebiet fort. 1909 entwickelte S. den Gedanken eines allgemeinen Jugendherbergswerkes in seiner Abhandlung „Vom Jugendwandern und welchen Gewinn ich mir davon verspreche“. 1912 konnte die Jugendherberge Altena eröffnet werden. Sie war die erste ständige Jugendherberge. 1932 gründete S. den „Internationalen Jugendherbergsverein“ in Amsterdam. 1954 wurde S. Ehrenbürger von Altena.

Schiske, der braune Tannenzapfen im Frühsommer.

Schlachthöfe. Im Mittelalter besaß jede Stadt ihren Köttelhof genannten Schlachthof. Der Altstädtische lag an der Holzbrücke. Der Kneiph. wurde 1377 neu gebaut am südl. Ufer des alten Pregels an der Köttelbrücke und erst 1889 abgebrochen. Der Löbenicht. Schlachthof lag auch außerhalb der Mauer auf dem Sackheim am Pregel. Die Burgfreiheit hatte ihren Schlachthof auf dem späteren Burgkirchenplatz. — Von den genannten Schlachthöfen bestand bis in die neuere Zeit nur der altstädtische, der der Fleischerinnung gehörte. Sie verkaufte ihn, als die Stadt 1895 in Rosenau einen großen, modernen Schlacht- und Viehhof durch Stadtbaurat Mühlbach erbaute. Hier wurden 1900 geschlachtet: 1332 Rinder, 1076 Schafe und 23 699 Schweine. 1905/06 wurde der Schlachthof bedeutend erweitert. *

Schlangenwinkel, in dem etwa 1906 abgebrochenen Gängeviertel, dort wo der Unterrollberg westlich in die Unterlaak mündete, gab es neben Brettergang, Steinergang den Bobossengang, nach dem dortigen Bierausschank Emanuel Poboß, und Schlickengang den Schlangenwinkel, wegen seines gebogenen Verlaufs so genannt. Abbruch 1911. Der Name ging dann offiziell auf den Haberberger Flinsenwinkel über. *

Schlaraffia-Regismontana war eine logenähnliche Vereinigung von Kunstenthusiasten und geistig Schaffenden. Der Ortsverein wurde 1882 gegründet, letzter Vorsitzender Kaufmann Edwin Trosiener, Burg Wartenburgstr.1. Die erste Schlaraffia wurde bereits 1859 in Prag gegründet.

Schleiermacher-Straße, von der Stresemannstraße zur Kraus-Allee. Hier stand einst die Luftschiffhalle.

Schleusen-Straße von der Klapperwiese zum Philosophendamm.

Schloesser, J.C., Inh. Paul Menz, Junkerstraße 5. Die optische Firma wurde 1825 gegründet. Der Mechanicus Schloesser zeigte in den Tagen der Krönungsfeierlichkeiten 1861 in seinem Schaufenster das erste viel bestaunte elektrische Licht.

Schlorren sind abgetretene Pantoffeln, eine Schlorre ist eine Schlampe, eine unordentliche Frau.

Schloß s. Königsbergs Schloß.

Schloßberg von der Altstädtischen Bergstraße zum Schloßplatz.

Schloß Holstein s. Holstein

Schloßkaserne s. Dragonerkaserne.

Schloßkirche. Die Burgkapelle befand sich im Südflügel des Konventshauses, auf dessen westl. Fundament 1584 von Blasius Berwart der Neubau begonnen wurde. — Im zweiten Geschoß dieses „Berwartflügels" die ursprünglich einschiffige Schloßkirche, ein Saalbau mit flachem Holzgewölbe und reichem Stuckwerk. 1594 geweiht durch Dompfarrer Artomedes. Aber schon 1597 bis 1604 mußten Hans Wismar, Timotheus Just und Nickel Rambas infolge Holzfäule im Keller starke Stützpfeiler aufmauern, auf denen in der nun zweischiffigen Kirche schlanke Granitpfeiler ruhten und die jetzt gemauerten Sterngewölbe trugen. — Nach der Selbstkrönung Friedrich I. im Albrechtsbau 1701 erfolgte in der Schloßkirche die Salbung. 1705—10 stattete Schultheiß von Unfried die Schloßkirche mit Emporen, kgl. Loge und Kanzelaltar aus. — Blinder Alarm beim Gottesdienst am 2.12.1759, Panik, 3 Tote; an diesem Sonntag sollte der Hofprediger und Professor Arnoldt Abbitte leisten für seine Dankespredigt nach dem russ. Sieg bei Kunersdorf, in der er über den Spruch Salomons „Freue dich des Falles deines Feindes nicht; es möchte dem Herrn übel gefallen" gepredigt hatte. — Am 11.9.1810 fand die Totenfeier für die in Hohenzieritz verstorbene Königin Luise in der Schloßkirche statt, 2500 Kerzen brannten, Trauerrede Ob. Bgm. Heidemanns. — 1816 wurde die Schloßkirche auch Garnisionskirche. — Sehenswürdigkeiten bis 1944: An den Pfeilern die Gestalten von Fides, Spes, Caritas, Justitia auf ornamentalen Konsolen von Alexander Krause; Holz 1606. — Stuckarbeiten der Sterngewölbe 1589 von Hans Windrauch und Deckenstuck 1708 von Matthias Poertzel. — Kanzelaltar mit schönen Holzskulpturen 1710, vielleicht auch von Poertzel. — Orgel 1732 von G. H. Trost und Adam Horatius Casparini. — Ordenswappen vieler Ritter des Schwarzen Adlerordens. *

Schloß-Platz zwischen Schloß und der Reichsbank.

Schloß-Straße vom Münz-Platz zur Kantstraße. Sie ist erst 1885 parallel zur Nordfront des Schlosses angelegt worden.

Schloßteich, 1200 m lang und 9 ha groß. — Er wird 1256 in einer Urkunde zuerst genannt. Die Ordensritter hatten die Katzbach durch einen Staudamm, die sp. Französ. Straße, abgedämmt, weil ihnen die Mühlen lebenswichtig waren. Später legte der Orden noch einen zweiten Staudamm am Nordende des „Molteiches" an, den „Oberteich", der als Fischteich diente. — Am SW-Ende erbauten sie die Ordensfirmarie, am Südufer lag das Magdalenenkloster. 1525 wurde die Ordensburg zur Herzogspfalz und der Mühlenteich zum

Schloßteich, den ab 1604 auf Befehl des Regenten Georg Friedrich ein Schwanenpaar bevölkerte. Die Bürger aber warfen ihren Unrat hinein, und so war er durch seinen Gestank mehr lästig als lustig. — Seit 1717 gab es eine Überfahrt Burgkirche—Tragheim. 1753 baute man einen Steg über den Teich; die Bürger begriffen allmählich die Schönheit des von Gärten umgebenen Sees, und Adlige bauten an ihm ihre Palais, so 1693 Herzog Friedr. Carl Ludw. v. Holstein-Beck an Stelle der sp. Kommandantur. Der reiche Kaufmann Hevelke erwarb um 1750 Haus und Garten am NW-Ufer und baute hier ein weit auf Pfählen in den Teich vorspringendes „Lusthaus“. Diesen Besitz erwarb später der Kaufmann Eichmann, bei dem 1808 das Königspaar zu Gast war. Südlich davon siedelten sich die Logen an. — 1798 wurde das junge Königspaar mit strahlender Schloßteichillumination und Musik vom Volk bejubelt. — 1810 erwarb die Stadt den Schloßteich vom König mit der Verpflichtung, ihn stets als Erholungsidylle zu erhalten. — 1830—70 waren hier die Vergnügungs-Etablissements der Königsberger: der Borcksche Garten, anstelle des Holstein-Beckschen; dann der Bauersche Garten, Jacobsruh, Tivoli, Jardin de Berlin, der spätere Börsengarten und die Bürgerressource, so daß ein Humoristischer Führer von „Königsberg am Schloßteich“ und dem Schloßteichbewußtsein der Königsberger reden konnte. — 1844 fand zur 300-Jahr-Feier der Albertina ein Festkommers am illuminierten Schloßteich statt. — Dreimal kam die Schloßteichidylle in Gefahr. 1853 und 1909 durch den Plan einer Fahrbrücke, und 1858 schlug der Gartenarchitekt Lenné gar vor, ihn zuzuschütten.— 1881 wurde der versumpfte Nordzipfel am Hinterroßgarten zugeschüttet. 1895 wurde hier das große Städt. Krankenhaus erbaut. 1894 stiftete der Tierschutzverein das Schwanenhäuschen an der Schloßteichbrücke. 1900 legte die Stadt mit Spenden der Bürger den Teich im Süden frei; es entstanden die ersten Grünanlagen. Erst jetzt gehörte der Schloßteich allen Königsbergern, aber erst 1906 begann man mit dem Bau der Promenade rund um den Teich. Der Börsengarten beherrschte mit seinen vielen Gaslampen, seinen Militärkonzerten und seiner fröhlichen Jugend das Schloßteichbild. Gondeln belebten tags und abends den schönen Teich und in der Walpurgisnacht fuhren die Couleurstudenten in lampiongeschmückten Booten über das stille Wasser. — Im Winter war die Eisfläche schwarz von Schlittschuhläufern. Die Konditoreien und Gaststätten boten Erholung. 1909 gab es 22 weiße und zwei schwarze Schwäne. — 1912 entstand die schöne Stadthalle mit Gartencafé.*

Schloßteich-Brücke. Einen Steg gab es bereits 1753; dieser wurde seit der Jahrhundertwende zweimal verbreitert. — 1869 brach unter der sich anläßlich eines Besuches König Wilhelms stauenden Menschenmenge das Geländer der Schloßteich-Brücke, 32 Menschen ertranken. — In der Schreckensnacht vom 29./30. August 1944 brannte die Brücke bis auf die Steinpfeiler nieder.

Schloßteich-Promenaden. Zunächst baute man 1906 die südwestl. Promenade vom Münzplatz bis zur Schloßteichbrücke; hier wurde 1910 der „Bogenschütze“ von Heinemann aufgestellt. 1911 wurde die südöstl. Promenade bis zur Stadthalle fertiggestellt. 1930 wurde die nordöstliche Promenade mit den ansprechenden Kaskaden zum Oberteich eröffnet.Erst 1937, nach der Enteignung der Logen, folgte die nordwestl. Promenade, damit war der Ring geschlossen.

Schloßturm. Um 1260 als Bergfrit erbaut, 1387 vollendet, trug er ein Zeltdach, war aber auch Glockenturm für die Schloßkirche. Er erhielt durch Meister

Merten Seigermacher 1551 eine vierseitige Uhr. — 1584 wurde er durch einen abgetreppten Renaissancehelm erheblich erhöht. 1594 fuhr ein Gaukler auf einem Seil mit einem kleinen Knaben in einem Karren von ihm zur Erde. — Dann erhielt der Turm eine neue Wetterfahne mit der Jahreszahl 1686 und den Initialen des Großen Kurfürsten „CFW". Diese Buchstaben wurden auch während der königlichen Zeit nicht geändert. 1688 bekam der Turm eine achteckige Laterne mit Kuppel. Nur vom Wehrgang aus erreichbar, erhielt er erst 1815 die Treppen von unten hoch, 284 Stufen führten hinauf. — Als sich 1864 die Schloßturmspitze südwärts neigte, wurde eine Änderung der Turmspitze notwendig. Man entschloß sich, den nunmehr erheblich erhöhten Turmhelm achtkantig mit Galerie und vier Ecktürmchen nach dem Entwurf Stülers neugotisch ausführen zu lassen. Man verwandte wieder die Wetterfahne von 1686. Der Schloßturm hatte nun bis zur Spitze über dem Hofpflaster eine Höhe von 82 m und über dem mittleren Pregelstand von 94 m. 1877 erhielt er wieder eine Ziegelverkleidung mit rautenförmigen schwarzen Glasureinlagen. — In der Schreckensnacht vom August 1944 brannte der Turm aus, und bei der Belagerung Königsbergs 1945 wurde er durch Artilleriefeuer so schwer beschädigt, daß er 1955 gesprengt werden mußte. 1969 mit der gesamten Schloßruine abgerissen. *

Schloßturm-Blasen. Schon 1525 wurde der Schloßtürmer verpflichtet, vormittags um 11 Uhr und abends um 9 Uhr vom Turm zu blasen und jedes Feuer zu melden. — In unserer Zeit wurde vormittags „Ach bleib mit deiner Gnade" und am Abend „Nun ruhen alle Wälder" von fünf Bläsern nach allen Himmelsrichtungen von der Galerie geblasen. Das Turmblasen wurde bis zum 30. Aug. 1944 durchgeführt.

schlunzig = unordentlich.

Schmand, die Sahne, der Rahm; Schmandschinken, Schmandkartoffeln, Schmand mit Glumse, s. d.

Schmeckbier. Der Oberburggraf Besenrade lud 1527 den Rat des Kneiphofs zum alten Brauch des Bierschmeckens aufs Schloß. Die Schloßbrauerei stellte ihr Brauerzeugnis dem Kneiphof alljährlich zu Himmelfahrt im Schloßhof zur Probe vor. 1597 wurden zum Schmeckbier u. a. geliefert: 15 Ochsen, 34 Kälber, 70 Schinken und 252 Stof Rheinwein. Herzog Georg Wilhelm gab 1619 das letzte Schmeckbier. *

Schmidt, Maximilian, * Berlin 1818, † Kbg. 1901. Landschaftsmaler. Zusammen mit C. Steffeck verbrachte S. seine Freizeit in der Werkstatt bei Gottfr. Schadow mit Aktzeichnen. Nach der Ausbildung an der Berliner Kunstakademie reiste er 1843—45 mit dem Grafen Alb. v. Pourtalès von Konstantinopel nach Syrien, Palästina, Ägypten, dann zum Sinai, Arabien, Rhodos und Cypern. Weitere Studienreisen nach Korfu, Rom und England folgten. S. war 1868—72 Prof. an der Kunstschule in Weimar, 1869 Mitglied der Berliner Akademie der Künste und wurde 1872 durch L. Rosenfelder an die Kunstakademie Kbg. berufen. 1874—80 und 1890—91 als Direktor-Stellvertreter. Er schuf u. a. Fresken in der Aula des Insterburgers Gymnasiums. S. erhielt mehrere Medaillen und von der Albertina den Titel eines Dr. h. c.

Schmidtke, Dr. Herbert, * um 1890, † Friedberg/H. 1960. Sportmediziner. S. trat 1910 als Medizinstudent in den Sportclub Ostpreußen ein. Selbst körperlich behindert, war er der Organisator von großen Sportveranstaltungen, wie die Staffelläufe „Quer durch Königsberg", oder „Wargen Königsberg", auch „Cranz—Königsberg". Zu seinen Verdiensten gehörte, die Jugend für die Leichtathletik zu gewinnen und 1919 den Zusammenschluß des Sportclubs Ostpreußen mit dem akademischen Sportclub Kbg. zum ASCO herbeizuführen. Nach dem 2. Weltkrieg gründete er die Traditionsgemeinschaft der Leichtathleten aus den dt. Ostgebieten, die heute noch ihre alljährlichen Wettkämpfe durchführt. Auch als Arzt erfreute sich S. allgemeiner Wertschätzung.

Schmiede-Brücke, zw. Altstadt und Kneiphof. 1379 von beiden Städten erbaut, 1787 erneuert, 1896 Neubau als Klappbrücke.

Schmiede-Straße von der Schmiedebrücke zum Schloßplatz.

Schmisser wird der Liebhaber genannt.

Schnäpse, Königsberger. Pregelgestank war ein bei den Ruderern beliebter, in besonders guter Qualität in Gr. Holstein ausgeschenkter Schnaps, euphemistisch nach dem wirklichen Pregelgestank benannt, der bei Weststurm und Rückstau des Pregelwassers auftrat. — Blutgeschwür hieß der Lieblingsschnaps der Königsberger Sackträger. Er war aus Eierkognak und Kirschlikör gemischt. Ein weiterer Schnaps, den diese Enakssöhne bevorzugten, hieß Speicherratte. Elefantendubs mit Setzei in den Winklerstuben. *

Schneider, Ernst, * Würzburg 1874, † Gemünd 1968. Gartenbaudirektor. S. erreichte in Posen ein Ruf nach Königsberg; dort konnte er eine großzügige Planung der städtischen Grünanlagen zur Durchführung bringen. Neben vielen anderen Projekten konnte S. die kilometerlangen Wallanlagen zu Grünanlagen umwandeln, die vielen Wassergräben belebten das Landschaftsbild günstig. U. v. a. wurden die versumpften Kupferteiche zum Schwimmstadion ausgebaut. S. kämpfte für die Freilegung von Schloß- und Oberteich ringsherum. — Erst 1937 ist es S. gelungen,- die fast 3 km lange Promenade um den Schloßteich fertigzustellen.

Schneider-Straße in Marauenhof , vom Oberteichufer zur Rosenkranz-Allee.

Schnell, Gustav, * Kbg. 1793, † Kbg. 1864. Reeder. S. gründete nach der Beteiligung am Befreiungskrieg eine Firma für Im- und Export, die er später mit der väterlichen Reederei vereinigte. — Zusammen mit seinen Schwägern Karl Dultz und Friedr. Laubmeyer gründete er 1828 die Uniongießerei auf der Laak. Diese Werft benannte 1855 nach ihm ihren ersten Dampfer „Schnell". S. gehörte zu den angesehensten Kaufleuten, 24 Jahre war er Vorsteher der Kaufmannschaft. — S. war Geh. Kommerzienrat und war Berater für das Allgem. Dt. Handelsgesetzbuch und für das Seerecht. — Erbe des Handelshauses wurde sein Schwiegersohn Adolf Hoffmann.

Schnürling-Straße, von der Börsenstraße zur Georgstraße. Im MA. war hier durch die Wiesen ein Damm geschüttet, der Fleischerdamm. Später wurde er bebaut und nach den Söhnen Christoph und Peter des Bürgermeisters Hans Schnürlin, die hier auf den Wiesen eine Milchwirtschaft betrieben, Schnürlingstraße genannt.

Scholtz, Walter, * Elberfeld 1871, † Lindau/Bd. 1947. Mediziner. S. promovierte 1895 in Halle zum Dr. med. 1901 ging er als Oberarzt an die Univ.-Poliklinik in Kbg. Nach seiner Habilitation wurde er 1905 als Prof. Direktor der Univ.-Hautklinik. 1920 erfolgte der Umzug in ein neuerbautes Klinikgebäude, die er bis 1936 leitete. S. sind mehrere Abhandlungen über Haut- und Geschlechtskrankheiten zu verdanken.

Scholz, Harry, * Bialystock 1879, † Höxter 1969. Internist. Nach dem Besuch des Kneiph. Gymnasiums Studium in Leipzig und Berlin; ab 1901 Assistent am Königsberger Institut für experimentelle Pharmakologie; 1903 Promotion unter Prof. Jaffé und 1904 Assistent am Städt. Krankenhaus und seit

1905 an der Mediz. Klinik unter Prof. Lichtheim. — S. hatte seit 1908 Gelegenheit zur Beschäftigung mit sozialen Problemen auf dem Gebiet der Tuberkulose-Bekämpfung. — 1918 wurde S. zum Professor ernannt und 1921 wurde er Leiter der Tuberkulose-Abteilung der Städt. Krankenanstalt. S. war aktives Mitglied des Segelklubs Rhe. — Nach Kriegsende war S. noch als Lungenfacharzt in Stuttgart tätig.

Schön, Heinrich Theodor von, * Schreitlauken 1773, † Arnau 1856. Politiker. Seit 1789 war S. Schüler von Kant und Kraus. Nach Reisen in Deutschland und England trat er in den Staatsdienst. 1806 folgte er als Geh. Finanzrat dem Hof nach Kbg., wo er enger Mitarbeiter Steins bei den großen Reformen wurde. 1809 wurde er Reg.-Präsident in Gumbinnen, wo er 1812 wichtige Unterredungen mit Napoleon führte. S. war 1816—1824 Oberpräsident von Westpreußen, dann des 1829 vereinigten Preußens, 1840 Staatsminister. 1841 wurde er wegen seiner warnenden Schrift „Woher und wohin?" zum Rücktritt gezwungen. — 1842 setzte er die Gründung der Königsberger Kunstakademie durch. Nach seiner Entlassung erhielt S. bereits im Juni 1841 den Königsberger Ehrenbürgerbrief, und 1843 zu seinem 50jähr. Staatsdienstjubiläum wurde ihm zu Ehren ein hoher Eisenobelisk vor der Kunstakademie gesetzt. Für das Auditorium maximum des Universitätsanbaues von 1927 schuf Daudert seine Bronzebüste, seine Gedenktafel hing am Regierungsgebäude. *

Schönberger Straße, von der Schmiedebrücke zur Magister Straße.

Schönbusch. Ursprünglich hieß der Krug Niederkrug, später nach seinem Besitzer Duboisruh, dann etwa seit 1865 Schönbusch. Die bekannte Brauerei wurde 1871 in Verbindung mit einem Gasthaus gegründet.

Schönfließ. Dieses Dorf südl. von Kbg. wurde 1939 eingemeindet.

Schönfließer Allee, vom Friedländer Tor nach Süden zur Stadtgrenze.

Schönherr, Johann Heinrich, * Angerburg 1770, † Kbg. 1826. Theosoph; Privatgelehrter in Kbg. S. entwickelte im Anschluß an J. Böhme und E. Swedenborg ein theosoph. System mit einer Metaphysik des Gegensatzes. Unter seinen Anhängern war u. a. der Theologe J. W. Ebel.

Schön-Straße kreuzte den Mitteltragheim.

Schönwalde östl. von Neuhausen, 1331, Hünengrabfunde, Pfarrkirche 14. Jhrh. Bau aus Feld- und Ziegelsteinen mit Westturm. Im 19. Jahrh. renoviert. Granitener Taufstein aus der Ordenszeit. Kantorstuhl 1610, Kanzel 1631, Empore 17. Jahrhundert, Orgel 1826. 3 Glocken.

Schrebergärten. Auf den Vorderhufen zwischen der Hufenallee und der Freigrabenschlucht bestanden bereits Bürgergärten. Erste Schrebergarten-Kolonie seit 1912 am Wirrgraben, der viele folgten, u. a. an der Cranzer Allee und am Veilchenberg, besonders aber in Ponarth.

Schreber-Straße in Ponarth, südl. Querstraße der Barbara-Straße.

Schreiber, Julius, * Schrimm/Pos. 1848, † Kbg. 1932. Mediziner. Nach dem Studium an der Albertina war er Assistenzarzt an der medizin. Universitätsklinik in Kbg. — 1883 wurde S. Professor und 1888 Direktor der medizin. Poliklinik in Kbg. S. erhielt 1909 den Titel Geheimer Medizinalrat. Im Ersten Weltkrieg war er fachärztlicher Beirat für innere Medizin beim I.A.K. und wurde mit dem E.K. ausgezeichnet. 1918 wurde S. zum ordentlichen Professor der medizinischen Fakultät in Kbg. ernannt. — S. sind mehrere Werke über Magen- und Darmerkrankungen zu verdanken.

Schroeder, Paul, * Kbg. 1894, † Dänischenhagen 1974. Mediziner. Nach dem Abitur am Lycker Gymnasium trat S. als Aspirant in das Kaiser-Wilhelm-Institut in Berlin ein. — S. war 1914—19 Kriegsteilnehmer zuletzt als Feldhilfsarzt. — Nach der Promotion in Berlin 1920 unterzog er sich der Vorbereitung auf die Praxis. — Schon 1922 praktizierte er in Dänischhagen; 1929 verlegte er seine ärztliche Tätigkeit nach Königsberg-Juditten. — 1942 wurde S. Leiter der Ärztekammer Ostpreußen. — Nach Kriegsende übernahm S. die Praxis seines Nachfolgers von 1929 unter schwierigsten Verhältnissen. Die Gründung der ostpreußischen Arztfamilie ist sein Verdienst. U. a. wurde S. vom Deutschen Ärzte-Tag mit der Paracelsus Medaille ausgezeichnet.

Schrötter, Friedr. Leopold, Reichsfrhr. von, * Wohnsdorf 1743, † Berlin 1815. Staatsmann S. stand mit Kant, Hippel und Scheffner in Verbindung. 1791 als Oberpräsident wieder in Kbg., machte allen Studierenden, die im ostpr. Finanzdepartement angestellt werden wollten, zur Pflicht, Vorlesungen bei Kraus zu hören. 1795 ging er als Minister für Ostpreußen nach Berlin. 1807/08 war S. Mitarbeiter Steins, dem er wesensverwandt war. S. erlebte noch die Befreiung; starb als Mitglied des Geh. Staatsrats 1815. *

Schrötter-Straße, vom Hammerweg zur Stresemannstr. Benannt nach F. L. v. Schrötter.

Schrumm, das Tanzvergnügen.

Schubert, Eduard, Uhrmacher und Juwelier, gegr. 1880, Steindamm 88/90.

Schubert, Friedrich Wilhelm, * Kbg. 1799, † Kbg. 1868. Historiker. Nachdem S. sechzehnjährig an den Freiheitskriegen teilgenommen, studierte er an der Albertina. S. wurde schon 1820 Privatdozent, 1821 ao., 1826 ordentlicher Professor für mittlere und neuere Geschichte. Seine Hauptwerke galten der allgemeinen Staatenkunde. U. a. gab er mit Rosenkranz die erste Gesamtausgabe von Kants Werken heraus. Für die politische Entwicklung aufgeschlossen, war S. Mitglied der Frankfurter Nationalversammlung von 1848 und schloß sich der liberalen Richtung Gagerns an. Von 1858—63 Mitglied des preuß. Abgeordnetenhauses. *

Schubert, Johann, * Würzburg 1906, † Lübeck 1951. Mediziner. Nach dem Studium in Würzburg erhielt S. 1932 seine Approbation als Arzt und promovierte 1933 zum Dr. med. 1937 wurde er Assistent am Hygiene-Institut in Königsberg. Nach seiner Habilitation erhielt er 1940 die Dozentur für Hygiene und Bakteriologie. Nach der Kapitulation blieb er als Arzt und Pathologe am Krankenhaus der Barmherzigkeit, das für die dt. Bevölkerung bestimmt war. Aus dieser Zeit stammte sein Tagebuch, das unter Hans Deichelmann: „Ich sah Königsberg sterben“ 1949 erschien und ein erschütterndes Dokument darstellt. 1950 wurde S. zum apl. Professor für Hygiene in Göttingen ernannt; er hat 32 wissenschaftliche Arbeiten hinterlassen.

Schubert-Straße, auf den Hufen, von der Stresemannstraße zur Hermannallee.

Schuch, Johanna Karoline, geb. Zerger, * in Schlesien 1739, † Kbg. 1787. Schauspielerin. Verheiratet mit dem Theaterprinzipal Franz Schuch d. J., * 1741, † 1771, führte sie nach dem Tode ihres Mannes selbständig ihre Truppe, die im Winter in Kbg., im Sommer 2 Monate in Libau und Mitau, im Herbst in Danzig spielte. Sie selbst war eine bedeutende Schauspielerin und hatte gute Schauspieler in ihrer Truppe. Außer gängigen Stücken spielte sie viel Shakespeare, Lessing, Goethe und Schiller. Ihr Nachfolger wurde ihr Sohn aus erster Ehe, Karl Steinberg, * 1757, † Kbg. 1811.

Schuchmann, Margarete, * Kbg. 1893. Pianistin, Cembalistin. Sie konzertierte 1920—44 in Kbg. und Ostpr. St. 1928 am Hochschulinstitut für Kirchen- und Schulmusik. 1939 Ernennung zur Professorin. — 1945—55 Lehr- u. Konzerttätigkeit in Marburg. Die geschätzte Pianistin lebt seit 1976 in St. Georgen/ Schwarzw.

Schulen s. die einzelnen Schulen sowie Mittelschulen und Volksschulen.

Schultheiß v. Unfried, Joachim, * Altruppin 1678, † Kbg. 1753. Baumeister. Nch dem Studium in Frankfurt/O. Studienreisen in Italien und Frankreich. — 1702 Bestallung zum Kgl. pr. Baumeister in Kbg., dort 1706 Baudirektor, 1713 entlassen, dann in der Kurmark beschäftigt. 1721 Oberlandbaudirektor in Kbg. wo er bis zu seinem Tode als Baubeamter und Rat in der Domänenkammer tätig blieb. — Seine Werke: Freilegung des Schlosses und Ausstattung der Schloßkirche, 1710; vor allem Pläne des Friedrichsbaus, Unfriedflügel 1704—13. In die zweite Bauperiode fallen die Entwürfe für die Garnisonkirche auf Königsgarten und die Franz.-reform. Kirche, dazu zahlreiche Entwürfe für die Provinz. *

Schultz, Arth., Inh. Margar. Reichert, Juwelier, gegr. 1865, Steindamm 20.

Schultz, Arved Carl von, * Gut Rinkuln/Kurld. 1883, † Düsseldorf 1967. Geograph. 1906 kam S. nach Berlin, um seine in Moskau und Dorpat begonnenen Studien fortzusetzen. S. promovierte mit seiner Dissertation: Die Parmir-Tadschiks, Gießen 1914. S. ging an die Hamburger Universität als Privatdozent für Geographie, dessen Lehrstuhl damals der Königsberger S. Passarge bekleidete. Als Kriegsgeologe veröffentlichte er 1918 ein Bildatlas von Polen. S. galt als der beste deutsche Rußlandkenner seiner Zeit. 1923 wurde S. als Nachfolger von Prof. Friedrichsen an die Albertina berufen, er war der letzte Inhaber dieses Lehrstuhls. — Nach ausgedehnten Reisen schrieb S. u. a.: Sibirien, 1923; Aride Einebnung im Pamir 1926; Das Ussuriland 1930; Europäisches Rußland, 1937, und Der Erdteil Asien, 1950.

Schultz, Franz Albert, * Neustettin 1692, † Kbg. 1763. Theologe. Nach dem Studium in Halle wurde S. Lehrer am Berliner Kadettenhaus, später Feldprediger in Mohrungen. 1728 wurde er in Rastenburg als Konsistorialrat und Pfarrer in der Altstadt nach Kbg. berufen. 1732 war er Prof. der Theologie, 1773 wurde ihm das Direktorat des Friedrichskollegs übertragen. Auf die Entwicklung des jungen Kant hatte S. Einfluß, wenn Kant auch dem Pietismuns nicht unmittelbar zuneigte.

Schultz, Marjan, * Lampasch/Pr. Eylau 1892, † Kbg. 1942. Jurist, Hafendirektor. Nach dem Studium an der Albertina, der Promotion und dem Assessorexamen war S. Richter in Insterburg. Nach 1920 trat er als Magistratsrat in die Königsberger Stadtverwaltung ein. Seine Lebensaufgabe wurde die Verwaltung des Königsberger Hafens, seit 1923 als Geschäftsführer der Hafenbetriebsgesellschaft. Ab 1932 gestaltete er als Betriebsführer der Königsberger Hafengesellschaft den Hafen betriebstechnisch so funktionstüchtig, daß er schließlich allen wirtschaftlichen Aufgaben des Krieges gewachsen war. In seiner Wirkungszeit wurden die Hafenbecken auf 8 m vertieft. Neben seiner Stellung als Hafendirektor war S. als Leiter der Reichsverkehrsgruppe Seeschiffahrt in weiten Kreisen bekannt. Vor 1930 wurden unter seiner Leitung ein Verwaltungsgebäude und zwei große Getreidespeicher am Hafenbecken III errichtet. Seiner Initiative war der Bau des „Hauses der Stauer“ zu verdanken.

Schulz, Johann, * Mühlhausen/Ostpr. 1739, † Kbg. 1805. Philosoph. S. studierte an der Albertina und war Schüler

Kants. — Zunächst an der Altroßgärter Kirche, wurde er 1776 zweiter Hofprediger an der Schloßkirche und hielt dort die Huldigungspredigt auf Friedrich Wilhelm IV. — 1787 wurde S. Ordinarius für Mathematik. — Sein Hauptverdienst besteht jedoch in der Verbreitung der Kantschen Philosophie. Kant schätzte den auch mit Hippel befreundeten S. hoch. — Die „Kritik der reinen Vernunft" brachte S. bald nach ihrem Erscheinen durch Erläuterungen dem Publikum näher. — 1792 faßte er die Einwände von Kants Gegnern und seine Verteidigung zusammen, in einer zweibändigen „Prüfung der Kantischen Kritik der reinen Vernunft".

Schumacher, Bruno, * Straßburg i. E. 1879, † Hamburg 1957. Historiker. S. studierte an der Albertina und promovierte mit einer Arbeit über die Niederländer in Preußen z. Zt. Herzog Albrechts. — Am Friedrichskollegium absolvierte er die pädagogische Ausbildung und wurde dort 1905 Oberlehrer. S. war Teilnehmer des Ersten Weltkrieges und wurde 1922 als Direktor an das Gymnasium in Marienwerder berufen. — 1931 war er der berufene Sprecher bei der 700-Jahr-Feier des Preußenlandes in der Marienburg in Anwesenheit Hindenburgs. — 1934 wurde S. Oberstudiendirektor des Friedrichskollegs, das er bis zum Untergang der Schule leitete, wobei er die Schülermatrikel in den Westen retten konnte. — Als letzter Bohnenkönig der „Gesellschaft der Freunde Kants" in Königsberg hat er noch am 12. Februar 1945, dem Todestag des Philosophen, einen Kranz an dem in der Trümmerwüste des Kneiphofs unversehrt gebliebenem Grabmal niedergelegt. S. ist eine Fülle von Veröffentlichungen zu verdanken. Seine „Geschichte Ost- und Westpreußens", 1937 und 1957, ist ein Standardwerk Preußischer Geschichtsschreibung. Zeitweilig war er Präsident der Königlich Deutschen Gesellschaft und Vorstandsmitglied historischer Vereine und Kommissionen.

schurgeln und schliddern — über die Schurgel — Eisbahn gleiten; Schlittschuh laufen.

Schuricke, Rudi, * Kbg. 1914, † München 1973. Tenor. Nach dem Besuch des Hufengymnasiums widmete sich S. seinen musikalischen Neigungen. Schuricke war in den fünfziger Jahren einer der populärsten deutschen Schlagertenore. — Schon mit 59 Jahren ist er einem Gehirnschlag erlegen.

Schusterius Nachf., Inh. Franz Haberer, Pianofortebau, Sackheim 128/129.

Schützengilden. Die Armbrust-Schützengilden entstanden im Juli 1351. Die Schießzeit nach einem Vogel auf der Stange von Ostern bis St. Bartholomä. 1554 veranstaltete Herzog Albrecht ein großes Schießfest. Bis 1626 stand die Schießstange der Altstädter in den Wiesen des Neuroßgartens auf einem kleinen Hügel. Diese sowie auch die Kneiphöf. Schießstange im Haberberger Grund und die Löbenichtsche, einst auf dem Arresthausplatz, fielen 1626 den neuen Wällen zum Opfer. 1634 war das letzte Armbrustschießen. 1640 bauten sich die drei Städte Schießhäuser. Das der Altstädter lag zw. Pesthaus und sp. Neuroßg. Kirchenplatz. Die Kneiphöfer schossen in ihrem Gemeingarten. Das Löbenichtsche Schießhaus lag außerhalb des Walles am Hirschkrug. —Beim jährl. Königschießen fand an drei verschiedenen Terminen ein feierlicher Umzug der 3 Gilden durch die Stadt statt. — 1697 wurde Kurfürst Friedrich III. Schützenkönig. — 1748 benutzten die 3 Gilden nur noch das Altstädt. Schießhaus. 1752 wurden die 3 Gilden zu einer vereint. Sie bauten sich 1855 ein Schützenhaus in der Schützenstraße, doch 1894 wurde ein neues an der Stresemannstraße notwendig; hier feierte die Schützengilde 1901 mit festlichem Umzug ihr 550jähriges Bestehen. Das alte

Schützenhaus wurde Gasthaus und Sommertheater.*

Schützen-Straße, von der Tragheimer Pulverstraße zum Nachtigallensteig.

Schwabe, Daniel, * Danzig 1592, † Kbg. 1635. Chirurg. S. führte im Juli 1635 die erste erfolgreiche Magenoperation an Andreas Grünheide durch, der ein Messer verschluckt hatte. Die Operation erregte beträchtliches Aufsehen und ging sofort in die medizinische Literatur ein. — S. war städtischer Chirurg, später Hofchirurg.

Schwalbenweg, in Rothenstein von der Großkomturstraße zur Ringstraße.

Schwanen-Apotheke, Inh. Artur Krieger, Hagen-Straße 23.

Schwanen-Tor oder Laakentor der Altstadt, führte zur Laak, wurde 1734 abgebrochen.

Schwartz, Walter Heinrich, * Kbg. 1885, † Kbg. 1945. Architekt. Nach dem Studium an der TH. Berlin und München legte S. das Diplom-Examen 1908 ab und wurde Bauführer in Berlin und später in Insterburg. Dann trat er bei der städt. Baupolizei in Kbg. ein und wurde 1919 Magistratsbaurat. S. war von 1919 bis 1933 Stadtverordneter für die Deutsche Volkspartei. — Goerdeler weihte ihn 1937 in seine Pläne ein; 1944 wurde Schwartz verhaftet und zu 5 Jahren Zuchthaus verurteil; er verstarb an Entbehrungen und Strapazen.

Schwarzorter Weg, Querstraße der Cranzer Allee zum Oberteich.

Schwarzer Adler Orden. Als höchste Auszeichnung Preußens am Vortag der Krönung Friedrichs I., dem 17. Januar 1701, in Königsberg gestiftet, mit dem Wahlspruch „Suum cuique" Jedem das Seine. Die Verleihung war zugleich mit der Erteilung des Erbadels verbunden. — Am 17. 1. 1701 wurde der Orden erstmals an den Kronprinzen, dem späteren Soldatenkönig, verliehen.

Schwarz, Karl, Natur- und Kunststeinwerke, Cranzer Allee 15.

Schwedenschanze, Juditten, von den Schweden am Nordrand des Juditter Wäldchens aufgeworfen. Es war in jenen bangen Tagen, da der Verhandlungskampf mit Gustav Adolf um Königsberg stattfand, den auf seiten der Stadt der höchstbedeutende Professor Henning Wagner führte. — W. erreichte eine beiderseits strikte Neutralität. *

Schwedenzeit, sie dauerte fast ein Jahrhundert. 1626 landete Gustav Adolf in Pillau und bedrohte Königsberg. 1678 fielen die Schweden erneut ein und gefährdeten Königsberg. Der Große Kurfürst rückte im Januar 1679 nach Preußen vor und zwang die Schweden zum Rückzug über das Eis des Kurischen Haffs und über die Grenze bei Tisist zurück.

Schweichel, Georg Julius Robert, * Kbg. 1821, † Berlin 1907. Schriftsteller. Nach dem Studium der Rechts- und Kameralwissenschaften trat er 1848 als Redner im Arbeiterverein auf, verfaßte scharfe Artikel für den „Volksvertreter" und führte die Redaktion der Blätter „Ostpreußisches Volksblatt" und „Dorfzeitung für Preußen". Wegen eines Pressevergehens wurde er ausgewiesen und ging in die Schweiz. Erst 1861 konnte er in Berlin die Redaktion der „Norddeutschen Allgemeinen Zeitung" übernehmen. 1869—1883 führte er die Redaktion des Feuilletons der Jankeschen „Roman-Zeitung". Dann verfaßte er als freier Schriftsteller zahlreiche Romane und Erzählungen. Er war mit der Schriftstellerin Elise Langer verheiratet.

Schweikart, Ferdinand Karl, * Erbacht/H. 1780, † Kbg. 1857. Jurist. Mathematiker. Nach dem Studium wurde er Prof. d. Rechte 1809 in Gießen, 1812 in Charkow und 1821 an der Albertina. U. a. machte er sich durch Untersuchungen über das kulmische und das magdeburgische Recht verdient.

chweike. Die Schweike war die Pferderasse, die der Orden vorfand, als er 1231 nach Preußen kam. Dieses Pferd war anspruchslos und zäh und außerdem wesentlich leichter als die schweren Kriegspferde der Ordensritter.

chweizer Allee in Kalthof.

chweizer Grund, seit 1884, tiefliegende nördliche Seitengasse des Oberhabergs. Hier siedelten sich im 17., Jahrhundert Schweizer Melker an. Die Gasse senkte sich zu einem weitläufigen Platz, an dem fünf einzelstehende Häuser in alpenländischer, für Kbg. ungewöhnlicher Bauweise standen. *

Schwermer, Konditorei und Café, Münzstr. 12—14. Gegründet 1894 von Henry Schwermer, der aus Memel stammte und bei Kranzler in Berlin gelernt hatte. Das Unternehmen entwickelte sich so gut, daß man 1911 eine große Terrasse zur Schloßteichpromenade anbaute. S. hatte eine Baumkuchenfabrik und verschickte sein „Königsberger Marzipan" bis nach Amerika und Australien, wie es auch Gehlhaar tat. — Seit 1916 leitete die Firma Frau Charlotte Stiel, die Tochter des Gründers. 1934 wurde das angrenzende Schloßcafé übernommen; nunmehr wurde die Schloßteichterrasse auf 100 m

Der schwarze Adlerorden

verlängert. Das Konditorei-Café hatte in seiner Blütezeit 120 Mitarbeiter und fast 1 000 Gastplätze. Ende August 1944 wurden alle Räume des Unternehmens durch den englichen Luftangriff vernichtet. — Nach der Vertreibung konnte Frau Stiel trotz anfänglicher Schwierigkeiten das Haus Schwermer in Bad Wörishofen wieder neuaufbauen. Durch den heutigen Inhaber Dietrich Stiel, den Enkel des Gründers, ist der Fortbestand als Café und großer Produktionsbetrieb gesichert.

Schwesternschaft Ostpreußen des DRK, sie wurde 1916 durch den Provinzialverband Ostpreußen des Vaterländ. Frauenvereins vom Roten Kreuz gebildet. Tragheimer Kirchenstraße 12/13.

Schwimm-Vereine.
Königsberger Schwimm-Club von 1901 e.V. am nördl. Ostufer des Oberteichs
Schwimm-Club Hansa e.V. am südl. Ostufer des Oberteichs.
Schwimm-Verein Prussia e.V. am Westufer des Oberteichs, Cäcilien-Allee 4.
Schwimmverein Wasserfreunde e.V., Badeanstalt Hammerteich.

schwoofen = tanzen; auf den Schwoof gehen, auf den Tanzboden gehen.

Sedan-Straße, von der Sackheimer Mittel-Straße zur Gebauhr-Straße.

Seebäderdienst. Alle Bäder der Samlandküste waren für die Königsberger mit der Bahn erreichbar. Die Cranzer Bahn führte nach Cranz und mit dem Bus nach Sarkau. Die Samlandbahn lief nach Neukuhren, Rauschen, Georgenswalde und Warnicken. Die Pillauer Bahn führte nach Neuhäuser und Pillau sowie mit einer Abzweigung von Fischhausen nach Sorgenau und Palmnicken. — Zu den Bädern auf der Kurischen Nehrung bestand eine Schiffahrtslinie Cranzbeek — Rossitten — Memel. Bereits 1850 bestand die erste Verbindung mit dem Raddampfer „Neris", der von Kbg. über Tapiau—Labiau und dann über das Haff nach Memel fuhr. Die Einrichtung einer regelmäßigen Verbindung von Cranzbeek nach Memel dürfte um 1880 mit dem Dampfer „Cranz" erfolgt sein. Nachdem die Bahn 1895 von Cranz nach Cranzbeek erbaut worden war konnte man leichter zur Dampfer-Anlegestelle gelangen. Die „Rossitten" wurden 1926, die „Memel" 1928 und eine neue „Cranz" 1929, von der Union-Gießerei erbaut, in Dienst gestellt. Die modernen Tourendampfer legten die 100 km lange Strecke Cranzbeek, Rossitten, Nidden, Schwarzort und Memel in etwa 7 Stunden zurück. — Zwei weitere Motorgastschiffe wurden wegen des zunehmenden Verkehrs 1938 und 1940 eingesetzt. — Kahlberg auf der Frischen Nehrung war das Seebad der Elbinger. Auch die Königsberger konnten diesen Badeort durch die gr. Ringfahrt der Fahrgastschiffe „Phoenix" und Elisabeth erreichen. Schließlich der D. „Siegfried" brachte viele Ausflügler an den Strand von Pillau und Neuhäuser.

Seeck, Maria, * Kbg. 1861, † Kbg. 1935 Malerin. Ab 1901 an der Kunstakademie Königsberg bei Prof. Dettmann. — Verschiedene Reisen, doch hauptsächlich enstanden ihre Bilder der Kurischen Nehrung, des Samlandes und der Gegend um Danzig. Gedächtnisausstellung 1935 in der Königsberger Kunstakademie.

Seedienst Ostpreußen. Da der Personenverkehr ins Reich 1919 im Korridor erheblich behindert wurde, wurde es notwendig, eine von den Polen unabhängige Verbindung über See zu schaffen. Dank der Initiative des Konsuls Oswald Haslinger konnte der „Seedienst Ostpreußen" bereits im Frühjahr 1920 zwischen Pillau und Swinemünde den Verkehr mit kleinen Vergnügungsdampfern aufnehmen. — Dieser Dienst wurde weiter ausgebaut und schließlich bis Travemünde und Helsinki ausgedehnt. — In den 20er Jahren wurden die für diesen Dienst gebauten Motorschiffe „Preußen" und „Hansestadt Danzig" eingesetzt; 1935 folgte die noch größere „Tannenberg" mit 5.054 BRT. — Alle 3 sind als Minenleger am 9. Juli 1941 in einem Minenfeld gesunken. Der Seedienst Ostpreußen erfreute sich bei den Königsbergern großer Beliebtheit.

Seekanal, 1540 erste Pregelvertiefung. — Der Große Kurfürst ließ die Fahrtrinne 1681 bis 1683 von Königsberg bis Pillau auf 4 m Tiefe bringen. 1736 abermals vertieft. — 1891 wurde der planmäßige Ausbau des Königsberger Seekanals begonnen: 34,5 km lang und 1896 auf 6,5 m Tiefe gebracht. 1901 wurde er dem Verkehr übergeben; er war nun 42 km lang. — Abermalige Vertiefung 1930 auf 8 m, Sohlenbreite bis 70 m, moderne Befeuerung.

Seerappen westl. von Kbg., nördl. von der Bahnlinie nach Pillau. Hier wurden kurz vor dem I. Weltkreig zwei Luftschiffhallen errichtet, die eine Länge von etwa 150 m hatten. U. a. lag hier der „Zeppelin" Z IV, der eine Länge von 142 m hate. Auf Grund des Versailler Diktats mußten die Hallen etwa 1920 abgebrochen werden.

Seeverkehr des Königsberger Hafens. Zwar belief er sich 1928 auf 2 454 000 t — der Unterchied zu 1913 war nicht groß — aber während sich 1913 Einfuhr und Ausfuhr etwa die Waage hielten, fiel 1928 der größte Teil auf die Einfuhr. Die Zahl der Schiffe, die mit Ballast ausfahren mußten, wurden immer größer und stieg auf über die Hälfte. Der gesamte Osthandel Ostpreußens erreichte auch in günstigen Jahren kaum ein Drittel der Vorkriegswerte. — Man versuchte neue Handelsbeziehungen anzuknüpfen und bezog aus Skandinavien und Finnland Holz und Holzerzeugnisse, aus Schweden und Belgien Eisen und Metalle, aus Spanien, Portugal, Italien und Griechenland Lebensmittel und Südfrüchte. Über ein Drittel der seewärtigen Ausfuhr ging in die deutschen Ost- und Nordseehäfen, fast ein Drittel nach England, Holland, Belgien und und Frankreich. — Von fremden Flaggen waren die Hollands, Schwedens und Norwegens am stärksten vertreten; es folgte die englische, dann Frankreich, Estland, Lettland und Finnland. Die sowjetische Flagge — 1934 auf zehn Schiffen — war ebenso selten wie die litauische und die Danziger. Aus Griechenland und Polen kamen 1932 nur je zwei Schiffe, aus den USA nur ein Schiff. Im ganzen also ging der Königsberger Seeverkehr vorwiegend nach dem Westen, nur in geringem Maße nach dem Osten. Zu erwähnen ist, daß mehr Schiffe als vor 1923 unter der Flagge der Königsberger Reedereien fuhren. Königsberg war mit Abstand der größte Welthandelsplatz für Linsen.

Segelfliegerei. Sie ging vom Verein für Luftfahrt aus. Ferdinand Schulz, * 1892, † 1929, baute in den Königsberger Werkstätten des Vereins 1923 die ersten Segelflugzeuge. Der erste Wettbewerb wurde 1923 in Rossitten als „Erster deutscher Küstensegelflug" ausgetragen. Dort wurde 1926 die berühmte Segelflugschule von der Rhön-Rossitten-Gesellschaft gegründet. Mehrere Weltrekorde wurden erflogen, zuletzt durch die Segelflieger Bödecker und Zander 1938 ein Dauerflugrekord mit 50,15 Stunden. — Seit 1925 flog man auch in Korschenruh am Frischen Haff, wo 1933 eine Fliegerschule eingerichtet wurde. — Die Steilküste nördl. von Palmnicken entdeckte man 1929 als Übungsgelände.

Segelsport-Vereine

Segelclub Rhe, E. V., Dr. Ernst Burow gründete ihn 1855. Langj. Vorsitzender Prof. Harry Scholz. Jachthafen an der Beekmündung in Contienen. — Der „Rhe" besteht heute noch in Hamburg und ist der älteste Segelklub Deutschlands.

Segelclub Baltic, E.V., gegr. 1882. Jachthafen in Contienen.

Segelklub „Ost", E. V., gegr. 1921. Jachthafen im Hafenbecken V.

Segler-Vereinigung „Altpreußen", E. V., Jachthafen in Klein-Friedrichsberg am Pregel.

Seidenbau s. Plantage.

Seidler-Straße. Verlängerung der Bittrich-Straße.

Seifenfabriken, die erste bestand seit 1639 an der Stelle des späteren Lizenthauses. Bis Ende des Krieges bestanden die Seifenfabriken Carl Dorno, Lindenstr. 22, L. Gamm & Sohn, Steindamm 115/116, und M. Saltz, Viehmarkt 23.

Seitz, Arwed, * Kbg. 1874, † Kbg. 1933. Maler. Studierte 1892—98 an der Kunstakademie Kbg. S. setzte die Studien in Paris fort und bereiste Österreich, Holland und England. Seitz wurde weit bekannt und gesucht als Porträtmaler, schuf Bildnisse in ostpreußischen Adelskreisen, malte Pastoren und Persönlichkeiten der Verwaltung sowie zum 200. Geburtstag Kants ein Bild des Philosophen. Deneben entstanden Landschaften Ostpreußens von Haff und See.

Seligenfeld, 1395. An der Bahnstrecke Kbg.—Insterburg gelegen. 1465 Dorf S. dem Benedikterinnenkolster St. Marien zu Kbg. verschrieben, darum später das Löbenichtsche Hospital Patron der Kirche. Das einschiffige Langhaus 1693 vollständig renoviert. 1845 nach Blitzeinschlag völlig ausgebrannt. Inneres mit getäfelter, flacher Holzdecke auf Holzpfeilern. Kelch, Weinkanne und Taufschale 17. Jahrh. Zwei Glocken. Letzte Teile des Kirchspiels wurden 1939 nach Kbg. eingemeindet.

Seligenfelder Straße in Rosenau, von der Rosenauer-zur Domnauer Straße.

Selke, Johann Karl Adolf, * Mehlsack 1836, † Wildbad 1893. Kommunalpolitiker. S. wurde 1869 zum Bürgermeister von Elbing gewählt; als Res.-Offz. war er Kriegsteilnehmer von 1870/71. — Dann wurde S. 1875 zum Oberbürgermeister von Königsberg gewählt. Er förderte Kanalisation, Wasserversorgung, Gasanstalt, Volksschulwesen und brachte den Finanzhaushalt in Ordnung. Seit 1888 vertrat S. die Stadt im Herrenhaus. — Sein Ölgemälde von Arthur Weiß schmückte den Junkersaal. Die Stadt benannte eine Schule nach ihm, in der sein Porträt von Kolde hing. *

Selke-Straße 1897 vom Korinthendamm zur Tamnau-Straße, benannt nach J. K. Selke.

Sektion Königsberg des Dt. Alpenvereins s. Deutscher Alpenverein.

Selle, Götz von, * Torgau 1893, † Göttingen 1956. Historiker. S. war von 1939 bis 1945 als Professor für deutsche Bildungs- und Geistesgeschichte an der Albertina und als stellvertretender Direktor der Königsberger Universitätsbibliothek tätig. — Mit seiner „Geschichte der Albertus-Universität zu Königsberg in Preußen", 1944, setzte er der Albertina und ihrer Bedeutung ein würdiges Denkmal. — Nach 1945 nahm er sich in Göttingen der Pflege der Königsberger Tradition an und begründete das seit 1951 vom „Göttinger Arbeitskreis" herausgegebene „Jahrbuch der Albertus-Universität zu Königsberg, Pr.", das seitdem alljährlich erscheint.

Sellnick, Max, * Rauschen 1884, † Schmalenbeck/Hambg. 1971. Milbenforscher. Nach dem Studium der Naturwissenschaften promovierte S. 1909 zum Dr. phil. Er war Pionieroffizier im I. Weltkrieg und wurde mit dem EK I ausgezeichnet. Seit 1919 war S. als Studienrat am Lötzener Gymnasium und seit 1928 am Stadtgymnasium Altstadt-Kneiphof. Wissenschaftlich widmete er sich vorwiegend der Milbenforschung. S. besaß eine Sammlung von 9000 mikroskopischen Präparaten, 500 Flaschen mit unpräparierten Milben sowie 1200 Werke über sein Forschungsgebiet; alles wurde durch einen Brand vernichtet. 1948—1954 konnte S. sich in Stockholm in seinem Forschungsgebiet betätigen. Von S. sind im Lauf der Jahre 106 Arbeiten über die Milbenforschung im In- und Ausland veröffentlicht worden. Er war ein international anerkannter Wissenschaftler auf dem Gebiet der Milbenforschung.

Sembill, Gustav Adolf, * Plauschinnen 1880, † Kbg. 1942. Jugendpfleger. Nach dem Abitur Studium in Philologie und Psychologie an der Albertina. — S. widmet sich von Jugend an dem Sport und weilt während des Studiums ein halbes Jahr in London und Stockholm, um sich dort auf sportlichem Gebiet weiterzubilden. Bereits 1903 wird Sembill Vorsitzender des Verbandes Königsberger Ballspielvereine. — Gemeinsam mit dem Tiermaler Hans Kallmeyer gründet er 1905 den Akademischen Sportclub —ASC— der 1919 mit dem Sportclub Ostpreußen zum ASCO vereinigt wird. Besondere Leistungen wies S. im Stabhochsprung, Diskuswerfen und im Dreikampf auf. — 1907 macht S. sein Turn- und Schwimmlehrerexamen und gründet den ersten Damen-Hockeyklub. — Auf seine Initiative wird beispielgebend für Deutschland das erste deutsche Hallensportfest durchgeführt. — 1909 wird er vom Regierungspräsidenten als Jugendpfleger mit der Einführung von Sport und Spiel betraut. — Krieg über interniert, wird S. 1920 mit der Leitung des Schiedsrichterwesens betraut und ruft zur Bildung von Landessportvereinen auf. — 1924 gründete S. die erste Fachzeitschrift „Ostpreußens Sportwart". Über Jahrzehnte war S. die Seele der sportlichen Bewegung im Osten.

Seraphim, Ernst August, * Mitau 1862, † Kbg. 1945. Journalist. Nach dem Abitur und Studium der Geschichte in Dorpat legte S. 1886 das Oberlehrerexamen ab und unterrichtete dann an der deutschen Landesschule in Fellin bis zu deren Auflösung. Danach wurde er Redakteur bei der Düna-Zeitung in Riga und 1911 beim Rigaer Tageblatt. Nach langjähriger Haft in Sibirien und kurzer Zeit als Presseoffizier bei der Baltischen Landeswehr, siedelte S. im Herbst 1919 nach Kbg. über und übernahm die Schriftleitung für Ostfragen an der Königsberger Allgemeinen Zeitung. — S. entfaltete bis an sein Lebensende eine rege journalistische und wissenschaftliche Tätigkeit. — S. und seine Frau sind nach dem Fall von Kbg. dort an Hunger verstorben.

Seraphim, Hans Günther, * Kbg. 1903, Historiker. Leiter der zeitgeschichtl. Abteilung des Staatl. Archivlagers in Göttingen. Werke: „Indices zu den zwölf Nürnberger U.S.-Militärgerichtsprozessen", „Das politische Tagebuch Rosenbergs" u. a.

Settegast, Hermann, * Kbg. 1819, † Berlin 1908. Tierzuchtlehrer. Unter dem eigenwilligen Fr. v. Farenheid als Lehrherren wurde S. früh Landwirt. Er blieb 9 Jahre in Beynuhnen, studierte dann in Berlin und Hohenheim und wurde 1847 Lehrer an der landwirtschaftl. Schule in Oppeln, 1859 Direktor der landwirtschaftl. Akademie Waldau. Besondere Aufmerksamkeit widmete er der besseren Behandlung der Landarbeiter. 1868 gab er in Schlesien sein grundlegendes Werk „Die Tierzucht" heraus, 1879 erschien unter dem Titel „Die Landwirtschaft und ihr Betrieb" eine Zusammenfassung der Thaerschen und Liebigschen Ideen. S. begründete u. a. das „Deutsche Herdbuch". 1881 wurde er der erste Professor für Landwirtschaft an der neuen landwirtschaftlichen Hochschule in Berlin. Er setzte sich für die Einigungsbestrebungen in der Freimaurerei ein.

Seuchen. 1352 die Pest in Kbg., in 4 Monaten 5078 Tote. — 1529 wütete der „Engl. Schweiß" in Kbg. und Ostpreußen, 25 000 Tote. — 1549 Pest in Kbg. und Ostpreußen, 15 000 Tote. — 1709

Mißwuchs und Hungersnot; als Folge bis 1710 Pest, 9827 Tote, das waren 1/4 aller Königsberger. — 1807 Flecktyphus und Ruhr; Viehsterben, große Teuerung; Geburten 1949, Todesfälle 6392. 1831 Cholera-Epidemie; 2220 Erkrankungen, 1327 Tote. — 1866 Cholera-Epidemie; 3967 Personen erkrankt, 2671 Todesfälle. — 1871 Pockenepidemie; 771 Erkrankte. — Herbst 1871 Cholera-Epidemie; 3741 Erkrankte, 1790 Tote.

Seydel, Karl, * Chelchen/Treubg. 1839, † Kbg. 1912. Mediziner. Nach dem Studium an der Albertina, in Bonn und Berlin 1861 Promotion in Königsberg. S. wurde 1868 als Privatdozent für Geburtshilfe an der Albertina zugelassen; ihm wurde 1886 auch die Lehrbefugnis für gerichtliche Medizin erteilt. — S. wurde 1891 als Professor zum Leiter des neuerrichteten gerichtsmedizinischen Instituts und 1894 zum Medizinalrat ernannt. — S. hat zahlreiche gerichtsmedizinische Abhandlungen publiziert.

Siebenhügel-Stadt. Ein Hügel der Haberberg liegt südl. der Stadt. Die anderen 6 „Berge" ziehen sich als Hügelkette nördlich des Neuen Pregels hin, von denen sich der Schloßberg hervorhebt.

Siebert, Gebrüder, seit 1861 Fachgeschäft für Textilien, Altstädtische Langgasse 30/32 und Wassergasse 9/10.

Siebert, Robert, Glasereibetrieb, Neon-Lichtbau, Vorstädt. Langgasse 59.

Siebert, Walter, Großglaserei, Spiegelfabrik, Weißgerberstr. 2 und Tilsit.

Siechenhaus, Königsberger Siechenhaus E.V., Waisenhausplatz 7a.

Siedlungswerk der Hohenzollern s. Hugenotten und Salzburger.

Siehr, Ernst Ludwig, * Heinrichswalde/Ostpr. 1869, † Bergen/Rügen 1945. Jurist. — Nach dem Studium wurde S. Rechtsanwalt in Insterburg und zugleich bis 1911 Syndikus der dortigen Handelskammer. Als Mitglied der Fortschrittlichen Volkspartei gehörte S. bis 1918 dem Reichstag an. Nach Teilnahme am Weltkrieg war er Mitglied der Nationalversammlung und Provinzialvorsitzender der Dt. Demokratischen Partei. — Nach Ausscheiden Winnigs wurde S. im April 1920 Oberpräsident von Ostpreußen. Wegen Differenzen mit mit der neuen Pr. Regierung bat er um Versetzung in den Ruhestand, die zum 1.10.1932 gewährt wurde. — Sein Hauptbestreben galt dem Problem der Deutscherhaltung Ostpreußens gegenüber den Bestimmungen des Versailler Diktats. S. gelang es zu erreichen, daß die Erkenntnis der Notlage der abgeschnürten Provinz sich allgemein, insbesondere bei der Reichs- und Pr. Regierung durchsetzte und durch entsprechende Hilfsmaßnahmen Berücksichtigung fand. Für die militärische Sicherung Ostpreußens setzte er sich u. a. durch Schaffung von Orts- und Grenzwehren sowie durch Sammlung der verstreuten Waffenlager ein, um die waffenfähigen Männer für die Landesverteidigung zu erfassen. — S. gelang es auch, alle Parteien für die Volksabstimmung 1920 zu einem Burgfrieden zu veranlassen. — S. stellte ein Ostpreußenprogramm auf, das der abgeschnürten Lage Rechnung trug. 1928 erreichte er die für die Landwirtschaft bewilligte „Ostpreußenhilfe".

Sielmann, Heinz, * Kbg. 1917. Zoologe, Publizist. Nach dem Studium war S. 1947—58 Mitarbeiter am Münchener Institut für Film und Bild. Seit 1960 eigene biologische Filmproduktion u. a. die Fernsehserie „Expeditionen ins Tierreich".

Siemens-Haus, seit 1915 Mitteltragheim 39.

Siemering, Julius, * Kbg. 1837, † 1908. Maler. Studium an der Kunstakademie Königsberg. Seit 1871 Zeichenlehrer an der Löben. Schule. — In den 1870er Jahren wurden Arbeiten von S. auf verschiedenen Kunstausstellungen gezeigt und in Katalogen genannt, z. B. „Am Kurischen Haff", „Regenstimmung" auf der Ausstellung der Berliner Akademie 1870; „Mondaufgang an der Ostsee", Hannoversche Kunstausstellung 1872. — S. malte viele Motive von der samländ. Küste.

Siemering, Rudolf, * Kbg. 1835, † Berlin 1905. Bildhauer. S. besuchte die Königsberger Akademie und wurde 1858 Schüler von Bläser in Berlin, mit dem er für das Tor der Dirschauer Weichselbrücke Reliefs arbeitete. Nachdem sich S. an der Ausschmückung der Albertina beteiligt hatte, für die er mehrere Porträitmedaillons ihrer Gelehrten schuf, gewann er 1863 den Preis für den Entwurf des Schillerdenkmals in Berlin. 1877 schuf S. das Denkmal Friedrichs des Großen in Marienburg. Besonders bekannt war das Siegesdenkmal in Leipzig, das 1888 enthüllt wurde. 1889 siegte S. bei dem Wettbewerb um den Entwurf für das Washingtondenkmal in Philadelphia. In Eisleben steht Siemerings Lutherdenkmal. In Fischhausen schuf er am Portal der Kirche die Figuren des hl. Adalbert und des Bischofs Polentz. S. wurde Professor, Mitglied der Akademie der bildenden Künste in Berlin und Dr. h. c. der Universität Leipzig.

Siemering-Straße, nördl. des Hammerteichs, 1928 benannt nach dem Bildhauer Siemering.

Silberbibliothek. Der Herzogin Anna Maria von Braunschweig ist die berühmte Silberbibliothek zu verdanken, in deren Bänden sich Humanismus, Reformation und Renaissance vereinigen. Nach 1550 gab Herzog Albrecht dem Nürnberger Goldschmied Cornelius Vorwend und den Königsberger Goldschmieden Paul Hoffmann, Gerhard Lentz und Hieronymus Kösler den Auftrag für die silbernen Bücher. Die 20

Ein Band aus der Silberbibliothek

Bände wurden 1611 von den Oberräten der Schloßbibliothek übergeben, 1806 nach Memel ausgelagert und gerettet. Seit 1924 befanden sie sich in den Ordensräumen des Schlosses. Heute ist diese kostbare Bibliothek verschollen.

Silbersäule, hergestellt vom Hofjuwelier D. Aaron. Dieses Kunstwerk wurde 1879 dem scheidenden Oberpräsidenten von Horn von den Landräten und Beamten seiner Behörde geschenkt. Die Silbersäule, bei der das erstemal Silber mit größeren Bernsteineinlagen verwendet wurde, steht heute im Museum Haus Königsberg in Duisburg.

Simon-Dach-Straße, 1904 erhielt die bisherige Stallen- oder Bärengasse auf der Laak den Namen von Simon Dach.

Simon, Friedrich, Gaststätteneinrichtungen, Altstädt. Langgasse 38.

Simon, Walter, * Kbg. 1857, † Kbg. 1920. Bankier. Nach dem Studium promovierte S. zum Dr. phil. und lebte dann wie sein Vater als Bankier in Kbg. und war Stadtrat für das Armen- und Volksbildungswesen; S. stand seinem Vater in Liebe zu seiner Vaterstadt nicht nach. — 1892 schenkte er der Stadt den nach ihm benannten Sportplatz von 6,83 ha auf den Mittelhufen und seit 1894 finanzierte er eine Volksschul-Badeanstalt am Oberteich mit unentgeltlichem Schwimmunterricht. S. spendete Geld für Bücher und für Bauten der Luisenkirche, Farenheidschem Armenhaus sowie des Bismarckdenkmals und hatte für alle städtischen Belange eine offene Hand. — Anläßlich der 100-Jahr-Feier der Städteordnung 1908 wurde der Geh. Kommerzienrat Prof. Simon Königsberger Ehrenbürger.

Simson, Eduard, * Kbg. 1810, † Berlin 1899. Jurist, Politiker. Nach dem Studium an der Albertina wurde S. mit 21 Jahren Professor des Röm. Rechts. — Bei der Wahl zur Frankfurter Nationalversammlung 1848 siegte Simson mit drei Stimmen Mehrheit über Jacoby; bald wurde er Präsident. Als Delegationsführer der Nationalversammlung bot er Friedrich Wilhelm IV. vergeblich die Kaiserkrone aus der Hand des Volkes an. 1871 wieder Delegationsführer in Versailles. — S. war von 1871—1874 Reichstagspräsident und von 1879—1890 Reichsgerichtspräsident. — 1883 Ehrenbürger Königsbergs. Seine Büste von R. Siemering im Junkersaal des Kneiph. Rathauses; 1900 eine Gedenktafel an seinem Geburtshaus in der Brodbänkernstraße 25.

Simson-Straße, Mittelhufen, Verlängerung der Hagenstr. nach Osten, nach Eduard v. Simson, 1933 in Kunckelstr. umbenannt.

Sinnhuber, Franz, * Willkoschen/Gumb. 1869, † Kbg. 1928. Mediziner. Nach dem Studium trat S. in den aktiven Militärsanitätsdienst ein. 1904 wurde S. als Stabsarzt zum Gren.-Regt. 3 nach Kbg. versetzt, er übernahm gleichzeitig die Leitung der inneren Abteilung im Krankenhaus der Barmherzigkeit. 1912 wurde S. Regimentsarzt beim Fußart.-Regt. 1 in Kbg. und 1913 Professor. 1914 wurde er als Chefarzt des Festungs-Lazaretts Kbg. eingesetzt. 1918 wurde S. als Generaloberarzt verabschiedet. Bis zu seinem Lebensende war S. in seiner Krankenhaus-Stellung tätig und war außerdem als Hausarzt ein sehr geschätzter Mediziner.

Skagerrakplatz, früher Sternplatz in Amalienau, an der Biegung der Lawsker Allee.

Skalweit, Bruno, * Labiau 1867, † Kbg. 1926. Agronom. Als Dozent für landwirtschaftliche Betriebslehre machte sich S. um den neuzeitlichen Ausbau der Provinz Ostpreußen und die Nutzung der „Kornkammer des Reiches“ verdient. Als landwirtsch. Sachverständiger in London lernte er die englische Landwirtschaft in allen Einzelheiten kennen. — Über englische und ostpreußische Agrartechnik hat er einige Werke geschrieben; als erster Wissenschaftler stellte S. 1923 die Grundlagen für die Betriebstechnik der ostpreußischen Landwirtschaft heraus.

Smoira, Moses, * Kbg. 1888, † Jerusalem 1962. Jurist. S. besuchte das Kneiph. Gymnasium, studierte dann in Kbg., München und Berlin. Er promovierte 1910 zum Dr. jur. und war dann Referendar in Kbg. Schon 1922 wanderte S. nach Palästina aus und erhielt ein Jahr später die Zulassung als Anwalt an den palästinensischen Gerichten. 1930 wurde er Präsident der Jüdischen Anwaltskammer in Palästina. — Als 1948 der Oberste Gerichtshof in Israel eröffnet wurde, ernannte man S. zu seinem Präsidenten. — S. war mit Esther Horowitz verheiratet, sie hatten zwei Töchter. Sein Bruder Dr. med. Joseph S. * Kbg. 1889, † Jerusalem 1964 mußte 1935 nach Palästina auswandern.

Soldatenweg von der Stresemannstraße zur Ringchaussee.

Sommerfeld, Arnold, * Kbg. 1868, † München 1951. Mathematiker, Naturwissenschaftler. S. war um die mathem. Durchdringung der Technik bemüht. — S. entdeckte mehrere Gesetze: der Zahl, der Wellenlänge und Intensität der Spektrallinien. Sein Werk „Atombau und Spektrallinien" galt jahrzehntelang als das Standardwerk der Atomphysik. S. erfuhr eine Reihe hoher Ehrungen, wurde von 12 Akademien zum Mitglied ernannt und schließlich mit der Goldenen Max-Plank-Medaille ausgezeichnet. — Sommerfeld galt als einer der Pioniere der Atomforschung.

Sonnen-Apotheke, Inh. Arthur Klein, Hindenburgstr. 59.

Sophien-Straße auf den Hufen, von der Stresemannstraße zur Beekstraße.

Soziale Frauenschule, 1921 von der „Inneren Mission" begründet, war im Artushof am Dom, dem Haus des Kaufmännischen Vereins untergebracht.

Spandienen, Gutsbezirk an der Berliner Chaussee, der 1928 eingemeindet wurde. Hier wurden Siedlungswohnungen gebaut.

Spechtweg in der Siedlung Rothenstein, führte zur Ringchaussee.

Speditionen

Artus Hansa Transportgesellschaft m.b.H., Klapperwiese 8.
Bartenwerfer, E., Georgstr. 26.
Bellman, Carl, Lindenstr. 26.
Boyny & Poewe, Tragheimer Kirchenstr. 1.
Brockhagen & Co. G.m.b.H., Königstr. 51/52.
Grabowski, Otto L.K., Klapperwiese 4a.
Henze, Mahlow & Co., gegr. 1865, Vorstädt. Langgasse 94.
Ivers & Arlt, Friedrichsburgstr.5.
Kaminsky & Buldmann, Schleusenstr. 1.
Kinkel, A., Akt.-Ges., Vorst. Langgasse 73.
Kolbe, Erich, Alter Garten 52.
Leo, Alfred, Steindamm 165/167.
Meyhoefer, Robert, Gr. Kranstr. 1.
Müller, Adolph, Kaiserstr. 3b.
„Oslag" Ostdeutsche Speditions- u. Lagerhaus Ges. m.b.H., Vorst. Langgasse 94.
Ostdeutsche Spedition e.G.m.b.H., Sattlergasse 2.
Radtke, Joh., Königstr. 40.
Raeder, Gustav, Eylauer Str. 1 u. 3.
Rathke, Gustav, Kdt.-Ges., Vorstädt. Langgasse 67.
„Rote Radler", Brodbänkenstr. 23.
Schenker & Co. G.m.b.H., Gr. Kranstr. 1.
Schiffer-Transport-Genossenschaft, e.G.m.b.H., Kl. Domplatz 15 c.
Spiero, Joseph, Kai 12.
Steiner, Walter, Schönstr. 27.
Transportverein G.m.b.H., Königstr. 51/52.
Trittmacher, F., gegr. 1823, Lizentgrabenstraße 11/12.
Weckert & Müller, Poststr. 16.
Weichsel-Schiffahrt Ges.m.b.H., Kl. Domplatz 15 c.

Speicher. Die Altstadt besaß zunächst Speicher auf der Laak, dann nach dem Bau der Holzbrücke auch am Ochsenmarkt und am Weidendamm. — Der Kneiphof hatte seine Speichervorstadt von der Grünen Brücke bis zur Klapperwiese. — Der Löbenicht auf dem Anger. — Den häufigen Feuersbrünsten entgangen, waren nur „Hengst" und „Bulle" von 1589 an der Altstädt. Lastadie. Hier gab es viele schöne Speicher, die sich den vom Bahnhof kommenden Besuchern von der Krämerbrücke als ein höchst eindrucksvolles Stadtbild boten. — Alle Speicher hatten Namen und eine oft künstlerisch schöne Speichermarke: es gab den Schwan 1670; Pelikan 1670,; Schäferspeicher, 1717; Greif, 1728; Hirsch, 1741; Gr. Friedrich, Pax 1777. — Die Brüder Saturgus besaßen nicht weniger als 20 Speicher. Weitere originelle Speichermarken waren: Walfisch, Kasten Noä, Weintraubenspeicher und andere. — Südl. des Pregels baute G. Friedr. Schwink 1737 den Schwan, Storch und Kranich. — Das Löbenichtsche Speicherviertel war nur klein; aber auch hier erhielten sich einige Speicher am Roßgärter Markt bis zur Vernichtung Königsbergs.*

Speichersdorf südl. von Rosenau, Dorf und Siedlung wurden 1927 eingemeindet.

Speichersdorfer Straße, von Ponarth zur Aweider Allee.

Sperlingsschlucker. An der Uhr des Altstädtischen Rathauses befand sich der sogenannte Japper, ein Kopf, der bei jedem Stundenschlag den Mund öffnete. — Eines schönen Tages flog ein Sperling in den bereits zum Jappen geöffneten Mund hinein und setzte das Werk außer Betrieb. Die Geschichte sprach sich schnell in der Provinz herum; seitdem nannte man spaßhaft die Königsberger und insbesondere die Altstädter Sperlingsschlucker.

Sperlingsweg in der Siedlung Rothenstein.

Spezialitäten. Kreide: in der Renaissancezeit beliebtes gewürztes Zuckerwerk, aus Datteln, Nelken und Ingwer. Noch nach 1900 war in Kbg. „Pflaumenkreide" sehr beliebt. — Schwedengrütze: Bei Volksfestlichkeiten war früher dick gekochte Schwedengrütze mit Kaneel und Zucker ein allgemein beliebtes Gericht. — Flibb oder Flipp, Spezialgetränk der Königsberger in der Mitte des v. Jh. war ein Warmbier mit Rum. — Graue Erbsen mit Speck. — Kartoffelbrei mit Spirkeln. — Beeten-Bartsch. — Stintsuppe. — Schusterpastete. — Schabbelbohnen. — Königsberger Marzipan usw. — S. auch die einzelnen Spezialitäten.*

Spielleute-Zunft, erstmals 1413 erwähnt.

Spiero, Heinrich, * Kbg. 1876, † Berlin 1947. Literaturhistoriker. Studierte in Berlin, Leipzig und Lyon Germanistik, Jura und Geschichte. S. war nach seiner Promotion zuerst als Großkaufmann tätig, wurde Dozent an der Hamburger Kunstschule. — Nach dem Ersten Weltkrieg ließ er sich als freier Schriftsteller in Berlin nieder. S. war im Vorstand des dt. Germanistenverbandes, außerdem Vorstand der Raabe-Gesellschaft. — Bekannt wurde Spiero durch seine „Geschichte der deutschen Lyrik seit Claudius", die 1908 erschien. — Mit seinen Romanen hatte er weniger Glück. Maßgebliches wußte er über Liliencron, Fontane und Hauptmann mitzuteilen.

Spirgatis Nachf., M. Eisenwaren, Haus- und Küchengeräte, Steindamm 56 bis 58. August Spirgatis gründete 1871 ein Geschäft für Haushaltswaren. — Der Aufschwung begann als L. Meyer und Ch. Löhner die Firma führten. Sie entwickelte sich zu einer Eisenwarenhandlung mit 200 Angestellten.

Spirituosen-Fabrikanten.
Bruhn, Gustav, Vorstädt. Langgasse 13.
Ciecierski, Otto, Kneiph. Langgasse 25.
Dierung, Joh. H., Sackheim 22.

Dumcke, Julius, Vorderroßgarten 39.
Hagen Nachf., Rud., Vorstädt. Langgasse 62.
Jüncke, F.A.J. G.m.b.H., Kneiph. Langg. 9/10.
Koeppen A.F., Kai 5/6.
Mendthal, A., G.m.b.H., Hinterroßgarten 57.
Petereit, Carl, A.-G., Brückenstr. 2/4.
Preuß, J. O., Akt.Ges., Vorst. Langgasse 44.
Saltz, M., Viehmarkt 23.
Schulz F., gen. „Cognacschulz", Kneiph. Langgasse 25.
Teucke & Koenig, Alter Garten 47.
Winkler, Aug. Alb., Mitteltragheim 36.
Ziemer & Co., E.A., Kdt.Ges., Zimmerstr. 9
Ziemer, Wilh., G.m.b.H., Steindamm 119/121.

Spirkel sind geschnittene, geschmorte Speckstückchen.

Spitzings, nördl. von Arnau, zu diesem Kirchspiel gehörend. Hier wurde 1852 die erste Ackerbauschule gegründet. Von der Landwirtschaft getragenes Privatunternehmen zur Ausbildung von Kämmerern und Witschaftsbeamten mit dreijähriger Ausbildung. 1873 geschlossen.

Sportplätze: Walter-Simon-Platz, st. 1892, gestiftet von dem Bankier Dr. W. Simon; im Tiergarten seit 1896 Tennisplätze; Dr.-Friedr.-Lange-Platz, Samitter Allee; Jahnplatz westl. vom Hammerteich; Sportplätze vor dem Sackheimer Tor, an der Aweider Allee; an der Stadtgärtnerei; an der Krausallee und der Thaerstraße; an der nördl. Stresemannstraße, an der Steffeckstraße und in Wilky.*

Sportvereinigungen: Rasensport-, Ruder-, Schwimm-, Segel- und Turnvereine, s. die einzelnen Stichworte.

Sprind-Gasse vom Sackheim zur Litauer Wallstraße.

Springer, Carl Gustav, * Kbg. 1867, † Kbg. 1928.Chronist, Rechnungsrat. Der frühe Tod seines Vaters zwang S. die mittlere Laufbahn bei der Post einzuschlagen, in der er es bis zum Rendanten der Oberpostkasse brachte. In zahlreichen Aufsätzen, die er unter den Pseudonymen G. Karl und Regimontanus in Kbg. publizierte, erwies sich S. als der beste Kenner der historischen Topographie von Kbg. Durch Archivstudien erweiterte er die Kenntnis über die Geschichte der Königsberger Straßen, Gebäude und sonstiger Anlagen und belebte dadurch das Interesse der Bürger für die Heimatkunde. Von seinen Werken seien genannt: Alt-Königsberg im Wandel der Zeiten, 1920; Kant und Königsberg, 1924, und Fremdenführer, 1927.

Sprosserweg in der Siedlung Rothenstein.

Staatliche Bernstein-Manufaktur, Sattlergasse 6. Verkaufsstelle: Paradeplatz 11. Das Unternehmen von Weltruf ist erst 1899, nachdem das Bernsteinregal von der Firma Stantien & Becker wieder in die Hand des Staates gekommen war, als königliche Manufaktur gegründet worden. 1912 beschäftigte sie in ihrem Hause 14 Beamte und 200 Aufseher und Arbeiter, dazu noch 400 Bernsteinkratzer als Heimarbeiterinnen. Damals setzte sie 77.500 kg Rohbernstein, 235 000 kg Preßbernstein, 137 000 kg geschmolzenen Bernstein und 16 000 kg Bernsteinöl ab im Gesamtwert von 3,9 Mill. Mk. Direktoren: Geh.Bergrat Jaeschke, Lothar von Wedelstädt, Felix Barth und Gerhard Rasch.

Staatl. Meisterateliers s. Kunstakademie.

Staatl. Fischereiamt, Tragh. Kirchenstr. 74.

Staatl. Medizinal-Untersuchungsamt, Admiral-Scheer-Straße 1.

Staatl. Veterinär-Untersuchungsamt, Busolt-Straße 5.

Staatsarchiv, Preuß. Es befand sich Jahrhunderte im ältesten Teil des Schlosses, im westl. Nordflügel; die Akten lagen zum Teil in starken Eichenschubläden aus der Ordenszeit. — 1930 bezog das Staatsarchiv einen vom Regierungsbaudirektor Robert Liebenthal errichteten Neubau am Hansaring auf den Hufen. Letzter Archivdirektor war Dr. Max Hein. — Die wertvollsten Akten konnten rechtzeitig ausgelagert werden und wurden zu 85 % gerettet. Jetzt im Geheimen Staatsarchiv Berlin-Preußischer-Kulturbesitz.

Stadie, Gebr., Motor-, Fahrräder und Nähmaschinen, Vorst. Langgasse 106 und Königsstraße 46.

Stadtarchiv. Es befand sich seit 1724 im Altst. Rathaus und siedelte 1911 in die Alte Universität auf dem Kneiphof über. Leiter waren seit 1911 August Seraphim, seit 1924 Dr. Christian Krollmann, dem 1938 der Historiker Dr. Fritz Gause folgte. Das Stadtarchiv durfte auf Befehl des Gauleiters 1944 nicht ausgelagert werden. — So fielen 1944/45 alle Archivalien den Bombenangriffen und dem Krieg zum Opfer.*

Stadtbefestigung.
Der mittelalterliche Mauerring wurde auf Druck des Ordensmarschalls Henning Schindekop 1355—1370 erbaut und umzog jede der drei Städte einzeln. Altstadt: Vom Danzker des Schlosses westwärts über den Diebsturm, 1800 abgebrochen, und Gelben Turm zum Steindammschen Tor, südl. zum Altstädt. Pulverturm, abgebr. 1880, Laakentor, viereckigen Neuen Turm, abgebr. 1888, Lastadientor, Piepenturm, östl. folgten Koggenturm, Badertor, Schmiedetor, Holztor und Krumme Grubentor. — Löbenicht: Zum Pregel eine turmlose Mauer mit Kohltor und Krönchentor im Norden, Narrentor im Westen und sw. Mühlentor. Vom Krönchentor nordw. Mauer mit Kreuztor, Pulverturm am Schloßteich an der Stelle der 3 Steineichen in der Weißgerberstr., der 1636 mit 200 Ztr. Pulver gefüllt, durch Blitzschlag in die Luft flog — Kneiphof: Im Norden turmlose Mauer mit Krämertor, zwei Kaitoren und Schmiedetor, östl. Mauer mit Honigtor, südl. mit Blauem Turm, zwei Hausdurchgängen, Gefängnisturm, Kötteltor, Grünem Tor und rundem Eckturm, westl. Mauer mit zwei Hausdurchgängen. Im Reiterkrieg 1520 erhielt die Vorstadt den Zuggraben mit Wall, Pallisaden und Zugtor.

Der barocke Befestigungsgürtel wurde 1626—1634 erbaut, als Gustav Adolf in Pillau gelandet war und Kbg. bedrohte Der Gürtel umgab Kbg. mit allen Freiheiten in weitem Umkreis von zwei Meilen, 32 Rondells und Ravelins, zwei Toren im Süden und sieben nördl. des Pregels, die bereits mit Ausnahme des Gumbinnischen Tores dieselben Namen hatten wie zu unserer Zeit. Die Tore nur auf Zweckmäßigkeit bedachte Durchgänge, lagen außer dem Holländerbaum und Brandenburger Tor mehr stadtwärts, so das Steindammer Tor da, wo die Gaststätte „Zum Winkel am Tore“ war. Der Nasse Garten wurde vom Alten Garten abgetrennt. Auch die Lomse wurde befestigt. Die Erbauer der Wälle waren der Prof. der Mathematik M. Johann Strauß, Oberst Abraham Gf Dohna und Landmesser Konrad Burck — Die Befestigung wurde durch die Anlage der Feste Friedrichsburg 1657 ergänzt, die der Hofmathematiker Christian Otter an Stelle des ersten Lizenthauses, dann eines Kurfürstl. Landhauses an der Südseite des Pregels erbaute.

Der Befestigungsring des 19. Jahrhunderts wurde, mit Rücksicht auf Rußland 1842 durch Kabinettsorder befohlen, vom General der Pioniere Ernst Ludwig v. Aster, * 1778, † 1855, erarbeitet; 1843 auf Herzogsacker begonnen und mit acht Toren 1859 im NO-Abschnitt vollendet. In Königsberg leitete General v. Breese den Bau. — Aster eine Künstlernatur, baute die Tore nicht nur zweckmäßig, sondern auch schön, im Tudorstil in Backstein und gelbem Sandstein — in dieser Zeit der Stillosigkeit ein kluger Ausweg. Die festen Gewölbe der Kasematten erhielten eine starke Erdpanzerung, zahlreiche Bastionen, ein Erdwerk E im Norden und die Defensionskaserne auf Herzogsacker schützten die Stadt; die Festung Friedrichsburg erhielt Mauern, Tor und vier Ecktürme; am Oberteich drohten zwei Kanonenstände, und zwei mächtige Rundtürme an der SW- und SO-Ecke des Oberteichs: Wrangel und Dohna.

Die Entfestigung. Dieser einst modernste Festungsgürtel war um 1900 längst veraltet. Die 1671 erbaute Garnisonkirche und das Zeughaus von 1796 im Fort Friedrichsburg waren 1892 abgebrochen worden. — Da die Stadt mächtig gewachsen war, erstrebten drei Oberbürgermeister die Entfestigung, die zwar 1898 gegeben, aber vom Bau von 12 Forts abhängig gemacht wurde. — Der erste Mauerdurchbruch erfolgte 1906 am Wrangelturm, das schlichte Tragheimer Tor fiel 1910 der Spitzhacke zum Opfer, leider wurde 1912 auch das schöne Steindammer Tor abgebrochen; das düstere Ausfalltor wurde in Anlagen eingebettet und die anderen Tore sorgfältig erhalten. — Der Wrangelturm, unweit „Vater Philipp“, wurde 1928 Jugendheim. — Der Kaufpreis des 318 ha großen Wallgürtels an den Fiskus betrug 29 Mill. Mark. 1916 war die Entfestigung vollendet. Die Forts wurden 1945 umkämpft.*

Stadtbibliothek. J. Poliander vermachte seine Bibliothek der Altstadt als Grundstock der Stadtbibliothek, sie wurde 1628 im neuerbauten Altstädt. Pauperhaus untergebracht. Die Bibliothek wurde durch Stadtsekretär H. Bartsch 1718 öffentlich. B. hat ihr u. a. seine Bibelsammlung geschenkt. — 1737 kam die Bibliothek in die Altstädt. Lateinschule und 1773 ins Altst. Rathaus, wo ein Lesezimmer eingerichtet wurde. Sie siedelte 1810 in das Königshaus über und wurde schließlich 1875 in der Alten Universität untergebracht. — Weitere Stifter waren 1594 J. Lomoller mit 300 meist jurist. Werken; 1837 Th. G. v. Hippel und 1889 Stadtrat Hensche mit ihren Büchereien; R. Reicke stiftete 1907 2150 Bände. — Leiter der Stadtbibliothek waren von 1728—48 Pfarrer M. Lilienthal; von 1786—1804 C. J. Kraus; ab 1844 Dr. F. Meckelburg; von 1875 bis 1897 August Wittich; ab 1900 Dr. A. Seraphim; ab 1923 Dr. C. Krollmann, dem 1938 Dr. Fritz Gause folgte. 1939 hatte die Stadtbibliothek 106 000 Bände; sie fielen den Bombenangriffen 1944 zum Opfer.*

Stadtgärtnerei s. Gärten und Parks.

Stadtgebiet. 1595 betrug die Entfernung vom äußeren Sackheimischen Krug bis zum Ende des Nassen Gartens 4,6 Kilometer. — Königsberg hatte 1755: 76 Herbergen, 16 Armen- und Waisenhäuser, 20 Kirchen, 16 Lateinschulen, 5 Badstuben, 3 Schlachthäuser, 1370 Brunnen, 17 Turmuhren; 1804 nach Baczko: 7 Gasthöfe erster, 12 zweiter Klasse, 65 „ordinäre“ Krüge. — 1864 umfaßte das Stadtgebiet 2063 ha. Durch die ersten Eingemeindungen 1905 wuchs Königsberg um 2033 auf 4434,9 ha. — 1910 erwarben Stadt- und Landkreis gemeinsam den Galtgarben. 1927 wuchs Königsberg durch weitere Eingemeindungen um 4019 auf 8454 ha. — Grundbesitz 1932: 9790,9 ha. Die letzten Eingemeindungen erfolgten 1939.*

Stadtgeschichtliches Museum. Ein Museum entstand als das Kneiphöfische Rathaus 1927 nach Übersiedlung der Stadtverwaltung in das Stadthaus frei wurde. Auf Anregung des rührigen Malers Eduard Anderson wurde ein Stadtgeschichtliches Museum gegründet, das 1928 eröffnet werden konnte und schließlich 25 Zimmer umfaßte. In ihm wurden auch die wertvollen Kant-Andenken, die bisher in einem Zimmer der Stadtbibliothek ausgestellt waren, vereinigt, 1938 zu einem Kant-Museum ausgebaut. Kant' Andenken: sein Hut, seine Schuhschnallen, sein Spazierstock, sein Testament, seine Totenmaske, eine große Zahl von Bildern und Skulpturen von ihm und viele Andenken. Es wurde auch von vielen Kantverehrern aus dem Ausland aufgesucht. — Aber auch sonst war das Museum reich; es besaß Porträts von Hamann und Heidemann, eine Büste E. T. A. Hoffmanns, eine Münzensammlung und wertvolle Decken aus Königsberger Häusern; die Fahne des Natl. Kav. Regt., ein Wikingerschwert, alte Kupferstiche, Hausrat und vieles andere. — Hier hielt Anderson unermüdlich seine begeisternden Vorträge. — Im August 1944 fielen alle die liebevoll gesammelten Schätze dem Bombenangriff zum Opfer.*

Stadtgymnasium Altstadt-Kneiphof. Hervorgegangen am 6. 1. 1923 aus dem Zusammenschluß des Altstädtischen mit dem Kneiphöfischen Gymnasium in den Räumen des letzteren nördl. des Doms. Leiter OStD D. Dr. Arthur Mentz. — Erstes schuleigenes Landheim 1928 in Rauschen an der Gausupschlucht. 1929 Freundschaftsverhältnis zum Deutschen Gymnasium in Mitau/Lettland — gegenseitige Besuche der Oberstufen. — 1933: 600-Jahrfeier der Verlegung der schola cathedralis auf den Kneiphof und Gründung der schola parochialis in der Altstadt als bewußtes Bekenntnis zum humanistischen Gymnasium. — 30. August 1944 Zerstörung des Schulgebäudes durch britischen Luftangriff. — Ideeller Fortbestand durch einen Freundeskreis; Patenschule: Ratsgymnasium Hannover.

Stadthalle am östlichen Schloßteichufer. Auf Initiative von Ob.-Bgm. Körte und Mitwirkung von Krohne und Gebauhr wurde 1907 die AG Stadthalle gegründet; 1912 erfolgte die Einweihung des Baus von Archit. Seel. Nunmehr fanden die Konzerte im großen Saal statt. Körtesaal, Krohnesaal, Gebauhrsaal, gutes Restaurant und Café im Garten am Schloßteich. — Beim ersten Luftangriff am 26. 8. 1944 wurde die Stadthalle zerstört.*

Stadthaus, am Hansaring gegenüber dem Messe-Haupteingang; 1923 von Hanns Hopp als Handelshof erbaut. — Dieses geräumige Gebäude wurde 1927 vom Magistrat als Stadthaus übernommen.

Stadthaushalt. Für das Rechnungsjahr 1939 wurden im Haushaltsplan der Stadt insgesamt folgende Beträge veranschlagt:

Ordentlicher Haushaltsplan	
in Einnahme und Ausgabe	64 Mill. RM.
davon Steuereinnahmen	27 Mill. RM.
Außerordentlicher Haushaltsplan	
in Einnahme und Ausgabe	22 Mill. RM.

Städtische Betriebe. Zur Wahrnehmung der vielseitigen städtischen Aufgaben gab es auch selbständige Betriebe. Soweit diese keine eigene Rechtsform hatten, sind sie unter dem Stichwort „Stadtverwaltung" aufgeführt; die wichtigsten sind unter ihrem Stichwort zu finden. Eine Reihe dieser Betriebe hatte eine eigene Rechtsform erhalten. — Nach dem Ersten Weltkrieg erkannte man, daß die wirtschaftliche Betätigung der Stadt im Interesse der Bürger eine beweglichere Geschäftsführung erforderte, als es der schwerfällige behördliche Instanzenweg erlaubte. Einen wesentlichen Anstoß dazu gab der Ob.-Bgm. Dr. Lohmeyer. — Das Elektrizitätswerk, die Straßenbahn, das Gaswerk, die Wasserwerke mit Warmbädern und öffentlichen Brunnen sowie die Kanalisationswerke mit öffentlichen Bedürfnisanstalten wurden nach und nach in Gesellschaftsform überführt, schließlich zur „Königsberger Werke und Straßenbahn G.m.b.H." zusammengefaßt. Für die Straßenreinigung und Müllabfuhr wurde die Königsberger

Fuhrgesellschaft geschaffen, für die Veranstaltungen der Deutschen Ostmesse die Meßamt Königsberg Pr. G.m.b.H. und für den Hafenbetrieb eine Hafenbetriebsges. m.b.H. — Die Geschäftsanteile der Gesellschaften waren im Besitz der Stadt; so war der Einfluß der städtischen Körperschaften gewahrt. — Diese Methode wurde als das „Königsberger System“ bekannt und auch von anderen Städten ganz oder teilweise übernommen. — Die Hafenbetriebsgesellschaft wurde 1931 unter Beteiligung des preuß. Staates und unter Erweiterung der Aufgaben in die Königsberger Hafengesellschaft umgewandelt. Zu ihren Betriebsaufgaben kam die Unterhaltung der Strom- und Hafenbauten sowie der Schiffahrtsanlagen hinzu, die bis dahin durch eine städt. Baudienststelle wahrgenommen war. — Die Königsberger Fuhrgesellschaft verlor 1939 die Gesellschaftsform und wurde als städtischer Eigenbetrieb mit erheblicher Selbständigkeit im Finanz- und Verwaltungswesen weitergeführt. — Mit der Stadt verwaltungsmäßig verbunden war die Stiftung für gemeinnützigen Wohnungsbau, ein gemeinnütziges Unternehmen für Wohnungsbau und -verwaltung. — Von den wirtschaftlichen Unternehmen, an denen die Stadt neben anderen Gebiets-Körperschaften beteiligt war, ist noch die 1929 gegründete Flughafen-Gesellschaft zu nennen.

Stadtmusikanten, 1390 zuerst erwähnt. 1413 wurde eine Spielleutezunft gebildet. Um 1650 gab es statt der bisherigen Schloßmusikanten Stadtmusikanten. Sie wohnten in den Stadttoren und spielten jederzeit bei Privatfesten auf, Weihnachten zogen sie bereits choralblasend durch die Straßen. Von 1780 bis 1803 war der frühere Gardehoboist Erdmann Fr. Zander Altstädt. Stadtmusikus. Ab 1796 wurden die Choräle vom Schloßturm „mit Zinken und Posaunen“ geblasen, zuerst drei Choräle täglich. Auch die Feuermeldung wurde von der Stadt übernommen. 1840 nur noch zwei Choräle täglich; Leitung Stadtmusikus W. L. Wurst. Ihm folgten Stadtmusikus Baltzer, Kunke, Siebert, Fiebach und Schultze. Am Heiligen Abend zogen seit fast 300 Jahren die Stadtmusikanten bei jedem Wetter mit Trompeten und Posaunen, den Choral „Vom Himmel hoch“ blasend, durch alle Straßen Königsbergs.*

Stadtpläne. Ältester Königsberger Stadtplan 1554 von Georg Braun. Dann 1613 der Plan des Kupferstechers Joachim Bering, das Original ist erhalten. — 1626 der Weidenhagensche Plan von Königsberg — 1652 Merians Plan von Königsberg — 1680 Kupferstich von Riedel. — 1740 Stadtplan von Suchodoletz d. J. — Stadtplan nach 1764 von Musaus Lilienthal. — 1815 Stadtplan von Valerian Müller. — 1900 Plan von der lithografischen Anstalt H. Schwarz. — Nach 1900 moderne Pharuspläne, die meist den Adreßbüchern beilagen; 1924, 1931 und 1938 neue Stadtpläne.*

Stadtsiegel. Bereits der erste Komtur von Königsberg Berthold Brühaven führte ein Siegel, das eine Königsfigur zeigt. Dann folgten die drei neugegründeten Städte, von denen das Altstädtische mit einer königlichen Reiterfigur auf König Ottokar II. hinweist. Bei der Vereinigung der drei Altstädte 1724 erhielten diese ein neues gemeinsames Siegel, das auch als Wappen bis heute gilt.

Stadttheater. 1806 Grundsteinlegung zu einem Theater auf Königsgarten, das von Valerian Müller z. T. auf den Fundamenten der im Bau steckengebliebenen Garnisonkirche erbaut und am 9. 3. 1808 von Dir. Carl Steinberg in Gegenwart des Hofes mit der Oper „Titus“ eröffnet wurde. Aus nie geklärten Gründen brannte es am 1. 7. 1808 ab. Sofortiger Wiederaufbau; Wiedereröffnung im Dez. 1809 in Gegenwart des Königspaares. Mit dem Festspiel „Die Weihe“, gedichtet von dem Schauspieler

Carnier, in Musik gesetzt von Johann F. Dorn und dem „Puls“ von Joseph v. Babo durch Theaterdir. Anton Schwarz. 1810 Erstaufführung „Wilhelm Tell“, 1811 „Die Jungfrau von Orleans“. Künstlerische Leitung: Kotzebue 1814—1815. 1815 Erstaufführung von „Iphigenie“ und „Götz von Berlichingen“. — 1819—1823 Direktor Hurray, er brachte die Erstaufführung von „Fidelio“ und „Freischütz“. — 1823 Direktor Adolf Schröder; Wilhelmine Schröder-Devrient gastierte 1826 als Donna Anna, Leonore und Pamina. — 1828 Zusammenbruch des Theaters, 1830 Erstaufführung von Kleists „Zerbrochenen Krug“. 1831 Uraufführung von Eichendorffs gedichtetem Drama „Der letzte Held der Marienburg“ ohne Erfolg. 1832 Erstaufführung von Goethes „Faust I“. — 1834—1842: Direktor Anton Hübsch. Sein Kapellmeister Richard Wagner heiratete 1836 die beliebte Schauspielerin M. Planer; zu ihrem Hochzeitsbenefiz als „Stumme von Portici“ dirigierte er. — 1843—1845 Direktor Friedrich Tietz. Er spielte den „Wildschütz“ und „Zopf und Schwert“. — 1845—1876: Direktor Arthur Woltersdorff. 1846 Erstaufführung von Hebbels „Maria-Magdalena“; 1848 Shakespeares „Sommernachtstraum“ mit der Mendelsohnschen Musik. 1850 stürmischer Erfolg von Dittersdorfs „Doktor und Apotheker“. 1854 strahlte das Theater in Gasbeleuchtung bei Glucks „Iphigenie in Aulis“. — 1855 Erweiterungsbau. 1858 Uraufführung „General Yorck“ von Ernst Wichert mit Erfolg. 1861 Festvorstellungen zur Krönung Wilhelm I. — 1872 führte Woltersdorff sämtliche Mozartopern auf. 1875 Erstaufführung der „Fledermaus“. — 1876 übernahm der Heldenbariton Max Stägemann die Direktion bis 1879. Unter seiner Regie und Emil Paur als Dirigent fand am 26. 10. 1879 die dt. Uraufführung von „Carmen“ statt; glänzende Kritiken von Louis Köhler und Alexander Wyneken. Damals war am Stadttheater Robert Johannes und Arthur Krauseneck Heldenvater. — 1880—83 Direktor Albert Goldberg. — 1883—86: Direktor Adolf Werther: Gastspiel der „Meininger“ mit „Julius Caesar“. — 1886—90 Dir. A. Amann; er hatte gute Einzelkräfte: Matthieu, Lützenkirchen. — 1890 bis 1892 Direktor Heinr. Jentsch, erneuter Zusammenbruch. 1891 Erstaufführung „Cavelleria rusticana“. Stadtrat Haarbrucker saniert das Theater durch Gründung einer AG. — 1892—1912: Direktor Ad. Varena. 1893 Theaterumbau mit Foyer, Anbau eines Theaterrestaurants mit Fresken Knorrs. Das Theater hatte 18 Opernsolisten, 22 Schauspieler, 40 Choristen, 11 Balletteusen und 45 Orchestermusiker. 1903 wich der Gaskronleuchter einem elektrischen. Zu Schillers 100. Todestag fand 1905 eine Festvorstellung statt. 1906 gastierte der gebürtige Königsberger und Berliner Heldenspieler Adalbert Matkowsky zum letzten Mal als „Hamlet“. — 1909 Festvorstellung zum 100jährigen Bestehen des Stadttheaters: Prolog gesprochen von Anita Schertoff; Babos „Puls“ und „Fanchon, das Leiermädchen“. — 1911 Erweiterungsbau durch Stadtbaurat Glage. Hofrat Varena gestorben. Direktor wurde Berg-Ehlert, der 1913 eine großartige Aufführung von Offenbachs „Schöner Helena“ inszenierte und die Erstaufführung von Wagners „Parsival“ brachte. — Im August 1914 wurde das Stadttheater Lazarett; erst am 27. 8. 1918 wiedereröffnet: Wagners Kaisermusik, Prolog „Fidelio“. Direktor Ludw. Hertzer, Kapellmeister Wilhelm Reuss. — 1919 großartige Aufführung von „Faust I“ mit allen Vorspielen, Dichter in der Maske Schillers. — 1922 wurde das Stadttheater Opernhaus unter Joseph Geißel. Hans Schüler leitete das Schauspiel. — 1924 Zusammenschluß des Stadttheaters mit dem Neuen Schauspielhaus zum Ostpreußischen Landestheater; Oper Dir. Geißel, Schauspiel Dir. Rosenheim. 1927 dirigierte Richard Strauß im Opernhaus seinen „Rosenkavalier". — Die Stadt erwarb 1928 beide Theater. 1932 dirigierte Hans Pfitzner seinen „Palestrina". 1934 Intendant der Oper Edgar Klitsch. — 1937/38: Opern- und Operettenaufführungen: 251, Besucher: 221 304. — 1944 brannte das Opernhaus beim englischen Luftangriff bis auf die Grundmauern nieder.*

Stadtverwaltung. Bis zum November 1918 hieß es „Magistrat Königlicher Haupt- und Residenzstadt Königsberg in Preußen", dann wurde ein schlichter „Magistrat" daraus. Der Oberbürgermeister war Vorsitzender des Magistratskollegiums. Wichtige Beschlüsse wurden übereinstimmend durch den Magistrat und die Stadtverordneten-Versammlung gefaßt. — Von 1934 an wurde — als Folge einer neuen Gemeindeordnung — die Verwaltung nicht mehr durch einen Magistrat, sondern durch den Oberbürgermeister geführt. Hauptamtliche und ehrenamtliche Beigeordnete standen ihm in den verschiedenen Fachgebieten zur Seite; sie entsprachen den bisherigen Magistratsmigliedern. Anstelle der gewählten Stadtverordneten wurden jetzt Ratsherren berufen; sie beschlossen nicht mehr, sondern wurden angehört. Die Aufgaben der kommunalen Verwaltung blieben dabei im wesentlichen unverändert; sie bestanden aus Selbstverwaltungsaufgaben und staatlichen Auftragsangelegenheiten. — Von den zahlreichen Dienststellen, die diese Aufgaben zu erfüllen hatten, sollen hier nur bürgernahe Ämter genannt werden und solche, die in der Öffentlichkeit von besonderer Bedeutung waren: Standesamt; Schulamt für die Ober-, Mittel-, Volks-, Hilfs-, Berufs- und Fachschulen; Kulturamt mit den Städt. Büchereien, Stadtarchiv, Städt. Kunstsammlungen, Stadtgeschichtliches Museum, Städt. Bühnen, Stadthalle; Sportamt; Wohlfahrtsamt; Gesundheitsamt mit Fürsorgerinnen, Städt. Krankenanstalt, Gemeindefriedhof und Tiergarten, seit 1933 in städt. Verwaltung; Gartenamt; Schlacht- und Viehhof; Feuerwehr und Stadtsteueramt. Im Bau- und Grundstückswesen gab es Ämter für Hochbau, Straßenbau, Wasserbau und Brücken, Baupolizei, Stadtplanung, Vermessungswesen, Grundstücksverkehr und -verwaltung, Wohnungs- und Siedlungswesen. Im Krieg kamen das Ernährungs- und Wirtschaftsamt sowie die Abteilung für Familienunterhalt mit ihren Außenstellen in den Stadtbezirken hinzu. In einigen neu eingemeindeten Stadtteilen wurden Bezirks-Verwaltungsstellen eingerichtet. Einzelne städt. Dienststellen sind unter ihrem Stichwort mit ausführlicheren Angaben zu finden. Zur Unterbringung der städt. Ämter, Einrichtungen und Betriebe dienten verschiedene Gebäude. Die zentralen Ämter und andere Verwaltungsdienststellen waren seit 1927 im Stadthaus am Hansaring untergebracht. Oberbürgermeister waren von 1919 bis 1933 Dr. Hans Lohmeyer und von 1933 bis 1945 Dr. Hellmuth Will.

Stadtwappen und Stadtfarben. Das Wappen der Altstadt hat einen waagerecht geteilten Schild, oben die rote Krone Ottokars in silbernem Feld, unten das silberne Kreuz des Ordens in rotem Feld, Wappenfarbe rot. Wappen des Löbenicht: Goldene Krone in blauem Schild, über und unter ihr je ein goldener sechszackiger Stern, Wappenfarbe blau. Wappen des Kneiphofs: Auf grünem Grund hält ein blau bekleideter Arm eine goldene Krone aus blausilbernen Wellen, von zwei silbernen Jagdhörnern flankiert, Wappenfarbe grün. 1724 gibt Friedrich Wilhelm I. Königsberg ein gemeinsames, die drei Stadtwappen unter dem preußischen Adler vereinigendes Wappen. 1880: Drei gegeneinander gelehnte Wappenschilde, oben Altstadt, rechts unten Löbenicht, links unten Kneiphof. 1906: Neues, endgültiges Stadtwappen ähnlich dem von 1724 mit gekröntem Adler.*

Stägemann-Straße, parallel der Hagenstraße, benannt nach dem preuß. Finanzmann und Staatsrat Friedrich August von Stägemann, * 1763, † 1840. 1784 wurde er durch seinen Onkel, den Tribunalsrat Gossow, als Kriminalrat am Hofhalsgericht nach Königsberg geholt. Dann wurde er Generallandschaftssyndikus. 1795 heiratete er die geistvolle Elisabeth Graun, geb. Fischer, * 1761, † 1835, die er in zahlreichen Sonetten besungen hat. 1805 erwarb S. das Gut Metgethen. Er wurde 1806 Geh. Oberfinanzrat und Leiter der Staatsbank in Berlin. 1807 kam er als Vortragender Rat bei Hardenberg mit der Regierung wieder nach Königsberg zurück, wo er Mitglied der Immediatkommission wurde und Schön näherrückte. Als Geh. Staatsrat war er seit 1809 Hardenbergs rechte Hand, den er 1815 zum Wiener Kongreß begleitete. S. bewog Hardenberg, König Friedrich III. am 22. Mai 1815 das Verfassungsversprechen abzuringen, dessen Bruch schwere Folgen hatte.*

Stahl, Karl Franz, * Danzig 1861, † Kbg. 1925. Bauingenieur. Nach seinem Studium wurde S. 1891 zum Regierungsbaumeister ernannt. 1911 wurde S. Kgl. Baurat und 1913 Landesbaurat für den Tiefbau bei der Provinzialverwaltung Ostpreußen in Königsberg. Besondere Verdienste erwarb sich S. um die Erhaltung der Steilhänge der Samlandküste. Man ehrte ihn mit der Schinkel-Gedenkmünze und durch Errichtung eines Gedenksteins in Georgenswalde. — Um 1900 war sein „Lehrbuch für Wegebaumeister“ herausgekommen und 1909 „Wanderungen durch Ost- und Westpreußen“.

Stallmann, Martin, * Allendorf/Hessen 1889, † Bad Nauheim 1983. Architekt. S. schloß sein Studium an der TH Darmstadt 1915 mit dem Diplom-Examen als Architekt ab. S. übernahm die Arbeit eines Bauführers beim Wiederaufbau der Marienburg. Auch bei der Wiederherstellung des südwestl. Giebels des Königsberger Schlosses war er beteiligt; dann wurde er Lehrer an der Staatsbauschule Königsberg. Bald wurde er Oberbaurat der Stadtverwaltung Königsberg. Sein bekanntestes Werk war der Bau des Nordbahnhofs. Weitere Bauten: Die Schloßteich-Kaskaden und das Straßenbahndepot in Ponarth mit einer Siedlung von etwa 2000 Wohnungen. 1933 wurde S. zum Oberstudiendirektor an der Meisterschule des deutschen Handwerks ernannt. — Nach dem Krieg ging S. wieder nach Hessen und führte private, kirchliche und öffentliche Bauten aus.

Stamm, Hans Ulrich, * Kbg. 1924 † Hamburg 1975. Journalist. S. kam als Kriegsteilnehmer im Februar 1945 in den Haffkessel und konnte aus russischer Gefangenschaft sofort entkommen. 1946 wurde S. Mitarbeiter bei der „Frankfurter Neuen Presse“, im Januar 1964 Redakteur beim Ostpreußenblatt. Von seinen schriftstellerischen Arbeiten sei genannt: „Frag mich nach Ostpreußen.“

Standort-Lazarette. Das erste Lazarett der Garnison befand sich an der Ostseite des Hinterroßgartens. 1880 wurde in der Yorckstraße 65 ein Lazarett im Pavillon-System errichtet. — Die Vergrößerung der Garnison machte den Bau eines weiteren Garnisonlazaretts für 450 Betten erforderlich; er wurde 1935 in Maraunenhof begonnen; bei einer Länge von 302 m war das Lazarett das längste Gebäude Königsbergs.

Stantien & Becker. Der Schiffsknecht Stantien, der beim Steinfischen Bernstein auf dem Meeresgrund hatte liegen sehen, und der Hausierer Moritz Becker taten sich zusammen und pachteten 1861 die Bernsteingewinnung vom Preuß. Staat. Bald drängte Becker Stantien aus der Firma und wurde ihr alleiniger Inhaber. B. förderte von 1862 bis 1899 Bernstein mit Dampfbaggern vom

Grund des Kurischen Haffs und erwarb das Gut Palmnicken, wo er 1875 das erste Bernsteinbergwerk anlegte. Als der Staat sich 1899 entschloß, die Pacht aufzuheben, mußte er Becker 8 Millionen Mark zahlen.

Stapelrecht. Das Stapel- oder Niederlagerecht wurde bereits 1365 den drei Städten vom Hochmeister Winrich von Kniprode verliehen. Wiederholt ist dieses Stapelrecht den Königsberger Kaufleuten bestätigt worden, zuletzt 1782.

Starenweg in Rothenstein, vom Lerchenweg zum Kiebitzweg.

Steenke, Georg Jakob, * Kbg. 1801, † Elbing 1884. Bauingenieur. Nach dem Studium an der Bauakademie in Berlin wurde S. 1828 Baumeister. 1833 erbaute er den Seckenburger Kanal. Als Deichinspektor in Elbing faßte er den Plan, die oberländischen Seen mit dem Drausensee und dem Elbing-Fluß zu verbinden. Nach Studienreisen konnte er in 23jähriger Arbeit den Oberländischen Kanal fertigstellen; die Überwindung des Höhenunterschiedes von 100 m löste er durch die Einrichtung von 4 „geneigten Ebenen". 1862 wurde der Kanal dem Verkehr übergeben. Der Kgl. Baurat wurde Ehrenbürger von Elbing und Liebemühl. Ein Gedenkstein in Buchwalde erinnert an seine Tätigkeit.

Steffeck, Carl, * Berlin 1818, † Kbg. 1890. Maler. Schüler der Kunstakademie Berlin. Reisen nach Paris und Rom. — Bekannt durch Kolossalgemälde der Historienmalerei. S. wurde 1859 Professor der Berliner Akademie. 1880 wurde er zum Direktor der Königsberger Kunstakademie als Nachfolger Rosenfelders berufen und spezialisierte sich zum Maler der Pferde; er schuf 16 Bildnisse berühmter Trakehner Zuchtpferde. — Im Wilhelmsgymnasium malte S. einen Zyklus zur Darstellung preußischer Geschichte, beginnend mit dem Bilde vom Einzug des Großmeisters Siegfried von Feuchtwangen in die Marienburg. — Steffecks Werke befinden sich u. a. in der Nationalgalerie Berlin, im Märkischen Museum Berlin und im Germanischen Museum in Nürnberg. — 1890 drei Gedächtnisausstellungen in Berlin.

Steffeck-Straße, vom Hammerteich zur Ringchaussee, benannt nach C. Steffeck.

Steffens & Wolter, G.m.b.H. Weingroßhandlung und Weinstuben, gegr. 1809. Kneiphöf. Langgasse 27. Langj. Inhaber: Max Aschmann bis 1903, Walther Aschmann bis 1932. Eine im Obergeschoß des Hauses bis zu den 30er Jahren befindliche Tür aus der Renaissance, die mit Schnitzereien und Intarsien ausgestattet ist, gelangte in das Hamburgische Museum für Kunst und Gewerbe, wo sie in der Renaissance-Abteilung besichtigt werden kann. Das Gebäude selbst war eines der schönsten im Kneiphof.

Steile Straße vom Sackheim zur Königstraße.

Steilküste, samländische. Das Ostseeufer des Samlands hat größtenteils Steilküste, die an der Westküste südl. von Palmnicken beginnt, sie verläuft über Brüsterort zur Nordküste und endet erst östl. von Neukuhren. Bei Kl. Kuhren wildzerklüftet, erreicht sie stellenweise eine Höhe von 60 m.

Stein, Caspar, * Kbg. 1592, † Kbg. 1652. Mediziner. S. studierte in Wittenberg Medizin, Philosophie und Geschichte. 1618 Lic. der Medizin, er ließ sich nach gr. Reisen als Arzt in Kbg. nieder. — Hier schrieb er latein. seinen „Peregrinator", 1350 Seiten, der 1944 unterging. Ein kl. Teil war die genaue Schilderung Königsbergs 1644, die Arnold Charisius 1911 sorgfältig ins Deutsche übertrug; er nannte ihn wegen der Kürze den „Baedeker Königsbergs".

Steinbeck, 1379 südöstl. von Kbg. Ort 1466 der Altstadt Kbg. als Belohnung für treue Dienste während des Dreizehnjährigen Krieges verliehen, daher Patronatsrecht des Königsberger Magistrats. Kirche einfaches Langhaus mit vorgelegtem Turm im Westen. Nach Windbruch 1822 bisher hölzerner Oberbau massiv hergestellt. Altar um 1700, Kanzel um 1680, Orgel von Terletzki, 3 Glocken.

Steinbecker Straße, westl. Parallelstr. zur Aweider Allee.

Steindamm, 1256 entstand hier die erste Siedlung, durch einen geschütteten Steindamm mit dem Schloß verbunden. Er führte über die Steindammsche Brücke, durch das Steindammsche Tor in die Koggenstraße. Nach Norden ging es an der altst. Richtstätte, dem sp. Heumarkt, vorbei ins Samland. — 1490 erhielt der Steindamm sein Gerichtssiegel und das Dinghaus. Dieses Gerichtshaus wurde 1724 überflüssig; später Anatomie und 1867 abgebrochen.

Steindammer Friedhof, er befand sich an der Alten Pillauer Landstraße.

Steindammer Kirche. Ein hölzerne St. Nikolauskapelle wurde zuerst 1256 erwähnt. 1263 in Stein erbaut. 1526 wurde die Kirche den, um ihres evangel. Glaubens willen vertriebenen, nach Preußen eingewanderten Polen und Litauern zugewiesen. — Letztere erhielten 1603 die Elisabethkirche. 1559 Einsturz des Turmdachstuhls der „Polnischen Kirche“. 1710 erhielt der Turm die Nadelspitze. — 1758—62 diente die Kirche dem griechischen Gottesdienst. 1874 hörte das gelegentliche Predigen in polnischer Sprache auf und 1880 erhielt die Kirche eine eigene dt. Gemeinde. Sie wurde 1945 von den Russen zerstört. Sehenswert bis 1945: Triptychon: Jüngstes Gericht von A. Möller, 1586. Schlanker Kreuzheiland an der Kanzelwand. Schöne Rokokokanzel von 1760. Langj. Pfarrer Martin Matz.*

Steindammer Kirchenplatz, lag zwischen dem Steindamm und der Tragheimer Kirchenstr.

Steindammer Tor, nordöstl. d. Trommelplatzes. Dieses Tor hatte zwei Durchfahrten und 2 Fußgängertore. An der Innenseite befand sich eine Statue Friedr. Wilhelms IV., die sp. ins Festungsmuseum kam. Leider wurde das Tor 1912 abgebrochen. Schon im MA. gab es ein Steindammsches Tor am Schloßgraben und seit etwa 1630 ein Steindammsches Wallentor am Ende des Steindamms.

Steindammer Wall, vom Steindamm nach der Oberlaak.

Steiner, Arthur, * Gumbinnen 1885, † Lychen/Uckermk. 1960. S. war ein bedeutender Tierbildhauer, der von 1903—1945 in Königsberg zahllose große und kleine Tierskulpturen schuf. S. war Autodidakt, der schon als Jüngling Kinderfiguren und Porträtbüsten schuf, aber auch Tiere malte. Mit der Zeit war er ein überragender Meister, der ohne Punktiergerät — wie Michelangelo — aus freier Hand arbeitete. — Als Cauer starb, vermachte er Steiner als Anerkennung seinen Marmor und sein Werkzeug. — Nach seiner Flucht schuf er noch mehrere Werke für Erfurt.

Steiner, Franz, * Pillkallen 1884, † Berlin 1959. Journalist. S. studierte in Berlin und war im Berliner Büro der „Hartungschen Zeitung“ tätig. 1910 übersiedelte er nach Königsberg und wurde dort Chefredakteur des „Königsberger Tageblattes“, später Verlagsleiter der „Hartungschen Zeitung“. Als die NSDAP alle nicht in ihrem Besitz befindlichen Zeitungen unterdrückte, mußte S. weichen. — Nach 1945 bemühte er sich vergeblich, durch die Potsdamer „Tagespost“ in liberalem Sinne zu wirken; sie wurde ihm von den Nationaldemokraten entwunden. Auch seine Frau Paula, † 1958, war Journalistin.

Steinfurt AG, s. Waggonfabrik L. Steinfurt AG.

Steinfurt, Benjamin Leopold, * Kbg. 1804, † Kbg. 1864. Industrieller. S. gründete nach dem Besuch der Löben. Stadtschule und der Berliner Gewerbeakademie 1830 eine Maschinenfabrik in der Badergasse und verlegte sie 1843 auf den Weidendamm. — S. war der Gründer der Waggonfabrik L. Steinfurt, die später nach Ratshof verlegt wurde. Er war auch maßgeblich am Zustandekommen der ersten Gewerbeausstellung 1845 in Königsberg beteiligt. S. heiratete 1831 Amalie Wulff; seine Tochter heiratete den Ing. Fritz Heumann, der das Werk weiterführte.

Steinfurt-Straße, vom Weidendamm zur Kaiser-Brücke.

Steinhaupt-Straße, fr. Polnische Straße, in der Altstadt. — Georg Steinhaupt, † Kbg. 1465, tritt 1454 ins Licht der Geschichte als Gefolgsmann des Ordensspittlers Reuß von Plauen. 1458 ist er Ratsherr der Altstadt, 1464 Bürgermeister. Seine große Stunde schlug bei den Friedensverhandlungen auf der Frischen Nehrung, wo er die Sache des Ordens klug und zäh vertrat. Wäre er nicht einer Krankheit jäh erlegen, hätte sein diplomatisches Geschick den furchtbaren 2. Thorner Frieden wahrscheinlich günstiger für den Orden gestaltet. — Ecke Steinhauptstr. Altst. Bergstr. 29: „Alte Schloßhalle“ von 1655 mit herrlicher Stuckdecke.*

Steinmetz-Straße in Amalienau, von der Schiller-Straße zur Kraus-Allee.

Stein-Straße, vom Hammerweg zur Hagenstr., 1906 benannt nach Reichsfreiherrn Carl von und zum Stein, * 1757, † 1831. Er trat aus Begeisterung zum preußischen Stil in den pr. Staatsdienst. Als Finanzminister rettete S. die Staatsgelder nach Königsberg, wurde 1807 ungnädig entlassen, während Hardenberg Staatskanzler wurde. Nach dessen Entlassung wurde Stein Minister mit diktatorischer Gewalt und schuf vom 8. Okt. 1807 bis 24. Nov. 1808 in Königsberg seine großartigen Reformgesetze. Stein wohnte damals im Hause Freys, Vorderroßgarten 50, wo eine Gedenktafel Dauderts an ihn erinnerte. Vom 22. 1. bis 7. 2. 1813 weilte Stein abermals in Königsberg als Staatskommissar Zar Alexanders. — In Königsberg ehrten ihn die Reliefs von Kiß am Denkmal Friedrich Wilhelms III. und die Büste Cauers im Kneiph. Rathaus, sie wurde 1913 von Walter Simon gestiftet.*

Stern-Apotheke, seit 1876. Inh. Edgar Rudolph, Unterhaberberg 14.

Sternfeld, Richard, * Kbg. 1858, † Berlin 1926. Historiker. S. habilitierte sich 1888 in Berlin, wo er 1899 Professor wurde. Werke: Beethoven und Wagner, 1898; Kardinal Joh. Orsini, 1905; Rich. Wagner und die Bayr. Bühnenfestspiele, 1906; Die nationale Einigung Italiens, 1920; Cavour, 1924.

Sternplatz nach 1933 in Skagerrakplatz umbenannt.

Sternwarte, 1811 bis 1813 von Knappe und Sproemberg auf dem Hügel erbaut, auf dem einst die Schießstange der Altstädter Armbrustschützen stand, der später eine Schanze der Befestigung von 1626 trug und von dem dann eine Windmühle ins Land schaute. Als Napoleon 1812 den Bau sah, sagte er: „Mein Gott, hat der König von Preußen denn noch Zeit, an solche Sachen zu denken?“ Am 12. November 1813 machte Fr. W. Bessel im Observatorium seine erste Beobachtung. 1822 wird Fr. W. Argelander aus Memel Bessels Assistent. — Seit 1827 regelmäßige Wetterbeobachtungen. 1829 Bau des Beobachtungsturms. Am 16. 4. 1829 machten Bessel und der nach Rußland reisende Alexander von Humboldt magnetische Beobachtungen. — Von 1896 bis 1899 wurde ein neues Observatorium mit einer drehbaren Kuppel und neuem Reflektor erbaut.*

Sternwart-Straße, vom Steindamm nach Süden zur Bessel-Straße.

Stettiner, Paul, * Kbg. 1862, † Kbg. 1941. Pädagoge. St. studierte alte Sprachen und Geschichte. Er promovierte 1885 und war dann Oberlehrer am Städt. Realgymnasium. Er arbeitete in der Altertumsgesellschaft Prussia mit, half den Tiergarten schaffen und war die Seele des Vereins zur Hebung des Fremdenverkehrs. 1910 wurde Prof. St. zum Stadtschulrat berufen. Ihm war es zu verdanken, daß das Schulwesen einen großen Aufschwung nahm und 1924 die privaten Mädchenschulen in städt. Verwaltung kamen. Die meisten kulturellen Einrichtungen der Stadt sind durch seine Initiative geschaffen oder gefördert worden: Volkshochschule, Stadtbibliothek, Stadtgeschichtliches Museum, Stadttheater, Sportplätze, Bäder und Jugendherbergen. St. verstand es, den richtigen Mann auf den richtigen Platz zu bringen; er war ein vorbildlicher Kultursenator. — St. gab eine größere Zahl von Abhandlungen heraus, die sich mit pr. Geschichte befaßten. In der Politik hat er es bis zum Provinzialvorsitzenden der Deutschen Volkspartei gebracht und war so Wyneken und der „Allgemeinden Zeitung" eng verbunden. St. war Mitglied des pr. Staatsrates. — 1933 wurden ihm alle Ehrenämter genommen, weil er jüdischer Abstammung war, er sah das Unheil über Deutschland kommen. 1941 wurde St. gezwungen, den Judenstern zu tragen, worauf er sich das Leben nahm; in seinen Händen hielt der Tote Kants Werke.

Stettiner Straße, am Hafenbecken III, von der Lübecker Straße zum Kaibahnhof.

Stieda, Alfred, * Dorpat 1869, † Stralsund 1945. Chirurg. Sein Vater war der bedeutende Anatom Prof. Ludw. S. Nach dem Studium in Tübingen und Königsberg promovierte S. 1891 an der Albertina; er war dann Assistenzarzt in Rostock und Gießen. Nach weiterer Ausbildung an der Chirurg. Univers.-Klinik der Albertina wurde S. 1909 Chefarzt der Chirurg. Abteilung am Elisabeth-Krankenhaus in Königsberg. — 1924 übernahm Prof. S. eine Chefarztstelle als Chirurg am Rot-Kreuz-Krankenhaus in Königsberg, die er bis 1945 innehatte.

Stifte, 1703 errichtete die Witwe d. Bm. Bartsch ein Witwen- und Waisenstift in der Altroßg. Predigerstr. — 1707 wurde ein Kneiph. Witwen- und Waisenstift in der Brandenburger Torstraße eröffnet. — 1711 wurde das Haus Fleischbänkenstr. 35 durch den Gen. Friedr. v. d. Groeben zum „Groebenschen Stipendienhaus" für 5 adlige Studenten; reiches Portal mit Treppe. — 1712 Tettausches Familienstift, Tragh. Kirchenstr., barockes Haus. — 1720 Altstädt. Witwen- und Waisenstift, Wagnerstr. 1—2, vom Magistrat und Großbürgern für 25 Stellen gestiftet. — 1734 errichtete Trib. Rat C. v. Roeder ein Stift, Burgkirchenplatz 1. — 1758 stiftete Minister Joh. F. v. Lesgewang sein Haus in der späteren Poststr. für 4 adlige Fräulein. — 1778 „Kypkeanum" erbaut, gestiftet v. Prof. Kypke. — 1781 machte C. A. v. Seydlitz, geb. Kalnein, ihr 1770 erbautes Haus, Landhofmeisterstr. 7 zum Stift. — 1805 gründete D. Zimmermann, ein Mennonit, Königstr. 37, ein Frauenstift. — 1838 stiftete Oberamtmann Karl Albrecht ein Altersheim unter Betreuung der Altstädt. Kirche in der Lawsker Allee 1a. 1854 „Rhesianum" erbaut, gestiftet von Prof. L. Rhesa. — 1872 Zschocksches Stift errichtet, das Haus hatte Z. 1831 von der Familie Saturgus erworben. — 1907 wurde das Etablissement Ratshof von der Appelbaumschen Stiftung als Heimstätte für bedürftige Kinder übernommen. — 1907 ging das gräfl. Bülow von Dennewitzsche Stift in städtischen Besitz über. 1916 verwaltete die Königsberger Kaufmannschaft 38 Stifte, andere Stiftungen wurden von Beamten des Gerichts betreut.*

Stift-Straße vom Vorderroßgarten zur Kalthöfschen Straße.

Stiftung für gemeinnützigen Wohnungsbau, Belle-Alliance-Str. 4—6. Vorstand Stadtrat Klimmek, Magistrats-Oberbaurat Raether und Stadtamtmann Danzer. Als die Stiftung 1904 durch Übernahme zweier Wohnblocks von der Königsberger Aktien-Baugesellschaft i. L. gegründet wurde, war Königsberg noch von einem Festungsgürtel umgeben. Neues Baugelände stand erst nach 1910 zur Verfügung. Aufgrund von Angaben des Bauing. A. Thiering konnte Oberbaurat Raether einen Bericht über die Entwicklung der Stiftung erstellen. Danach befanden sich 1944 etwa 9100 Wohneinheiten in Verwaltung und Betreuung der Stiftung, insgesamt wurden von ihr 8848 Wohnungen gebaut. Der Schwerpunkt ihres Wohnungsbaus lag in Ponarth mit 2170, in Amalienau mit 1340 sowie in Rosenau mit 930 Wohnungen. Aber auch in der Innenstadt gehörten der Stiftung 980 Wohnungen, auch neue Vororte wurden erschlossen, so allein in Liep 560 Wohnungen, weitere in Kohlhof, Mühlenhof und Rothenstein.

Stillert, Bruno, Kohlengroßhandlung, Paradeplatz 10, Lager Hafenbecken IV.

Stinnes, Hugo, * 1870, † 1924. Der Mülheimer Industrielle nahm Einfluß auf die Kohlen-Import A.G., gründete 2 Gesellschaften „Poseidon“ und „Artus“, Reedereien, die für die Kohlenversorgung Ostpreußens wichtig waren. S. erwarb beide Zellstoffabriken und vereinigte sie zur Koholyt A.G. — S. nahm auch auf die Landwirtschaft Einfluß, indem er die Ostpr. Maschinengesellschaft gründete und das Odinwerk, eine Maschinenfabrik und Gießerei erbaute.

Stippelgasse vom Löben. Kirchenplatz zur Krönchenstraße.

Stoa Kantiana. Seit 1588 hatten alle Professoren der Universität das Privileg, an der Nordwand des Doms in einer offenen Arkadenhalle beigesetzt zu werden, die von Prof. Krüger 1587 gestiftet worden war. — Kant wurde in dieser Halle unter größten Feierlichkeiten beigesetzt; er war der letzte, der hier begraben wurde, dann wurde das Professorengewölbe geschlossen. — 1809 ließ Kants Tischgenosse, Kriegsrat Johann G. Scheffner, über dem Professorengewölbe einen 135 Fuß langen und 15 Fuß breiten Wandelgang erbauen und mit einfachem Ziegeldach decken. An der Ostseite wurde ein Sandsteinblock gesetzt mit der Aufschrift „Sepulcrum Immanuelis Kant“. Am 22. 4. 1810 wurde diese „Stoa Kantiana“ eingeweiht. Auf dem Stein wurde die 1801 von Carl Gottfr. Hagemann geschaffene, der Universität von Baurat Valerian Müller übereignete Marmorbüste Kants aufgestellt. 1812 wurde die Stoa von den Franzosen als Wagenremise benutzt. 1820 kam die Hagemannsche Büste in das Auditorium maximum. — 1825 begann die Stoa Kantiana zu verfallen und mußte 1880 abgebrochen werden. Bei dieser Gelegenheit grub man unter Leitung des Professors Joh. Heydeck vom 22.—24. 6. 1880 die Gebeine Kants aus, untersuchte sie, machte vom Schädel einen Gipsabguß und setzte sie am Totensonntag wieder im Gewölbe bei. Darüber wurde ein kleines gotisierendes doppelgiebeliges Bauwerk errichtet, das zu Unrecht weiter Stoa Kantiana hieß. — Ein ehrwürdiges Grabmal für Kant wurde erst 1924 von Professor Friedrich Lahrs errichtet.*

Stobäus, Johann, * Graudenz 1580, † Kbg. 1646. Komponist. Kam 1595 nach Königsberg und besuchte ab 1600 die Albertina und war von 1599—1608 Schüler Eccards. 1602 Kantor am Dom und 1627 als Nachfolger Eccards Kurfürstl.

Kapellmeister. S. komponierte „Preußische Festlieder“ und „Cantiones sacrae“. Stobäus gehörte zum Kreis der Kürbislaube.*

Stobäus-Straße, nach J. Stobäus benannt, bis 1935 hieß sie Joachimstraße.

Stobbe, Otto, * Kbg. 1831, † Leipzig 1887. Rechtshistoriker. S. war ab 1856 Professor an der Albertina und ging von dort nach Breslau und Leipzig. — S. veröffentlichte 1871 bis 1885 ein Handbuch des deutschen Privatrechts in fünf Bänden. In zwei Bänden gab er 1860 bis 1864 die Geschichte der deutschen Rechtsquellen heraus. — Vor allem machte er sich verdient durch sein gründliches Werk „Die Juden in Deutschland während des Mittelalters“, 1866.

Storch d. Ä., Karl, * Bad Segeberg 1864, † Bad Segeberg 1954. Maler. S. studierte ab 1883 an der Berliner Kunstakademie; danach als Illustrator an der Kunstschule von Konrad Fehr tätig. — 1902 von L. Dettmann als Lehrer an die Königsberger Akademie berufen. Führte Exkursionen nach Rossitten oder Sarkau durch, auch im Winter. S. gestaltete die Eigenart und Schönheit der östlichen Provinz in Bildern wie „Vorfrühling am Frischen Haff“ oder „Königsberg im Schnee“. — S. wirkte als Professor der Akademie bis 1929 und blieb weiter in Königsberg bis Kriegsende. — S. verbrachte seine letzten Jahre wieder in Bad Segeberg.

Störche waren die beliebtesten Vögel in Ostpreußen. Diese Zugvögel kamen im Frühjahr aus dem Süden und ließen sich möglichst in ihren alten Nestern nieder. Sie lebten vorwiegend in feuchten Gegenden, besonders in Masuren, dem Land der tausend Seen. Störche nisteten auch im Samland und Natangen. Noch in den 30er Jahren brütete ein Storchenpaar auf dem Schornstein des alten Backhauses auf dem ehemaligen Gutshof Mühlenhof.

Straßenbahn. 1890 war das E-Werk in Betrieb genommen worden und bereits 1895 betrieb Königsberg als erste deutsche Stadt eine elektrische Straßenbahn in eigener Regie mit der Strecke Kaiser-Wilhelm-Platz—Augustastraße; Maximalgeschwindigkeit 9 km. Allmählich kaufte dann die Stadt die Linien der Pferdebahn. Die einzelnen Linien waren zuerst durch Farbschilder gekennzeichnet, aber noch vor dem Ersten Weltkrieg wurden erleuchtete Nummernschilder eingeführt. 1904 gab es schon 11 Linien. 1914 hatte das Straßenbahnnetz eine Länge von 44 km. 1921 hatte Königsberg 248 Straßenbahnwagen und 81 km Straßenbahngleise. 1920 ging die Straßenbahn in die Königsberger Werke und Straßenbahn G.m.b.H. auf. 1924 beförderte sie 25 Mill., 1937 50 Mill. Personen. Es bestanden folgende Linien:

1: Hauptbahnhof — Kaiserstraße — Münchenhof — Roßgarten — Tragheim — Nordbahnhof — Hardershf.
2: Hauptbahnhof — Kaiser-Wilhelm-Platz — Münzplatz — Königstor — Flughafen Devau.
3: Hauptbahnhof — Kaiser-Wilhelm-Platz — Steindamm — Nordbahnhof — Hammer — Kunstakademie.
4: Hauptbahnhof — Kaiser-Wilhelm-Platz — Steindamm — Nordbahnhof — Tiergarten — Ratshof.
5: Grünhoffer Weg — Tragheim — Paradeplatz — Kaiser-Wilhelm-Platz — Vorst.-Schlachthof.
6: Königstor — Münzplatz — Mitteltragheim — Nordbahnhof — Tiergarten — Hammerweg.
7: Maraunenhof — Wrangelstraße — Paradeplatz — Steindamm — Nordbahnhof — Tiergarten — Amalienau — Ratshof — Juditten.
8: Ponarth/West — Berliner Straße — Kaiser-Wilhelm-Platz — Münzplatz — Roßgärter Tor — Krematorium Hzg.-Albrecht-Allee.
9./10: Sackh. Tor — Münchenhof — Kaiser-Wilhelm-Platz — Bahnhof Holländer Baum — Kosse.

11: Hauptbahnhof — Kaiserstraße — Münchenhof — Roßgarten — Wrangelstraße — Nordbahnhof — Beethovenstraße — Luisenallee.
12: Schlachthof — Viehmarkt — Kaiser-Wilhelm-Platz — Steindamm — Nordbahnhof — Hardershof.
15: Ponarth/Ost — Hauptbahnhof — Kaiser-Wilhelm-Platz — Steindamm — Nordbahnhof — Hammer.
25: Grünhoffer Weg — Mitteltragheim — Kaiser-Wilhelm-Platz — Börse.

Omnibuslinien:
A: Herzog-Albrecht-Allee — Quednau.
B: Sattlergasse — Reichsbahnbrücke — Hafen.
C: Hardershof — Charlottenburg.
D: Schlachthof — Neuendorfer Straße.
E: Sackheimer Tor — Liep, Kärntner Weg.
F: Sattlergasse — Contienen — Schichau.

Im Jahr 1939 beförderten Straßenbahn und Busse 63,5 Millionen Personen.

Straßenbeleuchtung, sie erfolgte seit 1731 durch öffentliche Öllaternen. — 1853 wurde die Gasanstalt in Betrieb genommen, sie versorgte 720 Straßenlaternen.

Straßen-Reinigung und Müllabfuhr. Sie wurden durch einen städtischen Betrieb mit wechselnder Rechtsform wahrgenommen, seit 1939 durch den Städtischen Fuhrpark, einem kommunalen Eigenbetrieb. — Zur Straßenreinigung gehörte auch die Bürgersteigreinigung und die Schneebeseitigung. — In den dreißiger Jahren wurden neben Kraftwagen noch pferdebespannte Fahrzeuge eingesetzt.

Strauß, Johann, * Kbg. 1590, † Kbg. 1630. Mathematiker. S. erwarb in Tübingen die Magisterwürde. 1621 wurde er als Professor der Mathematik nach Königsberg berufen. Er setzte sich für die Verbreitung des Gedankengutes Keplers ein und verteidigte das Copernicanische Weltbild. — Als Lehrer der Kriegsbaukunst entwarf er den Befestigungsring, der das Gebiet der drei Städte Königsberg und ihrer Freiheiten umschloß. S. verstarb an der Pest.

Strauß-Straße auf den Hufen, von der Lisztstraße zur Mozartstraße, benannt nach der Musiker-Familie.

Stresemann-Straße, vom Nordbahnhof nach Hardershof. Sie hieß bis 1929 Fuchsberger Allee und wurde nach 1933 in General-Litzmann-Straße umbenannt.

Strich, Fritz, * Kbg. 1882, † Bern 1963. Literaturhistoriker. 1929 Professor in Bern; stilgeschichtliche Studien zur dt. Literatur unter dem Einfluß Wölfflins; u. a. „Deutsche Klassik und Romantik", „Goethe und die Welt", „Der Dichter und die Zeit".

Stritzel-Straße, alte Gewerbegasse der Losbäcker vom Steindamm zur Kreuzstraße, früher Stritzel-Quergasse.

Strohmarkt in Büttelplatz umbenannt.

Studenten. Bei ihrer Gründung 1544 hatte die Universität 318 Studenten. 1626 unterwarf sich Simon Dach der Deposition und wurde immatrikuliert. — Wegen des Unfugs des Pennalismus verbot der Gr. Kurfürst 1683 das Tragen von Raufdegen. Trotzdem waren die Studenten im 17. Jh. sehr rauf- und sauflustig und rieben sich gern mit den jungen Kaufleuten und Handwerkern. — 1704 hatte die Albertina 1000 Studenten. 1717 trugen die Studenten große Plempen, duellierten sich oft und „turbierten" die Bürger. — 1740 Kant immatrikuliert. — 1744 200-Jahrfeier der Albertina; es gab 1042 Studenten, davon 314 Ausländer; sie waren vorwiegend aus dem Baltikum. Man feierte das Jubiläum in 40 Booten auf dem Pregel mit einer Wasser-Pantomime. — 1781 erhielten die Studenten einen Fechtboden im Schloß. — 1788 nur 68 Studenten, dagegen 1805 332. — Am 31. 12. 1806 brachte ein Student ein Pereat auf Napoleon aus. Am 9. 1. 1813 brachten Studenten eine Ovation für Yorck dar. 1814 großes Festmahl für die 44 aus dem Felde zurückgekehrten Studenten. — 1816 250 Studierende. — 1817 Gründung der ersten Königsberger Burschenschaft; Symbol der Albertus. Am 18. 10. erste Galtgarbenfeier der Studenten. — 1819 Protest gegen Feier für den ermordeten russ. Staatsrat Kotzebue im Stadttheater. — 1825 404 Studierende. 1831 schlugen Studenten unter Univers.-Richter Grube den Cholerakrawall nieder. — Alle Studenten außerhalb der Landsmannschaften schlossen sich zusammen. Studentenlieder: Landesvater, Gaudeamus, An des Pregels Strand, Albertina soll leben. — 1842 Protest gegen den reaktionären Prof. Ch. Hävernik. — Beim 300jährigen Universitätsjubiläum 1844 hatte die Albertina 340 Studenten; sie brachten Professor Lobeck einen Fackelzug; abends Studentenball im Moskowitersaal. 1848 wurde vorübergehend eine Studentenwehr aufgestellt. Okt. 1849 Generalkommers; letzte Galtgarbenfeier. — 1857 erstmals ein wegen Krakeels festgenommener St. nicht vom Univers.-Richter, sondern vom Zivilgericht verurteilt. — 1859 führten zwei auswärtige Studenten statt des bisher üblichen Whistspiels den Skat ein. — Am 18. 10. 1861 Fackelzug der Studenten anläßl. der Krönung König Wilhelms. — Von den 494 Studenten der Albertina zogen 1870 141 ins Feld, von denen 5 fielen. — 1875: 575 Studenten; 1885: 712 Studenten, davon 460 aus Ostpreußen und 114 aus Westpreußen. 1904 mehr als 1000 Studenten, davon 350 Farbenstudenten. — 1909 wurde ein Studentinnenverein gegründet; der Anteil der Studentinnen betrug 1913: 119 von 1036 Studierenden. — 1914 am 12. Juni der letzte Karzerinsasse. — WS 1915/16: 1208 Studenten, davon 890 beurlaubt im Kriegsdienst. — 1925: 1686 Studenten. — Vom 22. bis 24. 4. 1927 8. Dt. Akadem. Olympiade in Königsberg. — Frühjahr 1927 wurde der „Hochschulring Dt. Art“ gebildet. — 1931 gab es 4113 Studenten davon 761 weiblich. — 1936 starb der langjähr. Univers.-Fechtlehrer Grüneklee 80jähr. — Im WS 1937: 1643 Studenten, davon 381 Theologie, 229 Jura, 580 Medizin, 221 Philosophie, 172 Naturwissenschaften. — Es gab 40 akademische Verbindungen, s. die einzelnen Korporationen.*

Studentische Verbindungen s. Burschenschaften, Corps usw. bzw. die einzelnen Verbindungen.

Stutterheim, Ludwig August, * Köslin 1751, † Kbg. 1826. General. S. war 1776 Stabskapitän im pr. Regiment „Alt-Stutterheim“ Nr. 30. Im Kampf gegen die aufständischen Polen wurde er für das Gefecht bei Warschau mit dem Pour le mérite ausgezeichnet. S. wurde 1807 zum Generalmajor befördert und wurde 1809—11, dann wieder 1814—25 Gouverneur von Königsberg. Als General der Infanterie wurde S. 1824 Ehrenbürger der Stadt Königsberg.

Sudauer Winkel im nordwestl. Samland gelegen. Seinen Namen verdankte er dem großen Prussenaufstand. Um mögliche neue Aufstände zu verhindern, siedelte der Orden einen Teil der Sudauer in das Samland um. Mittelpunkt waren die Kirchdörfer Heiligenkreuz und Sankt Lorenz. Die Sudauer hingen zäh an ihrem alten Brauchtum.

Südbahn-Gesellschaft, s. Ostpreußische Südbahn-Gesellschaft.

Südbahnhof. Das dreigeschossige Gebäude der Ostpreußischen Südbahngesellschaft schloß den Bahnhofsvorplatz des Ostbahnhofs nach Süden hin ab. — Eine durch zwei Geschosse gehende dreibogige Säulenhalle leitete die Reisenden zu den Abfertigungsräumen. Darüber krönten allegorische Figuren den waagerecht durchlaufenden Dachsims. Die Obergeschosse enthielten in der Mitte über dem Eingang einen geräumigen Sitzungssaal für die Organe der Gesellschaft und in den Seitenflügeln Büroräume. Zwei kurze Bahnsteiggleise und der Querbahnsteig hatten leichte Wetterschutzdächer, während die meistbenutzten östlichen Gleise des zweiseitigen Bahnsteiges keine Schutzdächer hatten. — Durch den Philosophendamm getrennt, lagen östlich des Personenbahnhofs die Lokomotivhalle und die Werkstätten und entlang der Knochenstraße die Güterabfertigung der Südbahn.

Sudermann-Straße in Maraunenhof, von der Cranzer Allee zur Herzog-Albrecht-Allee.

Süvern-Straße von Kl. Ratshof zur Stresemannstraße.

Sudetenland-Weg in der Siedlung Liep.

Sugambria, Wehrschaft in der D. W., gegr. 1924, Farben grün-weiß-lila, lila Mütze. Haus: Lobeckstr. 13.

Symanski, Johann Daniel, * Kbg. 1789 † Berlin 1857. Journalist. S. studierte ab 1807 Jura und war schon als Student litararisch tätig. 1813 trat er in das ostpr. Nationalkavallerieregiment ein. Seit 1817 Expedient beim Medizinalstab der pr. Armee in Berlin. — Trotz dieser Stellung war er als Herausgeber demokratischer Zeitschriften tätig. Die „Leuchte", Zeitblatt für Wissenschaft, Kunst und Leben, fortgesetzt als der „Freimüthige für Deutschland" wurde 1820 verboten. S. machte auch lyrische Gedichte, die er in mehreren Sammlungen veröffentlichte.

Synagogen. Der Gr. Kurfürst gestattete 1682 den Königsberger Juden, im Eulenburgschen Haus, dem sp. Hotel Deutsches Haus, ihren Gottesdienst auszuüben. — 1753 gab Friedrich d. Gr. den Juden Königsbergs die Erlaubnis, eine Synagoge zu bauen; sie wurde 1756 am Schnürlingsdamm erbaut. Bei dem großen Brand 1811 brannte sie ab. Neubau in der Synagogenstraße 2; 1815 geweiht. — 1893 wurde eine zweite Synagoge der strenggläubigen Adaß Jesroel in der Synagogenstr. 14—15 erbaut, während eine neue große Synagoge mit 46 m hoher Kuppel auf der Lomse 1894—1896 an Stelle abgebrochener Speicher erbaut wurde. Von den Nazis in der Kristallnacht 1938 niedergebrannt.*

Synagogen-Straße in der Vorderen Vorstadt, von der Vorstädt. Langgasse zur Schnürlingstraße. Nach 1933 in Seilerstraße umbenannt.

Szadowski, Johannes, * Kl. Stuhm 1834, † Kbg. 1914. Kath. Theologe. Nach der Priesterweihe war er Geistlicher in Wartenburg und Braunsberg. Am Krieg 1870/71 nahm er als Divisionspfarrer teil und erhielt das Eiserne Kreuz I. Klasse, auf das er sehr stolz war. Dann wieder Kaplan in Braunsberg und Willenberg. 1889 wurde er Propst der kath. Kirche in Königsberg. Rund 25 Jahre war er hier unermüdlich tätig. U. a. richtete er 4 neue Kirchen ein. S. wurde 1909 päpstlicher Hausprälat und 1911 ermländischer Ehrendomherr sowie mit dem Roten Adlerorden ausgezeichnet.

T

Tabakfabriken. 1786 gab es in Kbg. sieben Tabakfabriken. In diesem Jahr ließ sich in der Junkerstraße Nr. 8 die Schimmelpfennigsche Tabakfabrik nieder. — 1857 gründete Louis Großkopf eine Tabakfabrik in der Knochenstraße.

Tagungen und Kongresse. In der sogenannten Weimarer Zeit folgten Prominentenbesuche, Sportveranstaltungen, Flugtage, Marinebesuche, Tagungen und Kongresse dicht aufeinander. Neben der Kantfeier 1924 und den Musikfesten sind zu erwähnen: 1924 Zehnjahrfeier der Schlacht von Tannenberg im Beisein von Hindenburg und Mackensen. — 1926 Deutscher Genossenschaftstag. 1927 der Zweite evangelische Kirchentag, der erste hatte 1924 in Bethel stattgefunden. Von den übrigen 48 Tagungen dieses Jahres seien noch der Reichsparteitag der Deutschnationalen Volkspartei, der 31. dt. Handwerkertag und der 31. dt. Krankenhaustag genannt. — 1928 verzeichnet die Chronik am 25. Juli den Besuch der Ozeanflieger Hünefeld und Köhl, im Herbst einen Kongreß für Innere Mission und eine Tagung der Gesellschaft für dt. Vorgeschichte unter der Leitung von Gustav Kossinna. — Im Mai 1929 marschierten bei dem dt. Stahlhelmtag viele tausend Frontkämpfer, und im Juni kamen 24 000 Bauern in Kbg. zusammen, um ihrer Unzufriedenheit Ausdruck zu geben. Ferner tagten 1929 der Reichsverband der dt. Presse, der Verein deutscher Ingenieure, der dt. Forstverein, der Bund dt. Frauenvereine und anläßlich der 400-Jahrfeier der Staatsbibliothek die dt. Bibliothekare. — 1930 tagte u. a. die 1917 gegründete Dt. Gesellschaft für Völkerrecht, auf der Prof. Kraus die Festrede hielt. — 1931 gedachte man des 100. Todestages des Freiherrn vom Stein. — 1932 fanden statt der dt. Studententag, die Handelshochschulkonferenz, der Marinebundestag, der dt. Landgemeindetag, die Reichskonferenz des Reichsbundes der Kriegsbeschädigten und Kriegshinterbliebenen sowie eine viel beachtete Tagung des Verbandes der deutschen Volksgruppen. — 1935 fand die große Pfingsttagung des Vereins für das Deutschtum im Ausland statt, sie war schon von der NSDAP beeinflußt, wenn der VDA damals auch noch nicht gleichgeschaltet war. Unpolitisch verlief im gleichen Jahr die internationale Briefmarkenausstellung Ostropa, sie war die erste internationale Ausstellung in Kbg. überhaupt. Der bei dieser Gelegenheit herausgegebene Ostropablock zeigte 4 ostpreußische Bauwerke. Ein echtes Musikfest war auch noch das deutsche Bachfest im Oktober 1936.

Talsperre Wiekau s. Wiekau.

Tamnau, Johann Daniel, * 1777, † Kbg. 1860. Der Kaufmann T. stand schon früh in hohem Ansehen; bereits 1809 wurde er in die Stadtverordneten-Versammlung gewählt und war später langjähriger Stadtverordneten-Vorsteher. Als Obervorsteher der Kaufmannschaft erhielt T. den Titel Geheimer Kommerzienrat. Er begründete 1828 die Städtische Sparkasse. 1853 stiftete T. 12 000 Taler für die Dinterschulen.

Tamnau-Straße, von der Neuen Dammgasse zum Pregel, benannt 1883 nach J. D. Tamnau, der dort sein Haus mit gr. Garten hatte.

Tanck, Helge, * Kbg. 1904, † Düsseldorf 1960. Nach dem Abitur studierte T. seit 1923 an der Königsberger Kunstakademie und war dort Schüler von Heinr. Wolff und wurde bald dessen Meisterschüler. Nach Studienreisen malte T. besonders ostpreußische Motive und illustrierte Walter Schefflers „Sonette über Königsberg“, er schuf auch Kleinplastiken. T. beschickte mehrere Ausstellungen. Sein Nachlaß, u. a. 1596 Aquarelle, befindet sich im Klingenmuseum Solingen.

Tannen-Allee in Kalthof.

Tannenwalde. Dieser Ort westl. von Königsberg bestand aus einem Gutshof und einer größeren Ziegelei. In den zwanziger Jahren entwickelte sich T. zu einer Vorort-Siedlung.

Tapiau. Im Winkel zw. Pregel und dem Westufer der Deime lag die Preußenburg Sugurbi. Sie kam 1265 an den Orden und wurde von ihm ausgebaut. Zwischen 1280 und 1290 wurde die Burg als Brückenkopf auf das Ostufer der Deime verlegt, während die Siedlung am Westufer verblieb. Tapiaus Pfarrkirche wurde erst 1502 erbaut. Herzog Albrecht hat häufig die Burg bewohnt und ist auch hier 1568 verstorben. Erst 1722 erhielt T. durch Fried. Wilh. I. Stadtrecht.

Tapiauer Straße vom Sackheimer Tor zur Ringchaussee.

Taubstummenanstalt, Provinzial —. 1817 wurde eine Taubstummenanstalt in der Wilhelmstr. eingerichtet. Direktor wurde der Anreger Dr. Reinh. Neumann. Er führte hier zuerst statt der Zeichensprache die Lautsprachmethode ein. 1836 wurde die Taubstummenanstalt auf den Waisenhausplatz 3 verlegt, und 1911 erhielt sie ein neues Heim in der Schleiermacherstr. 62/63. *

Tauroggen-Straße von der Dessauer Straße zum Wrangelturm am Oberteich.

Taut, Bruno, * Kbg. 1880, † Ankara 1938. Nach dem Besuch der Baugewerkschule in Königsberg hat T. sein Examen mit Auszeichnung bestanden und wurde Architekt bei Bruno Möhring in Stuttgart. T. war von 1921—1924 Stadtbaurat in Magdeburg und arbeitete dann als freier Architekt in Berlin. T. war bedeutend für den modernen Städtebau; u. a schuf er die Hufeisensiedlung in Berlin-Britz und 1932 die Siedlung Berlin-Zehlendorf.

Taut, Max, * Königsb. 1884, † Berlin 1967. Architekt. T. schuf moderne Wohn- und Verwaltungsbauten aber auch Schulen. Nach dem Zweiten Weltkrieg baute er die Reutersiedlung in Bonn, u. a. das Ludwig-Gymnasium in Darmstadt.

Tautorat, Hans Georg, * Kbg. 1928. Schriftsteller. T. befaßt sich in seinen Veröffentlichungen vorwiegend mit ostpr. Themen. Sein Beitrag zur Ordensgeschichte „Schwarzes Kreuz auf weißem Mantel", Leer 1977. T. lebt in Trittau bei Hamburg.

Teucke & Koenig, Inh. Emil Koenig, Likörfabrik, Alter Garten 47 mit 3 Filialen.

Taxameterdroschken, seit 1899 gab es Pferdedroschken mit zwei bequemen Vorder- und zwei unbequemen Rücksitzen. Das Charakteristikum war die Uhr mit dem jeweils um 5 Pf. springenden Wechselschildchen und der weiße Blechzylinder mit schwarzem Band auf dem vierschrötigen Haupt der Kutscher. Es gab zahllose Anekdoten über deren Mutterwitz. Ein Jahr später tauchten Konkurrenzdroschken auf, deren Kutscher schwarze Blechzylinder mit weißem Band trugen. Nach erbittertem Kampf siegten diese, bis sie den Autotaxis weichen mußten. *

Telegraphenamt. Die erste Telegraphenlinie wurde von Kbg. nach Braunsberg eingerichtet. Hierzu wurde am 20. 7. 1853 die Telegraphenstation I. Klasse in Kbg. eröffnet; sie befand sich zunächst im neuen Postgebäude in der Poststraße, wofür ein kleiner Raum genügte. Bald erhielt das Telegraphenamt ein eigenes Gebäude Klapperwiese 18. Als diese Räume auch nicht mehr für den sich ständig steigernden Betrieb ausreichten, zog man wieder zur „Post" an den Gesecusplatz, mit der die Telegraphie seit 1871 vereint war. Der Jahresumfang an Telegrammen betrug 1853 — also gleich nach der Gründung — 7000 bis 8000, schon 1878 waren es 873 000 und 1928 rund 2,5 Millionen Telegramme. Im Rahmen der Bildtelegraphie erhielt auch Königsberg eine örtliche Bildstelle. Das Telegraphenamt erhielt 1902 am Gesecus-Platz einen großen Neubau im neugotischen Stil.

Tengelmanns Kaffe-Geschäft, Königstr. 53a und 6 weitere Verkaufsstellen.

Tenkitten. Hier befand sich westlich von Fischhausen dicht am Meer das 8,78 hohe durchbrochene, eiserne Kreuz zum Gedächtnis an den Opfertod des Missionars Adalbert von Prag am 23. April 997. Ob an dieser Stelle die Ermordung Adalberts erfolgte, ist ungeklärt. Vor 1424 wurde hier eine Kapelle errichtet, die 1669 bei einem schweren Sturm eingestürzt ist. Das Kreuz hat die polnische Gräfin Elisabeth Wielopolska 1831 errichten lassen, als sie sich als Flüchtling in Fischhausen befand.

Tenkitter Straße in Ratshof.

Tertiär. In dieser geologischen Formation liegt die Braunkohle, aber auch Bernstein. Einschlüsse von Tieren in dem aus der blauen Erde gewonnenen Harz eozäner

Nadelbäume, dem Bernstein, lassen darauf schließen, daß es im Eozän bereits eine Vegetation gab und im Tertiär auch im späteren Ostpreußen Tiere lebten.

Tharau, Kr. Pr. Eylau. In diesem Kirchdorf, 1315 erstmals erwähnt, ist die Pfarrerstochter Anna Neander 1615 geboren, das volkstümliche „Annke von Tharau". Nach neuesten Forschungen soll Simon Dach das Lied zu ihrer Hochzeit mit dem Pfarrer Johann Partatius 1637 gedichtet haben.

Tharauer Straße westl. Querstraße der Aweider Allee.

Theater in früheren Jahrhunderten. Die ersten Anfänge in Kbg. zu Beginn des 16. Jh. Fastnachtsspiele und Schulkomödien; so wurde 1552 die „Eroberung Roms" von Prof. Sabinus im Schloßhof vorgetragen und 1573 das Drama „Vom Sündenfall" des Schulmeisters Roll gespielt. 1605 ließ sich Herzogin Maria Eleonore im Schloß von engl. Komödianten vorspielen. 1618 brachten sie Shakespeare. — Die erste Oper wurde 1635 vor Kg. Wladislaus IV. durch Studenten aufgeführt: Simon Dachs „Cleomedes" von Heinrich Albert. 1688 ging das Spiel von Dr. Faust über die Bretter. Der Theaterdirektor Joh. P. Hilferding führte im Altst. Junkerhof auf: „Dr. Faust", Molières „Tartuffe", Gottscheds „Sterbenden Cato", auf seine Veranlassung spielte die Schoenemannsche Theatergruppe im Altst. Junkerhof. — 1753 schenkte Friedrich II. dem Theaterdir. Conrad E. Ackermann den Kreytzenschen Platz zum Bau eines ständigen Theaters. A. erbaute es als das erste in Preußen, das zweite nach Leipzig, mit dem Gelde des reichen Kommerz. Rats Fr. Saturgus und eröffnete es mit 300 Sitzen 1755 mit Racines „Mithridate". Es folgte Lessings „Miß Sara Sampson", doch verließ A. aus Kriegsangst 1756 sein Theater und ging nach Leipzig. — 1763 — 65 war Franz Schuch Theaterdirektor. 1768 schrieb Hippel in Kanters „Gelehrten und Politischen Zeitungen" die ersten Theaterkritiken. — 1769 führte Direktor Karl Th. Doebbelin „Minna von Barnhelm auf. — 1771 — 1787 pflegte Johanna Caroline Schuch das Singspiel. 1785 Erstaufführungen von Schillers „Räubern", „Fiesco", „Don Carlos" und Goethes „Clavigo". 1788 brachten die Geschwister Schuch zuerst Mozarts „Belmonte und Konstanze", danach 1793 „Don Juan" und 1794 „Zauberflöte". 1795 brannte das Theater ab, doch wurde im Altstädt. Junkerhof weitergspielt, dort fand 1798 die Erstaufführung von „Figaros Hochzeit" statt. — 1800 wurde ein neues Haus nach Entwürfen von Friedr. Gilly an alter Stelle erbaut. Nach einem nochmaligen Brand wurde es 1802 abermals aufgebaut. Direktor Carl Steinberg brachte 1803 Zacharias Werners „Weihe der Kraft", die „Wallenstein-Trilogie", „Maria Stuart", 1805 „Nathan der Weise", 1807 „Die Braut von Messina". — 21. 10. 1806: Kriegsbeginn im Theater mit Liedern von Schenkendorf. 1809 wurde „Phädra" mit Mme. Bethmann aufgeführt. Dann wurde das Theater Konzert- und Gesellschaftshaus. Siehe auch Stadttheater und Neues Schauspielhaus. *

Theater-Platz, ein dreieckiger Platz öst. des Stadttheaters.

Theater-Straße, von der Junkerstraße zum Paradeplatz.

Thienemann, Johannes, * Gangloffsömmern 1863, † Rossitten 1938. Nach dem Theologiestudium kam T. 1896 auf die Kurische Nehrung und lernte dort die Vogelwelt kennen. Dann studierte T. Zoologie an der Albertina und setzte 1901 die Gründung der Vogelwarte in Rossitten durch, die bald zu den bekanntesten Forschungsanstalten Ostpreußens gehörte. Das Vogelberingungswerk und die Orientierungsversuche mit Schwalben und Störchen wurden bahnbrechend für die deutsche Vogelkunde. — 1906 promovierte T. zum Dr. phil. 1908 wurde T. Kustos des Zoologischen Museums in Kbg. 1910 zum Professor ernannt, wurde

T. zum „Vogelprofessor“ von Rossitten. Zum 70. Geburtstag erhielt T. die Goethe-Medaille, seit 1937 war er Ehrenmitglied der dt. ornithologischen Gesellschaft. — Seine Bücher wurden weltbekannt.

Thilo d. J., Valentin, * Kbg. 1607, † Kbg. 1662. Dichter. T. wurde Professor der Beredsamkeit an der Albertina; er war Mitglied der „Kürbislaube“; hinterließ v. a. Kirchenlieder.

Thierenberg nordwestl. des Galtgarbens, Kirchort, Gutsbetrieb und Mühle. Die Kirche stammte noch aus der Ordenszeit.

Thomaschki, Siegfried, * Miswalde 1894, † Bad Neuenahr 1967. General. Nach dem Besuch des Friedrichskollegiums trat T. 1913 als Fahnenjunker in das Feld-Artl. Regt. 52 ein und kehrte als Batt. Chef aus dem I. Weltkrieg heim. In die Reichswehr übernommen, war T. zunächst Regimentsadjutant dann Batt. Chef im Art. Regt. 1 in Kbg. — 1934 wurde er Kommandeur der II. Abt. des Art. Regts. 11 in Lötzen. Als Oberst und Kommandeur des Art. Regts. 3 zog T. 1939 in den II. Weltkrieg. Er wurde Kampfgruppenführer vor Leningrad und 1942 Kommandeur der 11. Inf. Div. im Wolchow-Brückenkopf, 1943 Höherer Artilleriekommandeur 303; die von ihm geführte Heeresartillerie bildete die Seele des Widerstandes. General der Artillerie T. übernahm 1944 das X. Korps in Kurland. Neben vielen Auszeichnungen erhielt T. das Eichenlaub zum Ritterkreuz des Eisernen Kreuzes. Zu 25 Jahren Arbeitslager verurteilt, wurde er 1955 entlassen.

Thomas-Gasse, eine kurze Quergasse der Gr. Sandgasse.

Thorner Kathrinchen, ein altbekanntes Backwerk für die Weihnachtszeit.

Thorner Straße vom Hauptbahnhof zur Berliner Straße.

Thran, Franz, * Kbg. 1842, † Kbg. 1914. Kaufmann. T. wurde schon in jungen Jahren Teilhaber der Firma Holldack & Thran. Durch Fleiß und Weitblick brachte er die Firma zu stolzer Höhe. T. wurde der erste Kaufmann, der die noch nichtlange erfundenen Trieure durch kleine Änderungen der Linsensortierung dienstbar machte. Diese so geringfügige Änderung wirkte sich gewaltig auf den Königsberger Handel aus. So wurde Königsberg mit Abstand der größte Welthandels- und Stapelplatz für Linsen, denn die Häfen Libau, Riga, selbst Odessa konnten nicht mithalten. — T. hat sich auch für den großzügigen Hafenausbau eingesetzt.

Threyne, Franz Andreas, * Köln 1888, † Freiburg/Br. 1965. Bildhauer. Seit 1920 war T. Lehrer an der Kunst- und Gewerkschule in Königsberg; er erhielt den Titel Professor. T. arbeitete auch für die Majolikafabrik in Cadinen. — Von seinen Werken seien erwähnt: Zwei in Kupfer getriebene Kolossalfiguren in Bartenstein, eine überlebensgroße Kriegergestalt in Mühlhausen bei Pr. Holland und vierzehn Werke in Königsberg, von denen die Standbilder der drei Reformatoren G. v. Polentz, Poliander und Joh. Amandus erwähnenswert sind.

Thyssen, Eisen- u. Stahl A.-G., Holsteiner Damm 45/50.

Tiepolt-Straße, von der Tragh. Kirchenstr. zur Wrangelstr., bis 1893 Hadergasse, benannt nach dem Apotheker-Ehepaar Tiepolt; beide 1800 gestorben. Sie stifteten der Stadt 15 000 Tlr. für die „Tiepolt-Bullensche freie Armen-, Industrie- und Sonntagsschule“, die bis 1876 in der Hadergasse bestand. Daraus entstand das Städtische Waisenhaus am Busoltplatz. *

Tiergarten, Hufen-Allee 30—36. Vorläufer eines Tiergartens 1891 im Etablissement Villa Fridericia. Als 1895 die Nordostdt. Gewerbeausstellung auf dem Gelände der Hufenschlucht stattfand, ging man im August d. Js. an die Gründung eines Tiergartenvereins, ein Lieblingsgedanke des verstorbenen OB Selke. Der Zoologe an der Albertina, Prof. Maximilian Braun, war die treibende Kraft. Folgende — gemäß der Rayonbestimmungen aus Holz erbauten — Gebäude wurden angekauft: Große Ausstellungshalle als Konzerthaus, Gaststätten, Eingangsportal und Aussichtsturm, dessen Anstrich rosaweißen Sandstein vortäuschte. In ihm war ein Wassersammler und im Keller später ein Süßwasseraquarium, 21. 5. 1896 Eröffnung des Tiergartens. Claaß wurde 1897 Direktor; er zeigte auch Völkerschauen. 893 Tiere. Im Juli 1903 war in der Festhalle das 21. Preuß. Prov. Sängerfest. 1908 Festsitzung in der Konzerthalle anläßl. des VIII. Preuß. Städtetages mit der 100-Jahrfeier der Städteordnung. Der Tiergarten hatte 1910 2126 Tiere. Die Tiergartenhauptgaststätte brannte im Sept. d. Js. ab; sie wurde von W. Kuckuck in Stein neu erbaut und 1911 eröffnet. 1912 entstand ein Heimatmuseum. Der verdiente Direktor Claaß wurde 1913 pensioniert; sein Nachfolger wurde Max E. Meißner. Durch Brandstiftung brannte 1919 das Große Konzerthaus ab. Im gleichen Jahr wurde im Tiergarten die erste Deutsche Ostmesse eröffnet. 1921 war die 25-Jahrfeier des Bestehens des Tiergartens, der nun 565 Tiere bei 161 Arten hatte. 1930 wurde Dr. Rich. Müller Direktor. Im selben Jahr feierte der Sängerbund den 700. Todestag Walthers von der Vogelweide, wobei das Denkmal Walthers von Georg Fugh enthüllt wurde; Massenkonzert der Militärkapellen. 1938 wurde der Tiergarten städtisch und der Tiergartenverein löste sich auf. 1939—1945 Direktor Dr. Hans Georg Thienemann. Bei der Vernichtung der Innenstadt 1944 blieb der Tiergarten fast verschont. Heute russischer Tiergarten. *

Tiergarten-Straße, sie begrenzte den Tiergarten nach Westen und führte von der Hufen-Allee zur Simson-Straße. Eine Querstraße mit den Häusern 49—49c, sie hieß im Volksmund Müller-Allee.

Tiessen, Hans, * Braunsberg 1861, † Kbg. 1932. Jurist. Nach dem Studium an der Albertina wurde T. 1888 Assessor. 1892 ließ er sich als Rechtsanwalt und Sozius des Geh. Justizrats R. Ellendt in Königsberg nieder. Bereits 1894 wurde er Syndikus der Stadt mit dem Titel Stadtrat. 1912 zum Bürgermeister gewählt, führte T. bei Kriegsausbruch die Geschäfte der Stadt. Nach dem Sturz Körtes ließ er sich 1919 krankheitshalber in den Ruhestand versetzen. — Die Musikalität der Fam. Tiessen-Ellendt hat das Königsberger Musikleben maßgebend gefördert.

Tiessen, Heinz, * Kbg. 1887, † Berlin 1971. Komponist. T. studierte in Königsberg und Berlin Philosophie, Musik und Literaturgeschichte. T. empfing wesentliche Anregungen durch Rich. Strauss. — 1914 wurde in Essen seine erste Symphonie „Stirb und werde“ uraufgeführt. Besonders mit seiner ostpr. Heimat verbunden, zeigte er sich in seiner „Naturtriologie“ op. 18 aus dem Jahr 1913. — T. war zunächst Musikkritiker; 1930 wurde er Professor für Kompositionen und Theorie an der Staatlichen Hochschule für Musik, und wurde in die preußische Akademie der Künste gewählt. — Ab 1933 wurde T. boykottiert; erst 1946 konnte er sein Schaffen wieder aufnehmen und erhielt u. a. den Berliner Kulturpreis. T. widmete sich weiter seinem kompositorischen Schaffen und erforschte den Gesang der Vögel. Tiessen gilt als der bedeutendste ostpreußische Komponist des 20. Jahrhunderts.

Tietz & Kranz Inh. A. Lau u. Max Pantel Großhdl. Knochenstr. 36, Läden: Steindamm 146, Kneiph. Langgasse 15.

Tobias, Max, Teppichhaus, Inh. Eugen Hecht, Französische Str. 26/27.

Todtenhöfer A.-G., Automobile, Motorräder, Fahrräder u. „Tohimo“, Steindamm 142/143.

Toffle, Abkürzung für Kartoffeln.

Tolkemiter Lomme, sie war der bekannteste Schiffstyp des Frischen Haffs, ein zweimastiger Gaffelsegler, der zum Transport von Massengut bestimmt war. — Die

Lomme gehörte zum Königsberger Hafenbild.

Tore. Tore des Mittelalters: Altstädt. Kötteltor, ein Hausdurchgang, 1377, abgebr. 1708. — Altst. Krämertor, Koggentor, 1333—1752. — Altst. Schmiedetor 1379—1787. — Altst. Steintor, Kreuzung Altst. Langgasse u. Kantstr. Verlängerung der Langgasse zur Laak erst im 14. Jh. Ersatz: Laakentor. — Hökertor, Hausdurchgang. vom Altst. Markt zur Unteren Fischbrücke. — Holztor, Hausdurchgang von 1404, 1790 abgebr. — Junkergassentor, erbaut 1466, stand zw. Theater- und oberster Kantstr., vor ihm floß als Befestigungsgraben das Fließ quer über die Junkergasse, zugeschüttet 1701. — Bockstor, Hausdurchgang vom 2. Altst. Pregelgang zum Bohlwerk. — Kneiphöf. Krämertor, auf ihm befand sich das Standbild des Bannerträgers Hans von Sagan, abgebr. 1752. — Kneiphöf. Schmiedetor, 1379—1736. — Krönchentor, Roßtor, an der Mündung der Oberbergstr. in die Krönchenstr. Schon 1506 erwähnt, 1814 abgebr. — Kreuztor, trennte den Schiefen Berg vom Roßg. Markt, erb. im 14. Jh., 1705 abgebr. — Krummes Grubentor, auch Löben. Tor, am Ostende der Hlg. Geiststr., 1370—1709. — Laakentor = Botentor = Schwanentor, 1613, abgebr. 1734. — Langgasser Tor, schon 1322 erbaut s. Grünes Tor. — Lastadientor, von Koggenstr. zur Lastadie. Doppeltor, neben ihm der Pipenturm. Abgebr. 1734. — Litauisches Tor, am nördl. Ausgang der Köttelstr. zum Kohlmarkt, wo die lit. Kähne anlegten. Abgebr. 1786. — Mühlentor, am Treffpunkt von Krummer Grube und Mühlenberg, 1809 abgebr. — Sackheimsches Tor zum Anger, abgebr. 1752. — Narrentor, Tuchmachertor, am nördl. Ende der Tuchmacherstr., abgebr. 1753. — Steindammsches Tor, am nördl. Ausgang der Koggenstr., hieß auch St. Nicolai-Tor. Abgebr. 1752.

Tore der Renaissance: Honigtor, auf der Dominsel als Thumbrucktor. Neubau 1702, abgebr., 1787. — Zuggrabentor, auch Zugtor, von 1520, abgebr. 1895. —

Tore der Barockzeit: Sackheimer Tor, an d. Stelle des heutigen. — Kalthöfisches Ausfalltor, 1717 geschlossen, 1752 abgebroch. Roßgärtisches Tor, nachträgl. 1705 erbaut, einfacher Durchgang. — Steindammsches Wallentor, abgebr. 1863. — Tragheimer Wallentor, Kreuzung Waldburg-Wrangelstr. — Ausfalltor an gleicher Stelle der letzten Befestigung. — Holländer Baum-Tor, Staketenzaun mit Durchgang. — Brandenburger Tor, an der Stelle des heutigen, im Volksmund auch Berliner Tor. — Friedländer Tor, an der Ostseite des Viehmarkts; abgebr. 1852. — Sämtliche Tore waren einfach und ohne künstlerischen Wert.

8 Tore der letzten Stadtbefestigungen s. die einzelnen Tore.

Tragheim, schon 1300 urkundlich als Prussendorf am Oberteich erwähnt. Die Freiheit Tragheim erhielt 1528 ein eigenes Gericht und 1577 ein eigenes Siegel und Wappen: Brauner Hirschkopf zwischen zwei grünen Tannen auf blauem Schild. Später spaltete sich der Tragheim in Mittel- und Hintertragheim, landwärts erstreckte sich der Tragheimer Ausbau und die Tragheimer Palve. Mitteltragheim 22 stand das Braxein-Tettau-Henschesche Palais, das 1901 der Univ.-Bibliothek weichen mußte. Nr. 52d. Portal des Alten Jüdischen Friedhofs von 1819; gut abgewogene klassiz. Formen mit hebr. Inschrift. — Auf dem Hintertragheim 31 erbaute 1686 der Kurfürstl. Kammerrat Cupner sein Haus; schöner Barockbau mit zwei holzgeschnitzten Giebeln von Michael Doebel d. Ä.; 1818 Haus der Dreikronen-Loge, 1936 Amt für Vogeschichte.

Tragheim-Apotheke st. 1893, Inh. Dr. H. Rostek, I.-Fließ-Str. 20/21.

Tragheimer Friedhöfe. Im 19. Jahrhundert hatten die Tragheimer ihren Friedhof an der Wrangelstraße, seit etwa 1900 zwei Friedhöfe an der Alten Pillauer Landstr.

Tragheimer Kirche. Die erste Tragheimer Kirche entstand 1632 aus einer Ziegelscheune. Sie erhielt erst 1636 einen eigenen Pfarrer. 1707 eingestürzt; 1708 bis 1710 Neubau durch Schultheiß von Unfried; Turm mit abgetrepptem Barockhelm erst 1723 vollendet. 1743 brannte die Kirche wieder ab, desgleichen der Neubau 1783 durch Blitzschlag. Die Kirche wurde sofort unverändert neu erbaut, nur der Turm blieb mit einem Zeltdach unvollendet. 1808 wurde Ehregott Andreas Wasianski, der liebevolle Betreuer des alten Kant und sein Biograph, Pfarrer der Tragheimer Kirche. Am 24. 11. 1836 fand hier die Trauung Richard Wagners mit Minna Planer statt. Sehenswürdigkeiten bis 1944: Rokokokanzel in hervorragend schöner Schnitzerei von Tischlermeister Grabowski. Altaraufsatz von Bildschnitzer Christian B. Schulz aus Heilsberg, klassizistisch, eine Stiftung des Apothekerehepaares Tiepolt. Orgel von Christoph Braveleit, 1793. Ölgemälde des Pfarrers Wasianski von Andreas Knorre. Die letzten Pfarrer waren D. Korallus, Schwandt, Paul Knapp und Friedr. Werner. *

Tragheimer Kirchenplatz, westl. der Tragheimer Kirche.

Tragheimer Kirchenstraße parallel zum Steindamm von der Junker- zur Wrangelstraße.

Tragheimer Mühlenstraße von der Kaplanstraße zum Mühlenplatz.

Tragheimer Palve, Stadtteil beiderseits der nördl. Samitter Allee, einst unfruchtbare Heide, prussisch Palve.

Tragheimer Pulverstraße, von dem Theaterplatz zur Wrangelstraße.

Tragheimer Tor, dieser schlichte Bau wurde bereits 1910 abgebrochen.

Tragheimsdorf, wurde 1908 eingemeindet. Die Straße Tragheimsdorf führte von der Auguste-Viktoria-Allee zur Samitter Allee.

Tragheimshof, östl. Parallelstraße der Samitter Allee.

Train-Kasernen. Das 1860 gegründete Train-Bataillon 1 bezog 1881 den Neubau Oberhaberberg 5; diese Kaserne wurde 1920 Polizeiunterkunft. 1914 bezog das Bataillon die Neue Trainkaserne in Ponarth, Palvestraße 14/18. Hier lag seit 1920 die Fahrabteilung 1, nach 1935 die Beobachtungs-Abteilung 1.

Tränk-Gasse s. Altstädt. Tränkgasse.

Trankwitz, westl. von Charlottenburg. Ein Teil des Gutsbezirks wurde 1939 eingemeindet.

Trautmann, Reinhold, * Kbg. 1883, † Jena 1951. Slawist. T. wirkte seit 1910 an den Universitäten Prag, Königsberg, Leipzig und Jena. Seine Untersuchungen zur baltoslawischen Philologie, zur slawischen Volksdichtung erregten Aufsehen. U. a. war T. der Herausgeber einer Reihe dazugehörender Sprachdenkmäler und übersetzte die altrussische „Nestorchronik" und gab seit 1927 die „Slawisch-baltischen Quellen und Forschungen" heraus. — Ihm verdanken wir u. a. ein baltisch-slawisches Wörterbuch. Mit H. Schmid gab er 1927 „Wesen und Aufgaben der deutschen Slawistik" heraus, ein Werk, das der Völkerverständigung dienen soll und ihr noch immer dient.

trautst als Zärtlichkeitswort: ein trautstes Marjellchen.

Treideldamm. Der Holsteiner Damm von dem Kneiphöfischen Ratsherrn Lorenz Goebel 1682 auf dem rechten Pregelufer angelegt, 1736 bis zum Haff verlängert. Er bot, an Walzmühle, großem Getreidesilo und Zellstoffabrik vorbei zur Haff-Fahrrinne mit dem „Weißen Mann", über Gr. Holstein und Moditten nach Juditten einen beliebten Frühjahrs-Spaziergang. *

Trenck, Friedrich, Freiherr von der * Kbg. 1726, † Paris 1794. Im Zweiten Schlesischen Kriege Ordonnanzoffizier Friedr. d. Gr. Wegen seiner Liebesaffäre mit der Schwester des Königs fiel er in Ungnade und wurde auf die Festung Glatz verbannt. Er entfloh 1746 und trat in russische, später österreichische Dienste. Als Friedr. Wilh. II. den Thron bestieg, gab er Trenck seine Güter in Preußen zurück. Später ging er nach Paris, wo ihn Robespierre als Spion auf die Guillotine schickte. Er schrieb eine Selbstbiographie. Seine Gedichte und Schriften erschienen 1786 in acht Bänden.

Trenck, Siegfried von der, * Kbg. 1882, † Berlin 1951. Schriftsteller. Nach Besuch des Friedrichskollegs studierte er seit 1900 in Jena, Königsberg und Berlin Jura, wurde 1905 Dr. jur. s. c. l., 1909 Assessor, 1915 Rechtsanwalt am Kammergericht in Berlin. Außer der Dissertation schrieb er noch fünf juristische Fachwerke. Schon 1905 erschien er mit Gedichten in dem von A. Petrenz herausgegebenen „Ostpreußischen Dichterbuch". Von seinen Werken seien u. a. genannt: Nachdichtung von Dantes „Vita nuova", 1924; „Flamme über die Welt", 1926; „Einsiedler, Jünger und Beter", 1928; „Wiedergeburt", 1937. In dem abschließenden Roman „Reichard aus der Fülle", 1940 setzte er dem hochverdienten Direktor Ellendt ein literarisches Denkmal.

Tressler-Straße, östl. Parallelstraße der Aschmann Allee.

Triangel, dreieckiger Häuserblock an der Besselstr., 1809 amtlich benannt.

Tribukait, Heinrich Albert, * Angerburg 1842, † 1923. Pädagoge. Nach dem Studium an der Albertina war T. Oberlehrer in Rastenburg und wurde 1886 Stadtschulrat in Königsberg. Während seiner Amtszeit stieg die Zahl der Klassen von 145 auf das Dreifache. In Spandau als Turnlehrer ausgebildet, erwarb er sich Verdienste um die Pflege der Leibesübungen durch die Einführung der Schulwanderungen und den Bau von Turnhallen. Die Stadt ehrte ihn, indem sie ihn zum Stadtältesten ernannte.

Tribunal s. Gerichte.

Trommelplatz zwischen Steindammer Wall und Wallring, an der Südseite lag die 43er Infanterie-Kaserne. Einer der wenigen größeren Plätze innerhalb der Umwallung.

Tromnau, Friedrich, * Kgl. Blumenau/Ostpeußen 1858, † Kbg. 1921. Pädagoge. T. machte 1880 die 2. Lehrerprüfung und bald danach die Rektorprüfung. 1889 wurde er Rektor der Altstädt. Bürgerschule als Nachfolger von Frischbier. 1900 wurde er zum Stadt- und Kreisschulinspektor in Königsberg ernannt, 1912 erhielt er den Titel Schulrat. Seine wichtigsten Werke waren: „Die Einführung und Verbreitung der Pestalozzischen Methode in Ost- und Westpreußen", 1896; „Friedrich Wilhelms II. Verdienste um das Schulwesen in Ostpreußen", 1897; „Entwicklung des städtischen Schulwesens", 1908. Sein Hauptwerk war: „Die große Geschichte des Schulwesens der Stadt Königsberg", 1899.

Troppauer Weg in der Siedlung Liep.

Trossin, Robert, * Bromberg 1820, † Berlin 1896. Kupferstecher. Studierte seit 1838 an der Kunstakademie Berlin und blieb dort bis 1850 tätig. Im Juni 1850 erfolgte seine Berufung als Lehrer für Kupferstich an die Akademie Königsberg; diese Tätigkeit übte er bis 1884 aus. T. war Mitglied des Vereins Berliner Künstler und wurde 1862 zum Ehrenmitglied der Accad. d. b. arte in Turin ernannt. T. arbeitete als Kupferstecher und reproduzierte oft Gemälde älterer und neuerer Meister.

Trunz, Erich * Kbg. 1905. T. studierte Germanistik in Berlin und wurde einer der bedeutendsten Germanisten des 20. Jh. Seine Hauptforschungen galten dem Werk Goethes, das er in einer vorbildlichen Ausgabe herausbrachte. Prof. T. öffnete den Zugang zu bisher unerschlossenen Gebieten der Literaturforschung: In Münster schuf er die Arbeitsstelle zur Erforschung der „Familia sacra" um die Fürstin Gallitzin und den Frhr. von Fürstenberg. T. besorgte die Neuausgabe von Barockwerken des 17. Jh. und gründete 1963 die „Kieler Studien zur deutschen Literaturgeschichte". Nach seiner Emeritierung schrieb er einige Kurzessays über ostpreußische Dichter und Künstler. Trunz wurde mit der Goldenen Goethe-Medaille der internationalen Goethe-Gesellschaft ausgezeichnet.

Trutenau, ein Gutsbetrieb nördl. von Königsberg. 1775 erwarb Joh. J. Kanter, Buchhändler in Königsberg, die hier bestehende Papiermühle.

Trutenauer Weg von der Samitter Allee zum Max-Aschmann-Park.

Tuchmacher-Straße von der Löbenichtschen Langgasse zum Schiefen Berg.

Tugendbund, gegründet 1808 durch den Rektor der Kneiphöfischen Stadtschule und Philosophieprof. Dr. Hans Friedr. Gottl. Lehmann und den Oberfiskal Friedr. Wilh. Mosqua, * 1759, † 1826, als „Sittlich-wissenschaftlicher Verein". Sein Organ war der „Volksfreund". Ihm gehörten an die Majore Grolmann und Boyen, Assessor von Bardeleben, der Herzog Friedr. Wilh. von Holstein-Beck und die Professoren v. Baczko und Krug. Königin Luise und Blücher waren ihm gewogen. Die Freimaurer waren gegen ihn, obwohl die Gründer Freimaurer waren; ebenso Ernst Moritz Arndt, dem jedes Geheimwesen zuwider war. Stein, Schön, J. W. Süvern, G. H. L. Nicolovius, Scharnhorst und Gneisenau wandten sich von ihm ab, als er bei dem von ihm erwarteten hohen Ziel der Aufrüttelung des lauen Bürgertums versagte. Napoleon erhielt durch seine Spione trotz aller Tarnung Kenntnis von den wahren — wenn tatsächlich auch längst aufgegebenen — Zielen des Tugendbundes; so wurde er auf Anraten der Minister Alexander von Dohna und Beyme im Dezember 1809 durch Kabinettsorder aufgelöst. Die verzagten Zeitgenossen aber sahen auch da noch in ihm eine Art Mirakel, und das allein gab ihm geschichtlichen Wert. *

Tuisconia, Akadem. Verbindung im C. V gegr. 1897, Farben orange-weiß-grün, Mütze grau. Haus Goltzallee 5.

Tuntel, die, scherzhafter Ausdruck für eine besonders große Nase; aber er oder sie hat sich den Tuntel begossen.

Turmspeicher s. Gruppen- und Turmspeicher.

Turnen s. Sport-Plätze. Der Student Karl Widekind gründete 1815 den ersten Königsberger Turnverein. Turnplatz war der kleine Exerzierplatz vor dem Königstor am Sprind. Im Winter gab das kgl. Waisenhaus seinen Saal her, und die Universität erlaubte das Turnen in ihrem Fechtsaal im Schloß; mehr als 100 Turner in Königsberg. — Um 1825 wurde das Turnen als staatsgefährlich verboten, die Turnplätze geschlossen, doch hob Friedrich Wilhelm IV. 1840 die „Turnsperre" auf. Der Königsberger Turnverein erhielt bis 1844 einen Turnsaal im Bischofshof. Ein Turnlehrer, namens Euler, wurde 1842 für alle Schulen von der Stadt angestellt. Der Königsberger Männer-Turnverein wurde gegründet. Im Jahr 1843 gab es 800 Turner in Königsberg. Im Königsberger Turnrat waren der Königsberger Polizeipräsident Abegg, Professor Burow und Fabrikant Steinfurt. Im Sommer wurde auf dem Jahrmarktsplatz, im Winter im Moskowitersaal geturnt. 1843 wurde der prakt. Arzt Dr. Müncheberg Vorsteher des Männer-Turn-Vereins und Turnlehrer an Eulers Stelle. — 1846 wurde die Turnhalle in der Hinteren Vorstadt gebaut; sie wurde 1858 von der Stadt angekauft. — Auf dem 2. Provinzialturnfest in Aweiden 1862 waren 800 Turner dabei. Das Turnen wurde in allen Schulen zur Pflicht. 1872 wurde der Königsberger Turn-Club gegründet; 1912 schuf er einen Turnplatz und Schwimmbad in Wilky. Von 1880 bis 1894 war Professor Noske Turnwart des „Männer-Turn-Vereins", dessen Turnplatz sich vor dem Roßgärter Tor befand. 1890 wurde der Damen-

Turn-Verein gegründet. — 1895 gab es 7 Schulturnhallen, in denen jährlich Schauturnen stattfanden. *

Turnerschaften in der Studentenschaft. Frisia, gegr. 1897, Farben violett-weiß-gold, Haus Copernikusstraße 8. Franconia, gegr. 1882, Farben schwarz-silber-grün, Haus Bergplatz 8/9. Markomannia, gegr. 1881, Farben blau-weiß-grün, Heim Kl. Domplatz 15a. Cimbria, gegr. 1899, Farben moosgrün-weiß-gold, Haus Oberteichufer 14.

Turner-Straße vom Jahrmarktsplatz zur Georg-Straße.

Turnvereine. Frauenturnverein 1890: Johanna Loebel. Frauen-Sport-Verein e.V.: Ilse Goerke. Königsberger Männer-Turn-Verein e.V. KMTV, Sportplatz an der Cranzer Allee. Königsberger Sport- und Turnverein e.V., Herrmann Mädler. Königsberger Turn-Club, e.V., KTC v. 1872, Sportplatz und Schwimmbad in Wilky, Vors. Dr. Alfred Wolff. Königsberger Turnerbund: Karl Sellner. Männer-Turnverein Ponarth: Friedrich Ewert.

Tuwangste. Vor der Gründung Königsbergs lag nördl. von der mittleren Pregelinsel der Hügel Tuwangste, auf dem sich eine prussische Fliehburg befand. In ihrem Schutz lagen ein Fischerdorf Lipnick mit einem Ankerplatz sowie die Dörfer Tragheim und Sackheim, alle auf dem späteren Stadtgebiet.

U

Uggehnen, nördl. von Königsberg. Gut, Ziegelei und Försterei der Fritzener Forst.

Uhl, Wilhelm, * Braunschweig 1864, † Kbg. 1921. U. studierte in Jena, Berlin und Göttingen Germanistik, er promovierte 1888. U. war dann Hilfsarbeiter am Deutschen Wörterbuch unter Heynes Leitung. 1893 habilitierte er sich in Königsberg und wurde dort 1901 a. o. Professor. Sein Hauptwerk „Die Deutsche Priamel" erschien 1897. Kleinere Arbeiten: „Immanuel Kant" 1920, „Altpreußische Kalender" 1921. Uhl war ein in Gang, Haltung und Ausdrucksweise bekanntes Königsberger Original.

Ulbrich, Anton, * Ruppersdorf 1867, † Kbg. 1939. Kunsthistoriker. Nach dreijähriger praktischer Ausbildung in einem größeren Baugeschäft studierte U. seit 1890 an der Technischen Hochschule Dresden Architektur, dort 1893 Diplom-Examen. Zunächst in Hildburghausen tätig, wurde er 1898 als Lehrer zur Baugewerkschule in Königsberg berufen. Noch um die eigene wissenschaftliche Weiterbildung bemüht, erwarb U. 1901 den Grad eines Dr. phil. an der Albertina. 1911 zum Professor ernannt, folgte die Berufung zum Leiter des Kunstgewerbemuseums in Königsberg. Die Anerkennung seiner Verdienste wurde durch Verleihung der Kant-Plakette gewürdigt. Von seinen zahlreichen Veröffentlichungen seien genannt: „Kunstgeschichte Ostpreußens von der Ordenszeit bis zur Gegenwart", Kbg. 1932.

Ullrich, Otto, * Kbg. 1899, † Herculane 1980. Nach dem Besuch des Kneiph. Gymnasiums studierte U. Altphilologie und später Jura. Nach dem Assessorexamen trat U. in den Dienst seiner Heimatstadt. Bereits 1932 Magistratsmitglied übernahm U. das schwere Amt des Stadtkämmerers, das er jedoch nur bis 1933 ausüben durfte. Nach Kriegsteilnahme und kurzer Haft wurde Dr. Ullrich Vorstandsmitglied in der AG für Verkehrswesen in Frankfurt/M. Seine privaten Interessen galten der Antike besonders der klassischen Literatur.

Ulmenhorst, Beobachtungsstation der Vogelwarte Rossitten, die etwa 6 km südlich von der Vogelwarte lag.

Unger, Karl, * Lissa 1782, † Kbg. 1835. U. studierte Medizin in Leipzig und Halle, kam 1810 als Assistenzarzt nach Berlin zu

Hufeland. 1813—14 befand sich U. als Oberarzt beim Heer. 1815 ging er als Professor der Chirurgie nach Königsberg und errichtete dort die chirurgisch-ophtalmiatrische Universitäts-Klinik. U. hat sich Verdienste im Kampf gegen die Cholera erworben. U. war äußerst gewissenhaft, die von ihm geleitete Klinik war musterhaft.

Unionsgießerei. Auf dem Gelände einer einstigen Silberschmelze eröffnete 1826 der Engländer Charles Hughes eine Eisengußfabrik mit 26 Arbeitern. 1828 nahm er befreundete Kameraden von 1813 zu Kompagnons: Gustav Schnell, Carl Aug. Dultz und Friedrich Laubmayer. Sie führten die Gießerei auf dem Grundstück Butterberg 3, 1857 über die Laak bis zum Pregel. 1840 lieferte die Gießerei für das Denkmal des Generals von Günther in Lyck einen 28 Fuß hohen Gußeisenobelisken. Hughes schied 1839 aus. Gottfr. Ostendorff wurde 1846 techn. Leiter und 1852 Sozius. Ab 1848 Name „Uniongießerei“. Gebaut wurden Dampfmaschinen, Kessel, Dampfschiffe. 1855 lief der Dampfer „Schnell“, als erster ganz aus Eisen erbaut, vom Stapel; seine Maschine hatte 40 PS, Verkehr nach Tilsit. Im gleichen Jahr wurde die erste Königsberger Lokomotive „Gilge“ für die Ostbahn gebaut; 1859 Dampfer „Pregel“. 1869 trat Ing. Elias Radok in die Firma ein. 1877 wurde die Uniongießerei eine AG. 1899: Tausendste Lokomotive. Außerdem wurden gebaut: Kühlschiffe, Bagger, Einrichtungen für Brauereien, Brennereien, Molkereien, auch sämtliche Königsberger Klappbrücken. 1907 Erwerb des Werks Contienen: 700 Morgen für 800 000 Goldmark. Ing. Gustav Fechter trat als Dir. der Abt. Schiffsbau in die Firma ein. 1912 gab die „Union“ das Oberlaak-Werk auf und übersiedelte nach Contienen. 1920 erwarb die Union-Gießerei ein Schwimmdock für Schiffe mit 4500 t Tragfähigkeit. 1922 hatte die Union 2500 Beschäftigte. Die Neubautätigkeit wurde mit dem seegehenden Frachter „Wotan“ für eine Elbinger Reederei begonnen. Dann folgten 4 Fischdampfer und 5 Flachminensucher; bis 1928 wurden außerdem 2800 Lokomotiven erbaut. Nach 6 Frachtern baute die „Union“ den einzigen Seedampfer, der für eine Königsberger Reederei, die Poseidon-Schiffahrtsges., vom Stapel lief, die „Tilsit“. Die damalige Weltwirtschaftskrise zwang die „Union“ 1930 zu schließen. Da aber Interesse bestand, in Königsberg eine Werft zu behalten, machte man die „Union“ zu einem Teil der Elbinger „Schichau-Werft“. Die Leitung blieb in Händen des bisherigen Direktors W. Rodin, der die Werft durch ein Hafenbecken, 3 Hellinge und 3 Schwimmdocks erweiterte; er konnte 15 000 Arbeiter beschäftigen. Es wurden kaum noch Handelsschiffe gebaut, u. a. das Frachtmotorschiff „Jason“ für die „Neptun-Reederei“ in Bremen. — Im übrigen ließ die Reichsmarine durch diese Werft 24 Minensuchboote sowie einige U-Boote bauen. Die englischen Bombenangriffe auf Königsberg im August 1944 verschonten — offensichtlich bewußt — die Werft.

Universität, Alte. Die Stiftungsurkunde der Universität ist vom 20. 7. 1544 datiert, die Eröffnung erfolgte am 17. 8. 1544. Sie wurde am östl. Pregel auf der Dominsel erbaut und mit dem steinernen „Albertus“ geschmückt. Sie enthielt ein Auditorium maximum, Wohnräume und Karzer im Keller. Rektor Georg Sabinus, zehn ord. Professoren, 318 Studenten. Ab 1548 verlieh die Universität Baccalaureats- und Magisterdiplome. Der erste Magister war Martin Chemnitz. 1569 ließ Herzog Albrecht Friedrich das Neue Albertinum daneben am Nordufer der Dominsel erbauen. Der Raum zwischen den Albertinen und dem Dom hieß Domhof. Ab 1573 keine Baccalaureatsdiplome mehr. Ab 1588 wurden die Professoren an der Nordwand des Doms im „Professorengewölbe“ beigesetzt. 1615 wurde eine Professur für Geschichte, 1619 für prakt. Philosophie, Anatomie und Technik geschaffen. 1635 der erste gedruckte Vorlesungskatalog. Ab 1640 verlieh die Universität auch Doktordiplome. Ihre Vorlesungen hielten die Professoren noch bis ins 19. Jh. in ihren Wohnungen. 1644 100-Jahrfeier des Albertinums, Studenten spielten im Schloßhof Simon Dachs „Prussiarchos", ein Verherrlichungsspiel Herzog Albrechts. Dach wurde 1656 Rektor. Erst jetzt kam der Name „Albertina" auf. 1698 las der Prof. d. Poesie Georgi als erster ein Kolleg über die dt. Dichtkunst. 1734 Disputationsschmausereien abgeschafft. 1741 hielt Prof. C. Flottwell als erster Vorlesungen in dt. Sprache. 1744: 200jähriges Jubiläum der Albertina: Illumination, Wasserfahrten der Studenten. 1746 veröffentlichte Daniel H. Arnold eine Geschichte der Königsberger Universität. 1782 Christian J. Kraus Prof. der prakt. Philosophie, der erste Kameralist. 1788 Kant Rektor. 1803 Kronprinz Friedrich Wilhelm Rektor. Am 12. 2. 1804 starb Kant, im Professorengewölbe beigesetzt. 1809 Stoa Kantiana erbaut. In diesem Jahr wurde die Physikal.-Mediz. Gesellschaft gegründet. 1810 traf Friedr. Wilh. Bessel in Königsberg ein. Den Erpresser Königsbergs, Napoleons Generalintendanten Daru, machte die Albertina 1812 zum Ehrendoktor! Nur Herbart widersprach. Gleichzeitig wurde das Albertinum von den Franzosen zu Ställen benutzt. 1817 wurden J. G. Scheffner, J. v. Auerswald und Carl Friccius Ehrendoktoren der Albertina. Seit 1834 Zulassung zur Universität nur nach Abitur. 1837 zwei der „Göttinger Sieben", die Prof. Eduard Wilh. Albrecht und Wilh. Weber zu Ehrendoktoren promoviert. Am 30. 8. 1844 hielt Lobeck seine berühmte Rede im Dom zum 300jährigen Universitätsjubiläum. Eine Denkmünze zeigte die Bilder von Sabinus, Dach und Kant. 1851 wurde Ob. Präs. v. Eichmann Kurator. 1875 wurde das Albertinum von der Stadt gekauft. 1892 entdeckte Stadtarchivar Wittich die 2 Karzer. *

Universität, Neue. Anläßl. der 300jähr. Jubelfeier legte Friedr. Wilh. IV. am 31.8.1844 den Grundstein zum Neubau an der Nordseite des Paradeplatzes. Der Entwurf des Geh. Ob. Baurats Stüler (in ital. Renaissance) sah drei den ganzen Königsgarten umgebende Säulenhallen vor. Der Bau begann endlich 1856, und 1861 fand die Einweihung durch den Rektor Kronprinz Friedrich Wilh. statt, dem Stüler die Schlüssel übergab. Die Albertina hatte 60 Professoren und Dozenten, 1866 auch einen Lektor für Musik und einen Univers.-Stallmeister der Reitkunst. 1871 wurde der Antrag der Albertina, Frauen zum Studium zuzulassen, vom Preuß. Kultusministerium abgelehnt. 1880 85 Professoren, 26 Promotionen erfolgten. 1894: 350jähr. Jubiläum, alle Behörden vertreten, 98 Professoren und Dozenten. 1902 erste Vorlesungen über Elektrizität in der Landwirtschaft. 1904 stiftete die Stadt zu Kants 100. Todestag der Albertina 10 000 Mark. 1908 wurde das Frauenstudium zugelassen. 1913 hatte die Albertina 171 Professoren und Dozenten. Im Sept. 1914 wurde GFM von Hindenburg Ehrendoktor aller vier Fakultäten. 1922 Ob.Reg.-Rat Dr.h.c. Friedr. Hoffmann Universitätskurator. 1924 wurde durch Ob.Bgm. Dr.jur Lohmeyer Dr.h.c. die „Königsberger Gelehrte Gesellschaft" gegründet. 1925: 200 Univers.-Lehrer, davon 89 Ordinarien. 1925 begann der Erweiterungsbau der Albertina durch Reg. Baurat Liebenthal 1928 eingeweiht. 1929 erhielt die Präsidentin der landwirtschaftlichen Hausfrauenvereine Elisabeth Böhm als erste Frau Deutschlands das akadem. Ehrenbürgerrecht. Am 17.8.1944 klägliche Feier der Univers- Professoren am Kantdenkmal zur 400jähr. Stiftung der Albertina Festrede des Rektors. Bereits am 29./30. August wurde das Universitätsgebäude ein Opfer des großen Bombenangriffs. Dr. Hoffmann verlegte die Albertina nach Greifswald, später nach Göttingen. *

Universitätsbibliothek. Herzog Albrecht begründete 1527 die Schloßbibliothek. Sie wurde 1534 vor der Bodleiana in Oxford und der Ambrosiana in Mailand als erste Bibliothek Europas öffentlich. 1583 fiel die Kammerbibliothek an die Schloßkirche. 1810 kam die Kgl. Bibliothek ins Königshaus, hier wurden gleichfalls untergebracht: Universitäts Bibl., Stadtbibl., Keyserlingsche Bibl., diese kam 1821 nach Rautenberg, jene 1875 ins Albertinum. 1828 wurden Kgl. u. Univers. Bibliothek zur Kgl. Univers. Bibl. vereinigt. Sie besaß 1890 263636 Bände. 1901 wurde Mitteltragheim 22, die neue Kgl. Univers. Bibl. erbaut. 1908 kam ein großer Teil der Wallenrodtschen Bibl. hinzu. Der Bestand wuchs 1939 auf 685000 Bände an. All das ging beim Bombenangriff am 29./30.8.1944 in Rauch und Flammen auf. *

Universitäts- Bund. s. Ostpr. Hochschulkreis. *

Universitäts- Institute. 1778 ging die private Anatomie des Prof. Büttner in den Besitz der Universität über. Der Botanische Garten wurde 1809 eingerichtet. 1811 bis 1813 wurde die Sternwarte erbaut. Bau einer Anatomie auf der Laak mit Physiologischem Institut. 1833 Chemisches Institut, Besselstraße 1, als erstes Institut am Botanischen Garten erbaut, ab 1888 Pharmazeutisches Institut. 1870 bis 1873 fand die Münz- und Mineraliensammlung in der neuen Universität Unterkunft, das mathematisch- physikalische Kabinett in der Privatwohnung des Geh. Rats Prof. F. Neumann, Hintertragheim. 1884 - 1887 Neubau desphysiologischen Instituts der Anatomie Oberlaak 8 - 9 und des Physikal. Instituts, Steindamm. 1888 Neubau des chem. Instituts in der Drummstr. 22 und des Patholog.- Pharmakolog. Instituts in der Copernicusstr. 1903 wurde das Gerichtsmedizinische Institut auf der Laak eingerichtet. 1907 das Agrikultur chem. Institut am Hammerweg in Betrieb genommen. 1921 Neubau des Zahnärztl. Instituts. 1930 - 1934 wurde die Neue Anatomie mit einem Kostenaufwand von 590000 RM am Steindammer Wall erbaut. *

Universitäts- Kliniken. 1809 Errichtung eines medizin. Klinikums in drei Zimmern des Löben. Hospitals. 1810 wurden die Provinzial- Entbindungsanstalt Altroßg. Predigerstr. 8 Univers. Frauenklinik mit 18 Betten. 1816 Chirurg.- augenärztl. Klinik eröffnet. 1846 die Innere Univers. Klinik als Graues Haus in der Drummstr. 25—29 eröffnet. 1859—1863 wurde unter Prof. Wagner die Chirurg. Univers. Klinik in der Drummstr. erbaut; dieses Haus wurde als Rotes Haus 1881 Innere Klinik. 1873 Neue Chirurg. Klinik in der Langen Reihe. 1877 wurde die Univers. Augenklinik eröffnet. Die Klinik für Haut- und Geschlechtskranke mußte sich von 1892—1921 mit einem Mietshaus in der Drummstr. behelfen. Die Geisteskrankenabteilung im Städt. Krankenhaus diente als Psychiatr. Univers. Klinik. Im WS 1894/95 wurden 566 Frauen in der Frauenklinik behandelt. 1910 Hals-Nasen-Ohrenklinik unter Prof. Stenger. 1913 Psychiatr. Klinik an der Alten Pillauer Landstr. und 1914—1916 die Kinderklinik am Volkspark. 1921 Neubau der Klinik für Haut- und Geschlechtskrankheiten an der Alten Pillauer Landstraße. *

Unterberger. Franz Karl Christian, * Kbg. 1882, † Kbg. 1945. Gynäkologe. U. begann 1899 sein Studium an der Albertina. 1905 erhielt er die Approbation als Arzt und die Doktorwürde. In Rostock habilitierte er sich 1911 für das Fach Gynäkologie. 1912 trat er als Hebammenlehrer in die Univers.-Frauenklinik in Kbg. ein. Dann übernahm er 1914 als Nachfolger seines Onkels Reinhold U. die Leitung der Abteilung für Frauenkrankheiten am Krankenhaus der Barmherzigkeit. Während der Kriegszeit war U. im Heeresdienst. Von 1925 ab publizierte er mehrere operative Verfahren zur Beseitigung der Unfruchtbarkeit. Weitere wissenschaftliche Arbeiten auf seinem Gebiet konnte U. veröffentlichen. U. erlebte die Besetzung von Kbg. in seiner beruflichen Tätigkeit; seine Erlebnisse waren so grauenvoll, daß er zwei Tage danach seinem Leben ein Ende machte.

Unterberger. Reinhold, * Widminnen 1853, † Kbg. 1920. Gynäkologe. Nach dem Besuch des Lycker Gymnasiums studierte U. seit 1872 an der Albertina. Nach seiner Promotion zum Dr. med. 1878 wurde U. Assistenzarzt an der Univers.-Frauenklinik in Kbg. Um 1885 ließ er sich in Kbg. als prakt. Arzt nieder; er widmete sich ab 1891 ausschließlich einer gynäkologisch-geburtshilflichen Praxis mit eigener Privatklinik. 1897 übernahm U. die Leitung der Abteilung für Frauenkrankenheiten an der Barmherzigkeit. 1901 erhielt er persönlich von der Kaiserin die Ernennungsurkunde zum Professor, kurz danach wurde U. mit dem Prädikat Geheimer Sanitätsrat ausgezeichnet. Während des Krieges mußte U. stellvertretend die Pflichten eines Chefarztes an der Barmherzigkeit wieder übernehmen.

Unterer Fischmarkt nördl. d. Schmiedebrücke

Unterhaberberg von der Vorstädtischen Langgasse zur Brückenstraße.

Unterlaak von der Altstädt. Langgasse zur Oberlaak.

Unterrollberg zum Steindamm hoch.

Urbschat, Fritz * Gumbinnen 1884, † Langen/Ffm. 1970. Wirtschaftspädagoge. U. studierte an der Albertina Philosophie und Volkswirtschaft. Dann leitete U. mehrere Jahre die Handelslehranstalt in Tilsit. Seit 1928 leitete er das wirtsch.-pädagogische Seminar an der Handelshochschule in Kbg. Nach der Promotion wurde U. a.o. Prof. Schon im Febr. 1945 geriet er in sowjetischer Gefangenschaft. Bis 1959 war U. an westdt. Hochschulen tätig. U. veröffentlichte 1962 die Geschichte der Königsberger Handelshochschule.

Usdauer Weg in der Siedlung Juditten.

V

Varietés und Kabarette. Bis 1914 gab es jahrzehntelang als einziges renommiertes Varieté nur das Apollotheater, Steindamm an der Stelle der späteren Apollo-Licht-Spiele. Später: Kabarett Femina, dann Barbarina, Roßg. Passage; Münzpalast, Münzstr. 7 und Urania, Weißgerberstr. 4. *

Veilchenberg, im Westen Königsbergs, 17 m hoch, 1457 entstanden durch Heinrich Reuß v. Plauen, der hier wie in Jerusalem eine Schanze mit tiefem Graben aufwerfen ließ, um die aufständischen Kneiphöfer abzuschnüren. Die Umwallung von 1626 ließ den Veilchenberg außerhalb liegen. Zeitweise diente er den Altstädtern als Hochgericht. Um 1900 noch wüst, blühten hier im Frühling massenhaft Veilchen, daher der poetische Name. Nach dem Ersten Weltkrieg wurde der V. mit schönen Anlagen geschmückt und diente im Winter als Rodel- und Skiberg. *

Verband der kathol. Kirchengemeinden, Junkerstraße 11.

Verein der Liederfreunde E.V. gegr. 1856, Vors. Staatsanwalt Baatz, Hammerweg 4.

Verein der Salzburger, ger. 1891, Vors. Pfarrer Hundsdörffer, Jägerhof 12.

Verein Deutscher Studenten, V.d.St., gegr. 1885, Farben schwarz-weiß-rot, Haus 3. Fließstraße 32.

Verein für die Geschichte von Ost- und Westpreußen E.V., Vors. Dr. C. Krollmann, Schrötterstr. 19a.

Verein für die Rettung Schiffbrüchiger, gegr. 1866 von Prof. K. Burow und Kommerzienrat R. Kleyenstüber. Das in Pillau stationierte Motorrettungsschiff wurde „Konsul Kleyenstüber“ benannt.

Verein für Familienforschung in Ost- und Westpreußen e.V., Vors. Oberstltn. von der Oelsnitz, Augustastr. 10.

Verein für Pferderennen und Pferdeausstellungen in Preußen, Cranzer Allee 4.

Verein für wissenschaftliche Heilkunde, Vors. Prof. H. Assmann, Drummstr. 25/29.

Vereinigte Asphalt- u. Teerprodukt- Fabriken G.m.b.H., am Güterbahnhof Nord.

Vereinigte Braunkohle- und Briketthandelsges. m.b.H., Steindamm 178.

Vereinigte Dampfwäscherei, Fellehner & Co., Hindenburgstr. 49

Vereinigte Innungskrankenkasse, Steindamm 84/86.

Vereinigung der 3 Städte 1724 durch eine königliche Entscheidung. Das Schloß und die königl. Freiheiten, die Burgfreiheit, der Tragheim, Vorder- und Hinterroßgarten sowie die Neue Sorge, blieben außerhalb. Die Amtsbezeichnung lautete nun Königlich Preußische Haupt- und Residenzstadt Königsberg. Erst mit der Städteordnung wurden das Schloß und die kgl. Freiheiten in die Gesamtstadt eingemeindet.

Vereinigung literarischer Freunde E.V., gegr. 1912, von Dr. Karl Bink, Wallenrodtstr. 25.

Verein jüdischer Studenten, V.J.St., gegr. 1904 von A. Pelz, U. Moses und W. Perlis.

Vereinsbank e.G.m.b.H., Vorts.Langgasse 77.

Vereinsleben. In den letzten 100 Jahren hatte Kbg. ein reges und vielseitiges Vereinsleben. Zu den ältesten Vereinen gehörte der Kaufmännische Verein, von den Sportvereinen wurde der Segelclub Rhe bereits 1855 von dem späteren Prof. Ernst Burow gegründet. Die Gesang- und Geselligkeitsvereine, die Sportvereine, studentischen Verbindungen sowie die Züchtervereine sind unter ihren Stichworten aufgeführt. Neben den Kriegervereinen hatten alle Königsberger Truppenteile und die meisten ostpr. Regimenter ihre Traditionsvereinigungen in Kbg.

Verkehrsverein Königsberg e. V., Geschäftsstelle im Empfangsgebäude Hauptbahnhof.

Verkleinerungen. Die trautsten Verkleinerungen liebte jeder Königsberger wie Mutterchen, Du—che, aber auch „Na jache!"

Verlag für Wirtschaftsschrifttum, Otto K. Krausskopf, Kneiph. Langgasse 41.

verpimpeln =verzärteln.

Vertrag von Königsberg. Im Januar 1656 zwang der Schwedenkönig den Gr. Kurfürsten, der noch immer polnischer Lehnsmann war, das Herzogtum Preußen und das unter poln. Oberhoheit stehende Ermland von Schweden zum Lehen zu nehmen.

Viehmarkt, ein dreieckiger Platz, in den die Brückenstraße, der Oberhaberberg und die Straße Friedländer Torplatz mündeten.

Viehverwertungs-Genossenschaft e. G. m. b. H. Vorst. Langgasse 111.

Vierbrüder Platz in Ratshof.

Vierbrüdersäule. Das geschichtl. Ereignis an dieser unweit Metgethen gelegenen Stätte läßt sich nicht genau bestimmen. Ein dt. Ansiedler, Martin v. Golin, erlebte hier einen Überfall. Er entkam und setzte seinen vier gefallenen Gefährten ein Kreuz. 1295 ließ es der Landmeister Meinhard von Querfurt durch eine hölzerne Säule ersetzen. Nach mehrfachen Erneuerungen wurde 1898 die bis in die neueste Zeit erhaltene Betonsäule errichtet. Auf der anderen Seite der Landstraße lag der „Vierbrüderkrug", ein beliebtes Ausflugsziel der Königsberger, besonders nach Schlittenfahrten.

Viktoria-Apotheke st. 1898, Inh. K. Thiel, Sackheim 21.

Viktoriastraße von der Kaiserstraße zur Vorstädtischen Hospitalstraße.

Vitte, hanseatische Niederlassung zum Fang und Verpacken von Heringen.

Vogelgasse auf der Lastadie.

Vogelweide s. Rossitten u. Thienemann, J.

Vogelwarte nördl. Querstr. der Hufen-Allee.

Voigdt, Georg, * Kbg. 1827, † Leipzig 1891. Historiker. Nach dem Studium an der Albertina gab V. 1855 in München die „Deutschen Reichstagsakten" heraus. 1860 wurde er Professor in Rostock und 1866 in Leipzig. V. schrieb u. a.: „Die Wiederbelebung des klassischen Altertums", 1859; „Die Kyffhäusersage", 1871; „Die Geschichtsschreibung über den Schmalkaldischen Krieg".

Voigdt, Johannes, * Bettenhausen/Thür. 1786, † Kbg. 1863. Historiker. V. studierte in Jena Theologie, dann Geschichte und Philologie. Seit 1817 wirkte er als Professor in Königsberg. Sein Weg führte ihn in die Geschichte des alten Ordenslandes, so daß er einmal schrieb: „In alter Ordenszeit ist's ganz herrlich allhier." Durch sein Interesse am Wiederaufbau der Marienburg stand er in engen Beziehungen zu Schön und Eichendorff. V. war Rektor in den Jahren 1830, 1840 und 1847. 1854 wurde er zum ständigen Mitglied des Preußischen Herrenhauses ernannt. Sein bedeutendstes Werk ist „Geschichte Preußens" Königsberg 1839, außerdem verfaßte er: „Hildebrand als Papst Gregor VII", 1815, 1846; „Geschichte Marienburgs, der Stadt und des Haupthauses des dt. Ritterordens in Preußen", 1824; „Handbuch der Geschichte Preußens bis zur Reformation", 3 Bände, 1841—43.

Voigdt, Karl Ferd., * Gr. Gnie/Gerd. 1804, † Kbg. 1887. Nach dem Studium an der Albertina wurde V. 1831 Prediger und Religionslehrer am Friedrichskolleg und 1839 Pfarrer an der Sackheimer Kirche. 1844 gründete er den Königsberger Gustav Adolf-Verein. 27 Jahre gehörte er dem Zentralvorstand des Vereins an, der seinen Sitz in Leipzig hatte. V. schrieb: „Zur Erinnerung an J. F. Herbart" und die Geschichte des Gustav Adolf-Hauptvereins im „Gustav Adolf Boten für die Prov. Preußen", 1847. 1910 wurde eine Gedenktafel an seinem Wohnhause angebracht.

Voigdtstraße, seit 1910 von der Sackheimer Kirchenstraße zur Ziegelstraße, benannt nach dem Pfarrer Karl Ferdinand Voigdt.

Volksbäder. Vollbrausebäder befanden sich Neue Dammgasse 32, Sackheim 108a sowie Unterlaak 15—16.

Volksbund für das Deutschtum im Ausland, VDA, Geschäftsstelle Vorderroßgarten 31.

Volkshochschule st. 1930 in dem Gebäude am Roßgärter Markt, das die Mädchengewerbeschule geräumt hatte.

Volks-Schulen. 1624 erhielt der Roßgarten, 1634 der Steindamm, 1636 der Tragheim, 1654 der Sackheim eine Schule. 1629 erste Armenschulen in Königsberg. Gemäß Gesetz über die Allgem. Schulpflicht von 1819 begann die Stadt 1822 mit dem Bau von Volksschulen; ab 1838 wurden Knaben- und Mädchenschulen getrennt. 1865 hatten die Volksschulen 6159 Schüler. — 1882 wurde eine Stadtschulratstelle geschaffen, die bis 1885 Dr. Otto Pfundtner innehatte. 1883 gab es in Königsberg 20 298 Schüler und Schülerinnen. 1886 wurde die erste Hilfsschule gegründet. — Von 1886—1910 war Dr. Tribukait Stadtschulrat. — Ab 1889 kein Schulgeld mehr in den Volksschulen. — Bereits 1898 wurden Zahn-Schulärzte von der Stadt angestellt. — 1910 wurde Prof. Dr. Stettiner Stadtschulrat. — 1911 hatte Königsberg 24 Volks- und 4 Hilfsschulen. — 1914 wurden 27 von 33 Schulen Lazarette. — 1919 wurden alle Königsberger Vorschulen aufgelöst. 1928 wurde die Friedrich-Ebert-Schule am Rudauer Platz eröffnet und 1932 wurde der östl. Flügel der Kürassierkaserne von der Herderschule bezogen. Königsberg hatte 1938 44 Volksschulen mit 644 Lehrern und 28 704 Schülern. Es seien genannt: Bülowschule, Dinterschule, Farenheidschule, Friedrich-Ebert-Schule, Frischbierschule, Goltzschule, Heidemannschule, Herbartschule, Herderschule, Hippelschule, Kantschule, Krausschule, Lutherschule, Schenkendorfschule, Roonschule, Schönschule, Selkeschule, Simon-Dach-Schule, Walter-Simon-Schule, Tribukaitschule, York- und Zimmermannschule.*

Von-Auer-Allee in Goldschmiede. Benannt nach dem Majoratsherrn von Goldschmiede. Generalmajor Kuno von Auer * Kbg. 1818, † Kbg. 1895. Der Gutsname stammt von Herzog Albrechts Leibarzt Aurifaber, der das Gut geschenkt erhielt.*

Vorderanger, vom Mittelanger zur Löben. Oberbergstraße.

Vordere Vorstadt. Dieser Stadtteil lag südl. des Pregels also der altst. Lastadie und dem Kneiphof benachbart, wurde im Süden vom Zuggraben der späteren Kaiserstraße begrenzt. 1329 hat der Orden dieses Gebiet dem Kneiphof zur Anlegung einer „Lastadie" überlassen; wurde später eine Freiheit des Kneiphofs und erhielt ein eigenes Gerichtssiegel: eine Hand, die aus den Wolken die Waage der Gerechtigkeit hält, beiderseits die Jagdhörner des Kneiphofs. — Dieser Stadtteil wurde mehrfach durch große Brände heimgesucht. Beim letzten Brand 1811 wurde auch das Geburtshaus Kants vernichtet. Der Straßenzug Vordere Vorstadt war die Hauptstraße von der Grünen Brücke zur Kaiser-Straße.

Vorderlomse, von der Altstädt. Holzwiesenstraße zur Plantage.

Vorderroßgarten, vom Roßgärter Markt zum Hinterroßgarten.

Vorstädtische Feuergasse, von der Sattlergasse zur Vorstädt. Hospitalstraße.

Vorstädt. Hospitalstraße, von der Vorst. Langgasse zur Schleusenstraße.

Vorstädtische Langgasse. Von der Kneiph. Langgasse bis zu der Haberberger Kirche wurde der Straßenzug Vordere- und Hintere Vorstadt sowie die Kronenstraße in Vorst. Langgasse umbenannt. — Durch den 1929 in Betrieb genommenen Hauptbahnhof entwickelte sich dieser Straßenzug zu einer der Hauptverkehrsstraßen Königsbergs.

Vorstädtische Oberrealschule, sie wurde 1900 in einem Neubau auf dem Gelände des St.-Georg-Hospitals, Böhmstr. 2, eröffnet und 1925—1928 zur Vollanstalt ausgebaut. Direktoren waren von 1924—1928 Erhard Roß und von 1928—1933 OStD Dr. Karl Ludwig.

Vorwerk & Co., Steindamm 79/80.

Vulkan, als Eisengießerei 1838 von Julius Negenborn am Zuggraben eröffnet. — Eine weitere Vulkan-Gießerei an der Kneiphöfischen Holzwiese wurde von den Gebr. Meyer 1866 gegründet. Beide Unternehmen haben nicht lange bestanden.

W

Wachtelstraße in Ponarth.

Waggonfabrik L. Steinfurt AG. Leopold Steinfurt gründete 1830 eine Maschinenfabrik zur Herstellung von Feuerspritzen, Dampfmaschinen und betrieb eine Eisengießerei „Vulkan". Die Fabrik Weidendamm 10 wuchs zusehends, und nach seinem Tode, 1864, war sie eines der wichtigsten Industrieunternehmen Ostpreußens, das vor allem Eisenbahnwaggons herstellte. 1903 Übersiedlung der Waggonfabrik nach Ratshof, wo sie 1906 eine GmbH, 1922 AG wurde. 1921 stellte Steinfurt den 25-tausendsten Eisenbahnwagen her. 1922 beschäftigte die Fabrik 1000 Arbeiter. Die Nachfolger waren Ing. Fritz Heumann und sein Sohn Felix, deren Stadthaus sich am Weidendamm befand.

Wagner, Dr. Ernst Wilhelm, * Anklam 1857. Sein Vater war von 1863 bis 1878 Direktor des Friedrichs-Kollegiums. W. machte das Abitur am Friedrichs-Kollegium, studierte und war von 1878—1885 Lehrer an dieser Schule. 1885 kommt W. als Oberlehrer ans Wilhelmsgymnasium und erhält den Professor-Titel. 1900 wird er Direktor des Gymnasiums in Wehlau, 1901 Direktor des Insterburger Gymnasiums. 1903 bis 1922 ist W. Direktor des Wilhelmsgymnasiums zu Königsberg. 1917 wird ihm der Titel Geheimrat verliehen. Nach seiner Pensionierung hält er die Weiherede zur Enthüllung der Ehrentafel für die gefallenen Wilhelmsgymnasiasten. Bald nach 1927 ist W. verstorben.

Wagner, Dr. Karl Ernst Albrecht, * Berlin 1827, † Dôle 1871. Professor Wagner wirkte seit 1858 an der Albertina; als Direktor der Chirurg. Univers. Klinik konnte er 1863 den Neubau der Klinik durchsetzen. W. nahm am Feldzug 1870/71 als Generalarzt teil und starb an Typhus in Südfrankreich. W. wurde auf dem Königsberger „Gelehrtenfriedhof" begraben.

Wagner, Martin, * Kbg. 1885, † Cambridge 1957. Als Berliner Baurat von 1926—1933 baute W. Wohnsiedlungen in enger Zusammenarbeit mit Gropius, Mies van der Rohe und Scharoun. Von 1936 bis 1950 war W. Lehrer an der Harvard Universität.

Wagner, Richard, * Leipzig 1813, † Venedig 1883. Komponist. Im August 1836 ging W. als Theaterkapellmeister nach Königsberg; dort verheiratete er sich mit der Schauspielerin Minna Planer. W. vertauschte diese Stelle noch Ende des Jahres mit der gleichen in Riga. W. wohnte Steindamm 111, Ecke Monkengasse; dort hing sein Relief von W. Rosenberg.

Wagnerstraße, 1639—1888 Todtengasse, 1888—1933 Wagnerstraße, 1933 fälschlich in Richard-Wagner-Straße umbenannt. Tatsächlich wurde die Straße nach Dr. Karl E. Wagner benannt.

Waisenhäuser. Kgl. Waisenhaus am Sackheimer Tor, gestiftet 1701 von Kg. Friedrich I., 1703 geweiht, gebaut von Joachim Schultheiß von Unfried. Unterhalten von den Rittern des Schwarzen Adlerordens, die zum Unterhalt 50 Dukaten zahlten. 1809 wurde die Waisenhauskirche eingezogen. — Das Tiepoltsche Waisenhaus, von den Apothekereheleuten Tiepolt 1800 gestiftet, war bis 1876 in der Hadergasse, dann wurde es mit dem Städt. Waisenhaus auf dem Sackheim vereinigt in einem Neubau von 1900 am Busoltplatz hinter dem Luisenhäuschen; es hatte damals fünfzig Zöglinge. — Johannisstift, Waisenhaus des Vereins Ev. Johannisstift, Gebauhrstr. 70.

Waisenhausplatz vor dem Sackheimer Tor.

Wald, Wilhelm, * Kbg. 1795, † Kbg. 1879. Ev. Theologe. Nach dem Studium wurde W. Pfarrer in Herrendorf und Schlobitten. — 1822 wurde er Pfarrer an der Altstädt. Kirche in Königsberg und dann von 1826 bis zu seinem Tode Pfarrer an der Haberberger Kirche. W. betätigte sich besonders in der sozialen Arbeit.

Waldau, 1258, zum Kirchspiel Arnau gehörend, östl. von Königsberg gelegen. — Hier hatten schon 1264 zwei samländische Edelleute, treu zum Orden stehend, eine Burg angelegt, die seit 1457 den Hochmeistern zeitweilig als Sommerresidenz diente. — Um 1860 wurde das Schloß für Akademiezwecke umgebaut. Erste landwirtschaftliche Hochschule in Ostpreußen 1858 gegründet, die 1868 nach Königsberg verlegt wurde. Ab 1870 Lehrerseminar, das früher mit dem Kgl. Waisenhaus verbunden war. Es wurde nach dem Ersten Weltkrieg aufgelöst.

Waldburg früher Capustigall, südwestl. von Königsberg. Diese Herrschaft gehörte mehreren Generationen den Grafen Truchsees zu Waldburg. Mit dem letzten Friedrich Ludwig d. III. starb die Familie W. in Preußen aus, der Besitz ging durch seine dritte Tochter an die Grafen zu Dohna-Schlobitten 1844 über. 1938 wurde der letzte Besitzer Eberhard Bolko, der W. 1945 durch den Einmarsch der Russen verlassen mußte. — Schloß W. wurde in der 2. Hälfte des 17. Jh. vom ersten Besitzer im Barockstil erbaut. Friedr. Ludw. Graf Truchsess zu Waldburg erneuerte um 1840 die Fassade im italienisch-klassizistischen Stil und baute einen zweistöckigen Saal ein. Sehr reiche Innenausstattung mit Marmor, Möbeln, Porzellan und einer Bibliothek mit über 10 000 Bänden. Im 30 ha großen Park von Gartenarchitekt Linné zur Zeit Friedrich d. Gr. angelegt, war ein reichhaltiger Baumbestand mit berühmten Exemplaren wie Blutbuchen und Tuja Gigantea.

Waldburgstraße, 1920 an der Stelle der alten nach Norden zur Tragheimer Palve führenden Trift erbaut und benannt nach Karl Heinrich Erbtruchseß und Graf zu Waldburg, * 1686, † 1721, der als Verweser des Amtes Marienwerder mit klarem Blick die tiefen Schäden ständischer Verwaltung erkannte und 1714 dem König eine Denkschrift über die notwendige Steuerreform überreichte. Friedr. Wilh. machte ihn daraufhin zum Präsidenten des Königsberger Kriegskommissariats, als welcher er das „Retablissement" durchführte. Minister von Görne beendigte sein Werk.*

Waldstraße von der Juditter Kirchenstr. zur Ringstraße.

Wallach, Otto, * Kbg. 1847, † Göttingen 1931. Chemiker. W. ging 1870 zu Kekulé v. Stradonitz nach Bonn, wo ihn der Krieg überraschte. Doch kehrte er 1872 nach Bonn zurück, habilitierte sich und wurde 1876 a. o. Professor. Vertretungsvorlesungen in der Pharmazie führten ihn auf das Gebiet der ätherischen Planzenöle, für deren Erforschung er ein Programm aufstellte, hieraus wuchs seine wissenschaftliche Lebensaufgabe. — In Göttingen konnte W. 1901 ein diesbezügliches Ordinariat begründen. 1910 erhielt er den Nobelpreis für Medizin, dem bald weitere Ehrungen folgten.

Wallenrodt, Johann Ernst v. * Tapiau 1615, † Kbg. 1697. Sohn des Martin v. W. Er studierte Jura und alte Sprachen; nach jahrelangen Reisen wurde er 1640 Amtshauptmann in Tapiau, 1651 Oberrat in Königsberg, 1660 Landhofmeister. Seines Vaters Bibliothek vermehrte er und brachte sie 1650 in zwei vom Kneiph. Rat erworbenen Zimmern im südl. Domturm unter.

Wallenrodt, Martin v., * 1570, † Kbg. 1632. W. studierte in Königsberg und Marburg Jura. 1619 kooptierte die pr. Regierung, die Oberratsstube in Königsberg, den 49jährigen Landrat und Hauptmann von Tapiau Martin v. W. und übertrug ihm das wichtige Kanzleramt. Der Albertina ließ er seine besondere Förderung angedeihen. Seine Zuneigung gehörte seinen Büchern; sie enthielt zum Zeitpunkt seines Todes 2000 Bücher und bildete den Grundstock der von ihm gestifteten Wallenrodtschen Bibliothek.

Wallenrodtsche Bibliothek. Sie befand sich seit 1650 in zwei Zimmern im südl. Domturm. Das erste Zimmer wurde von Gregor Singknecht ausgemalt, das zweite von Isaak Riga mit Palmbäumen, Figuren und anderen Schnitzereien barock ausgestaltet. Das Ganze war ein Gelehrtenwinkel von so feinem Reiz, daß E.T.A. Hoffmann seinen Archivarius Lindhorst hier herumgeistern ließ. Selbst dessen Name war der eines Königsberger Stadtsekretärs. 1673 gab W. die Bibliothek zur öffentlichen Benutzung frei. 1721 kam sie unter Staatsaufsicht und wurde 1908 der Kgl. Staatsbibliothek unterstellt. Heute ist sie verschollen.*

Wallenrodtstraße. Seit 1906 war der ganzen Familie Wallenrodt zu Ehren, die schon den Hochmeister Konrad v. Wallenrodt, 1391—1393, hervorgebracht hatte, eine Straße in Maraunenhof benannt.

Wallring, von der Kniprodestraße bis zum Oberteich.

Walsche Gasse, von der Tragh. Kirchenstr. zum Steindamm. 1815 von Oberbaurat Valerian Müller nach dem Welschen Paul

Skalich benannt, der Herzog Albrecht großen Grundbesitz in dieser Gegend abgegaunert hatte.

Walsdorff, Alfred, * Kbg. 1881, † Wernigerode 1965. Pädagoge. W. studierte an der Albertina Mathematik, Physik und Latein. Er wurde bereits 1908 Oberlehrer an der Königin-Luise-Schule. Im März 1915 wurde er an der Ostfront schwer verwundet, so daß er nicht mehr frontdienstfähig blieb. Sein offener Sinn für jeden Fortschritt und sein Streben, der Frau die gleiche Bildung wie dem Manne zu ermöglichen, sowie sein Organisationstalent befähigten ihn zur Leitung eines Lyzeums. So wurde W. 1921 bei der Umwandlung der privaten Mädchenschulen in städtische bzw. staatliche Oberschulen die Leitung des Hufen-Oberlyzeums übertragen. Oberstudiendirektor W. hat diese Schule bis Januar 1945 geleitet. — Nach der Vertreibung war W. 4 Jahre Gymnasialdirektor in Tangermünde. Seinen Lebensabend verbrachte er in Wernigerode; dort verwandte er seine letzten Kräfte dazu, seine Königsberger Kolleginnen und seine Schülerinnen zusammenzuführen.

Walter, Johann Gottlieb, * Kbg. 1734, † Berlin 1818. Anatom. Nach dem Studium in Königsberg und Berlin promovierte W. 1757 in Frankfurt/O. und wurde 1760 Prosektor an der Anatomie in Berlin und wurde dort 1774 Professor. — W. erwarb sich besondere Verdienste durch den Aufbau einer bedeutenden Sammlung, die der Grundstock des Berliner Anatomischen Museums wurde.

Walter-Simon-Platz, benannt nach dem Wohltäter Königsbergs, dem Geh. Rat Prof. Walter Simon. 1892 schenkte S. der Stadt den dann nach ihm benannten Sportplatz von 6,83 ha auf den Mittelhufen — damals in sportfeindlicher Zeit ein großer Gedanke und ein großes Geschenk. — 1913 wurde vor dem Platz das Yorckdenkmal enthüllt. — 1933 wurde er entgegen den Bestimmungen des Stifters Aufmarschplatz und in Erich-Koch-Platz umbenannt.*

Walterstraße auf den Hufen, von der Gluckstraße zur Lortzingstraße.

Walzmühle. Sie wurde 1890 in Ratshof am rechten Pregelufer erbaut. Die Walzmühle war die größte je gebaute Roggenmühle und verarbeitete jährlich 43 000 t meist russischen Roggen. Die Königsberger Mühlenwerke verkauften sie 1927 an die Brüder Gustav und Erich Karow. Das vermahlene Getreide wurde als Mehl exportiert, die Kleie der Landwirtschaft zugeführt.*

Wanderdünen auf der Kurischen Nehrung. Wegen dieser Dünen, die den größten Teil der Nehrung bedecken, wird sie auch „Europäische Sahara“ genannt. Die Wanderdünen werden bis zu 66 m hoch. — Sie entstanden teilweise bereits in der Ordenszeit als Folge des Abholzens der Nehrungswälder zu Bauzwecken. Schon 1569 verschüttete eine Wanderdüne das Dorf Alt-Kuntzen, im Lauf der Jahrhunderte noch weitere 6 Orte. Um 1900 wurden die Dünen, die Ortschaften bedrohten, durch Bepflanzung festgelegt. — Auch auf der Frischen Nehrung befindet sich eine große Wanderdüne, die etwa 30 km südl. von Pillau liegt.

Wanger Spitze westl. von Neukuhren. Von hier aus überblickt man den ganzen Küstenstreifen von Brüsterort bis Cranz mit seinen nackten, teils in Grün gekleideten Steilküste. Im Schutz der Wanger Spitze liegt der Fischereihafen von Neukuhren.

Warenhäuser.

Alexander & Echternach, Nachf. Reinold & Horten, Altstädt. Markt 1/6.

Berliner Warenhaus A. Bennheim, Nfl. Steinmetz & Co, Französische Str. 8/10.

Defaka, Dt. Familienkaufhaus G.m.b.H., Steindamm 147.

Karstadt, Rudolph, A.-G., Schmiede-Str. 14/18 und Altstädt. Markt 9/10.

Kaufhaus S. Kiewe & Co., Nachf. Willfang, Müller & Co., Altstädt. Langgase 25/29.

„Kepa", Akt.-Ges., Steindamm 149.

Wargen, ein Kirchdorf westl. von Königsberg. Die Höhe südl. des Stausees birgt im Walde Erdwälle und Gräben aus heidnischer Zeit. Das „Feld in Wargen" wird urkundl. erstmals 1281 erwähnt. — 1299 wurde das Haus W. erbaut, ein untergeordneter Amtshof mit einem Ordensbeamten. — W. lag am Knick des Flüßchens, das beim Bau des Landgrabens zum See aufgestaut worden ist. Mitte des 14. Jh. wurde hier die Kirche als Burgkapelle in der Vorburg erbaut. Wertvoll sind besonders die Tierfiguren auf den Schlußsteinen. An der Stelle der eigentlichen Hauptburg stand das Pfarrhaus dicht am See. 1780 waren nur noch Reste erhalten. — W. war ein beliebtes Ausflugsziel der Königsberger, die gern vom alten Krug aus den Blick über den See auf das malerisch gelegene Schloß Preyl, den Sitz der Grafen von Lehndorff, genossen.

Warnicken an der Nordküste des Samlands, Gutsbetrieb und Oberförsterei. Seit 1900 Endstation der Samlandbahn. — Hier unterbricht die malerisch reizvolle Wolfsschlucht die hohe Steilküste. Nach Osten schließt sich der Naturpark mit der Jägerspitze an.

Wartburg, Akadem. theol. Verbdg., gegr. 1868, Heim Nachtigallensteig 14.

Wartenburg-Straße von der Cäcilien-Allee zur Auguste-Viktoria-Allee.

Wasianski, Ehregott Andreas Christoph, * Kbg. 1755, † Kbg. 1831. Ev. Theologe. W. studierte seit 1772 zuerst Medizin dann Theologie an der Albertina. 1780 wurde W. Kantor an der Tragheimer Kirche, 1808 Pfarrer als Nachfolger von Göckingk. W. war Kants Amanuensis in dessen letzten Lebensjahren, Verwalter seines Hausstandes und seines Vermögens. Er schrieb daraüber 1804 die aufschlußreiche Schrift „Kant in seinen letzten Lebensjahren". Mit dem Mechanikus Garbrecht zusammen erfand W. den Bogenflügel, doch wurden nur zwei Stück von diesem Musikinstrument gebaut.

Wasser-Gasse von der Koggenstraße zum Altstädtischen Markt.

Wassermühlen. Bereits 1299 wurde eine Ordensmühle erwähnt, diese Obermühle lag auf dem Gelände der späteren Junkerstr. 10, sie wurde von einem vom Oberteich abgezweigten Mühlenfließ betrieben. Die Mühle ist 1867 abgebrannt. Wo der Mühlenberg sich senkte, stand die altersgraue Mittelmühle, sie wurde erst 1908 abgebrochen. Die schon 1257 erwähnte Untermühle lag im Mühlengrund, sie diente dem Orden, später den Löbenichter Bauern als Malzmühle. — Der durch die 3. Fließstraße nach dem Paradeplatz zu fließende Bach trieb einige Mühlen, wie die Pulvermühle am Ende der Tragheimer Pulverstraße, sie brannte 1692 ab, sowie die Tragheimer Mühle, die Weißgerber- und Tuchmachermühle.

Wasserpoeten. Königsberger volkstümliche Bezeichnung für Gelegenheitsdichter, die jedes Stadtereignis und Familienfest in endlosen Poemen bereimten. Einer der bekanntesten Wasserpoeten war der Königsberger Joh. Friedr. Lauson, * 1727, † 1783.*

Wasserstraßendirektion, Mitteltragheim 40 B. Sie verwaltete — auf Grund des Staatsvertrages, betreffend den Übergang der Wasserstraßen von den Ländern auf das Reich, vom 31. 3./26. 9. 1921 — als pr. Landesbehörde, einstweilig, die Reichswasserstraßen in Ostpreußen auf Kosten des Reichs und unter Leitung des Reichsverkehrsministeriums. Sachlicher Aufgabenbereich: Bau, Unterhaltung der Reichswasserstraßen, Betrieb der zugehörigen Anlagen, Wahrnehmung der strom- und schiffahrtspolizeilichen Befugnisse. Reichswasserstraßen in Ostpreußen waren neben den Seewasserstraßen folgende Binnengewässer: Alle, Angerapp, Cranzer Beek, Frisches Haff mit Königsberger Seekanal, Kurisches Haff, Memel, Pregel,

Ruß, Skirwieth und Masurischer Kanal. Leiter war Direktor Aloys Schäfer.

Wasserversorgung. Der Orden legte im Samland bei Wargen Stauteiche an und führte deren Wasser in dem über 17 km langen Landgraben nach Königsberg. Das Wasser aus dem Trankwitzer-, dem Philipps- und dem Fürstenteich wurde ebenfalls gestaut und dem schon 1388 erwähnten Landgraben zugeleitet, er mündete ursprünglich in den Oberteich. Dieser, auch Fischteich genannt, ist schon 1330 erwähnt; sein Wasser wurde in vier Holzröhrenleitungen in die Stadt geleitet. Im Lauf der Jahrhunderte wurden öffentliche und private Brunnen für die Trinkwasserversorgung angelegt. — Der Baudirektor Schultheiß von Unfriedt beantragte 1709, die Brunnen durch Pumpen zu ersetzen. Der König befahl daraufhin bei Gelegenheit von Reparaturen die Umstellung auf Pumpen vorzunehmen. Noch 1722 gab es in Königsberg insgesamt 1370 Brunnen. Bis 1870 lag die Wasserversorgung noch sehr im argen. Nach einem Plan des Baurats Henoch legte die Stadt 1871/73 eine Wasserleitung an, die aus einem 5 km langen unterirdischen Kanal vom Dammteich zu einem Sammelbecken in Dammkrug und einer 8 km langen Rohrleitung von dort zum Verteilungsreservoir in Hardershof bestand. Sie brachte das Wasser aber, bis 1879 ein Pumpwerk angelegt wurde, nur in die unteren Stockwerke der Häuser. 1883 mußte man die Wargener Wassermühle kaufen, weil man die Verfügung über das Wasser des Pilzenteiches brauchte. Durch den Anschluß des Landgrabens an das Wasserwerk 1882/83 wurde zwar die Versorgung verbessert. Sie wurde aber erst dann wirklich ausreichend, als man 1887/90, einer Anregung des verstorbenen OB Hoffmann folgend, eine Talsperre bei Wiekau errichtete und einen Stauteich mit 1 860 000 cbm Wasser schuf, ein Werk des Stadtbaurats Naumann. Vom Wiekauer Teich führte ein Leitungsgraben über den Mühlfelder Teich zum Landgraben. Dessen Unterlauf wurde 1894 trockengelegt, als eine Rohrleitung vom Fürstenteich nach dem Wasserwerk Hardershof gelegt wurde. 1910 wurde das Quanditter Fließ zu einem Teich mit 1,3 Mill. cbm Fassungsvermögen aufgestaut. Die ständige Vergrößerung der Anlagen erreichte 1912 eine Länge des Rohrnetzes von 183 000 m. Der Wasserverbrauch betrug über 7 Mill. cbm. Die Wasserversorgung wurde 1928 durch ein Flußwasserwerk bei Jerusalem verbessert, in dem Pregelwasser in sehr komplizierter Weise in Trinkwasser umgewandelt wurde. Schließlich wurde das Wasserwerk Hardershof bis 1932 vergrößert und modernisiert sowie dazu der Dammteich höher aufgestaut.

Wasserwirtschaftsamt Kbg., Kollegienplatz 2.

Weber-Straße von der Hermann-Allee zur Bach-Straße.

Wedelstädt, Helmut von, * Mülheim/Ruhr 1902. Jurist, Landeshauptmann. Nach seinem Studium war W. seit 1925 Referendar beim Amtsgericht Mülheim/Ruhr und bei den Regierungen Münster und Köln, von 1929—1932 Regierungsassessor beim Landratsamt und der Regierung Königsberg. Von 1932 beim Preußischen Ministerium des Inneren zuletzt als Oberregierungsrat. — Von August 1936—1945 Landeshauptmann der Provinz Ostpreußen. — Nach Kriegsende in einer Anwaltspraxis, wurde W. 1957 Rechtsanwalt und seit 1974 auch Notar. 1952—69 Mitglied des Rats der Stadt Mülheim/Ruhr, Träger des goldenen Ehrenrings der Stadt.

Weder, Karl, * Köln 1900, † Kbg. 1943. Theologe. Nach dem Studium war W. Hilfsprediger an der Burgkirche, dort wurde er 1927 der 2. Geistliche. W. war seit 1939 Vors. der Kommission für ostpr. Kirchengeschichte, sein Interesse galt der Bibel- und Missionsarbeit. Als Mitglied der Bekennenden Kirche 1936 ins Konsistorium berufen, wurde er 1943 aus diesem Amt beurlaubt.

Wegnern, Dr. Carl Ludwig von, * Kbg. 1777, † Kbg. 1854. W. war ein Nachkomme Georg v. Kunheims und damit Luthers. W. studierte an der Albertina Jura und wurde bereits 1809 Oberlandesgerichtsrat. 1824 als Nachfolger Morgenbessers Chefpräsident des Oberlandesgerichts und des Tribunals in Königsberg, damit Kanzler des Königreichs Preußen, bis er 1849 in den Ruhestand trat. W. genoß allgemeines Vertrauen und wurde schon 1844 Ehrenbürger der Albertina. Seine schöne Bibliothek vermachte er der Stadtbibliothek. Eine Gedenktafel hing an seinem Haus Königstr. 56.*

Wehlau. In der Deltamündung der Alle lag auf einer Insel eine Befestigung der Preußen, die Wetau oder Wetalo hieß. Der Orden hat die Preußenfeste schon bald besetzt und 1258 wird „Velowe" erwähnt und die Ordensburg 1280 von den Sudauern zerstört. W. entwickelt sich zum Marktort. Die Kirche wird 1347 durch die Litauer zerstört. 1349 wurde das Franziskanerkloster an der Stelle der ehem. Burg erbaut. 1380 erhielt die Stadt eine Mauerbefestigung und die Kirche wurde wiederhergestellt. Auch ein Bernhardinerkloster wurde 1447 gegründet. Beide Klöster sind jedoch 1520 aufgehoben worden. 1537 kommt es zur Gründung der Lateinschule, die eine hohe Blüte erlebte. — Im Vertrag zu Wehlau gewann der Gr. Kurfürst am 19. September 1657 die 1525 verlorene Souveränität in Preußen vom König von Polen zurück. Seit dem 19. Jh. brachten neben dem Jahrmarkt der alljährliche Pferdemarkt gute Einkünfte. Um 1900 hatte W. 5400 Einwohner, im Jahr 1930 nach Eingemeindungen 8079.

Wehner-Straße in Maraunenhof, vom Oberteichufer zur Hoverbeck-Straße.

Wehrkreisbefehlshaber
Befehlshaber des Wehrkreises I und Kommandeure der 1. Division waren die Generale

Ludwig von Estorff	1919—1920
Fritz von Dassel	1920—1924
Wilhelm Heye	1924—1926
Friedrich von Esebeck	1926—1929
Werner von Blomberg	1929—1933
Walther v. Brauchitsch	1933—1938
Georg von Küchler	1938—1939

Seit 1935 waren die Wehrkreisbefehlshaber Kommandierende Generale des I. Armeekorps. General von Küchler war seit August 1939 Oberbefehlshaber des Armeeoberkommandos 3, das nach dem Polenfeldzug in AOK 18 umbenannt wurde.

Wehrkreiskommando I.
Seit 1919 lag der Stab im Kommandanturgebäude Hinterroßgarten 43, das Wehrkreisverwaltungsamt befand sich in der Wilhelmstraße 1—2. 1931 bezogen die Stäbe des Wehrkreiskommandos und der 1. Division Neubauten in der Cranzer Allee.

Wehrkreis-Waffenmeisterei in der Rothensteiner Straße. Sie unterstand dem Heereszeugamt und beschäftigte bis zu 700 Handwerker und Arbeiter.

Weidendamm, er wurde von den Altstädtern nach dem Bau der Holzbrücke auf der nassen Lomse-Insel 1454—1466 angelegt, mit Weiden bepflanzt und diente zunächst als Speicherviertel. An der Kaiserbrücke stand ein klassiz. Gartenpavillon mit Kuppel.*

Weidlich, Jos., Glas- und Porzellanwaren, Hökerstr. 26/29, Fil. Paradeplatz 3/4.

Weihnachtsmusik s. Stadtmusikanten.

Weinberg, Hans, * Elbing 1882, ermordet Kbg. 1945. W. kam aus einer Königsberger Kaufmannsfamilie. Er war musikalisch und sehr an Sport interessiert. 1900 gründete er den späteren VfB. Im Ersten Weltkrieg mit dem EK ausgezeichnet, wurde er Sportoffizier des I.AK., später Bezirksjugendpfleger für den Reg. Bezirk Königsberg. W. schuf die Ostpr. Landes-Sportschule in Metgethen und gründete 1918 den VfK, den Verein für Körperübungen. Kurz vor Kriegsschluß mußte W. einen schrecklichen Tod erleiden.

Weinstuben. Blutgericht im Schloßhof. — C. B. Ehlers, Altst. Bergstr. 5. — Jüncke, Kneiphöf. Langgasse 10. — Knoop, Gr. Schloßteichstr. 8. — Jüttner & Co., Schloß-Ecke Kantstraße. — Ratskeller, Altstädt. Langgasse 24. — Schlenther & Co., Ecke Kneiphöf. Langgasse und Magisterstr., 1850 gegründet. Hier war Ende des 19. Jh. Robert Johannes vorübergehend Wirt, ab 1914 Hermann Weide. — Steffens & Wolter, seit 1810, Kneiphöf. Langgasse 27, in einem prächtigen dreistöckigen Renaissancehaus von 1635, Treppenportal aus Sandstein, Nischen für Laternen, ornamentgeschmückte Fronten und Giebel, im Innenportal der Diele prächtige Holzschnitzerei. Im hinteren Teil des Hauses befand sich ein Kreuzgang und eine Treppe aus gotländischem Sandstein. Dort stand der „Millionentisch", ein gewaltiger Rundtisch, von dem man einen schönen Ausblick auf den Pregel hatte. Die Küfer, die hier reiche Reeder und Exporteure bedienten, trugen blau-rot gestreifte Kittel und große Lederschürzen.*

Weise, Erich, * Krefeld 1895, † Hannover 1972. Historiker. W. studierte an der Albertina und legte 1921 das Staatsexamen für das höhere Lehramt ab, das er infolge Krankheit nicht antreten konnte. Er promovierte und trat die Archivlaufbahn an. Seine zahlreichen Werke befaßen sich vorwiegend mit der Ordensgeschichte Preußens. Sein bekanntestes Buch: Handbuch der historischen Stätten in Ost- und Westpreußen.

Weisgerber, Antje, * Kbg. 1921. Schauspielerin. Sie absolvierte die Schauspielschule des Berliner Staatstheaters und wurde als 19jährige bereits dessen Mitglied. 1943 kam sie ans Burgtheater, wo auch ihr Ehemann, Horst Caspar, spielte. Ab 1945 spielte sie am Deutschen Theater in Berlin, 1950 ging sie für vier Jahre nach Düsseldorf und von dort nach Hamburg. Sie trat auch im Fernsehen auf. Ihre wichtigsten Rollen waren: Das Gretchen im „Faust", die Amalia in „Die Räuber", die Lucille in „Dantons Tod", die Johanna in „Die Jungfrau v. Orleans" und die Titelrolle in Lessings „Minna v. Barnhelm".

Weiß, Bernhard, * Kbg. 1827, † Berlin 1918. Ev. Theologe. Prof. für N.T. in Königsberg, Kiel und Berlin, bedeutende Arbeiten zur nt. Textkritik, besonders Kommentare zu nt. Büchern. W. war Oberkonsistorialrat und 1886—96 Präsident des Zentralausschusses für Innere Mission.

Weiss & Co., Carl, Spiel- und Sportwaren, Junkerstr. 5.

Weiß, Georg Bernhard, * Kbg. 1798, † Kbg. 1873. Ev. Theologe. W. mußte schon 1820 eine Lehrerstelle an der von seinem Vater gegründeten Töchterschule übernehmen. 1831 wurde er Pfarrer an der Tragheimer Kirche. 1855 gab er ein Religionsbuch heraus, das jahrzehntelang im Konfirmandenunterricht benutzt wurde. Als Mitglied des Königsberger Konsistoriums wurde er 1868 Oberkonsistorialrat und 1873 Dr. theol. h. c.

Weiß, Johann Gottlieb, * Konradswalde/Brieg 1762, † Kbg. 1819. Ev. Theologe. 1791 Pfarrer in Tharau, seit 1797 an der Altstädt. Kirche, später Superintendent. Um die Volksbildung bemüht, gründete er 1811 eine Töchterschule auf dem Kneiphof, aus der die Königin-Luise-Schule hervorging. W. gab eine Fibel und ein Religionsbuch heraus.

Weißel, Georg, * Domnau 1590, † Kbg. 1635. Dichter. W. war seit 1623 der erste Pfarrer an der Altroßgärter Kirche in Königsberg und Mitglied des Königsberger Dichterkreises. Er schuf 20 Kirchenlieder, von denen drei noch gesungen werden. Sie lassen den Einfluß von Martin Opitz erkennen.

Weißgerber-Straße, vom Roßgärter Markt zur Schloßteichbrücke.

Weller, Ernst, Schneideratelier, Tragheimer Kirchenstraße 38.

Weller, Heinrich Ludwig, * Tilsit 1819, † Kbg. 1893. Kaufmann. W. gründete 1848 eine Kolonialwarengroßhandlung, die bis 1900 bestanden hat. W. gehörte zu den führenden Demokraten der Bürgerschaft und war in vielen Ämtern tätig; er war Vorsitzender der von ihm gegründeten Königsberger Handels-Kompagnie, Stadtverordnetenvorsteher 1876—1890, von 1861 bis 1882 im Vorsteheramt der Kaufmannschaft. Kommerz- und Admiralitätsrat W. wurde 1891 Ehrenbürger der Stadt Königsberg. Verheiratet war er mit Charlotte Michelly. Sein Sohn kaufte 1896 das Gut Metgethen.

Weller-Straße in Kummerau, Nebenstraße der Kummerauer Straße.

Wendler Nachf., Wilhelm, Inh. Paul Struwe, Spezialhaus für Zimmereinrichtungen, Schmiedestr. 19 und Bettenhaus, Schloßberg 1.

Wengtiner waren die Landstreicher.

Wenter, der Fischsack, auch Fangsack.

Werften. Noch die jüngsten Darstellungen der Geschichte unserer Heimatstadt sind von dem Irrtum beherrscht: „In Königsberg habe es keinen nennenswerten Schiffbau gegeben." Das Gegenteil ist richtig. Schon für das 17. Jahrhundert könnte man dies anhand von Stadtplänen und Kirchenbüchern nachweisen. Für das 18. Jh. haben wir als vorzügliche Quellen die rund 150 Reprintbände des „Register-Book of Shipping", die Lloyds London ab 1764 herausbrachte und das Bürgerbuch der Stadt Königsberg, 1746—1809, zur Verfügung, das Carl Schulz und Kurt Tiesler ediert haben. In dem ersten Werk findet man fast alle Königsberger Schiffe, in dem zweiten deren Erbauer.

„Werften", wie wir sie uns vorstellen, gab es erst in der zweiten Hälfte des 19. Jh. Zuvor wurde jedes flache Gelände an schiffbarem Wasser als Schiffbauplatz angesehen. In Königsberg lagen die früheren Schiffbauplätze überwiegend auf der altstädtischen Lastadie, also am Hundegatt. Erst später nahmen die Schiffszimmermeister von den Ufern der Vorstadt, der Insel Venedig und dem gegenüberliegenden Lizent Besitz. Am Schiffbau beteiligten sich mehrere Handwerke. Für die Zeit von 1746—1809 nennen Schulz/Tiesler insgesamt 83 Schiffbauhandwerker. Ein Teil dieser Handwerker, insbesondere Reifschläger, Block- und Kompaßmacher waren aus anderen Hafenstädten zugezogen, angelockt dadurch, daß der Magistrat Königsberg ihnen die Bürgergeldgebühr erließ.

Einen großen Aufschwung nahm der Königsberger Schiffbau nach dem Siebenjährigen Krieg. Friedrich der Gr. förderte bewußt die Benutzung der Wasserwege. Gegen Ende seiner Regierungszeit wurden in Königsberg jährlich 10 bis 15 Schiffe gebaut. Diese Zahlen wurden durch den Jahrgang 1804 noch übertroffen:

7 Vollschiffe
4 Barken — als Dreimaster
2 Briggen
7 Galeassen
1 Schmack, also 21 Schiffe.

Die Königsberger Reeder konnten ihre Schiffe im amerikanischen Freiheitskrieg 1776—83 mit Gewinn einsetzen, da sie gegenüber Amerika und auch gegenüber Groß-Britannien neutral waren. Die feste Bauart der Königsberger Schiffe brachte damals Aufträge aus vielen Ländern ein. Das größte Segelschiff, das je in Königsberg gebaut wurde, gehörte dieser Periode an, die „Enterprise" mit 2537 Kubikmetern Raumgehalt. Von den vielen Schiffbauern werden genannt: Peter Korn, Philipp Gutzeit, Friedrich Thalmann und Georg Philipp Abegg, sie waren fast alle zugleich auch Reeder.

Die napoléonischen Kriege machten alles zunichte. Durch Napoléons unmäßige Kontribution verarmten Stadt, Kaufleute und Reeder. Beispielsweise wurden in dem Jahrzehnt 1840—1849 nicht mehr Schiffe gebaut als in dem einzigen Jahr 1804.

Jedoch wissen wir über die Schiffszimmermeister des 19. Jh. einigermaßen Bescheid und können sie mit bestimmten

Schiffen in Verbindung bringen. So baute etwa Zacharias Fischer, von 1812—40 tätig, am Neuen Graben die Brigg „Königin Elisabeth“, so Daniel Schwanebeck die Galeasse „Triton“, Ludwig Eggert an der Insel Venedig die Bark „Farewell“. Das letzte in Königsberg gezimmerte Segelschiff entstand auf der Helling von Karl Eggert 1868, die Bark „Elverhöj“ für einen norwegischen Reeder. Insgesamt bauten Königsberger Schiffszimmermeister in der Zeit, die wir übersehen können, zwischen 1740 und 1868 nicht weniger als 529 Seeschiffe, die großenteils auch in Königsberg beheimatet blieben.
1828 wurde die Union-Gießerei gegründet. 1855 baute sie den ersten eisernen Flußdampfer für Königsberg, die „Schnell“. 1869 übernahm der Schiffszimmermeister Gustav Fechter junior aus Elbing die Eggert'sche Werft und baute ab 1884 Flußdampfer, hauptsächlich für die südrussischen Ströme; die Union-Gießerei fertigte die Maschinen für diese Schiffe. Nach einigen Umzügen am Pregel-Ufer schlossen sich die beiden Firmen 1912 in Contienen zu einer Schiffswerft zusammen. Weiterer Schiffbau s. Union-Gießerei.

Werfthalle. Sie wurde 1904 am Pregel in der Gr. Krangasse erbaut. Die per Schiff ankommenden Stückgut-Kolli wurden durch 6 große Laufkräne auf die doppelstöckige Rampe der Halle gehievt. Die Verwaltung der Werfthalle lag in den Händen der Königsberger Hafenbetriebsgesellschaft.

Werkstätten-Straße in Ponarth, Querstr. der Ponarther Straße.

Wermke, Ernst, * Kbg. 1893. Bibliothekar, Bibliograph. W. studierte an der Albertina Geschichte und promovierte zum Dr. phil. W. wurde 1923 Bibliotheksrat an der Königsberger Staatsbibliothek. 1931 erschien der Hauptband seines Lebenswerks „Bibliographie zur Geschichte Ost- und Westpreußens“. Jahrzehntelange Arbeit brachte sein Werk auf mehr als 47 000 Titel. 1934 schrieb er über die deutschen Bibliotheken des Ostens. Im Zweiten Weltkrieg wurde er zur Ordnung des franz. Bibliothekswesens nach Paris abgeordnet.

Werner, Zacharias Friedr. Ludw., * Kbg. 1768, † Wien 1823. Seine Jugend verlebte W. im gleichen Hause wie E. T. A. Hoffmann, ohne ihm in jener Zeit näherzutreten. W. studierte seit 1784 an der Albertina, kam nach Plock und Warschau, wo er mit Hoffmann verkehrte. Dort schrieb er 1803 und 1806 seine Dramen „Die Söhne des Thals“ und das „Kreuz an der Ostsee“, zu dem Hoffmann die Chöre in Musik setzte. In Berlin entstand danach sein Hauptwerk „Martin Luther und die Weihe der Kraft“, 1807. W. und seinen Werken fehlte Ausgeglichenheit. 1811 konvertierte er und wurde zum katholischen Priester geweiht. In Königsberg erinnerte eine Gedenktafel von Brachert an Werners Geburtshaus an ihn.*

Werner-Straße, 1813 auf dem Löbenicht nach Zacharias Werner benannt.

Weyrauch, Wolfgang, * Kbg. 1907. Schriftsteller. W. war u. a. von 1950—58 Lektor bei dem Verlag Rohwolt in Hamburg. Seit 1959 ist er freier Schriftsteller und Lyriker, geschult an Kafka, Joyce und Brecht. Bekannt durch z. T. aggressive Lyrik, zeitkritisches Erzählwerk und Hörspiele; u. a. „Der Main“ Legende 1934, „Dialog mit dem Unsichtbaren“, Hörspiele 1962. Weyrauch lebt in Darmstadt.

Wichert, Ernst August George, * Insterburg 1831, † Berlin 1902. Jurist, Schriftsteller. W. studierte an der Albertina Jura und Geschichte. Er begann sein literarisches Schaffen mit einem nie aufgeführten Drama. Mit „Unser General Yorck“ debütierte er 1858 am Königsberger Theater. 1863 kam W. zum Stadtgericht von Königsberg. — Zusammen mit Dr. Reicke gründete er 1864 die „Altpreußische Monatsschrift“. Drei Jahre war er Theaterrezensent an der „Hartungschen“

und fand so Anschluß an das literarische Leben Königsbergs. — Anerkennung fanden seine historischen Romane: „Der Große Kurfürst in Preußen", „Heinrich Reuss von Plauen", 1881 und „Tilemann vom Wege", 1890. W. wurde 1888 an das Kammergericht Berlin berufen.

Wichert, Karl, * Kbg. 1843, † Nauheim 1921. Eisenbahn-Ingenieur. W. studierte in Berlin Maschinenbau, dem der praktische Dienst bei der pr. Eisenbahn folgte. Bereits 1875 war er Maschinenmeister im Eisenbahnbüro des pr. Handelsministeriums. 1883 wurde er Eisenbahndirektor. W. bemühte sich um die Einführung der selbsttätigen Zugbremse und konnte endlich bei den pr. Staatsbahnen die Dampfheizung und die Kunze-Knorr-Bremse durchsetzen. 1906 verlieh ihm die TH Charlottenburg die Würde eines Dr. Ing. h. c. 1913 zum Wirkl. Geheimrat mit dem Prädikat „Excellenz" ernannt.

Wickbold südl. von Königsberg; Gutsbetrieb und Brauerei, die in den 20er Jahren eingegangen ist.

Wickbolder Straße in Rosenau, Querstraße der Aweider Allee.

Wiebe-Straße in Ratshof, von der Arndt-Straße zur Lawsker Allee.

Wiechert, Ernst, * Kleinort/Sensburg 1887, † Uerikon 1950. Der Försterssohn besuchte die Burgschule, studierte an der Albertina und wurde Lehrer am Hufengymnasium, später in Berlin. W. wandte sich gegen dogmatische Erstarrung und wurde zum Freund der Jugend. 1933 quittierte er den Schuldienst und ließ sich als freier Schriftsteller am Starnberger See nieder. Seine freien Reden vor der Münchner Studentenschaft brachten ihm zwei Monate Konzentrationslager Buchenwald. Sein Gesamtwerk erschien in zehn Bänden. Es umfaßt Gedichte, Prosa, dramatische Versuche. Besonders bekannt wurden seine „Hirtennovelle", wie die Romane „Das einfache Leben", „Die Jerominskinder" und „Missa sine Nomine".

Wiehler. Die Kolonialwarengroßhandlung Bernhard Wiehler befand sich in der Vorstädtischen Langgasse und in der Schnürlingstraße. Die Firma wurde 1843 von Bernhard W. gegründet. Nach seinem Tode 1857 folgten seine beiden Stiefbrüder Hermann und Franz als Inhaber. Später führten diese angesehene Firma Carl und Willi Ostermeyer, Vater und Sohn, sowie Rudolph und Werner Barth.

Wiekau. Bei diesem Ort südl. von Drugehnen befand sich die Wiekauer Talsperre, die in den Jahren 1887/95 von dem Stadtbaurat P. Naumann angelegt wurde. Sie diente zur Trinkwasserversorgung Königsbergs; die Zuleitung erfolgte durch einen Kanal, der bei Wargen in den Landgraben geleitet wurde.

Wien, Max, * Kbg. 1866, † Jena 1938. Physiker. Nach dem Studium in Königsberg, Freiburg und Berlin habilitierte sich W. 1893 und wurde 1904 als Ordinarius nach Danzig berufen. 1911 übernahm W. eine Professur in Jena. Zahlreiche Arbeiten über Wechselstrom, elektr. Schwingungen und drahtlose Telegraphie.

Wien, Wilhelm, * Gaffken/Samland 1864, † München 1928. Physiker. W. wurde 1896 Prof. in Aachen, dann in Gießen, Würzburg und München. Arbeiten zur Gasentladungsphysik; wies die negative Ladung der Kathodenstrahlen nach; erforschte die Wärmestrahlung des schwarzen Strahlers; fand das Wiensche Verschiebungsgesetz. W. erhielt 1911 den Nobelpreis für Physik.

Wiesen-Straße in Ponarth.

Wildenbruch-Straße, Querstraße der Cranzer Allee.

Wilhelmi, Herbert, * Insterburg 1895, † Reinbeck 1983. Musikpädagoge, Organist. W. studierte in Berlin Schul- und Kirchenmusik und war von 1920—24 Organist in Berlin. 1924 erfolgte seine Berufung zum Musikdirektor in Tilsit. — 1937 wurde er Domorganist in Königsberg, sowie Dozent am Institut für Schul- und

Kirchenmusik. Nach dem Krieg war W. Professor für Musikerziehung in Wuppertal. — U. a. machte sich W. um die Erhaltung des ostpreußischen Liedguts verdient. Er wurde 1964 mit dem Kulturpreis der Landsmannschaft Ostpreußen ausgezeichnet.

Wilhelmsgymnasium, 1874 in der Altroßgärter Predigerstr. eröffnet, doch erst 1879 fand die feierliche Einweihung im neuen Gebäude auf dem Hintertragheim statt. Die Aula wurde 1889 mit Gemälden Königsberger Maler geschmückt. U. a. Einzug Siegfried von Feuchtwangens in die Marienburg von Prof. Steffeck. 1901 hatte das Gymnasium 22 Lehrer, 533 Schüler. 1922 war Geh. Rat Dr. E. Wagner Direktor. 1936: 19 Lehrer, 352 Schüler. Im August 1944 zerbombt.*

Wilhelmshavener Straße von der Hafen-Str. zum Hafenbecken V.

Wilhelmshöher Weg in der Siedlung Speichersdorf.

Wilhelmspark südl. des Forts Friedrichsburg war bis etwa 1915 eine öffentliche Anlage, dann Schrebergärten und schließlich Ladestraßen des Güterbahnhofs Ost.

Wilhelmstheater, 1860 als Sommertheater in leichtem Fachwerk Mitteltragheim 31/38 von Stadttheaterdirektor Woltersdorff erbaut. 1872 verkaufte er es, obwohl es sich rentierte, an den Staat, der dann bis 1882 dort das Regierungsgebäude erbaute.*

Wilhelmstraße, nördl. Querstr. der Königstraße zur Farenheidstraße.

Wilky, war ursprünglich ein Wald, der den Landesfürsten als Jagdrevier diente. Das Gasthaus Wilky lag am Landgraben unweit Judittens. In den letzten Jahrzehnten befand sich dort der Sportplatz des Königsberger Turn-Clubs von 1872.

Will, Hellmuth, * Ribben 1900, † Neuss 1982. OB von Kbg. Nach dem Jurastudium und Promotion war W. Finanzreferent im Preuß. Ministerium des Inneren. 1933 wurde er nicht als „alter Kämpfer", sondern als Finanzfachmann zum Oberbürgermeister von Königsberg berufen. Es gelang ihm, die drohende Finanzkatastrophe abzuwenden, indem die Stadt Bürgschaften für die Stadtbank übernahm. Ihm glückte der Ausgleich des Etats 1933 einschließlich der Abdeckung früherer Fehlbeträge. In der Partei hat W. nie eine Rolle gespielt. Anders als der Gauleiter, blieb OB Dr. W. in der belagerten Festung und ging mit den Soldaten in eine 10jährige Gefangenschaft.

Willkühnen östl. von Waldau, Gutsbesitz der Grafen zu Dohna-Schlobitten.

Willmann, Michael, * Kbg. 1630, † Leubus 1706. Maler. Auf dem Rollberg geboren, ging er zuerst bei seinem Vater, dann in Holland bei Baker in die Lehre. Um 1650 war W. in Prag, wo er zum Katholizismus übertrat. 1657 ging er nach Berlin. Dort erwarb er sich das Wohlwollen des Gr. Kurfürsten, von dem er 1682 eine Apothese malte, ein wertvolles Gemälde, das in einer unglaublichen Odyssee aus Königsberg gerettet wurde. Seinen Mäzen fand W. im Abt des Klosters Leubus. Dieses Kloster und zahlreiche schlesische Kirchen hat W. mit typischen Gemälden des Hochbarock geschmückt.*

Willmannstraße, nördl. des Landgrabens, parallel der Steffeckstraße, benannt nach M. Willmann.

Wimmer, Franz Xaver, * Krefeld 1881, † Kbg. 1937. Maler. Nach lithographischer Ausbildung Schüler der Kunstgewerbeschule Düsseldorf. Ab 1905 Lehrer am dortigen Zeichenlehrer-Seminar. 1922 Professor an der Kunstakademie Königsberg. — 1929 in Königsberg Ausstellung eigener Arbeiten. In Ostpreußen wurde W. die Küstenlandschaft und die Haffe zum Erlebnis. 1932 Studienrat und Zeichenlehrer an der Burgschule in Königsberg. 1937 Gedächtnisausstellung in Königsberg.

Windschild & Langelott, Kneiph. Langgasse 30/32.

Windmühlen. Schon in herzoglicher Zeit hatte Königsberg mehrere Windmühlen, weil die Wassermühlen aus der Ordenszeit nicht ausreichten. Um 1800 standen 9 Windmühlen am Mühlenhof vor dem Friedländer Tor. Sie waren seit 1740 von Johann C. Dittrich angelegt und waren vorwiegend Schneidemühlen. Die Windmühle auf dem Butterberg wurde 1811 abgebrochen, um der zu erbauenden Sternwarte Platz zu machen. Bis zur Mitte des v. Jhs. hat es Windmühlen gegeben.

Wingolf im Wingolfsbund, gegr. 1903, Farben schwarz-weiß-gold, orangene Mütze, Heim: Holländergasse 5/6.

Winkler, Aug. Alb., Likörfabrik, Weinbrennerei, Weinkellerei, Mitteltragh. 36. Winkler-Stuben, Burgstraße 11/12, Steindamm 24/25, Hufenallee 57/59.

Winkler, F. W. Kaffeegroßrösterei, Mühlengrund 6/7 mit 4 Verkaufsstellen.

Winkler, Rudolf, * Bischofsburg 1889, † Bad Homburg 1970. Konzertpianist. Nach kurzem Studium in Königsberg und München war W. von 1909—13 Schüler am Stern'schen Konservatorium in Berlin. Schon hier erhielt er die Franz-Liszt-Anerkennungsmedaille und andere Auszeichnungen. Nach einer schweren Verwundung in der Tannenbergschlacht 1914 war W. bis 1917 Patient in der Höftmannschen Klinik und mußte sich elfmal operieren lassen. — Dann war er Konzertpianist und Klavierpädagoge am Kühn'schen Konservatorium und wurde laufend zu Konzerten sowie Rundfunksendungen verpflichtet. — Der beliebte Pianist war auch nach der Vertreibung weiterhin künstlerisch tätig.

Wirrgraben, schon im 14. Jh. erwähnt. Vom Dammteich kommend, wurde er unter Friedrich d. Gr. direkt zum Oberteich geführt. Länge 12 km, Gefälle 12 m. Der Dammteich ist 186 ha groß. S. Wasserversorgung.*

Wirth, Hermann, * Zogar/Labrador 1877, † Neuwied 1956. Maler. W. studierte 1899 bis 1901 in Berlin und Königsberg. Von 1902 bis 1932 Professor an der Kunstakademie Königsberg. W. hinterließ zahlreiche Aquarelle von der Samlandküste und der Kurischen Nehrung. — W. war bis 1946 unter sowjet. Herrschaft in Ostpreußen, Flucht nach Neuwied zu den Herrenhutern.

Wirth-Sukkau, Edith, * Kbg. 1881, † Kbg. 1941. Sie studierte von 1902—1905 an der Kunstakademie Königsberg und legte das Zeichenlehrer-Examen ab. 1907 Heirat mit Prof. H. Wirth. — Beteiligung an zwei Ausstellungen. Ab 1921 Zeichenlehrerin an der Ostpreußischen Mädchengewerbeschule.

Wischke & Reimer, Reederei, Lizent-Str. 4. Das Unternehmen wurde 1876 von Robert Wischke begründet; Mitinhaber war Gustav Fechter, der eine Schiffswerft in Contienen betrieb. Die Reederei besaß bis zu 50 Schlepp- und Passagierdampfer. — 1926 wurde die Reederei Gustav & E. Fechter von Wischke & Reimer übernommen.

Wischkodder, bekannt als Aufwischlappen.

Wiskiauten. In dem unweit des Ostseebades Cranz gelegenen, zur Gemarkung W. gehörenden Wäldchen „Kaup" liegen zahlreiche niedrige Hügelgräber. Eins davon enthielt in der untersten Schicht zwei Skelette, die nach den Beigaben in die Jungsteinzeit zu setzen sind. In der Schicht darüber lag ein Skelettgrab der älteren Bronzezeit, und in den Hügelmantel war eine kleine Steinkammer mit Tongefäßen der vorröm. Zeit eingebaut. Dieser Grabhügel war also eine altpreußische Nekropole. Um dieses uralte Grab herum liegen viele Hügel von 4—6 m Durchmesser, die zu einem Wikinger-Friedhof aus dem 9./10. Jh. n. Chr. gehören, denn die darin enthaltenen Beigaben sind von denen der altpreußischen Gräberfelder völlig verschieden; sie entsprechen nordgermanischen Funden der Wikingerzeit. Die Begräbnisstätte in der Kaup muß zu einer Wikinger-Siedlung gehört haben, deren Lage in der Nähe anzunehmen, bisher aber nicht entdeckt werden konnte. Wie bei Schleswig, Wollin „Vineta", Elbing „Truso" und Grobin bei Libau wird bei W. ein von skandinavischen Wikingern begründeter Handelsplatz gelegen haben, in dem auch samländische Altpreußen ansässig waren, denn eine altpreuß. Begräbnisstätte mit Brandgräbern, ein Aschenplatz, schließt sich an das Wikinger-Gräberfeld unmittelbar bei W. an.

Wissel, Hans, * Magdeburg 1897, † Grainau 1948. W. wurde vom Vater als Graveur ausgebildet; er studierte dann an Kunstschulen in Magdeburg und Rom. W. arbeitete 1924 in einer Bildhauerei in Carrara und war 1925—33 Lehrer in Köln. Seit 1933 Lehrer an der Kunstakademie Königsberg. In Köln trieb Prof. W. lebensgroße Figuren oder Kolossalbüsten in Kupfer in Einzelstücken; in Königsberg benutzte er oft Stein, manchmal Porzellan, so die Plakette „Ostpreußen", 1937. W. geriet 1945 in englische Gefangenschaft. Seine Modelle eine Hindenburgstatue und die Kantbüste blieben 1945 in Königsberg zurück.

Wißmannstraße von der Luisenallee zur Schrötterstraße.

Wittich, Wilhelm von, * Kbg. 1821, † Kbg. 1884. Mediziner. Nach dem Studium promovierte W. 1845 in Halle. Bald ließ er sich in Königsberg als prakt. Arzt nieder. 1850 habilitierte sich W. für Anatomie und hielt histologische Kurse, die ersten histologischen in Königsberg überhaupt. W. wurde 1854 a. o. Professor und 1856 als Nachfolger von Helmholtz Direktor des Physiologischen Laboratoriums. 1879 wurde W. Geh. Medizinalrat. 1878 konnte W. das neue Physiologische Institut als sein Werk eröffnen. Seine vielseitigen Forschungen ließen W. zu einem der bedeutendsten Physiologen seiner Zeit werden. — W. hatte zusammen mit Helmholtz den Verein für wissenschaftliche Heilkunde gegründet, der zu einem Zentrum des medizinischen Lebens in Königsberg wurde.

Wittinnen waren litauische Flußfahrzeuge. In dem von K. Rosenkranz beschriebenen „Speicherbrand am 2. August 1839" werden einige Wittinnen unter der grünen Brücke erwähnt. Um die Jahrhundertwende waren es so viele, daß man von einem Pregelufer zum anderen stellenweise über die Kähne hinweg gelangen konnte.

Witten, Dr. Ulrich v., * Kbg. 1926. Jurist. W. wurde 1945 als Soldat in Fischhausen schwer verwundet und entging dadurch der russischen Gefangenschaft. Nach dem Studium in Göttingen promovierte W. 1958 zum Dr. jur. U. a. war W. in Hannover zuletzt als Oberregierungsrat tätig. 1966 zum Stadtkämmerer von Celle gewählt, wurde W. dort 1977 Oberstadtdirektor.

Wittrien, Otto, * Kbg. 1851, † Kbg. 1936. Besuchte das Altstädt. Gymnasium und studierte an der Albertina Mathematik, Naturwissenschaften und Philosophie. Von 1876 an genügte er seiner Militärpflicht. 1879 bestand er das Examen pro facultate docendi. Ostern 1879 kam er an das Kgl. Gymnasium nach Danzig. Von 1883 bis 1893 war er Oberlehrer am Altstädt. Gymnasium zu Königsberg. Oktober 1893 wurde er anstelle des verstorbenen Prof. Kleiber Direktor des städt. Realgymnasiums. W. übernahm das Realgymnasium in der kritischen Zeit, als die Schulkonferenz des Jahres 1890 den verhängnisvollen Beschluß gefaßt hatte, daß nur Gymnasien und Realschulen als höhere Bildungsanstalten anzuerkennen seien. Es ist das besondere Verdienst Wittriens, daß er sich mit voller Kraft für die Erhaltung des Realgymnasiums eingesetzt hat. Als sich um 1910 aus Raumnot ein Umbau der Schule als notwendig erwies, gelang es seiner Zähigkeit, gegen schwerste Bedenken ein großzügiges Schulgebäude zu schaffen, das alle Zweige der realgymnasialen Bildung erlaubte. In Anerkennung seiner großen Verdienste wurde W. zum Geheimen Studienrat ernannt.

Wolff, Heinrich, * Nimptsch 1875, † München 1940. 1891—1893 Besuch der Kunstschule in Breslau dann bis 1896 an der Berliner Akademie. Bis 1900 an der Kunstakademie München; dort gründete er die erste graphische Privatschule. 1902—1935 Professor an der Kunstakademie Königsberg. 1927 war Wolff führend bei der Gestaltung der im Berliner Schloß veranstalteten Ausstellung „Ostpreußenkunst". 1932 Dr. med. h. c. der Albertina. Seit 1937 wieder in München. W. war ein vielseitiger Graphiker, der die verschiedensten Techniken beherrschte. Seine Mustersammlung befindet sich in der Kunstbibliothek Preußischer Kulturbesitz. Daneben Holzschnitt, Lithographie und meisterhafte Schattenrisse. Seine Radierung „Kant am Schreibtisch" gewann in Ostpreußen besonderen Ruhm.

Wolff, Johann Eduard, * Kbg. 1786, † Berlin 1868. W. war von 1805—10 Schüler von David, von 1811—15 von Gros in Paris. 1819 wurde er Mitglied der Berliner Akademie. Von 1829—35 wirkte er im Auftrage des Königsberger Kunst- und Gewerbevereins in seiner Vaterstadt als Lehrer. Die Ausstellungskataloge dieses Vereins nennen 1833 bis 1837 immer wieder Bildnisse von ihm. Seine Bildnisse, u. a. des Generallandschaftsdirektors, des Grafen zu Dohna, wirken ausdrucksvoll und zeigen psychologische Einfühlung.

Wolf-Straße in Ponarth.

Woltersdorff, Arthur, * Kbg. 1817, † Berlin 1878. Theaterdirektor. Nach dem Jurastudium übernahm W. 1844 die Leitung des Königsberger Theaters und behielt sie bis 1876. Um des Beifalls sicher zu sein, führte er häufig Stücke von Königsbergern auf, Schauspiele von Dahn und Wichert und Opern von Sobolewski, Papst und Dullo. Er zog auch junge Kräfte heran, wie beispielsweise Adolf von Sonnenthal. Bei festlichen Gelegenheiten, wie bei der 600-Jahrfeier der Stadt und der Königskrönung 1861 brachte er beachtliche Aufführungen zustande. Da er für die AG des Theaters hohe Pachtbeträge aufbringen mußte, war er in erster Linie Theaterpraktiker und Kaufmann. Für den Auftritt im Kgl. Opernhaus in Berlin erhielt er den Titel eines kgl. Kommissionsrates. Länger als 30 Jahre bestimmte W. das Königsberger Theaterleben.

Worringer, Wilhelm, * Aachen 1881, † München 1965. Kunsthistoriker, Professor in Bonn, an der Albertina und in Halle. W. verfaßte u. a. „Abstraktion und Einfühlung", „Formprobleme der Gotik".

Wosegau südwestl. von Cranz. Gut und Ziegelei gehörten der Familie v. Batocki.

Wrangel, Karl, Frhr von, * Kbg. 1812, † Proitz/OL. 1899. Genral. W. wurde 1830 Secondeleutnant des 1. Garderegiments zu Fuß, studierte 1837—40 an der Kriegsakademie, kam 1843 zum 1. Infant.-Rgt., später zum Generalstab nach Berlin. Nach den Kämpfen 1848/49 in Schl.-Holstein war W. wieder beim Generalstab. Als Oberstleutnant wurde er Kommandeur des Inf.-Rgts. Nr. 61 in Stolp. 1866 erhielt er den Pour le mérite als Kommandeur der 26. Inf. Brigade, und 1867 wurde er Kommandeur der 18. Division in Flensburg, mit der er am Krieg 1870/71 teilnahm, später Gouverneur in Posen, bis er 1876 als General der Infanterie aus dem Dienst schied.

Wrangelkaserne. Hier lagen von 1873—1919 die 3. Kürassiere. 1927 kaufte die Stadt Kaserne und Gelände vom Fiskus. 1930 wurde der Mittelteil abgebrochen und der Mitteltragheim bis zum Wallring verlängert. Im Westteil wurde 1931 das Bismarck-Oberlyzeum untergebracht. In den Ostteil kam die Herderschule, eine Volksschule.

Wrangel-Kürassier-Regiment Nr. 3. 1845 benannt nach Feldmarschall Friedrich Ernst Heinrich Graf Wrangel, * 1784, † 1877. 1809 kam der 25jährige Stabsrittmeister nach Kbg. zu dem Dragonerregiment v. Werther, den späteren 3. Kürassieren. 1814 wurde er nach Riesenburg versetzt. Von 1839-1842 war W. Kommandierender General in Kbg., 1845 wurde er zum Chef der 3. Kürassiere ernannt. Eine Bronzestatue „Papa Wrangel“ ehrte ihn in dem Tordurchgang der Kürassierkaserne. — Einzelheiten s. Kürassierregiment 3.

Wrangelstraße, vorher Steindammerwallstr., 1885 benannt nach dem GFM Graf Wrangel.

Wrangelturm, zwischen der Kunsthalle und dem Oberteich. 1853 benannt nach dem GFM Graf Wrangel.

Wünsch, Dr. Ing., * Breslau 1902. W. ist der Sohn des Prof. Richard Wünsch, der als Altphilologe und Archäologe an der Albertina lehrte. St. 1920 studierte W. in Dresden und Hannover. 1929 wurde er Assistent von Prof. Dethlefsen im Provinzialdenkmalamt Kbg. und Mitarbeiter an der Neu- Inventarisation der Bau- u. Kunstdenkmäler der Provinz Ostpreußen. Der von ihm bearbeitete Band „Allenstein Stadt“ erschien 1933. Prov.-Baurat W. wurde 1938 mit der Leitung der Verlegung des Freilichtmuseums vom Königsberger Tiergarten nach Hohenstein beauftragt. Nach Kriegsende und Gefangenschaft lebt W. st. 1946 in Hannover. Von seinen zahlreichen Werken sei genannt: Ostpreußen, in der Reihe die Kunst im deutschen Osten, Dt. Kunstverlag 1960.

Wurstlokomotive. Bis etwa 1910, als der wachsende Verkehr sie verdrängte, stand auf dem Roßgärter Markt allabendlich gegen 19 Uhr eine kleine Lokomotive mit rauchendem Schlot, während in einem Messingkessel Wiener Würstchen brodelten. Ein älterer Mann mit weißer Schürze verkaufte das Paar nebst Semmel und Mostrich für 15 Pf. Etwa eine Stunde später fuhr die „Wurstlokomotive“, von ihrem Besitzer geschoben, weiter zur Schloßteichbrücke. Der Besitzer Nieswandt aus der Heinrichstraße schob seine Wurstlokomotive zunächst vor Geschäftsbeginn an die Ecke Steindamm/Wagnerstraße vor die Kneipe von Ziemer, dann zum Kaiser-Wilhelm-Platz, wo sie vor dem „Bienenkorb“ ihre Würstchen verkaufte. Dann ging es zum Ostbahnhof und abends nach dem Roßgärter Markt, Heimkehr über den Paradeplatz und Unterstellung im Hausflur. *

Wuschen, sind Pantoffeln.

Wüstendörfer, Charlotte * Kbg. 1892, † im Zug vor Stralsund Sommer 1945. Königsberger Dichterin. „Ein Märchenherz“ nannte sie der Königsberger Dichter Mart. Borrmann wegen ihrer schönen Märchen, aber auch ihre Lyrik ist tief empfunden. Ihr bekanntester Roman „Patulne und Tyrune“.*

Wyneken, Alexander * Syke/Bremen 1848, † Kbg. 1939. Zeitungsverleger. Nach Kurzem Studium war W. 6 Jahre im Bankfach tätig. 1876 trat W. in die Redaktion der kurz vorher von Alfred Hausbrand gegründeten Königsberger Allgemeinen Zeitung ein und entwickelte sie zu einer führenden deutschen Zeitung. W. wurde bald ihr Chefredakteur und auch ihr geschäftlicher Leiter bis 1929. W. war über Jahrzehnte eine der maßgebenden Persönlichkeiten des öffentlichen Lebens in Königsberg.
Die Albertina verlieh ihm anläßlich der Königsberger Hauptversammlung des Vereins deutscher Zeitungsverleger 1925 die Würde eines Dr. rer. pol. h. c. W. setzte sich mit seiner Zeitung für die Nationalliberalen ein und war 1918 einer der Gründer der Deutschen Volkspartei.

Y

Yorck von Wartenburg, Graf Johann David Ludwig, * Potsdam 1759, † Klein-Öls 1830. Generalfeldmarschall. Schon mit 13 Jahren trat Y. in das Inf.-Regt. von Luck ein.— Wegen Befehlsverweigerung war er ein Jahr auf der Festung Friedrichsburg in Kbg. in Haft. Danach trat er 1781 in holländische Dienste. Erst 1787 fand er wieder Verwendung im pr. Heeresdienst. 1797 wurde Y. Führer eines neu errichteten Füsilierbataillons und 1799 wurde er Kommandeur eines Feldjägerregiments. Im Kampf gegen die Franzosen wurde er 1806 in Lübeck schwer verwundet und kam in Gefangenschaft. Nach seinem Austausch wurde Y. in Kbg. zum Generalmajor ernannt. Für seine geschickte Führung bei den Rückzugskämpfen wurde er mit dem Orden Pour le mérite ausgezeichnet. 1807 war er Kommandant von Memel, st. 1808 Inspekteur der Jägerbataillone. 1811 übernahm er Generalkommando der Prov. Westpreußen. Für den erkrankten General Grawert übernahm Y. bald das Kommando über das preuß. Hilfskorps für Napoleon. Am 30.12.1812 schloß er in der Poscheruner Mühle bei Tauroggen eigenmächtig mit General von Diebitsch die Konvention von Tauroggen. Nunmehr in Kbg. bestimmte Y. am 5. Februar 1813 die ständische Versammlung zur Volksbewaffnung gegen Napoleon.— Im März 1813 führte Y. das I. Korps und erzwang den Elbübergang bei Wartenburg Y. hat bei Möckern in seinem Sieg die Voraussetzungen für den Erfolg der Völkerschlacht bei Leipzig geschaffen. 1815 nahm er seinen Abschied und wurde 1821 zum pr. Feldmarschall ernannt.

Yorck-Lazarett s. Standortlazarette.

Yorck-Straße, von der Sackheimer Kirchen Straße zur Litauer Wallstraße.

General Yorcks Ansprache an die Preußischen Stände am 5. 2. 1813 im Generallandschaftsgebäude

Z

Zabel, Eugen, * Kbg. 1851, † Berlin 1924. Redakteur. Seit 1871 studierte Z. an der Albertina. Er ging 1876 nach Berlin und war dort als Journalist und vielseitiger Schriftsteller tätig. Seit 1883 war Z. Redakteur an der Nationalzeitung, später wurde er Chefredakteur dieser Zeitung.

Zagel, der Schweif oder der Schwanz.

Zander, Christian Friedrich Gotth., * Mohrungen 1791, † Kbg. 1868. Jurist. Nach dem Studium wurde Z. 1813 Assessor in Insterburg und 1816 Oberlandesgerichtsrat in Marienwerder. Seit 1825 am Oberlandesgericht in Kbg. wurde er 1832 dessen Chefpräsident. 1856 erhielt Z. den Titel eines Kanzlers von Preußen. Er machte sich um das Gerichtswesen sehr verdient und wurde 1836 geadelt. Ihm wurde der Rote Adlerorden und der Kronenorden 1. Klasse verliehen.

Zander, Friedrich, * Kbg. 1811, † Kbg. 1894. Philologe, Musiker. Z. stammte aus einer ausgesprochenen Musikerfamilie Königsbergs. Nach seinem Studium promovierte er 1832 zum Dr. phil. 1834 habilitierte er sich und wurde 1837 Lehrer am Friedrichskolleg; Z. wurde 1870 zum Professor ernannt. Er hat sich durch die Pflege der Volkskunst im Königsberger Musikleben verdient gemacht. Z. gründete 1834 die Musikalische Akademie, die Jahrzehntelang das Königsberger Musikleben beherrscht hat. Wichtig ist seine Abhandlung „Zur Musikgeschichte Königsberg“, Prussia 1887/88, S. 191-219.

Zander, Paul, * Kbg. 1884, † Bad König/Odw. 1955. Chirurg. Nach dem Studium an der Albertina promovierte Z. 1908 zum Dr. med. 1911 wurde er Assistent an der chirurgischen Universitätsklinik, wo er seine fachärztliche Ausbildung u. a. bei Stieda absolvierte. 1914 wurde er als Privatdozent für Chirurgie zugelassen. Bis Kriegsende war er als Chirurg zum Heeresdienst einberufen. 1919 wurde Prof. Z. Leiter der Chirurgischen Klinik am Elisabethenstift in Darmstadt, hier entfaltete er eine erfolgreiche, allgemein anerkannte Tätigkeit. 1945 eröffnete Z. in Bad König eine eigene Chirurgische Klinik.- Z. hat eine größere Zahl wissenschaftlicher Arbeiten über pathologisch-anatomische und chirurgische Themata veröffentlicht.

Zarm, aus dem Altpreußischen, der Leichenschmaus, das Leichenmahl; auch die Begräbnisfeierlichkeit.

Zatzkes, sind Dummheiten.

Zehlaubruch südl. von Gr. Lindenau. Dieses Hochmoor ist im Westen, Norden und Osten von dem Forst Frisching umgeben. Die Größe des Moores beträgt etwa 23 qkm, hiervon nehmen mehr als 40 Wasserflächen etwa 8 ha ein. Es hebt sich aus der Ebene bis zu einer Höhe von 8,6 m über dem Untergrund und 38,6 m über dem Meeresspiegel. Seine Abwässer gehen vorwiegend durch den Frisching zum Frischen Haff. — Das Zehlaubruch stand seit 1910 als einziges noch wachsendes Hochmoor Deutschlands unter Naturschutz.

Zeitschriften. Acta Borussica. Denkmäler der pr. Staatsverwaltung im 18. Jh. 32 Bde. Berlin 1892—1936.

Altpr. Forschungen. Hrsg. von der Hist. Kommission f. ost— und westpr. Landesforschung. Jg. 1—20. Königsbg. 1924—44.

Altpr. Geschlechterkunde. Blätter des Vereins f. Familienforschung in Ost- u. Westpreußen d. E.v.d. Oelsnitz, st. 1927.

Altpr. Monatsschrift. Hrsg. Rud. Reicke u. Ernst Wichert, ab Bd. 43 von August Seraphim. Jg. 1—59. Königsberg 1864—22.

Baltisch-slawische Quellen und Forschungen, Herg. Prof. Reinh. Trautmann.

Bund der Landwirte für Ostpreußen.

Der Jungprutze, Hrsg. Karl Bink.

Deutsche Sprachbriefe d. Dr. Jul. Dumcke.

Erleutertes Preußen, Hrsg. M. Lilienthal. Bd. 1—4. Königsberg 1724—1728.

Evangel. Königsberg, Hrsg. Kons.Rat. Br. Ankermann, sp. Pfr. Max Bruno.
Evangel. Volksblatt, Hrsg. Paul Gennrich.
Georgine, das Blatt der Landwirtschaftskammer.
Intelligenzblätter, Intern.Adreß Comptoir.
Königsberger Missionsblatt.
Königsberger Verkehrszeitung.
Mitteilungen des Vereins f. d. Geschichte von Ost- u. Westpreußen, Kbg. 1926—44.
Ostpreußens Sportwart, Hrsg. Gust. Sembill, seit 1924.
Ostm Akad. Rundschau, Nachr. Blatt d. Königsb. Studentenschaft, Schriftltg. Dr. Hw. Heincke, seit 1929 im Albertus-Verl.
Ostpr. Kriegshefte 1915—17, Hrsg. Prof. Albert Brackmann.
Ostpr. Woche, Königsberger Illustrierte Zeitung, st. 1907 im Verlag Der Osten.
Preußenland, Mitt. d. Hist. Kommission f. ost- u. westpr. Landesforschung, 1953.
Preußische Merkwürdigkeiten, 1741/42. Hrsg. Mich. Lilienthal.
Preußischer Volksfreund.
Preußische Zehenden 1740/44.
Sonntagsblatt der Kriegervereine.
Volksbote, Hrsg. Julius Rupp, st. 1850.
Wöchentliche Königsbergische Frag- und Anzeigungsnachrichten 1727—1774.

Zeitungen. Johann Fabricius druckte 1618 die erste, aber unregelmäßig erscheinende Königsberger Zeitung. 1623 gab Lorenz Segebade die erste wöchentliche Zeitung „Avisen“ heraus. Auf Friedr. Wilhelms Veranlassung kam 1639 als akadem. Buchdrucker Joh. Reußner aus Rostock nach Königsberg und setzte mit eigener Druckerei die Segebadsche Zeitung fort. 1657 Zensur in Kbg. eingeführt. 1658 erhielt Reußner das Privileg für den „Europäischen Mercurius“; zweimal wöchentlich, von denen einige Nummern heute noch erhalten sind. Nachfolgerin wurde die „Ordinari Postzeitung“. Reußners Söhne führten die Zeitung weiter; 1680 wurde Reußner-Sohn mit 20 Talern bestraft, weil er die Russen in seinem Journal Bestien genannt hatte. - 1709 erschien bei Reußner „Die Kgl. Preuß. Fama“, 1727 das „Intelligenzblatt“ des Kgl. Adreß-Comtoirs. 1742 folgte Joh. Heinr. Hartung. 1743 bot ein Abraham Müller in der Zeitung sechs Menschen zum Verkauf an; große Entrüstung; die Regierung schritt ein. Hartung brachte 1752 die „Kgl. privileg. Pr. Staats- Krieges- und Friedenszeitungen“ für ein Jahrhundert heraus, die ab 1850 mit dem Namen „Hartungsche Zeitung“ bis 1933 weiter bestanden hat. 1810 erschien eine zweite Zeitung: „Der Correspondent“. Georg Fr. Hartung schaffte 1830 neue Schnellpressen an. - 1849 gründeten die Konversativen um Prof. Schubert und Gen. Lt. Plehwe die „Ostpreußische Zeitung“. 1850 wurde Louis Köhler Opernkritiker der „Hartungschen“. 1875 Gründung des „Communalblatts für Kbg. und Provinz Ostpreußen“ durch Hausbrandt; es nannte sich 1882 „Königsberger Allgemeine Zeitung“. — 1892 Gründung der „Königsberger Volkstribüne“. — 1897 das „Königsberger Tagesblatt“ von Hartung gegründet. — 1901: Die „Königsberger Volkszeitung“ erscheint bis 1933 sechsmal wöchentlich. — 1932 in Kbg. die „Preußische Zeitung“. — Im Dez. 1933 wurde die „Hartungsche“ gezwungen, ihr Erscheinen einzustellen. Das Tageblatt durfte weiter bestehen. — 1939 hatte Königsberg nur noch drei Tageszeitungen, die Preußische Zeitung, die Königsberger Allgemeine Zeitung und das Königsberger Tageblatt.*

Zellerstraße in Ponarth, von der Ponarther Straße zur Brandenburger Straße.

Zellstoffabriken s. Feldmühle AG.

Zeppelinstraße in Amalienau, vom Hammerweg zum Landgraben.

Zich, eine Umhüllung aus Leinwand zum Einpacken von Betten und Kleidungsstücken.

Ziegeleien. Dampfziegelei Aweiden. Dampfziegelei Juditten, Alfred Charisius, Brünneckallee 5/7.
Sielmann, Otto Ad, Magisterstr. 65/66.
Weller, Herbert, Ziegel-, Mühlen- und Sägewerk, Methgethen.
Dampfziegelwerk Kalthof, Devauer Str. 49.

Ziegelei-Genossenschaft e.G.m.b.H. Viehmarkt 28.

Ziegel-Handelsgesellschaft m.b.H. & Co., Kdt.-Ges., Steindamm 119/121.

Ziegelhof, 1847 in Rosenau umbenannt.

Ziegelstraße von der Königstraße zur Yorckstraße.

Ziegenweg in Speichersdorf.

Ziegler, Karl, * Schäßburg/Siebenbg. 1866, † Kbg. nach 1945. Z. studierte 1886—91 an der Berliner Kunstakademie. Seit 1894 Meisterschüler des Direktors A. v. Werner. Z. wurde 1904 Leiter der Staatl. Zeichen— und Malkurse in Posen. Ab 1918 Professor der Kunstakademie Königsberg. Z. war in den Jahren 1894—1925 auf der großen Berliner Kunstausstellung vertreten. Arbeiten von Z. gelangten in die Museen von Berlin, Budapest und Hermannstadt. Z. hat Wandbilder geschaffen, u. a. für die Danziger Petri—Schule und für die Aula des Gymnasiums in Wormditt.

Zielkeim nördl. von Goldschmiede. Z. im Besitz der Familie Oesterreich war ein voll mechanisierter Gutsbetrieb.

Zielkeimer Weg an der Samitter Allee.

Ziemer, Wilhelm, * Gr.Tychow/Pomm. 1826, † Kbg. 1913. Nach seiner kaufmännischen Ausbildung kam Z. 1852 nach Kbg., wo er ein Geschäft gründete, Likör- und Spritfabrik, Cognacbrennerei, das bald einen großen Aufschwung nahm, zumal er mehrere Brüder nachkommen ließ, die in seiner Firma arbeiteten. Z., seit 1881 Kommerzienrat, war Mitbegründer der Brauerei Schönbusch und Vorsitzender des Aufsichtsrats.

Ziesemer, Walther, * Löbau/Wpr. 1882, † Marburg 1951. Germanist. Nach dem Studium in Leipzig und Berlin promovierte Z. 1907. Er kam 1911 als Professor für Ältere Germanistik an die Albertina. Seine Spezialforschungen galten der Sprache und Kultur des deutschen Ostens. Hervorzuheben sind seine Arbeiten zum Preußischen Wörterbuch.

Ziethenplatz, Ziethenstraße in Amalienau, zwischen Hammerweg und Hagenstraße.

Zigarettenfabrik Yenidze G.m.b.H. Dresden, Friedrichsburgstr. 1.

Zimmerbude an der samländischen Haffküste, ein Kirchdorf mit Fischerei-Hafen.

Zimmerstraße an der Südostecke des Roßgärter Markts.

Zippel, die Zwiebel.

Zinten südlich von Kbg. Ursprünglich eine Preußensiedlung erhielt Z. Ende des 13. Jh. Stadtrecht, das 1352 erneuert wurde. Im Lauf der Jahrhunderte fiel die Stadt mehreren Großbränden zum Opfer. Z. hatte Mühlen, Molkereien und eine Seifenfabrik, 1939 zählte sie 5800 Einwohner. S. auch „Ausland“.

Zivilehe, sie wurde 1874 in Kbg. durch die Einrichtung eines Standesamts eingeführt.

Zodderkopp, ein unordentliches Mädchen.

Zögershof, ein Bauerngat nördlich der Vorderhufen.

Zoologisches Museum im Zoologischen Universitäts-Institut, Sternwartstr. 1, auf dem alten Pesthaus von 1830—32 erbaut. 1888 wurde das große Gebäude um zwei Stockwerke erhöht. Das Museum wurde von C. E. Baer bereits 1820 auf Grundlage der Saturgusschen Sammlungen angelegt. *

Zorn, Philipp, * Bayreuth 1850, † Ansbach 1928. Jurist. Professor in Königsberg und Bonn. Geh. Rat. Z. war preuß. Kronsyndikus; Teilnehmer an den Haager Friedenskonferenzen; Arbeiten zum Völkerrecht.

Zscharnack, Leopold, * Berlin 1877, † Kassel 1955. Ev. Theologe. Z. habilitierte sich 1906 in Berlin und wurde 1921 auf den ordentlichen Lehrstuhl für Kirchengeschichte an der Universität zu Breslau berufen. 1925 kam Z. als Ordinarius an die Albertina nach Kbg. 1948 kam er nach Marburg, wo er bis zu seinem Lebensende lehrte. Herausgeber des enzyklopäd. Werkes „Die Religion in Geschichte und Gegenwart", 1. und 2. Auflg.

Zschock, Georg Karl Friedrich, * Kbg. 1792, † Kbg. 1848. Kaufmann. Z. und sein Bruder Johann wurden angesehene Getreidekaufleute. Z. kaufte 1831 von Sam. Kuhnke den ehemals Saturgusschen Besitz am Neuen Graben. Seine drei unverheirateten Schwestern blieben in diesem Haus und hinterließen es als Stift für Kaufmannstöchter.

Zschocksches Stift, Neuer Graben 6—8. Der Großkaufmann Komm. Rat Friedrich Saturgus erbte einen großen, bis zum Pregel reichenden Garten. Er baute 1753 das Saturgussche Haus mit 7 Fenstern Front und schuf einzigartige Gartenanlagen mit Rokokofiguren, Hecken, Irrgarten, Wasserspielen mit einer kostspieligen Wasserleitung vom Neuroßg. Kirchenberg her. Nach seinem Tode 1754 verschönten seine Neffen und Erben Friedr. Franz und Adolf Barthol. Saturgus den Garten weiter und legten im Hause ein Naturalienkabinett an, das Prof. Dr. Bode pflegte und dessen Kustos 1766 Kant war. Aber 1784 kam das Kabinett zur Auktion; ein Teil wurde der Grundstock des Zoolog. Museums. Der Konkurs der Brüder Saturgus war nicht mehr aufzuhalten. 1788 kaufte der Stadtjustizrat S. Kuhnke Haus und Garten. Er baute das Saturgussche Haus im Zopfstil um. Nun hatte es 11 Fenster Front und 4 mächtige Granitkugeln mit 2 Fahnenstangen vor seinem Portal. 1803 Teilverkauf, Kuhnke schmückte den größeren Rest des Gartens mit weiteren Figuren und Gartenhäuschen. 1809 wohnte Wilhelm v. Humboldt im Saturgusschen Haus. Nach dem Tode von Kuhnke-Sohn 1831 erwarb der Kaufmann Georg Zschock den Saturgusschen Besitz. Er erneuerte die verfallene Wasserleitung. Nach seinem Tode bewohnten seine drei unverheirateten Schwestern das schöne Haus. Nach ihren Testamenten wurde an der Straße Neuer Graben 1872 ein langer schmaler Trakt als Stift für verarmte unverheiratete Kaufmannstöchter angebaut: „Zschocksches Stift", den Stiftsfräulein stand der Garten offen. Laut Testament pflegte die Königsberger Kaufmannschaft Garten und Haus. Die Verwalter der Stiftung, Carl Neumann, Walter Pirsch und Kurt Laubmeyer, ließen die Wasserleitung erneuern und die z. T. verrotteten Sandsteinfiguren ersetzen; der Maler Bublitz malte dem Einsiedler ein neues Gesicht. Am 21.6.1944 fand die letzte private Abendmusik im Garten für die Stiftsinsassinnen statt. Am 29./30. August 1944 versank die ganze süddeutsch anmutende Herrlichkeit im Sog englischer Phosphorbomben.*

Zuchthaus in der Tamnaustraße 22. Eine derartige Strafanstalt hat es in Königsberg nicht lange gegeben. 1691 als Zuchthaus erbaut, wurde es nach der Eröffnung der Strafanstalt in Ragnit 1830 Städtisches Armenhaus.

Zucht-Vereine, Kbg. hatte 40 derartige Vereine. Unter ihnen 12 Kaninchen- und 6 Hunde-Vereine, s. die einzelnen Vereine für Pferde- und Rinderzucht.

Zuckerraffinerien. 1782 errichtete die Königsberger Kaufmannschaft in der Vorstädtischen Hospitalstr. eine Zuckersiederei und -raffinerie. Eine weitere derartige Raffinerie gründete Georg Karl Bittrich 1829 am Weidendamm, die aber 1869 der Konkurrenz des Rübenzuckers erlag.

Zudeck, das, die Bettdecke.

Zuggraben. Da wo sich die Kaiserstraße hinzog, befand sich ein Gewässer, der Zuggraben, früher Kanal genannt. Er begann einst am Alten Pregel bei der Salzwiese und endete neben der alten Eisenbahnbrücke in den Pregel. — Bei Gelegenheit eines Einfalls der Polen, hatten die Kneiphöfer diesen Graben ausgehoben, Dämme ausgeworfen und eine Zugbrücke angelegt, die durch ein ansehnliches, mit Wohnungen und Wachstuben versehenes Tor gesichert wurde. Er wurde 1895 zugeschüttet, um die Kaiserstraße anlegen zu können.

Zweck, Friedrich Albert, * Gr. Kärthen 1857, † Kbg. 1934. Historiker, Geograph. Z. studierte in Kbg. und in Greifswald, promovierte 1881 und legte sein Staatsexamen ab. Seit 1883 Oberlehrer an den Gymnasien in Insterburg und Memel. 1901 kam Z. als Gymnasialprofessor an die Burgschule nach Kbg. Von seinen Werken seien genannt: Litauen, 1898, Masuren 1900 und Samland, Pregel- und Frischingsthal, sowie „Die Bildung des Triebsandes auf der Kurischen und Frischen Nehrung".

Zwillingsteiche in Amalienau, sie wurden von einer Baugesellschaft angelegt, 1910 von der Stadt übernommen. Am Nordufer lag die Terrasse des Cafés „Alte Hammerschmiede".

Ergänzungen und Berichtigungen

Abel-Waldheuer, Edeltraud, * Kbg. 1924, Malerin, Grafikerin. Nach dem Studium von 1942—44 in Kbg. war sie teils freischaffend, teils als Kunsterzieherin tätig. Nach erfolgreichen Ausstellungen erhielt sie 1966 den Kunstpreis im Bezirk Schwaben.

Abromeit, Johannes, * Paschleitschen 1857, † Jena 1946. Botaniker. Dissertation 1886, Habilitation 1900. A. leitete dann das Botanische Museum in Kbg. Bis 1930 Prof. für angewandte Botanik. Sein Werk: „Flora von Ost- und Westpreußen" 1898—1940

Akademische Turnverbindung Albertina-Ostmark, gegründet 1900. Heim Rosenkranz-Allee 12.

Baptisten. Die erste Baptistengemeinde in Kbg. entstand 1857 auf dem Tragheim, dann folgten Haberberg, Ponarth, Klapperwiese, Sackheim und Salzastraße. Im Samland bestanden mehrere Gemeinden mit Zweigstellen.

Bären-Apotheke, seit **1500.**

Baugeschäfte, Wornowski, Bruno, Cranzer Allee 133.

Becker, Johann Gottlieb, * 1720, † 1782. Porträtmaler. B. war durch sein Kant-Gemälde bekannt.

Becker-Kahns, Erna, * Köln 1895. Bildhauerin. Ihr Vater, General Hans Kahns, war Initiator des Tannenberg-Denkmalbaus. - Sie studierte in Kbg. und wurde bekannt durch Porträtbüsten, Kleinplastik und bildhauerische Arbeiten vor allem am Tannenberg-Denkmal.

Behrendt, Klaus, * Kbg. 1920. Schauspieler. Nach seiner Ausbildung spielte B. in Wiesbaden und Göttingen, nunmehr 20 Jahre am Wiener Burgtheater.

Berneker, Constanz, * Darkehmen **1844.**

Bezzenberger, Gerold, * Kbg. 1930. Jurist. Nach dem Studium promovierte B. 1955 zum Dr. jur. Seit 1956 als Rechtsanwalt in Berlin tätig, seit 1968 Notar.

Bohn, Pauline, * Pillau 1834, † Kbg. 1926. Frauenrechtlerin. Vater Gustav Schwinck. Schon in frühen Jahren schloß sie sich der Frauenbewegung an. Sie war

u. a. im Friedmannschen Verein für Armen- und Krankenpflege sowie im Vaterländischen Frauenverein vom Roten Kreuz unermüdlich tätig. Von ihr geschaffene Unternehmungen wurden später von der Stadt Kbg. übernommen.

Bromm, Heinrich, * Mühlhausen/Pr. Holland 1910, gef. Obidowitschi am Dnjepr 1941. Maler. B. studierte in Kbg. und schuf Landschaftsbilder, große Figurengemälde sowie Aufträge an öffentl. Bauten. Nach seinem Tode zwei Gedächtnisausstellungen.

Broschat, Heinz, * Kbg. 1918, † Elmshorn 1985. Musiker. B. musizierte in Spielmannszügen, später wurde er in ein Musikkorps der Wehrmacht eingestellt. – Nach dem Kriege, in Elmshorn, betrieb B. die Musik im Nebenberuf, er komponierte, leitete zeitweise ein großes Blasorchester. Bekannt wurden seine Marschkompositionen „Schloß am Meer" und „Mein Königsberg". Seine Notenpartituren bewahrt das Haus Königsberg auf.

Brust, Herbert, * Kbg. 1900, † Bremerhaven **1968.**

Buch, Karl H., * Treuburg 1910. Maler und Grafiker. Jura- und Kunststudium in Kbg. B. gestaltet vielseitige Themen, besonders gesellschaftlicher Art.

Bülow, Fr. W. Graf B. von Denewitz, † Falkenberg **1755.**

Casati & Lederhausen, Heringsimport, Bohlwerksgasse 8.

Echo des Ostens, Zeitung der KPD, 1932 verboten.

Eichenkrug, südl. von Neuhausen. Beliebt waren die Spaziergänge zum idyllisch gelegenen Eichenkrug mit alter Wassermühle, die einst zum Schloß gehörte.

Eichmann, Franz August, * Berlin **1793,** † Berlin 1879.

Eisbrecher. Schon 1885 hatte die Königsberger Kaufmannschaft den Eisbrecher „Königsberg" in Dienst gestellt, dann wurde 1903 der E. „Pregel" eingesetzt. Beide Schiffe hatten 1.000 PS. In der 20er Jahren wurde der größere Eisbrecher „Ostpreußen" eingestellt. Die Eisbrecher lagen am Kai in Kosse.

Eisenblätter, Gerhard, * Kbg. 1907, † Lübeck 1975. Maler, Bildhauer. Sohn von Wilhelm E. Zuerst Bühnenmaler, dann Studium an der Kunstakademie. E. schuf Glasfenster in Kbg. und Neidenburg. Mensch und Landschaft waren seine wesentlichen Themen.

Eisenblätter-Laskowski, Erika, * Grenzwald/Pillk. 1908. Malerin. Ehefrau von Gerhard E. Sie studierte in Kbg. und schuf hervortretende Landschaftsbilder der Kurischen Nehrung, sie arbeitete zusammen mit ihrem Mann, auch bildhauerisch und an Mosaiken. Sie erhielt 1979 den Kulturpreis der LM Ostpreußen.

Eiserner Wehrmann in Holz von Cauer. Seit 1915 auf dem Paradeplatz, später im Stadtgeschichtl. Museum.

Eßlinger, Katharina, * Kbg. 1914. Aquarellmalerin. Tochter des Prof. Lahrs. Sie studierte in Kbg. und Berlin, sie ist vorwiegend als Aquarellistin tätig.

Filitz, E. ist nie am Hufengymnasium tätig gewesen.

Fischer, Hans, * Kbg. 1902, † Mülheim/Ruhr 1986.

Flakabteilungen. Aus Heeresverbänden wurden 1934/35 drei Königsberger Abteilungen aufgestellt. In die Luftwaffe überführt, gab es nach mehreren Umbenennungen das I. Flak-Rgt. 11 in der Immelmann-Kaserne, die leichte Flak-Abt. 71 in der Bölcke-Kaserne an der Neuendorfer Straße und das II. Flak-Rgt. 11 in der Kaserne Stresemannstraße in Hardershof.

fleien, soviel wie aufhäufen.

Fornaçon, Wolfgang, † Rheinbeck 1987

Galtgarbenstraße in Ratshof.

Gayl, Wilhelm Frhr. von, * Kbg. 1879, † Potsdam 1945.

Georgshospital, s. Hospitäler.

Georgskanal, er begrenzt den Mühlenhof nach Osten.

Georgstraße, vom Korinthendamm z. Vorst. Langgasse.

Gervais, Bernhard, * Breslau um 1760, † Bunzlau 1829. Jurist, G. studierte seit 1773 in Kbg. und wurde Kriegsrat in Gumbinnen. Seit 1796 dirigierender Oberbürgermeister in Kbg, 1809 ausgeschieden.

gnarren, wie murren, weinen, quäken.

Goldene Axt. Altstädt. Langgasse 7, das nach der dort angebrachten gold. Axt genannt wurde. Das Bürgerhaus war Wohnsitz des Stadtsekretärs Georg Casseburg, † 1687, und des Bürgermeisters Christoph C., † 1753. Von 1777—88 lebte dort Gottlieb L. Hartung. Das Haus war im Erdgeschoß mit einer ungewöhnlich schönen Schnitzdecke ausgestattet.

Gottsched-Zeit, 1720—1760. Epoche der deutschen Sprachentwicklung.

grapschen, für zugreifen.

Graues Kloster, s. Klöster.

Hagedornsches Stift, Hardenbergstraße 12—14. Der Kurator war Kaufmann Paul Hagedorn.

Hartmann, Ernst, * Kbg. 1901. Heimatforscher. Nach dem Studium widmete sich H. der Erforschung Ostpreußens, später der Hessens. Zahlreiche Abhandlungen über Ostpreußen. H. wurde durch die Verleihung des silbernen Ehrenzeichens der LO gewürdigt.

Hartung, Georg Friedrich, * Kbg. 1782, † Kbg. 1849. Verleger. Nach kurzem Studium stand H. seit 1801 seiner Mutter in der Geschäftsführung zur Seite. 1813 stand seine Zeitung im Dienst der Erhebung, ihr Redakteur war Kotzebue bis 1816. Neue Schnellpressen stellte H. 1830 ein, so daß die Zeitung täglich erscheinen konnte und großen Einfluß gewann. 1822 Stadtrat. H. wurde 1847 Ehrenbürger von Kbg.

Heemskes sind die Ameisen.

Heincke, Dr. Hanswerner, * 1905, † Ratingen 1986.

Hennig, Ottfried, * Kbg. 1937. Politiker. Nach dem Studium promovierte H. in Kiel zum Dr. jur. Seit 1963 war er hauptamtlich bei der Leitung der CDU in Bonn und wurde 1972 Bundesgeschäftsführer der CDU für mehrere Jahre. Danach war H. bei der Konrad-Adenauer-Stiftung tätig. Seit 1976 MdB, ist Parlamentarischer Staatssekretär beim Bundesminister für innerdeutsche Beziehungen. H. ist seit 1980 Sprecher der Landsmannschaft Ostpreußen.

Hufe. Die Hufe war das Maß für die Größe einer Bauernstelle als Familienbetrieb, stark schwankend nach Landschaft. Klima, Bonität des Bodens und Rechtsstatus der Ansiedler. Im Westen des Reiches lag die Größe der Hufe meist bei 7,5 bis 10 ha. In Preußen, wo die Neusiedler meist Waldland vorfanden, war gebräuchlich: Die Kulmische Hufe mit 17,3389 Hektar, seit 1721 die Oletzkosche Hufe mit 15,6483 Hektar. Ab 1813 gab es als offizielles Flächenmaß nur noch Hektar und Ar.

Hundertmarck, A., * Insterburg 1880, † Volksdorf 1949.

Jubiläumshalle s. Gemeingärten.

Kaisergarten, ein Etablissement um 1900 auf dem Gelände von Böttchershöfchen.

Kallmeyer, Lothar, * Kbg. 1924. Architekt. K. studierte von 1947—51 an der TH in Karlsruhe. Von 1954—74 freier Architekt in Duisburg. Seit 1974 Professor für Baukonstruktionen an der FH Münster.

Kaminski, Max G., * Kbg. 1938. Maler. K. studierte an der Hochschule für Bildende

Künste in Berlin. Ab 1960 reiste er durch Lateinamerika. Der vielseitige Künstler malt in formaler Präzision. U. a. erhielt er den Kunstpreis der Stadt Darmstadt. Seit 1981 Professor an der Karlsruher Akademie.

Karkutsch & Migge, Heringsimport, Lizentstr. 4.

Keichel sind Küken, auch Hühnchen.

Kiewe, Heinz Edgar, † Oxford 1986.

Klimek, Lothar, * Kbg. 1921. Foto-Grafiker. Als einer der letzten Soldaten konnte er Kbg. verlassen und Dänemark erreichen. 1948 weiteres Studium in Stuttgart, dann freiberuflich tätig. Seit 1958 an der Akademie in Bremen, wo er eine Klasse für Fotografik ins Leben rief. 1979 wurde er dort zum Prof. ernannt.

Knorr, Hugo, * Kbg. 1834, † Karlsruhe 1904. Maler. K. studierte seit 1852 an der Kunstakademie in Kbg. Er malte Landschaften, auch ostpreußische Motive. Seit 1873 Prof. an der TH Karlsruhe.

Knorre, Andreas, * Berlin 1763, † Kbg. 1841. Maler. K. studierte Malerei in Berlin, seit 1800 Prof. an der Kunstschule in Kbg. K. war Historien- und Poträtmaler. 1804 nahm K. die Totenmaske I. Kants ab. Sein Sohn Julius, * 1804, † 1884, war ebenfalls Maler, er hinterließ Zeichnungen der Kbger. Altertümer.

Koch, Erich, * Elberfeld 1896, † Wartenburg/Opr. 1986. Eisenbahner. K. wurde 1928 Gauleiter der NSDAP von Ostpreußen und 1933 Oberpräsident. 1941—1944 Reichskommissar für die Ukraine. – Die von Polen 1959 verhängte Todesstrafe wurde in lebenslängliche Haft umgewandelt.

Kodder sind Waschlappen oder Lumpen.

Kollo, Willi, * 1904, † Berlin 1988.

Kolm, Georg, * Insterburg 1895, † Kbg. 1930. Maler, Grafiker. Nach schwerer Verwundung studierte K. in Kbg. und lebte dort. — Seine Gemälde von Menschen und Landschaften Ostpreußens fanden Anerkennung. K. erhielt 1930 den Dürer-Preis.

Königsberger Streichquartett, Konzertmeister August Hewers.

Krebsch ein Beutel auch Sack.

Kroll, Dr. Erwin, * Dt. Eylau, † 1886.

Kronenorden. Anläßlich seiner Krönung stiftete König Wilhelm I. am 16. Oktober 1861 in Königsberg den preußischen Kronenorden in vier Klassen.

Kudnig, Margarete, * Wennemannswisch/Holst. 1898. Schriftstellerin. Sie war mit Fr. Kudnig verheiratet. Veröffentlichungen: Gedichte, Märchen und zahlreiche Erzählungen in Zeitungen, Zeitschriften und im Rundfunk.

Kunter, im Ostpreußischen ein kleines Pferd.

Kupsten sind kleine versandete Hügel, außerhalb der Wanderdünen.

Kusseln sind dürftige Kiefern, z. B. auf den Nehrungen.

Labiauer Bahn. Sie stieg in weit ausholender Kurve auf das etwa **20 m** höhere Gelände der Hufen.

„Ladol“, gegr. 1910. Sie wurde als erste öffentlich-rechtliche Lebensversicherungsanstalt in Deutschland gegründet.

Lasch, Otto. 1942 wurde L. **Kommandeur** der 217. Inf.-Div.

Lau, Dr. med. Alfred, * bei Kbg. 1898, † Bad Grund 1971. Schriftsteller. L. redigierte in den 20er Jahren die „Dittchenzeitung“ und wurde 1930 Chefredakteur der Preußischen Zeitung. 1935 Intendant des Reichssenders Königsberg. L. schrieb humorvolle Erzählungen und Gedichte, u. a. „Auguste in der Großstadt“.

Lewin, Reinhold, * Magdeburg 1888, deportiert 1943. Liberaler Rabbiner. L. amtierte seit 1912 in Leipzig und 1921—1938 in Kbg., dort war er bis 1938 Redakteur des „Königsberger Jüdischen

Gemeindeblatts". 1910 Gewinner des Preisausschreibens der Uni Breslau über Luthers Stellung zu den Juden.

Liberalismus, s. Politische Landschaft.

Liedtke, Harry, * Kbg. **1882,** † Pieskow 1945.

Lingen & Co., Gas-, Wasser- und Heizungsbau, Französ. Str. 1.

Linger-Kaserne, Berliner Str. 38—47. Hier lag seit 1935 die II. Abt. Art.-Rgt. 37.

Linsen-Handel. Kbg. wurde um 1900 der größte Welthandels- und Stapelplatz für Linsen. S. Franz Thran.

Lipmann, Fritz, * 1899, † New York 1986.

Lölhöffel, Hedwig von, geb. von Olfers-Batocki, * Thorn 1913, † München 1986. Schriftstellerin. 1935 übernahm sie von ihrem Onkel das Gut Tharau. Seit 1943 mit Dr. Erich v. L. verheiratet. Sie sammelte heimische Volkslieder und schrieb u. a. „Tharau liegt woanders", 1986.

Lullies, Reinhard, * Kbg. 1907, † Göttingen 1985.

Magnus-Unzer, Frieda, geb. Brausewetter, * Kbg. 1875, † San Antonio/Ibiza 1966. Schriftstellerin. Sie lebte seit 1909, nach dem Tode ihres Mannes, des Landrats Dr. Adolf M., mit ihren 4 Kindern in Kbg., war ehrenamtlich in Jugendschutzorganisationen und im Vaterländischen Frauenverein vom Roten Kreuz tätig. – Sie leitete ab 1921 die Kinder- und Jugendabteilung bei Gräfe und Unzer. 1930—36 beim Ostmarkenrundfunk. Sie schrieb u. a. die Geschichte des ostpreußischen Buchhandels.

Maraunenhöfer Kirche am Ottokar-Platz. Der neuromanische Bau wurde von den Architekten Matter und Scheler 1912 errichtet. Im Volksmund Ottokarkirche genannt. Letzter Pfarrer Hans Damrow.

Mielcarczyk, Georg Bernhard, * Kbg. 1895, † Georgsmarienhütte/Osnabrück 1982. Oberstudienrat. Nach dem Abitur und Teilnahme am I. Weltkrieg konnte er seine Studien beenden. 1926 wurde M. Studienrat an der Hermann-von-Salza-Schule in Braunsberg. Nach 1945 am Gymnasium in Osnabrück. Seine Liebe galt der Frischen Haffküste. U. a. erschien seine Arbeit über Narmeln, Neukrug, Vöglers.

Milte-Verlag, Inh. Hans Milte, Drummstraße 45.

Mitzka, Walther, * Posen 1888, † Bonn-Röttgen 1976. Germanist. Prof. in Kbg., Danzig und Marburg. Arbeiten besonders zur Volkskunde und Mundart-Forschung.

Nadler, Josef, * Neudörfl/Böhm 1884, † Wien 1963. Literaturhistoriker. N. war Prof. in Freiburg/Schwz., 1925 in Kbg., 1931 in Wien. Erforschte die dt. Literatur auf stammesgeschichtl. Grundlage. N. schrieb u. a. „Deutscher Geist - dt. Osten", 1937. J. G. Hamann, 1949.

Neuroßgärter Kirche. Die letzten Geistlichen waren Lic. Karl Hanne, Hans Rohde und Pfarrer Schultz.

Novak, Dr. Hugo, * Wormditt 1899, † Geisweid 1987. Oberstudiendirektor. Nach dem Abitur am Kneiph. Gymnasium studierte N. Philologie an der Albertina und promovierte 1922 zum Dr. phil. Er wurde 1929 Studienrat in Tilsit und am Hufengymnasium. Seit 1936 OStD in Bartenstein. In gleicher Stellung, 1950—65, zuletzt in Weidenau/Sieg. 1939 Kriegsteilnehmer in der le. Flakabtlg. 71. St. 1941 Batteriechef. Als Major kam N. 1944 in russ. Gefangenschaft, Entlassung 1949. N. hat sich dann unermüdlich für die dt. Ostkunde eingesetzt.

Ostpreußenhalle, südwestl. des Friedländer Tors. Die KdF-Halle wurde von Kurt Frick aus Holz erbaut, sie hatte einen umbauten Raum von 92.000 cbm.

Ostpreußenhilfe, sie setzte im Reich schon 1915 für den Wiederaufbau Ostpreußens ein.

Palwe, dürres Hügelland, aus dem Altpreußischen.

Petzinger, Johann Friedrich von, * Adl. Gurren 1865, † Hameln 1949. Mediziner. Nach dem Studium wurde P. 1892 prakt. homöopathischer Arzt in Kbg. In Greifswald promovierte er 1898 zum Dr. med. Der San.-Rat war in Kbg. eine stadtbekannte Persönlichkeit.

Plangger-Popp, Lieselotte, * Karlsfelde/Treubg. 1913. Malerin, Grafikerin. Studierte in Kbg. Gebrauchsgrafik und arbeitete mehrere Jahre bei Gräfe und Unzer. Sie illustrierte Bücher von Agnes Miegel und dokumentierte in vielen Bildern Land und Stadt der ostpreußischen Heimat. 1982 erhielt sie den Kulturpreis der Landsmannschaft Ostpreußen.

Poepke, Christel, * Kbg. 1929. Lyrikerin. Mit 14 Jahren wurde sie Vollwaise. Außer ihrer Lyrik sind ihr Erzählungen zu verdanken. Im Stoedtner-Verlag erschien ihr Werk „Die Feder im Dornbusch".

Pohl, Witta, * Kbg. 1938. Schauspielerin. Zunächst an mehreren Schauspielhäusern tätig, entdeckte sie Heinz Hilpert als talentierte Filmschauspielerin. Durch ihre attraktive Mutterrolle im Film „Die Drombuschs" wurde sie allgemein bekannt.

Pommer & Thomsen, Heringsimport, Lastadie 44.

Preyl, Schloß am Wargener Teich, idyllisch gelegen. Ahasverus Graf Lehndorf ließ es 1894 errichten.

Radok, Fritz, * Kbg. 1883, † Melbourne 1968. Direktor. Sohn des Elias R. Er trat 1915 in die Firma Steinfurt ein und führte das Werk als kaufmännischer Direktor durch schwere Zeiten. Radok ging 1940 nach Amerika.

Rauschning, Felix, * 1886, † Konstanz 1968. Branddirektor. R. wurde nach seinem Studium 1912 Brandmeister in Kbg., dort 1920 Branddirektor. 1939 wurde R. verabschiedet, weil er sich weigerte, den Holzbau der Ostpreußenhalle zu genehmigen. – R. war nach Kriegseinsatz Branddirektor in Wiesbaden.

Rodmannshöfen, nordöstl. von Lauth. Letzter Besitzer dieses Guts war die Familie Balduhn.

Rosbiegal, Carl, Blumenhaus, Münzstr. 1.

Rossitten. Im Dünengelände **westl.** des Ortes lag die Segelfliegerschule.

Schellong, Otto, * Löbau/Wpr. 1858, † Kbg. 1945.

schlackern, für schütteln.

Schlockermann, Ernst, * Hagen 1886, † Kbg. 1945. Architekt BDA. Seit 1929 in Kbg. freischaffender Architekt. S. errichtete u. a. das Seemannsheim, das Dorotheenheim und das Studentinnenheim Händelstraße.

Schmadder, für feuchte, weiche Masse.

Schmidtke, Dr. Herbert, * Kbg. **1896**, † Friedberg 1960.

Schultz, Franz A., übernahm 1733 das Direktorat.

Schurig, Alfred, * Pritschöna/Halle 1883, † Hannover 1965. Sportdirektor. Nach dem Lateinstudium erwarb S. 1908 zusätzlich die Lehrbefähigung für Leibesübungen. 1910 Oberlehrer am Friedrichskollegium, wird S. Akademischer Turn- und Sportlehrer an der Albertina, 1925 Direktor des Hochschulinstituts für Leibesübungen in der „Palaestra". Höhepunkt seiner Laufbahn war der Auftrag, die Akademische Olympia von 1927 auszurichten. – S. wurde 1936 gegen seinen Willen nach Hannover versetzt.

Schwendlund, Försterei und Gasthaus etwa 2 km östl. von Cranz. Dort konnte man auf Elche stoßen.

Shoultz-Carnoff, Erwin, * Kbg. 1913. Maler. Nach dem Studium in Kbg. gründete S. 1945 in Traunstein die Künstlergruppe „Roter Reiter" und erhielt die

Europamedaille in Gold. Ehrenmitglied des Europäischen Kulturkreises.

Sommerfeld, Gunnar, * Kbg. 1941. Malerin. Zunächst Fernsehcutterin, studierte sie an der Akademie in München. Malt Landschaften besonders in Italien.

Stadtbibliothek, William Meyer wurde 1934 Direktor.

Staff, Gerhard, * Kbg. 1920. Kaufmann, Musiker. 1935 Mitbegründer der „Ostpr. Werbekapelle für Volks- und Hausmusik. Er gründete mit Freunden 1955 das Ostpr. Musikstudio Salzgitter, das mit über 100 Vortragsreisen über das Musikleben in Ostpreußen referierte. S. verfaßte die Schrift „650 Jahre ostpreußische Musikgeschichte in 400 Daten" und weitere musikalische Publikationen. S. komponierte mehrere Musikstücke, darunter das „Lied von der Kurischen Nehrung".

Steffens, Ute, * Kbg. 1940. Bildhauerin. Seit 1959 Ausbildung an der Akademie der Bildenden Künste in Stuttgart, dann an der Kunsthochschule Hamburg. 1962 Studienreisen ins Ausland, 4 Jahre in Portugal. 1969 Förderpreis für junge Künstler der LM Ostpr.

Stenger, Paul Karl, * Rödgen/Siegen 1865, † Berlin 1940. Mediziner. S. studierte an der Pepinière in Berlin und promovierte 1889 zum Dr. med. Nach truppenärztlichem Dienst kam S. 1896 in die Ohrenklinik der Charité. 1903 habilitierte sich S. in Kbg. für Ohrenheilkunde. Dort wurde Prof. S. 1910 Leiter der Ohrenklinik. Geheimer Medizinalrat S. wurde 1921 Ordinarius. – Von seinen wissenschaftlichen Arbeiten wird der „Stengersche Versuch" genannt.

Strauss, Lieselotte, * Kbg. 1913. Malerin, Grafikerin. Studium bei Prof. A. Pfuhle in Danzig und bei Prof. Franz Lenk in Berlin. Sie entwickelte ein Werk aus Monotypien, Serigrafien und Aquarellen, denen dann italienische Architektur- und spanische Hügellandschaften das Gepräge gaben.

striezen, für stehlen.

Thiele, Liebgard, * Kbg. 1910, † Kbg. 1945. Malerin. Nach dem Studium an der Kunstakademie schuf sie u. a. ein gr. Wandbild im Stauerhaus und Sgraffitos an Mietshäusern sowie einen gewebten Wandteppich. Auch in der Provinz schmückte sie Innenräume, z. B. das masurische Ausflugsziel „Liebchensruh".

Thieler, Fred, * Kbg. 1916. Maler. Nach dem Studium hatte T. erfolgreiche Ausstellungen in Europa, USA und Japan. 1959 wurde T. Professor an der Hochschule für Bildende Künste in Berlin. 1985 erhielt Prof. T. den Lovis-Corinth-Preis.

Trenck, Wilhelm von der, * Kbg. 1919. Offizier, Dipl.-Landwirt. Nach dem Abitur wurde T. aktiver Kavallerie-Offizier, im Zweiten Weltkrieg dreimal verwundet. Seit 1956 Rittmeister bei der Bundeswehr, als Oberstleutnant 1976 verabschiedet. Seit 1977 Kreisvertreter von Pr. Eylau.

verbiestern, für verirren.

Vollmer, Artur, * Kbg. 1849, † Ballenstedt 1927. Schauspieler. Von Prag an das Berliner Schauspielhaus berufen, gehörte der Komiker V. neben Adalbert Matkowsky und Arthur Kraußeneck zu dem ostpreußischen Dreigestirn der Berliner Schauspieler.

Wallanlagen, s. Stadtbefestigung.

wammsen, für durchprügeln.

Weigelt, Werner, Pfarrer, * Celle 1986.

Wirrgraben. Hier legte Christoph Gattenhofen 1524 die erste Papiermühle an.

Wruke ist die Steckrübe.

Wünsch, Dr. Ing. **Carl,** * Breslau 1902.

Zipfelberg bei Gr. Kuhren. Dieser Hügel — eine Unterbrechung der Steilküste — zeigt an seinem Sockel blaue Erde, darüber Braunkohlen-Schichten.

Literatur-Verzeichnis

Achelis, Th. O.: Schleswiger Studenten auf der Universität Königsberg. 1939.

Adam, Reinhard: Polizeipräsident Abegg. Zur Geschichte des vormärzlichen Liberalismus in Preußen. 1933.

Adress-Kalender Königsberg auf das Jahr 1733. Nachdruck 1962.

Adress-Kalender vom Königreich Preußen auf das Jahr 1784. Nachdruck 1966.

Albers, W., und Kenkel, Horst: Stammfolge der Familie Kenkel, 1961.

Albinus, Ulrich: Das Bernsteinkabinett. 1966.

Ders.: Gestaltwandel des Kant-Grabmals. 1974.

Ders.: Das Bernsteinkabinett — noch immer ist das Schicksal ungeklärt. 1976.

Ders.: E. T. A. Hoffmann — 200. Geburtstag —. 1977.

Ders.: Das Haus Königsberg. 25 Jahre Patenschaft der Stadt Duisburg für Königsberg. 1977.

Ambrosius, Johanna: Gedichte. Band I 1905, Band II 1913.

Anderson, Eduard: Vom Kneiphöfschen Rathaus zum Stadtgeschichtlichen Museum. 1929.

Ders.: Königsberger Stuckdecken. 1929.

Ders.: Aus Königsbergs kulturellem Leben. 1955.

Ders.: Eine Ansicht der Ostseite des Königsberger Schlosses aus dem 16. Jahrhundert. 1943.

Andrée, Karl: Die Albertusuniversität. Schicksal und Leistung. 1958.

Ders.: Arbeit und Aufbau im Osten. Treffen der Kreise Königsberg, Samland, Wehlau, Pr. Eylau und Heiligenbeil. 1936.

Arbusow, Leonid: Die Beziehungen des Deutschen Ordens zum Ablaßhandel seit dem 15. Jahrhundert. 1909.

Armstedt, Richard: Heimatkunde von Königsberg i. Pr. 1895.

Ders.: Geschichte der Kgl. Haupt- und Residenzstadt Königsberg in Preußen. 1899.

Ders.: Geschichte des Kneiphöfschen Gymnasiums zu Königsberg. 1904.

Arnoldi, Wilhelm: Die Milchversorgung der Stadt Königsberg. 1914.

Arnoldt, Daniel Heinrich: Ausführliche und mit Urkunden versehene Historie der Königsbergischen Universität. Königsberg 1746—49.

Arnoldt, Emil: Kants Jugend und die ersten Jahre seiner Privatdozentur. 1881.

Arseniew, Anna von: Königsberger Bilder aus der Zeit der russischen Okkupation 1758—1762. 1957.

Assmann, Herbert: Die klinische Röntgendiagnostik. In mehreren Auflagen.

Ausländer, Walther: Die Ehrenbürger der Stadt Königsberg im ersten Jahrhundert der Städteordnung. 1912.

Ders.: Die Königsberger Theater-Aktiengesellschaft. Ein Rückblick. 1918.

Auszug aus Müllers Annalibus 1571—1579. In Acta Bor. I, II. 1730, 1731.

Baczko, Ludwig von: Versuche einer Geschichte und Beschreibung der Stadt Königsberg. 1804.

Ders.: Geschichte meines Lebens. 1824.

Baer, Karl Ernst von: Nachrichten über Leben und Schriften des Herrn Geheimrathes Dr. Karl Ernst von Baer. 1865.

Bahrfeldt, Max von: Die Notmünzen der Provinzen Ost-und Westpreußen. 1930.

Baltzer, Ulrich: Aus den Anfängen der Königsberger Kunstakademie. 1929.

Benniza von Bazan, Heinrich: Der Magus im Norden und sein Ahnerbe. 1949.

Bartholomé, Heinrich: Freiherr vom Stein und seine Beziehungen zu Ost- und Westpreußen. 1961.

Bartisius, Karl Heinrich: Nachrichten über die Reform des Königsberger Schulwesens in den Jahren 1809—1814. 1852.

Ders.: Die Königsberger Brauereien und ihre Gerechtigkeiten. 1855.

Ders.: Die Vereine in Königsberg. 1857—1859.

Barycz, Henryk: L'Université de Koenigsberg. 1961.

Bauer, Johannes: Schleiermachers Bewerbung um eine Predigerstelle in Königsberg. 1909.

Baumgardt, A.: Die ersten hundert Jahre des Königlichen Polizeipräsidium zu Königsberg i. Pr. 1909.

Bazar: Königsberger Album. Humoristischer Fremdenführer durch Königsberg. 1853.

Becker, Gustav: Die Wasserversorgung der Stadt Königsberg. 1890.

Beckherrn, Carl: Über die Danzker, insbesondere über den des Ordenshauses Königsberg. 1889.

Ders.: Geschichte der Befestigungen Königsbergs. 1890.

Behrend, Dora Eleonire: Romane Der Heilige, 1926; Spätsonne, 1942.

Behrendt, Hans: Luftkreuz Königsberg-Devau. 1954.

Behrend, Hermann H.: Der Paukenhund der 43er. 1982.

Benecke, Friedrich: Die Königsberger Börse. 1925.

Berend-Corinth, Charlotte: Biographie „Lovis". 1959.

Benkmann, Horst Günther: Königsberger Schülerpost 1917—1923. 1968.

Ders.: Königsberg Pr. und seine Post. 1981.

Ders.: Der Nachrichtendienst des Deutschen Ordens. 1978.

Benninghoven, Friedrich: Rigas Entstehung und der frühhansische Kaufmann. 1961.

Benrath, Karl: Geschichte des Haupt-Vereins der Gustav-Adolf-Stiftung für Ostpreußen 1844—1894. 1900.

Berghahn, Volker R.: Bernsteinzimmer — zerstört oder versteckt? 1967.

Bessel-Hagen, Friedrich: Die Grabstätte Kants. 1880.

Besser, Johann von: Preußische Krönungsgeschichte. 1702, Neudruck 1901.

Beuster, Fritz: Entfestigung der Innenstadt und Umgestaltung der Verkehrsanlagen in Königsberg i. Pr. 1913.

Beutner, Barbara: Meine Vaterstadt Königsberg. 1984.

Bieske, Erich: Wasserversorgung und Abwässerbeseitigung. 1966.

Bielitz, Inge: Deutscher Alpenverein Sektion Königsberg 1890—1977.

Bink, Hermann: Der Mythos um den Königsberger Schuhmacher Hans von Sagan. 1957.

Ders.: Die große Wurst und der Riesenstrietzel von Königsberg. 1958.

Birch-Hirschfeldt, Anneliese: Ein Verzeichnis der Königsberger Katholiken von 1773. 1935.

Birkner, Erich: Die Behandlung der Nürnberger im Ostseegebiet. 1929.

Birnbaum, Immanuel: Königsberger Lebenskreise von 50 Jahren. 1963.

Ders.: Alt-Königsberg in Bildern Heinrich Wolffs. 1965.

Bistrick, Arnold: Das Haus Königsberg und die Königsberger. 1980.

Blank, Heinrich: Die Übersetzer für Hebräisch und Jiddisch in Königsberg. 1940.

Blau, B.: Die Juden auf den preußischen Universitäten im Jahr 1905/06. 1908.

Block, Fritz: Das Königsberger Bürgerhaus. 1917.

Bluhm, Ernst: Königsberg Pr. 1930.

Blumenfeld, Kurt: Erlebte Judenfrage. Ein Vierteljahrhundert deutscher Zionismus. 1962.

Blumenthal, L.: Lebensbeschreibung Hans Joachim v. Zieten. 1805.

Böhm, Erich: 300 Jahre Burgschule Königsberg. 1958.

Boehm, O.: Die Volkshymnen aller Staaten des deutschen Reichs. 1901.

Böhme, Klaus: Ein Dokument zur Geschichte der Universität Königsberg. 1961.

Böhnke, Werner: Der Binnenhandel der Großschäffereien des Deutschen Ordens in Preußen in Königsberg und Marienburg um 1400. 1960.

Boeters, Karl Friedrich: Boden- und Siedlungspolitik. 1924.

Boetticher, Adolf: Die Bau- und Kunstdenkmäler der Provinz Ostpreußen. H. 7 Königsberg. 1897.

Bogisch, Evamarie: Die ostpreußische Tagespresse vom Zusammenbruch Preußens bis zu den Befreiungskriegen. 1942.

Bohn, Pauline: Ein Vierteljahrhundert Frauenarbeit in Königsberg. 1915.

Ders.: Entstehen und Werden der Frauenbewegung in Königsberg. 1924.

Bolte, Johannes: Drei Königsberger Zwischenspiele aus dem Jahre 1644. 1890.

Bondick, Erwin: Geschichte des Ostpr. Train-Bataillons Nr. 1. 1853—1903.

Boretius, Günter: Otto Ewel. 1975.

Ders.: Das Zschocksche Stift. 1978.

Borkowski, Heinrich: Kleist und Kant. 1935.

Ders.: Kants Grabstätte — die Professorengruft — die Stoa Kantiana. 1936.

Borrmann, Martin: Auch hier fielen die Sterne. 1963.

Ders.: Geliebtes Königsberg. 1967.

Ders.: Trampedank. 1974.

Botsky, Katarina: Laura oder der Markt von Wehlau, eine Groteske.

Boyen, Hermann von: Denkwürdigkeiten und Erinnerungen 1771—1813. 1913.

Boysen, Ida: Vom Judendraht in Königsberg. 1954.

Brackmann, Albert: Die Sammlungen zur Ostpreußischen Kriegsgeschichte. 1917.

Bräutigam, Otto: So hat es sich zugetragen. 1968.

Brandes, Johann Christian: Meine Lebensgeschichte, 3 Bände, 1802.

Brauer im Osten. Aus Anlaß des 100jährigen Bestehens der Aktien-Gesellschaft Brauerei Ponarth-Königsberg i. Pr. 1839—1939. 1939.

Braun, Gerhard: Die Königsberger Zeitschriften von 1800 bis zu den Karlsbader Beschlüssen. 1936.

Braunburg, Rudolf: Kennwort Königsberg. 1980.

Braunschweig, Günther: Untergangstage in Königsberg. 1953.

Brausewetter, Heinz Herbert: Aus des Rundfunks Kindertagen. 1967.

Breysig, Kurt: Die Entwicklung des pr. Ständethums von seinen Anfängen bis zum Regierungsantritt Friedrich Wilhelms. 1894.

Brostowski, Gertrud: Vom Gutshaushalt zur Ostpr. Mädchengewerbeschule. 1963.

Brüche, R., und Sattler, G.: Das Pregelwasserwerk der Stadt Königsberg. 1929.

Brünneck—Belschwitz, Manfred Graf von: Über die Königsberger Montagsgesellschaft. 1952.

Bruhns, Max: Insula inferior. 1905.

Ders.: Die Königsberger Feuerwehr. 1907.

Bruns, Friedrich: Die Lübeckischen Pfundzollbücher von 1492 bis 1495. 1908.

Buchfink, Ernst: Zu Winnigs „Heimkehr". 1936.

Bucholtz, Hansgeorg: Das Dorf unter der Düne.

Budzinski, Robert: Entdeckung Ostpreußens, Neuauflage 1950.

Bürgin, Hans und Meyer, Hans Otto: Thomas Mann. Eine Chronik seines Lebens. 1965.

Bujack, Georg: Zum Andenken an die Mitglieder des Preußischen Landtages im Februar 1813 zu Königsberg und an Thaten der Preußischen Landwehr in den Jahren 1813 und 1814. 1890.

Bulcke, Carl: Die Reise nach Italien oder drei Zeitalter. 1907.

Ders.: Aufstrebende Stadt.

Burckhardt, Carl Jakob: Meine Danziger Mission. 1960.

Burdach, Karl Friedrich: Rückblick auf mein Leben. 1848.

Bussenius, Charlotte: Die preußische Verwaltung in Süd- und Neuostpreußen 1793—1806. 1960.

Campe, Paul: Lexikon liv- und kurländischer Baumeister, Bauhandwerker, Baugestalter von 1400 bis 1850. 1951.

Carstenn, Edward: Geschichte der Hansestadt Elbing. 1937.

Cartellieri, Walther: Der Sänger Antonio Cartellieri. 1937.

Charisius, Arnold: Stammbaum des Geschlechts Charisius. 1908.

Ders.: Chronik des Geschlechts Charisius 1550—1908, 2. Teil 1550—1935. 1941.

Clappier, Louis: Festung Königsberg. Köln 1952.

Clasen, Karl Heinz: Kant-Bildnisse. 1924.

Ders.: Das Kantdenkmal Christian Rauchs. 1924.

Ders.: Die mittelalterliche Kunst im Gebiet des Deutschordensstaates Preußen 1927. 1979.

Clericus, Ludwig August: Liederbuch der Albertina, 1850. Neu hrsg. von Ed. Loch, Königsberg 1934.

Conrad, Georg: Über ein Projekt zur Anlegung einer vierten Stadt Königsberg. 1886.

Ders.: Rats- und Gerichtsverfassung um das Jahr 1722. 1887.

Ders.: Der erste Kämmerei- und Salarienetat der Stadt Königsberg. 1888.

Ders.: Die Konstitution des ehemaligen Königl. Kommerz-Kollegs vom 17. 8. 1718. 1890.

Ders.: Geschichte der Königsberger Obergerichte. 1907.

Ders.: Das rathäusliche Regiment der Stadt Königsberg von 1724. 1910.

Constantina, M.: Wie die Haushaltungsschule Maraunenhof unterging. 1960.

Corinth, Thomas: Lovis Corinths letzte Reise in die ostpreußische Heimat. 1958.

Creizenach, Wilhelm: Die Schauspiele der englischen Komödianten. 1889.

Crous, Ernst: Die Schriftgießereien in Königsberg unter Friedrich d. Gr. 1740—1766. 1926.

Cyran, Eberhard: Trenck. Memoiren und Kommentar. 1966.

Czihak, Eugen von: Königsberger Stuckdecken. 1899.

Czygan, Paul: Die Publicanda des Magistrats zu Königsberg, die Kriegskontribution im Jahre 1807 betreffend, nebst ihrer Entstehungsgeschichte, 1893 bis 1896.

Ders.: Städtische Realschule Königsberg. 1894.

Ders.: Kleinere Beiträge zur Geschichte des Krieges 1806/07. 1900.

Ders.: Schiller in der Beurteilung seiner Königsberger Zeitgenossen. 1905.

Ders.: Neue Beiträge zu Max von Schenkendorfs Leben. 1906, fortgesetzt 1918.

Ders.: Zur Geschichte der Zerstörung der holländischen Windmühlen vor dem Friedländer Tor. 1907.

Daffner, Hugo: Zur Psychopathologie der Königsberger Mucker. 1922.

Dahn, Felix: Ein Kampf um Rom. 1876.

Ders.: Erinnerungen, 4 Bände 1890—1895.

Dampfschiffahrt in der Provinz Preußen, Die, 1958.

Dann, G. E.: Die Apothekerfamilie Hagen. 1956.

Dannowski, Alois: Königsberg 1945—47. 1985.

Daugilajcky, Kolef: Die Bedeutun des jüdisch-russischen Zwi schenhandels für den Kö nigsberger Handel. 1922.

Degen, Heinrich: Nachrichten vo Königsberger Künstlern 1924.

Dehio/Gall: Deutschordenslan Preußen. 1952.

Georg Dehio: Handbuch der deut schen Kunstdenkmäler, ne bearb. von Ernst Gall.

Dehnen, Max: Besselschule. Fest und Erinnerungsschrift zur 90 Wiederkehr des Gründungs tages. 1957.

Ders.: Friedrich Wilhelm Bessel Leer. 1961.

Deichelmann, Hans, Pseudonym für Schubert: Ich sah Königs berg sterben. Aus dem Tage buch eines Arztes. 1949.

Dembowski, Hermann: Zum Ge dächtnis von Herbert Aß mann. 1951.

Dethlefsen, Richard: Die Domkir che zu Königsberg nach ihre jüngsten Wiederherstellung 1912.

Ders.: Führer durch das ostpreußi sche Heimatmuseum. Königs berg 1913.

Ders.: Beiträge zur ostpreußische Glockenkunde. 1919.

Dettmer, Günther: Die ost- un westpreußischen Verwal tungsbehörden im Kultur kampf. 1958.

Dewischeit, Curt: Der Deutsch Orden in Preußen als Bauherr 1899.

Dieckert, Kurt, und Großmann Horst: Der Kampf um Ost preußen. 1960.

Diesch, Carl: Crotus Rubeanus ir Dienste Herzog Albrechts 1929.

Ders.: Die Königsberger Stadtbi bliothek. 1930.

Ders.: Friedrich Schinkel und de Bau der Königsberger Univer sität. 1933.

Ders.: Fürst Boguslav Radziwi und seine Bücherschenkun an die Königsberger Schloß bibliothek. 1937.

Dieterich, Konrad: Kant und Rous seau. 1878.

Dillenburger: Beiträge zur Geschichte des Handels in Königsberg. 1869.

Dilthey, Wilhelm: Schleiermachers politische Gesinnung und Wirksamkeit. 1960.

Dinter, Gustav Friedrich: Dinters Leben, von ihm selbst beschrieben. 1887.

Dirichlet, Georg Lejeune-: Siegfried Körte. Nachruf. 1920.

Ders.: Die Umwandlung der Altstädtischen Pfarrschule in ein Stadtgymnasium. 1912.

Dittrich, Franz: Der Plan der Errichtung einer katholisch-theologischen akultät an der Universität Königsberg. 1911/13.

Ders.: Die katholische Kirche und Gemeinde zu Königsberg 1614—1914. 1914.

Dlugosz, Jan: Banderia Pruthenorum, Warschau 1958.

Dobbeck, Wilhelm: Johann Gottfried Herders Jugendzeit in Mohrungen und Königsberg 1744—1764. 1961.

Doebel, Günter: Schüleraufführung zu Kants 200. Geburtstag. 1964.

Dohna, Fabian Burggraf zu: Selbstbiographie. Hrsg. von Christian Krollmann. 1905.

Dolezel, Stephan: Das Preußisch-polnische Lehnsverhältnis unter Herzog Albrecht von Preußen. 1967.

Dönhoff, August Friedrich Philipp Reichsgraf von: Königsberg und Ostpreußen zu Anfang 1813. Ein Tagebuch vom 1. Januar bis 28. Februar 1813. 1901.

Dönhoff, Marion Gräfin von: Namen, die keiner mehr nennt. 1962.

Dorow, Wilhelm: Reminiszenzen. 1842.

Dreher, Carl Richard: Der Buchhandel und die Buchhändler zu Königsberg i. Pr. im 18. Jahrhundert. 1896.

Dreihundert Jahre Oberburgfreiheit — Sterbekasse zu Königsberg 1640—1940. 1940.

DRK-Schwesternschaft Ostpreußen 1916—1966. Itzehoe 1966.

Droysen, Johann Gustav: Leben des Feldmarschalls Grafen Yorck von Wartenburg, Berlin 1851, Neuaufl. Leipzig 1913.

Dühring, Horst: Versuch der Schilderung eines Besuchs. 1979.

Ders.: Wiederaufbau in Königsberg? 1981.

Dullo, Andreas: Die städtischen Schulen und die städtische Schullast in Königsberg. 1895.

Ders.: Das Wachstum der Bevölkerung Königsbergs und die dadurch bedingte Notwendigkeit der Stadterweiterung. 1903.

Ders.: Die Reichstags-, Landtags- und Stadtverordnetenwahlen in Königsberg Pr. 1903 und in den früheren Jahren, 1904.

Ders.: Die Bevölkerungsbewegung in Königsberg 1899—1905. 1906.

Ders.: Das Wachstum der Stadt Königsberg nach den Ergebnissen der Volkszählung vom 1. XII. 1905, Königsberg 1906.

Ebhardt, Bodo: Der Seedienst Ostpreußen im Zeitgeschehen. 1940.

Ebert, Georg: Die Entwicklung der Weißgerberei. 1913.

Ehrenberg, Hermann: Eine Demütigung Johann Gottfried Schadows. 1914/15.

Ders.: Die Kunst am Hofe der Herzöge von Preußen. 1899.

Ders.: Die Schloßkirche zu Königsberg. 1901.

Ehrhardt, Traugott: Geschichte der Festung Königsberg 1257—1945. 1960.

Eichelberger, Alfred: Das „Königsberger System", 1968.

Eichen, Heinrich: Otto Nicolais Jugend in Königsberg. 1958.

Eichendorff, K. Freiherr von: Joseph Freiherr v. Eichendorff. 1924.

Eicholz, Ehrenreich: Tagebuch August bis November 1870. 1874.

Eichhorn, Anton: Geschichte der ermländischen Bischofswahlen. 1869.

Eichwald, Walter: Die Entwicklung des Königsberger Hafens und seine gegenwärtige Bedeutung. 1931.

Eicke, Hermann: Der ostpreußische Landtag 1798. 1910.

Ders.: 125 Jahre Königsberger Burschenschaft Germania 1843—1968. 1968.

Eidinger, Max: Königsbergs Arbeitsverwaltungen. 1968.

Eiselsberg, Anton Frhr. von: Lebensweg eines Chirurgen. 1940.

Elditt, Heinrich Ludwig: Das Bernsteinregal in Preußen, 1868, 1869, 1871.

Ellendt, Georg: Einige Nachrichten über das Königliche Friedrichskollegium und seine Gebäude, 1698—1892, Festschrift 1892.

Elvenspoek, Curt: Schinderhannes. 1925; Auswahl „Postille des Herzens". 1970.

Enß, Hans: Die Anfänge der Bierzeise unter dem Deutschen Orden. Ein Beitrag zur Geschichte der preußischen Akzise. 1908.

Ephraim: Die französische Kolonie in Königsberg. 1887.

Erdmann, Benno: Martin Knutzen und seine Zeit. Ein Beitrag zur Geschichte der wolfischen Schule und insbesondere zur Entwicklungsgeschichte Kants. 1876.

Erger, Johannes: Der Kapp-Lüttwitz-Putsch. Beitrag zur dt. Innenpolitik. 1967.

Erich-Koch-Stiftung: Geschichte eines genialen Raubzuges. 1953.

Erinnerungsbuch, Akademisches, Königsberg 1844.

Ernsthausen, A. Ernst von: Erinnerungen eines preußischen Beamten. 1894.

Errulat, Fritz: Die Geophysikalische Warte Groß Raum. 1966.

Esau, Lotte: Flugschriften und Broschüren des Vormärz. 1942.

Ders.: Karl Rosenkranz als Politiker. Halle 1934.

Eschle, Otto: Die Bevölkerung von Königsberg i. Pr. Der Bevölkerungsstand. 1925.

Eschment, Richard: Kurze Darstellung der geschichtlichen und wirtschaftlichen Entwicklung des löbenichtschen Hospitals zu Königsberg Pr. zu seinem 400jährigen Bestehen. 1931.

Faber, Karl: Die Haupt- und Residenzstadt Königsberg i. Pr. 1840.

Ders.: Taschenbuch von Königsberg. 1829.

Falcke, Kurt: Die Bürgermeister von Königsberg. 1963.

Ders.: Eine Königsberger Ratsordnung von 1539. 1965.

Falk, Lucy: Ich blieb in Königsberg, München 1965.

Falkson, Ferdinand: Die liberale Bewegung in Königsberg 1840—1848. 1888.

Faltin, Friedrich: Kolonisten als Bürger der Stadt Königsberg Pr. 1950.

Fechter, Paul: Die Fahrt nach der Ahnfrau. 1935.

Federmann, Heinrich: Die Roßgärtsche Kirche. Darstellung ihrer Geschichte. 1912.

Federmann, Maria: Musik und Musikpflege zur Zeit Herzog Albrechts. 1932.

Feierlichkeiten des 200. Geburtstages Kants in seiner Vaterstadt nach den Berichten der Königsberger Hartungschen Zeitung. 1924.

Festbuch für die dt. Lehrerversammlung in Königsberg i. Pr. 1904.

Festschrift anläßlich des 100jährigen Bestehens des Vereins für Pferderennen und Pferdeausstellungen in Preußen. Königsberg 1935.

Festschrift zur Denkmalsenthüllung eines Regimentsdenkmals am Brandenburger Tor für die Fußartilleristen. Königsberg 1924.

Fischer, Eugen Kurt: Königsberger Hartungsche Dramaturgie. 150 Jahre Theaterkultur im Spiegel der Kritik. 1932.

Fischer, Hermann: Das Quatemberg- oder Hofgericht zu Königsberg 1506—25. 1924.

Fischer, Leopold: Gedichte des Königsberger Dichterkreises aus Heinrich Alberts Arien 1883/84.

Fischer, Richard: Königsberg als Hansestadt. 1904.

Ders.: Festschrift z. Feier des 600jährigen Jubiläums des kneiph. Gymnasiums. 1904.

Ders.: Die Beendigung des Königsberg-Danziger Sessionsstreites. 1906.

Ders.: 1760—1910. Geschichte der Johannisloge zu den drei Kronen. 1910.

Fischer, Th. A.: Aus dem Protokoll des Magistrats der Stadt Königsberg 1762. 1904.

Flach, Walter: Die deutsche Ostmesse. Königsberg 1927.

Flakowski, Curt: Aufstieg und Ende der Vorstädtischen Oberrealschule zu Kbg. 1966.

Förder, Horst: Die letzten Tage von Königsberg. Leer 1964.

Forstreuter, Kurt: Die ersten Gemeinden der griechischen Kirche in Ostpr. 1929.

Ders.: Die Memel als Handelsstraße Preußens nach dem Osten. 1931.

Ders.: Gräfe und Unzer. Zwei Jahrhunderte Königsberger Buchhandel. 1932.

Ders.: Die deutsche Sprache im auswärtigen Schriftverkehr des Ordenslandes und Herzogtums Preußen. 1933.

Ders.: Ein Bericht über die Reise Peters d. Gr. durch Preußen im Jahre 1697. 1935.

Ders.: Beziehungen Johann Keplers zu Königsberg. Sein Sohn Ludwig Kepler. 1936.

Ders.: Die preußische Kriegsflotte im 16. Jahrhundert. 1940.

Ders.: Wolf Rieder, ein Hofmaler des Hochmeisters und Herzogs Albrecht. 1942.

Ders.: Vom Ordensstaat zum Fürstentum. 1951.

Ders.: Preußen und Rußland von den Anfängen des Dt. Ordens bis zu Peter d. Gr. 1956.

Ders.: Die ältesten Handelsrechnungen des Dt. Ordens in Preußen. 1956.

Ders.: Das „Hauptstadtproblem" des Deutschen Ordens. 1956.

Ders.: Die Hofordnungen der letzten Hochmeister in Preußen. 1960.

Ders.: Die Gründung des Erzbistums Preußen 1245/46. 1960.

Ders.: Die Geschichte der Generalprokuratoren von den Anfängen bis 1403. 1961.

Ders.: Zur Geschichte der Presse in Königsberg. 1963.

Ders.: Das Ende der Königsberger Hartungschen Zeitung. 1968.

Ders.: Das Preußische Staatsarchiv in Königsberg. Göttingen 1955.

Frantzius, Georg von: Die Okkupation Ostpreußens durch die Russen im Siebenjährigen Krieg mit besonderer Berücksichtigung der russischen Quellen. 1916.

Franz, Walther: Königsberger Straßennamen. 1922.

Ders.: Königsberger Hausmarken. 1927.

Ders.: Königsberger Willküren. 1928.

Ders.: Die Beguinen in Königsberg. 1927.

Ders.: Die Königsberger Bürgernamen im 13. und 14. Jahrhundert und ihre Bedeutung für die Bestimmung der Heimat der ersten Bewohner Königsbergs. 1933.

Ders.: Königsberger Elendenhäuser und Elendengilden. 1933.

Ders.: Geschichte der Stadt Königsberg. 1934.

Ders.: Die Mitglieder des kneiphöfschen Junkergartens. 1934.

Ders.: Georg Steinhaupt. 1936. — Jürgen Langerbeen. 1936.

Ders.: Königsberger Altertümer und ihre Beziehungen zu Orient und nordischer Welt. 1937.

Ders.: Vom Blutgericht zu Königsberg. Königsberg 1938.

Ders.: Das Benediktinerinnenkloster St. Marien zu Königsberg. 1938.

Ders.: Hans von Sagan. 1938.

Ders.: Königsberger Gewerbe im Mittelalter. 1939.

Ders.: Königsberger Kaufmannsleben um 1500. 1940.

Ders.: Die geistlichen Bruderschaften Königsbergs im Mittelalter. 1940.

Ders.: Das Königsberger Kunstgewerbe zur Ordenszeit. 1940.

Ders.: Die Königsberger Kürbishütte. 1959.

Freiberg, Johann: Chronik. Hrsg. von A. Meckelburg. 1846—48.

Freimann, Willi: Die Gartenstadt Ratshof in Königsberg. 1984.

Ders.: Die historische Kant-Gedenkstätte in Moditten. 1984.

Freiwald, Helmut: Der Plan Herzog Albrechts zur Vereinigung der 3 Städte. 1961.

Ders.: Die Ständepolitik des Markgrafen Albrecht von Brandenburg. 1958.

Freudigmann-Steinke, Albert: Der Betrieb der Firma Windschild & Langelott KG in Groß Lindenau. 1966.

Freundt, Gerhard: Die Königshalle am Paradeplatz. 1971.

Freytag, Hermann: Zur Lebensgeschichte des Hans Nimptsch. 1895.

Ders.: Zur Geschichte des Latermannschen Streites. 1896.

Ders.: Die Preußen auf der Universität Wittenberg. 1903.

Friccius, Carl: Geschichte des Krieges in den Jahren 1813 und 1814 mit besonderer Rücksicht auf Ostpreußen und das Königsberger Landwehrbataillon. 1843.

Friedländer, Ernst: Das Handlungshaus Joachim Moses Friedländer und Söhne zu Königsberg i. Pr. 1913.

Friedländer, Ludwig: Aus Königsberger Gelehrtenkreisen. 1905.

Friesen: Der Neubau des Anatomischen Instituts der Universität Königsberg. 1936.

Frisch, Ernst von: Zur Geschichte der russischen Feldzüge im Siebenjährigen Kriege nach den Aufzeichnungen österreichischer Offiziere. 1919.

Frisch, Walther: Die Organisationsbestrebungen der Arbeiter in der deutschen Tabakindustrie. 1905.

Frischbier, Hermann: Preußische Sprichwörter und volkstümliche Redensarten. 1865.

Ders.: Die Zünfte der Königsberger Junker und Bürger im Kneiphof nach den Protokollen der Morgensprachen. 1880.

Fritsch, Georg: Die Burgkirche zu Königsberg i. Pr. und ihre Beziehungen zu Holland. Ein Beitrag zur Neringforschung. 1935.

Frommer, Otto: Anfänge und Entwicklung der Handelsgerichtsbarkeit in Königsberg. 1891.

Frühbrodt, Paul Gerhard: Prof.-Dr.-Schumacher-Stiftung. 1982.

Fünfundsiebzig Jahre Königsberger Ruderclub. 1964.

Fünfundsiebzig Jahre Telegraphenamt Königsberg. 1928.

Fünfundzwanzig Jahre Geschichte des Rudervereins Prussia 1902—27. 1927.

Fünfundzwanzigjähriges Jubiläum des Vereins für Bewegungsspiele Kbg. Pr. 1925.

Fünfzig Jahre Königsberger Allgemeine Zeitung 1875/1925. 1925.

Fünfzig Jahre Sportvereinigung Asco-Königsberg. Hamburg 1952.

Fürst, Max: Gefilte Fisch. 1974.

Gaerte, Wilhelm: Die Besiedlung und Kultur Königsbergs in vorgeschichtlicher Zeit. 1924.

Ders.: Das Königsberger Kaisern. 1952.

Ders.: Volksglaube und Brauchtum Ostpreußens. 1956.

Gallandi, Johannes: Königsberger Stadtgeschlechter. 1883, 1961.

Ders.: Geschichte des Kgl. Pr. 1. Ostpr. Grenadier-Regiments Nr. 1 Kronprinz 1855—1900. 1901.

Gallitsch, Albert: Die Einführung der Staatspost in Kurbrandenburg. 1958.

Gans, August: Untersuchung über den Handel der Städte Königsberg in der Zeit des 2. Nordischen Krieges. 1925.

Gause, Fritz: Zwei Königsberger Buchdrucker um 1550. 1942.

Ders.: Eichendorff in Königsberg. 1957.

Ders.: Die Forderung deutscher Abstammung der Lehrlinge in den altpr. Gewerksrollen. 1960.

Ders.: Eine deutsche Freischar für Polen 1848. 1933.

Ders.: Geschichte des Amts und der Stadt Soldau. 1959.

Ders.: Die Gründung der Stadt Königsberg im Zusammenhang der Politik des Ordens und der Stadt Lübeck. 1954.

Ders.: Der Grundbesitz der Familie Saturgus in Königsberg. 1956.

Ders.: Vergangenes Handwerksbrauchtum. 1961.

Ders.: Ein Hannoveraner 1870 in Königsberg. 1964.

Ders.: Um den Königsberger Hauptbahnhof. 1964.

Ders.: Der Holländer und der Litauer Baum in Königsberg. 1959.

Ders.: Der Kämmereibesitz der Stadt Königsberg im 19. Jahrhundert. 1924.

Ders.: Kants Freunde in der Königsberger Kaufmannschaft. 1959.

Ders.: Kant und die Frauen. 1962.

Ders.: Kniebelsticker und Roßköpfe. Zur Geschichte des Königsberger Weißgerberhandwerks. 1958.

Ders.: Königsberg i. Pr. Hrsg. von der Landsmannschaft Ostpreußen. 1966.

Ders.: Königsberg und Bremen. Beziehungen im persönlichen Bereich. 1969.

Ders.: Königsberg und Hamburg. 1964.

Ders.: Ein Königsberger in der Westminsterabtei. 1955.

Ders.: Frau von Krüdener in Ostpreußen. 1932.

Ders.: Der Nachruhm des Hans von Sagan. 1960.

Ders.: Der Deutsche Orden und die Gründung von Burg und Stadt Königsberg. 1967.

Ders.: Ein historisches Porträt Königsbergs. 1963.

Ders.: Königsberger Rathäuser. 1962.

Ders.: Das Recht des Landesherrn an den Wasserstraßen im Preußenlande. 1965.

Ders.: Die Russen in Ostpreußen 1914/15. Königsberg 1931.

Ders.: Die Vereinigung der ehemaligen Kriegsfreiwilligen von 1813 in Königsberg. 1940.

Ders.: Richard Wagner in Königsberg. 1965.

Ders.: Wanderungsbewegungen und kulturelle Beziehungen zwischen Preußen und Ungarn. 1960.

Ders.: Altes und neues Wirtschaftsdenken in Königsberg zwischen Ständestaat und Absolutismus. 1958.

Ders.: Die lange Wurst und die großen Stritzel in Königsberg. 1958.

Ders.: Die ostpreußische Zellstoffindustrie. 1965.

Ders.: Geschichte des Preußenlandes. 1966.

Ders.: Deutsch-slawische Schicksalsgemeinschaft. 1953.

Ders.: Die Geschichte der Stadt Königsberg in Preußen in 3 Bänden. 1965—1971.

Ders.: Kant und Königsberg. 1974.

Gebauer: Die Geschichte des Segelclubs Rhe 1858—1925. 1925.

Gebrüder Siebert 75 Jahre. Festschrift 1936.

Geede, Ruth: Die Pflugschar. 1939;

Dies.: Rote Korallen. 1977.

Dies.: Wie Blätter im Wind. 1981.

Gebser, August Rudolf, und Hagen, Ernst August: Der Dom zu Königsberg i. Pr., eine kunstgeschichtliche Schilderung, 1833—1835.

Gefaeller, Heinz: Nach wie vor deutsches Land. 1963.

Gehrmann, Karlheinz: Immanuel Kant und Königsberg. 1955.

Gehse, Hans: Ostpreußens Presse in Krieg und Frieden 1907—1932. 1932.

Geiß, Immanuel: Der polnische Grenzstreifen. Lübeck/Hamburg 1960.

Genschel, Helmut: Die Verdrängung der Juden aus der Wirtschaft im Dritten Reich. 1966.

Gerlach, Hans: Die letzten Monate im Blutgericht. 1969.

Gerlach, Heinrich: Nur der Name blieb. Glanz und Untergang der Alten Preußen. 1978.

Gerth, Paul: Beiträge zur Geschichte des Bäckerhandwerks in Königsberg. 1924.

Geschichte der A. W. V. Albertia an der Universität Königsberg 1883—1908. 1909.

Geschichte des Königsberger Männerturnvereins 1842 bis 1892. 1892.

Giere, Gustav: Carl Gördeler. Köln 1963.

Gilde, Luise: Beiträge zur Lebensgeschichte des Königsberger Oberhofpredigers Johann Jakob Quandt. 1933.

Gingerich, Josef: Die Mennonitengemeinde in Königsberg und ihr Ende. 1949.

Glage, Karl: Königsberg und sein Schloßteich. 1911.

Glasenapp, Helmuth: Meine Lebensreise. Wiesbaden 1964.

Glinka, Margarete: Königsberg und der Republikanische Klub. 1958.

Glinski, Gerhard v.: Die Königsberger Kaufmannschaft im 17. und 18. Jahrhundert. 1964.

Goedeckemeyer, Albert: Kant und der Staatsgedanke. 1932.

Göppinger, Horst: Die Verfolgung der Juristen jüdischer Abstammung durch den Nationalsozialismus. 1963.

Gördeler, Carl Friedrich: Organisation und Verwaltung. Königsberg 1924.

Goldbeck, Johann Friedrich: Literarische Nachrichten von Preußen. 1783.

Goldstein, Ludwig: Königsberger Speicher. 1911.

Ders.: Das Zschocksche Stift in Königsberg. 1911.

Ders.: Bausteine zur Geschichte des Stadttheaters. 1918.

Ders.: Das Neue Schauspielhaus zu Königsberg. 1927.

Ders.: Hundert Jahre Börsenhalle. 1930.

Ders.: Heimatgebunden. Manuskript.

Ders.: Der Lorbeerkranz und seine Bewohner. 1939.

Ders. : Begegnungen mit ostpreußischen Dichtern. 1961.

Goltz, Bogumil: Buch der Kindheit. Berlin 1905.

Goltz, Colmar Frhr. von der: Denkwürdigkeiten. 1929.

Gordack, Walter: Königsbergs Ansehen und Leben vor 50 Jahren. 1887.

Gotthold, Friedrich August: Selbstbiographie. 1857.

Gottschall, Rudolf von: Aus meiner Jugend. Berlin 1898.

Gregorovius, Ferdinand: Idyllen am baltischen Ufer. Königsberg 1941.

Griewank, Carl: Königin Luise. Ein Leben in Briefen. Leipzig 1943.

Grimoni, Erich: Straßen auf dem Sackheim. 1971.

Grimoni, Lorenz: Ulrich Albinus 75 Jahre alt. 1984.

Grosse, Walther: Buntes Leben. Ein Blick zurück. 1961.

Ders.: Deime-Tannenberg und Lötzen. Aus der Geschichte des Fußartillerieregiments von Linger. 1961.

Ders.: Fahnen alter ostpreußischer Regimenter. 1962.

Ders.: Einst Amtssitz des Gouverneurs. 1963.

Ders.: Garnisons- und Festungsbauten im Stadtbild. 1964.

Ders.: Der Fall von Königsberg. 1965.

Ders.: Die Wandgemälde in unserer Aula, dem Wilhelmsgymnasium. 1965.

Ders.: Königsberg als Garnison und Festungsstadt. 1967.

Großmann, Gustav: Die Neuroßgärter Kirche zu Königsberg. 1935.

Großsender: Der ostpreußische Großsender Heilsberg. 1930.

Grünberg, Hans Bernhard von: Die Hauptprobleme des Ostpreußenplanes. 1934.

Grunau, George und Axel: Die St. Georgen-Brüderschaft zu Elbing. 1958.

Grundlagen des Wirtschaftslebens von Ostpreußen. Denkschrift zum Wiederaufbau der Provinz. 1916—1918.

Grünewald-Grünberg. W.: Als reichsdeutscher Student 1929 in Königsberg. 1975.

Grunwald, Arnold: Der Gesecusplatz in Königsberg. 1963.

Grzybowski, August: Geschichte der evangelischen Steindammer Kirche zu Königsberg i. Pr. 1905.

Gulyga, Arsenij: Immanuel Kant. 1981.

Günther, Kurt: Die Handelshochschule in Königsberg. Sammlung von Vorschriften der preußischen gewerblichen Unterrichtsverwaltung. 1931.

Güttler, Hermann: Die Gelegenheitskompositionen Georg Riedels. 1929.

Ders.: Königsberger Musikkultur im 18. Jahrhundert. 1925.

Ders.: Sind während des Siebenjährigen Krieges kriegsgefangene Österreicher in Königsberg gewesen? 1927.

Ders.: Johann Friedrich Reichardt. 1928.

Gundermann, Iselin: Beiträge zur Geschichte der Dorothea von Dänemark. 1964.

Dies.: Herzogin Dorothea von Preußen 1504—1547. 1964.

Dies.: Erinnerungen an Kurt Forstreuter. 1979.

Guttzeit, Emil Johannes: Die Geschichte des Grenzkirchspiels Lindenau. 1928.

Gutzeit, Richard: Die Chirurgische Klinik in Königsberg unter Heinrich Braun. 1952.

Ders.: Das Pathologische Institut der Albertina zur Zeit Ernst Neumanns. 1952.

Haase, Ernst: Hugo Haase, Sein Leben und Wirken. 1929.

Haecker, Hans Joachim: Der Teufelstein zu Thalussen. Mas. Sage. o. J.

Händcke, Berthold: Die Gemäldesammlung von Otto H. Claaß in Königsberg. 1913.

Hagen, August: Über die Statue Friedrich Wilhelms III. in Königsberg. 1852.

Ders.: Die dramatische Preisausschreibung. 1855.

Ders.: Max von Schenkendorf. 1863.

Hagen, Carl Heinr.: Über das Münzwesen in Preußen zur Zeit der russ. Okkupation. 1848.

Hagen, Ernst August: Geschichte des Theaters in Preußen. 1854.

Hagen, Ernst Heinr. von: August Hagen. Eine Gedächtnisschrift zum 100. Geburtstag. 1897.

Hannighofer, Erich: Ostpreußenlied: Land der dunklen Wälder.

Hahn, Sophie Freifrau von: In Gutshäusern und Residenzen. 1964.

Harder, Agnes: Das trautste Marjellchen. 2 Bände 1918.

Hardt, Paul: Geschichte des ostdt. Genossenschaftsverbandes e. V. Kbg. 1864—1939. 1939.

Hartknoch, Christoph: Alt- und neues Preußen oder pr. Historien zwei Theile. 1684.

Hartmann, Ernst: Die Geschichte des Dorfes Ponarth bei Königsberg. 1963.

Ders.: Zur Geschichte des Königsberger Vororts Ponarth. 1955.

Ders.: Über Lehrerbildung vor 70 Jahren in Königsberg. 1983

Hartmann, Karl: Ein medizingeschichtlicher Besitz der Staats- und Universitätsbibliothek Königsberg. 1929.

Hase, Carl Alfred: Herzog Albrecht und sein Hofprediger. 1879.

Hasenkamp, Xaver von: Ostpreußen unter dem Doppelaar. 1866.

Hasse: Familie Zimmermann/Hasse. 1938.

Haupt, Hermann: Zur Geschichte der ältesten Königsberger Burschenschaft 1817. 1917.

Hein, Margarete: Nationaler Frauendienst in Königsberg. 1914.

Hein, Max: Königsberg im ersten schwedisch-polnischen Kriege. 1933.

Ders.: Geschichte der ostpreußischen Landschaft 1788—1888. 1935.

Hein, Werner: Die Königsberger Straßenbahnen in ihrer geschichtl. Entwicklung. 1915.

Ders.: Michael Kongehl, Barockdichter und Bürgermeister 1646—1710.

Heincke, Hanswerner: Über das Kbger Schultheater am Ende des 17. Jhs. 1965.

Ders.: Die Ostpreußische Mädchengewerbeschule. 1977.

Ders.: Die Elektrische. 1977.

Ders.: Die Kundenkreditbank. 1977.

Ders.: Das Stadtgeschichtliche Museum in Königsberg. 1978.

Ders.: Der Tragheim. 1978.

Ders.: Karl Fried. Schinkel. 1981.

Ders.: Der Löbenicht. 1982.

Ders.: Der Reformator und Königsberg. 1983.

Ders.: Der Untergang der alten Stadt Königsberg. 1985.

Heincke, Paul: Das Jugendherbergswerk im deutschen Osten. 1962.

Hellmann, Manfred: Grundzüge der Geschichte Litauens. 1966.

Helm, Karl, und Ziesemer, W.: Die Literatur des Deutschen Ritterordens. 1951.

Hennenberger, Caspar: Kurze und wahrhafftige Beschreibung des Landes zu Preußen. 1584.

Henoch, Hubert: Altpreußen am Kap der Guten Hoffnung. 1942/43.

Hensche, Wilhelm: Der alte Turm an der Steindammer Brücke. 1872.

Ders.: Wappen und Siegel der Königlichen Haupt- und Residenzstadt Königsberg. 1877.

Hensel, Sebastian: Carl Witt, ein Lehrer und Freund der Jugend. 1894.

Ders.: Ein Lebensbild aus Deutschlands Lehrjahren. 1904.

Hérancourt, Wilhelm: Geschichte der Französich-reformierten Gemeinde Königsberg i. Pr. 1959.

Herder, Emil Gottfried von: Johann Gottfried v. Herders Lebensbild. 1846.

Hermes, Johann Thimoteus: Sophiens Reise von Memel nach Sachsen. 1778.

Herrmann, Günther: Die Versuchsteichwirtschaft Perteltnicken. 1966.

Hertz-Eichenrode, Dieter: Politik und Landwirtschaft in Ostpreußen. 1969.

Hesse, Otto Ernst: Kantnovelle: Sinfonie des Greisenalters. 1924.

Hevelke, Johannes: Gert Hevelke und seine Nachfahren 1434—1927. 1927.

Hieber, Otto: Geschichte der Johannisloge zum Totenkopf und Phönix. 1897.

Hilpert, Walter: Georg Hamann als Kritiker der deutschen Literatur. 1933.

Hinrichs, Carl: Die Wollindustrie in Preußen unter Friedrich Wilhelm I. 1939.

Hinz, Georg: Lennée und Königsberg. 1966.

Hipler, Franz: Die ermländischen Studenten auf der Albertina zu Königsberg. 1897.

Hirsch, Franz: Schleiermacher in Ostpreußen. 1867.

Hirsch, Theodor: Danzigs Handels- und Gewerbegeschichte unter dem Dt. Orden. 1858.

Hoedt, Georg: Königsberger Künstler des Bucheinbandes in der Blütezeit unter Herzog Albrecht. 1937.

Hönig, Johannes: Ferdinand Gregorovius. 1943.

Hoffheinz, Gustav Theodor: Die sieben Brücken in Königsberg. 1881.

Ders.: Eine Wanderung durch Königsberg vor 250 Jahren. 1868.

Hoffmann, Bruno, und Hurtig, Th.: Ostpreußen, Land und Leute. 1935.

Hoffmann, Ernst, und Jankowski, Franz: Wohlfahrtspflege in Königsberg. 1924.

Hoffmann. Fr. C.: Die alte und die neue Kantapotheke. 1912.

Hoffmann, Paul: Erlebnisse eines friderizianischen Kadetten. 1922.

Ders.: Friedr. Madeweis, Postmeister in Halle, und Matthias Wilh. v. Madeweis, Hofpostdirektor. 1942.

Hoffmann. W. B., und Meißner, A. F.: Romantisch-geographische Gemälde Preußens. 1841.

Hollack, Emil, und Tromnau, Friedrich: Geschichte des Schulwesens der Kgl. Haupt- und Residenzstadt Königsberg Pr. mit Berücksichtigung der anderen Schulen. 1899.

Jacoby, Jörg: Boguslaus Rodziwill. Der Statthalter des Großen Kurfürsten in Ostpreußen. 1959.

Jahresberichte des Königsberger Universitätenbundes 1929 bis 1939, ab 1937 unter dem Titel: Ostpr. Hochschulkreis e. V. Königsberg 1930—1939.

Jahrhundert, Ein halbes. Aus der Geschichte der Königsberger Hartungschen Zeitung und Verlagsdruckerei 1872 bis 1922. 1922.

Janczyk, Arthur: Die berufliche und soziale Gliederung der Königsberger Bevölkerung nach dem Stande der Berufszählung von 1925. Königsberg 1930.

Jankowski, Franz: Die städtischen Krankenanstalten in Königsberg. 1930.

Ders.: Der vierundzwanzigste Januar 1813 in Königsberg. 1877.

Jendreyczyk: Von den Badern, Barbieren und Perückenmachern in Königsberg. 1928.

Ders.: Zur Geschichte der privilegierten Apotheken in Königsberg im 16.—18. Jh. 1928.

Jenisch, Erich: Die Albertus-Universität zu Königsberg/Pr. 1961.

Jessen, Hans: Von Buchdruckern und Verlegern im deutschen Osten. 1954.

Joachim, Erich: Johann Friedrich v. Domhardt. Ein Beitrag zur Geschichte von Ost- und Westpreußen unter Friedrich dem Großen. 1899.

Jolowicz, Heimann: Geschichte der Juden in Königsberg i. Pr. Posen 1867.

Jonas, Hans: Die deutsche Ostmesse im nationalsozialistischen Staat. 1934.

Jung, Alexander: Königsberg und die Königsberger. 1846.

Juntke, Fritz: Die baulichen Änderungen im Dom zu Königsberg infolge der Aufstellung der Wallenrodtschen Bibliothek. 1925.

Ders.: Geschichte der v. Wallenrodtschen Bibliothek. 1927.

Kaelter, David Franz: Die jüdische Schule in Königsberg/Pr. 1961.

Kaffke, E. F.: Schrittmacher des ostpreußischen Verkehrswesens. 100 Jahre Firma Robert Meyhöfer. 1969.

Kalisky, Käthe: Die Hausindustrie in Königsberg i. Pr. mit besonderer Berücksichtigung der Lage der Arbeiter und Arbeiterinnen. 1907.

Kalusche, Elfriede: Als ich auf roter Woge trieb. Erlebnisse 1945/47 unter den Russen in Königsberg. 1968.

Dies.: Unter dem Sowjetstern.

Kaminski, Kurt: Die Verwaltung der Provinz Ostpreußen 1958.

Kanitz, Ernst Graf von: Aufklärung nach Actenquellen über den 1835 bis 1842 in Königsberg geführten Religionsprozeß für Welt- und Kirchengeschichte. 1862.

Karamsin, Nikolaus Michael: Briefe eines reisenden Russen 1799 u. 1922.

Karge, Paul: Zur Geschichte des Deutschtums in Wilna und Kauen. 1917.

Ders.: 100 Jahre F. R. Haebler. 1901.

Karl, Gustav, s. Springer.

Karrasch, Alfred: Winke, bunter Wimpel. 1934.

Kauenhoven, Kurt: Die Goldene Axt. Ein Königsberger Kauenhoven-Haus und seine Bewohner. 1938.

Ders.: Die Königsberger Mennoniten in ihren bürgerlich-wirtschaftlichen Verhältnissen 1731—1809. 1956.

Kempas, Horst: Seeverkehr und Pfundzoll im Herzogtum Preußen. Ein Beitrag zur Geschichte des Seehandels im 16. und 17. Jahrhundert. 1964.

Horn, Adam: Hans Wagner und sein Königsberger Musterbuch. 1935.

Hornung, Klaus: Der Jungdeutsche Orden. Düsseldorf 1958.

Hubatsch, Walther: Die Albertus-Universität zu Königsberg 1544—1944. 1964.

Ders.: Albrecht von Brandenburg-Ansbach, Hochmeister und Herzog in Preußen. 1960.

Ders.: Europäische Briefe im Reformationszeitalter. 1949.

Ders.: Zur altpreußischen Chronistik des 16. Jahrhunderts. 1955.

Ders.: Königsberger Frühdrucke in ausländischen Bibliotheken. 1968.

Ders.: Zur Geschichte des Historischen Seminars an der Albertina im 18. Jahrhundert. 1964.

Ders.: Königsberg als Seestadt. 1955.

Ders.: Ostpreußens Verkehrs- und Wirtschaftsbeziehungen. 1956.

Ders.: Die Königsberger Universität und der preußische Staat. 1967.

Ders.: Wege und Wirkungen ostpreußischer Geschichte. 1956.

Ders.: H. und Gundermann, Iselin: Die Albertus-Univ. zu Königsberg in Bildern. 1966.

Ders.: Ostpreußische Kirchen-Geschichte. In 3 Bänden 1971.

Hugenottenbuch, Königsberger. Rechenschaft über 250 Jahre in Preußen 1686—1936. 1938.

Hundert Jahre Henze, Mahlow & Co. Königsberg 1940.

Hundert Jahre L. Steinfurt. Königsberg 1930.

Hundert Jahre Union-Gießerei 1828—1928. Königsberg 1928.

Iwand, Hans Joachim: Briefe an Rudolf Hermann. München 1964.

Jacobson, Max: Erinnerungen an Alt Königsberg. 1895.

Jacoby, Hermann: Das geistige Leben Königsbergs in der Zeit des 30jährigen Krieges. 1877.

Ders.: Simon Dach und die Königsberger Dichterschule. 1898.

Kern, Erich: Verbrechen am deutschen Volk. 1964.

Kersten, Carl: Die Königsberger KdF-Halle. 1939.

Kerwin, Bruno: Der letzte Tag von Königsberg Pr. 1970.

Keßler, Gerhard: Daniel Heinrich Arnoldt und der Pietistenkreis in Königsberg mit Anlagen Ahnentafel. 1934.

Ders.: Judentaufen und judenchristliche Familien in Ostpreußen. 1938.

Keyser, Erich: Die Entstehung der Stadt Danzig. 1924.

Ders.: Untersuchungen zur Siedlungsgeschichte der Städte Thorn, Elbing und Königsberg in der Ordenszeit. 1936.

Ders.: Oppidum Kunigsbergk. 1955.

Kienast, Hermann: Quellenkritische Beiträge zur Geschichte der gerechten und vollkommenen Johannisloge zu den Drei Kronen. 1896.

Kilian, Lothar: Zur Herkunft und Sprache der Prußen. 1980.

Kiock, Ernst: Jost Ludwig Dietz. 1957.

Kirrinnis, Herbert: Kurator Dr. h. c. Hoffmann 1875—1951. 1952.

Kirsch, Werner: Das Versuchsgut Fäuleinhof des Tierzuchtinstitut. 1966.

Kirschner, Martin: Zur 100jährigen Geschichte der Chirurgischen Universitätsklinik zu Königsberg Pr. 1922.

Klatt, Rudolf: Ostpreußen unter dem Reichskommissariat 1919/20. 1958.

Klein, Ernst: Von der Reform zur Restauration. Finanzpolitik und Reformgesetzgebung des preußischen Staatskanzlers Karl August von Hardenberg. 1965.

Kleyenstüber u. Co., Robert, Geschichte einer Königsberger Reederei. 1960.

Kloevekorn, Ellinor: Eine kostbare Tür aus der Kneiph. Langgasse blieb erhalten. 1985.

Kluge: Die Provinzial-Feuerwehrschule in Königsberg i. Pr. 1940.

Klugemann, G.: Der Pestalozzi-Verein in Ostpreußen. 1951.

Knapke, Werner: Königsberger Münzmeister. 1929.

Knoll, Erich: Die Stauteichgruppe der Stadt Königsberg, hervorgegangen aus den Mühlenwasserleitungen der Komturei des Deutschen Ritterordens. 1929.

Knoll, Franz: Die Geschichte des Dorfes Gutenfeld. 1921.

Knorr, Wilhelm: Die Maschinengenossenschaft E.G.m.b.H. Königsberg i. Pr. 1911.

Kobbert, Ernst: Die Königsberger städtische Gasanstalt. 1910.

Koch, Alfred: Die Oberpostdirektionen in den Ostgebieten des Dt. Reiches. 1958.

Koch, Franz: Die sächsische Gesandtschaft zu Königsberg während des Osiandrischen Lehrstreits im Jahre 1553. 1903.

Koch, John: Die Geschichte des Corps Baltia zu Königsberg. 1891.

Ders.: Die Geschichte des Corps Baltia zu Königsberg nebst den Korpsbeständen. 1906.

Königsberg in der Naturforschung und Medizin. 1910.

Königsbergs Untergang. 1951.

Königsegg, Adda von: Die große Pflicht. 1941.

Kohtz, Hans: Ostpreußische Papierfabrikation. 1934.

Kollwitz, Käthe: Tagebuchblätter und Briefe. 1948.

Dies.: Ich will wirken in dieser Zeit. 1952.

Konditorei Gelhaar. Festschrift zum 25jährigen Bestehen. 1937.

Konschel, Paul: Der Kbger Religionsprozeß gegen Ebel und Diestel. 1909.

Ders.: Christian G. Fischer, ein Gesinnungs- und Leidensgenosse Christ. Wolffs in Kbg. 1916/17.

Kopp, Jenny: Gut und Schloß Holstein am Pregel. 1937.

Korallus, Eduard: Aus drei Jahrhunderten der Tragheimer Gemeinde 1632—1932. 1932

Kosak, Hans P.: Die Lautenabulaturen im Stammbuch des Burggrafen Achatius zu Dohna. 1933.

Ders.: Geschichte der Laute und Lautenmusik in Preußen. 1935.

Koßmann, E. F.: Ein unbekannter Brief Kants über Dirk von Hohendorp. 1904.

Kowalewski, Coelestin: Von dem Armenwesen in Preußen. 1742.

Kozielek, Gerard: Friedrich Ludw. Zacharias Werner, sein Weg zur Romantik. 1963.

Krämer, Christel: Der Osten als Herkunftsbereich der Rektoren und Studenten der Universität Jena. 1958.

Kränzchen. Das Literarische Kränzchen in Königsberg. 1864.

Krause, Gottlieb: Gottsched und Flottwell, die Begründer der Dt. Gesellschaft. 1893.

Ders.: Rudolf Reicke. 1905.

Krebs, Albert: Fritz Dietlof Graf von der Schulenburg. 1964.

Krolewski, Weniamin: Die Geschichte des Bernsteinzimmers. Moskau vor 1967.

Kroll, Erwin: Königsberg und Brahms. 1933.

Ders.: Vom Schloßturmblasen in Königsberg. 1957.

Ders.: Musikstadt Königsberg. Freiburg 1966.

Krollmann, Christian: Das Defensionswerk im Herzogtum Preußen. 1904, 1909.

Ders.: Das mittelalterliche Spiel von der hl. Katharina in Königsberg. 1928.

Ders.: Geschichte der Stadtbibliothek zu Königsberg. 1929.

Ders.: Geistiges Leben in Königberg während des 14. Jahrhunderts. 1929.

Ders.: Das Wappen von Königsberg. 1927.

Ders.: Politische Geschichte des Deutschen Ordens in Preußen. 1931.

Ders.: Das älteste pr. Stammbuch. Ein Beitrag zur Geschichte des Königsberger Studentenlebens. 1933.

Ders.: Die Ratslisten der drei Städte Königsberg im Mittelalter. 1935.

Ders.: Danzig—Elbing—Königsberg. Stadtgründung und Politik im Preußenlande. 1937.

Ders.: Die Entstehung der Stadt Königsberg. 1939.

Ders.: Johannes Luther, Dr. Martin Luthers Sohn in Königsberg. 1941.

Ders.: Zur Entstehung der Stadt Königsberg. 1941.

Krüger, F.: Königsberger politisches Taschenbuch für 1847. Leipzig 1847.

Krüger, Georg: Beiträge zur Geschichte der Familie Farenheid. 1900.

Krüger, Hans Jürgen: Die Judenschaft von Königsberg in Preußen 1700—1812. 1966.

Krüger, Theodor: Die Sammlung von Drucksachen aus Kriegs- und Revolutionszeit in der Staats- und Universitätsbibliothek zu Königsberg. 1922.

Krug, Wilhelm Traugott: Krugs Lebensreise. 1842.

Kuck, Ernst, und Denk, B.: Die Wasserversorgung der Haupt- und Residenzstadt Kbg. 1910.

Kudnig, Fritz: Durch Leid und Licht. 1922.

Ders.: Das Lied von der Kurischen Nehrung. 1924.

Ders.: Das Wunder am Meer. 1928.

Ders.: Land der tausend Seen. 1935.

Ders.: Gertrud Lerbs-Bernecker. 1957.

Kudnig, Margarete: Kurische Nehrung, o. J.

Dies.: Am Rande der Stadt. 1978.

Kuenheim, Ernst von: Diana und die Pferde. 1973.

Küsel, Georg: Beiträge zur Musikgeschichte der Stadt Königsberg i. Pr. 1923.

Kuh, Emil: Biographie Hebbels, Wien 1883.

Kuhnert, Ernst: Geschichte der Staats- und Universitätsbibliothek zu Königsberg bis 1810. 1926.

Kuhrke, Walter: Kant und seine Umgebung. 1924.

Ders.: Kants Wohnhaus. Königsberg 1924.

Kutschke, Cornelius: Königsberg als Hafenstadt. 1930.

Ders.: Die Speicheranlagen am Industriehafen zu Königsberg. 1924.

Lackner, Martin: Union und Agende in Ostpreußen. 1965.

Lahrs, Friedrich: Das Königsberger Schloß. 1956.

Landau, Paul: Adolf Menzel in Königsberg. 1915.

Landsberg, Bernhard: Bilder aus dem naturwissenschaftlichen, besonders dem biologischen Unterricht an Königsberger Gelehrtenschulen. 1906.

Lang, Emil: Alfred Volk. 1952.

Lankau, Manfred: Die Haberberger Kirche. 1984.

Lasch, Otto: So fiel Königsberg. Kampf und Untergang von Ostpreußens Hauptstadt. 1958.

Ders.: Zuckerbrot und Peitsche. 1965.

Laß, Edgar Günther: Die Flucht — Ostpreußen. 1944/ 45. 1964.

Latrille, Martin: Die ersten 50 Jahre des Königsberger Provinzialschulkollegiums. 1934.

Lau, Alfred: Plidder-Pladder. Auguste in der Großstadt. In vielen Auflagen.

Lauckner, Rolf: Der Sturz des Apostels Paulus. 1918.

Laudien, Victor: Das Evangelische Gemeindebuch für Königsberg. 1934.

Ders.: Ein Leben im Dienste der Barmherzigkeit. Kirchenrat P. Kaufmann 75 Jahre alt. 1965.

Leck, William, und Bieske, Erich: 50 Jahre Ostpreußischer Bezirksverein im Verein Deutscher Ingenieure 1879—1929. 1929.

Lehmann, Bruno: Der Königsberger Männer-Turn-Verein 1842/1922. 1922.

Lehmann, Fritz: Die Finanzverwaltung. Die Kreditinstitute Königsbergs. 1924.

Lehmann, Johannes: Die örtliche und soziale Herkunft der Königsberger Studenten 1544—1649. 1929.

Lehndorff, Hans Georg von: Ostpreußisches Tagebuch. Aufzeichnungen eines Arztes aus den Jahren 1945—1947. 1961.

Lehnerdt, Max: Goethes Beziehungen zu Königsberg. 1944.

Leider, Frida: Das war mein Leben. Berlin 1959.

Lemcke, Eva: Die Entwicklung des ländlichen Grundbesitzes der Stadt Königsberg bis zum Jahre 1724. 1924.

Lewald, Fanny: Im Vaterhause. Berlin 1861.

Dies.: Die Familie Darner. 1925.

Leweck, Richard: Ostpreußische Landschaft 1788—1913. 1913.

Lichtheim, Ludwig: Zur Hundertjahrfeier der medizinischen Klinik zu Königsberg. 1910.

Liebenthal, Robert: Der Erweiterungsbau des Kollegiengebäudes der Albertus-Universität. 1927/28.

Liermann, Rolf: Schwerer Kampf um Königsberg. Berlin 1938.

Ließmann, Gustav, und Bartschat, Franz: Die Geschichte der Königsberger Klempnerinnung in den letzten drei Jahrhunderten 1636—1936. 1937.

Linck, Hugo: Königsberg 1945 bis 1948. 1951.

Ders.: Um Kirche und Heimat. 1963.

Ders.: Der Kirchenkampf in Ostpreußen 1933 bis 1945. 1968.

Lindt, Marion: Hausbuch des ostpreußischen Humors, o. J.

Lippold, Hans: Verzeichnis sämtlicher Mitglieder des Corps Masovia. 1952.

Ders.: Geschichte des Corps Masovia 1930—1960. Kiel 1960.

Ders.: Bei Madame Fischer in der alten Wolfsschlucht. 1964.

Ders.: Nur drei Glas Grog bewilligt. 1965.

Ljungerud, Ivar: Simon Dach: Anke von Tharau. 1949.

Loch, Eduard: Der Silberschatz der Altstädtischen Kirche. 1906.

Loch, Eduard, und Lippold, Hans: Geschichte des Corps Masovia 1830—1930. 1930/ 33.

Löffler, Harry: Die französisch-reformierte Gemeinde zu Königsberg Pr. 1931.

Löffler, Lothar: Das rassenbiologische Institut in Königsberg. 1938.

Lölhöffel, Hedwig von: Starke Wirkung bildhafter Dichtung. 1985.

Lohmeyer, Hans: Die städtischen Betriebe. Königsberg 1924.

Ders.: Rückblick auf meine Amtszeit. 1957.

Ders.: Meine Königsberger Jahre. 1961.

Lohmeyer, Karl: Geschichte des Buchdrucks und des Buchhandels im Herzogtum Preußen. 1897.

Lohmeyer, Margarete: Erlebtes und Erzähltes. 1967.

Lomber, Wilhelm: Die Grabstätte Immanuel Kants. 1924.

Lorck, Carl von: Karl Friedrich Schinkel. 1939.

Ders.: Schrötter und das Friedrichsstandbild Schlüters in Königsberg. 1942.

Ders.: Dome, Kirchen und Klöster in Ost- und Westpreußen. 1963.

Ders.: Landschlösser und Gutshäuser in Ost- und Westpreußen. 1965.

Ders.: Neue Forschungen über die Landschlösser und Gutshäuser- in Ost- und Westpreußen. 1969.

Lorck-Schierning, Andreas: Die Chronik der Familie Lorck. 1949.

Lowenthal, Ernst Gottfried: Die Bewährung im Untergang. 1965.

Lucke, Hans: Der leichte Stein. 1970.

Maaß, Walter: Der Königsberger und preußische Handel bis 1410. 1939.

Machholz, Ernst: Materialien zur Geschichte der Reformierten in Altpreußen und im Ermlande. Lötzen 1912.

Machmar, F.: Die Tragheimer Kirche zu Königsberg, eine bau- und kunstgeschichtliche Untersuchung. 1912.

Mackensen, August von: Briefe und Aufzeichnungen. 1938.

Mädchengewerbeschule, Ostpreußische Mädchengewerbeschule und Berufspädagogisches Institut Königsberg Pr. 1956.

Mager, Friedrich: Wildbahn und Jagd Altpreußens. 1941.

Magnus-Unzer, Frieda: Beiträge zur Geschichte des Königsberger Buchhandels. 1929.

Malter, Rudolf: Kant und Hamann. 1982.

Ders.: Kant in Königsberg seit 1945. Wiesbaden 1983.

Mahraun, Hans: Geschichte der Familie Mahraun. 1926.

Mann, Fritz Karl: Ostdeutsche Wirtschaftsordnung. 1936.

Marx, George: Unstimmigkeiten innerhalb des Magistrats und der Bürgerschaft Königsbergs. 1925.

Maschke, Erich: Johannes Voigt als Geschichtsschreiber Altpreußens. 1928.

Ders.: Die Schäffer und Lieger des Deutschen Ordens in Preußen. 1960.

Mathies, Pr.: Drei Generationen Mathies, 1928.

Matkowsky, Adalbert: Eigenes, Fremdes. Berlin 1895.

Matthes, Hermann: 150 Jahre pharmazeutische Chemie an der Universität Königsberg. 1928.

Matull, Wilhelm: Neues über die Amtsmühle Kalthof. 1929.

Ders.: Die Anfänge der Arbeiterbewegung in Ostpreußen. 1964.

Ders.: Der Schiffbauer Woldemar Rodin. 1965.

Ders.: Liebes altes Königsberg. 1967.

Ders.: Stadtschulrat Prof. Dr. Paul Stettiner. 1968.

Ders.: Ostpreußens Arbeiterbewegung. 1969.

Ders.: Arbeiterpresse in Ost-und Westpreußen. 1970.

Ders.: Damals in Königsberg 1919—1939.

Matull, Wilhelm, und Sommerfeld, Max: Der Anteil der ostpreußischen Arbeiterbewegung am Widerstand gegen den Nationalsozialismus. 1967.

May, Bruno: Rund um den Roßgarten. 1979.

Mayer-Reichenach, Albert: Zur Geschichte der Königsberger Hofkapelle 1578—1720. 1904/05

Meckelburg, Friedrich Adolf: Geschichte der Buchdruckereien in Königsberg. 1840.

Ders.: Altstädtischer Gartenbrief vom Jahre 1700. 1855.

Ders.: Kleider-, Hochzeit- und Kindtaufordnung der 3 Städte Kbg. 1529—1553. 1855.

Ders.: General-Musterung der Bürger der 3 Städte Königsberg am 30. 5. 1635. 1885.

Medicus, Fritz: Fichtes Leben. 1922.

Meinhardt, Günther: Die Einführung des Papiergeldes in Ostpreußen. 1958.

Ders.: Das Leben des Königsberger Münzmeisters Paul Gulden. 1958.

Ders.: Die Münz- und Geldgeschichte des Herzogtums Preußen 1569—1701. 1959.

Ders.: Eduard von Simson. 1981.

Ders.: 125 Jahre Schiffahrtsbeziehungen zwischen Duisburg und Königsberg. 1984.

Meißner, Carl: Otto Ewels künstlerisches Schaffen. 1920.

Mentz, Arthur: Paul Stettiner. 1952.

Mertineit, Walter: Friderizianische Verwaltung in Ostpreußen. 1958.

Meyer, Sophie: Die Beler-Plattnersche Chronik. 1912.

Dies.: Die Gesetze der Spielleute — zu Mewe? 1907.

Dies.: Paul von Rusdorf und die Konvente von Königsberg, Balga und Brandenburg. 1909.

Meyer, William: Drei Königsberger Bürgermeister. 1927.

Ders.: Königsberger Korkenmacher um 1600. 1927.

Ders.: Jacob Quandt und Faustin Nimptsch, zwei Königsberger Ratsherren. 1929.

Ders.: Zur Lebensgeschichte des Chronisten Johannes Beler. 1930.

Ders.: Die Königsberger Ratsherren des 16. und 17. Jahrhunderts. 1930.

Ders.: Regesten und Stammtafeln zur Geschichte des Zschockschen Stifts. 1930.

Ders.: Die Stiftsdamen des altstädt. Witwen- und Waisenstifts in Kbg. 1721—68. 1931.

Ders.: Die Gründungsgeschichte der Academia Petrina in Mitau. 1921.

Miegel, Agnes: Gesammelte Werke in 7 Bänden 1952 bis 1956.

Dies.: Mein Bernsteinland und meine Stadt. Gräfe und Unzer. 1944.

Dies.: Alt-Königsberger Geschichten. 1981.

Mielcarczyk, Georg: Geschichte des KDStV Tuisconia und des Ostpr. Altherrenverbandes. 1956.

Ders.: Aus der Geschichte des Ostseebades Cranz. 1962.

Ders.: Kalthof um die Jahrhundertwende. 1964.

Mikulicz-Radecki, von: Erinnerungen an Ostpreußen als Hochschullehrer. 1957.

Minden, D.: Alte Börsenbauten in Königsberg. 1870.

Minden, Leopold: Geschichte der Schützengilde zu Königsberg. 1851.

Minningerode, Irmgard von: Agnes Miegel — Haus in Bad Nenndorf. 1975.

Mitscherlich, Eilhard A.: Erinnerungen aus der Kampfzeit 1930—1932. 1938.

Ders.: Lebenserinnerungen. 1945.

Möller, Carl Friedrich von: Königsberger Odyssee 1945. 1963.

Möller, Rudolph: Geschichte des Altstädtischen Gymnasiums 1847—1885.

Mollmann, Ernst: Die Bibliothek des Kneiph. Stadtgymnasiums zu Kbg. 1894.

Mollowitz, G. G.: ... Keine besonderen Vorkommnisse. 1979/80.

Mordel, Jacques: Die Sowjets besetzen Königsberg. 1967.

Mortensen, Hans: Kants väterliche Ahnen und ihre Umwelt. 1953.

Moser, Ernst: Königsberger Theatergeschichte. Königsberg 1902.

Motekat, Helmut: Das geistige Antlitz Königsbergs in der Biedermeierzeit. 1946.

Ders.: Vom geistigen Leben Königsbergs während der Biedermeierzeit. 1952.

Ders.: Die Albertus-Universität zu Königsberg in Preußen. 1965.

Mühling, Paul: Auf der Wacht im Osten. 30 Jahre im Dienste der Feuerbestattung. 1928.

Mühlpfordt, Herbert Meinhardt: Königsberger Winkel. 1957.

Ders.: Das Zschocksche Stift. 1958.

Ders.: Der Saturgussche Garten. 1958.

Ders.: Königsberger Brunnen. 1959.

Ders.: Königsberg, die Stadt der Konditoreien. 1959.

Ders.: Ein Brief des Oberbürgermeisters Selke. 1960.

Ders.: Luftschiffahrt in Königsberg vor 150 Jahren. 1960.

Ders.: Woher kommt der Name Kneiphof? 1961.

Ders.: Aus der Geschichte des Altstädtischen Gymnasiums. 1961.

Ders.: Die Entlassung der Kriegsfreiwilligen des Friedrichskollegs vor 150 Jahren. 1961.

Ders.: Bisher unveröffentlichte Briefe Emil Arnoldts. 1962.

Ders.: Der Mythos vom Krönungsgang im Königsberger Schloß. 1963.

Ders.: Welche Mitbürger hat Königsberg öffentlich geehrt? 1964.

Ders.: E. T. A. Hoffmanns letzter Besuch in Königsberg. 1965.

Ders.: Königsberg 1870/71, erlebt von dem Gefangenenseelsorger Abbé Rambaud. 1966.

Ders.: Friedrich Reusch. 1966.

Ders.: Cineris mortales immortalis Kantii. 1967.

Ders.: Vererbungs- und Umwelteinflüsse auf die Brüder Johann Ludwig und Ernst Theodor Hoffmann und deren Auswirkung auf die Persönlichkeitsentwicklung beider. 1967.

Ders.: Geschichte des Schloßteichs zu Königsberg. 1968.

Ders.: Das Kantdenkmal zu Königsberg/Pr. 1970.

Ders.: Königsberg von A bis Z, ein Stadtlexikon. 1972.

Ders.: Der goldene Ball, Familienroman.

Ders.: Der gelbe Turm in Königsberg. 1971.

Ders.: Charakteristische Typen im Königsberger Stadtbilde. 1975.

Ders.: Die Eröffnung der Samlandbahn am 14. 7. 1900. 1980.

Müller, Christian Friedrich: Ein ostpreußisches Pfarrerleben. 1959.

Müller, Helmut: Die polnische Volksgruppe im Deutschen Reich seit 1871. 1941.

Müller-Blattau, Joseph: Hamann und Herder in ihren Beziehungen zur Musik. 1931.

Ders.: Dank an die Geusen. 1954.

Ders.: Reiche Jahre musikalischer Arbeit. 1961.

Ders.: Geschichte der Musik in Ost- und Westpreußen. 1969.

Müller-Dultz, Walther: Aus den Haus, Ingrossations- und Protokollbüchern von Königsberg. 1954—1963.

Muther, Franz: Geschichte der evangelischen deutsch-reformierten Burgkirchengemeinde zu Königsberg. 1901.

Nachweisungen der Stiftungen und Legate der Stadtgemeinde Königsberg i. Pr. für Unterrichts-, Armen- und Wohltätigkeitszwecke. 1906.

Nadler, Josef: Zürich und Königsberg im 18. Jahrhundert. 1932.

Ders.: Johann Georg Hamann. 1949.

Ders.: Stimme des Ostens. München 1961.

Naud', W., und Skalweit, August: Getreidehandelspolitik in 3 Bänden. 1910.

Ders.: Königsberger helfen Königsbergern. 1983.

Naunyn, Bernhard: Erinnerungen. 1925.

Neiß, Reinhold: Die Königsberger Sammlungen im Anfang der Patenschaft. 1978.

Nelson, Paul: Die Geschichte des St. Georgen-Hospitals zu Königsberg Pr. 1929.

Nesselmann, Georg: Actenmäßige Darstellung der Schillerfeier und der Gründung einer Schillerstiftung in Königsberg. 1860.

Nettelbeck, Joachim: Lebenserinnerungen. 1874.

Neubach, Helmut: Die Ausweisungen russischer und österreichischer Staatsangehöriger aus Preußen 1885. 1967.

Neuhaus, Georg: Die Gemeindebetriebe der Stadt Königsberg. 1910.

Neumann, Franz: Erinnerungsblätter. 1907.

Neumann, Gerhard: Die Entstehung des Botanischen Gartens und der Sternwarte. 1964.

Nicolaus, Gertrud: Die Einführung der Städteverordnung vom 19. 11. 1808 in Königsbg. 1931.

Niederhein, Johannes v.: Rechnungen über die Preußenfahrt des Grafen Wilhelm IV. von Holland im Jahre 1344. 1863.

Nolde, Dr. Ingeborg: 190 Jahre kunst- und Gewerkschule, Königsberg. 1981.

Nostitz, Caspar von: Haushaltungsbuch des Fürstenthums Preußen 1578. 1693.

Notbohm, Hartwig: Das evang. Kirchen- und Schulwesen in Ostpreußen während der Regierung Friedrich des Großen. 1959.

Nugel, Otto: Der Schöppenmeister Hieronymus Roth. 1901.

Ölsnitz, Alexander v. d.: Geschichte des Kgl. Pr. Ersten Infanterie-Regiments seit 1619. 1855.

Ölsnitz, Ernst v. d.: Das Grenadier-Regiment Kronprinz Nr. 1, 1655—1904. 1904.

Ders.: Ein Beitrag zur Königsberger Wappenkunde. 1927.

Ders.: Der Prunksarg des Kurfürsten Georg Wilhelm im Dom zu Königsberg. 1935.

Oldewage, Rolf: Die wirtschaftliche Entwicklung der Seehäfen in den dt. Ostgebieten. 1966.

Olfers, Margarete: Prinzessin Wilichwill, 1922.

Dies.: Die Margaretenkönigin. 1926.

Olfers, Sybille: Die Wurzelkinder.

Dies.: Prinzeßchen im Walde. o. J.

Olfers-Batocki, Erminia v.: Uns lewet Platt. 1923.

Dies.: Das Taubenhaus. 1968.

Oppel, Reinhard: Beiträge zur Geschichte der Ansbach-Königsberger Hofkapelle unter Riccius. 1910/11.

Orlop, Max: Geschichte des Kürassier-Regiments Graf Wrangel. 1892.

Ostermeyer, Paul R.: Die Ostermeyer alias Ostermayr. Geneologische Studie. 1903.

Ostpreußen 700 Jahre deutsches Land. Königsberg 1930.

Ostwald, Paul: Das Handwerk unter dem Deutschen Orden. 1913.

Ders.: Nürnberger Kaufleute im Gebiet des Deutschen Ordens. 1913.

Otto, G.: Die Kur-, Liv- und Estländer auf der Universität Königsberg, 1719 bis 1800. 1896.

Pape, Richard: Hans von Sagan. Studie zur Geschichte des dt. Handwerks. 1900.

Papendick, Gertrud: Konsul Kanther und sein Haus. 1965.

Dies.: Wo der Birnbaum stand. 1970.

Dies.: In jenem fernen Sommer. 1973.

Passarge, Ludwig: Ein ostpreußisches Jugendleben. 1908.

Ders.: Baltische Novellen. 1884.

Passarge, Siegfried: Geographische Völkerkunde.

Passauer, Walther: Corpstafel der Littuania zu Königsberg. 1935.

Paulun, Hans Jürgen: Der Königsberger Hafen. 1984.

Pauly, Max: Chronik der Landsmannschaft Luttuania 1829—1889. 1889.

Pawel, Robert: Das Quartier für Napoleon war zu bescheiden. 1971.

Ders.: Die Ostpreußische Landschaftsdirektion in Königsberg. 1972.

Ders.: Vom Schicksal alter Königsberger Handelshäuser. 1972.

Ders.: Vom „Brandbetteln" zur Feuerversicherung. 1974.

Ders.: An der Börse stand ein Schutzmann. 1974.

Ders.: Königsberger Hafen als Umschlagplatz für Getreide. 1975.

Ders.: Frauen vom Besuch der Börse ausgeschlossen. 1975.

Ders.: Der Einfluß eines Ostpreußen auf die Politik Kaiser Wilhelms II. 1977.

Ders.: Deutsche Kultureinrichtungen im Baltikum. 1979.

Ders.: Unsere Albertus-Universität um die vorige Jahrhundertmitte. 1980.

Ders.: Vor 60 Jahren wurde in Kbg. die erste Deutsche Ostmesse abgehalten. 1980.

Ders.: Die Industrie- und Handelskammer Königsberg. 1980.

Ders.: Wer auf Preußens Fahne schwört. 1981.

Ders.: Deutungsversuche alter Königsberger Straßennamen. 1982

Ders.: Franz Thran machte Königsberg zum Welthandelshafen für Linsen. 1985.

Ders.: Der Memelstrom hatte den größten Verkehr. 1985.

Ders.: Das Gold von den Gestaden der Ostsee. 1985. U. v. a.

Penners, Theodor: Untersuchungen über die Herkunft der Stadtbewohner im Dt. Ordensland Preußen bis in die Zeit um 1400. 1942.

Penners-Elwart, Hedwig: Die Danziger Bürgerschaft nach Herkunft und Beruf 1537—1709. 1954.

Peper, Ida: Das Theater in Königsberg 1750—1811. 1928.

Perlbach, Max: Quellenbeiträge zur Geschichte der Stadt Königsberg im MA. 1878.

Ders.: Prussia scholastica. Die Ost- und Westpreußen an den ma Universitäten. 1895.

Ders.: Die preußischen Vögte auf Schonen bis 1531. 1901.

Petersohn, Jürgen: Markgraf Georg Friedrich von Brandenburg-Ansbach und Bayreuth als Herzog in Preußen 1578—1603. 1959.

Ders.: Staatskunst und Politik des Markgrafen Georg Friedrich von Brandenburg-Ansbach und Bayreuth 1539 und 1603. 1961.

Ders.: Fürstenmacht und Ständetum in Preußen während der Regierung Hzg. Georg Friedrichs 1578—1603. 1963.

Pfeifer, Bruno: Holzhandel und Holzindustrie Ostpreußens. 1918.

Pflaume, Heinz: Organisation und Vertretung der Arbeitnehmer in der Bewegung von 1848/49. 1934.

Piorreck, Anni: Agnes Miegel. Ihr Leben und ihre Dichtung. 1967.

Pisanski, George Chr.: Entwurf einer pr. Literärgeschichte in 4 Büchern. 1886.

Platz, Erich: Die Versorgungsbetriebe der Stadt Königsberg Pr. 1933.

Poepke, Christel: Die Feder im Dornbusch. 1983.

Pole, Paul: Preußische Chronik, Hrsg. von Max Töppen. 1874.

Popp, Emil: Die Geschichte der Burschenschaft Germania 1843—1950. 1953.

Ders.: Zur Geschichte des Königsberger Studententums 1900—1945. 1955.

Poschmann, Adolf: Zwei katholische Kommerzienräte in Königsberg. 1955.

Poschmann, Brigitte: Bistümer und Deutscher Orden in Preußen 1243—1525. 1962.

Predeck, Albert: Ein verschollener Reorganisationsplan für die Universität Königsberg aus dem Jahre 1725. 1927.

Prellwitz, Gertrud: Lebensanfänge. Oberhof. 1930.

Prutz, Hans: Die Königliche Albertus-Universität zu Königsberg im 19. Jahrhundert. 1894.

Putzke, Erich: Chronik der Hindenburg-Oberrealschule. 1962 bis 1965.

Putzke, Erich, und Adam, Artur: Die Geschichte der Hindenburg-Oberrealschule zu Königsberg i. Pr. 1868—1968. 1968.

Raabe, Cuno: Arbeitsfürsorge. Königsberg 1924.

Ders.: Die Wirtschaftspolitik. Königsberg 1924.

Rachel, Hugo: Der Große Kurfürst und die ostpreußischen Stände 1640—88. 1905.

Ders.: Handel und Handelsrecht von Königsberg Pr. im 16. und 18. Jahrhundert. 1909.

Ders.: Die Handels-, Zoll- und Akzisepolitik Preußens 1740 bis 1786. 1928.

Ders.: Die Handels-, Zoll- und Akzisepolitik Brandenburg-Preußens 1713. 1921—22.

Radbruch, Gustav: Der innere Weg. 1951.

Randewig, Kunibert: Die 1. (Pr.) Nachrichtenabteilung 1921 bis 1934. 1964.

Rappolt, Theodor: Geschichte der Hochhemia. 1889.

Räther, Hans: Stiftung für gemeinnützigen Wohnungsbau Königsberg. 1984.

Rauch, Erich: Das Königsberger Theater Anfang des 19. Jahrhunderts. 1960.

Rehberg, Botho: Geschichte der Königsberger Zeitungen und Zeitschriften. Von der Herzogszeit bis zum Ausgang der Epoche Kant-Hamann. 1942.

Rehs, Michael: Immenzucht, die Poesie des Landbewohners. 1967.

Reichenau, Eduard: Erinnerungen aus dem Leben eines Westpreußen. 1890.

Reichermann, Wilhelm: Ut Notoange, Plattdütsche Spoaßkes.

Reicke, Ilse: Treue und Freundschaft, die Geschichte einer Familie. 1936.

Reicke, Rudolf: Der Kriegsrat Scheffner und die Königin Luise. 1864.

Ders.: Reinhold Lenz in Königsberg und sein Gedicht auf Kant. 1867.

Reineking von Bock, Gisela: Bernstein — Das Gold der Ostsee. München 1981.

Renken, Fritz: Der Flandernhandel der Königsberger Großschäffer. 1938. Großschäfferei des Dt. Ordens mit Flandern um 1400. 1937.

Ders.: Der Handel der Königsberger.

Reusch, Christian Friedrich: Historische Erinnerungen an Kant und seine Tischgenossen. 1948.

Reusch, K.: Aus der Vergangenheit der 340jährigen Buchbinderinnung Königsberg. 1926.

Rhode, Paul: Die Königsberger Schützengilde in 550 Jahren. 1902.

Ders.: Geschichte der Burschenschaft Gothia 1854—1904. 1904, 1954.

Ders.: Aus Königsbergs halbtausendjährigen Jubeltagen. 1906.

Ders.: Königsbergs Stadtverwaltung einst und jetzt. 1908.

Richter, Friedrich: Die Königsberger städtischen Brücken. 1907.

Riedesel, Erich: Pietismus und Orthodoxie in Ostpreußen. 1937.

Riemann, Erhard: Das Preußische Wörterbuch. 1974 ff.

Ritter, Gerhard: Carl Gördeler und die deutsche Widerstandsbewegung. 1955.

Ders.: Stein, eine politische Biographie. 1958.

Ritzkowski, S.: Das Schicksal der Bernsteinsammlung der Albertus-Universität. 1977.

Röder, Johannes: Allerlei Erlebtes. 1967.

Rohde, Alfred: Königsberg. Leipzig 1928.

Ders.: Das Kunstgewerbe in Ost- und Westpreußen. 1931.

Ders.: Bernstein, ein deutscher Werkstoff. Seine künstlerische Verarbeitung vom Mittelalter bis zum 18. Jahrhundert. 1937.

Ders.: Das Bernsteinzimmer Friedrichs I. im Königsberger Schloß. 1942.

Ders.: Königsberger Maler im Zeitalter des Simon Dach 1938.

Ders.: Das Bernsteinzimmer Friedrichs I. Von Zarskoje Selo zum Königsberger Schloß. 1942.

Rohde, Alfred, und Stöver, Ulla: Goldschmiedekunst in Königsberg. 1959.

Ronge, Paul: Im Namen der Gerechtigkeit. Erinnerungen eines Strafrechtsverteidigers. 1963.

Rosenberg, Bernhard Maria: Die ostpreußischen Abgeordneten in der Deutschen Nationalversammlung zu Frankfurt/Main 1848—1849. 1963.

Rosenkranz, Karl: Königsberger Skizzen. Danzig 1842. 1972.

Ders.: Königsberg und der moderne Stadtbau. 1857.

Rosenthal, David August: Convertitenbilder aus dem 19. Jahrhundert. 1866.

Rosenwall, P. (d. i. Rauschnick, Gottfr. Peter): Bemerkungen eines Russen über Preußen und dessen Bewohner, auf einer 1814 durchs Land unternommenen Reise. 1817.

Roß, Erhardt: Geschichte des Königsberger Theaters von 1811 bis 1834. 1935.

Roth, Erich: Herzog Albrecht von Preußen als Beter. 1956.

Ders.: Albrecht, Herzog von Preußen: Vertrau Gott allein. 1956.

Rothe, Alfred, S.J.: Die Jesuiten im Ermland in neuster Zeit. 1962.

Rother, Kurt: Zehn Jahre NSD-Studentenbund. Zehn Jahre Kampf für Ostpreußen. 1938.

Rothfels, Hans: Bismarck und Johann Jacoby. 1929.

Ders.: Wolfgang Kapp. 1929.

Ders.: Theodor von Schön, Friedrich Wilhelm IV. und die Revolution von 1848. 1937.

Ders.: 700 Jahre Königsberg. Rede bei der Gedenkfeier der Patenstadt Duisburg am 28. Mai 1955. 1955.

Ders.: Königsberg. In: Die Universitäten in Mittel- und Ostdeutschland. 1962.

Rottleuthner Wilhelm Ernst: Über 500 Jahre Schule im Löbenicht. 1978.

Rottluff, Benno: Die Entwicklung des öffentlichen Musiklebens der Stadt Königsbergs im Licht der Presse von der Mitte des 18. Jhs. bis zur Mitte des 19. Jhs. 1924.

Rühl, Franz: Briefe von Theodor v. Schön an Karl Lehrs. 1878.

Ruffmann, Karl Heinz: Engländer und Schotten in den Seestädten Ost- und Westpreußens. 1958.

Ruppin, A.: Die Juden auf den preußischen Universitäten. 1905.

R., W. von: Das Regimentshaus des Grenadierregiments Kronprinz in Königsberg Pr. 1905/06.

Saalschütz, Joseph Levin: Zur Geschichte der Synagogengemeinde in Königsberg. 1857—1862.

Sahm, Wilhelm: Geschichte der Pest in Ostpreußen. 1905.

Ders.: Wegweiser durch Königsberg und Umgebung. 1913.

Ders.: Beschreibung der Reisen des Reinhold Lubenau. Königsberg 1912—1930.

Salmen, Walter: Johann Friedrich Reichardt. Komponist, Schriftsteller, Kapellmeister und Verwaltungsbeamter der Goethezeit. 1963.

Saring, Toni: Kurfürstin Anna von Preußen. 1941.

Sattler, Carl: Der Handel des Dt. Ordens in Preußen zur Zeit seiner Blüthe. 1877.

Ders.: Handelsrechnungen des Deutschen Ordens. 1887.

Schacht, Hjalmar: 76 Jahre meines Lebens. 1953.

Schäfer, Martin: Die Ostmesse. Königsberg 1924.

Schaff, Adolf: Die Königsberger Kriegsschuldenobligationen. 1901.

Scheer, K. W.: Grenzwacht unter Elchschaufel. Die Haff- und Flußflottille des ostpreußischen Freiwilligenkorps. 1969.

Scheffler, Walter: Mein Königsberg, Gedichte 1924.

Ders.: Walter von der Laak, 1934.

Ders.: Die Lehrjahre des Walter von der Laak, 1942.

Scheffner, Johann George: Mein Leben, wie ich es selbst beschrieben. 1821.

Scheller, Rita: Die Frau am preußischen Herzogshof. 1956.

Schemann, Ludwig: Wolfgang Kapp und das Märzunternehmen vom Jahre 1920. 1937.

Schemionek, Hans: 50 Jahre Sportvereinigung Asco Königsberg, 1952.

Schickert, Georg: Wasserwege und Deichwiesen in der Memelniederung. 1901.

Ders.: Ostpreußische Feuersozietäten im Wandel zweier Jahrhunderte. 1924.

Schiefferdecker, Wilhelm: Die Choleraepidemie 1871 in Königsberg. 1873.

Schifferdecker, Heinrich: Der Segelclub Rhe 1855—1955. 1955.

Schiffert, Christian: Nachricht von den jetzigen Anstalten des Collegi Friderizianі. 1741.

Schipansky, A.: Geschichte des Pestalozzivereins für die Prov. Ostpreußen. 1911.

Schlaikjer, Erich: Die Privatpost „Hansa" in Königsberg. 1963.

Ders.: Eine illegale Schülerpost in Königsberg. 1959/60.

Schlegelberger, Heinz: Studien über die Verwaltungsorganisation des Bistums Samland im Mittelalter. 1923.

Schletterer, Hans Michael: Johann Friedrich Reichardt. 1865.

Schlusnus, Walter: Von den Hofmarken an der Altstädt. Holzwiesenstraße in Kbg. 1953.

Ders.: Große Ost- und Westpreußen. 1959, 1983.

Schmalz, Theodor: Geschichte meines Lebens. 3 Bände 1824.

Schmauch, Hans: Franziskaner im Preußenlande. 1963.

Schmidt, Arno: Deutsche Biernamen aus Altpreußen. 1938.

Schmidt, Johann Theodor: Ostpreußens Schicksale im Jahre 1812 während des Krieges zwischen Frankreich und Rußland. 1825.

Schnee, Heinrich: Due Hoffinanz und der moderne Staat. 1953.

Schneider, Ferdinand: Theodor Gottlieb v. Hippel als dirigierender Bürgermeister. 1910.

Ders.: Theodor Gottlieb v. Hippel als Bürgermeister. 1911.

Ders.: Theodor Gottlieb v. Hippels Schriftstellergeheimnis. 1914.

Schnell, Friedrich: Geschichte der Familie Schnell. 1937/ 40.

Schöne, Walter: Die dt. Zeitung des 17. Jahrhunderts in Abbildungen. 1940.

Scholz, Harry: Über Ärzte und Heilkundige zur Zeit Herzog Albrechts. 1962.

Ders.: Der Arzt Karl Heinrich Burow. 1964.

Ders.: Sechs Jahrzehnte mit Königsberg. 1964.

Ders.: Die städtische Krankenanstalt in Königsberg. 1965.

Ders.: Das Krankenhaus der Barmherzigkeit in Königsberg. 1967.

Schorn, Hubert: Der Richter im Dritten Reich. 1959.

Schrader, Wilhelm: Erfahrungen und Bekenntnisse. 1900.

Schröder, Paul: Leuchtet's lange noch zurück. Vom guten alten Hausarzt. 1956.

Schubart-Fikentscher, Gerhard: Die Verbreitung der deutschen Stadtrechte in Osteuropa. 1942.

Schubert, Friedrich Wilhelm: Die Occupation Königsbergs durch die Russen während des siebenjährigen Krieges. 1958, 1959.

Schukat, August: Oma Seidel, plattdeutsche Erzählungen. 1959.

Schultz, Uwe: Immanuel Kant in Selbstzeugnissen und Bilddokumenten. 1965.

Schulwerkstätten für freie und angewandte Kunst in Königsberg Pr. 1911.

Schulz, Carl: Die Mälzenbräuer zu Alt-Königsberg im Jahre 1700. 1927.

Ders.: Familienkundliches aus dem Kontributionsregister des Kneiphofs von 1622. 1927.

Ders.: Zur Geschichte der Scharfrichter in Königsberg. 1929.

Ders.: Käthe Kollwitz und das Ge heimnis der Vererbung. 192

Ders.: Das Haus Bülowstraße 3 und die letzten Königsberge Scharfrichter. 1930.

Ders.: Das Kontributionsregiste der Stadt Löbenicht vo Jahre 1586. 1934.

Ders.: Die Personennamen Neu bekehrter. 1937.

Schulz, Stephan: Die Niederlas sung der Grauen Schwester von der hl. Elisabeth zu Kö nigsberg i. Pr. 1864—191 1914.

Schumacher, Bruno: Niederländi sche Ansiedlungen im He zogtum Preußen zur Zeit He zog Albrechts. 1902.

Ders.: Der Deutsche Orden un England. 1933.

Ders.: Heinrich Zells Karte vo Preußen von 1542. 1935.

Ders.: Geschichte des Friedrichs kollegiums 1698—1945. 194

Ders.: Der 12. Februar 1945 a Kants Grabstätte. 1954.

Ders.: Geschichte Ost- und West preußens. 1957, 1959.

Schwartz, Walter: Alte Wohnbau ten in Königsberg. 1913.

Ders.: Königsberger Baupolize und Bauordnungswesen i früheren Zeiten. 1937.

Schwarz, Werner: Josef Müller Blattaus Wirken in Ostpreu ßen. 1965.

Ders.: Königsberger Musikleber zwischen den beiden Welt kriegen. 1971.

Schwenke, Paul: Hans Weinreic und die Anfänge des Buch drucks in Kbg. 1896.

Schwenke, Paul, und Lange, Kon rad: Die Silberbibliothek Her zog Albrechts von Preuße und seiner Gemahlin Ann Maria. 1894.

Schwonder, Oscar: Die ersten 3 Jahre des Goethebundes Kö nigsberg. 1931.

Seeberg-Elverfeldt, Roland: De Wundarztes Eisenbarth Besu che in Ostpreußen. 1936.

Ders.: Austrittsabsichten des Kö nigsberger Löbenichts aus de Hanse. 1938.

Seeger, Fritz: Königsberger Erinnerungen. 1968.

Selle, Götz v.: Friedrich Hoffmann. In memoriam. 1951.

Ders.: Von der Gesellschaft der Freunde Kants. 1953.

Ders.: Geschichte der Albertus-Universität zu Königsberg i. Pr. 1956.

Sembritzki, Johannes: Die Schotten und Engländer in Ostpreußen... 1892.

Ders.: Die polnischen Reformierten und Unitarier in Preußen. 1893.

Semrau, Arthur: Die ältesten Münzstätten des Deutschen Ordens. 1923.

Seraphim, August: Liv-, Est- und Kurländer auf der Universität zu Königsberg 1544—1800. 1896.

Ders.: Das Königsberger Rathäusliche Reglement von 1783. 1912.

Ders.: August Wilhelm Heidemann. 1913.

Ders.: Ostpreußisch-baltische Kulturbeziehungen im Zeitalter der Aufklärung. 1913.

Ders.: Soziale Bewegungen in Altpreußen im Jahre 1525. 1921.

Seraphim, Peter Heinz: Gewerbe, Handel und Verkehr. 1958.

Seydel, Walter: Tiersymbolik in der Plastik des Deutschordenslandes. 1929/1930.

Ders.: Mittelalterliche Wandmalereien im Chor des Domes zu Königsberg. 1930.

Siegmund, Paul: Deutsche Siedlungstätigkeit der samländischen Bischöfe und Domkapitel vornehmlich im 14. Jahrhundert. 1928.

Sielaff, Jürgen: Zur Geschichte des Studentenbundes in Königsberg. 1938.

Siltmann, Bruno: Der Salzheringshandel Königsbergs und Danzigs. 1920.

Simon, Fritz: Die Korporation der Kaufmannschaft und die Handelskammer zu Königsberg Pr. 1823—1923. 1923.

Simson, Bernhard v.: Eduard v. Simson. Erinnerungen aus seinem Leben. 1900.

Skrodzki, Fritz: 25 Jahre Geschichte des Ruder-Vereins Prussia 1902—27. 1927.

Sommerfeldt. Gustav: Aus der Correspondenz der drei Städte Königsberg während des Schwedenjahres 1626. 1912.

Ders.: Die Friderizianumskirche zu Königsberg, ihre Begründung durch Lysius und ihre Entwicklung bis zum Eingehn im Jahre 1853. 1914.

Ders.: Die katholische Kirche und der Großkaufmann Friedrich Franz Saturgus. 1915.

Spiero, Heinrich: Die Familie Lewald. 1911.

Ders.: Schicksal und Anteil. 1929.

Sport: Der Sport in der Ostmark. 1927.

Springer, Carl Gustav: Die Schicksale unseres Stadttheaters. 1918.

Ders.: Einige Nachrichten über die Amtswohnungen der pr. Oberräte. 1918.

Ders.: Eine urkundliche Nachricht über den Danzker des Königsberger Schlosses. 1919.

Ders.: Zur Geschichte der Hauptpostgrundstücke in Königsberg. 1920.

Ders.: Königsberger Hofpostmeister. 1921.

Ders.: Alt-Königsberg. 1924.

Ders.: Kant und Alt-Königsberg. 1924.

Ders.: Geschichtliches Straßenverzeichnis der Stadt Königsberg in Preußen. 1924.

Ders.: Die Königsberger Karnevalsgesellschaft 1842—1846. 1927.

Ders.: Das Ballhaus zu Königsberg. 1928.

Stadttheater: Königsberger Stadttheater zur Wiedereröffnung am 27. 8. 1918. 1918.

Staff, Gerhard: 650 Jahre ostpreußische Musikgeschichte in 400 Daten. 1965.

Stahl, Friedrich: Die Einwanderung in ostpr. Städte 1740 bis 1806. 1952.

Stallmann, Martin: Von der akademischen Kunst- und Zeichenschule zur Meisterschule des deutschen Handwerks in Königsberg 1740—1940. 1940.

Starlinger, Wilhelm: Grenzen der Sowjetmacht. 1954.

Stavenhagen, Kurt: Kant und Königsberg. 1949.

Steffen, Gerhard: Vom Schiffsjungen zum Reeder der Schiffslinie Cranzbeek-Memel. 1978.

Steffler, Gustav: 1864—1914. Geschichte der Johannisloge Immanuel. 1914.

Stein, Caspar: Das alte Königsberg 1644. Hrsg. von Arnold Charisius. 1910.

Stein, Robert: Domänenverkäufe in Ostpreußen vor 100 Jahren. 1926.

Stein, Walther: Handelsbriefe aus Riga und Königsberg von 1458—1461. 1898.

Stephan, Walther: Danzig, Gründung und Straßennamen. 1954.

Stern, Dietrich: Die Ernährungswirtschaft Königsbergs im Weltkriege. 1937.

Stern, Selma: Der preußische Staat und die Juden. 2 Teile 1962.

Stettiner, Paul: Zur Geschichte des pr. Königstitels und der Königsberger Krönung. 1900.

Ders.: Der Tugendbund. 1904.

Ders.: Das Schulwesen. Königsberg 1924.

Stillfried-Alcantra, R. Graf von: Die Krönung Ihrer Majestäten des Königs Wilhelm und der Königin Augusta von Preußen zu Königsberg am 18. Okt. 1861. 1873.

Stöckel, Walter: Erinnerungen eines Frauenarztes. 1966.

Storch, Erich: Die Plassenburg in der fränkischen Baugeschichte. 1951.

Strobel, Georg W.: Die Jugend-und Kriegsjahre des Vinzenz Poll von Pollenburg. 1963.

Ders.: Dr. Strousberg und sein Wirken. 1876.

Strahl, Werner: Aus den letzten Tagen Königsbergs. 1970.

Ders.: Liebes Habergebirge. 1980.

Ders.: Eine neue Generation tritt an. 1983.

Struve, Carl Ludwig: Geschichte der dritten Jubelfeier des Reformationsfestes. 1819.

Studentenwohnheim Collegium Albertinum in Göttingen. 1964.

Sudermann, Hermann: Der tolle Professor. Neuauflage 1978.

Sulanke, Karl, und Pokern, Arthur: Georg Weißel, ein evangelischer Sänger Altpreußens. 1912.

Surminski, Arno: Wie Königsberg im Winter. 1981.

Szidat, Lothar: 40 Jahre Institut für Schädlingsforschung der Albertina. 1965.

Ders.: Das Institut für Schädlingsforschung der Albertina in Rossitten. 1966.

Tätigkeitsbericht des Vereins Krüppelheil- und Lehranstalt für Ostpreußen zu Königsberg, Hindenburghaus, bis zum Ende des Jahres 1923.

Taube, Max: 525 Jahre Bäckergewerbe in Königsberg i. Pr. 1913.

Tesdorpf, Wilhelm: Hundert Versammlungen der Königsberger Geographischen Gesellschaft 1881—1898. 1898.

Teubner, Johann Michael: Ausführliche Historie derer Emigranten oder vertriebenen Lutheraner aus dem Erz-Bißthum Salzburg 1732—1734.

Thielen, Peter Gerrit: Die Kultur am Hofe Herzog Albrechts von Preußen. 1953.

Tidick, Erika: Beiträge zur Geschichte der Kirchen-Patrozinien im Deutschordenslande Preußen bis 1525. 1926.

Tiesler, Kurt: Königsberger Stadtgeschlechter und ihre Verwandten. 1929.

Ders.: Verzeichnis von Lebensläufen vorwiegend des Handwerker- und Kaufmannstandes, entnommen den in der Stadtbibliothek Kbg. befindlichen 507 handschriftlichen Leichenpredigten. 1927.

Toeche-Mittler, Joachim: Die Geschichte mit dem Hund. 1984.

Todtenhaupt, Ferdinand: 1849 bis 1899. Fünfzig Jahre Kbger Stadtmission. 1899.

Töppen, Max: Die Gründung der Universität zu Königsberg. 1844.

Ders.: Ordnung des Hofs und des Gartens der Altenstadt Königsbergs 1865.

Ders.: Erinnerung an die Leiden Königsbergs im Jahre 1807. 1870.

Tom, Bruno: Die Königsberger Börse. 1977.

Terreck, Heinrich: Zehn Jahre städtischer Gesundheitsfürsorge. 1932.

Tidick, Markus Joachim: Der silberne Wimpel. 1970.

Treichel, Alexander: Von der Pielchen- oder Belltafel. 1897—1899.

Treidel, Frida: Königsberg war ein Flammenmeer. 1964.

Treike, Lisa: Die graue Gans. 1932.

Trenck, Siegfried v. d.: Ost- und westpreußisches Dichterbuch. 1910.

Trunz, Hansheinrich: Christian Gottlieb Lorek machte die Botanik populär. 1964.

Tschackert, Paul: Das Projekt des Königs Friedrich Wilhelm III., neben der Universität Königsberg eine katholisch-theologische Fakultät zu errichten. 1886.

Turowski, Carl: Geschichte des Lehrerseminars Kbg. —Waldau Ostpr. 1910.

Tycowicz, Rudolf von: Das Infanterie-Regiment 1. 1966.

Uderstädt, Eduard Rudolf: Die ostpreußische Kammerverwaltung, ihre Unterbehörden und Lokalorgane bis zur Russenoccupation 1713—1756. 1911.

Ulbrich, Anton: Die neue Doppelvolksschule in Ratshof. 1911.

Ders.: Unser Stadttheater als Bauwerk. 1918.

Ders.: Geschichte der Bildhauerkunst in Ostpreußen vom Ausgang des 16. bis in die 2. Häfte des 19. Jahrhunderts. 1926/29.

Unger, Rudolf: Zur Geschichte der Gesellschaft der Freunde Kants in Königsberg. 1932.

Ungern-Sternberg, Walter Frhr. v.: Prof. Dr. Klumberg in memoriam. 1955.

Unruh, Fritz von: Der Sohn des Generals. Nürnberg 1957.

Urbschat, Fritz: Die Geschichte der Handelshochschule Königsberg Pr. 1962.

Utzinger, Robert: Ernst Wiecherts Lebenswerk. 1975.

Valentin, Hans: Die Entwicklung des ostpreußischen Apothekenwesens. 1928.

Ders.: Zum 300jährigen Bestehen der Hofapotheke in Königsberg. 1940.

Ders.: Das Lebenswerk Karl Gottfried Hagens. 1944.

Ders.: Karl Gottfried Hagen und Kant. 1950.

Vesper, E.: Aus der Frühzeit der Sterbekassen. 1939.

Viertel, Otto: Bremen-Verdener Studenten auf der Universität Königsberg. 1956.

Vierzig Jahre Verein für Familienforschung. 1965.

Völker, E.: Der wackere Gesell auf einem Bein. 1963.

Vogel, Carl: 100 Jahre Turnen in Königsberg. 1915.

Vogelstein, Hermann: Geschichte des israelitischen Vereins für Krankenpflege und Beerdigung Chewra Kaddischa zu Königsberg 1704—1904. 1904.

Vogt, Helmut: Die Medizinische Universitätsklinik zu Königsberg/Pr. 1964.

Voigt, Johannes: Autobiographie. Als Manuskript für seine Freunde. 1841.

Ders.: Geschichte des sogenannten Tugendbundes oder des sittlichwissenschaftlichen Vereins. Königsberg 1850.

Ders.: Preußens Geschichte. 9 Bände, Königsberg 1827 bis 1839.

Waga, Stephan: Von dem preußischen sogenannten Bulengelde. 1742.

Wagner, Paul: Ein Bericht über Peters den Großen Aufenthalt zu Königsberg 1711. 1879.

Walz, Kurt: Die älteste Zeitung Ostpreußens. 1940.

Warda, Arthur: Die Frage nach Kants Bewerbung um eine Lehrstelle an der kneiph. Schule. 1898.

Ders.: Kants Bewerbung um die Stelle des Subbibliothekars an der Schloßbibliothek. 1899.

Ders.: Aus dem Leben des Pfarrers Puttlich. 1905.

Ders.: Zwei Briefe von Hamanns Tochter Elisabeth Regina und ein Brief seiner Tochter Magdalena Katharina. 1906.

Ders.: Von 50 alten Häusern in Königsberg. 1917.

Ders.: Königsberger Adreßbücher. 1928.

Wartmann, Ernst: Geschichte des ostdeutschen Jünglingsbundes 1856—1906. 1906.

Waschinski, Emil: Die Münz- und Währungspolitik des Dt. Ordens in Preußen. 1952.

Weber, Kurt: Die Haupt- und Residenzstadt Königsberg Pr. 1934.

Ders.: Königsbergs Aufgaben im Osten. 1934.

Wedelstädt, Helmut von: Aus der Geschichte der Ostpr. Blindenunterrichtsanstalt. 1975.

Wegener, Friedrich: Altstädtische Langgasse Nr. 29. 1901.

Wehrenpfennig, Konrad: Der Ostseehafen Königsberg in neuerer Zeit. 1922.

Weigelt, Klaus und Werner: Heimat — Tradition — Geschichtsbewußtsein. 1985.

Weise, Erich: Das Widerstandsrecht im Ordensland Preußen. 1955.

Ders.: Handbuch Ost- und Westpreußen. 1966.

Ders.: Die Staatsverträge des Dt. Ordens in Preußen im 15. Jahrhundert. 1966.

Weisfert, Julius Nicolaus: Biographisch-literarisches Lexikon für die Haupt- und Residenzstadt Königsberg und Ostpreußen. 1897 und 1898.

Weiß, Arnold v.: Die Entstehung des Ostpreußischen Freiwilligenkorps. 1937.

Weiß, Bernhard: Aus neunzig Lebensjahren. 1927.

Weiß, Georg: Die Anfänge des pädagogischen Unterrichts zu Kbg. 1809—1915. 1912.

Weiss, Hellmuth: Das Königsberg Kants in den Augen eines Teilnehmers am Siebenjährigen Krieg. 1967.

Weiß, Otto: Die Entwicklung der Pflege theoretischer Medizin in Kbg. 1910.

Weiß, Oskar: Das Infanterie-Regiment 1. 1984.

Wendland, Walter: Ludwig Ernst v. Borowski, Erzbischof d. evang. Kirche in Pr. 1910.

Wermke, Ernst: Friedrich August Gotthold und seine Bibliothek. 1929.

Weßling, Wolfgang: Die wirtschaftliche Notlage Ostpreußens 1920—1930. 1956.

Ders.: Die staatlichen Maßnahmen zur Behebung der wirtsch. Notlage Ostpreußens. 1957.

Westenberger, Hans: Die deutsche Ostmesse zu Königsberg. 1922.

Wichert, Ernst: Richter und Dichter. 1899.

Wiechert, Ernst: Das einfache Leben. 1939.

Ders.: Missa sine nomine, 1954.

Wiehen, Albert: Das Blutgericht zu Königsberg. 1930.

Ders.: Stammtafel Motherby. 1963.

Wiehler, Bernhard: Wiehler Gedenkschrift zum 75jährigen Bestehen. 1918.

Wiehler, Robert: Erinnerungen über den Teehandel. Mskr.

Wienecke, Friedrich: Die Königsberger Regimentsschulen. 1907.

Wilhelmsgymnasium zu Königsberg 1874—1945. 1958.

Will, Hellmuth: Kommunale Finanzpolitik, dargestellt am Beispiel der Stadt Königsberg. 1934.

Wilhelmi, Herbert: Vom Ausklang der Königsberger Dommusik. 1971.

Ders.: Ostpreußen und seine Maler. 1982.

Willigmann, Hermann: Aus den Erinnerungen eines ostdeutschen Pfarrers. 1967.

Willigmann, Wilhelm: Die erste Rundfunkandacht in Ostpreußen. 1964.

Winkel, Gotthilf G.: Der Albertus der Königsberger Studenten. 1913/14.

Winkler, Theodor: Johann Gottfried Frey. 1957.

Winnig, August: 400 Tage Ostpreußen. 1928.

Wischhöfer, Horst: Die ostpr. Stände vor dem Regierungsantritt d. Gr. Kurfürsten. 1958.

Wischke: Die Staatsbauschule in Königsberg i. Pr. 1958.

Wischnewski, Fritz: Der Hafen Königsberg und die Konkurrenz seiner Nachbarhäfen. 1934.

Witt, Ernst: Leichenpredigten der Altstädt. Kirche in Kbg. 1622—37. 1963.

Wittrien, Otto: Aus der Vergangenheit des Löbenichtschen Realgymnasiums. 1914.

Wolmar, Wolfram von: Königsbergs Geist in Duisburg bewahrt. 1981.

Wormit, Anton: Der Haberberg. Eine Geschichte der Haberberger Kirchengemeinde. 1930.

Ders.: Die Zusammensetzung der Bevölkerung in der Haberberger Gemeinde. 1930.

Wortmann, Karl: Geschichte der Dt. Volkspartei 1917—1918. 1926.

Wotschke, Theodor: Polnische und litauische Studenten in Kbg. 1930.

Wünsch, Carl: Das Steinmetzzeichen des Michael Herinck in der Schloßkirche. 1935.

Ders.: Die Entstehung des Paradeplatzes in Königsberg. 1936.

Ders.: Zur Baugeschichte des Schlosses Groß-Holstein. 1938.

Ders.: Der Fürstenstand im Dom zu Königsberg und Philipp Westphal. 1941.

Ders.: Ostpreußen o.O. Im Deutschen Kunstverlag. 1960.

Ders.: Die ostpr. Dienstjahre des Baumeisters Ludw. Schultheiß von Unfriedt. 1960.

Ders.: Das Königsberger städtische Bauwesen bis zum Ende des 18. Jahrhunderts. 1963.

Ders.: Über einige Königsberger Mathematiker des 17. Jahrhunderts. 1964.

Ders.: Nicolas Rambas und Johann Melchstock, 2 Königsberger Baumeister des 17. Jhs. 1968.

Wüstendörfer, Charlotte: Patulne und Tyrune. Neuauflage. 1981.

Wyneken, Alexander: Aus Königsbergs Theatergeschichte. 1922 und 1925.

Wyszomirski, Curt: Wirtschaft und Verkehr in Ostpreußen. 1964.

Zaddach, Gustav: Ernst Meyer als Gelehrter und Dichter. 1896.

Zander, Friedrich: Der Wasianskische Bogenflügel. 1883.

Ders.: Zur Musikgeschichte Königsbergs. Hofkantor Erdmann Zander und seine Söhne. 1889.

Zentner, Wilhelm: Johann Friedrich Reichardt. Eine Musikerjugend. 1940.

Ziesemer, Walther: Geistiges Leben im Deutschen Orden. 1930.

Ders.: Geistiges Leben im 16. und 17. Jahrhundert. 1930.

Ders.: Erste Vorlesung in deutscher Sprache. 1937.

Ders.: Der Anteil des deutschen Ostens an der niederdeutschen Literatur. 1950.

Ders.: Zum Gedächtnis von Friedrich Ranke. 1951.

Ders.: Das Preußische Wörterbuch. 1951.

Zimmer, Arno: 100 Jahre Königsberger Dampfschiffahrt. Königsberg 1927.

Zimmermann, Werner: Die Sipp Zimmermann. 1938.

Zippel, Gustav: Geschichte des kgl Friedrichskollegiums 1698— 1898. 1898.

Zippel, Hans: Die ostpreußisch Familie Zippel. 1966.

Zorn, Philipp: Aus einem deutscher Universitätsleben. Bonn 1927

Zscharnack, Leopold: D. Benrath und sein Anteil an der Entste hung des evangel. Bundes 1940.

Züge, Paul: Im Blutgericht zu Königsberg. 1928.

Zweck, Albert: Die Geschichte de Burgschule 1664—1914. Königsberg 1914.

Agnes Miegel:

„... daß Du, Königsberg, nicht sterblich bist."

Ergänzungen zum Literatur-Verzeichnis

Bock, Friedrich Sam.: Versuch einer wirtschaftlichen Naturgeschichte von Ost- und Westpreußen. 1784.

Borchardt, Rudolf: Das hoffnungslose Geschlecht. 1929.

Braun, Otto: Von Weimar zu Hitler. 1940.

Czygan, Johann Paul: Zur Gechichte der Tagesliteratur während der Freiheitskriege. 1909/11.

Dach, Simon: Prusiarchus. 1644.

David, Lukas: Preußische Chronik bis 1410. 1817.

Dehio, Ludwig: Gleichgewicht oder Hegemonie. 1948.

Dolezich, Norbert E.: Johann Standorfer – ein Künstlerleben. 1986.

Dorner, August, Joh.: Metaphysik des Christentums. 1913.

Drumann, Wilhelm: Geschichte Roms von der republikanischen zur monarchischen Verfassung. 1834/44.

Dumcke, Julius: Geschichte der deutschen Literatur. 1906.

Ehlert, Tamara: Die Dünenhexe. 1957.

Flögel, Konrad: Königsberger Jubelchronik. 1855.

Gerlach, Otto: Preußische Steuerreform. 1893.

Gerschmann, Rudolf: Studien über den modernen Roman. 1894.

Goedeckemeyer, Albert: Die Idee vom ewigen Frieden. 1920. – Kants Lebensanschauungen in ihren Grundzügen. 1921.

Gusovius, Paul: Der Landkreis Samland. 1966.

Güttler, Hermann: Königsbergs Musikgeschichte im 18. Jahrhundert. 1928.

Hagen, Karl Gottfried: Lehrbuch der Apothekerkunst. 1805.

Hanssen, Clara: Geschichte einer Sehnsucht. 1921.

Heymann, Walter: Nehrungsbilder. 1909.

Hoffmann, E.T.A.: Der goldene Topf. 1814. – Phantasiestücke in Callots Manier. 1814/15. – Klein Zaches. 1815. – Die Elixiere des Teufels. 1815/16. – Die Serapionsbrüder. 1919/21. – Capriccio: Prinzessin Brambilla. 1821. – Lebensansichten des Katers Murr. 1822.

Ignée, Wolfgang: Masurische Momente – Reiseskizzen aus West- und Ostpreußen. 1986.

Jachmann, Reinhold: I. Kant, geschildert in Briefen an seinen Freund. 1804.

Jacoby, Günther: Herders und Kants Ästhetik. 1907.

Jacoby, Yoram: Jüdisches Leben in Kbg./Pr. im 20. Jahrhundert. 1983.

Kamin, Gerhard: Carl Maria von Weber.

Kant, Immanuel: Allgemeine Naturgeschichte und Theorie des Himmels. 1755. – Kritik der reinen Vernunft. 1781. – Kritik der praktischen Vernunft. 1788. – Kritik der Urteilskraft. 1790. – Religion innerhalb der Grenzen der bloßen Vernunft. 1793. – Die Anthropologie in pragmatischer Hinsicht. 1798.

Kather, Linus: Die Entmachtung der Vertriebenen 1964. – Halali in Ostpreußen. 1977. – Von Rechts wegen? 1982.

Kelch-Nolde, Dr. Ingeborg: Kunstakademie Königsberg. 1982.

Kiewe, Heinz Edgar: Africa – Make them Craftsmen. 1969.

Kittel, Arthur: Das Königsberger Studentenleben 1858—1864.

Krollmann, Christian: Altpreußische Biographie A – Malten. 1941.

Kürenberg, Joachim von: Rußlands Weg nach Tannenberg. 1934.

Kurschat, Friedrich: Litauisches Wörterbuch. 1870/83.

Liedert, Jacob: Das jubilierende Königsberg. 1755.

Lölhöffel, Hedwig von: Tharau liegt woanders. 1986.

Meyhöfer, Dr. Max: Königsbergs Stadtwirtschaft 1724 bis 1808. 1924.

Neiss, Reinhold: Königsberger halfen Königsbergern. 1983.

Neumann, Luise: Franz Neumann – Erinnerungsblätter.

Novak, Dr. Hugo: Geschichte der ostpr. leichten Flakabteilung 71. 1981.

Quessel, Ludwig: Der moderne Sozialismus. 1925.

Papendick, Gertrud: Das war unsere Stadt. 1971.

Reichel, Emma: Vom selben Ast.

Reichel, Eugen: Gottsched-Biographie. 1912.

Schade, Oskar: Altdeutsches Wörterbuch. 1866.

Schöning, Herta / Hans G. Tautorat: Die Ostpreußische Tragödie 1944/45. 1985.

Schubert, Johann: Ich sah Königsberg sterben. 1949.

Schultz, Arved: Europäisches Rußland. 1937.

Selle, Götz von: Deutsches Geistesleben in Ostpreußen. 1948.

Settegast, Hermann: Die Tierzucht. 1868.

Stamm, Hans-Ulrich: Frag mich nach Ostpreußen. 1974.

Skrupke, Ernst: Der fröhliche Westrich. 1959.

Stobbe, Otto: Die Juden in Deutschland während des Mittelalters. 1866.

Stöver, Ulla: Goldschmiedekunst in Königsberg. 1959.

Strich, Fritz: Goethe und die Weltliteratur. 1947.

Tautorat, Hans-Georg: Schwarzes Kreuz auf weißem Mantel. 1977. — Ostpreußen – Landschaft, Leistung, Schicksal. 1981. — Um des Glaubens willen – Toleranz in Ostpreußen. 1985.

Trautmann, Reinhold: Wesen und Aufgaben der deutschen Slawistik. 1927.

Tromnau, Friedrich: Die Geschichte des Schulwesens der Stadt Königsberg. 1899.

Uhl, Wilhelm: Die deutsche Priamel. 1897.

Voigdt, Karl F.: Die Geschichte des Gustav-Adolf-Hauptvereins. 1847.

Wasianski, Ehregott: Kant in seinen letzten Lebensjahren. 1804.

Wermke, Ernst: Bibliographie zur Geschichte Ost- und Westpreußens. 1931.

Zweck, Friedrich: Samland, Pregel- und Frischingsthal. 1902.

Zeittafel

1255 Der Dt. Orden beginnt mit dem Bau der Burg Königsberg, die er nach dem Böhmenkönig Ottokar II. benennt.

1262 Die Prußen belagern die Burg und zerstören die Steindamm-Siedlung.

1273 Die Unterwerfung der Prußen ist vollendet.

1286 Gründung der Altstadt.

1300 Gründung des Löbenicht.

1309 Die Burg wird Sitz des Ordens-Marschalls.

1327 Gründung des Kneiphofs.

1330—1380 Erbauung des Doms auf dem Kneiphof.

1454 Die Altstädter fallen vom Orden ab und lassen sich die Burg übergeben.

1457 Die Burg wird Residenz der Hochmeister.

1525 Einführung der Reformation, Königsberg wird Hauptstadt des Herzogtums Preußen.

1544 Herzog Albrecht gründet die Universität, die spätere Albertina.

1618 Preußen wird durch Personalunion mit Brandenburg vereinigt.

1626/27 Umwallung der im Schwedenkrieg neutral gebliebenen Gesamtstadt.

1663 Die preußischen Stände huldigen dem Gr. Kurfürsten im Schloßhof.

1686 In Königsberg werden 350 Hugenotten seßhaft.

1701 18. Januar, Königskrönung Friedrichs I.

1709/10 Ein Viertel der Einwohnerschaft stirbt an der Pest.

1724 Vereinigung der drei Städte Königsberg.

1724 Immanuel Kant geboren, 1804 gestorben.

1732 In Königsberg werden 715 Salzburger seßhaft.

1758—1762 Russische Okkupation.

1775 Brand von Vorstadt und Haberberg vernichtet 988 Gebäude.

1780—1792 Theodor von Hippel Stadtpräsident.

1807 Französische Okkupation

1808/09 Preußische Reformgesetze in Königsberg erlassen.

1808 Feierliche Eröffnung des Stadttheaters.

1809 Erste Sitzung der Stadtverordneten-Versammlung.

1811 Großer Speicherbrand, der 144 Häuser und 134 Speicher vernichtete.

1813 Februar, Landtag beschließt die Volksbewaffnung aus eigener Verantwortung.

1815 Königsberg wird Sitz des Regierungspräsidenten

1843—1861 Neuer Festungsring wird erbaut.

1845 Gründung der Kunstakademie.

1853 Feierliche Eröffnung des Ostbahnhofs.

1858 Königsberg erhält städtische Feuerwehr.

1861 18. Oktober, Königskrönung Wilhelms I.

1862 Die Albertina bezieht Renaissancebau auf dem Paradeplatz.

1864 Königsberg wird mit 100 000 Einwohnern Großstadt.

1866 Der Schloßturm erhält neugotische Turmspitze.

1871 Letzte Cholera-Epidemie mit 1790 Toten.

1872—1884 Zwölf große Forts werden gebaut.

1875 Eröffnung des neuen Börsen-Gebäudes, südlich des Kneiphofs.

1903—1918 ist Körte Oberbürgermeister.

1905 Erste Eingemeindung von Vororten.

1906 Erster Mauerdurchbruch durch den Wallring am Wrangelturm.

1910 Eröffnung des Neuen Schauspielhauses in der Roßgärter Passage.

1912 Eröffnung des Luisen-Theaters am Hansa-Ring und der Stadthalle.

1913 Jahrhundertfeier, Eröffnung der Kunsthalle am Wrangelturm.

1914 Die Russen kommen bis in die Nähe der Festung Königsberg.

1915 Gründung der Handelshochschule.

1916 Umzug der Kunstakademie in einen Neubau in Ratshof.

1919 Ostpreußen wird vom Reich abgeschnitten.

1919—1933 ist Dr. Lohmeyer Oberbürgermeister.

1920 Große Munitionsexplosion in Rothenstein, viele Tote.

1920—1943 Deutsche Ostmesse.

1924 Drei Hafenbecken III—V werden in Betrieb genommen.

1927 Der Handelshof am Hansa-Ring wird Stadthaus.

1927/29 Eingemeindung weiterer Vororte.

1929 Hauptbahnhof und 1930 Nordbahnhof in Betrieb genommen.

1939 Volkszählung, Königsberg hat 372 000 Einwohner.

1944 26./27. und 29./30. August zerstören engl. Fliegerangriffe fast die ganze Innenstadt.

1945 26. Januar, Beginn des Kampfes um Königsberg. 10. April Kapitulation, 115 000 Zivilisten sind in Königsberg geblieben.

Kl. Kuhren
Gr. Kuhren
Neukuhren
Forst Warnicken
St. Lorenz
Gr. Hubnicken
Heiligenkreutz
Palmnicken
S
Sorgenau
Germau
Lengniethen
a
Thierenberg
Kirpehnen
Kumehnen
Rothenen
Norgau
Pojerstieten
Godnicken
Kallen
Gaffken
Medenau
Geidau
FISCHHAUSEN
Bludau
Forst Kobbelbude
Fischhausener
1385
Wiek
Zimmerbude
Neuhäuser